中华
正史
经典

后汉书

〔南朝宋〕范晔 撰

〔唐〕李贤 等 注

三

中华书局

后汉书卷五十八

虞傅盖臧列传第四十八

虞诩字升卿,陈国武平人也。①祖父经,为郡县狱吏,案法平允,务存宽恕,每冬月上其状,恒流涕随之。尝称曰:"东海于公高为里门,而其子定国卒至丞相。②吾决狱六十年矣,虽不及于公,其庶几乎!子孙何必不为九卿邪?"故字诩曰升卿。

①武平故城在今亳州鹿邑县东北。郦元水经注云武平城西南七里有汉尚书令虞诩碑,题云"君讳诩,字定安,虞仲之后"。定安盖诩之别字也。

②前书,于定国字曼倩,东海人。其父于公为县狱吏、郡决曹,所决皆不恨,为之生立祠。其门间坏,父老方共修之,于公曰:"少高大间门,令容驷马高盖车。我决狱多阴德,未尝有所冤,子孙必有兴者。"至定国为丞相,孙永为御史大夫也。

诩年十二,能通尚书。早孤,孝养祖母。县举顺孙,国相奇之,欲以为吏。诩辞曰："祖母九十，非诩不养。"相乃止。后祖母终，服阕，辟太尉李脩府，拜郎中。①

①汉官仪曰："脩字伯游，襄城人也。"

永初四年，羌胡反乱，残破并、凉，大将军邓骘以军役方费，事不相赡，欲弃凉州，并力北边，乃会公卿集议。骘曰："譬若衣败，坏一以相补，犹有所完。若不如此，将两无所保。"议者咸同。诩闻之，乃说李脩曰：[1]"窃闻公卿定策当弃凉州，求之愚心，未见其便。先帝开拓土宇，勤劳后定，而今惮小费，举而弃之。凉州既弃，即以三辅为塞；三辅为塞，则园陵单外。此不可之甚者也。谚曰：'关西出将，关东出相。'①观其习兵壮勇，实过馀州。今羌胡所以不敢入据三辅，为心腹之害者，以凉州在后故也。其土人所以推锋执锐，无反顾之心者，为臣属于汉故也。若弃其境域，徙其人庶，安土重迁，必生异志。如使豪雄相聚，席卷而东，②虽贲、育为卒，太公为将，犹恐不足当御。议者喻以补衣犹有所完，诩恐其疽食侵淫而无限极。弃之非计。"③脩曰："吾意不及此。微子之言，几败国事。然则计当安出？"诩曰："今凉土扰动，人情不安，窃忧卒然有非常之变。诚宜令四府九卿，④各辟彼州数人，其牧守令长子弟皆除为冗官，⑤外以劝厉，答其功勤，内以拘致，防其邪计。"脩善其言，更集四府，皆从诩议。于是辟西州豪桀为掾属，拜牧守长吏子弟为郎，以安慰之。

①说文曰："谚，传言也。"前书曰："秦、汉以来，山东出相，山西出将。"秦时郿白起，频阳王翦；汉兴，义渠公孙贺、傅介子，成纪李广、李蔡，上邽赵充国，狄道辛武贤：皆名将也。丞相，则萧、曹、魏、丙、韦、平、孔、翟之类也。

②席卷言无馀也。前书曰"云彻席卷，后无馀灾"也。

③疽,痈疮也。

④四府谓太傅、太尉、司徒、司空之府也。九卿谓太常、光禄、卫尉、廷
　尉、太仆、大鸿胪、宗正、大司农、少府等也。

⑤冘,散也,音人勇反。

　　邓骘兄弟以诩异其议,因此不平,欲以吏法中伤诩。后朝歌贼
宁季等数千人攻杀长吏,屯聚连年,州郡不能禁,乃以诩为朝歌长。
故旧皆吊诩曰:"得朝歌何衰!"[2]诩笑曰:"志不求易,事不避难,
臣之职也。不遇槃根错节,何以别利器乎?"始到,谒河内大守马
棱。①棱勉之曰:"君儒者,当谋谟庙堂,反在朝歌邪?"诩曰:"初除
之日,士大夫皆见吊勉。以诩诗之,知其无能为也。②朝歌者,韩、
魏之郊,③背太行,临黄河,去敖仓百里,④而青、冀之人流亡万数。
贼不知开仓招众,劫库兵,守城皋,断天下右臂,⑤此不足忧也。今
其众新盛,难与争锋。兵不厌权,愿宽假辔策,勿令有所拘阂而
已。"⑥及到官,设令三科以募求壮士,自掾史以下各举所知,其攻
劫者为上,伤人偷盗者次之,带丧服而不事家业为下。收得百馀
人,诩为飨会,悉贳其罪,使入贼中,诱令劫掠,乃伏兵以待之,遂杀
贼数百人。又潜遣贫人能缝者,佣作贼衣,以采綖缝其裾为帜,⑦
有出市里者,吏辄禽之。贼由是骇散,咸称神明。迁怀令。

①棱字伯威,援族孙也。

②诗当作"筹"也。[3]

③韩界上党,魏界河内,相接犬牙,故云郊也。

④敖仓在荥阳,解具安纪也。

⑤右臂,喻要便也。

⑥阂与"碍"同。

⑦帜,记也。续汉书曰"以绛缕缝其裾"也。

后羌寇武都,邓太后以诩有将帅之略,迁武都太守,引见嘉德殿,厚加赏赐。羌乃率众数千,遮诩于陈仓、崤谷,诩即停军不进,而宣言上书请兵,须到当发。羌闻之,乃分钞傍县,诩因其兵散,日夜进道,兼行百馀里。令吏士各作两灶,日增倍之,羌不敢逼。或问曰:“孙膑减灶而君增之。①兵法日行不过三十里,以戒不虞,②而今日且二百里。何也?”诩曰:“虏众多,吾兵少。徐行则易为所及,速进则彼所不测。虏见吾灶日增,必谓郡兵来迎。众多行速,必惮追我。孙膑见弱,吾今示强,埶有不同故也。”

①孙膑为齐军将,与魏庞涓战,使齐军入魏地,为十万灶,明日为五万灶,明日为三万灶。[4]庞涓行三日,大喜曰:“我固知齐卒怯。入吾地三日,士卒亡过半矣。”事见史记。

②前书王吉上疏曰:“古者师行三十里,吉行五十里。”

既到郡,兵不满三千,而羌众万馀,攻围赤亭数十日。①诩乃令军中,使强弩勿发,而潜发小弩。羌以为矢力弱,不能至,并兵急攻。诩于是使二十强弩共射一人,发无不中,羌大震,退。诩因出城奋击,多所伤杀。明日悉陈其兵众,令从东郭门出,北②郭门入,贸易衣服,回转数周。羌不知其数,更相恐动。诩计贼当退,乃潜遣五百馀人于浅水设伏,候其走路。虏果大奔,因掩击,大破之,斩获甚众,贼由是败散,南入益州。诩乃占相地埶,筑营壁百八十所,[5]招还流亡,假赈贫人,郡遂以安。

①赤亭故城在今渭州襄武县东南,有赤亭水也。

②一作“西”。

先是运道艰险,舟车不通,驴马负载,僦五致一。①诩乃自将吏士,案行川谷,自沮至下辩②[6]数十里中,皆烧石翦木,开漕船道,^③以人僦直雇借佣者,于是水运通利,岁省四千馀万。诩始到郡,户裁盈万。及绥聚荒馀,招还流散,二三年间,遂增至四万馀户。盐米丰贱,十倍于前。^④坐法免。

① 广雅曰:"僦,赁也。"音子救反。僦五致一谓用五石赁而致一石也。

② 沮及下辨并县名。沮,今兴州顺政县也。下辨,今成州同谷县也。沮音七余反。

③ 续汉书曰"下辨东三十馀里有峡,中当泉水,生大石,障塞水流,每至春夏,辄溢没秋稼,坏败营郭,^[7]诩乃使人烧石,以水灌之,石皆坼裂,^[8]因镌去石,遂无泛溺之患"^[9]也。

④ 续汉书曰:"诩始到,穀石千,^[10]盐石八千,见户万三千。视事三岁,米石八十,盐石四百,流人还归,郡户数万,人足家给,一郡无事。"

永建元年,代陈禅为司隶校尉。数月间,奏太傅冯石、太尉刘憙、中常侍程璜、陈秉、孟生、李闰等,百官侧目,号为苛刻。三公劾奏诩盛夏多拘系无辜,为吏人患。诩上书自讼曰:"法禁者俗之堤防,刑罚者人之衔辔。^①今州曰任郡,郡曰任县,更相委远,百姓怨穷,以苟容为贤,尽节为愚。臣所发举,臧罪非一,二府恐为臣所奏,^[11]遂加诬罪。臣将从史鱼死,即以尸谏耳。"^②顺帝省其章,乃为免司空陶敦。^③

① 礼记曰:"夫礼,禁乱之所由生,犹坊止水之所自来也。故以旧防为无用坏之者,必有水败。"尸子曰:"刑罚者,人之鞭策也。"

② 韩诗外传曰"昔者卫大夫史鱼病且死,谓其子曰:'我数言蘧伯玉之贤而不能进,弥子瑕不肖不能退。为人臣生不能进贤而退不肖,死不当理丧正堂,殡我于室足矣。'卫君问其故,子以父言闻,君乃立召蘧伯玉而贵之,弥子瑕而退之,徙殡于正堂,成礼而后去"也。

③ 汉官仪曰"敦字文理,京(兆)〔县〕人也。"^[12]

时中常侍张防特用权埶,每请托受取,诩辄案之,而屡寝不报。诩不胜其愤,乃自系廷尉,奏言曰:"昔孝安皇帝任用樊丰,遂交乱嫡统,几亡社稷。今者张防复弄威柄,国家之祸将重至矣。臣不忍与防同朝,谨自系以闻,无令臣袭杨震之跡。"①〔13〕书奏,防流涕诉帝,诩坐论输左校。防必欲害之,二日之中,传考四狱。狱吏劝诩自引,诩曰:"宁伏欧刀以示远近。"②宦者孙程、张贤等知诩以忠获罪,乃相率奏乞见。程曰:"陛下始与臣等造事之时,③常疾奸臣,知其倾国。今者即位而复自为,何以非先帝乎?司隶校尉虞诩为陛下尽忠,而更被拘系;常侍张防臧罪明正,反搆忠良。今客星守羽林,其占宫中有奸臣。④宜急收防送狱,以塞天变。下诏出诩,还假印绶。"时防立在帝后,程乃叱防曰:"奸臣张防,何不下殿!"防不得已,趋就东箱。⑤程曰:"陛下急收防,无令从阿母求请。"⑥帝问诸尚书,尚书贾朗素与防善,证诩之罪。帝疑焉,谓程曰:"且出,吾方思之。"于是诩子颉与门生百馀人,举幡候中常侍高梵车,叩头流血,诉言枉状。梵乃入言之,防坐徙边,贾朗等六人或死或黜,即日赦出诩。程复上书陈诩有大功,语甚切激。帝感悟,复征拜议郎。数日,迁尚书仆射。

①震为樊丰所谮而死。

②欧刀,刑人之刀也。

③谓顺帝为太子,被江京等废为济阴王,程等谋立之时也。

④史记天官书曰"虚、危南有众星,曰羽林"也。

⑤埤苍云:"箱,序也。"字或作"厢"。

⑥阿母,宋娥也。

是时长吏、二千石听百姓谪罚者输赎,号为"义钱",托为贫人储,而守令因以聚敛。诩上疏曰:"元年以来,贫百姓章言长吏受取百万以上者，匈匈不绝，谪罚吏人至数千万，而三公、刺史少所举奏。寻永平、章和中，州郡以走卒钱给贷贫人，①司空劾案，州及郡县皆坐免黜。今宜遵前典，蠲除权制。"于是诏书下诩章，切责州郡。谪罚输赎自此而止。

①走卒，伍伯之类也。续汉志曰："伍伯，公八人，中二千石六人，千石、六百石皆四人，自〔四〕百石以下[14]至二百石皆二人。黄绶。武官伍伯，文官辟车。铃下、侍阁、门兰、部署、街〔里〕走卒，[15]皆有程品，多少随所典领，率皆赤帻缝褠[16]。"即今行鞭杖者也。此言钱者，令其出资钱，不役其身也。

先是宁阳主簿诣阙，诉其县令之枉，①积六七岁不省。主簿乃上书曰："臣为陛下子，陛下为臣父。臣章百上，终不见省，臣岂可北诣单于以告怨乎？"帝大怒，持章示尚书，尚书遂劾以大逆。诩驳之曰："主簿所讼，乃君父之怨；百上不达，是有司之过。愚蠢之人，不足多诛。"帝纳诩言，笞之而已。诩因谓诸尚书曰："小人有怨，不远千里，断发刻肌，诣阙告诉，而不为理，岂臣下之义？君与浊长吏何亲，而与怨人何仇乎？"闻者皆惭。诩又上言："台郎显职，仕之通阶。今或一郡七八，或一州无人。宜令均平，以厌天下之望。"及诸奏议，多见从用。

①宁阳，县，属东平国，故城在今兖州龚丘县南也。

诩好刺举，无所回容，①数以此忤权戚，遂九见谴考，三遭刑罚，而刚正之性，终老不屈。永和初，迁尚书令，以公事去官。朝廷思其忠，复征之，会卒。临终，谓其子恭曰："吾事君直道，行己无愧，所悔者为朝歌长时杀贼数百人，其中何能不有冤者。自此二十馀年，家门不增一口，斯获罪于天也。"

①回，曲也。

恭有俊才，官至上党太守。

傅燮字南容，北地灵州人也。①本字幼起，慕南容三复白圭，乃
易字焉。②身长八尺，有威容。少师事太尉刘宽。再举孝廉。闻所
举郡将丧，乃弃官行服。后为护军司马，与左中郎〔将〕皇甫嵩[17]
俱讨贼张角。

①灵州，县也。

②家语子贡对卫文子曰："一日三复白圭之玷，是南宫绍之行也。"王肃
　注云："玷，缺也。诗云：'白圭之玷，尚可磨也。斯言之玷，不可为
　也。'一日三复，慎之至也。"

燮素疾中官，既行，因上疏曰："臣闻天下之祸，不由于外，皆兴
于内。是故虞舜升朝，先除四凶，然后用十六相。①明恶人不去，则
善人无由进也。今张角起于赵、魏，黄巾乱于六州。②此皆衅发萧
墙，而祸延四海者也。臣受戎任，奉辞伐罪，始到颍川，战无不克。
黄巾虽盛，不足为庙堂忧也。臣之所惧，在于治水不自其源，末流
弥增其广耳。陛下仁德宽容，多所不忍，胡阉竖弄权，忠臣不进。
诚使张角枭夷，黄巾变服，臣之所忧，甫益深耳。③何者？夫邪正之
人不宜共国，亦犹冰炭不可同器。④彼知正人之功显，而危亡之兆
见，皆将巧辞饰说，共长虚伪。夫孝子疑于屡至，⑤市虎成于三
夫。⑥若不详察真伪，忠臣将复有杜邮之戮矣。⑦陛下宜思虞舜四
罪之举，速行谗佞放殛之诛，⑧则善人思进，奸凶自息。臣闻忠臣
之事君，犹孝子之事父也。子之事父，焉得不尽其情？使臣身备铁

铖之戮,陛下少用其言,国之福也。"书奏,宦者赵忠见而忿恶。及破张角,爕功多当封,忠诉谮之,⑨灵帝犹识爕言,⑩得不加罪,竟亦不封,以为安定都尉。以疾免。

① 左传曰,昔高阳氏有才子八人,苍舒、隤敳、梼戭、大临、尨降、庭坚、仲容、叔达,谓之八恺。高辛氏有才子八人,伯奋、仲堪、叔献、季仲、伯虎、仲熊、叔豹、季狸,谓之八元也。

② 皇甫嵩传曰:"连结郡国,自青、徐、幽、冀、荆、杨、兖、豫八州之人,莫不毕应。"此云"六州",盖初起时也。

③ 甫,始也。

④ 韩子曰"冰炭不同器而久,寒暑不同时而至"也。

⑤ 甘茂对秦武王曰:"昔曾参之居费,鲁人有与曾参同姓名者杀人,人告其母曰'曾参杀人',其母织自若也。又告之,其母自若也。又告之,其母投杼下机,踰墙而走。夫以曾参之贤与其母之信也,三人疑之,其母惧焉。"见史记也。

⑥ 解见马援传。

⑦ 白起与应侯有隙,搆之秦昭王,免起为士伍,迁之阴密。行出咸阳西门十里,至杜邮,使赐剑自裁。见史记。案杜邮,今咸阳城是其地。邮元注水经云渭水北有杜邮亭也。

⑧ 殛音纪力反。殛亦诛也。

⑨ 续汉书曰:"爕军斩贼三帅卜巳、张伯、梁仲宁等,功高为封首。"

⑩ 识,记也,音志。

后拜议郎。会西羌反,边章、韩遂作乱陇右,征发天下,役赋无已。司徒崔烈以为宜弃凉州。诏会公卿百官,烈坚执先议。爕厉言曰:"斩司徒,天下乃安。"尚书郎杨赞奏爕廷辱大臣。帝以问爕。爕对曰:"昔冒顿至逆也,樊哙为上将,顾得十万众横行匈奴中,愤激思奋,未失人臣之节,顾计当从与不耳,季布犹曰'哙可斩也’。①今凉州天下要冲,国家藩卫。高祖初兴,使郦商别定陇右;②世宗拓境,列置四郡,议者以为断匈奴右臂。③今牧御失和,使一州叛逆,海内为之骚动,陛下卧不安寝。烈为宰相,不念为国思所以弭之之策,乃欲割弃一方万里之土,臣窃惑之。若使左衽之虏得居此地,④士劲甲坚,因以为乱,此天下之至虑,社稷之深忧也。若烈不知之,是极蔽也;知而故言,是不忠也。”帝从爕议。由是朝廷重其方格,⑤每公卿有缺,为众议所归。

①冒顿,匈奴单于名也。前书曰,季布为中郎将,单于为书嫚吕太后,吕太后怒,召诸将议之。将军樊哙曰:“愿得十万众,横行匈奴中。”诸将皆阿太后,以哙言为然。布曰:“樊哙可斩也! 夫以高帝兵三十万困于平城,哙时亦在其中。今奈何以十万众横行匈奴中!”

②前书,汉王赐郦商爵信成君,以将军为陇西都尉,别定北地。

③前书,武帝分武威、酒泉,置张掖、敦煌,谓之四郡。刘歆等议曰:“孝武帝北攘匈奴,降昆邪十万之众,置五属国,起朔方,以夺其肥饶之地。东伐朝鲜,起玄菟、乐浪,以断匈奴之左臂。西伐大宛,并〔三十〕六国,〔18〕结乌孙,起敦煌、酒泉、张掖,以(高)〔㬺〕婼羌,〔19〕裂匈奴之右臂。”婼音而遮反。

④说文曰:“衽,衣衿也。”

⑤方,正也。格犹标准也。

颇之,赵忠为车骑将军,诏忠论讨黄巾之功,执金吾甄举等谓忠曰:“傅南容前在东军,有功不侯,故天下失望。今将军亲当重任,宜进贤理屈,以副众心。”忠纳其言,遣弟城门校尉延致殷勤。延谓爕曰:“南容少答我常侍,万户侯不足得也。”爕正色拒之曰:“遇与不遇,命也;有功不论,时也。傅爕岂求私赏哉!”忠愈怀恨,然惮其名,不敢害。〔20〕权贵亦多疾之,是以不得留,①出为汉阳太守。

①一作"封"。

初，郡将范津明知人，[21]举燮孝廉。及津为汉阳，与燮交代，合符而去，乡邦荣之。津字文渊，南阳人。燮善恤人，叛羌怀其恩化，并来降附，乃广开屯田，列置四十馀营。

时刺史耿鄙委任治中程球，球为通奸利，士人怨之。①中平四年，鄙率六郡兵讨金城贼王国、韩遂等。燮知鄙失众，必败，谏曰："使君统政日浅，人未知教。孔子曰：'不教人战，是谓弃之。'今率不习之人，越大陇之阻，将十举十危，而贼闻大军将至，必万人一心。边兵多勇，其锋难当，而新合之众，上下未和，万一内变，虽悔无及。不若息军养德，明赏必罚。贼得宽挺，②必谓我怯，群恶争执，其离可必。然后率已教之人，讨已离之贼，其功可坐而待也。今不为万全之福，而就必危之祸，窃为使君不取。"鄙不从。行至狄道，果有反者，先杀程球，次害鄙，贼遂进围汉阳。城中兵少粮尽，燮犹固守。

①汉官曰，司隶功曹从事，即持中也。

②挺，解也。

时北〔地〕胡骑数千[22]随贼攻郡，皆夙怀燮恩，共于城外叩头，求送燮归乡里。子干年十三，从在官舍。知燮性刚，有高义，恐不能屈志以免，进谏曰："国家昏乱，遂令大人不容于朝。今天下已叛，而兵不足自守，乡里羌胡①先被恩德，欲令弃郡而归，愿必许之。徐至乡里，率厉义徒，见有道而辅之，以济天下。"言未终，燮慨然而叹，呼干小字曰："别成，②汝知吾必死邪？盖'圣达节，次守节'。③且殷纣之暴，伯夷不食周粟而死，仲尼称其贤。④今朝廷不甚殷纣,吾德亦岂绝伯夷？世乱不能养浩然之志,⑤〔23〕食禄又欲避其难乎？⑥吾行何之,必死于此。汝有才智,勉之勉之。主簿杨会,吾之程婴也。"⑦幹哽咽不能复言,左右皆泣下。王国使故酒泉太守黄衍说燮曰:"成败之事,已可知矣。先起,上有霸王之业,下成伊吕之勋。天下非复汉有,府君宁有意为吾属师乎？"⑧燮案剑叱衍曰:"若剖符之臣,反为贼说邪!"遂麾左右进兵,临阵战殁。谥曰壮节侯。〔24〕

①燮,北地人,故云乡里也。

②幹集曰:"幹字彦林。"〔25〕

③左传曰,曹公子臧曰:"前志有之,圣达节,次守节,下失节。"

④史记曰,伯夷,孤竹君之子也。武王载文王木主伐纣。殷既平,伯夷耻之,义不食周粟,遂饿死。论语曰:子贡问曰:"伯夷、叔齐何人也？"孔子曰:"古之贤人也。"

⑤孟子曰:"养吾浩然之气。"赵岐注曰:〔26〕"浩然,天气也。"

⑥左传曰,子路曰"食焉不避其难"也。

⑦程婴,解见冯衍传也。

⑧师即君也。尚书曰"作之君,作之师"也。

幹知名,位至扶风太守。

盖勋字元固,敦煌广至人也。①家世二千石。②初举孝廉,为汉阳长史。时武威太守倚恃权埶,恣行贪横,从事武都苏正和案致其罪。凉州刺史梁鹄畏惧贵戚,欲杀正和以免其负,乃访之于勋。勋素与正和有仇,或劝勋可因此报隙。勋曰:"不可。谋事杀良,非忠也;乘人之危,非仁也。"乃谏鹄曰:"夫绁食鹰鸢〔27〕欲其鸷,③鸷而亨之，将何用哉？"鹄从其言。正和喜于得免，而诣勋求谢。勋不见，曰："吾为梁使君谋，不为苏正和也。"怨之如初。④

①广至，县名，故城在今瓜州常乐县东，今谓之县泉堡是也。

②续汉书曰："曾祖父进，汉阳太守。祖父彪，大司农。"谢承书曰：[28]"父字思齐，官至安定属国都尉。"

③绁，系也。广雅曰："鸷，执也。"苍颉解诂曰："鸢，鸱也。"食音嗣。

④续汉书，中平元年，黄巾贼起，故武威太守酒泉黄儁被征，失期。梁鹄欲奏诛儁，勋为言得免。儁执黄金二十斤谢勋，勋谓儁曰："吾以子罪在八议，故为子言。吾岂卖评哉！"终辞不受。

中平元年，北地羌胡与边章等寇乱陇右，刺史左昌因军兴断盗数千万。①勋固谏，昌怒，乃使勋别屯阿阳以拒贼锋，②欲因军事罪之，而勋数有战功。边章等遂攻金城，杀郡守陈懿，勋劝昌救之，不从。边章等进围昌于冀，昌惧而召勋。勋初与从事辛曾、孔常俱屯阿阳，及昌檄到，曾等疑不肯赴。勋怒曰："昔庄贾后期，穰苴奋剑。③今之从事，岂重于古之监军哉！"曾等惧而从之。勋即率兵救昌。到，乃诮让章等，责以背叛之罪。皆曰："左使君若早从君言，以兵临我，庶可自改。今罪已重，不得降也。"乃解围而去。昌坐断盗征，以扶风宋枭代之。④枭患多寇叛，谓勋曰："凉州寡于学术，故屡致反暴。今欲多写孝经，令家家习之，庶或使人知义。"勋谏曰："昔太公封齐，崔杼杀君；伯禽侯鲁，庆父篡位。⑤此二国岂乏学者？今不急静难之术，遽为非常之事，既足结怨一州，又当取笑朝廷，勋不知其可也。"枭不从，遂奏行之。果被诏书诘责，坐以虚慢征。时叛羌围护羌校尉夏育于畜官，⑥勋与州郡合兵救育，至狐槃，[29]为羌所破。勋收馀众百馀人，为鱼丽之陈。⑦羌精骑夹攻之急，士卒多死。勋被三创，坚不动，乃指木表⑧曰："必尸我于此。"句就种羌滇吾^⑨素为勋所厚，乃以兵扞众曰："盖长史贤人，汝曹杀之者为负天。"勋仰骂曰："死反虏，汝何知？促来杀我！"众相视而惊。滇吾下马与勋，勋不肯上，遂为贼所执。羌戎服其义勇，不敢加害，送还汉阳。后刺史杨雍即表勋领汉阳太守。时人饥，相渔食，勋调穀禀之，^⑩先出家粮以率众，存活者千馀人。

①断谓割截。

②阿阳，县，属天水郡。^[30]

③齐景公时，燕、晋侵齐，景公以司马穰苴为将，扞之，仍令宠臣庄贾监军。与穰苴期旦日会，贾素骄贵，夕时至，穰苴召军正问曰："军法期而后者云何？"对曰："当斩。"遂斩贾以徇三军。

④续汉书"枭"字作"泉"也。^[31]

⑤崔杼，齐大夫。齐庄公先通其妻，杼杀之。庆父，鲁庄公弟。庄公子开立，是为湣公，庆父袭杀湣公。^[32]并见史记。

⑥前书尹翁归传曰："有论罪输掌畜官。"音义曰："右扶风畜牧所在，有苑师之属，故曰畜官。畜音许救反。"

⑦丽音离。左传曰："王以诸侯伐郑，郑原繁、高渠弥奉公为鱼丽之陈，先偏后伍，伍承弥缝。"^[33]杜预注曰："此鱼丽陈法也。"

⑧表，标也。

⑨句就，羌别种也。句音古侯反。

⑩调犹发也。

后去官，征拜讨虏校尉。灵帝召见，问："天下何苦而反乱如此？"勋曰："倖臣子弟扰之。"时宦者上军校尉蹇硕在坐，帝顾问硕，硕惧，不知所对，而以此恨勋。帝又谓勋曰："吾已陈师于平乐观，多出中藏财物以饵士，何如？"^①勋曰："臣闻'先王燿德不观兵'。^②今寇在远而设近陈，不足昭果毅，秖黩武耳。"^③帝曰："善。

恨见君晚,群臣初无是言也。"

①中藏谓内藏也。

②国语曰:"穆王将征犬戎,祭公谋父谏曰:'不可。先王燿德不观兵。'"

韦昭注曰:"燿,明也。观,示也。"

③左传曰"戎昭果毅以听之之谓武,杀敌为果,致果曰毅"也。

勋时与宗正刘虞、佐军校尉袁绍同典禁兵。勋谓虞、绍曰:"吾仍见上,上甚聪明,但拥蔽于左右耳。若共并力诛嬖倖,然后征拔英俊,以兴汉室,功遂身退,岂不快乎!"虞、绍亦素有谋,因相连结,未及发,而司隶校尉张温举勋为京兆尹。帝方欲延接勋,而蹇硕等心惮之,并劝从温奏,遂拜京兆尹。

时长安令杨党,父为中常侍,恃埶贪放,勋案得其臧千馀万。贵戚咸为之请,勋不听,具以事闻,并连党父,有诏穷案,威震京师。时小黄门京兆高望为尚药监,倖于皇太子,太子因蹇硕属望子进为孝廉,勋不肯用。或曰:"皇太子副主,望其所爱,硕帝之宠臣,而子违之,所谓三怨成府者也。"①勋曰:"选贤所以报国也。非贤不举,死亦何悔!"勋虽在外,每军国密事,帝常手诏问之。②数加赏赐,甚见亲信,在朝臣右。

①府,聚也。

②续汉书曰:"是时,汉阳叛人王国,众十馀万,攻陈仓,三辅震动。勋领郡兵五千人,自请满万人,因表用处士扶风〔士〕孙瑞[34]为鹰鹞都尉,桂阳魏傑[35]为破敌都尉,京兆杜楷为威房都尉,弘农杨儒为鸟击都尉,长陵第五儁为清寇都尉。凡五都尉,皆素有名,悉领属勋。每有密事,灵帝手诏问之。"

及帝崩,董卓废少帝,杀何太后,勋与书曰:"昔伊尹、霍光权以立功,犹可寒心,足下小丑,何以终此? 贺者在门,弔者在庐,可不慎哉！"①卓得书，意甚惮之。征为议郎。时左将军皇甫嵩精兵三万屯扶风，勋密相要结，将以讨卓。会嵩亦被征，勋以众弱不能独立，遂并还京师。自公卿以下，莫不卑下于卓，唯勋长揖争礼，见者皆为失色。卓问司徒王允曰："欲得快司隶校尉，谁可作者？"允曰："唯有盖京兆耳。"卓曰："此人明智有馀，然不可假以雄职。"乃以为越骑校尉。卓又不欲令久典禁兵，复出为颍川太守。未及至郡，征还京师。时河南尹朱儁为卓陈军事，卓折儁曰："我百战百胜，决之于心，卿勿妄说，且汙我刀。"勋曰："昔武丁之明，犹求箴谏，②况如卿者，而欲杜人之口乎？"卓曰："戏之耳。"勋曰："不闻怒言可以为戏？"卓乃谢儁。勋虽强直不屈，而内厌于卓，不得意，疽发背卒，时年五十一。遗令勿受卓赙赠。卓欲外示宽容，表赐东园祕器赗襚，送之如礼。葬于安陵。

①孙卿子曰"庆者在堂，吊者在闾，福与祸邻，莫知其门"也。

②武丁，殷王高宗也。谓傅说曰："启乃心，沃朕心。"说复于王曰："惟木从绳则正，后从谏则圣。"见尚书。

子顺，官至永阳太守。

臧洪字子源，[36]广陵射阳人也。①父旻，有干事才。②熹平元年，会稽妖贼许昭起兵句章，③自称"大将军"，立其父生为越王，攻破城邑，众以万数。拜旻扬州刺史。旻率丹（扬）〔阳〕太守陈夤[37]击昭，破之。昭遂复更屯结，大为人患。旻等进兵，连战三年，破平之，获昭父子，斩首数千级。迁旻为使匈奴中郎将。

①射阳故城在今楚州安宜县东也。

②谢承书曰："旻达于从政，为汉良吏，迁匈奴中郎将。还京师，太尉袁

逢问其西域诸国土地风俗人物种数，昱具答言西域本三十六国，后分
为五十五，稍散至百餘国。大小，道里近远，人数多少，风俗燥湿，山
川草木鸟兽异物名种不与中国同者，口陈其状，手画地形。逢奇其
才，叹息言：'虽班固作西域传，何以加此乎？'"

③句章县故城在今越州鄮县[38]西。十三州志云："句践之地，南至句
无，其后并吴，因大城句，章伯功以示子孙，故曰句章。"

洪年十五，以父功拜童子郎，①知名太学。洪体兒魁梧，有异
姿。②举孝廉，补即丘长。③

①汉法，孝廉试经者拜为郎。洪以年幼才俊，故拜童子郎也。续汉书曰
"左雄奏征海内名儒为博士，使公卿子弟为诸生，有志操者加其俸禄。
及汝南谢廉、河南赵建章[39]年始十二，各能通经，雄并奏拜童子郎。
于是负书来学，云集京师"也。

②魁梧，壮大之兒也。梧音吾。

③即丘，县，属琅邪国，故城在今沂州临沂县东南，即春秋之祝丘也。

中平末，弃官还家，太守张超请为功曹。时董卓(杀)〔弑〕
帝，[40]图危社稷。洪说超曰："明府历世受恩，兄弟并据大郡。①今
王室将危，贼臣虎视，此诚义士效命之秋也。今郡境尚全，吏人殷
富，若动桴鼓，可得二万人。以此诛除国贼，为天下唱义，不亦宜
乎！"超然其言，与洪西至陈留，见兄邈计事。邈先谓超曰："闻弟
为郡，委政臧洪，洪者何如人？"超曰："臧洪海内奇士，才略智数不
比于超矣。"邈即引洪与语，大异之。乃使诣兖州刺史刘岱、②豫州
刺史孔伷，③遂皆相善。邈既先有谋约，会超至，定议，乃与诸牧守
大会酸枣。设坛场，将盟，既而更相辞让，莫敢先登，咸共推洪。洪
乃摄衣升坛，操血而盟曰："汉室不倖，皇纲失统，贼臣董卓，乘衅纵
害，祸加至尊，毒流百姓。大惧沦丧社稷，翦覆四海。兖州刺史岱、

豫州刺史伷、陈留太守邈、东郡太守瑁、④广陵太守超等,纠合义兵,并赴国难。⑤凡我同盟,齐心一力,以致臣节,陨首丧元,必无二志。有渝此盟,俾坠其命,无克遗育。⑥皇天后土,祖宗明灵,实皆鉴之。"洪辞气慷慨,闻其言者,无不激扬。自是之后,诸军各怀迟疑,莫适先进,遂使粮储单竭,兵众乖散。

①谓超为广陵,兄邈为陈留也。

②岱字公山。

③伷字公绪。

④桥瑁也。

⑤纠,收也。

⑥左传曰,王子虎盟诸侯于王廷,要言曰"皆奖王室,无相害也。有渝此盟,明神殛之,俾坠其师,无克祚国"也。

时讨虏校尉公孙瓒与大司马刘虞有隙,超乃遣洪诣虞,共谋其难。行至河间而值幽冀交兵,行涂阻绝,因寓于袁绍。绍见洪,甚奇之,与结友好,以洪领青州刺史。前刺史焦和好立虚誉,能清谈。时黄巾群盗处处飙起,而青部殷实,军革尚众。和欲与诸同盟西赴京师,未及得行,而贼已屠城邑。和不理戎警,但坐列巫史,祟祷群神。①又恐贼乘冻而过,命多作陷冰丸,以投于河。众遂溃散,和亦病卒。洪收抚离叛,百姓复安。

①巫,女巫也。史,祝史也。祟谓营攒用币,以(禳)〔禳〕风雨[41]霜雪水旱厉疫于日月星辰山川也。祷谓告事求福也。

在事二年,袁绍惮其能,徙为东郡太守,都东武阳。时曹操围张超于雍丘,甚危急。超谓军吏曰:"今日之事,唯有臧洪必来救我。"或曰:"袁曹方穆,而洪为绍所用,恐不能败好远来,违福取祸。"超曰:"子源天下义士,终非背本者也,或见制强力,不相及耳。"洪始闻<u>超</u>围,乃徒跣号泣,并勒所领,将赴其难。自以众弱,从<u>绍</u>请兵,而<u>绍</u>竟不听之,<u>超</u>城遂陷,<u>张</u>氏族灭。<u>洪</u>由是怨<u>绍</u>,绝不与通。<u>绍</u>兴兵围之,历年不下,使<u>洪</u>邑人<u>陈琳</u>以书譬<u>洪</u>,示其祸福,责以恩义。①<u>洪</u>答曰:

①<u>献帝春秋</u>曰"<u>绍</u>使<u>琳</u>为书八条,责以恩义,告喻使降"也。

　　隔阔相思,发于寤寐。相去步武,①而趋舍异规,其为怆恨,胡可胜言! 前日不遗,比辱雅况,②述叙祸福,公私切至。以子之才,穷该典籍,岂将闇于大道,不达余趣哉? 是以损弃翰墨,一无所酬,亦冀遥忖褊心,粗识鄙性。重获来命,援引纷纭,虽欲无对,而义笃其言。

①<u>尔雅</u>曰:"武,跡也。"

②比,频也。

　　仆小人也,本乏志用,中因行役,特蒙倾盖,①恩深分厚,遂窃大州,宁乐今日自还接刃乎? 每登城临兵,观主人之旗鼓,②瞻望帐幄,感故友之周旋,抚弦搦矢,③不觉涕流之覆面也。何者? 自以辅佐主人,无以为悔;主人相接,过绝等伦。受任之初,志同大事,埽清寇逆,共尊王室。岂悟本州被侵,郡将遘厄,请师见拒,辞行被拘,使<u>洪</u>故君,遂至沦灭。区区微节,无所获申,岂得复全交友之道,重亏忠孝之名乎? 所以忍悲挥戈,收泪告绝。若使主人少垂古人忠恕之情,来者侧席,去者克己,④则仆抗<u>季札</u>之志,不为今日之战矣。⑤

①<u>家语</u>,<u>孔子</u>之<u>郯</u>,与<u>程子</u>相遇于涂,倾盖而语也。

②<u>洪</u>常寓于<u>绍</u>,故谓之主人也。

③搦,捉也,音女卓反。

④来者侧席而待之，去者克己自责，不责人也。

⑤吴王馀眛卒，欲授弟季札，季札逃去。见史记也。

　　昔张景明登坛歃血，奉辞奔走，卒使韩牧让印，主人得地。后但以拜章朝主，赐爵获传之故，不蒙观过之贷，而受夷灭之祸。①吕奉先讨卓来奔，请兵不获，告去何罪，复见斫刺。②刘子璜奉使踰时，辞不获命，畏君怀亲，以诈求归，可谓有志忠孝，无损霸道，亦复僵尸麾下，不蒙亏除。慕进者蒙荣，违意者被戮，此乃主人之利，非游士之愿也。是以鉴戒前人，守死穷城，亦以君子之违，不适雠国故也。③

①英雄记云，袁绍使张景明、郭公则、高元才等说韩馥，使让冀州与绍。然则馥之让位，景明亦有其功。其馀未详也。

②魏志吕布传曰："布破张燕军而求益兵，众将士钞掠，绍患忌之。布觉其意，从绍求去。"英雄记："布求还洛，绍假布领司隶校尉，外言当道，内欲杀布。明日当发，绍遣甲士三十人，辞以送布，止于帐侧。布伪使人于帐中鼓筝，绍兵卧，无何，出帐去而兵不觉。夜半兵起，乱斫布床被，谓已死。明旦，绍讯问，知布尚在，乃闭城门，布遂引去。"

③左传云，公山不狃曰："君子违不适仇国。"杜预注云："违，奔亡也。"

　　足下当见久围不解，救兵未至，感婚姻之义，推平生之好，以为屈节而苟生，胜守义而倾覆也。昔晏婴不降志于白刃，南史不曲笔以求存，①故身传图象，名垂后世。况仆据金城之固，驱士人之力，散三年之畜以为一年之资，匡困补乏，以悦天下，何图筑室反耕哉？②但惧秋风扬尘，伯圭马首南向，③张扬、飞燕旅力作难，④北鄙将告倒悬之急，股肱奏乞归之记耳。⑤主人当鉴戒曹辈，反旆退师，何宜久辱盛怒，暴威于吾城之下哉！

①崔杼杀齐庄公，欲劫晏子与盟，以戟拘其颈，剑承其心。晏子曰："劫
　　吾以刃而失其意，非勇也。"崔杼遂释之。事见晏子。左传曰"太史书
　　曰'崔杼弑其君'，崔子杀之。其弟嗣书而死者二人，其弟又书，乃舍
　　之。南史氏闻太史尽死，执简以往，闻既书矣，乃还"也。

②左传曰："楚子围宋，筑室反耕。"杜预注曰："筑室于宋，反兵耕田，示
　　无还意也。"

③伯圭，公孙瓒字。

④魏志曰，张扬字稚叔，云中人也，以武勇给并州为从事。何进令于本
　　州募兵，得千馀人，因留上党击山贼。进败，扬遂以所将兵攻上党，仍
　　略诸县，众至数千，又与袁绍合。张燕，常山人，本姓褚。黄巾起，燕
　　合聚少年为群盗，众万人。博陵张牛角〔立〕〔之〕起，[42]众次瘿陶，牛
　　角为飞矢所中，且死，告其众曰："必以燕为帅。"角死，众奉燕，故改姓
　　张。燕慓悍，捷速过人，军中号为"飞燕"。众至百万，号曰"黑山"。
　　后助公孙瓒与绍争冀州也。

⑤股肱犹手足也。言北边有仓卒之急，股肱之臣将告归自救耳。

　　足下讥吾恃黑山以为救，独不念黄巾之合从邪？昔高祖
取彭越于钜野，①光武创基兆于绿林，卒能龙飞受命，中兴帝
业。苟可辅主兴化，夫何嫌哉！况仆亲奉玺书，与之从事！

①前书，彭越将其众居钜野中，无所属，汉王乃使人赐越将军印，使下济
　　阴以击楚也。

　　行矣孔璋！足下徼利于境外，臧洪投命于君亲；吾子托身
于盟主，①臧洪策名于长安。子谓余身死而名灭，仆亦笑子生
死而无闻焉。本同末离，努力努力，夫复何言！

①盟主谓袁绍也。

绍见洪书，知无降意，增兵急攻。城中粮尽，外无援救，洪自度

不免,呼吏士谓曰:"袁绍无道,所图不轨,且不救洪郡将,洪于大义,不得不死。念诸君无事,空与此祸,①可先城未破,将妻子出。"将吏皆垂泣曰:"明府之于袁氏,本无怨隙,今为郡将之故,自致危困,吏人何忍当舍明府去也?"初尚掘鼠,煮筋角,后无所复食,主簿启内厨米三斗,请稍为饘粥,②洪曰:"何能独甘此邪?"使为薄糜,徧班士众。又杀其爱妾,以食兵将。兵将咸流涕,无能仰视。男女七八十人相枕而死,莫有离叛。

①与音预。

②杜预注左传曰:"饘,糜也。"音之延反。

城陷,生执洪。绍盛帷幔,大会诸将见洪。谓曰:"臧洪何相负若是! 今日服未?"洪据地瞋目曰:"诸袁事汉,四世五公,可谓受恩。今王室衰弱,无扶翼之意,而欲因际会,觊望非冀,①多杀忠良,以立奸威。洪亲见将军呼张陈留为兄,则洪府君亦宜为弟,而不能同心戮力,为国除害,坐拥兵众,观人屠灭。惜洪力劣,不能推刃为天下报仇,②何谓服乎?"绍本爱洪,意欲屈服赦之,见其辞切,知终不为用,乃命杀焉。

①前汉音义曰:"觊犹冀也。"觊音羌惠反。

②公羊传曰:"事君犹事父也,父受诛,子复仇,推刃之道。"

洪邑人陈容,少为诸生,亲慕于洪,随为东郡丞。先城未败,洪使归绍。时容在坐,见洪当死,起谓绍曰:"将军举大事,欲为天下除暴,而专先诛忠义,岂合天意? 臧洪发举为郡将,奈何杀之!"绍慙,使人牵出,谓曰:"汝非臧洪畴,空复尔为?"容顾曰:"夫仁义岂有常所,蹈之则君子,背之则小人。[43]今日宁与臧洪同日死,不与将军同日生也。"遂复见杀。在绍坐者,无不叹息,窃相谓曰:"如何一日戮二烈士!"

　　先是洪遣司马二人出,求救于吕布。比还,城已陷,皆赴适死。

　　论曰:雍丘之围,臧洪之感愤壮矣! 想其行跣且号,束甲请举,诚足怜也。夫豪雄之所趣舍,其与守义之心异乎? 若乃缔谋连衡,怀诈算以相尚者,盖惟利埶所在而已。况偏城既危,曹袁方穆,洪徒指外适之衡,以纾倒县之会。忿悁之师,兵家所忌。①可谓怀哭秦之节,存荆则未闻也。②

　　①前书魏相上书曰:"救乱诛暴,谓之义兵,兵义者王。适加于己,不得已而起者,谓之应兵,兵应者胜。争恨小故,不胜愤怒者,谓之忿兵,兵忿者败。利人土地货宝者,谓之贪兵,兵贪者破。恃国家之大,矜其人众,欲见威于适者,谓之骄兵,兵骄者灭。此非但人事,乃天道也。"

　　②吴破楚,申包胥如秦乞师,立依于庭墙而哭,日夜不绝声,勺饮不入口,七日秦师乃出,以车五百乘救楚,败吴兵于稷。事见左传及史记。言臧洪徒守节致死,不能如包胥之存楚也。

　　赞曰:先零扰疆,邓、崔弃凉。诩、爕令图,再全金方。盖勋抗董,终然允刚。洪怀偏节,力屈志扬。

虞傅盖臧列传第四十八

1513

【校勘记】

　　〔1〕乃说李脩曰　按:集解引惠栋说,谓袁纪诩说太尉张禹,与传异也。

　　〔2〕得朝歌何衰　按:集解引惠栋说,谓袁纪"何衰"作"可衰"。

　　〔3〕诪当作筹也　按:御览一九〇引正作"筹",疑据章怀注改也。

　　〔4〕明日为三万灶　按:"三"原讹"二",径据汲本、殿本改正。

〔5〕筑营壁百八十所　汲本、殿本"百"上有"二"字。按:通鉴亦作"百八十所"。

〔6〕自沮至下辩　集解引惠栋说,谓案汉李翕碑题名,"辩"当作"辨"。今按:续志作"辨",通鉴胡注亦作"辨"。

〔7〕每至春夏辄溢没秋稼坏败营郭　按:类聚六引作"春夏辄溃溢,败坏城郭"。

〔8〕石皆坼裂　按:类聚引"坼"作"魄"。

〔9〕遂无氾溺之患　按:汲本"氾"作"汎"。类聚引作"遂无沈溺之害"。

〔10〕榖石千　集解引惠栋说,谓御览八百六十五引续汉书,云"始到郡,榖千五百",此脱"五百"字。今按:通鉴亦作"榖石千"。

〔11〕二府恐为臣所奏　按:刊误谓上文三公劾诩,则"二府"当为"三府"也。

〔12〕敦字文理京(兆)〔县〕人也　张森楷校勘记谓据顺帝纪注,敦是河南京县人,此"兆"字当衍文,或"县"字之误。按:顺帝纪注作"京县人也",今据改。

〔13〕无令臣袭杨震之跡　按:"杨"原讹"扬",径改正。下一二六八页五行"杨会"、一二六九页二七行"杨雍"、一二七一页一二行注"杨儒"同。

〔14〕自〔四〕百石以下　陈景云谓按续志"百石"上当有"四"字。今据补。

〔15〕街〔里〕走卒　刊误谓后汉志"街"下有一"里"字。今据补。

〔16〕率皆赤帻缝构　汲本、殿本"缝"作"绛"。按:续志作"绛构"。

〔17〕与左中郎〔将〕皇甫嵩　刊误谓案嵩传,此少一"将"字。今据补。

〔18〕并〔三十〕六国　陈景云谓"六"上当有"三十"二字。今据补。

〔19〕以(高)〔鬲〕娬羌　据刊误改。

〔20〕然惮其名不敢害　按:校补谓此处当脱仍奏请封燮某侯,并燮转某官,否则下文似不接,且议郎亦不得即拜太守也。

〔21〕郡将范津明知人　按:刊误谓"明"当作"名"。

〔22〕时北〔地〕胡骑数千　刊误谓案文少一"地"字,下文云"乡里羌胡",是与燮同北地人也。今据补。

〔23〕世乱不能养浩然之志　"浩"原讹"皓",径改正。下一六行"养吾浩然之气"同。

〔24〕谥曰壮节侯　集解引周寿昌说,谓燮未封侯,岂死后赠爵邪? 范史不叙,明少疎。按:校补谓范氏史法本密,不至一传之中前后文亦不相应如此,其为上脱燮封侯事明矣。

〔25〕斡字彦林　按:集解引惠栋说,谓"林"一作"材",见三国志注。

〔26〕赵岐注曰　按:"岐"原作"歧",径改正。

〔27〕继食鹰鸢　按:"鹰"原讹"膺",径改正。

〔28〕谢承书曰　按:"承"原讹"丞",径改正。

〔29〕至狐槃　按:集解引惠栋说,谓袁宏纪作"孤磐"。

〔30〕阿阳县属天水郡　按:"天水"当作"汉阳",惠栋云后汉改天水为汉阳。

〔31〕续汉书枭字作泉也　集解引汪文台说,谓范作"枭"非,作"泉"亦非,疑本作"因",音近讹作"渊",又以避讳作"泉"。按:校补谓疑本是"枭"字,误为"枭",复讹为"泉"耳。

〔32〕是为滑公庆父袭杀滑公　按:两"滑"字原皆误"湣",径改正。

〔33〕伍承弥缝　"伍"原作"五",径据汲本、殿本改。

〔34〕扶风〔十〕孙瑞　据集解引惠栋说补。

〔35〕桂阳魏傑　按:张森楷校勘记谓案太尉刘宽碑阴有"右扶风杜阳魏

傑",献帝春秋同,而桂阳则荆州郡,不在三辅矣,盖"桂"字是"杜"
字之误。

〔36〕臧洪字子源　按:集解引惠栋说,谓唐赠工部尚书臧怀恪碑历叙臧
氏作"子原",案字从厂从泉,后人复添三点,见顾炎武金石文
字记。

〔37〕丹(扬)〔阳〕太守陈夤　据汲本改。

〔38〕越州鄮县　按:"鄮"原讹"鄺",径据汲本、殿本改正。

〔39〕河南赵建章　按:集解引惠栋说,谓依左雄传,衍"章"字。

〔40〕时董卓(杀)〔弑〕帝　据汲本、殿本改。

〔41〕以(穰)〔襄〕风雨　据汲本改。

〔42〕博陵张牛角(立)〔之〕起　刊误谓"立"当作"之"。今据改。

〔43〕蹈之则君子背之则小人　按:汲本、殿本两"则"字下并有
"为"字。

后汉书卷五十九

张衡列传第四十九

张衡字平子,南阳西鄂人也。①世为著姓。祖父堪,蜀郡太守。衡少善属文,游于三辅,因入京师,观太学,遂通五经,贯六艺。虽才高于世,而无骄尚之情。常从容淡静,不好交接俗人。永元中,举孝廉不行,连辟公府不就。时天下承平日久,自王侯以下,莫不踰侈。衡乃拟班固两都,作二京赋,因以讽谏。精思傅会,十年乃成。文多故不载。大将军邓骘奇其才,累召不应。

①西鄂,县,故城在今邓州向城县南,有平子墓及碑在焉,崔瑗之文也。

衡善机巧,尤致思于天文、阴阳、历算。常耽好玄经,①谓崔瑗曰:"吾观太玄,方知子云妙极道数,乃与五经相拟,非徒传记之属,使人难论阴阳之事,汉家得天下二百岁之书也。②复二百岁,殆将终乎?③所以作者之数,必显一世,常然之符也。汉四百岁,玄其兴矣。"④安帝雅闻衡善术学,公车特征拜郎中,再迁为太史令。⑤遂乃研覈阴阳,妙尽琁机之正,作浑天仪,著灵宪、筭罔论,言甚详明。⑥

①桓谭新论曰:"扬雄作玄书,以为玄者,天也,道也。言圣贤制法作事,皆引天道以为本统,而因附续万类、王政、人事、法度,故宓羲氏谓之易,老子谓之道,孔子谓之元,而扬雄谓之玄。玄经三篇,以纪天地人之道,立三体有上中下,如禹贡之陈三品。三三而九,因以九九八十一,故为八十一卦。以四为数,数从一至四,重累变易,竟八十一而徧,不可损益。以三十(五)〔六〕著揲之。[1]玄经五千馀言,而传十二篇也。"

②子云当哀帝时著太玄经,自汉初至哀帝,二百岁也。

③自中兴至献帝,一百八十九年也。

④自此已上,并衡与崔瑗书之文也。

⑤汉官仪"太史令属太常,秩六百石"也。

⑥汉名臣奏曰,蔡邕曰:"言天体者有三家:一曰周髀,二曰宣夜,三曰浑天。宣夜之学绝,无师法。周髀术数具存,考验天状,多所违失,故史官不用。唯浑天者,近得其情,今史官所用候台铜仪,则其法也。"灵宪序曰:"昔在先王,将步天路,用定灵轨。寻绪本元,先准之于浑体,是为正仪,故灵宪作兴。"衡集无筭罔论,盖网络天地而筭之,因名焉。

顺帝初,再转,复为太史令。衡不慕当世,所居之官,辄积年不徙。自去史职,五载复还,乃设客问,作应闲以见其志云:①

①间,非也。衡集云:"观者,观余去史官五载而复还,非进取之埶也。唯衡内识利钝,操心不改。或不我知者,以为失志矣。用为间余。余应之以时有遇否,性命难求,因兹以露余诚焉,名之应闲云。"

有间余者曰:盖闻前哲首务,务于下学上达,佐国理民,有云为也。①朝有所闻,则夕行之。立功立事,式昭德音。②是故伊尹思使君为尧舜，而民处唐虞，彼岂虚言而已哉，必旌厥素尔。③咎单、巫咸，寔守王家，④申伯、樊仲，实干周邦，服衮而朝，介圭作瑞。⑤厥迹不朽，垂烈后昆，不亦丕欤！且学非以要利，而富贵萃之。贵以行令，富以施惠，惠施令行，故易称以"大业"。⑥质以文美，实由华兴，器赖彫饰为好，人以舆服为荣。吾子性德体道，笃信安仁，约己博艺，无坚不钻，以思世路，斯何远矣！⑦曩滞日官，今又原之。⑧虽老氏曲全，进道若退，然行亦以需。⑨必也学非所用，术有所仰，故临川将济，而舟楫不存焉。徒经思天衢，内昭独智，固合理民之式也？故尝见谤于鄙儒。⑩深厉浅揭，随时为义，曾何贪于支离，而习其孤技邪？⑪参⑫轮可使自转，木雕犹能独飞，已垂翅而还故棲，盍亦调其机而铦诸？⑬昔有文王，[2]自求多福。⑭人生在勤，不索何获。⑮曷若卑体屈己，美言以相克？⑯鸣于乔木，乃金声而玉振之。⑰用后勋，雪前吝，婞很不柔，以意谁靳也。⑱

①论语曰，孔子曰："下学而上达。"注云："下学人事，上知天命也。"

②尚书曰："立功立事，可以永年。"逸诗曰："祈招之愔愔，式昭德音。"式，用也。昭，明也。

③尚书伊尹曰："予弗克俾厥后，惟尧舜其心，愧耻若挞于市。"旌，明也。素犹志也。

④咎单、巫咸，并殷贤臣也。尚书曰："咎单作明居。"又曰"巫咸保乂王家"也。

⑤申伯，申国之伯也；樊仲，仲山甫也，为樊侯：并周宣王之卿士。诗大雅曰："维申及甫，维周之翰。"注："翰，干也。服衮谓申伯为冢宰，服衮冕之服也。"又曰："锡尔介圭，以作尔宝。"注云"宝，瑞也。圭长尺二寸谓之介"也。

张衡列传第四十九

⑥易系词曰"盛德大业,至矣哉! 富有之谓大业,日新之谓盛德"也。

⑦论语曰:"笃信好学。"又曰:"仁者安仁。"又曰:"钻之弥坚。""博我以文,约我以礼。"

⑧日官,史官也。左传曰:"天子有日官。"尔雅曰:"厡,再也。"

⑨老子曰:"曲则全,枉则(正)〔直〕。"〔3〕又曰:"夷道若类,进道若退。"易杂卦曰:"需,不进也。"

⑩天衢,天道也。言徒锐思作灵宪、浑天仪等也。

⑪揭,褰衣也,音丘例反。诗邶风曰:"深则厉,浅则揭。"尔雅曰:"由带以上为厉,由膝以下为揭。"言遭时制宜,遇深水则厉,浅则揭也。易随卦:"随时之义大矣哉!"庄子曰:"朱泙曼学屠龙于支离益,单千金之家,三年技成而无所用。"技音渠绮反。责衡何独妙思于机巧者也。

⑫音三。

⑬垂翅故楼,谓再为史官也。盍,何不也。铦,利也。诸,之也。间者言衡作三轮木雕,尚能飞转,巳乃垂翅故楼,何不调其机关使利而高飞邪? 傅子曰"张衡能令三轮独转"也。

⑭诗大雅文王篇曰"永言配命,自求多福"也。

⑮左传曰:"人生在勤,勤则不匮。"又曰:"不索何获,吾欲求之。"

⑯克,胜也。衡集作"美言以市"也。

⑰诗小雅曰:"伐木丁丁,鸟鸣嘤嘤,出自幽谷,迁于乔木。"喻求仕迁于高位,振扬德音,如金玉之声。孟子曰:"金声而玉振〔之〕。"〔4〕

⑱客,耻也。左传曰:"宋公靳之。"杜预注云:"戏而相愧曰靳。"

应之曰:是何观同而见异也? 君子不患位之不尊,而患德之不崇;不耻禄之不夥,而耻智之不博。①是故艺可学,而行可力也。天爵高悬,得之在命,②或不速而自怀,或羡旟而不臻,③求之无益,故智者面而不思。④阽身以徼倖,固贪夫之所为,未得而豫丧也。⑤枉尺直寻,议者讥之,盈欲亏志,孰云非

羞？⑥于心有猜，则簋飧馔餔犹不屑餐，旌瞀以之。⑦意之无疑，则兼金盈百而不嫌辞，孟轲以之。⑧士或解裋褐而袭黼黻，或委亩筑而据文轩者，度德拜爵，量绩受禄也。⑨输力致庸，受必有阶。⑩

①方言曰："凡物盛而多，齐宋之郊谓之夥。"音和果反。

②孟子曰："仁义忠信，乐善不倦，此天爵也。公卿大夫，此人爵也。"案：此谓天子高县爵位，得者在命也。

③速，召也。怀，来也。旃，之也。

④面，偝也。

⑤阽，危也。

⑥孟子陈代问孟子曰："枉尺而直寻，若可为也？"孟子曰："昔齐景公田，招虞人以旌，不到，[5]将杀之。志士不忘在沟壑，如不待招而往，何哉？且夫枉尺而直寻者，以利言也。如以利，则枉寻直尺而利，亦可为欤？"赵岐注云：[6]"志士，守义者也。君子固穷，[7]故虞人不得其招尚不往，如何君子不(得)〔待〕其招而妄见也。[8]尺小寻大，不可枉大就小，而以要利也。"

⑦猜，嫌也。簋，食器也。飧音孙。诗云："有蒙簋飧。"馔音仕卷反，餔音补故反，并谓食也。屑犹介也。以，用也。爰旌瞀，饿人也。一作"爰精目"。列子曰："东方有人焉，曰爰旌目，将有适也，而饿于道。狐丘父之盗曰丘，见而下壶飧以餔之。爰旌目三餔而后能视，曰：'子何为者？'(也)〔曰〕：'我狐父之人丘也。'[9]爰旌目曰：'譆，汝非盗邪？吾义不食子之食也。'两手据地而欧之，不出，喀喀而死。"

⑧孟子："陈臻问曰：'前于齐，王餽兼金一百而不受；于宋，餽七十镒而受。前日之不受是，则今受之非也？'孟子曰：'皆是也。当在宋也，予将远行，远行者必以赆，予何为不受？若于齐，则未有处也，无处而餽之，是货之也。焉有君子而可以货取乎？'"赵岐注云："兼金，好金也。

价兼倍于恶者,故曰兼金。一百,百镒也。二十两为镒。赆,送行者
赠贿之礼也。在齐时无事,于义未有所处也。义无所处而馈之,是以
货贿(所)取我,〔10〕欲使我怀惠也。"

⑨解裋褐谓窀戚也。委茆筑谓傅说也。裋音常主反。方言曰"自关而
西,谓襜褕短者谓之裋"也。

⑩"受"或作"爱"。

　　浑元初基,灵轨未纪,吉凶纷错,人用瞳朦。①黄帝为斯深
惨。有风后者,是焉亮之,察三辰于上,跡祸福乎下,经纬历
数,然后天步有常,则风后之为也。②当少昊清阳之末,实或乱
德,人神杂扰,不可方物,重黎又相颛顼而申理之,日月即次,
则重黎之为也。③人各有能,因艺授任,鸟师别名,四叔三正,
官无二业,事不并济。④昼长则宵短,日南则景北。⑤天且不堪
兼,况以人该之。⑥夫玄龙,迎夏则陵云而奋鳞,乐时也;涉冬
则混泥而潜蟠,避害也。⑦公旦道行,故制典礼以尹天下,惧教
诲之不从,有人〔之〕不理。⑧〔11〕仲尼不遇,故论六经以俟来
辟,⑨耻一物之不知,有事之无范。所考不齐,如何可一?⑩

①瞳朦言未晓也。

②史记曰:"黄帝迎日推策,举风后、力牧以理人,顺天地之纪,幽明之
占。"又曰:"旁罗日月星辰。"春秋内事曰:"黄帝师于风后,风后善于
伏羲氏之道,故推演阴阳之事。"艺文志阴阳流有风后十三篇也。

③帝王纪曰:"少昊字清阳。"国语楚观射父曰:"少皞之衰也,九黎乱德,
人神杂糅,不可方物。颛顼承之,乃命南正重司天以属神,命火正黎
司地以属人。"重,少昊氏之子。黎,颛顼氏之子。

④左传郯子曰:"少皞鸟师而鸟名。凤鸟氏历正也,玄鸟氏司分也,伯赵
氏司至也,青鸟氏司启也,丹鸟氏司闭也。"又晋蔡墨曰:"少皞氏有四

叔，曰重，曰该，曰脩，曰熙，实能金木及水，使重为句芒，该为蓐收，脩及熙为玄冥。"四叔分主三正，言其不兼业也。

⑤夏至日北极而影短，昼六十刻，夜四十刻。冬至日南极而影长，夜六十刻，昼四十刻也。易通卦验曰："冬至，晷长丈三尺。夏至，晷长尺五寸。"谓立八尺表之阴也。

⑥该，备也。

⑦说文曰："龙，鳞虫之长，能幽能明，能小能巨，能短能长，春分而登天，秋分而入川。"言出入有时也。贾逵注国语曰："湣，乱也。"湣音骨。

⑧尹，正也。道行言道得申也。流俗本作"行道"者，非也。

⑨辟，君也。公羊传曰，孔子制春秋，以俟后圣也。

⑩衡集"考"字作"丁"。丁，当也。

　　夫战国交争，戎车竞驱，君若缀旒，人无所丽。①烛武县缒而秦伯退师，②鲁连系箭而聊城弛柝。③从往则合，横来则离，安危无常，要在说夫。④咸以得人为枭，失士为尤。⑤故樊哙披帷，入见高祖；⑥高祖踞洗，以对郦生。⑦当此之会，乃鼋鸣而鳖应也。⑧故能同心戮力，勤恤人隐，⑨奄受区夏，遂定帝位，皆谋臣之由也。故一介之策，各有攸建，子长谍之，烂然有第。⑩夫女魃北而应龙翔，洪鼎声而军容息；⑪溽暑至而鹑火栖，寒冰冱而鼋鼍蛰。⑫今也，皇泽宣洽，海外混同，万方亿丑，并质共剂，若修成之不暇，尚何功之可立！⑬立事有三，言为下列；下列且不可庶矣，奚冀其二哉！⑭[12]

①丽，附也。公羊传曰："君若赘旒然。"旒，旌旒也。言为下所执持西东也。

②烛之武，郑大夫也。缒，县绳于城而下也。左传曰，秦伯围郑，郑伯使烛之武夜缒而出，说秦，秦伯为之退师。

③鲁仲连,齐人也。时燕将守聊城,仲连为书系箭射聊城中,燕将自杀。见史记。弸,废也。柝,行夜木也。

④张仪说诸侯连和事秦为横,苏秦说诸侯连兵拒秦为从。苏秦往则从合,张仪来则从离。

⑤枭犹胜也,犹六博得枭则胜。

⑥前书曰,樊哙,沛人也,封舞阳侯。高帝尝病,恶见人,卧禁中,诏户者无得入。哙乃排闼直入,流涕曰:“独不见赵高之事乎?”帝笑而起也。

⑦前书曰,沛公方踞床,令两女子洗足,而见郦食其,食其曰:“必欲聚徒合义兵,诛无道,不宜踞见长者。”于是沛公辍洗谢之。

⑧喻君臣相感也。焦赣易林曰“鼋鸣岐野,〔13〕鳖应于泉”也。

⑨隐,病也。国语曰“勤恤人隐,而除其害”也。

⑩前书音义曰:“谍,谱第也。”与“牒”通。司马迁字子长,作史记,著功臣等传,烂然各有第序也。

⑪女魃,旱神也。北犹退也。应龙,能兴云雨者也。山海经曰:“蚩尤作兵伐黄帝,黄帝乃令应龙攻之冀州之野。应龙蓄水,蚩尤请风伯、雨师从,大风雨。黄帝乃下天女曰(妖)〔妭〕,〔14〕雨止,遂杀蚩尤。(妖)〔妭〕不得复上,所居不雨。”(妖)〔妭〕亦魃也,音步末反。“声”或作“馨”,“容”或作“客”,衡集“容”作“害”,并未详也。

⑫楼,息也。礼记月令曰:“季夏土润溽暑。”鹑火,午之宿也。三月在午,六月在酉。言当季夏之时,鹑火退于酉。冱,凝也。

⑬质、剂犹今分支契也。并、共犹言交通也。周礼曰:“凡卖买者质剂焉,大市以质,小市以剂。”郑玄注云:“两书一札,同而别之,长曰质,短曰剂。”剂音子随反。

⑭左传鲁叔孙豹曰:“太上有立德,其次有立功,其次有立言。”杜预注云:“立德,黄帝、尧、舜也。立功,禹、稷也。立言,史佚、周任、臧文仲。”

于兹搢绅如云，儒士成林，及津者风摅，失涂者幽僻，遭遇难要，趋偶为倖。世易俗异，事埶舛殊，不能通其变，而一度以揆之，①斯契船而求剑，守株而伺兔也。②冒愧逞愿，必无仁以继之，有道者所不履也。越王句践事此，故厥绪不永。③捷径邪至，我不忍以投步；干进苟容，我不忍以歙肩。④虽有犀舟劲楫，犹人涉卬否，有须者也。⑤姑亦奉顺敦笃，守以忠信，得之不休，不获不吝。⑥不见是而不惛，居下位而不忧，允上德之常服焉。⑦方将师天老而友地典，与之乎高睨而大谈，孔甲且不足慕，焉称殷彭及周聃！⑧与世殊技，固孤是求。⑨子忧朱泙曼之无所用，吾恨轮扁之无所教也。⑩子睹木雕独飞，愍我垂翅故栖，吾感去蛙附鸱，悲尔先笑而后号也。⑪

①易系词曰"通其变，使人不倦"也。

②契犹刻也。吕氏春秋曰："楚人有涉江者，其剑自舟中坠于水，遽契其舟，曰'是吾剑所从坠也'。舟已行而剑不行，若此求剑，不亦惑乎！"韩子曰"宋人有耕者，田中有株，兔走触之，折颈而死，因释耕守株，冀复得兔，为宋国笑"也。

③史记曰，越王句践先吴兴师，吴王闻之，悉发精兵击越，败之于夫椒。越王乃以馀兵五千人保棲于会稽。此为冒愧逞愿，自取败也。

④捷，疾也。歙，敛也，音翕。孟子曰："阿意事贵，胁肩所尊，俗之情也。"〔15〕歙亦胁也。

⑤前书曰："羌戎弓矛之兵器不犀利。"音义曰："今俗谓刀兵利为犀。犀，坚也。"诗卫风曰："招招舟子，人涉卬否。人涉卬否，卬须我友。"卬，我也。须，待也。郑玄注云："人皆涉，我友未至，我独待而不涉。言室家之道，非得所適贞女不行，非得礼义婚姻不成，喻仕当以道，不求妄进也。"

⑥姑，且也。休，美也。吝，耻也。

⑦悟犹闷也。易曰:"不见是而无闷,乐则行之,忧则违之。"又曰"居上位而不骄,在下位而不忧"也。

⑧帝王纪曰:"黄帝以风后配上台,天老配中台,五圣配下台,谓之三公。其馀知天、规纪、地典、力牧、常先、封胡、孔甲等,或以为师,或以为将。"艺文志阴阳有地典六篇。殷彭即老彭,殷贤人也。睨,视也。高视大谈,言不同流俗。衡集作"矢谈",矢亦直也,义亦通也。

⑨技,巧也,音伎。本或作"拔",误也。

⑩轮扁谓为轮者名扁也。扁音皮珍反。庄子曰:"轮扁对齐桓公曰:'斲轮之法,徐则甘而不固,疾则苦而不入。不疾不徐,得之于手而应之于心,口不能言也。臣不能以喻臣之子,臣子亦不能受之于臣。'"言洴曼屠龙既无所用,轮扁斲轮亦不能教人也。洴音匹萌反。

⑪蛙,虾蟆也,音胡娲反。周易旅上九曰:"先笑而后号咷。"

　　斐豹以毙督燔书,礼至以掖国作铭;①弦高以牛饩退适,墨翟以紫带全城;②贯高以端辞显义,苏武以秃节效贞;③蒲且以飞矰逞巧,詹何以沈钩致精;④弈秋以棋局取誉,王豹以清讴流声。⑤仆进不能参名于二立,退又不能群彼数子。⑥愍三坟之既颓,惜八索之不理。⑦庶前训之可钻,聊朝隐乎柱史。⑧且韫椟以待价,踵颜氏以行止。⑨曾不慊夫晋、楚,敢告诚于知己。⑩

①左传曰,晋栾盈复入于晋,栾氏之力臣曰督戎,国人惧之。斐豹谓范宣子曰:"苟焚丹书,我杀督戎。"宣子曰:"而杀之,所不请于君焚丹书者有如日。"乃杀之。杜注曰:"盖豹犯罪,没为官奴,以丹书其罪。"左传,卫伐邢,礼至与国子巡城,掖以赴外,杀之。礼至自为铭曰:"余掖杀国子,莫余敢止。"国子,邢正卿。礼至本卫人,仕邢为大夫。掖谓挟之而投于城外也。衡集"豹"字作"隶"也。

②左传曰,秦师袭郑及滑。郑商人弦高将市于周,遇之,以牛十二犒师。

曰："寡君闻吾子将出于敝邑,敢犒从者。"秦孟明曰："郑有备矣。"灭滑而还。墨子曰："公输般为云梯以攻宋,墨子解带为城,以牒为械,[16]公输般九攻,墨子九拒。公输之攻尽,墨子之守有馀。楚王曰:'善哉,吾请无攻宋矣。'"

③贯高,赵相也。端犹正也。独正言赵王不反,高帝贤而赦之。苏武使匈奴中,杖节卧起,[17]节毛尽落。并见前书。

④列子曰："蒲且子之弋,弱弓纤缴,乘风振之,连双鸧于青云之际。"又曰:"詹何以独茧丝为纶,芒针为钩,荆筱为竿,剖粒为饵,引盈车之鱼。"周礼曰:"矰矢用弋射。"郑玄注云:"结缴于矢谓之矰。矰,高也。"

⑤弈,围局也,棋即所执之子。秋,名也。孟子曰:"弈秋,通国之善弈者。"又曰"王豹处于淇而河西善讴"也。

⑥二立谓太上立德,其次立功也。上云"立事有三,言为下列,下列且不可庶,况其二哉",故言不能参名于二立也。臣贤案:古本作"二立",流俗本及衡集"立"字多作"匹",非也。数子谓斐豹以下也。

⑦左传曰,楚左史倚相能读三坟、五典、八索、九丘。孔安国以为三坟(五典)三皇之书,[18]八卦之说谓之八索。此以下言不能立德立功,唯欲立言而已。

⑧前书东方朔曰:"首阳为拙,柱下为工。"应劭曰:"老子为周柱下史,朝隐终身无患,是为上也。"

⑨论语子贡曰:"有美玉于斯,韫椟而藏诸,求善贾而沽诸?"子曰:"我待价者也。"又子谓颜回曰:"用之则行,舍之则藏,唯我与尔有是夫。"

⑩孟子曾子曰:"晋、楚之富,不可及也。彼以其富,我以吾仁,彼以其爵,我以吾义,吾何慊也?"慊犹美也,音苦簟反。

阳嘉元年,复造候风地动仪。以精铜铸成,员径八尺,合盖隆起,形似酒尊,饰以篆文山龟鸟兽之形。中有都柱,傍行八道,施关发机。外有八龙，首衔铜丸，下有蟾蜍，张口承之。①其牙机巧制，皆隐在尊中，覆盖周密无际。如有地动，尊则振龙机发吐丸，而蟾蜍衔之。振声激扬，伺者因此觉知。虽一龙发机，而七首不动，寻其方面，乃知震之所在。验之以事，合契若神。自书典所记，未之有也。尝一龙机发而地不觉动，京师学者咸怪其无征，后数日驿至，果地震陇西，于是皆服其妙。自此以后，乃令史官记地动所从方起。

①蟾蜍，虾蟆也。蟾音时占反，蜍音时诸反。

时政事渐损，权移于下，衡因上疏陈事曰："伏惟陛下宜哲克明，继体承天，中遭倾覆，龙德泥蟠。①今乘云高跻，磐桓天位，诚所谓将隆大位，必先倥偬之也。②亲履艰难者知下情，备经险易者达物伪。③故能一贯万机，靡所疑惑，百揆允当，庶绩咸熙。宜获福祉神祇，[19]受誉黎庶。而阴阳未和，灾眚屡见，神明幽远，冥鉴在兹。[20]福仁祸淫，景响而应，因德降休，乘失致咎，天道虽远，吉凶可见，近世郑、蔡、江、樊、周广、王圣，皆为效矣。④故恭俭畏忌，必蒙祉祚，奢淫谄慢，鲜不夷戮，前事不忘，后事之师也。夫情胜其性，流遁忘反，⑤岂唯不肖，中才皆然。苟非大贤，不能见得思义，故积恶成衅，罪不可解也。向使能瞻前顾后，援镜自戒，则何陷于凶患乎！⑥贵宠之臣，众所属仰，其有愆尤，上下知之。褒美讥恶，有心皆同，故怨讟溢乎四海，神明降其祸辟也。⑦顷年雨常不足，思求所失，则洪范所谓'僭恒阳若'，[21]者也。⑧惧群臣奢侈，昏瑜典式，自下逼上，用速咎征。又前年京师地震土裂，⑨裂者威分，震者人扰也。君以静唱，臣以动和，威自上出，不趣于下，礼之政也。窃惧圣思厌倦，制不专己，恩不忍割，与众共威。威不可分，德不可共。洪范曰：‘臣有作威作福玉食，害于而家，凶于而国。’天鉴孔明，虽疎不失。灾异示人，前后数矣，而未见所革，以复往悔。⑩自非圣人，不能无过。愿陛下思惟所以稽古率旧，勿令刑德八柄，不由天子。⑪若恩从上下，事依礼制，礼制修则奢僭息，事合宜则无凶咎。然后神望允塞，灾消不至矣。”〔22〕

①倾覆谓顺帝为太子时废为济阴王。蟠音薄寒反。广雅曰：“蟠，曲也。”扬雄〔23〕方言曰：“未升天龙谓之蟠。”

②悾音口弄反，偬音子弄反。埤苍曰：“悾偬，穷困也。”亦谓顺帝被废时也。

③左传曰：“晋侯在外十九年矣，险阻艰难备尝之矣，人之情伪尽知之矣。”

④事具宦者传。

⑤性者生之质，情者性之欲。性善情恶，情胜则荒淫也。

⑥楚辞曰：“瞻前而顾后兮，援镜自戒。”谓引前事以为镜而自戒敕也。韩诗外传曰：“明镜所以照形，往古所以知今。”

⑦辟，罪也，音频亦反。

⑧恒，常也。若，顺也。孔安国注洪范云：“君行僭差则常阳顺之，常阳则多旱也。”

⑨顺帝永建三年正月，京师地震也。

⑩革，改也。复，反也。

⑪周礼，太宰以八柄诏王驭群臣，一曰爵，二曰禄，三曰予，四曰置，五曰生，六曰夺，七曰废，八曰诛。

初，光武善谶，及显宗、肃宗因祖述焉。自中兴之后，儒者争学图纬，兼复附以訞言。衡以图纬虚妄，非圣人之法，乃上疏曰：“臣闻圣人明审律历以定吉凶，重之以卜筮，杂之以九宫，①经天验道，本尽于此。或观星辰逆顺,寒燠所由,或察龟策之占,巫觋之言,②其所因者,非一术也。立言于前,有征于后,故智者贵焉,谓之谶书。谶书始出,盖知之者寡。自汉取秦,用兵力战,功成业遂,可谓大事,当此之时,莫或称谶。若夏侯胜、眭孟之徒,以道术立名,其所述著,无谶一言。刘向父子领校祕书,阅定九流,亦无谶录。成、哀之后,乃始闻之。③尚书尧使鲧理洪水,九载绩用不成,鲧则殛死,禹乃嗣兴。④而春秋谶云'共工理水'。凡谶皆云黄帝伐蚩尤,而诗谶独以为'蚩尤败,然后尧受命'。春秋元命包中有公输班与墨翟,事见战国,非春秋时也。⑤又言'别有益州'。益州之置,在于汉世。⑥其名三辅诸陵,世数可知。至于图中讫于成帝。一卷之书,互异数事,圣人之言,埶无若是,殆必虚伪之徒,以要世取资。往者侍中贾逵摘谶互异三十馀事,诸言谶者皆不能说。至于王莽篡位,汉世大祸,八十篇何为不戒? 则知图谶成于哀平之际也。且河洛、六艺,篇录已定,后人皮傅,无所容窜。⑦永元中,清河宋景遂以历纪推言水灾,而伪称洞视玉版。⑧或者至于弃家业,入山林。后皆无效,而复采前世成事,以为证验。至于永建复统,则不能知。⑨此皆欺世罔俗,以昧埶位,情伪较然,莫之纠禁。且律历、卦候、九宫、风角,数有征效,世莫肯学,而竞称不占之书。⑩譬犹画工,恶图犬马而好作鬼魅,诚以实事难形,而虚伪不穷也。⑪宜收藏图谶,一禁绝之,则朱紫无所眩,典籍无瑕玷矣。”

①易乾凿度曰:“太一取其数以行九宫。”郑玄注云:“太一者,北辰神名也。下行八卦之宫,每四乃还于中央。中央者,(地神)〔北辰〕之所居,[24]故谓之九宫。天数大分,以阳出,以阴入。阳起于子,阴起于午,是以太一下九宫,从坎宫始,自此而从于坤宫,又自此而从于震宫,又自此而从于巽宫,所以(从)〔行〕半矣,[25]还息于中央之宫。既

又自此而从于乾宫，又自此而从于兑宫，又自此而从于艮宫，又自此
而从于离宫，行则周矣，上游息于<u>太一</u>之星而反紫宫。行起从坎宫
始，终于离宫也。"

②前书曰："齐肃聪明者，神或降之。"在男曰觋，在女曰巫。觋音胡
历反。

③<u>眭弘</u>字孟，<u>鲁国蕃</u>人也。昭帝时，以明经为议郎。<u>夏侯胜</u>字长公，<u>东
平</u>人，好<u>洪范五行传</u>说，宣帝时为太子太傅。又<u>成</u>、<u>哀</u>时，有诏使<u>刘向</u>
及子<u>歆</u>于祕书[26]校定经、传、诸子等。九流谓儒家、道家、阴阳家、法
家、名家、<u>墨家</u>、纵横家、杂家、农家，见<u>艺文志</u>、并无谶说也。

④殛，诛死也。

⑤<u>衡集</u>云"<u>班</u>与<u>墨翟</u>并当<u>子思</u>时，出<u>仲尼</u>后"也。

⑥<u>前书武帝</u>始置<u>益州</u>。

⑦<u>衡集</u>上事云："河洛五九，六艺四九，谓八十一篇也。"傅音附。臣贤
案:<u>衡集</u>云："后人皮傅，无所容窜。"又<u>扬雄方言</u>曰："<u>秦</u>、<u>晋</u>言非其事
谓之皮傅。"谓不深得其情核，皮肤浅近，强相傅会也。后人不达皮肤
之意，流俗本多作"颇傅"者，[27]误也。无所容窜谓不容妄有加增也。
<u>庄子</u>曰："窜句籍辞。"<u>续汉书</u>亦作"窜"。本作"篡"者，义亦通也。

⑧<u>遁甲开山图</u>曰："<u>禹</u>游于<u>东海</u>，得玉圭，碧色，长一尺二寸，圆如日月，
以自照，自达幽冥。"言<u>宋景</u>历纪推知水灾，非洞视玉版所见也。

⑨<u>永建</u>，顺帝即位年也。复统谓废而复立，言谶家不论也。

⑩谓竞称谶书也。

⑪<u>韩子</u>曰"客为<u>齐王</u>画者。问：'画孰难？'对曰：'狗马最难。''孰易？'
'鬼魅最易。'狗马，人所知也，故难；鬼魅无形，故易"也。

后迁侍中，帝引在帷幄，讽议左右。尝问<u>衡</u>天下所疾恶者。宦
官惧其毁己，皆共目之，<u>衡</u>乃诡对而出。阉竖恐终为其患，遂共
谗之。

衡常思图身之事，以为吉凶倚伏，幽微难明，乃作思玄赋，^①以宣寄情志。其辞曰：

①玄，道也，德也。老子曰："玄之又玄，众妙之门。"

仰先哲之玄训兮，虽弥高其弗违。^①匪仁里其焉宅兮，匪义跡其焉追？^②潜服膺以永靓兮，绵日月而不衰。^③伊中情之信脩兮，慕古人之贞节。^④竦余身而顺止兮，遵绳墨而不跌。^⑤志团团以应悬兮，^[28]诚心固其如结。^⑥旌性行以制佩兮，佩夜光与琼枝。^⑦缤幽兰之秋华兮，^[29]又缀之以江蓠。^⑧美襞积以酷裂兮，^[30]允尘邈而难亏。^⑨既姱丽而鲜双兮，非是时之攸珍。^⑩奋余荣而莫见兮，播余香而莫闻。幽独守此仄陋兮，敢怠皇而舍勤。^⑪俟二八之遴虞兮，喜傅说之生殷；^[31]尚前良之遗风兮，恫后辰而无及。^⑫何孤行之茕茕兮，子不群而介立？感鸾鷖之特棲兮，悲淑人之稀合。^⑬

①玄训，道德之训也。论语颜回曰："仰之弥高。"

②论语孔子曰："里仁为美，宅不处仁，^[32]焉得知？"里、宅，皆居也。

③说文曰："膺，匈也。"礼记曰："服膺拳拳而不息。"靓音才性反。前书音义曰："靓与'静'同。"

④脩谓自脩为善也。楚辞曰："苟中情其好脩兮。"

⑤竦，企立也。礼记曰："为人臣止于恭，为人子止于孝，为人父止于慈，与国人交止于信。"跌，蹉也，音徒结反。绳墨谕礼法也。楚辞曰："遵绳墨而不颇。"

⑥团团，垂兒也。诗曰："心之忧矣，如或结之。"

⑦旌，明也。夜光，美玉。琼枝，玉树。以谕坚贞也。楚辞曰"折琼枝以继佩"也。

⑧案：缤音租缓反。字书亦"纂"字也。纂，系也。诸家音并户珪反，误

也。江蓠,香草也。本草经曰:"蘪芜,一名江蓠。"即芎藭苗也。楚辞曰:"扈江蓠与薜芷兮,纫秋兰以为佩。"皆取芬芳以象德也。

⑨襞积,衣褶也。酷裂,香气盛也。司马相如曰:"酷裂淑郁。"又曰:"襞积褰绉。"允,信也。尘,久也。邈,远也。亏犹歇也。衣服芬芳,久而不歇,以喻道德著美,幽而不屈也。

⑩姱音口瓜反。王逸注楚词曰:"姱,好也。"攸,所也。言德虽美好,而时人不珍也。

⑪怠,惰也。皇,暇也。舍,废也。

⑫二八,八元、八恺也。逆,遇也,音五故反。虞,虞舜也。尚,慕也。恫,痛也,音通。辰,时也。痛己后时而不及之也。

⑬山海经曰,女床山有鸟,五采,名曰鸾,见则天下安宁。又曰,九疑山有五采之鸟,名鸶。淑,善也。特,独也。言灵鸟既独栖,善人亦少合也。

　　彼无合其何伤兮,[33]患众伪之冒真。旦获谴于群弟兮,启金縢而乃信。①[34]览蒸民之多僻兮,畏立辟以危身。②曾烦毒以迷或兮,羌孰可与言己?③[35]私湛忧而深怀兮,思缤纷而不理。④愿竭力以守义兮,虽贫穷而不改。执雕虎而试象兮,阽焦原而跟止。⑤[36]

　　庶斯奉以周旋兮,要既死而后已。⑥[37]俗迁渝而事化兮,泯规矩之圜方。⑦珍萧艾于重筍兮,[38]谓蕙芷之不香。⑧斥西施而弗御兮,鞙要襃以服箱。⑨[39]行陂僻而获志兮,循法度而离殃。⑩惟天地之无穷兮,何遭遇之无常!不抑操而苟容兮,譬临河而无航。⑪欲巧笑以干媚兮,非余心之所尝。袭温恭之黻衣兮,披礼义之绣裳。⑫辫贞亮以为鞶兮,杂技艺以为珩。⑬昭綵藻与雕琢兮,璜声远而弥长。⑭淹棲迟以恣欲兮,耀灵忽其西藏。⑮恃己知而华予兮,〔40〕鹍鸠鸣而不芳。⑯冀一年之三秀兮,遒白露之为霜。⑰〔41〕时疊疊而代序兮,畴可与乎比伉?⑱咨妒嫮之难并兮,想依韩以流亡,⑲恐渐冉而无成兮,留则蔽而不章。

①旦,周公也。谮,谤也。信音申。成王立,周公摄政,其弟管叔、蔡叔等谤言,云公将不利于孺子,周公乃诛二叔。秋大孰未获,天大雷电以风,禾尽偃。成王与大夫启金縢之书,乃得周公所自以为功代武王之策,方信周公忠于国家也。事见尚书。

②蒸,众也。僻,邪也。辟,法也。诗曰"人之多僻,无自立辟"也。

③曾,重也。羌,发语辞也。言己之志,无可为言之也。

④湛音沈。缤纷,乱皃也。

⑤彫虎,有文也。阽,临也。焦原,原名也。跟,足踵也。尸子曰:"中黄伯曰:'我左执太行之獶,右执彫虎,唯象之未试,吾或焉。有力者则又愿为牛,与象,自谓天下之义人也。恶乎试之?曰,夫贫穷,大行之獶也;跡贱者,义之彫虎也。吾日试之矣。'"〔42〕又曰:"莒国有名焦原者,广寻,长五十步,临百刃之溪,莒国莫敢近也。有以勇见莒子者,独却行剸踵焉,此所以服莒国也。夫义之为焦原也高矣,此义所以服一世也。"衡言躬履仁义,不避险难,亦足以服一代之人也。

⑥左传史克曰:"奉以周旋,不敢失坠。"论语孔子曰:"死而后已,不亦远乎?"

⑦化,变也。泯,灭也。

⑧萧,蒿也。筒,筐也。蕙、芷,并香草也。贵萧艾,喻任小人。谓蕙芷为不香,喻弃贤人也。

⑨斥,远也。西施,越之美女也。要音於皎反。褭音奴了反。吕氏春秋曰:"要褭,古之骏马也。"服,驾也。箱,车也。言踈远美女,又以骏马驾车,并喻不能用贤也。

⑩陂，不正也。离，被也。

⑪航，船也。孙卿子曰："偷合苟容以持禄。"周书阴符曰："四辅不存，若济河无舟矣。"

⑫袭，重也。周礼黑与青谓之黻，五色备曰绣。

⑬说文曰："辫，交织也。"音蒲殄反。礼记曰："男鞶革，(革)〔女〕鞶丝。"[43]郑玄注云："鞶，小囊，盛帨巾也。"珩，佩玉也。

⑭璜，佩玉也。尔雅曰："半璧曰璜。"言佩服之美，喻道德之盛也。

⑮淹，久也。棲迟，游息也。耀灵，日也。楚辞曰："耀灵安藏。"言年岁之蹉跎也。

⑯已知犹知己也。华，荣也。予，衡自谓也。鶗鴃，鸟名，喻谗人也。广雅曰："鶗鴃，布穀也。"楚辞曰："恐鶗鴃之先鸣兮，使夫百草为之不芳。"王逸注云："以喻谗言先至，使忠直之士被罪也。"言恃知己以相荣，反遇谗而见害也。

⑰三秀，芝草也。楚辞曰："采三秀于山间。"说文曰："遒，迫也。"方秀遇霜，喻以贤被谗也。[44]

⑱叠叠，进皃也。谓四时更进而代序。畴，谁也。伉，偶也。伉，协韵音苦郎反。

⑲咨，叹也。妒，忌也。嫭，美也，音胡故反。楚辞曰："嫭目宜笑。"言嫉妒者，憎恶美人，故难与并也。韩谓齐仙人韩终也。为王采药，王不肯服，终自服之，遂得仙。楚辞曰："羡韩众之得一。"流亡谓流遁亡去也。

心犹与而狐疑兮，即岐阯而摅情。①[45]文君为我端蓍兮，利飞遁以保名。②历众山以周流兮，翼迅风以扬声。③二女感于崇岳兮，或冰折而不营。④天盖高而为泽兮，谁云路之不平！⑤勔自强而不息兮，蹈玉阶之嶬峥。⑥惧筮氏之长短兮，钻东龟以观祯。⑦遇九皋之介鸟兮，怨素意之不逞。⑧游尘外而瞥天兮,据冥翳而哀鸣。⑨彤鹝竞于贪婪兮,我脩絜以益荣。⑩
子有故于玄鸟兮,归母氏而后宁。⑪

①岐阯,山足也。周文王所居也。

②文君,文王也。端,正也。楚辞曰:"詹尹端策拂龟。"周易遁卦上九
　曰:"肥遁无不利。"淮南九师道训曰:"遁而能飞,吉孰大焉?"

③遁卦艮下乾上,艮为山,故曰历众山。从二至四为巽,巽为风,故曰翼
　迅风也。

④遁上九变而为咸。咸,感也。咸卦艮下兑上,从二至四为巽,与兑为
　二女也。崇岳谓艮也。从三至五为乾。易说卦曰:"乾为冰,兑为毁
　折。"阳不求阴,故曰冰折而不营也。

⑤乾变为兑,乾为天,兑为泽,故曰天为泽。言天高尚为泽,谁云路之不
　平? 言可行也。

⑥勔,勉也。乾为金玉,故曰玉阶。嶤峥,高峻皃。嶤音尧。峥音士
　耕反。

⑦左传晋卜人曰:"筮短龟长,不如从长。"言筮之未尽,复以龟卜之也。
　周礼"龟人掌六龟之属,东龟曰果属,其色青"也。

⑧诗小雅曰:"鹤鸣九皋。"注云:"皋,泽中溢水出所为也。自外数至九,
　喻深远也。"介,耿介也。龟经有棲鹤兆也。言卜得鹤兆也。逞,快
　也,协韵音丑贞反。

⑨瞥,视也,音普列反。冥翳,高远也。

⑩彤、鹝,鸢鸟也,以喻谗佞也。

⑪子谓衡也。有故于玄鸟谓卜得鹤兆也。易曰:"鸣鹤在阴,其子和之。
　我有好爵,吾与汝縻之。"言子归母氏然后得宁,犹臣遇贤君方享爵
　禄。劝衡求圣君以仕之也。

　　占既吉而无悔兮,简元辰而俶装。①旦余沐于清原兮,晞
余发于朝阳。②漱飞泉之沥液兮,咀石菌之流英。③翾鸟举而

鱼跃兮，将往走乎八荒。④过少皞之穷野兮，问三丘乎句芒。⑤〔46〕何道真之淳粹兮，去秽累而票轻。⑥登蓬莱而容与兮，鳌虽抃而不倾。⑦留瀛洲而采芝兮，聊且以乎长生。⑧凭归云而遐逝兮，夕余宿乎扶桑。⑨噏青岑之玉醴兮，餐沆瀣以为粮。⑩发昔梦于木禾兮，谷崐崘之高冈。⑪朝吾行于汤谷兮，从伯禹于稽山。⑫集群神之执玉兮，疾防风之食言。⑬

①悔，恶也。元辰，吉辰也。傲，整也。

②晞，乾也。朝阳，日也。尔雅曰："山东曰朝阳。"楚辞曰"朝濯发于阳谷，夕晞余身乎九阳"也。

③沥液，微流也。咀，嚼也。石菌，芝也。英，华也。

④翾，飞也，〔47〕音许缘反。走犹赴也，音奏。八荒，八方荒远地也。淮南子曰："登太山，履石封，以望八荒。"

⑤帝王纪曰："少昊邑于穷桑，都曲阜，故或谓之穷桑帝。"地在鲁城北。衡欲往东方，故先过穷桑之野。三丘，东海中三山也，谓蓬莱、方丈、瀛洲。句芒、木正，东方之神也。

⑥道真谓道德之真。班固幽通赋曰："钊沈躬于道真。"不浇曰淳，不杂曰粹。票音匹妙反，犹飘飘也。

⑦鳌，大龟也。列子曰："勃海之东有大壑焉，其中有五山，一曰岱舆，二曰员峤，三曰方壶，四曰瀛洲，五曰蓬莱。随波上下往还，不得暂峙。仙圣诉于帝，使巨鳌十五举首而戴之，迭为三番，六万岁一交焉，五山始不动。"抃音皮媛反。楚辞曰："鳌戴山抃。"说文："抃，搚手也。"

⑧东方朔十洲记曰"瀛洲，在东海之东，上生神芝仙草，有玉石膏出泉酒味，名之为玉酒，饮之令人长生"也。

⑨扶桑，日所出，在汤谷中，其桑相扶而生。见淮南子。

⑩尔雅曰："山小而高曰岑。"郭璞注曰："言岑崟也。"楚辞曰："餐六气而饮沆瀣。"王逸注云："沆瀣，夜半气也。""粮"或作"粻"。

⑪山海经曰:"崐嵛墟在西北,方八百里,高万仞,上有木禾,长五寻,大五围。"昔,夜也。穀,生也。衡此夜梦禾生于崐嵛山之上,即下文云"抨巫咸作占梦,含嘉秀以为敷"是也。衡集注及近代注解皆云"昔日梦至木禾,今亲往见焉,是为发昔梦也"。臣贤案:衡之此赋,将往走乎八荒以后,即先往东方,次往南方,乃适西方,此时正在汤谷、扶桑之地,崐嵛乃西方之山,安得已往崐嵛见木禾乎? 良由寻究不精,致斯谬耳。

⑫汤谷,日所出也。孔安国注尚书曰:"禹代鲧为崇伯,故称伯。"吴越春秋曰:"禹登茅山,大会计理国之道,故更名其山曰会稽"也。

⑬左传曰:"禹合诸侯于涂山,执玉帛者万国。"国语仲尼曰:"昔禹致群神于会稽之山,防风氏后至,禹杀而戮之。"客曰:"敢问谁为神?"仲尼曰:"山川之守,足以纪纲天下者,其守为神。"食言谓后至也。尔雅曰:"食,伪也。"

指长沙以邪径兮,[48]存重华乎南邻。①哀二妃之未从兮,翩傶处彼湘濒。②[49]流目觌夫衡阿兮,睹有黎之圮坟;痛火正之无怀兮,托山陂以孤魂。③[50]愁蔚蔚以慕远兮,[51]越卬州而愉敖。④[52]跻日中于昆吾兮,憩炎天之所陶。⑤[53]扬芒燺而绛天兮,水泫沄而涌涛。⑥温风翕其增热兮,怒郁邑其难聊。⑦颡羁旅而无友兮,[54]余安能乎留兹?⑧

①长沙,今潭州也。从稽山西南向长沙,故云邪径。存犹问也。重华,舜名。葬于苍梧,在长沙南,故云"南邻"也。

②二妃,舜妻尧女娥皇、女英。翩,连翩也。傶,弃也。濒,水涯也。刘向列女传曰:"舜陟方,死于苍梧,二妃死于江、湘之间,俗谓之湘君、湘夫人也。"[55]礼记云"舜葬苍梧,二妃不从"也。

③衡阿,衡山之曲也。黎,颛顼之子祝融也,为高辛氏之火正,葬于衡山。圮,毁也。盛弘之荆州记云:"衡山南有南正重黎墓。楚灵王时

山崩,毁其坟,得营丘九头图焉。"

④河图曰:"天有九部八纪,地有九州八柱。东南神州曰晨土,正南卬州曰深土,西南戎州曰滔土,正西弇州曰开土,正中冀州曰白土,西北柱州曰肥土,北方玄州曰成土,东北咸州曰隐土,正东扬州曰信土。"愉,乐也。敖,游也。

⑤淮南子曰:'日至于昆吾,是谓正中。"高诱注云:"昆吾,丘名,在南方。"憩,息也。东方朔神异经曰:"南方有火山,长四十里,广四五里,昼夜火然。"陶犹炎炽也。

⑥芒,光芒也。字林曰:"熛,飞火也。"音必遥反。法音胡犬反,沄音户昆反,并水流皃也。

⑦温风,炎风也。淮南子曰:"南方之极,自北户之外,南至委火、炎风之野,二万二千里。"愍音奴觐反。尔雅曰"愍,思也"。

⑧颛,独也,音苦骨反。不能留此,将复西行也。

　　顾金天而叹息兮,吾欲往乎西嬉。①前祝融使举麾兮,缅朱鸟以承旗。②躔建木于广都兮,拓若华而踌躇。③超轩辕于西海兮,跨汪氏之龙鱼;闻此国之千岁兮,曾焉足以娱余?④

①金天氏,西方之帝少皞也。嬉,戏也。

②缅,系也,音山绮反。朱鸟,凤也。楚辞曰"凤皇翼其承旗"也。

③躔,次也。拓犹折也。淮南子曰:"建木在广都,若木在建木西,末有十日,其华照地。"山海经曰,广都之野,后稷葬焉。楚辞曰:"折若木以拂日。"踌躇犹俳回也。踌音直流反。躇音直余反。

④山海经曰"轩辕之国,在穷山之际,其(不)〔下〕寿者八百岁。[56]龙鱼在其北,一曰虾鱼,有神巫乘此以行九野。一曰鳖鱼,在汪野北,其为鱼也如鲤鱼。白人之国在龙鱼北"也。

　　思九土之殊风兮,从蓐收而遂徂。①欸神化而蝉蜕兮,朋精粹而为徒。②蹶白门而东驰兮,云台行乎中野。③乱弱水之潺湲兮,逗华阴之湍渚。④号冯夷俾清津兮,棹龙舟以济予。⑤会帝轩之未归兮,怅相佯而延伫。⑥[57]呬河林之蓁蓁兮,伟关雎之戒女。⑦黄灵詹而访命兮,拨天道其焉如。⑧曰近信而远疑兮,六籍阙而不书。⑨神遌昧其难覆兮,畴克谟而从诸?⑩[58]牛哀病而成虎兮,虽逢昆其必噬。⑪螯令殪而尸亡兮,取蜀禅而引世。⑫死生错而不齐兮,虽司命其不晰。⑬[59]窦号行于代路兮,后膺祚而繁庑。⑭王肆侈于汉庭兮,卒衔恤而绝绪。⑮尉厖眉而郎潜兮,逮三叶而遭武。⑯董弱冠而司衮兮,设王隧而弗处。⑰夫吉凶之相仍兮,恒反侧而靡所。穆负天以悦牛兮,[60]竖乱叔而幽主。⑱文断袪而忌伯兮,阍谒贼而宁后。⑲通人闇于好恶兮,岂爱惑之能剖?⑳[61]嬴撝谶而戒胡兮,备诸外而发内。㉑或辇贿而违车兮,孕行产而为对。㉒慎灶显于言天兮,占水火而妄诔。㉓[62]梁叟患夫黎丘兮,丁厥子而事刃,[63]亲所眄而弗识兮,[64]矧幽冥之可信。㉔毋绵挛以涬己兮,[65]思百忧以自疚。㉕彼天监之孔明兮,用棐忱而佑仁。㉖[66]汤蠲体以祷祈兮,蒙厖禩以拯人。㉗景三虑以营国兮,荧惑次于它辰。㉘魏颗亮以从理兮,鬼亢回以敝秦。㉙[67]咎繇迈而种德兮,德树茂乎英、六。㉚[68]桑末寄夫根生兮,卉既彫而已毓。㉛有无言而不雠兮,又何往而不复?㉜盍远跡以飞声兮,孰谓时之可蓄?㉝

①九土,九州也。蓐收,西方神也。徂,往也。欲还中土也。

②欷,疾兒也,音许勿反。蜕音税。说文曰:"〔蜕〕,蝉蛇(蜕)所解皮也。"[69]言去故就新,若蝉之蜕也。朋犹侣也。粹:美也。

③蹶音厥。郑玄注礼记云:"蹶,行处之兒也。"[70]淮南子曰:"自东北方

日方土之山，曰苍门；东方曰东极之山，〔曰〕开明之门，[71]东南方曰波母之山，曰阳门；南方〔曰〕南极之山；[72]曰暑门；西南方曰编驹之山，曰白门；西方曰西极之山，曰阊阖之门；西北方曰不周之山，曰幽都之门；北方曰北极之山，曰寒门。凡八极之云，是雨天下，八门之风，是节寒暑。”尔雅曰：“台，我也。”野，协韵音神渚反。

④正绝流曰乱。山海经曰：“崑崙之丘，其下有弱水之川环之。”注云：“其水不胜鸟毛。”潺湲，流兒也。逗，止也。华阴，华山之北也。临河，故云“湍渚”。

⑤号，呼也。圣贤冢墓记曰：“冯夷者，弘农华阴潼乡隄首里人，服八石，得水仙，为河伯。”龙鱼河图曰：“河伯姓吕名公子，夫人姓冯名夷。”俾，使也。清，静也。津，济度处。静之使无波涛也。櫂，楫也。淮南子曰：“龙舟，鹢首，浮吹以虞。”予，我也。

⑥帝轩，黄帝也。铸鼎于湖，在今湖城县，与河、华相近。未归谓黄帝得仙升天，神灵未归。相伴犹俳回也。

⑦呬音许吏反。尔雅曰：“呬，息也。”蓁蓁，茂盛兒也。山海经云：“北望河林，其状如蒨。”伟，美也。诗国风曰：“关关雎鸠，在河之洲。窈窕淑女，君子好仇。”衡睹河洲而思之也。

⑧黄灵，黄帝神也。尔雅曰：“詹，至也。访，谋也。摎，求也。”

⑨曰，黄帝答言也。六籍，六经也。

⑩遹，道也。尔雅曰：“覆，审也。畴，谁也。谟，谋也。”

⑪昆，兄也。淮南子曰：“昔公牛哀病七日，化而为虎。其兄觇之，虎搏而杀之，不知其兄也。”

⑫鳖令，蜀王名也。令音灵。殪，死也。禅，传位也。引，长也。扬雄蜀王本纪曰“荆人鳖令死，其尸流亡，随江水上至成都，见蜀王杜宇，杜宇立以为相。杜宇号望帝，自以德不如鳖令，以其国禅之，号开明帝。下至五代，有开明尚，始去帝号，复称王”也。

⑬错，交错也。司命，天神也。春秋佐助期曰：“司命，神，名为灭党，长

八尺,小鼻,望羊,多髭,癯瘦,通于命运期度。"晰,明也,协韵音之逝反。

⑭窦谓孝文窦皇后也。繁庑,茂盛也。吕太后时,出宫人以赐诸王,窦姬家在清河,愿如赵近家,遗宦者吏,必置我赵伍中。宦者忘之,误置代伍中,姬涕泣不欲往,相强乃行。至代,代王独幸窦姬,生景帝,后立为皇后。景帝生十四子,后至光武中兴也。

⑮王谓孝平王皇后,莽之女也。前书聘以黄金二万斤,遣刘歆奉乘舆法驾,迎后于第。及莽篡位,后常称疾不朝,会莽诛,后自投火中而死。恤,忧也。诗小雅曰:"出则衔恤。"绝绪言无后也。

⑯尉谓都尉颜驷也。尨,苍杂色也。遘,遇也。汉武故事曰:"上至郎署,见一老郎,鬓眉皓白,问:'何时为郎?何其老也?'对曰:'臣姓颜,名驷,以文帝时为郎。文帝好文而臣好武,景帝好老而臣尚少,陛下好少而臣已老,是以三叶不遇也。'上感其言,擢为会稽都尉"也。

⑰董贤字圣卿,哀帝时为大司马,年二十二。衮,三公服也。时哀帝令为贤起冢,至尊无以加。及帝崩,王莽杀贤于狱中。左传曰,晋侯请隧,曰:"王章也。"礼记曰"二十曰弱冠"也。

⑱穆,鲁大夫叔孙豹也,谥曰穆。牛谓竖牛,豹之子也。幽,闭也。大夫称主。左传曰,叔孙豹奔齐,宿于庚宗,遇妇人而私焉。至齐,梦天压己,弗胜,顾而见人,号之曰"牛,助余",乃胜之。及后还鲁,庚宗之妇人献以雉,曰:"余子长矣。"召而见之,则所梦也。遂使为竖,有宠。及穆子遇疾,竖牛欲乱其室,曰:"夫子疾病,不欲见人。"牛不进食,穆子遂饿而死。

⑲文,晋文公也。祛,袂也。忌,怨也。伯谓伯楚也。谒,告也。贼谓吕甥、冀芮等。宁,安也。后,文公也。初,晋献公使寺人勃鞮伐公于蒲城,公踰垣,勃鞮斩其祛。及公入国,吕甥、冀芮谋作乱,[73]伯楚知之,以告公。公会秦伯于王城,杀吕、郤,伯楚,勃鞮字也。事见国语也。

⑳通人谓穆子、文公等。闇于好恶谓初悦竖牛,后以饿死;始怨勃鞮,终

能告贼。剖,分也。言通人尚闇于好恶,况爱宠昏惑者岂能分之?

㉑嬴,秦姓也。擿犹发也。谓始皇发谶,云"亡秦者胡",乃使蒙恬北筑长城,以为外备,而不知胡亥竟为赵高所杀,秦氏遂亡,是发内。

㉒辇,运也。违,避也。车谓张车子也。有夫妇夜田者,天帝见而矜之,问司命曰:"此可富乎?"司命曰:"命当贫,有张车子财可以借而与之期。曰,车子生,急还之。"田者稍富,及期,夫妇辇其贿以逃。同宿有妇人,夜生子,问名于其父,父曰:"生车间,名车子。"其家自此之后遂大贫敝。见搜神记。

㉓尔雅曰:"谇,告也。"左传曰:"日有食之。梓慎曰:'将水。'叔孙昭子曰:'旱也。'后果大旱。"又曰"宋、卫、陈、郑将火,郑大夫裨灶请璀斝、玉瓒禳火,子产弗予。灶曰:'不用吾言,郑又将火。'子产曰:'天道远,人道迩,非尔所及。'遂不与,亦不复火"也。

㉔梁叟,梁国之老人也。丁,当也。睇,视也。矧,况也。吕氏春秋曰:"梁北有黎丘乡,乡有丈人往市,醉而归者,黎丘奇鬼效其子之状而道苦之。丈人醒,谓其子曰:'吾为而父,我醉,女道苦我,何故?'其子泣曰:'必奇鬼也。'丈人明日之市,醉,其真子迎之,丈人拔剑而刺之。"事音侧利反。前书音义曰"江东人以物插地中为事"也。

㉕绵挛犹牵制也。沣音胡鼎反。衡集注云:"沣,引也。言勿牵制于俗,引忧于己。"诗曰:"无思百忧,祇自重兮。"

㉖监,视也。孔,甚也。棐,辅也。忱,诚也。佑,助也。言天之视人甚明,唯辅诚信而助仁德也。尚书曰:"天监厥德。"又曰:"天威棐忱。"

㉗蠲,絜也。祈,求也。尔雅曰:"厖,大也。禛,福也。"帝王纪曰:"汤时大旱七年,殷史卜曰:'当以人祷。'汤曰'必以人祷,吾请自当。'遂斋戒,剪发断爪,以己为牲,祷于桑林之社,果大雨。"言蒙天大福以拯救人。衡集"祈"字作"访"。访,祭也。禛音斯。

㉘景,宋景公也。三虑谓三善言也。景公有疾,司马子韦曰:"荧惑守心。心,宋之分野。君当祭之,可移于相。"公曰:"相,股肱也。除心

腹之疾而置之股肱,可乎?"曰:"可移于民。"公曰:"民所以为国,无民
何以为君?"曰:"可移于岁。"公曰:"岁,所以养人也。岁不登,何以畜
人乎?"子韦曰:"君善言三,荧惑必退三舍。"见吕氏春秋也。

㉙魏颗,魏武子之子也。亮,信也。左传曰,晋魏颗败秦师于辅氏,获杜
回。杜回,秦之力人也。初,魏武子有嬖妾,武子疾,命颗曰:"必嫁是
妾。"疾病,则曰:"必以为殉。"及卒,颗嫁之,曰:"疾病则乱,吾从其治
也。"辅氏之役,颗见老人结草以亢杜回,踬而颠,故获之。夜梦之曰:
"余,而所嫁妇人之父也。尔用先人治命,余是以报也。"

㉚尚书曰:"咎繇迈种德。"注云:"迈,行也。种,布也。"英、六,并国名。
咎繇能行布道德,子孙茂盛,封于英、六。帝王纪:"皋陶卒,葬之于
六,禹封其少子于六,以奉其祀。"六故城在今寿州安丰县南也。

㉛根生谓寄生也。言百草至寒皆彫落,唯寄生独荣于桑之末。本草经:
"桑上寄生,一名寄屑,一名寓木,[74] 一名宛童。"以喻咎繇封于英、
六,馀国先灭,英、六独存也。

㉜言咎繇布德行仁,庆流后裔,诗曰:"无言不雠。"易曰"无往不复"也。

㉝盍,何不也。蓄犹待。言何不远游以飞声誉,谁谓时之可待? 言易
逝也。

　　仰矫首以遥望兮,魂懔惘而无畴。①俉区中之隘陋兮,将
北度而宣游。②行积冰之硙硙兮,清泉洇而不流。③寒风凄而
永至兮,[75] 拂穹岫之骚骚。玄武缩于壳中兮,腾蛇蜿而自
纠。④[76] 鱼矜鳞而并凌兮,鸟登木而失条。⑤坐太阴之屏室兮,
慨含欷而增愁。⑥怨高阳之相寓兮,伛颛顼之宅幽。⑦[77] 庸织
络于四裔兮,斯与彼其何瘳?⑧望寒门之绝垠兮,纵余缕乎不
周。⑨迅飙潚其媵我兮,[78] 骛翩飘而不禁。⑩趋爓喁之洞穴兮,
摞通渊之淋淋。⑪[79] 经重阴乎寂寞兮,慜坟羊之潜深。⑫

①懒惆犹敝恍也。

②逼,迫也。宣,徧也。

③淮南子曰:"北方之极,自九泽穷大海之极,有冻寒积(水)〔冰〕雪雹群冰之野。"〔80〕硁音牛哀反。世本云:"公输作石硁。"说文曰:"皑皑,霜雪之兒也。"盖古字"硁"与"皑"通。冱音胡故反。杜预注左传云:"冱,闭也。"

④玄武谓龟、蛇也。曲礼曰:"前朱爵而后玄武。"壳,龟甲也。尔雅曰:"螣,螣蛇。"蜿,屈也。纠,缠结也。骚骚,协韵音脩。纠音古由反。

⑤矜,竦也。并犹聚也。凌,冰也,音力澄反。失条言寒也。

⑥太阴,北方极阴之地也。楚词曰:"选鬼神于太阴。"

⑦高阳氏,帝颛顼也。山海经曰:"东北海之外,附禺之山,帝颛顼与九嫔葬焉。"相,视也。寓,居也。偪,屈也,音乞凤反。宅幽谓居北方幽都之地。尚书曰:"宅朔方曰幽都。"

⑧庸,劳也。织络犹经纬往来也。瘳,愈也。言劳于往来四方,经积冰炎火之地,彼此亦何差也。"织"或作"识","络"或作"骆"。

⑨淮南子曰:"北极之山,曰寒门。"楚辞曰:"踔绝垠乎寒门。"垠音玉巾反。〔81〕广雅曰:"垠,咢也。"堞,马鞴也,音思列反。不周,西北方山也。"垠"或作"限"也。

⑩(飘)〔飙〕,风也。〔82〕潚,疾也,音肃。媵,送也。翩飘亦疾兒也。禁,协韵音金。

⑪㗳唅,深兒也。㗳音呼含反。唅音呼加反。碄音林,亦深兒也。既游四方,又入地下。

⑫重阴,地中也。国语曰:"鲁季桓子穿井,获土缶,中有虫若羊焉,使问仲尼。仲尼对曰:'土之怪曰坟羊。'"

追慌忽于地底兮,〔83〕轶无形而上浮。①出右密之闇野兮,〔84〕不识蹊之所由。②速烛龙令执炬兮,过钟山而中休。③瞰瑶谿之赤岸兮，弔祖江之见刘。④聘王母于银台兮，羞玉芝以疗饥；⑤戴胜憗其既欢兮，又诮余之行迟。⑥载太华之玉女兮，召洛浦之宓妃。⑦咸姣丽以蛊媚兮，增嫮眼而蛾眉。⑧舒妙婧之纤腰兮，扬杂错之袿徽。⑨离朱唇而微笑兮，颜的砺以遗光。⑩献环琨与琛缛兮，〔85〕申厥好以玄黄。⑪虽色艳而赂美兮，志浩盪而不嘉。⑫〔86〕双材悲于不纳兮，并咏诗而清歌。⑬歌曰：天地烟煴，百卉含蘡。〔87〕鸣鹤交颈，雎鸠相和。处子怀春，精魂回移。⑭如何淑明，忘我实多。⑮

①慌忽，无形皃也。

②右谓西方也。密，山名也。山海经曰，西北曰密山。黄帝取密山之玉策，投之钟山之阴。闇，幽隐也。蹊，路也。

③逮，召也。烛龙，北方之神也。山海经曰："西北海之外有神，人面蛇身，而赤其眼，及晦视乃明，〔88〕不食不寝，是烛九阴，是谓烛龙。"炬，可以照明。

④瑶谿，瑶岸也。山海经曰："钟山之东曰瑶岸。"又曰："钟山，其子曰鼓，其状人面而龙身，是与钦䲹杀祖江于崐崘之阳。"䲹音邳。尔雅曰："刘，杀也。"

⑤王母，西王母也。银台，仙人所居也。羞，进也。本草经曰："白芝，一名玉芝。"

⑥山海经曰："崐崘之丘，有人戴胜虎齿，有尾，穴处，名曰西王母。"憗，相传音宜觐反。杜预注左传："憗，发语之音也。"臣贤案张揖字诂，憗，笑皃也，(鸣)〔听〕之别体，〔89〕音许近反，与此义合也。

⑦诗含神雾曰："太华之山，上有明星玉女，主持玉浆，服之(神)〔成〕仙。"〔90〕宓妃，洛水神也。

⑧姣，好也，音古巧反。蛊音野，谓妖丽也。嫮音胡故反，好皃也。楚辞曰"嫮目宜笑"也。

⑨婧音财性反,谓妍婧也。袿音圭,妇人之上服。尔雅曰:"妇人之徽谓之袿。"郭璞注云:"即今之香缨也。"

⑩的砾,明也。遗光言光彩射人也。

⑪环、琨,并玉佩也。白虎通曰"修道无穷即佩环,能本道德即佩琨"也。玄黄谓缯绮也。尚书曰:"厥篚玄黄。"言玉女、宓妃等既献环佩,又赠以缯绮也。

⑫"赂"或作"贻"。浩荡,广大也。言不以玉女及赠遗为美也。楚辞曰:"怨灵脩之浩荡。"

⑬双材谓玉女、宓妃也,即上文所谓"二女感于崇岳"也。

⑭烟煴,气也。易系辞曰:"天地烟煴。"张揖字诂曰:"蕕,古花字也。"处子,处女也。怀,思也。庄子曰:"绰约若处子。"诗曰:"有女怀春。"

⑮淑,善也。诗曰:"如何如何,忘我实多。"

　　将答赋而不暇兮,爰整驾而亟行。①瞻崐崘之巍巍兮,临萦河之洋洋。伏灵龟以负坻兮,亘螭龙之飞梁。②登阆风之曾城兮,搆不死而为床。③屑瑶蕊以为粖兮,剿白水以为浆。④拜巫咸以占梦兮,〔91〕乃贞吉之元符。⑤滋令德于正中兮,(合)〔含〕嘉(秀)〔禾〕以为敷。⑥〔92〕既垂颖而顾本兮,尔要思乎故居。⑦〔93〕安和静而随时兮,姑纯懿之所庐。⑧

①赋谓玉女所歌诗也。亟,疾也,音纪力反。即上所谓"冰折不营"也。

②山海经曰:"河出崐崘西北隅。"萦,曲也。尔雅曰:"小沚曰坻。"谓水中高地,以龟负之,可以架桥也。亘犹横度也。广雅曰"无角曰螭龙"也。

③阆风,山名,在崐崘山上。楚词曰:"登阆风而绁马。"淮南子曰:"崐崘山有曾城九重,高万一千里,上有不死树在其西。"今以不死木为床也。

④瑶,琼也。楚辞曰:"屑琼蕊以为粮。"粖,粮也。剿音(居)〔古〕于

反，〔94〕谓酌也。河图曰："崐山出五色流水，其白水东南流入中国，名为河"也。

⑤抨，使也，音普耕反，又补耕反。巫咸，神巫也。山海经曰，大荒之中有灵山，巫咸、巫彭、巫谢等十巫。衡既梦木禾，今故令巫咸占之也。元，善也。

⑥滋，茂也。淮南子曰："昏张中则务种穀。"说文曰："禾，嘉穀也。至二月始生，八月而孰，得时之中，故谓之禾。"

⑦颖，穟也。本，禾本也。言禾既垂穟顾本，人亦当思故居也。淮南子曰："孔子见禾三变，始于粟，生于苗，成于穟，乃叹曰：'我其首禾乎？'"高诱注云："禾穟向根，君子不忘本也。"

⑧姑，且也。懿，美也。庐犹居也。

戒庶寮以夙会兮，佥恭职而并迓。①丰隆轩其震霆兮，列缺晔其照夜。②云师䨓以交集兮，冻雨沛其洒涂。③辚镯舆而树葩兮，扰应龙以服辂。④〔95〕百神森其备从兮，屯骑罗而星布。⑤振余袂而就车兮，脩剑揭以低昂。⑥冠嵲峩其映盖兮，〔96〕佩綝纚以辉煌。⑦仆夫俨其正策兮，八乘摅而超骧。⑧〔97〕氛旄溶以天旋兮，蜺旌飘而飞扬。⑨〔98〕抚轮轪而还睧兮，心灼药其如汤。⑩〔99〕羡上都之赫戏兮，何迷故而不忘？⑪左青琱以揵芝兮，〔100〕右素威以司钲。⑫前长离使拂羽兮，委水衡乎玄冥。⑬〔101〕属箕伯以函风兮，澂淲涩而为清。⑭〔102〕曳云旗之离离兮，鸣玉鸾之譻譻。⑮涉清霄而升遐兮，浮蔑蒙而上征。⑯纷翼翼以徐戾兮，焱回回其扬灵。⑰叫帝阍使阘扉兮，觌天皇于琼宫。⑱聆广乐之九奏兮，展泄泄以肜肜。⑲考理乱于律钧兮，意建始而思终。⑳惟盘逸之无斁兮，惧乐往而哀来。㉑素抚弦而馀音兮，〔103〕大容吟曰念哉。㉒既防溢而静志兮，〔104〕迨我暇

以翱翔。㉓出紫宫之肃肃兮,集大微之阆阆。㉔命王良掌策驷
兮,踰高阁之锵锵。㉕建罔车之幕幕兮,猎青林之芒芒。㉖弯威
弧之拨剌兮,射蟠冢之封狼。㉗观壁垒于北落兮,伐河鼓之磅
硠。㉘乘天潢之汎汎兮,浮云汉之汤汤。㉙倚招摇、摄提以低回
剹流兮,察二纪、五纬之绸缪遹皇。㉚偃蹇夭矫娩以连卷兮,杂
沓丛颣飒以方骧。㉛馘泪飏戾沛以罔象兮,烂漫丽靡藐以迭
逿。㉜凌惊雷之硫磕兮,弄狂电之淫裔。㉝踰庬浒于宕冥兮,贯
倒景而高厉。㉞廓盪盪其无涯兮,乃今穷乎天外。〔105〕

①金,皆也。迓,迎也。

②丰隆,雷也。轩,声也,音普耕反。震霆,霹雳也。霆音庭。列缺,电
也。晔,光也。

③云师,屏翳也。霮,阴兒,音徒感反。尔雅曰:"暴雨谓之涷。"沛,雨兒
也。涂,协韵音徒故反。楚辞曰:"使涷雨兮洒尘。"

④辖音鱼绮反。尔雅曰:"载辔谓之辖。"郭璞注云:"辖,轼上环也,辔所
贯也。"琱,以玉饰车也。树,立也。葩,华也,于车上建华盖。扰,驯
也。广雅曰"有翼曰应龙"也。

⑤周颂曰:"怀柔百神。"森,众兒也。屯,聚也。

⑥脩,长也。揭,低昂兒也。

⑦咢音五各反。一作"发",并冠高兒也。映盖谓冠与车盖相映也。缤
音林,缅音离,盛兒也。煇音胡本反,光兒也。

⑧八乘,八龙也。楚辞曰:"驾八龙之蜿蜿。"摅犹腾也。

⑨氛,天气也。旌,羽旌也。溶音勇。王逸注楚辞曰:"溶,广大兒也"。
蜺,雌虹也。

⑩軨音零。说文曰:"车辖间横木也。"楚辞曰:"倚结軨兮太息。"軹音之
是反。杜子春注周礼云:"軹,两轊也。"说文云:"车轮小穿也。"还睨,
顾瞻也。药音铄,热兒也。言顾瞻乡国而心热也。

⑪上都谓天上也。赫戏,盛皃也。衡既徧历四海,方欲游于天上,故云何不忘其故居,而苦迷惑思之。

⑫青琱,青文龙也。捷,坚也,音巨偃反。芝,盖也。素威,白武也。[106] 礼记曰:"左青龙而右白武。"说文曰"钲,铙也,似铃"也。

⑬长离,即凤也。水衡,官名,主水官也。玄冥,水神也。司马相如大人赋曰"前长离而后矞皇"也。

⑭箕伯,风师也。函犹含也。激,清也。澒音它典反。泯音乃典反。楚辞曰:"切澒泯之流俗。"王逸注曰:"澒泯,垢浊也。"

⑮鸾,铃也,在镳。譻,声也,音嘤。楚辞曰"鸣玉鸾之啾啾"也。

⑯霄,云也。蒇蒙,气也。蒙音莫孔反。上征,上于天也。扬雄甘泉赋曰:"浮蒇蒙而撇天。"

⑰翼翼,飞皃。庋,至也。回回,光皃。楚辞曰:"皇剡剡其扬灵。"王逸注云:"扬其光灵也。"

⑱阍,主门者。天皇,天帝也。扬雄甘泉赋曰:"选巫咸兮叫帝阍。"

⑲史记曰,赵简子曰:"我之帝所甚乐,与百神游于钧天,广乐九奏。"左传,郑庄公赋"大隧之中,其乐也融融"。姜出,赋"大隧之外,其乐也洩洩"。"肜"与"融"同也。

⑳诗序曰:"太平之音安以乐,其政和。乱世之音怨以怒,其政乖。"律,十二律也。乐叶图征曰:"圣人承天以立均。"宋均注曰:"均长八尺,施绂以调六律也。"建,立也。衡言听九奏之乐,考政化之得失,而思其终始也。

㉑盘,乐也。逸,纵也。戫,厌也,音亦,又音徒故反,古"度"字也。庄子曰:"乐未毕也,哀又继之。"

㉒素,素女也。史记曰:"太帝使素女鼓五十绋(琴)〔瑟〕。"[107] 大容,黄帝乐师也。念哉,戒逸乐也。

㉓溢,满也。迨,及也。翱翔,将远逝也。

㉔紫宫、太微,并星名也。肃肃,清也。阆阆,明大也。

㉕史记曰："天驷旁一星曰王良。"高阁，阁道星也。史记曰："绝汉抵营室曰阁道。"锵锵，高皃也。

㉖罔车，毕星也。幕幕，罔皃。青林，天苑也。

㉗弧，星名也。易曰："弧矢之利以威天下。"拨音方割反。剌音力达反。拨剌，张弓皃也。嶓冢，山也。封，大也。狼，星名。河图曰："嶓冢之精，上为狼星。"

㉘壁，东壁也。史记曰，羽林天军西为壁垒，旁大星为北落。牵牛北为河鼓。磅硠，声也。磅音普郎反。硠音郎。

㉙史记曰，王良旁有八星绝汉曰天潢，云汉曰天河也。

㉚招摇、摄提，星名也。刘音居流反，低回刘流回转之皃也。二纪，日月也。五纬，五星也。绸缪，相次之皃也。遹皇，行皃也。

㉛娀音孚万反，卷音拳，并翱翔自恣之皃也。

㉜淢音一六反，汩音于笔反，飓音辽，沛音普盖反，并疾皃也。蘱，小也。蘱音亡小反，遏，徒郎反。

㉝硫磕，雷声也。〔108〕硫音康。磕音苦盖反。淫裔，电皃也。狂，疾也。

㉞庞音亡孔反，澒，胡孔反。孝经援神契曰："天度濛澒。"宋均注云："濛澒，未分之象也。"说文曰："宕，过也。"冥，幽冥也。贯，穿也。前书谷永上书曰："登遐倒景。"音义曰："在日月之上，日月反从下照，故其景倒也。"厉，陵厉也。

据开阳而頫盼兮，〔109〕临旧乡之暗蔼。①悲离居之劳心兮，情惆惆而思归。②魂眷眷而屡顾兮，马倚辀而俳回。③虽遨游以媮乐兮，〔110〕岂愁慕之可怀。④出阊阖兮降天涂，乘飙忽兮驰虚无。⑤云霏霏兮绕余轮，风眇眇兮震余旟。缤联翩兮纷暗暧，倏眩眃兮反常间。⑥

①春秋运斗枢曰："北斗第六星为开阳。"頫音俯。暗蔼，远皃也。暗音乌感反。

②说文曰："悁悁，忧也。"音於缘反。诗国风曰"劳心悁悁"也。

③辀，辕也。

④媮音通侯反。怀，安也。

⑤阊阖，天门。

⑥倏，忽也。眩音县，眃音混，疾皃也。常间，故里。

收畴昔之逸豫兮，卷淫放之遐心。①脩初服之娑娑兮，长余珮之参参。②文章焕以粲烂兮，美纷纭以从风。御六艺之珍驾兮，游道德之平林。③结典籍而为罟兮，欧儒、墨而为禽。④〔111〕玩阴阳之变化兮，咏雅、颂之徽音。嘉曾氏之归耕兮，慕历陵之钦崟。⑤共夙昔而不贰兮，固终始之所服也；夕惕若厉以省諐兮，惧余身之未敕也。⑥〔112〕苟中情之端直兮，莫吾知而不恧。⑦墨无为以凝志兮，与仁义乎消摇。⑧不出户而知天下兮，何必历远以劬劳？⑨

①谓初游于四方天地之间以自淫放，今改悔也。

②楚辞曰："退将复脩吾初服。"王逸注云："脩吾初始清絜之服也。"娑娑，衣皃。参参，长皃。

③以六艺为车而驾之也。以道德为林而游之也。

④罟，网也，音古。儒家，子思、孟轲、孙卿等。墨家谓墨翟、胡非、尹佚等。

⑤琴操曰："归耕者，曾子之所作也。曾子事孔子十馀年，晨觉，眷然念二亲年衰，养之不备，于是援琴鼓之曰：'往而不反者年也，不可得而再事者亲也。歔欷归耕来日！安所耕历山盘乎！'"〔113〕钦崟，山皃。崟音吟。

⑥共音恭。易曰："君子终日乾乾，夕惕若，厉。"惕，惧也。厉，病也。敕，整也。

⑦恧，惭也，音女六反。

⑧老子曰:"上德无为。"

⑨老子曰:"不出户而知天下。"

系曰:天长地久岁不留,俟河之清祇怀忧。①愿得远度以自娱,上下无常穷六区。②超踰腾跃绝世俗,飘飘神举逞所欲。天不可阶仙夫希,栢舟悄悄吝不飞。③松、乔高跱孰能离?结精远游使心攜。④回去猲来从玄谋,⑤获我所求夫何思!

①系,繫也。老子曰:"天长地久。"左氏传曰"俟河之清,人寿几何"也。

②六区谓四方上下也。

③阶,升也。论语曰:"夫子之不可及,犹天之不可阶而升。"仙夫,仙人也。诗鄘风曰:"栢舟言仁而不遇也。"其诗曰:"汎彼栢舟,亦汎其流。忧心悄悄,愠于群小。静言思之,不能奋飞。"郑玄注云:"舟,载度物者也。今不用,而与众物汎汎然俱流水中,谕仁人不用,而与群小并列。"悄悄,忧皃也。臣不遇于君,犹不忍奋翼而飞去。吝,惜也。衡亦不遇其时,而为宦者所谮,故引以自谕也。

④松,赤松子也。乔,王子乔也。列仙传曰:"赤松子,神农时雨师,服水玉,教神农,能入火自烧。[114]至崐崘山上,常止西王母石室,随风上下。王子乔,周灵王太子晋也。好吹笙作凤鸣,游伊洛间。道士浮丘公接上嵩高山,三十馀年。后来于山上,见桓良曰:'告我家,七月七日待我缑氏山头。'果乘白鹤住山颠,[115]望之不得到,举手谢时人,数日去。"字林曰:"跱,踞也。"谓得仙高踞也。离,附也。攜,离也。

⑤猲,去也,音丘列反。"谋"或作"谋"。谋亦谋也,音基,字从"其"。

永和初,出为河间相。①时国王骄奢,不遵典宪;又多豪右,共为不轨。衡下车,治威严,整法度,阴知奸党名姓,一时收禽,上下肃然,称为政理。视事三年,上书乞骸骨,征拜尚书。年六十二,永和四年卒。

①河间王名政。

著周官训诂,崔瑗以为不能有异于诸儒也。又欲继孔子易说彖、象残缺者,竟不能就。所著诗、赋、铭、七言、灵宪、应闲、七辩、巡诰、悬图凡三十二篇。①

①衡集作"玄图",盖玄与悬通。

永初中,谒者仆射刘珍、校书郎刘騊駼等著作东观,撰集汉记,因定汉家礼仪,上言请衡参论其事,会并卒,而衡常叹息,欲终成之。及为侍中,上疏请得专事东观,收捡遗文,毕力补缀。①又条上司马迁、班固所叙与典籍不合者十馀事。②又以为王莽本传但应载篡事而已,至于编年月,纪灾祥,宜为元后本纪。又更始居位,人无异望,光武初为其将,然后即真,宜以更始之号建于光武之初。书数上,竟不听。及后之著述,多不详典,时人追恨之。

①衡表曰"臣仰干史职,敢徼官守,窃贪成训,自忘顽愚,愿得专于东观,毕力于纪记,竭思于补阙,俾有汉休烈,比久长于天地,并光明于日月,炤示万嗣,永永不朽"也。

②衡集其略曰:"易称宓戏氏王天下,宓戏氏没,神农氏作,神农氏没,黄帝、尧、舜氏作。史迁独载五帝,不记三皇,今宜并录。"又一事曰:"帝系,黄帝产青阳、昌意。周书曰:'乃命少皞清。'清即青阳也,[116]今宜实定之。"

1554

论曰:崔瑗之称平子曰"数术穷天地,制作侔造化"。①斯致可得而言欤! 推其围范两仪,天地无所蕴其灵;②运情机物,有生不能参其智。③故(智)〔知〕思引渊微,[117]人之上术。记曰:"德成而上,艺成而下。"④量斯思也,岂夫艺而已哉? 何德之损乎!⑤

①瑗撰平子碑文也。

②易系辞曰："范围天地之化。"王弼注云："拟范天地而周备其理也。"谓作浑天仪也。

③机物谓作候风地动仪等。

④礼记文也。

⑤损，减也。言艺不减于德，一也。

赞曰：三才理通，人灵多蔽。①近推形筭，远抽深滞。不有玄虑，孰能昭晰？②

①三才，天、地、人。言人虽与天地通为三才，而性灵多蔽，罕能知天道也。

②玄犹深也。晰音制。

【校勘记】

〔1〕以三十(五)〔六〕蓍揲之　按：刊误谓太玄乃用三十六揲，作"五"误。今据改。

〔2〕昔有文王　按：刊误谓"昔有"当作"昔者"。

〔3〕枉则(正)〔直〕　据汲本、殿本改。按：今本老子作"直"。

〔4〕金声而玉振〔之〕　据汲本、殿本补。

〔5〕不到　汲本、殿本"到"作"至"。按：今本孟子作"至"。

〔6〕赵岐注云　按："岐"原讹"歧"，径改正。下同。

〔7〕君子固穷　按："固"原讹"困"，径改正。

〔8〕如何君子不(得)〔待〕其招而妄见也　据汲本改，与今本孟子赵注合。

〔9〕(也)〔曰〕我狐父之人丘也　据刊误改。

〔10〕是以货赇(所)取我　据刊误删。按：今本孟子赵注无"所"字。

〔11〕有人〔之〕不理　据汲本、殿本补。

〔12〕奚冀其二哉　按:"冀"原讹"异",径据汲本、殿本改正。

〔13〕鼋鸣岐野　按:"岐"原讹"歧",径改正。

〔14〕黄帝乃下天女曰(妖)〔妭〕　集解引沈钦韩说,谓"妖"乃"妭"之讹。按:下云妖亦魃也,音步末反,则为"妭"字之讹无疑,今据改。下同。

〔15〕孟子曰阿意事贵胁肩所尊俗之情也　按:沈家本谓此疑孟子注家语,或孟子逸文也。

〔16〕以牒为械　按:御览三三六引"牒"作"褋",书钞引讹作"襟"。孙诒让墨子闲诂谓作"褋"是。俞樾谓牒、褋皆假字,其本字当作"枼",枼即箠也,孙氏谓俞说亦通。

〔17〕杖节卧起　按:汲本"杖"作"持"。校补谓注专就卧起言,故云持节,若改作"杖",则卧岂能杖,作"杖"非。

〔18〕孔安国以为三坟(五典)三皇之书　据校补删。

〔19〕宜获福祉神祇　按:集解引苏舆说,谓"福""祉"疑衍一字。

〔20〕冥鉴在兹　汲本、殿本"冥"作"宜"。按:严可均辑全后汉文作"冥"。

〔21〕僭恒阳若　按:汲本"阳"作"旸"。注同。

〔22〕灾消不至矣　按:灾消不至,语意重复,疑当依袁宏纪作"灾诊不至"。又按:袁宏纪引张衡此疏多异文,今不列举。

〔23〕扬雄　按:前后皆作"杨雄","杨"字从木,独此篇注文皆从扌作"扬",今依原本,不改归一律。

〔24〕中央者(地神)〔北辰〕之所居　汲本、殿本"地"作"北",王先谦谓当作"北辰",今据改。

〔25〕所以(从)〔行〕半矣　据汲本、殿本改。

〔26〕有诏使刘向及子歆于祕书　汲本"於"作"为"。按：殿本作"於"。校补引柳从辰说，谓当依前书向传作"领校祕书"，"为"字即"领"字转写之讹，"於"字又明明"校"字形近之讹，两本固皆有脱讹也。

〔27〕流俗本多作颇传者　汲本"傅"作"傅"。按：集解引洪颐煊说，谓"颇犹偏也，颇傅谓以偏词相傅会，义亦得通"。则似以作"傅"为是。

〔28〕志团团以应悬兮　按：文选"团团"作"抟抟"。

〔29〕缡幽兰之秋华兮　按：文选"缡"作"缛"。

〔30〕美襞积以酷裂兮　按：文选"裂"作"烈"。

〔31〕喜傅说之生殷　按：文选"喜"作"嘉"。

〔32〕宅不处仁　按：王先谦谓"择"作"宅"，异文。

〔33〕彼无合其何伤兮　按：文选"其"作"而"。

〔34〕启金縢而乃信　按：文选"乃"作"后"。

〔35〕羌孰可与言己　按：文选"与"作"为"。

〔36〕阽焦原而跟止　按：文选"止"作"趾"。

〔37〕要既死而后已　按：殿本"要"作"安"，文选作"恶"，校补谓皆"要"字形近之讹。

〔38〕珍萧艾于重笥兮　按：文选"珍"作"宝"。

〔39〕羁要衰以服箱　按：文选"羁"作"絷"。

〔40〕恃己知而华予兮　按："予"原讹"子"，径改正。注同。

〔41〕遒白露之为霜　按："遒"原讹"道"，径改正。

〔42〕中黄伯曰至吾日试之矣　按：注引尸子，文有讹夺，几不可句读，今录文选注备考："中黄伯曰：'余左执太行之猱，而右搏雕虎，唯象之未与，吾心试焉。有力者则又愿为牛，欲与象斗，以自试。今二三

子以为义矣,将恶乎试之? 夫贫穷,<u>太行</u>之蹩也;疏贱,义之彫虎也。而吾日遇之,亦足以试矣.'"

〔43〕男鞶革(革)〔女〕鞶丝　据<u>汲</u>本、殿本改。

〔44〕喻以贤被谗也　按:"以"原讹"似",径据<u>汲</u>本、殿本改正。

〔45〕即岐阯而摅情　按:"岐"字原本皆讹"歧",径改正。"摅"<u>文选</u>作"胪",<u>集解</u>引<u>惠栋</u>说,谓<u>张衡</u>集亦作"胪"。

〔46〕问三丘乎句芒　按:<u>文选</u>"乎"作"于"。

〔47〕翾飞也　按:"翾"原讹"鷢",径据<u>汲</u>本、殿本改正。

〔48〕指长沙以邪径兮　按:<u>文选</u>"以"作"之"。

〔49〕翩偯处彼湘濒　按:<u>文选</u>"偯"作"缤"。

〔50〕托山陂以孤魂　按:<u>文选</u>"陂"作"阪"。

〔51〕愁蔚蔚以慕远兮　按:<u>文选</u>"蔚蔚"作"郁郁"。

〔52〕越卬州而愉敖　"卬"原讹"邛",径改正。注同。按:<u>文选</u>"愉敖"作"游邀"。

〔53〕憩炎天之所陶　按:<u>文选</u>"天"作"火"。

〔54〕颛羁旅而无友兮　按:<u>文选</u>"羁"作"羇"。

〔55〕俗谓之湘君湘夫人也　按:<u>集解</u>引<u>沈钦韩</u>说,谓<u>列女传</u>无"湘夫人也"四字。

〔56〕其(不)〔下〕寿者八百岁　据<u>汲</u>本改。按:<u>文选</u>注亦作"不"。<u>考异</u>谓"不"当依范书注作"下"。

〔57〕怅相佯而延伫　按:<u>文选</u>"相佯"作"徜徉"。

〔58〕畴克谟而从诸　按:<u>文选</u>"谟"作"谋"。

〔59〕虽司命其不晰　<u>文选</u>"晰"作"瞷"。按:此据<u>胡克家</u>本,别本作"瞷"。

〔60〕穆负天以悦牛兮　按:<u>文选</u>"负"作"屇"。

〔61〕岂爱惑之能剖　按：文选"爱"作"昏"，"之"作"而"。

〔62〕慎灶显于言天兮占水火而妄谇　文选"于"作"以"，"谇"作"讯"。
按：校补谓李注，讯、息对反，疑本"谇"之讹。

〔63〕丁厥子而事刃　按：文选"事"作"刲"。

〔64〕亲所睇而弗识兮　按：文选"睇"作"睼"。

〔65〕毋绵挛以涬己兮　"毋"原讹"母"，径改正。按：文选"涬"
作"侔"。

〔66〕用棐忱而佑仁　按：文选"佑"作"祐"，疑本"佑"之讹。

〔67〕鬼亢回以敝秦　按：文选"敝"作"毙"。

〔68〕德树茂乎英六　按：文选"德树"作"树德"。

〔69〕〔蜕〕蝉蜕（蜕）所解皮也　按：汲本作"蝉蜕蝉所解皮也"，殿本作
"蝉蜕所解皮也"，并有脱讹，兹据说文改。

〔70〕蹶行處之兒也　汲本"處"作"遠"。按：校补引柳从辰说，谓"遠"
"處"皆"遽"之讹，注引郑注礼记，虽未明指何篇，然曲礼"足毋蹶"
注，固作"行遽兒"也。

〔71〕〔曰〕开明之门　据汲本、殿本补。

〔72〕南方〔曰〕南极之山　据汲本、殿本补。

〔73〕吕甥冀芮谋作乱　按："甥"原讹"生"，径据汲本、殿本改正。

〔74〕一名寓木　按："木"原讹"末"，径改正。

〔75〕寒风凄而永至兮　按：文选"凄而"作"凄其"。

〔76〕螣蛇蜿而自纠　按：文选"螣"作"腾"。

〔77〕佩颛顼之宅幽　按：文选"之"作"而"。

〔78〕迅飙潃其腾我兮　按："飙"原作"飚"，径据汲本改，后文"飙忽"
同。又按：文选"飙"作"焱"，校补谓当作"焱"，后文"焱忽"同。

〔79〕趋爓嗰之洞穴兮摽通渊之碄碄　文选"趋"作"越"，"嗰"作"嗰"，

"摽"作"漂","渊"作"川"。按:李慈铭谓盖此本亦作"通川",宋以后校者误以为章怀避讳改川,遂妄改为"通渊"耳。

〔80〕有冻寒积(水)〔冰〕雪雹群冰之野　据汲本、殿本改。按:淮南子时则训作"有冻寒积冰、雪雹霜霰、漂润群水之野"。此注似有脱讹,"群冰"之"冰"应作"水"。

〔81〕垠音玉巾反　按:"玉"原讹"五",径改正。

〔82〕(飘)〔飙〕风也　据汲本改。

〔83〕追慌忽于地底兮　"底"原作"厎",径依汲本、殿本改。按:"慌"文选作"荒"。

〔84〕出右密之闍野兮　按:文选"右"作"石"。

〔85〕献环琨与玙璙兮　按:文选"玙"作"琛"。

〔86〕志浩盪而不嘉　按:汲本、殿本"盪"作"荡",文选同。文选"浩"作"皓"。

〔87〕百卉含蘤　按:文选"蘤"作"葩"。

〔88〕及晦视乃明　按:集解引沈钦韩说,谓大荒北经"其瞑乃晦,其视乃明",注误。

〔89〕(鸣)〔听〕之别体　汲本、殿本"鸣"作"鸣"。集解引沈钦韩说,谓注"鸣"乃"听"之误,说文"听,笑皃",憖与听通。今据改。

〔90〕服之(神)〔成〕仙　据殿本改。

〔91〕抨巫咸以占梦兮　按:文选"以"作"作"。

〔92〕(合)〔含〕嘉(秀)〔禾〕以为敷　汲本作"合嘉禾以为敷"。殿本作"含嘉秀以为敷",文选同。校补引钱大昭说,谓秀乃光武讳,作"禾"者不误。又李慈铭谓"合"当是"含"字之误。今据改。按:沈家本谓此注引说文以解禾字,则章怀所据本实作"禾",不作"秀"。

〔93〕尔要思乎故居　按:文选"尔"作"亦"。

〔94〕斠音(居)〔古〕于反　张森楷校勘记谓居于叠韵,不为反语,"居"当为"古"之误。今据改。

〔95〕扰应龙以服辂　按:文选"辂"作"路"。

〔96〕冠咢咢其映盖兮　按:文选"咢咢"作"岊岊"。

〔97〕八乘摅而超骧　按:文选"摅"作"腾"。

〔98〕蜺旌飘而飞扬　按:文选"而"作"以"。

〔99〕心灼药其如汤　按:文选"如"作"若"。

〔100〕左青琱以揵芝兮　按:文选"以"作"之"。

〔101〕委水衡乎玄冥　按:文选"委"上有"后"字,"委"下无"水"字。

〔102〕澂澹涊而为清　按:文选"澂"作"懲"。

〔103〕素抚弦而馀音兮　按:文选"素"下有"女"字。

〔104〕既防溢而静志兮　按:文选"静"作"靖"。

〔105〕乃今穷乎天外　按:文选"穷"作"窥"。

〔106〕素威白武也　按:汲本、殿本"武"作"虎",此避唐讳改。下"左青龙而右白武"同。

〔107〕使素女鼓五十绂(琴)〔瑟〕　据史记改。按:王先谦谓"琴"当作"瑟"。

〔108〕硫磕雷声也　按:"雷"原讹"电",径改正。

〔109〕据开阳而颓眄兮　按:文选"眄"作"眠"。

〔110〕虽遨游以媮乐兮　按:文选"遨游"作"游娱"。

〔111〕欧儒墨而为禽　文选"欧"作"敺"。按:集解引柳从辰说,谓"欧"当读为"敺"。

〔112〕共夙昔而不贰兮固终始之所服也至惧余身之未敕也　按:文选"共"作"恭","昔"作"夜",无两"也"字。

〔113〕歔欷归耕来日安所耕历山盘乎　按:文选李注"日""乎"均作"兮"。

〔114〕能入火自烧　按:文选游仙诗注引"自"作"不",类聚七十八引仍作"自"。

〔115〕果乘白鹄住山颠　汲本、殿本"住"作"往"。按:文选游仙诗李注作"驻",驻住声近义通。

〔116〕清即青阳也　按:"青阳"原讹"清阳",径改正。

〔117〕故(智)〔知〕思引渊微　王先谦谓"智"当作"知"。今据改。

后 汉 书 卷 六 十 上

马融列传第五十上

马融字季长,扶风茂陵人也,①将作大匠严之子。②为人美辞儿,有俊才。初,京兆挚恂以儒术教授,隐于南山,不应征聘,名重关西,③融从其游学,博通经籍。恂奇融才,以女妻之。

①融集云:"茂陵成懽里人也。"

②严,援兄余之子。

③三辅决录注曰:"恂字季直,好学善属文,隐于南山之阴。"

永初二年,大将军邓骘闻融名,召为舍人,非其好也,遂不应命,客于凉州武都、汉阳界中。会羌虏飙起,[1]边方扰乱,米穀踊贵,自关以西,道殣相望。①融既饥困,乃悔而叹息,谓其友人曰:"古人有言:'左手据天下之图,右手刎其喉,愚夫不为。'②所以然者,生贵于天下也。今以曲俗咫尺之羞,灭无赀之躯,殆非老庄所谓也。"故往应骘召。

①左传曰，叔向云："道殣相望。"杜注云"饿死为殣"也。音觐。

②庄子曰。言不以名害其生者。

四年，拜为校书郎中，①[2]诣东观典校秘书。是时邓太后临朝，骘兄弟辅政。而俗儒世士，以为文德可兴，武功宜废，遂寝蒐狩之礼，息战陈之法，故猾贼从横，乘此无备。融乃感激，以为文武之道，圣贤不坠，五才之用，无或可废。②元初二年，上广成颂以讽谏。其辞曰：③

①谢承〔书〕及续汉书[3]并云为校书郎，又拜郎中也。

②五才，金、木、水、火、土也。左传曰，宋子罕曰"天生五材，人并用之，废一不可，谁能去兵"也。

③广成，苑，在今汝州梁县西。

臣闻孔子曰："奢则不逊，俭则固。"奢俭之中，以礼为界。①是以蟋蟀、山枢之人，并刺国君，讽以太康驰驱之节。②夫乐而不荒，忧而不困，③先王所以平和府藏，颐养精神，致之无疆。④故戛击鸣球，载于虞谟；吉日车攻，序于周诗。⑤圣主贤君，以增盛美，岂徒为奢淫而已哉！伏见元年已来，遭值厄运，⑥陛下戒惧灾异，躬自菲薄，荒弃禁苑，废弛乐悬，勤忧潜思，十有馀年，以过礼数。重以皇太后体唐尧亲九族笃睦之德，陛下履有虞烝烝之孝，外舍诸家，每有忧疾，圣恩普劳，遣使交错，稀有旷绝。时时宁息，又无以自娱乐，殆非所以逢迎太和，禅助万福也。臣愚以为虽尚颇有蝗虫，今年五月以来，雨露时澍，祥应将至。方涉冬节，农事间隙，宜倖广成，览原隰，观宿麦，〔劝〕收藏，[4]因讲武校猎，使寮庶百姓，复睹羽旄之美，闻钟鼓之音，欢嬉喜乐，[5]鼓舞疆畔，⑦以迎和气，招致休庆。小臣蝼蚁，不胜区区。职在书籍，谨依旧文，重述蒐狩之义，作颂一篇，并封上。浅陋鄙薄，不足观省。

①界犹限也。

②诗国风序曰："蟋蟀，刺晋僖公也。俭不中礼。"其诗曰："无已太康，职思其居。"毛苌注云："已，甚也。"郑笺云："君虽当自乐，亦无甚太乐，欲其用礼以为节也。"又序曰："山有枢，刺晋昭公也。有才不能用。"[6]其诗曰："子有车马，弗驰弗驱。宛其死矣，佗人是愉。"言僖公以太康贻戒，昭公以不能驰驱被讥，言文武之道须折衷也。枢音讴。

③左传曰吴季札聘于鲁，鲁为之歌颂。季札曰："乐而不荒。"为之歌卫。曰："忧而不困。"

④韩诗外传："人有五藏六府。何谓五藏？精藏于肾，神藏于心，魂藏于肝，魄藏于肺，志藏于脾，此之谓五藏也。何谓六府？喉咽者，量肠之府也；胃者，五谷之府也；大肠者，转输之府也；小肠者，受成之府也；胆者，积精之府也；旁光者，凑液之府也。"诗曰："天生蒸民，有物有则。"

⑤戞，敔也，音古八反。形如伏兽，背上有二十七刻，以木长尺栎之，所以止乐。击，柷也，象桶，中有椎柄，连底摇之，所以作乐。见三礼图。球，玉磬也。虞谟，舜典也。诗小雅曰："吉日维戊，既伯既祷。田车既好，四牡孔阜。"又曰："我车既攻，我马既同。"

⑥元年谓安帝即位年也。厄运谓地震、大水、雨雹之类。

⑦孟子对齐宣王曰："今王(颇)鼓乐于此，[7]百姓闻王锺鼓之声，举欣欣然有喜色而相告曰：'吾王庶几无疾病欤？何以能鼓乐也！'今王田猎于此，百姓见羽旄之美，欣欣有喜色而相告曰：'吾王庶几无疾病欤？何以能田猎也？'此无佗，与人同乐也。"

臣闻昔命师于軘鼙，偃伯于灵台，或人嘉而称焉。①彼固未识夫雷霆之为天常，金革之作昏明也。②自黄炎之前，传道闓记；三五以来，越可略闻。且区区之酆郊，犹廓七十里之囿，盛春秋之苗。③诗咏（圉）〔圃〕草，[8]乐奏驺虞。④是以大汉之初基也，宅兹天邑，总风雨之会，交阴阳之和。⑤揆厥灵囿，营于南郊。⑥徒观其垧场区宇，恢胎旷荡，[9]蓲敻勿罔，寥豁郁泱，⑦[10]骋望千里，天与地莽。于是周陂环渎，右矕三涂，左概嵩岳，⑧[11]面据衡阴，箕背王屋，[12]浸以波、溹，汇以荥、洛。⑨金山、石林，殷起乎其中，峨峨砏砏，锵锵嶊嶵，隆穹槃回，嵲崣错崔。⑩神泉侧出，丹水涅池，怪石浮磬，耀煜于其陂。⑪其土毛则摧牧荐草，芳茹甘荼，⑫苨萁、芸萩，昌本、深蒱，⑬[13]芝荋、菫、荁，蘘荷、芋渠，⑭桂荏、凫葵，格、韭、菹、芋。⑮其植物则玄林包竹，藩陵蔽京，珍林嘉树，建木丛生，⑯椿、梧、栝、柏、柜、柳、枫、杨，⑰丰彤对蔚，[14]崟额槮爽。⑱翕习春风，含津吐荣，铺于布濩，蓲扈蘳荧，恶可殚形。⑲

①鞬以藏箭，櫜以藏弓。鞬音纪言反。櫜音高。礼记孔子曰："武王克殷，倒载干戈，包以兽皮，名之曰建櫜。"郑注云"建读为鞬"，音其寒反，谓藏闭之也，此马郑异义。司马法曰："古者武军三年不兴，则凯乐凯歌，偃伯灵台，答人之劳，告不兴也。"偃，休也。伯谓师节也。灵台，望气之台也。

②左传郑子太叔曰："为刑罚威狱，以类天之震燿杀戮。"杜注曰："雷霆震燿，天之威也。圣人作刑狱以象类之。"又宋子罕曰："兵之设久矣，所以威不轨而昭文德也。圣人以兴，乱人以废，废兴存亡昏明之术，皆兵之由也。"

③酆，周文王所都。孟子曰："文王之囿方七十里。"尔雅曰："春猎为蒐，夏曰苗，秋曰狝，冬曰狩。"

④韩诗曰："东有（圉）〔圃〕草，驾言行狩。"毛诗曰："彼茁者葭，一发五

犯，于嗟乎驺虞。"毛苌注云："驺虞，义兽也，白虎黑文，不食生物。有
至信之德则应之。"周礼大司乐："王大射则奏驺虞。"

⑤周礼曰："风雨之所会也，阴阳之所和也，乃建王国焉。"天邑谓洛
阳也。

⑥揆，度也。诗大雅曰："王在灵囿。"言作广成苑以比之。

⑦蘋音眇，泱音乌朗反，并广大儿。

⑧陁音欺於反。上林赋曰："江河为陁。"郭璞注曰："因山谷遮禽兽曰
陁。"广雅曰："瞥，视也。"音马板反。三涂，山名，在陆浑县西南。

⑨衡阴，衡山之北。山海经曰："雉山，澧水出焉。东曰衡山，多青(臒)
〔雘〕。"[15]地里志云："雉县衡山，澧水所出。"在今邓州向城县北。王
屋，山，在今王屋县北。周礼曰："豫州，其浸波、溠，其川荥、洛。"水经
注云"溠水出黄山。"在今随州枣阳县东北。又云"波水出歇马岭"，即
应劭[16]所谓孤山波水所出者。在今汝州鲁山西北。荥水在荥阳县东
是也。

⑩金山，金门山也。水经注云在渑池县南。石林，大石山也，一名万安
山，在河南郡境，(薄)〔簿〕云[17]"洛阳县南大石山中有杂树木，有祠名
大石祠，山高二百丈"也。殷音於谨反，砲音五来反，嵂音徂回反，嵋
音隅，嵬音鱼轨反，并高峻儿。

⑪尔雅曰："(沉)〔沇〕泉穴出。[18]穴出，侧出也。"丹水、涅水在今邓州。
怪石，怪异好石似玉者。浮磬，若泗水中石，可以为磬也。燿焜，
光也。

⑫毛，草也。左传云楚芋尹无宇曰："食土之毛，谁非君臣？"摧，相传音
角。摧牧，未详。庄子曰："麋鹿食荐。"一曰，草稠曰荐。茹，菜也。
尔雅曰："荼，苦菜也。"诗曰："堇荼如饴。"饴亦甘也。

⑬茈音紫。其音其。尔雅曰："萁，月尔。"郭璞注曰："即紫萁也，似蕨可
食。"芸，香草也。说文云："似苜蓿。"菥音资都反。广雅曰："蕺，菥
也。其根似茅根，可食。"昌本，昌蒲根也。深蒲谓蒲白生深水之中。

⑭芝蒿,草也。礼记曰:"芝栗菱椇。"蒿音而。堇,菜,花紫,叶可食而滑。苣音户官反。礼记曰:"堇苣枌榆。"郑注云:"苣,堇类也。"蘘荷,苗似姜,根色红紫似芙蓉,可食。芋渠即芋魁也,一名蹲鸱,大叶,根可食也。

⑮尔雅曰:"苏,桂荏。"方言曰:"苏亦荏也。"尔雅曰:"茆,凫葵。"〔19〕叶团似荇,生水中,今俗名水葵。尔雅曰:"茖,山葱。"格与茖古字通。蒩音子闾反,即巴苴,一名芭蕉。於,轩于也,一名蒲,生于水中(矣)〔涘〕。〔20〕

⑯玄犹幽也。包,丛生也。尔雅曰:"大阜曰陵,绝高曰京。"藩亦蔽也。建木,长木也。

⑰并木名也。柜音矩。杨,叶韵音以征反。

⑱并林木皃也。对音徒对反。銎音吟。榱音所金反。爽,叶韵音生。

⑲铺音敷。蕍音以捴反。郭璞注尔雅云:"草木花初出为笋。"与蕍通,其字从"唯",本作从"荏"者,误也。扈音户。龒音胡瓦反,字从"圭",并花叶皃。本或作(虇)〔虉〕。〔21〕说文云:"虉,黄花也。"广雅曰:"好色也。"荧,光也。恶,何也,音乌。

　　至于阳月,阴慝害作,百草毕落,林衡戒田,焚莱柞木。①然后举天网,顿八纮,揫敛九薮之动物,缳橐四野之飞征。②鸠之乎兹圉之中,山敦云移,群鸣胶胶,鄙骏谦蘿,〔22〕子野听耸,离朱目眩,隶首策乱,陈子筹昏。③于时营围恢廓,充斥川谷,罦罝罗罬,弥纶阬泽,皋牢陵山。④校队案部,前后有屯,甲乙相伍,戊己为坚。⑤

①尔雅曰:"十月为阳。"孙炎注曰:"纯阴用事,嫌于无阳,故以名云。"左传曰:"唯正月之朔,慝未作。"杜注云:"慝,阴气也。害作言阴气肃杀,害于百草也。"周礼曰:"林衡掌巡林麓之禁令。"又曰:"牧师掌牧地,凡田事赞焚莱。"除草也。柞音士雅反,邪斫木也。周礼:"柞氏掌

攻草木及林麓。”

②挈,聚也,音子由反。周礼职方氏掌九薮:<u>扬州具区</u>,<u>荆州云梦</u>,<u>豫州</u><u>圃田</u>,<u>青州孟诸</u>,<u>兖州大野</u>,<u>雍州弦蒲</u>,<u>幽州貕养</u>,<u>冀州杨纡</u>,<u>并州昭余</u><u>祁</u>。<u>郑玄</u>注云:“泽无水曰薮。”动物谓禽兽也。缳音胡犬反,又胡串反。说文曰:“缳,落也。”国语曰:“缳于山有罕。”〔23〕<u>贾逵</u>注云:“缳,还也。”橐,囊也。音托。四野,四方之野。飞征,飞走也。

③鸠,聚也。敦音屯,亦积聚也。鄙骏,兽奋迅皃也。鄙音普美反,骏音侯。<u>韩诗</u>曰:“驻驻侯侯,或群或友。”眩,乱也,叶韵音玄。<u>隶首</u>,<u>黄帝</u>时善筭者也。<u>陈子</u>,<u>陈平</u>,善于筹策也。昏,乱也。言禽兽多不可筭计。

④罞音浮,雉网也。罝,兔罟也。羉,麕网也,音力官反。并见<u>尔雅</u>。阬音苦庚反。苍颉篇曰:“阬,壍也。”皋牢犹牢笼也。<u>孙卿子</u>曰“皋牢天下而制之,若制子孙”也。诸本有作牢栅者,非也。

⑤周礼司马职曰:“前后有屯。”甲乙谓相次也。伍,伍长也。戊己居中为中坚也。

　　乘舆乃以吉月之阳朔,登于疏镂之金路,六骕骙之玄龙,建雄虹之旌夏,揭鸣鸢之脩橦。①<u>曳长庚</u>之飞髾,载日月之太常,棷<u>招摇</u>与<u>玄弋</u>,〔24〕注枉矢于<u>天狼</u>。②羽毛纷其影眮,扬金窦而拖玉瓖。③〔25〕屯田车于平原,播同徒于高冈,旃旐摻其如林,错五色以摛光。④清氛埃,埽野场,誓六师,處儵良。⑤司徒勒卒,司马平行,车攻马同,教达戒通。⑥伐咎鼓,撞华锺,猎徒纵,赴榛丛。⑦徽婳霍奕,别鹜分奔,骚扰聿皇,往来交犫,纷纷回回,南北东西。⑧风行云转,匈礚隐訇,黄尘勃潏,闇若雾昏。⑨日月为之笼光,列宿为之翳昧,儦狡课才,劲勇程气。⑩狗马角逐,〔26〕鹰鹯竞鸷,骁骑旁佐,轻车横厉,相与陆梁,聿皇于中原。绢猩蹳,鈇特肩,胆完豝,扨介鲜,散毛族,桔羽群。⑪然后飞铤电激,流矢雨坠,各指所质,不期俱殪,窜伏扨轮,发作梧辖。⑫袋袋狂击,〔27〕头陷颅碎,兽不得猱,禽不得瞥。⑬或夷由未殊,颠狈顿踬,蟆蟆蟺蟺,充衢塞隧,葩华荓布,不可胜计。⑭

①阳朔,十月朔也。疏镂谓彫镂也。周迁舆服杂记曰:"玉路,重(较)〔辂〕也。"〔28〕金路、玉路形制如一。六,驾六马也。"续汉志曰:"天子五路,驾六马。"骕騻,马名。左传云,唐成公有两骕騻马。周礼曰:"马高八尺曰龙。"礼记曰:"孟冬,乘玄辂,驾铁骊。"今此亦顺冬气而乘玄也。郭璞注尔雅云:"虹双出色鲜盛者为雄。"左传云:"舞师题以旌夏。"杜预注云:"旌夏,大旌也。"揭,举也,音渠列反。礼记曰:"前有尘埃,则载鸣鸢。"鸢,鸱也,音缘。鸣则风动,故画之于旌旗以候埃尘也。橦者,旗之竿也,音直江反。

②长庚即太白星。臂音所交反,即旌旗所垂之羽毛也。太常,天子所建大旗也,画之日月。周礼云:"日月为常。"招摇、玄弋、天狼,并星名也。枉矢,妖星,蛇行有尾目,(赤)〔亦〕画于旌旗也。〔29〕

③髟鼬,羽旄飞扬皃也。髟音必由反。鼬音羊救反。蔡邕独断曰:"金鍐者,马冠也,高广各四寸,在马髦前。"〔30〕鍐音无犯反,一音子公反。璏,马带以玉饰之,音裹。

④诗小雅曰:"我车既好。"〔31〕又曰:"射夫既同。"言徒众齐同也。蓡亦旆也,音古会反。左传曰:"蓡动而鼓。"掺音所金反,与"森"字同。

⑤野场谓除其草莱,令得驱驰也。左传曰:"天子六军。"儦良,马之善者。

⑥周礼曰:"司徒若将有军旅、会同、田役之戒,则受法于司马,以作其众。"又曰:"司马狩田,以旌为左右和之门。前后有屯,百步有司,巡

其前后。"郑注云:"正其士之行列。"诗小雅曰:"我车既攻,我马既
同。"毛苌注曰:"攻,坚也。同,齐也。戎事齐力,尚强也。田猎齐足,
尚疾也。"

⑦鼛鼓,大鼓也,音公刀反。周礼:"鼖鼓长寻有四尺。"

⑧婳音呼获反,并奔驰皃。

⑨礚音苦盖反,訇音火宏反,并声也。滃音乌董反。

⑩僄狡,勇捷。僄音匹妙反。

⑪绢,系也,与胃通,音工犬反。猑蹄,野马也。尔雅曰:"猑蹄趼,[32]善
升甗。"猑音昆。鈬犹撞也。杨雄方言曰:"吴楚之间,或谓矛为鈬。"
音楚江反。韩诗齐风曰:"并驱从两肩兮。"薛君传曰:"兽三岁曰肩。"
脰,颈也,谓中其颈也。脰音豆。完羱,野羊也。臣贤案:字书作
"羦",音户官反,与"完"通。梧,诸家并古酷反。案字书"捂"从
"手",即古文"搅"字,谓搅扰也。

⑫鋋,矛也,音市延反。周礼曰:"王弓以授射甲革、椹质者。"郑注云:
"质,正也。"正音征。扔音人证反。声类曰:"扔,摧也。"言为轮所摧
也。梧,支梧也,音悟。谓支著车也。轊,车轴头也,音卫,谓车轴辐
而杀之。

⑬役亦伇也,音丁外反。颅,额也,音卢。猭,走也,音丑恋反。瞥,视
也,叶韵音疋例反。伇音殊。

⑭夷由,不行也。楚词曰:"君不行兮夷由。"未殊谓未死。螆音而兖反。
说文曰:"动也。"蝉音似林反,亦动皃也。

　　若夫鸷兽骇虫,倨牙黔口,大匈哨后,缊巡欧纡,负隅依
阻,莫敢婴御。①乃使郑叔、晋妇之徒,睒孤刜剌,裸裎袒裼。②
冒楛柘,槎棘枳,穷浚谷,底幽嶰,暴斥虎,搏狂兕,狱㩴熊,[33]
挶封豨。③或轻迹趫悍,廋疏娄领,犯历嵩峦,陵乔松,履脩橦,
踔蹳枝,秒标端,[34]尾苍蜼,掎玄猨,木产尽,寓属单。④罕罔

合部,曾弋同曲,类行并驱,星布丽属,曹伍相保,各有分局。⑤
罾羄飞流,纤罗络缦,游雉群惊,晨凫辈作,翚然云起,霅尔電落。⑥

① 尔雅曰:"駮如马,倨牙食虎豹。"黔,黑也。周礼考工记曰:"大匈,燿
后,有力而不能走。"郑玄注曰:"燿,读曰哨。"哨,小也,音稍。絪巡,
并行兒也。絪音於粉反。孟子曰:"有众逐虎,虎负隅,莫之敢撄。"
撄,迫也。御,扞也。

② 郑叔,郑庄公弟太叔段也,诗郑风曰:"太叔于田,乘乘马,禮祏暴虎,
献于公所。"孟子曰:"晋人有冯妇者,善搏虎,攘臂下车,众皆悦之。"
瞑,离也。孤,独也。谓挺身刺兽。剚亦刺也,音苦圭反。尔雅曰:
"袒裼,肉袒也。"孟子曰:"袒裼裸裎于我侧。"说文曰:"裎,(袒)〔裸〕
也。"〔35〕其字从"衣"。

③ 尔雅曰:"檿,山桑也。"音一染反。槎,斫也,音仕雅反。巇谓山涧也。
苍颉篇曰"斥,大也"。豷亦狂也,音吉曳反。说文曰:"兕,似野牛而
青色。"拔音劫,古字通。封,大也。豭,猪也,虚起反。

④ 诊,轻捷也,音初稍反。趒音丘昭反。说文曰:"趒,行轻兒。"廋疏犹
處索也。廋音所由反。字林曰:"嵼,山颠也",音力于反。尔雅曰:
"山大而高曰嵩,山小而高锐曰峦。"樠音莫寒反。踔,跳也,音敕教
反。翘音寻,谓长枝也。杪音亡小反,标音必遥反,并木末也。蜼音
以蕊反。尔雅曰:"蜼,卬鼻而长尾。"郭璞注曰:"似猕猴而大,黄黑
色,尾长数尺,末有两歧,雨则自悬于树,以尾塞鼻。"零陵、南康人呼
之音"馀",建平人呼之音"相赠遗"之"遗"也,又音余救反,皆土俗轻
重不同耳。掎音居螘反。说文曰:"偏引一足也。"木产谓巢楼之类
也。寓属谓穴居之属也。

⑤ 罕亦网也。相如上林赋曰:"戴云罕。"续汉志曰:"将军有部,部下有
曲。"罾,鱼网也,音增。弋,缴射也。分音扶问反。

⑥矰，弋矢也。砮与礌同，音补何反，又补佐反。说文曰："以石著隹缴也。"络缳，张罗儿也。缳与幕通。翚，飞也，音挥。霅音素洽反。广雅曰："霅，雨也。"言鸟中缴如电之落。

　　尔乃蓻观高蹈，改乘回辕，泝恢方，抚冯夷，策句芒，超荒忽，出重阳，厉云汉，横天潢。①导鬼区，〔36〕径神场，诏灵保，召方相，驱厉疫，走蜮祥。②捎罔两，拂游光，柳天狗，缫坟羊。③然后缓节舒容，裴回安步，降集波籥，川衡泽虞，矢鱼陈罟。④兹飞、宿沙，田开、古蛊，⑤犁终葵，扬关斧，刊重冰，拨蛰户，测潜鳞，踵介旅。⑥逆猎湍濑，济薄汾桡，沦灭潭渊，左挈夔龙，右提蛟鼍，春献王鲔，夏荐鳖鼋。⑦于是流览徧照，殚变极态，上下究竟，山谷萧条，原野嵺愀，上无飞鸟，下无走兽，虞人植旍，猎者效具，车弊田罢，旋入禁囿。⑧棲迟乎昭明之观，休息乎高光之树，以临乎宏池。⑨镇以瑶台，纯以金堤，树以蒲柳，〔37〕被以绿莎，潢潒沆漭，错紾槃委，天地虹洞，固无端涯，大明生东，月朔西陂。⑩乃命壶涿，驱水蛊，逐罔、蜽，灭短狐，籍鲸、鲵。⑪然后方餘皇，连舼舟，张云帆，施蜺帱，靡飚风，陵迅流，发棹歌，纵水讴，淫鱼出，菁蔡浮，湘灵下，汉女游。⑫水禽鸿鹄，鸳鸯、鸥、鸳、鸧鸹、鸠、鹢、鹭、雁、鸍鹈，乃安斯寝，戢翮其涯。⑬鲂、鲂、鳣、鳊、鳏、鲤、鲭、鲦，乐我纯德，腾踊相随，虽灵沼之白鸟，孟津之跃鱼，方斯蔑矣。⑭然犹咏歌于伶萧，〔38〕载陈于方策，岂不哀哉！⑮

①蓻，远也，音名小反。田猎既罢，故改乘回辕也。左传曰："改乘辕而北之。"泝，上也。恢，大也。冯夷，河伯也。句芒，东方之神也。荒忽，幽远也。重阳，天也。云汉，天河也。天潢，星也。

②灵保，神巫也。楚辞九歌曰"思灵保兮贤姱"。周礼："方相氏掌执戈

扬楯，帅百隶以殴疫。"〔39〕洪范五行传曰："蜮，射人，生于南越，谓之短狐。"诗虫鱼疏曰"一名射景，如鳖三足，今俗谓之水弩"也。

③捎音所交反。郑玄注周礼曰"捎，除也"。国语曰："木石之怪曰夔、罔两。"游光，神也，兄弟八人。天狗，星名也。春秋元命包曰："天狗主守财。"蝶，系也，音息列反。坟羊，土之怪，其形似羊。见家语。

④波籞，池籞也。前书音义曰："籞，在池中作室，可用栖鸟，入则捕之。"又曰"折竹以绳绵连，禁御使人不得往来"也。周礼"川衡，掌川泽之禁令。泽虞，掌国泽之政令"也。左传曰："鲁隐公矢鱼于棠。"矢亦陈也。国语曰："鲁宣公夏滥罟于泗川，里革断其罟而弃之，曰：'古者大寒降，水虞于是登川禽而尝之于庙，行诸国助宣气也。今鱼方孕，又行罟，贪无艺也。'公曰：'吾之过也。'"籞音围。

⑤音冶。

⑥兹飞即㲺飞也。吕氏春秋曰："荆人㲺飞，涉江中流，两蛟绕其船。㲺飞拔剑赴江，刺蛟杀之。"鲁连子曰："古善渔者宿沙渠子，使渔山侧，虽十宿沙子不得鱼焉。宿沙非暗于渔道也，彼山者非鱼之所生也。"晏子春秋曰："公孙捷、田开强、古冶子事景公以勇，晏子劝景公馈之二桃，曰：'计功而食之。'公孙捷〔曰：'捷〕持楯而再搏乳虎，〔40〕若捷之功，可以食桃。'田开强曰：'吾仗兵而御三军者再，可以食桃。'古冶子曰：'吾尝济河，鼋衔左骖以入砥柱之流，吾逆而百步，顺流九里，得鼋头，鹤跃而出，可以食桃矣。'二子皆反其桃，契领而死。古冶子曰：'二子死之，吾独生，不仁。'亦契领而死。""㲺"与"冶"通。翬亦挥也。广雅曰："终葵，椎也。"关斧，斧名也。刊，除也。蹱犹寻也。介谓鳞虫之属也。旅，众也。

⑦济音蒲艮反；桡，奴教反：并入水儿也。沦灭谓没于水中也。鼍音坛。鲔、鳣属也，大者为王鲔，小者为叔鲔。礼记"季春之月，天子始乘舟，荐鲔于寝庙。季夏之月，令渔师取鼍"也。

⑧流览谓周流观览也。周礼曰："植虞旌以属禽。"郑注曰："植犹树也。

田上树旗，令获者皆致其禽也。"又曰："车弊献禽以享礿。"注曰："车弊，车止也。"嵺音力救反，愀音七救反，亦萧条兒也。

⑨宏，大也。

⑩纯，缘也，音之尹反。蒲亦柳也。濆音胡广反，灢音养，沆音胡朗反，瀼音荠，并水兒也。错绲，交结也。绲音之忍反。委音于危反。虹洞，相连也。虹音胡贡反。朔，生也。礼记曰："大明生于东，月生于西。"郑注曰："大明，日也。"言池水广大，日月出于其中也。

⑪周礼："壶涿氏掌除水蛊。"涿音丁角反。蛊音公户反。罔谓罔两也。蜧，龙(也)〔属〕。[41]短狐即蜮也。籍音七亦反。说文曰："刺也。"周礼："鳖人掌以时籍鱼鳖龟蜃。"郑众注云："籍谓以杖刺泥中搏取之。"

⑫方犹并也。馀皇，吴之船名也。见左传。舩，小舟也，音渠恭反。淮南子曰："越舩、蜀艇，不能无水而浮。"帆音凡。帱，帐也，音直由反。飑，疾风也，音楚疑反。武帝秋风词曰："萧鼓鸣兮[42]发櫂歌。"刘向列女传曰："津吏之女，中流奏河激之歌。"韩诗外传曰："瓠巴鼓琴，淫鱼出听。"淮南子曰："上有丛著，下有伏龟。"论语曰："臧文仲居蔡。"注云："龟出蔡地，故以为名也。"湘灵，舜妃，溺于湘水，为湘夫人也。见楚词。汉女，汉水之神〔女〕。[43]诗云："汉有游女。"

⑬鸳鸯，匹鸟也。鸥，白鸥也。[44]鹥，凫属也。尔雅曰："鸶，麋鸹"。今谓之鸹鹿也。鸹音括。鸧，鸧鹒也。杨孚异物志云："能没于深水，取鱼而食之，不生卵而孕雏于池泽间，既胎而又吐生，多者生八九，少生五六，相连而出，若丝绪焉。水鸟而巢高树之上。"鹍，白鹍也。鹭，白鹭也。鹭音步历反。鹏音梯。杨雄方言曰："(白)〔野〕凫也，[45]甚小，好没水中，膏可以莹刀剑。"寝，宿也。诗曰："乃安斯寝。"涯，水滨也。

⑭鲔音绪，似鲂而弱鳞。鳣音徐林反，口在颔下，大者长七八尺。鳊音卑连反，鲂之类也。鳏音匮，今鳏额白鱼(鲤)〔也〕。[46]鲿音尝，诗虫鱼

马融列传第五十上

疏曰"今黄颊鱼"也。鲹音沙,或作"鲨"。郭义恭广志曰:"吹沙鱼,大如指,沙中行。"诗大雅曰:"王在灵沼,于牣鱼跃。"郑玄注云:"灵沼之水,鱼盈满其中也,皆以跳跃。"又曰:"白鸟翯翯。"翯,肥泽也。翯音学。言并得其所也。尚书中候曰"武王度孟津,白鱼跃入于王舟中"也。

⑮伶,乐官也。诗国风序曰:"卫之贤者,仕于伶官。"礼记曰:"文武之道,布在方策。"又曰:"百名以上,书之于策,不满百名,书之于方。"郑注云:"方,板也。"

于是宗庙既享,庖厨既充,车徒既简,器械既攻。①然后摆牲班禽,淤赐犒功,群师叠伍,伯校千重,山罍常满,房俎无空。②酒正案队,膳夫巡行,清醑车凑,燔炙骑将,鼓骇举爵,钟鸣既馂。③若乃阳阿衰斐之晋制,阐蛙华羽之南音,④所以洞荡匈臆,发明耳目,疏越蕴憰,骇恫底伏,⑤锽锽鎗鎗,奏于农郊大路之衢,与百姓乐之。⑥是以明德曜乎中夏,威灵畅乎四荒,东邻浮巨海而入享,西旅越葱领而来王,南徼因九译而致贡,朔狄属象胥而来同。⑦盖安不忘危,治不忘乱,道在乎兹,斯固帝王之所以曜神武而折遐冲者也。⑧

①礼记曰:"天子岁三田,一为乾豆,二为宾客,三为充君之庖。"

②广雅曰:"捭,开也。"字书:"摆亦捭字也,〔47〕音捕买反。"班固西都赋曰:"置互摆牲。"〔48〕班,布也。淤与饫同。左传曰:"加膳则饫赐。"犒,劳也。山罍,画为山文。礼记曰:"山罍,夏后氏之樽也。"又曰:"周以房俎。"郑玄注云:"房谓足下跗也,有似于堂房矣。"

③周礼"酒正,中士,辩五齐之名,三酒之物。膳夫,上士,掌王之食饮膳羞"。说文曰:"醑,汁滓酒也。"大雅曰:"或燔或炙。"将,行也。既,尽也。流俗本"爵"字作"爝","既"字作"暨",皆误也。

④淮南子曰："歌采菱，发阳阿。"礼记曰："嘽谐慢易之音作而人康乐。"鹖冠子曰："南方万物华羽焉，故以调羽也。"

⑤越，散也。蕴愐犹积聚也。愐与畜通。恫音洞。底伏犹滞伏也。吕氏春秋曰："昔阴康氏之始，阴多滞伏湛积，故作为舞以宣导之。"此言作乐，亦以疏散滞伏之象。

⑥锽锽鎗鎗，钟鼓之声也。锽音横。枪音测庚反。孟子谓齐〔宣〕王曰：[49]"今王与百姓同其乐则王矣。"农郊，田野也。

⑦入享谓来助祭也。孔安国注尚书曰："西旅，西戎远国也。"葱岭，西域山也。西河旧事曰："岭上多葱，因以名焉。"徼，塞之道也。九译为九重译语而通中国也。尚书大传曰："周成王时，越裳氏重九译而贡白雉。"朔狄，北狄也。周礼："象胥掌蛮、夷、戎、翟之国，使传王之言而谕说焉，以和亲之。"郑注云："通夷狄之言者曰象胥，其有才智者也。此类之本名，东方曰寄，南方曰象，西方曰狄鞮，北方曰译。此官正为象者，周始有南越重译来贡献，是以名通言语之官为象胥。"[50]胥音谞。

⑧晏子春秋曰："晋平公欲攻齐，使范昭观焉。景公觞之。范昭曰：'愿请君之弃酌。'景公曰：'诺。'范昭已饮，晏子命彻尊更之。范昭归，以报晋平公曰：'齐未可伐也，吾欲愍其君而晏子知之。'仲尼闻之曰：'起于尊俎之间，而折冲千里之外。'"

方今大汉收功于道德之林，致获于仁义之渊，忽蒐狩之礼，阙棃虞之佃。①闇昧不睹日月之光，聋昏不闻雷霆之震，于今十二年，为日久矣。亦方将刊禁台之秘藏，发天府之官常，由质要之故业，率典刑之旧章。②采清原，嘉岐阳，[51]登俊桀，命贤良，举淹滞，拔幽荒。③察淫侈之华誉，顾介特之实功，聘畎亩之群雅，宗重渊之潜龙。④乃储精山薮，历思河泽，目瞩鼎俎，耳听康衢，营傅说于胥靡，求伊尹于庖厨，索膠鬲于鱼盐，听宁戚于大车。⑤俾之昌言而宏议,轶越三家,驰骋五帝,悉览休祥,总括群瑞。⑥遂棲凤皇于高梧,宿麒麟于西园,纳僬侥之珍羽,受王母之白环。⑦永逍摇乎宇内,与二仪乎无疆,贰造化于后土,参神施于昊乾,超特达而无俦,焕巍巍而无原。⑧丰千亿之子孙,历万载而永延。⑨礼乐既阕,北辕反旆,至自新城,背伊阙,反洛京。⑩

① 槃,乐也。虞与娱同。

② 周礼八法,四曰官常,以听官理。天府掌祖庙之守藏,与其禁令,察群吏之理。左传云:"晋赵盾为国,政由质要。"杜预注曰:"由,用也。质要,契券也。"刊音苦寒反。

③ 清原,地在河东闻喜县北。左传曰:"晋蒐于清原,作五军。"又楚椒举曰:"周武有孟津之誓,成有岐阳之蒐。"礼记月令:"孟夏,命太尉赞傑俊,遂贤良。"左传楚平王"诘奸慝,举淹滞"。杜预注云:"淹滞,有才德而未叙者也。"

④ 华誉,虚誉也。介特谓孤介特立也。畎亩谓隐于陇亩之中也。司马相如上林赋曰:"掩群雅。"音义云:"谓大雅、小雅之人也。"潜龙,喻贤人隐也。

⑤ 曭,视也,音所解反。鼎俎谓伊尹负鼎以干汤也。墨子曰:"汤举伊尹于庖厨之中。"康衢谓宁戚也。说苑曰:"宁戚饭牛于康衢,击车辐而歌硕鼠。"傅说代胥靡刑人筑于傅岩之野,高宗梦得之。孟子曰"胶鬲举于鱼盐"也。

⑥ 俾,使也。昌,当也。宏,大也。前书杨雄曰:"宏言崇议。"轶,过也。三家,三皇也。

⑦ 韩诗外传曰:"黄帝时凤皇止帝东园,集帝梧桐,食帝竹实。"尚书中候曰:"黄帝时麒麟在园。"帝王纪曰"尧时僬侥氏来贡没羽。西王母慕舜之德,来献白环"也。

⑧论语孔子曰："尧之为君,焕乎其有文章,巍巍乎其有成功。"

⑨诗大雅曰"天锡百禄,子孙千亿"也。

⑩阕,止也,音苦穴反。新城,县,属河南郡,今伊阙县。

颂奏,忤邓氏,滞于东观,十年不得调。因兄子丧自劾归。①太后闻之怒,谓融羞薄诏除,欲仕州郡,遂令禁锢之。②

①融集云,时兄伉子在融舍物故,融因是自劾而归。

②融集云,时左将奏融(道)〔遭〕兄子丧,[52]自劾而归,离署当免官。制曰:"融典校秘书,不推忠尽节,而羞薄诏除,希望欲仕州郡,免官勿罪。"禁锢六年矣。

太后崩,安帝亲政,召还郎署,复在讲部。出为河间王厩长史。[53]时车驾东巡岱宗,①融上东巡颂,帝奇其文,召拜郎中。及北乡侯即位,融移病去,为郡功曹。

①延光三年。

阳嘉二年,诏举敦朴,城门校尉岑起举融,征诣公车,对策,拜议郎。①大将军梁商表为从事中郎,转武都太守。时西羌反叛,征西将军马贤与护羌校尉胡畴征之,而稽久不进。融知其将败,上疏乞自效,曰:"今杂种诸羌转相钞盗,宜及其未并,亟遣深入,破其支党,而马贤等处处留滞。羌胡百里望尘,千里听声,今逃匿避回,漏出其后,则必侵寇三辅,为民大害。臣愿请贤所不可用关东兵五千,裁假部队之号,尽力率厉,埋根行首,以先吏士,②三旬之中,必克破之。臣少习学艺,不更武职,猥陈此言,必受诬罔之辜。昔毛遂厮养,为众所蚩,终以一言,克定从要。③臣惧贤等专守一城,言攻于西而羌出于东,且其将士必有高克溃叛之变。"④朝廷不能用。又陈:"星孛参、毕,参西方之宿,毕为边兵,至于分野,并州是也。⑤

西戎北狄,殆将起乎! 宜备二方。"寻而陇西羌反,乌桓寇上郡,皆卒如融言。

①续汉书曰,融对策于北宫端门。

②埋根言不退。

③毛遂,赵平原君赵胜客也。居门下三年。时平原将与楚合从,以毛遂
备二十人数,其十九人相与笑之。比至楚,毛遂果按剑与楚定从,楚
立发兵救赵。事见史记。厮养,贱人也。

④左传曰,郑使高克率师次于河上,久而不召,师溃而归,高克奔陈。

⑤参在申,为晋分,并州之地。

三迁,桓帝时为南郡太守。先是融有事忤大将军梁冀旨,冀讽
有司奏融在郡贪浊,免官,髡徙朔方。自刺不殊,得赦还,复拜议
郎,重在东观著述,以病去官。

融才高博洽,为世通儒,教养诸生,常有千数。涿郡卢植,北海
郑玄,皆其徒也。善鼓琴,好吹笛,达生任性,不拘儒者之节。居宇
器服,多存侈饰。常坐高堂,施绛纱帐,前授生徒,后列女乐,弟子
以次相传,鲜有入其室者。尝欲训左氏春秋,及见贾逵、郑众注,乃
曰:"贾君精而不博,郑君博而不精。既精既博,吾何加焉!"但著
三传异同说。注孝经、论语、诗、易、三礼、尚书、列女传、老子、淮南
子、离骚,所著赋、颂、碑、诔、书、记、表、奏、七言、琴歌、对策、遗令,
凡二十一篇。

初,融惩于邓氏,不敢复违忤执家,遂为梁冀草奏李固,又作大
将军西第颂,以此颇为正直所羞。年八十八,延熹九年卒于家。遗
令薄葬。族孙日磾,献帝时位至太傅。①

①三辅决录注:"日磾字翁叔。"

论曰:马融辞命邓氏,逡巡陇汉之间,将有意于居贞乎?①既而羞曲士之节,惜不赀之躯,②终以奢乐恣性,党附成讥,固知识能匡欲者鲜矣。③夫事苦,则矜全之情薄;生厚,故安存之虑深。④登高不惧者,胥靡之人也;⑤坐不垂堂者,千金之子也。⑥原其大略,归于所安而已矣。物我异观,亦更相笑也。

① 陇汉之间谓客于汉阳时。易屯卦初九曰:"磐桓利居贞。"

② 庄子曰:"曲士不可语于道者,束于教也。"

③ 识,性也。匡,正也。

④ 老子曰:"人之轻死者,以其求生。生之厚也,是以轻死。"

⑤ 前书音义曰:"胥,相也。靡,随也。谓相随受刑之人也。"庄子曰:"胥靡登高(也)不惧,[54]遗死生也。"此为矜全之情薄也。

⑥ 前书晁错曰:"千金之子,坐不垂堂。"此为安存之虑深也。

【校勘记】

〔1〕会羌虏飙起　按:"飙"原作"飚",径据汲本改。

〔2〕拜为校书郎中　"校"原作"挍",径据汲本、殿本改。按:校挍本通作,然各本皆作"校",且注文亦作"校",故改。

〔3〕谢承〔书〕及续汉书　"承"原讹"丞",径改正。按:当作"谢承书及续汉书",谓谢承后汉书及司马彪续汉书也,今补"书"字。

〔4〕〔劝〕收藏　据汲本、殿本补。

1581

〔5〕欢嬉喜乐　按:汲本、殿本"嬉"作"欣"。

〔6〕有才不能用　按:刊误谓"才"当作"财"。

〔7〕今王(颜)鼓乐于此　据刊误删,与今本孟子合。

〔8〕诗咏(圃)〔圂〕草　据汲本改,注同。按:集解引钱大昕说,谓"圂"当从闽本作"圃"。诗"东有甫草",郑氏读如"圃"。

〔9〕恢胎旷荡　按:“恢”原作“烣”,俗体字,径改正。下“营围恢廓”同。

〔10〕寥豁郁泱　按:“寥”原讹“寒”,径据汲本、殿本改正。

〔11〕左概嵩岳　按:王念孙读书杂志馀编谓“概”当作“枕”,字之误也。水经汝水注、太平御览地部引此,并作“左枕嵩岳”。

〔12〕箕背王屋　按:王念孙谓“箕背”当作“背箕”,与“面据”相对,箕读为基,基亦据也,言前据衡阴,后据王屋也。水经汝水注引此,正作“背基王屋”。

〔13〕昌本深蒱　殿本“蒱”作“蒲”,注同。按:蒱蒲通。

〔14〕丰肜对蔚　按:“肜”原作“彤”,径依汲本、殿本改。

〔15〕东曰衡山多青(雘)〔䨼〕　按:引文见山海经中次八经。善丹曰雘,从丹;善青曰䨼,从青。山海经凡言“青䨼”,皆从青作“䨼”,兹据改。

〔16〕应劭　按:“劭”原讹“邵”,径改正。

〔17〕(薄)〔簿〕云　据集解本改。按:张森楷谓簿即河南十二县簿,太平御览屡引之。

〔18〕(氿)〔汍〕泉穴出　各本并误,据尔雅改。

〔19〕尔雅曰茆凫葵　按:“尔雅”当作“广雅”。沈钦韩谓尔雅无此语,见广雅释草。

〔20〕生于水中(矣)〔涘〕　据殿本改。

〔21〕本或作(蘳)〔䕸〕　据汲本改。按:汲本无“或”字。

〔22〕鄗骇譟讙　按:李慈铭谓“鄗”当作“駓”。注引韩诗“駓駓俟俟”,即毛诗之“儦儦俟俟”也。

〔23〕缳于山有罕　按:今国语齐语作“缳山于有牢”。

〔24〕棲招摇与玄弋　按:沈钦韩谓“玄弋”当作“玄戈”。隋书天文志

"<u>玄戈</u>一星,在<u>招摇</u>北"。<u>新唐书兵志</u>"<u>武德</u>三年更以<u>关中富平道</u>为玄弋军,军置将副各一人",皆取星文为号。

〔25〕扬金燧而拖玉瓖　按:<u>沈家本</u>谓"燹"当作"奅"。说文:"奅,礮盖也。"读若范,<u>大徐</u>亡范切。注中之"无犯反",即<u>大徐</u>之"亡范切",其音是矣。而又云"一云子公反",盖<u>唐</u>时已有误作"燹"者,故注家遂有此音而不知其非耳。

〔26〕狗马角逐　按:<u>汲本</u>"角"作"争"。

〔27〕袂袂狂击　按:"袂"原讹"袂",径改正。注同。

〔28〕玉路重(较)〔辂〕也　据殿本改。

〔29〕蛇行有尾目(赤)〔亦〕画于旌旗也　按:刊误谓妖星但见尾目而已,又言其赤,非也。当作"蛇行有尾目,亦画于旌旗也"。上文太常画日月,故云"亦画"也。今据改。

〔30〕高广各四寸在马鬣前　按:<u>续书舆服志</u>注引<u>独断</u>,"四寸"作"五寸","马鬣"作"马髦"。

〔31〕我车既好　刊误谓"我"当作"田"。按:诗小雅车攻作"田"。

〔32〕猥蹢跚　殿本"猥"作"骡"。按:今本尔雅作"骡"。

〔33〕狱罳熊　按:集解引钱大昕说,谓"罳"当作"狦"。

〔34〕杪标端　按:"标"原讹"摽",径改正。注同。

〔35〕裎(袒)〔裸〕也　据汲本、殿本改。

〔36〕导鬼区　按:刊误谓"导"当作"道"。

〔37〕树以捕柳　汲本、殿本"捕"作"蒲",注同。按:蒲捕通。

〔38〕咏歌于伶萧　按:<u>汲本</u>"萧"作"箫"。

〔39〕帅百隶以殴疫　按:"殴"原讹"欧",径改正。

〔40〕公孙捷〔曰捷〕持楯而再搏乳虎　据汲本补。按:宋本注无"曰捷"二字,故刘攽刊误谓如下文,则此少"曰吾"二字。此"曰捷"二字

疑毛子晋以意补之。张森楷校勘记谓据下二子皆曰"吾",不自称名,则捷亦不宜独自称名,刘谓少"曰吾"二字是也,未知子晋何从改作"捷"。

〔41〕螭龙(也)〔属〕 据汲本改。

〔42〕萧鼓鸣兮 按:汲本"萧"作"箫"。

〔43〕汉水之神〔女〕 据汲本、殿本补。

〔44〕鸥白鸥也 按:汲本"白鸥"作"白鸥"。

〔45〕(白)〔野〕凫也 据汲本、殿本改。

〔46〕今鳏额白鱼(鲤)〔也〕 据汲本、殿本改。

〔47〕摆亦捭字也 按:"捭"原讹"神",径改正。

〔48〕班固西都赋曰置互摆牲 按:沈钦韩谓此张衡西京赋语,注误以为班固。

〔49〕孟子谓齐〔宣〕王曰 据汲本、殿本补。

〔50〕是以名通言语之官为象胥 刊误谓"名通"当作"通名",谓总称言语之官为象胥也。按:周礼郑注作"是因通言语之官为象胥云",阮元校勘记谓大字本"因"下有"名"字,则刊误之说非也。

〔51〕嘉岐阳 按:"岐"原作"歧",径改正。注同。

〔52〕时左将奏融(道)〔遭〕兄子丧 据殿本改。

〔53〕出为河间王厩长史 按:刊误谓厩长即是官名,"史"字衍。

〔54〕胥靡登高(也)不惧 据刊误删。

后汉书卷六十下

蔡邕列传第五十下

蔡邕字伯喈,陈留圉人也。①六世祖勋,②好黄老,平帝时为郿令。王莽初,授以厌戎连率。③勋对印绶仰天叹曰:"吾策名汉室,死归其正。昔曾子不受季孙之赐,况可事二姓哉?"④遂携将家属,逃入深山,与鲍宣、卓茂等同不仕新室。父棱,亦有清白行,谥曰贞定公。⑤

①圉,县,故城在今汴州陈留县东南。

②谢承书曰:"勋字君严。"

③王莽改陇西郡曰厌戎郡,守曰连率。

④礼记曰:"曾子有疾,童子曰:'华而睆,大夫之箦欤?'曾子曰:'然,斯季孙之赐也,我未之能易也。元起易箦。'曾元曰:'倖而至于旦,请敬易之。'曾子曰:'尔之爱我也不如彼也。君子之爱人也以德,细人之爱人也以姑息。吾何求哉?吾得正而毙焉,斯已矣。'举扶而易之,反席未安而没。"言虽临死不失正道也。

⑤邕祖攜碑云："攜字叔业，有周之胄。昔蔡叔没，成王命其子仲使践诸
　侯之位，以国氏姓，君其后也。君曾祖父勋，哀帝时以孝廉为长安邰
　长。及君之身，增修厥德，顺帝时以司空高弟迁新蔡长，年七十九卒。
　长子棱，字伯直，处俗孤党，不协于时，垂翼华发，人爵不升，年五十三
　卒。"谥法曰："清白守节曰贞，纯行不差曰定。"

　　邕性笃孝，母常滞病三年，邕自非寒暑节变，未尝解襟带，不寝
寐者七旬。母卒，庐于冢侧，动静以礼。有菟馴扰其室傍，[1]又木
生连理，远近奇之，多往观焉。与叔父从弟同居，三世不分财，乡党
高其义。少博学，师事太傅胡广。好辞章、数术、天文，妙操音律。

　　桓帝时，中常侍徐璜、左悺等五侯擅恣，闻邕善鼓琴，遂白天
子，敕陈留太守督促发遣。邕不得已，行到偃师，称疾而归。间居
玩古，不交当世。感东方〔朔〕客难[2]及杨雄、班固、崔骃之徒设疑
以自通，①乃斟酌群言，趣其是而矫其非，②作释诲以戒厉云尔。

①杨雄作解嘲，班固作答宾戏，崔骃作达旨。
②趣亦是也。

　　　　有务世公子诲于华颠胡老曰：①"盖闻圣人之大宝曰位，
故以仁守位，以财聚人。②然则有位斯贵，有财斯富，行义达
道，士之司也。故伊挚有负鼎之衒，仲尼设执鞭之言，③甯子
有清商之歌，百里有豢牛之事。④夫如是，则圣哲之通趣，古人
之明志也。夫子生清穆之世，禀醇和之灵，覃思典籍，韫椟六
经，安贫乐贱，与世无营，沈精重渊，抗志高冥，包括无外，综析
无形，其已久矣。曾不能拔萃出群，扬芳飞文，⑤登天庭，序彝
伦，埽六合之秽慝，清宇宙之埃尘，连光芒于白日，属炎气于景
云。⑥时逝岁暮，默而无闻。小子惑焉，是以有云。方今圣上

宽明，辅弼贤知，崇英逸伟，不坠于地，德弘者建宰相而裂土，才羡者荷荣禄而蒙赐。⑦盍亦回涂要至，俛仰取容，⑧辑当世之利，定不拔之功，荣家宗于此时，遗不灭之令踪？⑨夫独未之思邪，何为守彼而不通此？"⑩

①颠，顶也。华顶谓白首也。新序齐宣王对闾丘卬曰："士亦华发堕颠而后可用耳。"左传宋司马子鱼曰："虽及胡耇，获即取之。"杜预注曰："胡耇，元老之称。"

②易曰"圣人之大宝曰位。何以守位？曰仁。何以聚人？曰财"也。

③挚，伊尹名也。史记曰，伊尹欲干汤而无由，乃为有莘媵臣，负鼎俎以滋味说汤，致于王道。衔，自媒衔也。论语孔子曰："行义以达其道。"又曰："富而可求，虽执鞭之士吾亦为之。"周礼涤狼氏下士八人，执鞭以辟道也。

④淮南子曰："宁戚欲干齐桓公，穷困无以自达，于是为商旅，将车以适于齐，暮宿于郭门，饭牛车下，望见桓公，乃击牛角而〔疾〕商歌。[3]桓公闻之曰：'异哉！歌者非常人也。'命后车载之。"三齐记载其歌曰："南山矸，白石烂，生不遭尧与舜禅，短布单衣适至骭，从昏饭牛薄夜半，长夜漫漫何时旦！"公悦之，以为大夫。矸音岸。骭音户谏反。百里奚，虞大夫也。史记赵良曰："百里奚自鬻于秦，衣褐食牛，期年而后穆公知之，举之牛口之下。"说文曰："奚，养也。"

⑤孟子曰："若仲尼者，拔乎其萃，出乎其类。"

⑥瑞应图曰"景云者太平之应也，一曰庆云"也。

⑦羡音以战反，本或作"美"。

⑧回，曲也。要音一遥反。言履直道，则不能有所至也。

⑨遗犹留也。

⑩彼谓贫贱，此谓荣禄。

　　胡老愀然而笑曰："若公子，所谓觊暧昧之利，而忘昭晰之

害;专必成之功,而忽蹉跌之败者已。"公子谡尔敛袂而兴曰:
"胡为其然也?"①胡老曰:"居,吾将释汝。②昔自太极,君臣始
基,③有羲皇之洪胄,唐虞之至时。④三代之隆,亦有缉熙,五
伯扶微,勤而抚之。于斯已降,天网纵,人纮弛,王涂坏,太极
陁,⑤君臣土崩,上下瓦解。⑥于是智者骋诈,辩者驰说,武夫
奋略,战士讲锐。⑦电骇风驰,雾散云披,变诈乖诡,以合时宜。
或画一策而绾万金,或谈崇朝而锡瑞珪。⑧连衡者六印磊落,
合从者骈组流离。⑨隆贵贪习,积富无崖,据巧蹈机,以忘其
危。夫华离蒂而萎,条去干而枯,女冶容而淫,士背道而辜。
人毁其满,神疾其邪,利端始萌,害渐亦牙。速速方毂,夭夭是
加,⑩[4]欲丰其屋,乃蔀其家。⑪是故天地否闭,圣哲潜形,⑫
石门守晨,沮、溺耦耕,⑬颜歜抱璞,蘧瑗保生,⑭齐人归乐,孔
子斯征,雍渠骖乘,逝而遗轻。⑮夫岂惛主而背国乎? 道不可
以倾也。

①谡然,耸敛之皃,音所六反。

②居犹坐也。释,解也。

③太极,天地之始也。易曰:"易有太极,是生两仪。"

④洪,大也。

⑤贾逵注国语曰:"小崩曰陁。"

⑥淮南子曰:"武王伐纣,左操黄钺,右执白旄而麾之,则瓦解而走,遂土
崩而下。"

⑦讲,习也。

⑧战国策曰,秦昭王见顿弱,顿弱曰:"韩,天下之喉咽也;魏,天下之匈
臆也。王资臣万金而游之,天下可图也。"秦王曰:"善。"乃资万金,使
东游韩、魏,入其将相,北游燕、赵,而杀李牧。齐王入朝,四国毕从,

顿子说之也。**史记**曰:"**虞卿**说**赵孝成王**,一见赐黄金百溢,再见赐白璧一双。"

⑨连衡谓**张仪**,合从谓**苏秦**,并佩六国之印。骈,并也。组,绶也。流离,光彩皃也。

⑩诗小雅曰:"速速方毂,天天是拯。"**毛苌**注云:"速速,陋也。"**郑玄**注云:"毂,禄也。"言鄙陋小人,将贵而得禄也。天,杀也。拯,破之也。**韩诗**亦同。此作"毂"者,盖谓小人乘宠,方毂而行。方犹并也。

⑪易丰卦上六曰:"丰其屋,蔀其家。"**王弼**注云:"蔀,覆也。屋厚覆,闇之甚也。"蔀音部。

⑫易文言曰:"天地闭,贤人隐。"

⑬论语曰:"**子路**宿于石门。晨门曰:'奚自?'**子路**曰:'自孔氏。'"**郑玄**注云:"石门,鲁城外门也。晨门,主晨夜开闭者。"又曰:"**长沮**、**桀溺**耦而耕。"并隐遁人也。

⑭战国策齐宣王谓**颜歜**曰:"愿先生与寡人游。"歜辞曰:"玉生于山,制则毁焉,非不宝也,然失璞不完。[5]士生鄙野,迭而禄焉,非不贵也,而形神不全。歜愿得晚食以当肉,安步以当车,无罪以当贵,清静以自娱。知足矣。归反于朴,则终身不辱。"[6]论语**孔子**曰:"**蘧伯玉**邦有道则仕,邦无道则可卷而怀之。"此为保其生也。

⑮论语曰:"齐人馈女乐,**季桓子**受之,三日不朝。**孔子**行。"**史记**曰:"**卫灵公**与夫人同车,宦者雍渠参乘。**孔子**曰:'吾未见好德如好色者也。'于是丑之,去**卫**适**曹**。"遗轻谓若弃轻细之物而去,言恶之甚也。

"且我闻之,日南至则黄锺应,融风动而鱼上冰,蕤宾统则微阴萌,兼葭苍而白露凝。①寒暑相推,阴阳代兴,运极则化,理乱相承。今**大汉**绍**陶唐**之洪烈,涤四海之残灾,隆隐天之高,拆绝地之基。②皇道惟融,帝猷显丕,泍泍庶类,[7]含甘吮滋。③〔8〕检六合之群品,济之乎雍熙,群僚恭己于职司,圣主垂拱乎两楹。君臣穆穆,守之以平,济济多士,端委缙绖,④鸿渐盈阶,振鹭充庭。⑤譬犹锺山之玉,泗滨之石,累珪璧不为之盈,(探)〔采〕浮磬不为之索。⑥〔9〕曩者,洪源辟而四隩集,武功定而干戈戢,⑦猃狁攘而吉甫宴,城濮捷而晋凯入。⑦故当其有事也,则蓑笠并载,擐甲扬锋,不给于务;⑧当其无事也,则舒绅缓佩,鸣玉以步,绰有馀裕。

① 月令:"仲冬,律中黄锺。"融风,艮之风也。月令:"孟春,东风解冻,鱼上冰。"又:"仲夏之月,律中蕤宾。"微阴谓一阴爻生也。诗秦风曰:"蒹葭苍苍,白露为霜。"尔雅曰:"蒹,薕也。葭,芦也。"

② 绖音古邓反。绖与亘同。

③ 泜泜,齐皃。

④ 端委,礼衣也。左传曰:"太伯端委以持周礼。"说文曰:"缙,赤白色也。"绖,系绶也,音它丁反。

⑤ 易曰:"鸿渐于陆。"鸿,水鸟也。渐出于陆,喻君子仕进于朝。诗曰:"振振鹭,鹭于下。"注云:"鹭,白鸟也。喻絜白之士,群集君之朝也。"

⑥ 山海经曰:"黄帝取密山之玉策,投之锺山之阳。"尚书曰:"泗滨浮磬。"注云:"水中见石,可以为磬。"言锺山多玉,泗水多石,喻汉多贤人。索,尽也,音所(格)〔洛〕反。〔10〕

⑦ 辟,开也,音频亦反。谓禹理洪水而开道之。尚书曰:"四隩既宅。"隩,居也,音於六反。武功定谓武王伐纣。诗周颂曰:"载戢干戈。"诗小雅曰:"薄伐猃狁,至于太原,吉甫燕喜,既多受祉。"郑玄注曰:"吉甫既伐猃狁而归,天子以燕礼乐之也。"左传,晋与楚战于城濮,楚师败绩,故晋凯乐而归也。

⑧ 蓑音素和反。诗小雅曰:"荷蓑荷笠。"毛苌注云:"荷,揭也。蓑所以备雨。笠所以御暑。"擐,贯也。

"夫世臣、门子、蛰御之族，①天隆其祜，主丰其禄。抱膺从容，爵位自从，摄须理髯，馀官委贵。其取进也，顺倾转圆，不足以喻其便；逡巡放屣，不足以况其易。夫〔夫〕有逸群之才，人人有优赡之智。[11]童子不问疑于老成，瞳蒙不稽谋于先生。心恬澹于守高，意无为于持盈。②粲乎煌煌，莫非华荣。明哲泊焉，不失所宁。③狂淫振荡，乃乱其情。贪夫殉财，夸者死权。④瞻仰此事，体躁心烦。阉谦盈之效，迷损益之数。⑤骋骛驰于脩路，慕骐骥而增歐，卑俯乎外戚之门，乞助乎近贵之誉。荣显未副，从而颠踣，⑥下获熏胥之辜，高受灭家之诛。⑦前车已覆，袭轨而骛，曾不鉴祸，以知畏惧。予惟悼哉，害其若是！⑧天高地厚，蹻而蹐之。⑨怨岂在明，患生不思。战战兢兢，必慎厥尤。

①诗小雅曰："曾我蛰御。"毛苌注云："蛰御，侍御也。"

②老子曰："持而盈之，不如其已。"河上公注云："持满必倾，不如止也。"

③泊犹静也。

④贾谊服鸟赋之文也。言夸华者必死于权埶也。

⑤易曰："天道亏盈而益谦。"又曰："损益盈虚，与时偕行。"王弼注云："自然之质，各定其分，短者不为不足，长者不为有馀，损益将何加焉？"

⑥踣音步北反，协韵音赴。

1591

⑦诗小雅曰："若此无罪，勦胥以痛。"勦，帅也。胥，相也。痛，病也。言此无罪之人，而使有罪者相帅而病之，是其大甚。见韩诗。前书曰："史迁薰胥以刑。"音义云："谓相薰蒸得罪也。"诛，协韵音丁注反。

⑧害，何也，音曷。

⑨诗小雅曰"谓天盖高，不敢不蹻。谓地盖厚，不敢不蹐"。

　　"且用之则行，圣训也；舍之则藏，至顺也。①夫九河盈溢，非一甽所防；②带甲百万，非一勇所抗。③今子责匹夫以清宇宙，庸可以水旱而累尧、汤乎？惧烟炎之毁熠，何光芒之敢扬哉！④且夫地将震而枢星直，井无景则日阴食，⑤元首宽则望舒脁，侯王肃则月侧匿。⑥是以君子推微达著，寻端见绪，履霜知冰，践露知暑。时行则行，时止则止，消息盈冲，取诸天纪。⑦利用遭泰，可与处否，乐天知命，持神任己。群车方奔乎险路，安能与之齐轨？思危难而自豫，故在贱而不耻。方将骋驰乎典籍之崇涂，休息乎仁义之渊薮，⑧槃旋乎周、孔之庭宇，揖儒、墨而与为友。舒之足以光四表，收之则莫能知其所有。若乃丁千载之运，应神灵之符，闿闾阖，乘天衢，拥华盖而奉皇枢，⑨纳玄策于圣德，宣太平于中区。计合谋从，己之图也；勋绩不立，予之辜也。龟凤山隐，雾露不除，踊跃草莱，袛见其愚。不我知者，将谓之迂。⑩脩业思真，弃此焉如？静以俟命，不觳不渝。⑪'百岁之后，归乎其居。'⑫倖其获称，天所诱也。⑬罕漫而已，非己咎也。⑭昔伯翳综声于鸟语，葛卢辩音于鸣牛，董父受氏于豢龙，奚仲供德于衡辀，⑮倕氏兴政于巧工，造父登御于骅骝，非子享土于善圉，狼瞫取右于禽囚，⑯弓父毕精于筋角，欼非明勇于赴流，寿王创基于格五，东方要倖于谈优，⑰上官效力于执盖，弘羊据相于运筹。仆不能参跡于若人，故抱璞而优游。"⑱

①论语孔子曰："用则行，舍则藏。"故言圣训也。

②九河谓河水分为九道。尔雅曰，徒骇、太史、马颊、覆釜、胡苏、简、絜、钩盘、鬲津，是谓九河也。

③协韵音苦郎反。

④烟炎,烟火之微细者。言常惧微细以致毁灭。杜预注左传曰:"吴楚之间谓火灭为熠。"音子廉反。炎音焰。

⑤晏子见伯常骞,问曰:"昔吾见维星绝,枢星散,地其动乎?"见晏子春秋。阴食谓不显食也。凡日阴食则并无影也。

⑥望舒,月也。尚书大传曰:"晦而月见西方,谓之朓。朔而月见东方,谓之侧匿。侧匿则侯王肃,朓则侯王舒。"注:"肃,急也。舒,缓也。"

⑦易坤文言曰:"履霜坚冰至。"艮卦曰:"时行则行,时止则止。"丰卦曰:"天地盈虚,与时消息。"

⑧前书司马相如曰:"游于六艺之囿,驰骛乎仁义之涂。"班固曰"肴覈仁义之林薮"也。

⑨古今注曰:"华盖,黄帝所作也。与蚩尤战于涿鹿之野,常有五色云气,金枝玉叶,因而作华盖。"

⑩龟凤喻贤人,雾露喻昏闇也。迂,曲也。

⑪敦,厌也。渝,变也。

⑫诗晋风也。毛苌注云:"居,坟墓也。"

⑬谓小人妄得称举者,天之所诱,后必遇害也。

⑭罕漫犹无所知闻也,非君子之咎也。

⑮伯翳即秦之先伯益也,能与鸟语。见史记。葛卢,东夷介国之君也。介葛卢聘于鲁,闻牛鸣,曰:"是生三牺,皆用之矣。"问之,如其言。晋太史蔡墨曰:"昔有董父,实甚好龙,能求嗜欲以饮食之,以服事帝舜。帝赐姓曰董,氏曰豢龙。"并见左传。奚仲,薛之祖也。世本曰:"奚仲作车。"衡,轭也。辀,辕也。

⑯倕,舜(之)〔时〕巧人也。[12]见尚书。造父者,秦之先也,为周穆王御骅骝、騄耳之乘。非子亦秦之先,善养马。周孝王使主马于汧、渭之间,马大蕃息,分土为附庸,邑之于秦。并见史记。圉,养马人也。见周礼。左传曰:"战于殽,晋襄公缚秦囚,使莱驹以戈斩之。囚呼,莱驹

失戈,狼瞫取戈斩之,遂以为车右。"瞫音舒恁反。

⑰弓父,弓工也。阙子曰:"宋景公使弓工为弓,九年,来见公。公曰:'为弓亦迟矣。'对曰:'臣精尽于弓矣。'献弓而归,三日而死。公张弓东向而射,矢踰西霜之山,集彭城之东,其馀力逸劲,饮羽于石梁。"吕氏春秋曰,荆人伙飞入江斩蛟。前书,武帝时,吾丘寿王字子赣,以善格五待制。格五,今之蔟也。东方朔以善谈笑俳优得倖。班固曰:"朔应谐似优。"杜预注左传曰:"优,调戏也。"

⑱前书,上官桀,武帝时为期门郎,从上甘泉,大风,车不得行,解盖授桀,虽(底)〔风〕,盖常属车。[13]桑弘羊,洛阳贾人也,以能心计为侍中。

于是公子仰首降阶,忸怩而避。①胡老乃扬衡含笑,援琴而歌。②歌曰:"练余心兮浸太清,涤秽浊兮存正灵。和液畅兮神气宁,情志泊兮心亭亭,嗜欲息兮无由生。踔宇宙而遗俗兮,眇翩翩而独征。"③

①忸怩,心惭也。忸音女六反。怩音尼。

②衡,眉目之间也。

③太清谓天也。和液谓和气灵液也。亭亭,孤峻之皃。踔犹越也,音丑教反。

建宁三年,辟司徒桥玄府,[14]玄甚敬待之。出补河平长。[15]召拜郎中,校书东观。迁议郎。邕以经籍去圣久远,文字多谬,俗儒穿凿,疑误后学,熹平四年,乃与五官中郎将堂谿典、光禄大夫杨赐、谏议大夫马日磾、议郎张驯、韩说、太史令单飏等,①奏求正定六经文字。灵帝许之,邕乃自书(册)〔丹〕于碑,[16]使工镌刻立于太学门外。②于是后儒晚学,咸取正焉。及碑始立,其观视及摹写者,车乘日千馀两,填塞街陌。

①堂谿，姓也。先贤行状曰："典字子度，颍川人，为西鄂长。"

②洛阳记曰："太学在洛城南开阳门外，讲堂长十丈，广二丈。堂前石经
　四部。本碑凡四十六枚，西行，尚书、周易、公羊传十六碑存，十二碑
　毁。南行，礼记十五碑悉崩坏。东行，论语三碑，二碑毁。礼记碑上
　有谏议大夫马日䃅、议郎蔡邕名。"

　　初，朝议以州郡相党，人情比周，乃制婚姻之家及两州人士不
得对相监临。至是复有三互法，①禁忌转密，选用艰难。幽冀二
州，久缺不补。邕上疏曰："伏见幽、冀旧壤，铠马所出，②比年兵
饥，渐至空耗。今者百姓虚县，万里萧条，③阙职经时，吏人延属，
而三府选举，踰月不定。臣经怪其事，而论者云'避三互'。十一
州有禁，当取二州而已。又二州之士，或复限以岁月，狐疑迟淹，以
失事会。愚以为三互之禁，禁之薄者，今但申以威灵，明其宪令，在
任之人岂不戒惧，而当坐设三互，自生留阂邪？昔韩安国起自徒
中，朱买臣出于幽贱，并以才宜，还守本邦。④又张敞亡命，擢授剧
州。岂复顾循三互，继以末制乎？⑤三公明知二州之要，所宜速定，
当越禁取能，以救时敝；而不顾争臣之义，苟避轻微之科，选用稽
滞，以失其人。臣愿陛下上则先帝，蠲除近禁，其诸州刺史器用可
换者，无拘日月三互，以差厥中。"书奏不省。

①三互谓婚姻之家及两州人不得交互为官也。谢承书曰"史弼迁山阳
　太守，其妻钜野薛氏女，以三互自上，转拜平原相"是也。

②铠，甲也。周礼考工记曰："燕无函。"函亦甲也，言幽、燕之地，家家皆
　能为函，故无函匠也。左传曰："冀之北土，马之所生。"

③县音玄。

④前书，安国字长孺，梁人。坐法抵罪。居无几，天子使使者拜安国为
　梁内史，起徒中为二千石。买臣字翁子，吴人。家贫，负薪卖以给食，

歌讴道中,后拜会稽太守。

⑤前书,敞字子高,河东人也。为京兆尹,坐与杨恽厚善,制免为庶人,从阙下亡命。数月,冀州部有大贼,天子思敞功,使使者召拜为冀州刺史。

初,帝好学,自造皇羲篇五十章,因引诸生能为文赋者。本颇以经学相招,后诸为尺牍及工书鸟篆者,皆加引召,遂至数十人。①侍中祭酒乐松、贾护,多引无行趣埶之徒,并待制鸿都门下,憙陈方俗闾里小事,帝甚悦之,待以不次之位。又市贾小民,[17]为宣陵孝子者,复数十人,悉除为郎中、太子舍人。时频有雷霆疾风,伤树拔木,地震、陨雹、蝗虫之害。又鲜卑犯境,役赋及民。六年七月,制书引咎,诏群臣各陈政要所当施行。邕上封事曰:

①说文曰:"牍,书板也,长一尺。"艺文志曰:"六体者,古文、奇字、篆书、隶书、缪篆、虫书。"音义曰:"古文谓孔子壁中书也。奇字即古文而异者也。篆书谓小篆,盖秦始皇使程邈所作也。隶书亦程邈所献,主于徒隶,从简易也。缪篆谓其文屈曲缠绕,所以摹印章也。虫书谓为虫鸟之形,所以书幡信也。"

臣伏读圣旨,虽周成遇风,讯诸执事,宣王遭旱,密勿祗畏,无以或加。①臣闻天降灾异,缘象而至。辟历数发,②殆刑诛繁多之所生也。风者天之号令,所以教人也。③夫昭事上帝,则自怀多福;④宗庙致敬,则鬼神以著。国之大事,实先祀典,⑤天子圣躬所当恭事。臣自在宰府,及备朱衣,⑥迎气五郊,而车驾稀出,四时至敬,[18]屡委有司,虽有解除,犹为疎废。⑦故皇天不悦,显此诸异。鸿范传曰:"政悖德隐,厥风发屋折木。"坤为地道,易称安贞。⑧阴气愤盛,则当静反动,法为下叛。夫权不在上,则雹伤物;政有苛暴,则虎狼食人;贪利伤民,则蝗虫损稼。去六月二十八日,<u>太白</u>与月相迫,兵事恶之。<u>鲜卑</u>犯塞,所从来远,今之出师,未见其利。上违天文,下逆人事。诚当博览众议,从其安者。臣不胜愤满,^[19]谨条宜所施行七事表左:⑨

①尚书<u>金滕</u>曰:"秋大孰未获,天大雷电以风,王乃问诸史百执事。"<u>诗大雅云汉篇</u>序曰:"<u>宣王</u>遇旱,侧身脩行,欲消去之,故大夫仍叔作云汉之诗以美之。"密勿祇畏言勤劳戒惧也。

②辟音普历反。<u>史记</u>曰"霹雳,阳气之动"也。

③<u>翼氏风角</u>曰:"风者天之号令,所以谴告人君者。"

④<u>诗大雅</u>曰:"昭事上帝,聿怀多福。"聿,遂也。怀,来也。

⑤<u>左传</u>曰:"国之大事,在祀与戎。"

⑥宰府谓司徒<u>桥玄</u>府也。朱衣谓祭官也。<u>汉官仪</u>曰:"<u>汉家</u>赤行,齐者绛绔袜。"袜音文伐反。

⑦解除谓谢过也。

⑧<u>易坤文言</u>曰:"地道也,妻道也。"其象曰:"安贞之吉,应地无疆。"

⑨表左谓陈之于表左也,犹今云"如左"、"如右"。

一事:明堂月令,天子以四立及季夏之节,迎五帝于郊,①所以导致神气,祈福丰年。清庙祭祀,追往孝敬,养老辟雍,示人礼化,皆帝者之大业,祖宗所祇奉也。而有司数以蕃国疎丧,宫内产生,及吏卒小汙,屡生忌故。②窃见南郊斋戒,未尝有废,至于它祀,辄兴异议。岂南郊卑而它祀尊哉?<u>孝元皇帝</u>策书曰:"礼之至敬,莫重于祭,所以竭心亲奉,以致肃祇者也。"又<u>元和</u>故事,复申先典。③前后制书,推心恳恻。而近者以来,更任太史。忘礼敬之大,任禁忌之书,拘信小故,以亏大典。<u>礼</u>,妻妾产者,斋则不入侧室之门,无废祭之文也。④所谓宫中有卒,三月不祭者,谓士庶人数堵之室,共处其中耳,⑤岂谓皇居之旷,臣妾之众哉? 自今斋制宜如故典,庶答风霆灾妖之异。

①天子居明堂,各依其月布政,故云"明堂月令"。四立谓立春、立夏、立秋、立冬。各以其日,天子亲迎气于其方,并祭其方之帝。季夏之末,祭中央帝也。

②小汗谓病及死也。

③<u>章帝</u>元和二年制曰:"山川百神应典礼者,尚未咸秩,其议修群祀,以祈丰年。"又宗祀<u>五帝</u>于<u>汶</u>上明堂。三年,望祀<u>华</u>、<u>霍</u>,东柴<u>岱宗</u>,为人祈福。

④<u>礼记</u>曰"妻将生子,及月辰,居侧室,夫使人日再问之。夫斋,则不入侧室之门"也。

⑤<u>仪礼</u>曰:"有死于宫中者,则为之三月不举祭。"

二事:臣闻国之将兴,至言数闻,内知己政,外见民情。是故先帝虽有圣明之姿,而犹广求得失。又因灾异,援引幽隐,重贤良、方正、敦朴、有道之选,危言极谏,不绝于朝。陛下亲政以来,频年灾异,而未闻特举博选之旨。诚当思省述修旧事,使抱忠之臣展其狂直,以解<u>易传</u>"政悖德隐"之言。

三事:夫求贤之道,未必一涂,或以德显,或以言扬。顷者,立朝之士,曾不以忠信见赏,恒被谤讪之诛,遂使群下结口,莫图正辞。郎中<u>张文</u>,前独尽狂言,圣听纳受,以责三司。臣子旷然,众庶解悦。①臣愚以为宜擢<u>文</u>右职,以劝忠謇,②宣声海内,博开政路。

①汉名臣奏张文上疏，其略曰："春秋义曰：'螟者贪扰之气所生。天意若曰："贪狼之人，蚕食百姓，若螟食禾稼而扰万民。兽啮人者，象暴政若兽而啮人。'京房易传曰：'小人不义而反尊荣，则虎食人，辟历杀人，亦象暴政，妄有喜怒。'政以贿成，刑放于宠，推类叙意，探指求原，皆象群下贪狼，威教妄施，或苦螟虫。宜敕正众邪，清审选举，退屏贪暴。鲁僖公小国诸侯，敕政修己，斥退邪臣，尚获其报，六月甚雨之应。岂况万乘之主，修善求贤？宜举敦朴，以辅善政。陛下体尧舜之圣，秉独见之明，恢太平之业，敦经好学，流布远近，可留须臾神虑，则(可)致太平，[20]招休征矣。"制曰："下太尉、司徒、司空。夫瑞不虚至，[21]灾必有缘。朕以不德，秉统未明，以招祆伪，将何以昭显宪法哉？三司任政者也，所当夙夜，而各拱默，讫未有闻，将何以奉答天意，(救)〔敕〕宵我人？[22]其各悉心思所崇改，务消复之术，称朕意焉。"

②右，用事之便，谓枢要之官。

四事：夫司隶校尉、诸州刺史，所以督察奸枉，分别白黑者也。伏见幽州刺史杨憙、益州刺史庞芝、凉州刺史刘虔，各有奉公疾奸之心，憙等所纠，其效尤多。馀皆枉桡，不能称职。或有抱罪怀瑕，与下同疾，纲网弛纵，莫相举察，公府台阁亦复默然。五年制书，议遣八使，又令三公谣言奏事。①是时奉公者欣然得志，邪枉者忧悸失色。未详斯议，所因寝息。昔刘向奏曰："夫执狐疑之计者，开群枉之门；[23]养不断之虑者，来谗邪之口。"②今始闻善政，旋复变易，足令海内测度朝政。宜追定八使，纠举非法，更选忠清，平章赏罚。③三公岁尽，差其殿最，使吏知奉公之福，营私之祸，则众灾之原庶可塞矣。

①汉官仪曰："三公听采长吏臧否，人所疾苦，条奏之。"是为举谣言
　　者也。

②语见前书。

③平，和也。章，明也。

　　五事：臣闻古者取士，必使诸侯岁贡。①孝武之世，郡举孝
廉，又有贤良、文学之选，于是名臣辈出，文武并兴。汉之得
人，数路而已。②夫书画辞赋，才之小者，匡国理政，未有其能。
陛下即位之初，先涉经术，听政馀日，观省篇章，聊以游意，当
代博弈，非以教化取士之本。而诸生竞利，作者鼎沸。其高者
颇引经训风喻之言；下则连偶俗语，有类俳优；或窃成文，虚冒
名氏。臣每受诏于盛化门，差次录第，其未及者，亦复随辈皆
见拜擢。既加之恩，难复收改，但守奉禄，于义已弘，不可复使
理人及仕州郡。昔孝宣会诸儒于石渠，章帝集学士于白虎，通
经释义，其事优大，文武之道，所宜从之。若乃小能小善，虽有
可观，孔子以为"致远则泥"，君子故当志其大者。③

①尚书大传曰："古者诸侯之于天子，三年一贡士。一适谓之攸好德，再
　　适谓之贤贤，三适谓之有功。"注云："适犹得也。"

②数路谓孝廉、贤良、文学之类也。

③论语子夏曰："虽小道必有可观者焉，致远恐泥。"郑玄注云："小道，如
　　今诸子书也。泥谓滞陷不通。"此邕以为孔子之言，当别有所据也。

　　六事：墨绶长吏，职典理人，①皆当以惠利为绩，日月为
劳。褒责之科，所宜分明。而今在任无复能省，及其还者，多
召拜议郎、郎中。若器用优美，不宜处之冗散。如有衅故，自
当极其刑诛。岂有伏罪惧考，反求迁转，更相放效，臧否无章？

先帝旧典，未尝有此。[24]可皆断绝，以覈真伪。

①汉官仪曰"秩六百石，铜章墨绶"也。

七事：伏见前一切宣陵孝子(者)为太子舍人。[25]臣闻孝文皇帝制丧服三十六日，虽继体之君，父子至亲，公卿列臣，受恩之重，皆屈情从制，不敢踰越。今虚伪小人，本非骨肉，既无倖私之恩，又无禄仕之实，恻隐思慕，情何缘生？而群聚山陵，假名称孝，行不隐心，义无所依，至有奸轨之人，通容其中。(恒)〔桓〕思皇后祖载之时，①[26]东郡有盗人妻者亡在孝中，本县追捕，乃伏其辜。虚伪杂秽，难得胜言。又前至得拜，后辈被遗；或经年陵次，以暂归见漏；或以人自代，亦蒙宠荣。争讼怨恨，凶凶道路。太子官属，宜蒐选令德，岂有但取丘墓凶丑之人？其为不祥，莫与大焉。宜遣归田里，以明诈伪。

①周礼曰："丧祝掌大丧，及祖饰棺(及)〔乃〕载，[27]遂御之。"郑玄注云："祖谓将葬祖祭于庭，载谓升柩于车也。"

书奏，帝乃亲迎气北郊，及行辟雍之礼。又诏宣陵孝子为舍人者，悉改为丞尉焉。光和元年，遂置鸿都门学，画孔子及七十二弟子像。其诸生皆敕州郡三公举用辟召，或出为刺史、太守，入为尚书、侍中，乃有封侯赐爵者，士君子皆耻与为列焉。

时妖异数见，人相惊扰。其年七月，诏召邕与光禄大夫杨赐、谏议大夫马日磾、议郎张华、太史令单飏诣金商门，引入崇德殿，①使中常侍曹节、王甫就问灾异及消改变故所宜施行。邕悉心以对，事在五行、天文志。②又特诏问曰："比灾变互生，未知厥咎，朝廷焦心，载怀恐惧。每访群公卿士，庶闻忠言，而各存括囊，莫肯尽心。③以邕经学深奥，故密特稽问，宜披露失得，指陈政要，勿有依违，自生疑讳。具对经术，以皁囊封上。"④邕对曰："臣伏惟陛下圣德允明，深悼灾眚，褒臣末学，特垂访及，非臣蝼蚁所能堪副。斯诚输写肝胆出命之秋，岂可以顾患避害，使陛下不闻至戒哉！臣伏思诸异，皆亡国之怪也。天于大汉，殷勤不已，故屡出袄变，以当谴责，欲令人君感悟，改危即安。今灾眚之发，不于它所，远则门垣，近在寺署，其为监戒，可谓至切。蜺蝀鸡化，皆妇人干政之所致也。前者乳母赵娆，贵重天下，⑤生则赀藏侔于天府，死则丘墓踰于园陵，两子受封，兄弟典郡；续以永乐门史霍玉，依阻城社，又为奸邪。今者道路纷纷，复云有程大人者，察其风声，将为国患。宜高为隄防，明设禁令，深惟赵、霍，以为至戒。⑥今圣意勤勤，思明邪正。而闻太尉张颢，为玉所进；光禄勋姓璋，⑦有名贪浊；又长水校尉赵玹、⑧屯骑校尉盖升，并叨时倖，荣富优足。宜念小人在位之咎，退思引身避贤之福。⑨伏见廷尉郭禧，〔28〕纯厚老成；光禄大夫桥玄，聪达方直；故太尉刘宠，忠实守正：并宜为谋主，数见访问。夫宰相大臣，君之四体，⑩委任责成，优劣已分，不宜听纳小吏，彫琢大臣也。⑪又尚方工技之作，鸿都篇赋之文，可且消息，以示惟忧。诗云：'畏天之怒，不敢戏豫。'天戒诚不可戏也。宰府孝廉，士之高选。近者以辟召不慎，切责三公，而今并以小文超取选举，开请托之门，违明王之典，众心不厌，莫之敢言。⑫臣愿陛下忍而绝之，思惟万机，以答天望。圣朝既自约厉，左右近臣亦宜从化。人自抑损，以塞咎戒，则天道亏满，鬼神福谦矣。臣以愚赣，〔29〕感激忘身，敢触忌讳，手书具对。夫君臣不密，上有漏言之戒，下有失身之祸。⑬愿寝臣表，无使尽忠之吏，受怨奸仇。"章奏，帝览而叹息，因起更衣，曹节于后窃视之，悉宣语左右，事遂漏露。其为邕所裁黜者,皆侧目思报。

①洛阳记曰"南宫有崇德殿、太极殿,西有金商门"也。

②其志今亡。续汉志曰,光和元年,诏问曰:"连年蝗虫,其咎焉在?"邕对曰:"易传云:'大作不时天降灾,厥咎蝗虫来。'河图秘征篇曰:'帝贪则政暴,吏酷则诛惨。生蝗虫,贪苛之所致也。'"又南宫侍中寺,雌鸡欲化为雄,一身毛皆似雄,但头冠尚未变。诏以问邕。对曰:"兒之不恭,则有鸡祸。宣帝黄龙元年,未央宫雌鸡化为雄,不鸣无距。是岁元帝初即位,[30]将立王皇后。至初元元年,丞相史家雌鸡化为雄,距而鸣将。是〔岁〕后父禁为平阳侯,[31]女立为后。至哀帝晏驾,后摄政,王莽以后兄子为大司马,由是为乱。臣窃推之,头为元首,人君之象。今鸡一身已变,未至于头而止,[32]是将有其事而不遂成之象也。若应之不精,政无所改,头冠或成,为患滋大也。"

③括囊喻闭口而不言。易曰:"括囊无咎。"王弼注云:"括,结也。"

④汉官仪曰"凡章表皆启封,其言密事得皂囊"也。

⑤娆音奴鸟反。

⑥赵娆及霍玉也。

⑦姓,姓也;璋,名也。汉有姓伟。

⑧音玄。蔡邕集"玹"作"玄"。

⑨尚书曰:"君子在野,小人在位。"

⑩谓股肱也。[33]

⑪彫琢犹镌削以成其罪也。

⑫厌,伏也,音一叶反。

⑬易曰:"君不密则失臣,臣不密则失身。"

初,邕与司徒刘郃[34]素不相平,叔父卫尉质①又与将作大匠(杨)〔阳〕球[35]有隙。球即中常侍程璜女夫也,璜遂使人飞章言邕、质数以私事请托于郃,郃不听,邕含隐切,志欲相中。②于是诏下尚书,召邕诘状。邕上书自陈曰:"臣被召,问以大鸿胪刘郃前为济阴太守,臣属吏张宛长休百日,③郃为司隶,又托河内郡吏李奇为州书佐,④及营护故河南尹羊陟、侍御史胡母班,郃不为用致怨之状。⑤臣征营怖悸,肝胆涂地,不知死命所在。窃自寻案,实属宛、奇,不及陟、班。凡休假小吏,非结恨之本。与陟姻家,岂敢申助私党?如臣父子欲相伤陷,当明言台阁,具陈恨状所缘。内无寸事,而谤书外发,宜以臣对与郃参验。臣得以学问特蒙褒异,执事秘馆,操管御前,姓名兄状,微简圣心。今年七月,召诣金商门,问以灾异,齎诏申旨,诱臣使言。⑥臣实愚赣,唯识忠尽,[36]出命忘躯,不顾后害,遂讥刺公卿,内及宠臣。实欲以上对圣问,救消灾异,规为陛下建康宁之计。陛下不念忠臣直言,宜加掩蔽,诽谤卒至,便用疑怪。尽心之吏,岂得容哉?诏书每下,百官各上封事,欲以改政思谴,除凶致吉,而言者不蒙延纳之福,旋被陷破之祸。今皆杜口结舌,以臣为戒,谁敢为陛下尽忠孝乎?臣季父质,连见拔擢,位在上列。臣被蒙恩渥,数见访逮。言事者因此欲陷臣父子,破臣门户,非复发纠奸伏,补益国家者也。臣年四十有六,孤特一身,得托名忠臣,死有馀荣,恐陛下于此不复闻至言矣。臣之愚冗,职当咎患,但前者所对,质不及闻,⑦而衰老白首,横见引逮,随臣摧没,并入阬埳,诚冤诚痛。臣一入牢狱,当为楚毒所迫,趣以饮章,辞情何缘复闻?⑧死期垂至,冒昧自陈。愿身当辜戮,匃质不并坐,⑨则身死之日,更生之年也。惟陛下加餐,为万姓自爱。"于是下邕、质于洛阳狱,劾以仇怨奉公,议害大臣,大不敬,弃市。事奏,中常侍吕强愍邕无罪,请之,帝亦更思其章,有诏减死一等,与家属髡钳徙朔方,不得以赦令除。(杨)〔阳〕球使客追路刺邕,客感其义,皆莫为用。球又赂其部主使加毒害,所赂者反以其情戒邕,故每得免焉。居五原安阳县。⑩

①质字子文,著汉职仪。

②中伤也。

③休,假也。前书音义曰"吏病满百日当免"也。

④续汉志曰:"书佐,主干文书。"

⑤邕集其奏曰:"邕属张宛长休百日,邠假宛五日;复属河南李奇为书佐,邠不为召;太山党魁羊陟与邕季父卫尉质对门九族,质为尚书,营护阿拥,令文书不觉,邠被诏书考胡母班等,辞与陟为党,质及邕频诣邠问班所及,邠不应,遂怀怨恨,欲必中伤邠。"制曰:"下司隶校尉正处上。"邕集作"慕母班"也。

⑥齎犹持也,[37]与赍通。

⑦前在金商门对事之时,质为下邳相,故不闻也。

⑧趣音促。饮犹隐却告人姓名,无可对问。章者,今之表也。邕集曰:"光和元年,都官从事张恕,以辛卯诏书,收邕送雒阳诏狱。考吏张静谓邕曰:'省君章云欲伉怨未有所施,法令无此,以诏书又刊章家姓名,不得对相指斥考事,[38]君学多所见,古今如此,岂一事乎?'答曰:'晓。'吏遂饮章为文书。'"臣贤案:俗本有不解"饮"字,或改为"报",或改为"款",并非也。

⑨丐,乞也。

⑩即西安阳县也,故城在今胜州银城县。

1605

邕前在东观,与卢植、韩说等撰补后汉记,会遭事流离,不及得成,因上书自陈,奏其所著十意,①分别首目,连置章左。帝嘉其才高,会明年大赦,乃宥邕还本郡。邕自徙及归,凡九月焉。将就还路,五原太守王智饯之。酒酣,智起舞属邕,邕不为报。②智者,中常侍王甫弟也,素贵骄,惭于宾客,诟邕曰:"徒敢轻我!"邕拂衣而去。智衔之,密告邕怨于囚放,谤讪朝廷。内宠恶之。邕虑卒不免,乃亡命江海,远迹吴会。③往来依太山羊氏,积十二年,在吴。

①犹前书十志也。邕别传曰:"邕昔作汉记十意,未及奏上,遭事流离,因上书自陈曰:'臣既到徙所,乘塞守烽,职在候望,忧怖焦灼,无心能复操笔成草,致章阙廷。诚知圣朝不责臣谢,但怀愚心有所不竟。臣自在布衣,常以为汉书十志下尽王莽而止,光武已来唯记纪传,无续者。臣所事师故太傅胡广,知臣颇识其门户,略以所有旧事与臣。虽未备悉,粗见首尾,积累思惟,二十馀年。不在其位,非外史庶人所得擅述。天诱其衷,得备著作郎,建言十志皆当撰录。会臣被罪,逐放边野,恐所怀随躯朽腐,抱恨黄泉,遂不设施,谨先颠踣,[39]科条诸志,臣欲删定者一,所当接续者四,前志所无臣欲著者五,及经典群书〔所〕宜捃摭,[40]本奏诏书所当依据,分别首目,并书章左,惟陛下留神省察。臣谨因临戎长霍圉封上。'有律历意第一,礼意第二,乐意第三,郊祀意第四,天文意第五,车服意第六。"

②属犹劝也,音烛。

③张骘文士传曰:"邕告吴人曰:'吾昔尝经会稽高迁亭,见屋椽竹东间第十六可以为笛。'取用,果有异声。"伏滔长笛赋序云"柯亭之观,以竹为椽,邕取为笛,奇声独绝"也。

吴人有烧桐以爨者,邕闻火烈之声,知其良木,因请而裁为琴,果有美音,而其尾犹焦,故时人名曰"焦尾琴"焉。①初,邕在陈留也,其邻人有以酒食召邕者,比往而酒以酣焉。[41]客有弹琴于屏,邕至门试潜听之,曰:"憘!②以乐召我而有杀心,何也?"遂反。将命者告主人曰:"蔡君向来,至门而去。"邕素为邦乡所宗,主人遽自追而问其故,邕具以告,莫不怃然。③弹琴者曰:"我向鼓弦,见螳螂方向鸣蝉,蝉将去而未飞,螳螂为之一前一却。吾心耸然,惟恐螳螂之失之也,此岂为杀心而形于声者乎?"邕莞然而笑曰:④"此足以当之矣。"

①傅玄琴赋序曰:"齐桓公有鸣琴曰'号锺',楚庄有鸣琴曰'绕梁',司马相如'绿绮',蔡邕有'焦尾',皆名器也。"

②叹声也,音僖。

③忦犹怪也,音武。

④莞,笑皃也,音胡板反。

中平六年,灵帝崩,董卓为司空,闻邕名高,辟之。称疾不就。卓大怒,詈曰:"我力能族人,蔡邕遂偃蹇者,不旋踵矣。"又切敕州郡举邕诣府,邕不得已,到,署祭酒,甚见敬重。举高第,补侍御史,又转持书御史,迁尚书。三日之间,[42]周历三台。迁巴郡太守,复留为侍中。

初平元年,拜左中郎将,从献帝迁都长安,封高阳乡侯。[43]

董卓宾客部曲议欲尊卓比太公,称尚父。卓谋之于邕,邕曰:"太公辅周,受命翦商,故特为其号。今明公威德,诚为巍巍,然比之尚父,愚意以为未可。宜须关东平定,车驾还反旧京,然后议之。"卓从其言。

(初平)二年[44]六月,地震,卓以问邕。邕对曰:"地动者,阴盛侵阳,臣下踰制之所致也。前春郊天,公奉引车驾,乘金华青盖,爪画两轓,远近以为非宜。"①卓于是改乘皂盖车。②

①续汉志曰:"乘舆大驾,公卿奉引,皇太子、皇子皆安车,朱轮,青盖,金华爪,画轓。"广雅:"轓,箱也。"

②续汉志曰:"中二千石、二千石皆皂盖,朱两轓。"

卓重邕才学,厚相遇待,每集讌,辄令邕鼓琴赞事,邕亦每存匡益。然卓多自很用,[45]邕恨其言少从,谓从弟谷曰:"董公性刚而遂非,终难济也。吾欲东奔兖州,若道远难达,且遁逃山东以待之,何如?"谷曰:"君状异恒人,每行观者盈集。以此自匿,不亦难乎?"邕乃止。

及卓被诛,邕在司徒王允坐,殊不意言之而叹,有动于色。允勃然叱之曰:"董卓国之大贼,几倾汉室。君为王臣,所宜同忿,而怀其私遇,以忘大节!今天诛有罪,而反相伤痛,岂不共为逆哉?"即收付廷尉治罪。邕陈辞谢,乞黥首刖足,继成汉史。士大夫多矜救之,不能得。太尉马日磾驰往谓允曰:"伯喈旷世逸才,多识汉事,当续成后史,为一代大典。且忠孝素著,而所坐无名,诛之无乃失人望乎?"允曰:"昔武帝不杀司马迁,使作谤书,流于后世。①方今国祚中衰,神器不固,不可令佞臣执笔在幼主左右。既无益圣德,复使吾党蒙其讪议。"日磾退而告人曰:"王公其不长世乎?善人,国之纪也;制作,国之典也。灭纪废典,其能久乎?"邕遂死狱中。允悔,欲止而不及。时年六十一。[46]搢绅诸儒莫不流涕。北海郑玄闻而叹曰:"汉世之事,谁与正之!"兖州、陈留(闻)〔闓〕皆画像而颂焉。[47]

①凡史官记事,善恶必书。谓迁所著史记,但是汉家不善之事,皆为谤也。非独指武帝之身,即高祖善家令之言,武帝算缗、榷酤之类是也。班固集云:"司马迁著书,成一家之言。至以身陷刑,故微文刺讥,贬损当世,非谊士也。"

其撰集汉事,未见录以继后史。适作灵纪及十意,又补诸列传四十二篇,因李傕之乱,湮没多不存。所著诗、赋、碑、诔、铭、赞、连珠、箴、吊、论议、独断、劝学、释诲、叙乐、女训、篆埶、祝文、章表、书记，凡百四篇，传于世。

论曰：意气之感，士所不能忘也。流极之运，有生所共深悲也。① 当伯喈抱钳扭，徙幽裔，仰日月而不见照烛，临风尘而不得经过，②其意岂及语平日倖全人哉！及解刑衣，窜欧越，潜舟江壖，不知其远，捷步深林，尚苦不密，但愿北首旧丘，归骸先垄，又可得乎？董卓一旦入朝，辟书先下，分明枉结，信宿三迁。③匡导既申，狂僭屡革，资同人之先号，得北叟之后福。④属其庆者，夫岂无怀？⑤君子断刑，尚或为之不举，⑥况国宪仓卒，虑不先图，矜情变容，而罚同邪党？执政乃追怨子长谤书流后，⑦放此为戮，⑧未或闻之典刑。

①流、极，皆放也。极音纪力反。

②谓迫促之，令不得避风尘也。

③谓三日之间，位历三台也。

④易同人卦曰："先号咷而后笑。"北叟，塞上叟也。其马亡入胡中，人皆吊之。叟曰："何知非福？"居数月，其马引胡骏马而归，人皆贺之。叟曰："何知非祸？"及家富马良，其子好骑，堕而折髀，人皆吊之。叟曰："何知非福？"居一年，胡夷大入，丁壮皆战死者十九，其子独以跛之故，子父相保。见淮南子也。

⑤庆谓恩遇也。怀，思也。荷恩遇者，岂不思之乎？

⑥左传郑伯见虢叔曰："夫司寇行戮，君为之不举。"杜注云："不举盛馔也。"[48]

⑦执政谓王允也。

⑧放音甫往反。

1609

赞曰:季长戚氏,才通情侈。苑囿典文,流悦音伎。①邕实慕静,心精辞绮。斥言金商,南徂北徙。②籍梁怀董,名浇身毁。③

①侈谓纱帐、女乐之类。音技谓鼓琴吹笛之属也。

②谓对事于金商门,指斥而言,无隐讳也。

③籍梁谓融因籍梁冀贵倖,为作西第颂。怀董谓邕怀董卓之恩也。浇,薄也。

【校勘记】

〔1〕有菟驯扰其室傍　汲本、殿本"菟"作"兔"。按:菟兔通。

〔2〕感东方〔朔〕客难　据汲本、殿本补。

〔3〕乃击牛角而〔疾〕商歌　据王先谦说补。

〔4〕速速方毂夭夭是加　刊误谓上"夭"当作"天",据今诗文正然。按:王先谦谓"速速"二句出诗三家。

〔5〕然失璞不完　汲本"失"作"夫",殿本作"大"。按:此谓玉经彫琢,失去其璞,则不完也,以作"失"为是。今本战国策作"夫"或作"大",皆形近而讹。

〔6〕知足矣归反于朴则终身不辱　汲本、殿本"矣"作"以"。殿本"朴"作"璞"。今按:国策作"君子曰,鹰知足矣。归真反璞,则终身不辱"。作"矣"是,作"以"非也。

〔7〕泯泯庶类　按:沈钦韩谓方以智通雅"泯泯犹蚩蚩也,直借此声耳",按"泯泯"或本作"泯泯",唐讳"民"所改。

〔8〕含甘吮滋　按:"含"原讹"合",径据汲本、殿本改正。

〔9〕(探)〔采〕浮磬不为之索　据汲本、殿本改。

〔10〕音所(格)〔洛〕反　据殿本改。

〔11〕夫〔夫〕有逸群之才人人有优赡之智　按:集解引何焯说,谓衍一"人"字。又引沈钦韩说,谓"夫"字当重,此扬雄"家家自以为稷、

契,人人自以为咎陶"例。王先谦谓沈说是。今依沈说补一"夫"字。

〔12〕倕舜(之)〔时〕巧人也　据校补改。

〔13〕虽(底)〔风〕盖常属车　据汲本、殿本改。

〔14〕建甯三年辟司徒桥玄府　按:集解引洪颐煊说,谓"司徒"当作"司空"。灵帝纪建甯三年八月,大鸿胪桥玄为司空,四年三月,司徒许训免,司空桥玄为司徒。校补谓邕或于三年辟司空府,及玄转司徒,仍以邕为掾,则"司徒"乃"司空"之误,否则"三年"乃"四年"之误,必有一误。

〔15〕出补河平长　按:集解引钱大昕说,谓郡国志无河平县。又引沈钦韩说,谓"河平"盖"平阿"之误。

〔16〕邕乃自书(册)〔丹〕于碑　集解引何焯说,谓"册"当依水经注作"丹"。今据改。按:御览五八九引作"乃自丹于碑",无"书"字。

〔17〕市贾小民　按:张森楷校勘记谓"民"当作"人",亦回改而误者。

〔18〕四时至敬　按:刊误谓"至"当作"致"。

〔19〕臣不胜愤满　汲本、殿本"满"作"懑"。按:满懑通。

〔20〕则(可)致太平　据刊误删。

〔21〕夫瑞不虚至　按:"至"原讹"年",径据汲本、殿本改正。

〔22〕(救)〔敉〕甯我人　刊误谓"救"当作"敉","敉甯"出尚书。今据改。

〔23〕开群枉之门　按:"开"原讹"闻",径改正。

〔24〕未尝有此　"尝"原作"常",据汲本、殿本改。

〔25〕以宣陵孝子(者)为太子舍人　按:刊误谓案文多一"者"字。今据删。

〔26〕(恒)〔桓〕思皇后祖载之时　按:刊误谓"恒"当作"桓",谓桓帝后也。又集解引惠栋说,谓通鉴作"桓",邕集同。今据改。

〔27〕及祖饰棺(及)〔乃〕载　"及载"之"及",当依周礼作"乃",今改。

〔28〕伏见廷尉郭禧　按:校补引柳从辰说,谓"禧"袁宏纪作"僖"。

〔29〕臣以愚赣　殿本“赣”作“戆”。下“臣实愚赣”同。按：赣为戆之或字，见集韵。

〔30〕是岁元帝初即位　按：“帝”原讹“年”，径据汲本、殿本改正。

〔31〕是〔岁〕后父禁为平阳侯　刊误谓如上文，此处少一“岁”字。按：续志有“岁”字，今据补。又按：刊误谓“平阳侯”当作“阳平侯”，然续志亦作“平阳侯”，今仍之。

〔32〕未至于头而止　按：续志作“未至于头而上知之”。校补谓注误“上”为“止”，又脱“知之”二字。

〔33〕谓股肱也　按：“股肱”二字原倒，径据汲本、殿本乙。

〔34〕司徒刘郃　按：通鉴作“大鸿胪刘郃”，下郃上书自陈，亦言“大鸿胪刘郃”，则作“司徒”者误，时司徒乃袁滂也。

〔35〕将作大匠(杨)〔阳〕球　集解引钱大昕说，谓“杨”当作“阳”。今据改，下同。

〔36〕唯识忠尽　按：汲本、殿本“尽”作“荩”。

〔37〕齌犹持也　按：“持”原讹“特”，径改正。

〔38〕不得对相指斥考事　按：“指”原讹“旨”，径据汲本、殿本改正。

〔39〕谨先颠踣　按：“谨”字疑误，海原阁校刊本蔡中郎集作“辄”。

〔40〕及经典群书〔所〕宜捃摭　据殿本补。

〔41〕比往而酒以酺焉　御览五七七引“以”作“已”，无“焉”字。按：以已通。

〔42〕三日之间　书钞六十、初学记十一、御览二百十二引谢承书“三日”作“三月”。按：校补谓既云周历，则是已历三官，非未拜而又徙官，自不可以日计，作“月”固较长，但后论云“信宿三迁”，则范本文似仍作“日”也。

〔43〕封高阳乡侯　按：“乡”原讹“卿”，径改正。

〔44〕(初平)二年　按：校补引钱大昭说，谓上文已言“初平元年”，则此“初平”二字衍。今据删。

〔45〕卓多自很用　按:刊误谓当作"卓很多自用"。

〔46〕时年六十一　按:校补谓上文光和元年召邕诘状,邕自陈有云"臣年四十有六",迄初平三年,诛董卓而邕下狱死,则年甫六十,无六十一也。故钱大昭、侯康皆谓传误。

〔47〕兖州陈留(闻)〔间〕皆画像而颂焉　据汲本改。

〔48〕不举盛馔也　按:"盛"原讹"成",径改正。

后汉书卷六十一

左周黄列传第五十一

左雄字伯豪，南(郡)〔阳〕涅阳人也。[1]安帝时，举孝廉，稍迁冀州刺史。州部多豪族，好请托，雄常闭门不与交通。奏案贪猾二千石，无所回忌。

永建初，公车征拜议郎。时顺帝新立，大臣懈怠，朝多阙政，雄数言事，其辞深切。尚书仆射虞诩以雄有忠公节，上疏荐之曰："臣见方今公卿以下，类多拱默，以树恩为贤，尽节为愚，至相戒曰：'白璧不可为，容容多后福。'①伏见议郎左雄，数上封事，至引陛下身遭难厄，以为警戒，实有王臣蹇蹇之节，周公谟成王之风。②宜擢在喉舌之官，必有匡弼之益。"由是拜雄尚书，再迁尚书令。上疏陈事曰：

①容容犹和同也。言不可独为白玉之清絜，当与众人和同。

②谟，谋也。即尚书立政、无逸篇之类也。

臣闻柔远和迩，[2]莫大甯人，甯人之务，莫重用贤，用贤之道，必存考黜。是以皋陶对禹，贵在知人。"安人则惠，黎民怀之。"①分伯建侯，代位亲民，民用和穆，礼让以兴。故诗云："有渰凄凄，兴雨祁祁。[3]雨我公田，遂及我私。"②及幽、厉昏乱，不自为政，③褒艳用权，七子党进，贤愚错绪，深谷为陵。故其诗云："四国无政，不用其良。"又曰："哀今之人，胡为虺蜴？"言人畏吏如虺蜴也。④宗周既灭，六国并秦，阬儒泯典，划革五等，更立郡县，⑤县设令长，郡置守尉，什伍相司，封豕其民。⑥大汉受命，虽未复古，然克慎庶官，蠲苛救敝，悦以济难，抚而循之。至于文、景，天下康乂。诚由玄靖宽柔，克慎官人故也。降及宣帝，兴于仄陋，综核名实，知时所病，刺史守相，辄亲引见，考察言行，信赏必罚。帝乃叹曰："民所以安而无怨者，政平吏良也。与我共此者，其唯良二千石乎！"以为吏数变易，则下不安业；久于其事，则民服教化。其有政理者，辄以玺书勉励，增秩赐金，或爵至关内侯，公卿缺则以次用之。是以吏称其职，人安其业。汉世良吏，于兹为盛，故能降来仪之瑞，建中兴之功。⑦

①尚书皋陶谟之词也。惠，爱也。黎，众也。

②诗小雅也。渰，阴云也。凄凄，云兴皃。祁，徐也。言阴阳和，风雨时，先雨公田，乃及私田。

③诗小雅剌幽王曰："不自为政，卒劳百姓。"

④褒艳谓褒姒也。艳，色美也。[4]七子皆褒姒之亲党，谓皇甫为卿士，仲允为膳夫，家伯为宰，番为司徒，蹶为趣马，棸子为内史，楀为师氏也。厉王淫于色，[5]七子皆用，言妻党盛也。四国，四方之国也。虺蜴之性，见人则走，哀今之人皆如是，伤时政事。见诗小雅。番音方元反。

聚音侧流反。橋音记禹反。

⑤划，削也。五等谓诸侯。

⑥史记，商鞅为秦定变法之令，令人什伍而相牧司，犯禁相连坐，不告奸
者腰斩。扬雄长杨赋曰"秦窫窳其士，封豕其人"也。

⑦宣帝时凤皇五至，因以纪年。

　　汉初至今，三百馀载，俗浸彫敝，巧伪滋萌，下饰其诈，上
肆其残。典城百里，转动无常，各怀一切，莫虑长久。谓杀害
不辜为威风，聚敛整辨为贤能，以理己安民为劣弱，以奉法循
理为不化。髡钳之戮，生于睚眦；覆尸之祸，成于喜怒。视民
如寇仇，税之如豺虎。①监司项背相望，②与同疾疢，见非不
举，闻恶不察，观政于亭传，责成于期月，③言善不称德，论功
不据实，虚诞者获誉，拘检者离毁。④或因罪而引高，或色斯以
求名。⑤州宰不覆，竟共辟召，踊跃升腾，超等踰匹。或考奏捕
案，而亡不受罪，会赦行赂，复见洗涤。朱紫同色，清浊不分。
故使奸猾枉滥，轻忽去就；拜除如流，缺动百数。乡官部吏，职
斯禄薄，⑥车马衣服，一出于民，廉者取足，贪者充家，特选横
调，⑦纷纷不绝，送迎烦费，损政伤民。和气未洽，灾眚不消，
咎皆在此。今之墨绶，犹古之诸侯，⑧拜爵王庭，舆服有庸，⑨
而齐于匹竖，叛命避负，非所以崇宪明理，惠育元元也。臣愚
以为守相长吏，惠和有显效者，可就增秩，勿使移徙，非父母丧
不得去官。其不从法禁，不式王命，锢之终身，⑩虽会赦令，不
得齿列。若被劾奏，亡不就法者，徙家边郡，以惩其后。乡部
亲民之吏，皆用儒生清白任从政者，⑪宽其负筭，⑫增其秩禄，
吏职满岁，宰府州郡乃得辟举。如此，威福之路塞，虚伪之端
绝，送迎之役损，赋敛之源息。循理之吏，得成其化；率土之

民,各甯其所。追配文、宣中兴之轨,⑬流光垂祚,永世不刊。

① 国语曰:"斗丹廷见令尹子常,与之语,问畜货聚(焉)〔马〕。[6]归以语其弟曰:'楚其亡乎?吾见令尹如饿兽豺虎焉,殆必亡者也。'"

② 项背相望谓前后相顾也。背音辈。

③ 期,匝也。谓一岁。

④ 离,遭也。

⑤ 因罪潜遁,以求高尚之名也。论语曰:"色斯举矣。"言观前人之颜色也。

⑥ 斯,贱也。

⑦ 调,征也。

⑧ 墨绶谓令长,即古子男之国也。

⑨ 庸,常也。

⑩ 式,用也。

⑪ 任,堪也,音人林反。

⑫ 负,欠也。筭,口钱也。儒生未有品秩,故宽之。

⑬ 文帝、宣帝也。文帝遭吕氏难,胡亦云中兴。

帝感其言,申下有司,考其真伪,详所施行。雄之所言,皆明达政体,而宦竖擅权,终不能用。自是选代交互,令长月易,迎新送旧,劳扰无已,或官寺空旷,无人案事,每选部剧,乃至逃亡。

永建三年,京师、汉阳地皆震裂,水泉涌出。四年,司、冀复有大水。雄推较灾异,以为下人有逆上之征,①又上疏言:"宜密为备,以俟不虞。"寻而青、冀、杨州盗贼连发,数年之间,海内扰乱。其后天下大赦,贼虽颇解,而官犹无备,流叛之馀,数月复起。雄与仆射郭虔共上疏,以为"寇贼连年,死亡太半,一人犯法,举宗群亡。宜及其尚微,开令改悔。若告党与者,听除其罪;能诛斩者,明加其赏"。书奏,并不省。

①天镜经曰:"大水自平地出,破山杀人,其国有兵。"

又上言:"宜崇经术,缮脩太学。"帝从之。阳嘉元年,太学新成,诏试明经者补弟子,[7]增甲乙之科,员各十人。除京师及郡国耆儒年六十以上为郎、舍人、诸王国郎者百三十八人。[8]

雄又上言:"郡国孝廉,古之贡士,出则宰民,宜协风教。若其面墙,则无所施用。孔子曰'四十不惑',礼称'强仕'。请自今孝廉年不满四十,不得察举,皆先诣公府,诸生试家法,①文吏课牋奏,副之端门,练其虚实,以观异能,以美风俗。有不承科令者,正其罪法。若有茂才异行,自可不拘年齿。"帝从之,于是班下郡国。明年,有广陵孝廉徐淑,②年未及举,台郎疑而诘之。对曰:"诏书曰'有如颜回、子奇,不拘年齿',③是故本郡以臣充选。"郎不能屈。雄诘之曰:"昔颜回闻一知十,孝廉闻一知几邪?"淑无以对,乃遣却郡。于是济阴太守胡广等十馀人皆坐谬举免黜,唯汝南陈蕃、颍川李膺、下邳陈球等三十馀人得拜郎中。自是牧守畏慄,莫敢轻举。迄于永(嘉)〔憙〕,[9]察选清平,多得其人。

①儒有一家之学,故称家〔法〕。[10]

②谢承书曰"淑字伯进,[11]广陵海西人也。宽裕博雅,好学乐道。随父慎在京师,钻孟氏易、春秋、公羊、礼记、周官。善诵太公六韬,交接英雄,常有壮志。举茂才。除勃海脩令,迁琅邪都尉"也。

③解见顺帝纪。

雄又奏征海内名儒为博士,使公卿子弟为诸生。有志操者,加其俸禄。及汝南谢廉,河南赵建,年始十二,各能通经,雄并奏拜童子郎。于是负书来学,云集京师。

初，帝废为济阴王，乳母宋娥与黄门孙程等共议立帝，帝后以娥前有谋，遂封为山阳君，邑五千户。又封大将军梁商子冀襄邑侯。雄上封事曰："夫裂土封侯，王制所重。高皇帝约，非刘氏不王，非有功不侯。孝安皇帝封江京、王圣等，遂致地震之异。永建二年，封阴谋之功，又有日食之变。数术之士，咸归咎于封爵。今青州饥虚，盗贼未息，民有乏绝，上求禀贷。陛下乾乾劳思，以济民为务。宜循古法，宁静无为，以求天意，以消灾异。诚不宜追录小恩，亏失大典。"帝不听。雄复谏曰："臣闻人君莫不好忠正而恶谗谀，然而历世之患，莫不以忠正得罪，谗谀蒙倖者，盖听忠难，从谀易也。夫刑罪，人情之所甚恶；贵宠，人情之所甚欲。是以时俗为忠者少，而习谀者多。故令人主数闻其美，稀知其过，迷而不悟，至于危亡。臣伏见诏书顾念阿母旧德宿恩，欲特加显赏。案尚书故事，无乳母爵邑之制，唯先帝时阿母王圣为野王君。圣造生谗贼废立之祸，生为天下所咀嚼，死为海内所欢快。桀、纣贵为天子，而庸仆羞与为比者，以其无义也。夷、齐贱为匹夫，而王侯争与为伍者，以其有德也。今阿母躬蹈约俭，以身率下，群僚蒸庶，莫不向风，而与王圣并同爵号，惧违本操，失其常愿。臣愚以为凡人之心，理不相远，其所不安，古今一也。百姓深惩王圣倾覆之祸，民萌之命，危于累卵，常惧时世复有此类。怵惕之念，未离于心；恐惧之言，未绝乎口。乞如前议，岁以千万给奉阿母，内足以尽恩爱之欢，外可不为吏民所怪。梁冀之封，事非机急，宜过灾厄之运，然后平议可否。"会复有地震、缑氏山崩之异，雄复上疏谏曰："先帝封野王君，汉阳地震，今封山阳君而京城复震，专政在阴，其灾尤大。臣前后謇言封爵至重，王者可私人以财，不可以官，宜还阿母之封，以塞灾异。今冀已高让,<u>山阳君</u>亦宜崇其本节。"雄言数切至,娥亦畏惧辞让,而帝恋恋不能已,卒封之。后阿母遂以交遘失爵。

是时大司农<u>刘据</u>以职事被谴,召诣尚书,传呼促步,又加以捶扑。雄上言:"九卿位亚三事,〔12〕班在大臣,行有佩玉之节,动有庠序之仪。①<u>孝明皇帝</u>始有扑罚,皆非古典。"帝从而改之。其后九卿无复捶扑者。自雄掌纳言,多所匡肃,每有章表奏议,台阁以为故事。迁司隶校尉。

> ①<u>礼记</u>曰:"公侯佩山玄玉而朱组绶,大夫佩水苍玉而缥组绶。"

初,<u>雄</u>荐<u>周举</u>为尚书,<u>举</u>既称职,议者咸称焉。及在司隶,又举故<u>冀州</u>刺史<u>冯直</u>以为将帅,而<u>直</u>尝坐臧受罪,<u>举</u>以此劾奏<u>雄</u>。<u>雄</u>悦曰:"吾尝事<u>冯直</u>之父而又与<u>直</u>善,今<u>宣光</u>以此奏吾,乃是<u>韩厥</u>之举也。"由是天下服焉。①明年坐法免。后复为尚书。<u>永和</u>三年卒。

> ①<u>韩厥</u>,<u>韩献子</u>也。<u>国语</u>曰:"<u>赵宣子</u>举<u>献子</u>于<u>灵公</u>,以为司马。<u>河曲</u>之役,<u>宣子</u>使人以其乘车干行,<u>献子</u>执而戮之。<u>宣子</u>皆告诸大夫曰:'可贺我矣。吾举<u>厥</u>也而中吾,乃今知免于罪矣。'"

<u>周举</u>字<u>宣光</u>,〔13〕<u>汝南汝阳</u>人,<u>陈留</u>太守<u>防</u>之子。<u>防</u>在<u>儒林传</u>,<u>举</u>姿兒短陋,而博学洽闻,为儒者所宗,故京师为之语曰:"<u>五经</u>从横<u>周宣光</u>。"

<u>延(熹)〔光〕</u>四年,〔14〕辟司徒<u>李郃</u>府。时宦者<u>孙程</u>等既立<u>顺帝</u>,诛灭诸<u>阎</u>,议郎<u>陈禅</u>以为<u>阎太后</u>与帝无母子恩,宜徙别馆,绝朝见。群臣议者咸以为宜。<u>举</u>谓<u>郃</u>曰:"昔<u>郑武姜</u>谋杀<u>严公</u>,<u>严公</u>誓之黄泉;〔15〕<u>秦始皇</u>怨母失行,久而隔绝,后感<u>颍考叔</u>、<u>茅焦</u>之言,循

复子道。书传美之。①今诸阎新诛，太后幽在离宫，若悲愁生疾，一旦不虞，主上将何以令于天下？如从禅议，后世归咎明公。宜密表朝廷，令奉太后，率厉群臣，朝觐如旧，以厌天心，以答人望。"郃即上疏陈之。明年正月，帝乃朝于东宫，太后由此以安。

> ①郑武姜生庄公及共叔段，爱叔段，谋杀庄公。公誓之曰："不及黄泉，无相见也。"既而悔之。颍考叔为颍谷封人，曰："若掘地及泉，隧而相见，其谁曰不然！"公从之，遂为母子如初。事见左传。茅焦事，解见苏竟传也。

后长乐少府朱伥①代郃为司徒，举犹为吏。时孙程等坐怀表上殿争功，帝怒，悉徙封远县，敕洛阳令促期发遣。举说朱伥曰："朝廷在西锺下时，非孙程等岂立？②虽韩、彭、吴、贾之功，何以加诸！③今忘其大德，录其小过，如道路夭折，帝有杀功臣之讥。及今未去，宜急表之。"伥曰："今诏怒，[16]二尚书已奏其事，吾独表此，必致罪谴。"举曰："明公年过八十，位为台辅，[17]不于今时竭忠报国，惜身安宠，欲以何求？禄位虽全，必陷佞邪之讥；谏而获罪，犹有忠贞之名。若举言不足采，请从此辞。"伥乃表谏，帝果从之。

> ①音丑良反。
>
> ②朝廷谓顺帝也。孙程与王康等十八人谋于西锺下，共立济阴王为顺帝也。
>
> ③韩信、彭越、吴汉、贾复也。

举后举茂才，为平丘令。①上书言当世得失，辞甚切正。尚书郭虔、[18]应贺等见之叹息，共上疏称举忠直，欲帝置章御坐，以为规诫。②

> ①平丘，县，属陈留郡。

②章谓所上之书。

举稍迁并州刺史。太原一郡,旧俗以介子推焚骸,有龙忌之禁。①至其亡月,咸言神灵不乐举火,由是土民每冬中辄一月寒食,莫敢烟爨,老小不堪,岁多死者。举既到州,乃作吊书以置子推之庙,言盛冬去火,残损民命,非贤者之意,以宣示愚民,使还温食。②于是众惑稍解,风俗颇革。

①新序曰:"晋文公反国,介子推无爵,遂去而之介山之上。文公求之不得,乃焚其山,推遂不出而焚死。"事具耿恭传。龙,星,木之位也,春见东方。心为大火,惧火之盛,故为之禁火。俗传云子推以此日被焚而禁火。

②其事见桓谭新论及汝南先贤传也。

转冀州刺史。阳嘉三年,司隶校尉左雄荐举,征拜尚书。举与仆射黄琼同心辅政,名重朝廷,左右惮之。是岁河南、三辅大旱,五穀灾伤,天子亲自露坐德阳殿东厢请雨,又下司隶、河南祷祀河神、名山、大泽。诏书以举才学优深,特下策问曰:"朕以不德,仰承三统,①夙兴夜寐,思协大中。②顷年以来,旱灾屡应,稼穑焦枯,民食困乏。五品不训,王泽未流,③群司素餐,据非其位。审所贬黜,变复之征,厥效何由? 分别具对,勿有所讳。"举对曰:"臣闻易称'天尊地卑,乾坤以定'。二仪交构,乃生万物,万物之中,以人为贵。故圣人养之以君,成之以化,顺四节之宜,[19]适阴阳之和,使男女婚娶不过其时。包之以仁恩,导之以德教,示之以灾异,训之以嘉祥。此先圣承乾养物之始也。夫阴阳闭隔,则二气否塞;二气否塞,则人物不昌;人物不昌,则风雨不时;风雨不时,则水旱成灾。陛下处唐虞之位,未行尧舜之政,近废文帝、光武之法,而循亡秦奢侈之欲,内积怨女,外有旷夫。今皇嗣不兴,东宫未立,伤和逆理,断绝人伦之所致也。非但陛下行此而已,竖宦之人,亦复虚以形埶,威侮良家,取女闭之,至有白首殁无配偶,逆于天心。④昔武王入殷,出倾宫之女;⑤成汤遭灾,以六事克己;⑥鲁僖遇旱,而自责祈雨;⑦皆以精诚转祸为福。自枯旱以来,弥历年岁,未闻陛下改过之效,徒劳至尊暴露风尘,诚无益也。又下州郡祈神致请。昔齐有大旱,景公欲祀河伯,晏子谏曰:'不可。夫河伯以水为城国,鱼鳖为民庶。水尽鱼枯,岂不欲雨? 自是不有致也。'⑧陛下所行,但务其华,不寻其实,犹缘木希鱼,却行求前。⑨〔20〕诚宜推信革政,崇道变惑,出后宫不御之女,理天下冤枉之狱,除太官重膳之费。夫五品不训,责在司徒,有非其位,宜急黜斥。臣自藩外擢典纳言,学薄智浅,不足以对。易传曰:'阳感天,不旋日。'⑩惟陛下留神裁察。"因召见举及尚书令成翊世、仆射黄琼,问以得失。举等并对以为宜慎官人,去斥贪汙,离远佞邪,循文帝之俭,尊孝明之教,则时雨必应。帝曰:"百官贪汙佞邪者为谁乎?"举独对曰:"臣从下州,超备机密,不足以别群臣。⑪然公卿大臣数有直言者,忠贞也;阿谀苟容者,佞邪也。司徒视事六年,未闻有忠言异谋,愚心在此。"其后以事免司徒刘崎,迁举司隶校尉。

①天统、地统、人统谓之三统。事见白武通。〔21〕

②尚书洪范曰:"建用皇极。"孔安国注云:"皇,大也。极,中也。言立大中之道而行之也。"

③五品,五常之教也。书曰:"五品不逊,汝作司徒,敬敷五教在宽。"训亦逊之义。

④殁,终也。

⑤帝王纪曰:"武王入殷,命召公释箕子之囚,表商容之间,出倾宫之女

于诸侯。"

⑥帝王纪曰："汤伐桀，后大旱七年，洛川竭，使人持三足鼎祝于山川曰：'政不节邪？使人疾邪？苞苴行邪？谗夫昌邪？宫室荣邪？女谒行邪？保不雨之极也！'"

⑦解见杨厚传。[22]

⑧晏子春秋之文。

⑨缘木求鱼，见孟子之文。韩诗外传曰："夫明镜所以照形，往古所以知今。夫恶知往古之所以危亡，无异却行而求逮于前人也。"

⑩易稽览图之文也。解具郎𫖮传也。

⑪别音彼列反。

永和元年，灾异数见，省内恶之，诏召公、卿、中二千石、尚书诣显亲殿，问曰："言事者多云，昔周公摄天子事，及薨，成王欲以公礼葬之，天为动变。及更葬以天子之礼，即有反风之应。①北乡侯亲为天子而葬以王礼，故数有灾异，宜加尊谥，列于昭穆。"群臣议者多谓宜如诏旨，举独对曰："昔周公有请命之应，隆太平之功，故皇天动威，以章圣德。北乡侯本非正统，奸臣所立，立不踰岁，年号未改，皇天不祐，大命夭昏。②春秋王子猛不称崩，鲁子野不书葬。③今北乡侯无它功德，以王礼葬之，于事已崇，不宜称谥。灾眚之来，弗由此也。"于是司徒黄尚、太常桓焉等七十人同举议，帝从之。尚字伯河，南郡人也，少历显位，亦以政事称。

①尚书洪范五行传曰："周公死，成王不图大礼，故天大雷雨，禾偃，大木拔。及成王窹金縢之策，改周公之葬，尊以王礼，申命鲁郊，而天立复风雨，禾稼尽起。"

②杜预注左传曰："短折曰夭，未名曰昏。"

③子猛，周景王之子。子野，鲁襄公之子。春秋经书"王子猛卒"。杜元

凱注云:"未即位,故不言崩。"又曰:"秋九月癸巳,子野卒。"注曰:
"不书葬,未成君也。"

举出为蜀郡太守,坐事免。大将军梁商表为从事中郎,甚敬重
焉。六年三月上巳日,商大会宾客,讌于洛水,①〔23〕举时称疾不
往。商与亲暱酣饮极欢,及酒阑倡罢,继以薤露之歌,坐中闻者,皆
为掩涕。②太仆张种时亦在焉,会还,以事告举。举叹曰:"此所谓
哀乐失时,非其所也。殃将及乎!"③商至秋果薨。商疾笃,帝亲临
倖,问以遗言。对曰:"人之将死,其言也善。臣从事中郎周举,清
高忠正,可重任也。"由是拜举谏议大夫。

①周官曰:"女巫,掌岁时祓除衅浴。"郑玄云:"如今三月上巳,水上之类
也。"司马彪续汉书曰"三月上巳,宫人皆絜于东流水上,自洗濯祓除
为大絜"也。

②篆文曰:"薤露,今之挽歌也。"崔豹古今注薤露歌曰:"薤上露何易
晞!〔24〕露晞明朝还复落,人死一去何时归?"

③左传曰,叔孙昭子与宋公语,相泣。乐祁退而告人曰:"君与叔孙其皆
死乎?吾闻之,哀乐而乐哀,皆丧心也。心之精爽,是谓魂魄。魂魄
去之,何以能久也!"

时连有灾异,帝思商言,召举于显亲殿,问以变眚。举对曰:
"陛下初立,遵脩旧典,兴化致政,远近肃然。顷年以来,稍违于前,
朝多宠倖,禄不序德。观天察人,准今方古,诚可危惧。书曰:'僭
恒旸若。'①夫僭差无度,则言不从而下不正;阳无以制,则上扰下
竭。宜密严敕州郡,察强宗大奸,以时禽讨。"其后江淮猾贼周生、
徐凤等处处并起,如举所陈。

①尚书洪范之文也。孔安国注曰:"君行僭差,则常旸顺之也。"

时诏遣八使巡行风俗，皆选素有威名者，乃拜举为侍中，与侍中杜乔、守光禄大夫周栩、前青州刺史冯羡、尚书栾巴、侍御史张纲、兖州刺史郭遵、[25]太尉长史刘班并守光禄大夫，分行天下。其刺史、二千石有臧罪显明者，驿马上之；墨绶以下，便辄收举。其有清忠惠利，为百姓所安，宜表异者，皆以状上。于是八使同时俱拜，天下号曰"八俊"。举于是劾奏贪猾，表荐公清，朝廷称之。迁河内太守，征为大鸿胪。

及梁太后临朝，诏以殇帝幼崩，庙次宜在顺帝下。太常马访奏宜如诏书，谏议大夫吕勃以为应依昭穆之序，先殇帝，后顺帝。诏下公卿。举议曰："春秋鲁闵公无子，庶兄僖公代立，其子文公遂跻僖于闵上。孔子讥之，书曰：'有事于太庙，跻僖公。'传曰：'逆祀也。'①及定公正其序，经曰'从祀先公'，为万世法也。②今殇帝在先，于秩为父，顺帝在后，于亲为子，先后之义不可改，昭穆之序不可乱。吕勃议是也。"太后下诏从之。迁光禄勋，会遭母忧去职，后拜光禄大夫。

①事见左氏传。
②左氏传："从祀先公。"杜预云："从，顺也。先公，闵公、僖公也。将正二公之位，亲尽，故通言先公也。"

建和三年卒。朝廷以举清公亮直，方欲以为宰相，深痛惜之。乃诏告光禄勋、汝南太守曰："昔在前世，求贤如渴，封墓轼闾，以光贤哲。①故公叔见诔，翁归蒙述，所以昭忠厉俗，作范后昆。②故光禄大夫周举，性佺夷、鱼，③忠踰随、管，④前授牧守，及还纳言，出入京輦，有钦哉之绩，⑤在禁闱有密静之风。予录乃勋，用登九列。方欲式序百官，亮协三事，不永凤终，用乖远图。朝廷愍悼，良为怆然。诗不云乎:'肇敏戎功,用锡尔祉。'⑥其令将大夫以下到丧发日复会弔。加赐钱十万,以旌委蛇素丝之节焉。"⑦子飔。⑧

①尚书曰,武王入殷,封比干墓,轼商容间。

②公叔文子,卫大夫也。文子卒,其子戍请谥于君。君曰:"昔者卫国凶饥,夫子为粥与国之饿者,不亦惠乎?卫国有难,夫子以其死卫寡人,不亦贞乎?夫子听卫国之政,脩其班制,不亦文乎?谓夫子'贞惠文子'。"事见礼记。尹翁归为右扶风,〔卒〕,[26]宣帝下诏襃扬,赐金百斤。班固曰:"翁归承风,帝扬厥声。"故曰蒙述也。

③伯夷、史鱼也。

④随会、管仲。

⑤史记尧典曰:"咨十有二牧,钦哉!"

⑥诗大雅也。肇,谋也。敏,疾也。戎,汝也。锡,赐也。祉,福也。

⑦(诗)国风羔羊诗:[27]"羔羊之皮,素丝五纪。退食自公,逶蛇逶蛇。"

⑧音叶。

飔字巨胜,少尚玄虚,以父任为郎,自免归家。父故吏河南召蒦为郡将,卑身降礼,致敬于飔。[28]飔耻交报之,因杜门自绝。后太守举孝廉,复以疾去。时梁冀贵盛,被其征命者,莫敢不应,唯飔前后三辟,竟不能屈。后举贤良方正,不应。又公车征,玄纁备礼,固辞废疾。常隐处窜身,慕老聃清静,杜绝人事,巷生荆棘,十有馀岁。至延熹二年,乃开门延宾,游谈宴乐,及秋而梁冀诛,年终而飔卒,时年五十。蔡邕以为知命。自飔曾祖父扬至飔孙恂,六世一身,皆知名云。

黄琼字世英，江夏安陆人，魏郡太守香之子也。香在文苑传。
琼初以父任为太子舍人，辞病不就。遭父忧，服阕，五府俱辟，连年
不应。

永建中，公卿多荐琼者，于是与会稽贺纯、广汉杨厚俱公车征。
琼至纶氏，称疾不进。① 有司劾不敬，诏下县以礼慰遣，遂不得已。
先是征聘处士多不称望，李固素慕于琼，乃以书逆遗之曰："闻已度
伊、洛，近在万岁亭，岂即事有渐，将顺王命乎？② 盖君子谓伯夷隘，
柳下惠不恭，故传曰'不夷不惠，可否之间'。③ 盖圣贤居身之所珍
也。诚遂欲枕山栖谷，拟迹巢、由，斯则可矣；若当辅政济民，今其
时也。自生民以来，善政少而乱俗多，必待尧舜之君，此为志士终
无时矣。常闻语曰：[29] '峣峣者易缺，皦皦者易汙。'阳春之曲，和
者必寡，盛名之下，其实难副。④ 近鲁阳樊君被征初至，朝廷设坛
席，犹待神明。⑤ 虽无大异，而言行所守无缺。而毁谤布流，应时折
减者，岂非观听望深，声名太盛乎？自顷征聘之士，胡元安、薛孟
尝、朱仲昭、顾季鸿等，其功业皆无所采，是故俗论皆言处士纯盗虚
声。愿先生弘此远谟，令众人叹服，一雪此言耳。"琼至，即拜议郎，
稍迁尚书仆射。

① 纶氏即夏之纶国，少康之邑也。竹书纪年云："楚及秦伐郑纶氏。"今
　洛州故嵩阳县城是也。

② 万岁亭在今洛州故嵩阳县西北。武帝元封元年，倖缑氏，登太室，闻
　山上呼万岁声者三，因以名焉。

③ 论语孔子曰，伯夷、叔齐不降其志，不辱其身。谓柳下惠、少连降志辱
　身。我则异于是，无可无不可。郑玄注云：不为夷、齐之清，不为惠、
　连之屈，故曰异于是也。

④ 宋玉对楚襄王问曰："客有歌于郢中者，为下里巴人，国中属而和者数

千人,为阳春白雪,属而和者不过数百人。是其曲弥高,其和弥寡。"

⑤樊君,樊英也。事具英传。

初,琼随父在台阁,习见故事。及后居职,达练官曹,争议朝堂,莫能抗夺。时连有灾异,琼上疏顺帝曰:"间者以来,卦位错谬,①寒燠相干,蒙气数兴,日闇月散。②原之天意,殆不虚然。陛下宜开石室,案河洛,③外命史官,悉条上永建以前至汉初灾异,与永建以后讫于今日,孰为多少。又使近臣儒者参考政事,数见公卿,察问得失。诸无功德者,宜皆斥黜。臣前颇陈灾眚,并荐光禄大夫樊英、太中大夫薛包及会稽贺纯、广汉杨厚,未蒙御省。伏见处士巴郡黄错、汉阳任棠,年皆耆耋,有作者七人之志。④宜更见引致,助崇大化。"于是有诏公车征错等。

① 易乾凿度曰:"求卦主岁术常以太岁为岁纪岁,七十六为一纪,二十纪为一蔀首。即置积蔀首岁数,加所入纪岁数,以三十二除之,不足除者以乾坤始数二卦而得一岁,未筭即主岁之卦也。"

② 蒙,阴闇也。散谓不精明。

③ 石室,藏书之府。河洛,图书之文也。

④ 论语曰:"作者七人。"注云:"谓伯夷、叔齐、虞仲、夷逸、朱张、柳下惠、少连。"

三年,大旱,琼复上疏曰:"昔鲁僖遇旱,以六事自让,躬节俭,闭女谒,放谗佞者十三人,诛税民受货者九人,①退舍南郊,天立大雨。今亦宜顾省政事,有所损阙,务存质俭,以易民听。尚方御府,息除烦费。明敕近臣,使遵法度,如有不移,示以好恶。数见公卿,引纳儒士,访以政化,使陈得失。又因徒尚积,多致死亡,亦足以感伤和气,招降灾旱。若改敝从善,择用嘉谋,则灾消福至矣。"书奏,引见德阳殿,使中常侍以琼奏书属主者施行。

①春秋考异邮曰"僖公之时，雨泽不澍，比于九月，公大惊惧，[30]率群臣祷山川，以六过自让，绌女谒，放下谗佞郭都(之)等[31]十三人，诛领人之吏受货赂赵祝等九人。曰：'辜在寡人。方今天旱，野无生稼，寡人当死，百姓何谤，请以身塞无状'"也。

自帝即位以后，不行籍田之礼。琼以国之大典不宜久废，上疏奏曰："自古圣帝哲王，莫不敬恭明祀，增致福祥，故必躬郊庙之礼，亲籍田之勤，以先群萌，率劝农功。昔周宣王不籍千亩，虢文公以为大讥，卒有姜戎之难，终损中兴之名。①窃见陛下遵稽古之鸿业，体虔肃以应天，顺时奉元，怀柔百神，朝夕触尘埃于道路，昼暮聆庶政以恤人。虽诗咏成汤之不怠遑，书美文王之不暇食，诚不能加。②今庙祀适阕，而祈穀絜斋之事，近在明日。臣恐左右之心，不欲屡动圣躬，以为亲耕之礼，可得而废。臣闻先王制典，籍田有日，司徒咸戒，司空除坛。先时五日，有协风之应，王即斋宫，飨醴载耒，诚重之也。自癸巳以来，仍西北风，甘泽不集，寒凉尚结。③迎春东郊，既不躬亲，先农之礼，所宜自勉，以逆和气，以致时风。④易曰：'君子自强不息。'斯其道也。"⑤书奏，帝从之。

①国语曰，宣王即位，不籍千亩。虢文公谏曰："夫人之大事在农，上帝之粢盛于是乎出，故稷为太官。古者太史顺时覛土，[32]农祥晨正日月，底于天庙。先时九日，太史告稷曰：'阳气俱蒸，土膏其动。'稷以告王，王即斋宫，百官御事。王耕一垅，班三之，庶人终于千亩。"王弗听，后师败绩于姜氏之戎。垅音扶发反。

②诗商颂曰："不僭不滥，不敢怠遑。"书曰"文王至于日中昃，不遑暇食"也。

③西北风曰不周风，亦曰厉风，见吕氏春秋也。

④五经通义曰："八风者，八卦之气。八风以时至，则阴阳变化之道成，

万物得以时育生之。"

⑤乾卦象曰"天行健,君子以自强不息"也。

顷之,迁尚书令。琼以前左雄所上孝廉之选,专用儒学文吏,于取士之义,犹有所遗,乃奏增孝悌及能从政者为四科,事竟施行。又雄前议举吏先试之于公府,又覆之于端门,后尚书张盛奏除此科。琼复上言:"覆试之作,将以澄洗清浊,覆实虚滥,不宜改革。"帝乃止。出为魏郡太守,稍迁太常。和平中,以选入侍讲禁中。

元嘉元年,迁司空。桓帝欲褒崇大将军梁冀,使中朝二千石以上会议其礼。特进胡广、太常羊溥、司隶校尉祝恬、太中大夫边韶等,咸称冀之勋德,其制度赉赏,以宜比周公,[33]锡之山川、土田、附庸。①琼独建议曰:"冀前以亲迎之劳,增邑三千,[34]又其子胤亦加封赏。昔周公辅相成王,制礼作乐,化致太平,是以大启土宇,开地七百。②今诸侯以户邑为制,不以里数为限。萧何识高祖于泗水,霍光定倾危以兴国,皆益户增封,以显其功。③冀可比邓禹,合食四县,赏赐之差,同于霍光,使天下知赏必当功,爵不越德。"朝廷从之。冀意以为恨。会以地动策免。复为太仆。

①诗鲁颂曰:"王曰叔父,建尔元子,俾侯于鲁,启尔土宇,[35]为周室辅。乃命鲁公,俾侯于东,锡之山川,土田附庸。"注云:"王,成王也。叔父,周公也。"

②礼记明堂位曰"周公相武王以伐纣。武王崩,成王幼弱,周公践天子位,以理天下。七年,致政于成王。成王以周公有勋劳于天下,是以封周公于曲阜,地方七百里,革车千乘,命鲁公世世祀周公以天子之礼乐"也。

③高祖为泗上亭长,萧何佐之,后拜何为相国,益封五千户。霍光废昌邑王,立宣帝,后益封光万七千户。

永兴元年,迁司徒,转太尉。梁冀前后所托辟召,一无所用。虽有善人而为冀所饰举者,[36]亦不加命。延熹元年,以日食免。复为大司农。明年,梁冀被诛,太尉胡广、司徒韩缤、[37]司空孙朗皆坐阿附免废,复拜琼为太尉。以师傅之恩,而不阿梁氏,乃封为邟乡侯,①邑千户。琼辞疾让封六七上,言旨恳恻,乃许之。梁冀既诛,琼首居公位,举奏州郡素行贪汙至死徙者十馀人,海内由是翕然望之。寻而五侯擅权,倾动内外,自度力不能匡,乃称疾不起。②四年,以寇贼免。其年复为司空。秋,以地震免。

①说文云“邟,颍川县”也。汉颍川有周承休侯国,元始二年更名曰邟,音亢。

②五侯谓左悺、徐璜等。

七年,疾笃,上疏谏曰:“臣闻天者务刚其气,君者务强其政。是以王者处高自持,不可久安;履危任力,不可久据。夫自持不安则颠,任力不据则危。故圣人升高据上,则以德义为首;涉危蹈倾,则以贤者为力。[38]唐尧以德化为冠冕,以稷、契为筋力。高而益崇,动而愈据,此先圣所以长守万国,保其社稷者也。昔高皇帝应天顺民,奋剑而王,埽除秦、项,革命创制,降德流祚。至于哀、平,而帝道不纲,秕政日乱,遂使奸佞擅朝,外戚专恣。所冠不以仁义为冕,所蹈不以贤佐为力,终至颠蹶,灭绝汉祚。天维陵弛,民鬼惨怆,赖皇乾眷命,炎德复辉。光武以圣武天挺,继统兴业,创基冰泮之上,立足枳棘之林。①擢贤于众愚之中,画功于无形之世。②崇礼义于交争,循道化于乱离。是自历高而不倾,任力危而不跌,兴复洪祚,开建中兴,光被八极,垂名无穷。至于中叶,盛业渐衰。陛下初从藩国,爰升帝位,天下拭目,谓见太平。而即位以来,未有胜政。诸梁秉权,竖宦充朝,重封累职,倾动朝廷,卿校牧守之选,皆出其门,羽毛齿革、明珠南金之宝,殷满其室,③富拟王府,执回天地。言之者必族,附之者必荣。忠臣惧死而杜口,万夫怖祸而木舌,④塞陛下耳目之明,更为聋瞽之主。故太尉李固、杜乔,忠以直言,德以辅政;念国亡身,[39]陨殁为报,而坐陈国议,遂见残灭。⑤贤愚切痛,海内伤惧。又前白马令李云,指言宦官罪秽宜诛,皆因众人之心,以救积薪之敝。⑥弘农杜众,知云所言宜行,惧云以忠获罪,故上书陈理之,乞同日而死,所以感悟国家,庶云获免。而云既不辜,众又并坐,天下尤痛,益以怨结,故朝野之人,以忠为讳。昔赵杀鸣犊,孔子临河而反。夫覆巢破卵,则凤皇不翔;刳牲夭胎,则麒麟不臻。诚物类相感,理使其然。⑦尚书周永,昔为沛令,素事梁冀,倖其威埶,坐事当罪,越拜令职。见冀将衰,乃阳毁示忠,遂因奸计,亦取封侯。又黄门协邪,群辈相党,自冀兴盛,腹背相亲,朝夕图谋,共构奸轨。临冀当诛,无可设巧,复记其恶,以要爵赏。陛下不加清澂,审别真伪,复与忠臣并时显封,使朱紫共色,粉墨杂糅,所谓抵金玉于沙砾,⑧碎珪璧于泥涂。四方闻之,莫不愤叹。昔曾子大孝,慈母投杼;⑨伯奇至贤,终于流放。⑩夫谗谀所举,无高而不可升;〔阿党〕相抑,[40]无深而不可沦。可不察欤?臣至顽驽,世荷国恩,身轻位重,勤不补过,然惧于永殁,负衅益深。敢以垂绝之日,[41]陈不讳之言,庶有万分,无恨三泉。"⑪其年卒,时年七十九。赠车骑将军,谥曰忠侯。[42]孙琬。

①泮冰谕危陷。积棘谕艰难。

②形,兆也。言未有天下之兆。"画"或作"书"也。

③殷,盛也。

④法言曰"金口木舌"也。

⑤坐音才卧反。

⑥贾谊上疏曰"夫抱火厝之积薪之下而寝其上，火未及然，因谓之安。方今之政，何以异此"也。

⑦史记曰，孔子将西见赵简子，至于河而闻窦鸣犊、舜华之死也，临河而叹曰："美哉洋洋，丘之不济此，命也夫！窦鸣犊、舜华，晋之贤大夫也。赵简子未得志之时，须此两人而后从政，及其得志而杀之。丘闻刳胎杀夭，则麒麟不至郊薮，涸泽而渔，则蛟龙不合阴阳；[43] 覆巢毁卵，则凤皇不翔。何则？君子讳伤其类也。"事亦见孔子家语文也。

⑧抵，投也，音纸。

⑨解见寇荣传。

⑩说范曰"王国子前母子伯奇，后母子伯封。后母欲其子立为太子，说王曰：'伯奇好妾。'王不信。其母曰：'令伯奇于后园，妾过其旁，王上台视之，即可知。'王如其言，伯奇入园，后母阴取蜂十数置单衣中，过伯奇边曰：'蜂螫我。'伯奇就衣中取蜂杀之。王遥见之，乃逐伯奇"也。

⑪三者数之极。一生二，二生三，三生万物，天地人之极数。故以三为名者，取其深之极也。

琬字子琰。[44] 少失父。[45] 早而辩慧。祖父琼，初为魏郡太守，[46] 建和元年正月日食，京师不见而琼以状闻。太后诏问所食多少，琼思其对而未知所况。琬年七岁，在傍，曰："何不言日食之馀，如月之初？"琼大惊，即以其言应诏，而深奇爱之。后琼为司徒，琬以公孙拜童子郎，辞病不就，知名京师。时司空盛允有疾，琼遣琬候问，会江夏上蛮贼事副府，①允发书视毕，微戏琬曰："江夏大邦，而蛮多士少。"琬奉手对曰："蛮夷猾夏，责在司空。"因拂衣辞去。允甚奇之。

①副本诣公府也。

稍迁五官中郎将。时陈蕃为光禄勋，深相敬待，数与议事。旧制，光禄举三署郎，以高功久次才德尤异者为茂才四行。①时权富子弟多以人事得举，而贫约守志者以穷退见遗，京师为之谣曰：“欲得不能，光禄茂才。”②于是琬、蕃同心，显用志士，平原刘醇、河东朱山、蜀郡殷参等并以才行蒙举。蕃、琬遂为权富郎所见中伤，事下御史〔中〕丞王畅、[47]侍御史刁韪。韪、畅素重蕃、琬，不举其事，而左右复陷以朋党。畅坐左转议郎而免蕃官，琬、韪俱禁锢。

①久次谓久居官次也。
②能音乃来反。

韪字子荣，彭城人。后陈蕃被征，而言事者讼韪，复拜议郎，迁尚书。在朝有鲠直节，出为鲁、东海二郡相。性抗厉，有明略，所在称神。常以法度自整，家人莫见惰容焉。

琬被废弃几二十年。至光和末，太尉杨赐上书荐琬有拔乱之才，由是征拜议郎，擢为青州刺史，迁侍中。中平初，出为右扶风，征拜将作大匠、少府、太仆。又为豫州牧。时寇贼陆梁，州境彫残，琬讨击平之，威声大震。政绩为天下表，封关内侯。

及董卓秉政，以琬名臣，征为司徒，迁太尉，更封阳泉乡侯。卓议迁都长安，琬与司徒杨彪同谏不从。琬退而驳议之曰：“昔周公营洛邑以宁姬，光武卜东都以隆汉，天之所启，神之所安。大业既定，岂宜妄有迁动，以亏四海之望？”时人惧卓暴怒，琬必及害，固谏之。琬对曰：“昔白公作乱于楚，屈卢冒刃而前；①崔杼弑君于齐，晏婴不惧其盟。②吾虽不德，诚慕古人之节。”琬竟坐免。卓犹敬其名德旧族，不敢害。后与<u>杨彪</u>同拜光禄大夫，及徙<u>西都</u>，转司隶校尉，与司徒<u>王允</u>同谋诛<u>卓</u>。及<u>卓</u>将<u>李傕</u>、<u>郭汜</u>攻破<u>长安</u>，遂收<u>邕</u>下狱死，时年五十二。

①<u>新序</u>曰："<u>白公胜</u>(杀)〔将弑〕<u>楚惠王</u>，[48]王出亡，令尹、司马皆死，<u>胜</u>拔剑而属之于<u>屈庐</u>曰：'子与我，将舍子，不我与，将杀子。'<u>屈庐</u>曰："诗有之曰：'莫莫葛藟，延于条枚，恺悌君子，求福不回。'今子杀子叔父而求福于<u>庐</u>也，可乎？且吾闻之，知命之士，见利不动，临死则死，是谓人臣之礼。[49]故上知天命，下知臣道。其有可劫乎？子胡不推之！'<u>白公胜</u>乃入其剑焉。"

②解见<u>冯衍</u>传。

论曰：古者诸侯岁贡士，进贤受上赏，非贤贬爵土。升之司马，辩论其才，论定然后官之，任官然后禄之。①故王者得其人，进仕劝其行，经邦弘务，所由久矣。<u>汉</u>初诏举贤良、方正，州郡察孝廉、秀才，斯亦贡士之方也。中兴以后，复增敦朴、有道、贤能、[50]直言、独行、高节、质直、清白、敦厚之属。荣路既广，觖望难裁，自是窃名伪服，浸以流竞。权门贵仕，请谒繁兴。自<u>左雄</u>任事，限年试才，虽颇有不密，固亦因识时宜。[51]而<u>黄琼</u>、<u>胡广</u>、<u>张衡</u>、<u>崔瑗</u>之徒，泥滞旧方，互相诡駮，循名者屈其短，筹实者挺其效。故<u>雄</u>在尚书，天下不敢妄选，十馀年间，称为得人，斯亦效实之征乎？<u>顺帝</u>始以童弱反政，而号令自出，知能任使，故士得用情，天下喁喁仰其风采。遂乃备玄纁玉帛，以聘<u>南阳樊英</u>，天子降寝殿，设坛席，尚书奉引，延问失得。急登贤之举，虚降己之礼，于是处士鄙生，忘其拘儒，②拂巾衽褐，以企旌车之招矣。至乃英能承风，俊乂咸事，若<u>李固</u>、<u>周举</u>之渊谟弘深，<u>左雄</u>、<u>黄琼</u>之政事贞固，<u>桓焉</u>、<u>杨厚</u>以儒学进，<u>崔瑗</u>、<u>马</u>

融以文章显,吴祐、苏章、种暠、栾巴牧民之良干,庞参、虞诩将帅之宏规,王龚、张皓虚心以推士,张纲、杜乔直道以纠违,郎颛阴阳详密,张衡机术特妙:东京之士,于兹盛焉。向使庙堂纳其高谋,疆(场)〔场〕宣其智力,〔52〕帷幄容其謇辞,举厝禀其成式,则武、宣之轨,岂其远而?③诗云:"靡不有初,鲜克有终。"可为恨哉!及孝桓之时,硕德继兴,④陈蕃、杨秉处称贤宰,皇甫、张、段〔53〕出号名将,王畅、李膺弥缝衮阙,⑤朱穆、刘陶献替匡时,郭有道奖鉴人伦,陈仲弓弘道下邑。其馀宏儒远智,高心絜行,激扬风流者,不可胜言。而斯道莫振,文武陵队,在朝者以正议婴戮,谢事者以党锢致灾。往车虽折,而来轸方遒。⑥所以倾而未颠,决而未溃,岂非仁人君子心力之为乎?呜呼!

①尚书大传曰"古者诸侯之于天子,三年一贡士。一適谓之好德,再適谓之贤贤,三適谓之有功。有功者,天子赐以车服弓矢,号曰命。诸侯有不贡士谓之不率正,一不適谓之过,再不適谓之傲,三不適谓之诬。诬者,天子绌之,一绌以爵,再绌以地,三绌而爵地毕"也。

②拘儒犹褊狭也。

③而,语辞也。论语曰:"岂不尔思,室是远而。"

④硕,大也。

⑤弥缝犹补合也。诗曰:"衮职有阙,惟仲山甫补之。"

⑥广雅曰:"道,急也。"

赞曰:雄作纳言,古之八元。举升以汇,越自下蕃。①登朝理政,并纾灾昏。②琼名凤知,累章国疵。③瑗亦早秀,位及志差。④

①汇,类也。易曰:"以其汇征吉。"汇音谓。

②纾,解也,音式余反。

③疵,病也。

④志意差舛,不能遂也。差音楚宜反。

【校勘记】

〔1〕南（郡）〔阳〕涅阳人也　集解引洪亮吉说,谓"郡"应作"阳",刊写之
　　误。今据改。

〔2〕臣闻柔远和迩　按:校补引柳从辰说,谓闽本"闻"下有"之"字。

〔3〕兴雨祁祁　按:王先谦谓据注"兴雨"当作"兴云"。此用三家诗,而
　　后人据毛改之。

〔4〕褒艳谓褒姒也艳色美也　集解引钱大昕说,谓章怀注用毛氏说,郑
　　康成则以艳妻为厉王后,谓正月恶褒姒灭周,十月之交疾艳妻煽方
　　处,则"褒艳"非一人。此疏上言"幽、厉昏乱",下言"褒艳用权",
　　则亦与郑说同。鲁诗"艳"作阎,尚书中候作"剡"。阎、剡、艳文异
　　实同,盖其女族姓,非训美色也。

〔5〕厉王淫于色　殿本"厉"作"幽"。按:用毛说当作"幽",依郑说应
　　作"厉"也。

〔6〕问畜货聚（焉）〔马〕　刊误谓案国语作"聚马",此误。今据改。

〔7〕诏试明经者补弟子　按:顺帝纪"明经"下有"下第"二字。

〔8〕诸王国郎者百三十八人　按:张燍谓"者"字衍。

〔9〕迄于永（嘉）〔憙〕　"永嘉"乃"永憙"之讹,今改,详冲帝纪校勘记。
　　汲本、殿本作"永熹",钱大昭谓"熹"乃"憙"之讹。

〔10〕故称家〔法〕　据汲本、殿本补。

〔11〕淑字伯进　按:殿本"伯进"作"伯达"。

〔12〕九卿位亚三事　按:集解引惠栋说,谓东观记"三事"作"三公"。

〔13〕周举字宣光　校补引柳从辰说,谓书钞七十二引续汉书作"字真
　　先"。按:类聚五十、御览二百五十六引无"字真先"三字。

〔14〕延(熹)〔光〕四年　据集解引钱大昕说改。

〔15〕谋杀严公严公誓之黄泉　汲本、殿本"严"并作"庄"。按:此避明帝讳,未回改也。

〔16〕今诏怒　按:集解引何焯说,谓"怒"下疑有脱文。

〔17〕位为台辅　按:汲本、殿本"为"作"至"。

〔18〕尚书郭虔　按:集解引汪文台说,谓御览五九四引张璠汉记,谓"尚书郭度见之叹息,上疏愿退位避举"。"虔"作"度",未知孰是。

〔19〕顺四节之宜　按:汲本、殿本"节"作"时"。

〔20〕犹缘木希鱼却行求前　汲本、殿本"希鱼"作"求鱼"。按:群书治要亦作"希鱼"。李慈铭谓此因下文有"求"字而避易,今本乃据孟子妄改之。

〔21〕事见白武通　汲本、殿本"武"作"虎"。按:此避唐讳,未回改也。

〔22〕解见杨厚传　按:集解引惠栋说,谓杨厚传无此注,黄琼传有之。

〔23〕谯于洛水　按:"于"原作"乎",径据汲本、殿本改。

〔24〕薤上露何易晞　按:集解引李良裘说,谓按古今注"露"上有"朝"字,以七字为句。

〔25〕兖州刺史郭遵　集解引汪文台说,谓御览七七八引续汉书,"郭遵"作"甄遵"。

〔26〕尹翁归为右扶风〔卒〕　据刊误补。

〔27〕(诗)国风羔羊诗　据汲本、殿本删。

〔28〕致敬于缌　按:"敬"原讹"教",径据汲本、殿本改正。

〔29〕常闻语曰　汲本"常"作"尝"。按:尝常通。

〔30〕公大惊惧　按:"公"原讹"人",径据汲本、殿本改正。

〔31〕郭都(之)等　据刊误删。

〔32〕顺时觊土　按:"觊"原讹"觖",径改正。又按:"觊"字见说文辰部,汲本、殿本作"觖",亦误。

〔33〕以宜比周公　刊误谓"以宜"当作"宜以"。集解引沈钦韩说,谓袁纪无"以"字,更顺。按:原本"以"字漫漶,径据汲本、殿本补。

〔34〕增邑三千　按:"三千"原作"三十",然查张元济校勘记,谓"十"字板损宜脩,则原本"十"字或亦作"千"也。今从汲本、殿本。

〔35〕启尔土宇　按:今诗作"大启尔宇"。

〔36〕为冀所饰举者　按:汲本"饰"作"辟"。

〔37〕司徒韩缜　按:惠栋补注谓风俗通"缜"作"演"。

〔38〕则以贤者为力　袁宏纪作"则以忠贤为助"。按:"忠贤"与上"德义"相对成文,当从袁纪。

〔39〕念国亡身　殿本"亡"作"忘"。按:亡忘通。

〔40〕〔阿党〕相抑　集解引王补说,谓袁纪作"阿党相抑"。按:"阿党相抑"与上"谗谀所举"相对成文,今依袁纪补"阿党"二字。

〔41〕敢以垂绝之日　袁纪作"敢以垂死之年"。按:袁纪琼上疏在延熹二年,云会单超等五侯擅权,琼自度力不能制,乃称疾不朝,上表曰云云,与此云七年疾笃上疏谏异,措辞亦不同也。

〔42〕谥曰忠侯　按:惠栋补注谓袁纪作"昭侯"。

〔43〕则蛟龙不合阴阳　汲本、殿本"不合阴阳"作"不处其渊"。按:史记孔子世家作"不合阴阳",今本家语困誓篇作"不处其渊"。

〔44〕瑛字子琰　按:集解引惠栋说,谓文选注引范书作"公琰"。

〔45〕少失父　按:集解引惠栋说,谓文选注引云"少失父母"。

〔46〕祖父琼初为魏郡太守　按:集解引惠栋说,谓文选注引云"祖父琼育之,初为魏郡太守"云云也。

〔47〕事下御史〔中〕丞王畅　据汲本补。

〔48〕白公胜(杀)〔将弑〕楚惠王　据今新序增删。

〔49〕见利不动临死则死是谓人臣之礼　按:校补引柳从辰说,谓今新序作"见利不动,临死不恐,为人臣者,时生则生,时死则死"。

〔50〕贤能　按:"贤能"上原衍"仁"字,径据汲本、殿本删。

〔51〕固亦因识时宜　按:刊误谓案文当作“因时识宜”。

〔52〕彊(埸)〔场〕宜其智力　据汲本改。

〔53〕皇甫张段　按:“段”原讹“叚”,径改正。

后 汉 书 卷 六 十 二

荀韩锺陈列传第五十二

荀淑字季和，颍川颍阴人(也)，[1]荀卿十一世孙也。①少有高行，博学而不好章句，多为俗儒所非，而州里称其知人。

①卿名况，赵人也。为楚兰陵令。著书二十二篇，号荀卿子。避宣帝讳，故改曰"孙"也。

安帝时，征拜郎中，后再迁当涂长。①去职还乡里。当世名贤李固、李膺等皆师宗之。及梁太后临朝，有日食地震之变，诏公卿举贤良方正，光禄勋杜乔、少府房植举淑对策，讥刺贵倖，为大将军梁冀所忌，出补朗陵侯相。②莅事明理，称为神君。顷之，弃官归，闲居养志。产业每增，辄以赡宗族知友。年六十七，建和三年卒。李膺时为尚书，自表师丧。③二县皆为立祠。有子八人：俭，缉，靖，焘，汪，爽，肃，专，[2]并有名称，时人谓〔之〕"八龙"。④[3]

①当涂，县名，故城在今宣州。

1643

②续汉书曰,淑对策讥刺梁氏,故出也。

③礼记曰"事师无犯无隐,左右就养无方,服勤至死,心丧三年"也。

④绲音昆。焘音道。汪音乌光反。说文云:"汪,深广也。"俗本改作
"注",非。"専"本或作"數"。

初,荀氏旧里名西豪,①颍阴令勃海苑康以为昔高阳氏有才子
八人,②今荀氏亦有八子,故改其里曰高阳里。

①今许州城内西南有荀淑故宅,相传云即旧西豪里也。

②左传曰:"昔高阳氏有才子八人:苍舒,隤敳,梼戭,[4]大临,尨降,庭
坚,仲容,叔达。"

靖有至行,不仕,年五十而终,号曰玄行先生。①

①皇甫谧高士传曰"靖字叔慈,少有俊才,动止以礼。靖弟爽亦以才显
于当时。或问汝南许章曰:'爽与靖孰贤?'章曰:'皆玉也。慈明外
朗,叔慈内润。'及卒,学士惜之,诔靖者二十六人。颍阴令丘祯追号
靖曰玄行先生"也。

淑兄子昱[5]字伯条,昙字元智。昱为沛相,昙为广陵太守。兄
弟皆正身疾恶,志除阉宦。其支党宾客有在二郡者,纤罪必诛。昱
后共大将军窦武谋诛中官,与李膺俱死。昙亦禁锢终身。

爽字慈明,一名谞。①幼而好学,年十二,能通春秋、论语。太
尉杜乔见而称之,曰:"可为人师。"爽遂耽思经书,庆弔不行,征命
不应。颍川为之语曰:"荀氏八龙,慈明无双。"

①音息汝反。

延熹九年,太常赵典举爽至孝,拜郎中。对策陈便宜曰:

臣闻之于师曰:"汉为火德,火生于木,木盛于火,故其德

为孝,①其象在周易之离。"夫在地为火,在天为日。②在天者用其精,在地者用其形。夏则火王,其精在天,温暖之气,养生百木,是其孝也。冬时则废,其形在地,酷烈之气,焚烧山林,是其不孝也。故汉制使天下诵孝经,选吏举孝廉。③夫丧亲自尽,孝之终也。④今之公卿及二千石,三年之丧,不得即去,殆非所以增崇孝道而克称火德者也。往者孝文劳谦,行过乎俭,⑤故有遗诏以日易月。此当时之宜,不可贯之万世。古今之制虽有损益,而谅闇之礼未尝改移,[6]以示天下莫遗其亲。⑥今公卿群寮皆政教所瞻,而父母之丧不得奔赴。夫仁义之行,自上而始;敦厚之俗,以应乎下。传曰:"丧祭之礼阙,则人臣之恩薄,背死忘生者众矣。"曾子曰:"人未有自致者,必也亲丧乎!"⑦春秋传曰:"上之所为,民之归也。"⑧夫上所不为而民或为之,故加刑罚;若上之所为,民亦为之,又何诛焉?昔丞相翟方进,以自备宰相,而不敢踰制。[7]至遭母忧,三十六日而除。⑨夫失礼之源,自上而始。古者大丧三年不呼其门,⑩所以崇国厚俗笃化之道也。事失宜正,过勿惮改。⑪天下通丧,可如旧礼。⑫

①火,木之子;夏,火之位。木至夏而盛,故为孝。

②易说卦曰"离为火,为日"也。

③平帝时,王莽作书八篇戒子孙,令学官以教授,吏能诵者比孝经。音义云:"言用之得选举之也。"

④尽谓尽其哀戚也。

⑤易谦卦九三爻:"劳谦君子,有终吉。"

⑥遗,忘也。

⑦事见论语。致犹尽也,极也。

⑧左氏传臧武仲之言。

⑨前书翟方进为丞相,遭后母忧,行服三十六日起视事,曰:"不敢踰国制也。"

⑩公羊传之文也。何休注云:"重夺孝子之恩。"

⑪惮,难也。

⑫礼记曰:"三年之丧,天下之通丧也。"

　　臣闻有夫妇然后有父子,有父子然后有君臣,有君臣然后有上下,有上下然后有礼义。礼义备,则人知所厝矣。①夫妇人伦之始,王化之端,故文王作易,上经首乾、坤,下经首咸、恒。②孔子曰:"天尊地卑,乾坤定矣。"③夫妇之道,所谓顺也。尧典曰:"厘降二女于妫汭,嫔于虞。"降者下也,嫔者妇也。言虽帝尧之女,下嫁于虞,犹屈体降下,勤脩妇道。易曰:"帝乙归妹,以祉元吉。"④妇人谓嫁曰归,言汤以娶礼归其妹于诸侯也。春秋之义,王姬嫁齐,使鲁主之,不以天子之尊加于诸侯也。⑤今汉承秦法,设尚主之仪,以妻制夫,以卑临尊,违乾坤之道,失阳唱之义。⑥孔子曰:"昔圣人之作易也,仰则观象于天,俯则察法于地,睹鸟兽之文,与地之宜。近取诸身,远取诸物,以通神明之德,以类万物之情。"⑦今观法于天,则北极至尊,四星妃后。⑧察法于地,则崐山象夫,卑泽象妻。⑨睹鸟兽之文,鸟则雄者鸣鸲,雌能顺服;兽则牡为唱导,牝乃相从。近取诸身,则乾为人首,坤为人腹。⑩远取诸物,则木实属天,根荄属地。⑪阳尊阴卑,盖乃天性。且诗初篇实首关雎;礼始冠、婚,先正夫妇。⑫天地六经,其旨一揆。宜改尚主之制,以称乾坤之性。遵法尧、汤,式是周、孔。⑬合之天地而不谬,质之鬼神而不疑。人事如此,则嘉瑞降天,吉符出地,五疈咸备,各以其叙矣。⑭

①语见易序卦也。

②易乾、坤至离为上经，咸、恒至未济为下经。

③易系辞也。

④易泰卦六五爻辞也。王辅嗣注云："妇人谓嫁曰归。泰者，阴阳交通之时，女处尊位，履中居顺，降身应二，帝乙归妹，诚合斯义也。"案史记纣父名帝乙，此文以帝乙为汤，汤名天乙也。

⑤公羊传曰："夏单伯逆王姬。单伯者何？吾大夫之命于天子。何以不称使？天子召而使逆之。逆之者何？使我主之也。曷为使我主之？天子嫁女于诸侯，必使同姓诸侯主之。"何休注云："不自为主，尊卑不适也。"

⑥易纬曰"阳唱而阴和"也。

⑦皆易系之文也。

⑧北极，北辰也。轩辕四星，女主之象也。

⑨崐犹高也。易艮下兑上为咸。艮为山，夫象也。兑为泽，妻象也。咸，感也。山泽通气，夫妇之相感也。

⑩易说卦之文也。

⑪亥音该。

⑫仪礼士冠礼为始，士婚礼次之。

⑬式，法也。

⑭题，是也。史记曰："休征：曰肃，时雨若；曰乂，时（阳）〔旸〕若；[8]曰晢，时燠若；曰谋，时寒若；曰圣，时风若。"五是来备，各以其叙也。

昔者圣人建天地之中而谓之礼，礼者，所以兴福祥之本，而止祸乱之源也。人能枉欲从礼者，则福归之；顺情废礼者，则祸归之。推祸福之所应，知兴废之所由来也。众礼之中，婚礼为首。故天子娶十二,天之数也;诸侯以下各有等差,事之降也。①阳性纯而能施,阴体顺而能化,以礼济乐,节宣其气。②故能丰子孙之祥,致老寿之福。及三代之季,淫而无节。瑶台、倾宫,陈妾数百。③阳竭于上,阴隔于下。故周公之戒曰:"不知稼穑之艰难,不闻小人之劳,惟耽乐之从,时亦罔或克寿。"是其明戒。④后世之人,好福不务其本,恶祸不易其轨。传曰:"戕趾適屦,孰云其愚?何与斯人,追欲丧躯?"诚可痛也。⑤臣窃闻后宫采女五六千人,从官侍使复在其外。冬夏衣服,朝夕廪粮,耗费缣帛,空竭府藏,征调增倍,十而税一,空赋不辜之民,以供无用之女,百姓穷困于外,阴阳隔塞于内。故感动和气,灾异屡臻。臣愚以为诸非礼聘未曾幸御者,一皆遣出,使成妃合。一曰通怨旷,和阴阳。二曰省财用,实府藏。[9]三曰脩礼制,绥眉寿。四曰配阳施,祈螽斯。⑥五曰宽役赋,安黎民。此诚国家之弘利,天人之大福也。

①白虎通曰:"天子娶十二,法天,则有十二月,百物毕生也。"又曰"诸侯娶九女"也。

②左传曰,昔晋侯有疾,[10]医和视之,曰:"疾不可为也。是为近女室,疾如蛊,非鬼非食,惑以丧志。"公曰:"女不可近乎?"对曰:"节之。先王之乐,所以节百事也。天有六气,过则为灾。"于是乎节宣其气也。

③列女传曰,夏桀为璇室、瑶台,以临云雨,纣为倾宫。解见桓帝纪也。

④事见尚书无逸篇,其词与此微有不同也。

⑤適犹从也。言丧身之愚,甚于戕趾也。

⑥螽斯,蚣蝑也,其性不妒,故能子孙众多。诗曰:"螽斯羽,诜诜兮。宜尔子孙,振振兮。"

夫寒热晦明，所以为岁；尊卑奢俭，所以为礼：故以晦明寒暑之气，尊卑侈约之礼为其节也。易曰："天地节而四时成。"①春秋传曰："唯器与名不可以假人。"②孝经曰："安上治民，莫善于礼。"礼者，尊卑之差，上下之制也。昔季氏八佾舞于庭，非有伤害困于人物，而孔子犹曰"是可忍也，孰不可忍"。洪范曰："惟辟作威，惟辟作福，惟辟玉食。"凡此三者，君所独行而臣不得同也。今臣僭君服，下食上珍，所谓害于而家，凶于而国者也。宜略依古礼尊卑之差，及董仲舒制度之别，③严〔笃〕〔督〕有司，[11]必行其命。此则禁乱善俗足用之要。

奏闻，即弃官去。

①节卦象辞文也。

②杜预注左氏云："器谓车服，名谓爵号。"

③前书董仲舒曰："王者正法度之宜，别上下之序，以防欲也。"

后遭党锢，隐于海上，又南遁汉滨，积十馀年，以著述为事，遂称为硕儒。党禁解，五府并辟，司空袁逢举有道，不应。及逢卒，爽制服三年，当世往往化以为俗。时人多不行妻服，虽在亲忧犹有吊问丧疾[12]者，又私谥其君父及诸名士，爽皆引据大义，正之经典，虽不悉变，亦颇有改。①

①丧服曰："夫为妻齐缞杖期。"礼记曰："曾子问：'三年之丧吊乎？'孔子曰：'礼以饰情。三年之丧而吊哭，不亦虚乎！'"

后公车征为大将军何进从事中郎。进恐其不至，迎荐为侍中，及进败而诏命中绝。献帝即位，董卓辅政，复征之。爽欲遁命，吏持之急，不得去，因复就拜平原相。行至宛陵，复追为光禄勋。视事三日,进拜司空。爽自被征命及登台司,九十五日。因从迁都长安。

爽见董卓忍暴滋甚,必危社稷,其所辟举皆取才略之士,将共图之,亦与司徒王允及卓长史何颙等为内谋。会病薨,年六十三。

著礼、易传、诗传、尚书正经、春秋条例,又集汉事成败可为鉴戒者,谓之汉语。又作公羊问及辩谶,并它所论叙,题为新书。凡百馀篇,今多所亡缺。

兄子悦、彧并知名。彧自有传。

论曰:荀爽、郑玄、申屠蟠俱以儒行为处士,累征并谢病不诣。及董卓当朝,复备礼召之。蟠、玄竟不屈以全其高。爽已黄发矣,独至焉,未十旬而取卿相。意者疑其乖趣舍,余窃商其情,以为出处君子之大致也,平运则弘道以求志,陵夷则濡迹以匡时。①荀公之急急自励,其濡迹乎?不然,何为违贞吉而履虎尾焉?②观其逊言迁都之议,以救杨、黄之祸。③及后潜图董氏,几振国命,所谓"大直若屈",道固逶迤也。④

①濡迹,解见崔骃传。

②易履卦曰:"履道坦坦,幽人贞吉。"又曰:"履虎尾,不咥人亨。"王辅嗣注云:"履虎尾者,言其危也。"

③杨彪、黄琬也。

④老子云:"大直若屈,大巧若拙。"逶迤,曲也。

悦字仲豫,俭之子也。俭早卒。悦年十二,能说春秋。家贫无书,每之人间,所见篇牍,一览多能诵记。性沈静,美姿容,尤好著述。灵帝时阉官用权,^[13]士多退身穷处,悦乃托疾隐居,时人莫之识，唯从弟彧特称敬焉。初辟镇东将军曹操府，迁黄门侍郎。献帝颇好文学，悦与彧及少府孔融侍讲禁中，旦夕谈论。累迁祕书监、侍中。

时政移曹氏，天子恭己而已。悦志在献替，而谋无所用，乃作申鉴五篇。其所论辩，通见政体，既成而奏之。其大略曰：

夫道之本，仁义而已矣。①五典以经之，群籍以纬之，咏之歌之，弦之舞之，前监既明，后复申之。故古之圣王，其于仁义也，申重而已。

①易曰："立人之道曰仁与义。"

致政之术，先屏四患，乃崇五政。

一曰伪，二曰私，三曰放，四曰奢。伪乱俗，私坏法，放越轨，奢败制。四者不除，则政末由行矣。夫俗乱则道荒，虽天地不得保其性矣；法坏则世倾，虽人主不得守其度矣；轨越则礼亡，虽圣人不得全其道矣；制败则欲肆，虽四表不得充其求矣。①是谓四患。

①肆，放也。

兴农桑以养其(性)〔生〕，〔14〕审好恶以正其俗，宣文教以章其化，立武备以秉其威，明赏罚以统其法。是谓五政。

人不畏死，不可惧以罪。人不乐生，不可劝以善。〔15〕虽使契布五教，皋陶作士，政不行焉。①故在上者先丰人财以定其志，帝耕籍田，后桑蚕宫，②国无游人，野无荒业，财不贾用，③力不妄加，以周人事。是谓养生。④

①尚书舜谓契曰："汝作司徒，敬敷五教在宽。"谓皋陶曰："汝作士，明于五刑。"

②籍田事,解见明纪。礼记曰:"季春之月,后妃斋戒,亲东向桑,以劝蚕事。"古者天子诸侯必有公桑蚕室,近川而为之,宫仞有三尺也。

③言自足也。

④周,给也。

　　君子之所以动天地,应神明,正万物而成王化者,必乎真定而已。[16]故在上者审定好丑焉。善恶要乎功罪,毁誉效于准验。听言责事,举名察实,无惑诈伪,以荡众心。故事无不覈,物无不切,[17]善无不显,恶无不章,俗无奸怪,民无淫风。百姓上下覩利害之存乎己也,故肃恭其心,慎修其行,内不回惑,外无异望,则民志平矣。是谓正俗。

　　君子以情用,小人以刑用。荣辱者,赏罚之精华也。故礼教荣辱,以加君子,化其情也;桎梏鞭扑,以加小人,化其刑也。君子不犯辱,况于刑乎! 小人不忌刑,况于辱乎! 若教化之废,推中人而坠于小人之域;教化之行,引中人而纳于君子之涂。是谓章化。①小人之情,缓则骄,骄则恣,恣则怨,怨则叛,危则谋乱,安则思欲,非威强无以惩之。故在上者,必有武备,以戒不虞,以遏寇虐。安居则寄之内政,有事则用之军旅。②是谓秉威。

①章,明也。

②国语齐桓公问管仲曰:"国安可乎?"管仲曰:"未可。君若正卒伍,修甲兵,则大国亦将修之,小国设备,可作内政而寄军令焉。"注云:"(正)〔政〕,国政也。[18]言修国政而寄军令,邻国不知。"

　　赏罚,政之柄也。①明赏必罚,审信慎令,赏以劝善,罚以惩恶。人主不妄赏,非徒爱其财也,赏妄行则善不劝矣。不妄罚,非矜其人也,罚妄行则恶不惩矣。赏不劝谓之止善,罚不惩谓之纵恶。在上者能不止下为善,不纵下为恶,则国法立矣。是谓统法。

①韩子曰:"二柄者,刑、德也。杀戮之谓刑,庆赏之谓德。"

四患既蠲,五政又立,行之以诚,守之以固,简而不怠,疏而不失,无为为之,使自施之,无事事之,使自交之。①不肃而成,不严而化,垂拱揖让,而海内平矣。是谓为政之方。

①老子曰:"为无为,事无事。"又曰"故德交归"也。

又言:

尚主之制非古。厘降二女,陶唐之典。归妹元吉,帝乙之训。王姬归齐,宗周之礼。以阴乘阳违天,以妇陵夫违人。违天不祥,违人不义。又古者天子诸侯有事,必告于庙。朝有二史,左史记言,右史书事。①事为春秋,言为尚书。君举必记,善恶成败,无不存焉。下及士庶,苟有茂异,咸在载籍。或欲显而不得,或欲隐而名章。得失一朝,而荣辱千载。善人劝焉,淫人惧焉。②宜于今者备置史官,掌其典文,纪其行事。每于岁尽,举之尚书。以助赏罚,以弘法教。

①礼记曰"天子朝日于东门之外,听朔于南门之外,闰月则阖门左扉,立于其中,动则左史书之,言则右史书之"也。

②淫,过也。左氏传曰"或求名而不得,或欲盖而名章,书齐豹盗三叛人名,以惩不义"也。

帝览而善之。

帝好典籍,常以班固汉书文繁难省,乃令悦依左氏传体以为汉纪三十篇,诏尚书给笔札。辞约事详,论辨多美。其序之曰:"昔在上圣,惟建皇极,经纬天地,观象立法,乃作书契,以通宇宙,扬于王庭,厥用大焉。先王光演大业,肆于时夏。①亦惟厥后,永世作典。夫立典有五志焉:一曰达道义,二曰章法式,三曰通古今,四曰著功勋,五曰表贤能。于是天人之际,事物之宜,粲然显著,罔不备矣。世济其轨,不陨其业。②损益盈虚,与时消息。臧否不同,其揆一也。汉四百有六载,拨乱反正,统武兴文,永惟祖宗之洪业,思光启乎万嗣。圣上穆然,惟文之恤,瞻前顾后,是绍是继,阐崇大猷,命立国典。于是缀叙旧书,以述汉纪。中兴以前,明主贤臣得失之轨,亦足以观矣。"

①诗周颂曰:"我求懿德,肆于时夏。"郑玄注曰:"懿,美也。肆,陈也。我,武王也。求美德之士而任用之,故陈于是夏而歌之也。"

②济,成也。

又著崇德、正论及诸论数十篇。年六十二,建安十四年卒。

韩韶字仲黄,[19]颍川舞阳人也。少仕郡,辟司徒府。时太山贼公孙举伪号历年,守令不能破散,多为坐法。尚书选三府掾能理剧者,乃以韶为嬴长。①贼闻其贤,相戒不入嬴境。馀县多被寇盗,废耕桑,其流入县界求索衣粮者甚众。韶悯其饥困,乃开仓赈之,所禀赡万馀户。主者争谓不可。韶曰:"长活沟壑之人,而以此伏罪,含笑入地矣。"太守素知韶名德,竟无所坐。以病卒官。同郡李膺、陈寔、杜密、荀淑等为立碑颂焉。

①嬴,县,故城在今兖州博城县东北。

子融,字元长。少能辩理而不为章句学。声名甚盛,五府并辟。<u>献帝</u>初，至太仆。年七十卒。

<u>锺皓</u>字<u>季明</u>，<u>颍川长社</u>人也。为郡著姓，世善刑律。<u>皓</u>少以笃行称，公府连辟，为二兄未仕，避隐<u>密山</u>，^①以诗律教授门徒千馀人。同郡<u>陈寔</u>，年不及<u>皓</u>，<u>皓</u>引与为友。<u>皓</u>为郡功曹，会辟司徒府，临辞，太守问："谁可代卿者？"<u>皓</u>曰："明府欲必得其人，西门亭长<u>陈寔</u>可。"<u>寔</u>闻之，曰："<u>锺君</u>似不察人，不知何独识我？"<u>皓</u>顷之自劾去。前后九辟公府，征为廷尉正、博士、<u>林虑</u>长，皆不就。时<u>皓</u>及<u>荀淑</u>并为士大夫所归慕。<u>李膺</u>常叹曰："<u>荀君</u>清识难尚，<u>锺君</u>至德可师。"

①<u>密县</u>山也。

<u>皓</u>兄子<u>瑾</u>母，<u>膺</u>之姑也。<u>瑾</u>好学慕古，有退让风，与<u>膺</u>同年，俱有声名。<u>膺</u>祖太尉<u>脩</u>，常言："<u>瑾</u>似我家性，邦有道不废，邦无道免于刑戮。"复以<u>膺</u>妹妻之。<u>瑾</u>辟州府，未尝屈志。<u>膺</u>谓之曰："<u>孟子</u>以为'人无是非之心，非人也'。^①弟何期不与<u>孟轲</u>同邪？"<u>瑾</u>常以<u>膺</u>言白<u>皓</u>。<u>皓</u>曰："昔<u>国武子</u>好昭人过，^[20]以致怨本。^②卒保身全家，尔道为贵。"其体训所安，多此类也。

①<u>孟子</u>曰："人无恻隐之心，非人也。无羞恶之心，非人也。无辞让之心，非人也。无是非之心，非人也。"

②<u>国武子</u>，<u>齐</u>大夫。<u>齐庆克</u>通于<u>齐君</u>之母，<u>国武子</u>知之而责<u>庆克</u>，夫人遂谮<u>武子</u>而逐之。事见<u>左传</u>。

年六十九，终于家。诸儒颂之曰："<u>林虑</u>懿德，非礼不处。悦此诗书，弦琴乐古。五就州招，九应台辅。^[21]逡巡王命，卒岁容与。"

皓孙䌐,建安中为司隶校尉。①

①海内先贤传曰:"䌐字元常,郡主簿迪之子也。"魏志曰:"举孝廉为尚书郎,辟三府为廷尉正、黄门侍郎。"

陈寔字仲弓,颍川许人也。出于单微。自为儿童,虽在戏弄,为等类所归。少作县吏,常给事厮役,后为都亭(刺)佐。[22]而有志好学,坐立诵读。县令邓邵试与语,奇之,听受业太学。后令复召为吏,乃避隐阳城山中。时有杀人者,同县杨吏以疑寔,县遂逮系,考掠无实,而后得出。及为督邮,乃密托许令,礼召杨吏。远近闻者,咸叹服之。

家贫,复为郡西门亭长,寻转功曹。时中常侍侯览托太守高伦用吏,伦教署为文学掾。寔知非其人,怀檄请见。①言曰:"此人不宜用,而侯常侍不可违。寔乞从外署,不足以尘明德。"伦从之。②于是乡论怪其非举,寔终无所言。伦后被征为尚书,郡中士大夫送至轮氏传舍。③伦谓众人言曰:"吾前为侯常侍用吏,陈君密持教还,而于外白署。比闻议者以此少之,此咎由故人畏惮强御,陈君可谓善则称君,过则称己者也。"寔固自引愆,闻者方叹息,由是天下服其德。

①檄,板书。谓以高伦之教书之于檄而怀之者,惧泄事也。

②请从外署之举,不欲陷伦于请托也。

③轮氏,县名,属颍川郡,今故高阳县是。

司空黄琼辟选理剧,补闻喜长,旬月,以期丧去官。复再迁除太丘长。①脩德清静,百姓以安。邻县人户归附者,寔辄训导譬解,发遣各令还本司官行部。②吏虑有讼者，白欲禁之。寔曰："讼以求直，禁之理将何申？其勿有所拘。"司官闻而叹息曰："陈君所言若是，岂有怨于人乎？"亦竟无讼者。以沛相赋敛违法，乃解印绶去，吏人追思之。

①太丘，县，属沛国，故城在今亳州永城县西北也。
②司官谓主司之官也。

及后逮捕党人，事亦连寔。馀人多逃避求免，寔曰："吾不就狱，众无所恃。"乃请囚焉。遇赦得出。灵帝初，大将军窦武辟以为掾属。时中常侍张让权倾天下。让父死，归葬颍川，虽一郡毕至，而名士无往者，让甚耻之，寔乃独吊焉。及后复诛党人，让感寔，故多所全宥。

寔在乡闾，平心率物。其有争讼，辄求判正，晓譬曲直，退无怨者。至乃叹曰："宁为刑罚所加，不为陈君所短。"时岁荒民俭，有盗夜入其室，止于梁上。寔阴见，乃起自整拂，呼命子孙，正色训之曰："夫人不可不自勉。不善之人未必本恶，习以性成，遂至于此。梁上君子者是矣！"盗大惊，自投于地，稽颡归罪。寔徐譬之曰："视君状皃，不似恶人，宜深克己反善。然此当由贫困。"令遗绢二匹。自是一县无复盗窃。

太尉杨赐、司徒陈耽，每拜公卿，群僚毕贺，赐等常叹寔大位未登，愧于先之。及党禁始解，大将军何进、司徒袁隗遣人敦寔，①欲特表以不次之位。寔乃谢使者曰："寔久绝人事，饰巾待终而已。"时三公每缺，议者归之，累见征命，遂不起，闭门悬车，棲迟养老。中平四年，年八十四，[23]卒于家。何进遣使吊祭，海内赴者三万馀人，制衰麻者以百数。共刊石立碑，谥为文范先生。②

①敦,劝也。

②先贤行状曰:"将军何进遣官属弔祠为谥。"

有六子,纪、谌最贤。

纪字元方,亦以至德称。兄弟孝养,闺门雍和,后进之士皆推慕其风。及遭党锢,发愤著书数万言,号曰陈子。党禁解,四府并命,无所屈就。遭父忧,每哀至,辄欧血绝气,虽衰服已除,而积毁消瘠,殆将灭性。豫州刺史嘉其至行,表上尚书,图象百城,以厉风俗。董卓入洛阳,乃使就家拜五官中郎将,不得已,到京师,迁侍中。出为平原相,往谒卓,时欲徙都长安,乃谓纪曰:"三辅平敞,四面险固,土地肥美,号为陆海。①今关东兵起,恐洛阳不可久居。长安犹有宫室,今欲西迁何如?"纪曰:"天下有道,守在四夷。②宜脩德政,以怀不附。迁移至尊,诚计之末者。愚以公宜事委公卿,专精外任。其有违命,则威之以武。今关东兵起,民不堪命。若谦远朝政,率师讨伐,则涂炭之民,庶几可全。若欲徙万乘以自安,将有累卵之危,峥嵘之险也。"③卓意甚忤,而敬纪名行,无所复言。时议欲以为司徒,纪见祸乱方作,不复辨严,④即时之郡。玺书追拜太仆,又征为尚书令。建安初,袁绍为太尉,让于纪;纪不受,拜大鸿胪。年七十一,卒于官。

①前书曰,东方朔曰:"三辅之地,南有江、淮,北有河、渭,沂、陇以东,商、洛以西,厥壤肥饶,此所谓天府陆海之地。"

②左传曰,楚沈尹戌曰"古者天子守在四夷。天子卑,守在诸侯"也。

③累卵,解见皇后纪。峥音士耕反。

④严读曰装也。

子群,为魏司空。①天下以为公惭卿,卿惭长。

①群字长文。魏志曰"鲁国孔融才高倨傲,年在群、纪之间,先与〔纪友,后与〕群交,[24]更为纪拜,由是显名"也。

弟谌,字季方。与纪齐德同行,父子并著高名,时号三君。每宰府辟召,常同时旌命,羔雁成群,①当世者靡不荣之。[25]谌早终。②

①古者诸侯朝天子,卿执羔,大夫执雁,士执雉。成群言众多也。
②先贤行状曰:"豫州百城,皆图画寔、纪、谌形像焉。"

论曰:汉自中世以下,阉竖擅恣,故俗遂以遁身矫絜放言为高。①士有不谈此者,则芸夫牧竖已叫呼之矣。②故时政弥惛,而其风愈往。唯陈先生进退之节,必可度也。据于德故物不犯,安于仁故不离群,行成乎身而道训天下,故凶邪不能以权夺,王公不能以贵骄,所以声教废于上,而风俗清乎下也。

①放肆其言,不拘节制也。论语曰:"隐居放言。"
②叫呼,讥笑之也。芸,除草也。

赞曰:二李师淑,陈君友皓。韩韶就吏,嬴寇怀道。太丘奥广,模我彝伦。曾是渊轨,薄夫以淳。①庆基既启,有蔚颍滨,二方承则,八慈继尘。②

①曾之言则也。
②二方,元方、季方也。荀淑八子,皆以慈为字,见荀氏家传也。

【校勘记】

〔1〕颍川颍阴人(也)　校补谓案文"也"字误衍。沈家本说同。今据删。

〔２〕有子八人俭绲靖焘汪爽肃专　三国魏志荀彧传裴注引张璠汉纪，"汪"作"诜"，"专"作"剸"。按：集解引钱大昕说，谓"专"当作"剸"。

〔３〕时人谓〔之〕八龙　据汲本补。

〔４〕梼戭　按："梼"原误"捣"，径改正。

〔５〕淑兄子昱　按：灵帝纪"昱"作"翌"，通鉴同。

〔６〕未尝改移　"尝"原作"常"，径据汲本、殿本改。按：常尝古通作。

〔７〕以自备宰相而不敢踰制　按：刊误谓"以自"当作"自以"。

〔８〕时(阳)〔旸〕若　据汲本、殿本改。

〔９〕实府藏　按：殿本"藏"作"库"。

〔10〕昔晋侯有疾　按：刊误谓玩文多一"昔"字。

〔11〕严(笃)〔督〕有司　据殿本改。按：王先谦谓作"督"是。

〔12〕弔问丧疾　按：刊误谓当作"弔丧问疾"。

〔13〕灵帝时阉官用权　按：校补引钱大昭说，谓闽本"官"作"宦"。

〔14〕兴农桑以养其(性)〔生〕　申鉴"性"作"生"。按：下云"是谓养生"，明"性"乃"生"之讹，今据改。

〔15〕不可劝以善　按：申鉴"劝"作"观"。

〔16〕必乎真定而已　按：校补引钱大昭说，谓申鉴"定"作"实"。

〔17〕物无不切　按："切"原讹"功"，径据殿本改正。

〔18〕(正)〔政〕国政也　据殿本改。

〔19〕韩韶字仲黄　校补引柳从辰说，谓御览二六八"仲黄"作"仲潢"。今按：御览乃引典略，"韩韶"作"韩攸"。

〔20〕昔国武子好昭人过　按：刊误谓"昭"当作"招"。

〔21〕九应台辅　按：殿本"应"作"膺"。

〔22〕后为都亭(刺)佐　王先谦谓"刺"字衍，亭长下有亭佐，寔为之。今据删。

〔23〕中平四年年八十四　按：集解引钱大昕说，谓碑云春秋八十三，中

平三年卒。惠栋补注引赵明诚说同。两"四"字皆作"三"。

〔24〕先与〔纪友后与〕群交　据殿本补。

〔25〕当世者靡不荣之　按:集解引惠栋说,谓"当世"下疑有脱字,刘攽谓多一"者"字,非也。

后汉书卷六十三

李杜列传第五十三

李固字子坚,汉中南郑人,司徒郃之子也。郃在(数)〔方〕术传。[1]固貌状有奇表,鼎角匿犀,足履龟文。①少好学,常步行寻师,不远千里。②遂究览坟籍,结交英贤。四方有志之士,多慕其风而来学。京师咸叹曰:"是复为李公矣。"③司隶、益州并命郡举孝廉,辟司空掾,皆不就。④

① 鼎角者,顶有骨如鼎足也。匿犀,伏犀也。谓骨当额上入发际隐起也。足履龟文者二千石,见相书。

② 谢承书曰:"固改易姓名,杖策驱驴,负笈追师三辅,学五经,积十馀年,博览古今,明于风角、星算、河图、谶纬,仰察俯占,穷神知变。每到太学,密入公府,定省父母,不令同业诸生知是郃子。"

③ 言复继其父为公也。

④ 谢承书曰:"五察孝廉,益州再举茂才,不应。五府连辟,皆辞以疾。"

阳嘉二年,有地动、山崩、火灾之异,公卿举固对策,①诏又特问当世之敝,为政所宜。固对曰:

①续汉书曰"阳嘉二年,诏公卿举敦朴之士,卫尉贾建举固"也。

臣闻王者父天母地,①宝有山川。②王道得则阴阳和穆,政化乖则崩震为灾。斯皆关之天心,效于成事者也。夫化以职成,官由能理。古之进者,有德有命;③今之进者,唯财与力。伏闻诏书务求宽博,疾恶严暴。而今长吏多杀伐致声名者,必加迁赏;其存宽和无党援者,辄见斥逐。是以淳厚之风不宣,彫薄之俗未革。虽繁刑重禁,何能有益?前孝安皇帝变乱旧典,封爵阿母,④因造妖孽,使樊丰之徒乘权放恣,侵夺主威,改乱嫡嗣,⑤至令圣躬狼狈,亲遇其艰。既拔自困殆,⑥龙兴即位,天下喁喁,属望风政。积敝之后,易致中兴,诚当沛然思惟善道;⑦而论者犹云,方今之事,复同于前。臣伏从山草,痛心伤臆。实以汉兴以来,三百馀年,贤圣相继,十有八主。岂无阿乳之恩?岂忘贵爵之宠?然上畏天威,俯案经典,知义不可,故不封也。今宋阿母⑧虽有大功勤谨之德,但加赏赐,足以酬其劳苦;至于裂土开国,实乖旧典。闻阿母体性谦虚,必有逊让,陛下宜许其辞国之高,使成万安之福。

①春秋感精符曰:"人主日月同明,四时合信,故父天母地,兄日姊月。"宋均注曰:"父天于圆丘之祀也,母地于方泽之祭也,兄日于东郊,姊月于西郊。"

②史记曰:"魏武侯浮西河而下,中河顾而谓吴起曰:'美哉乎河山之固,此魏之宝也。'吴起对曰:'在德不在险。'"

③命,爵命也。言有德者乃可加爵命也。

④阿母王圣。

⑤谓顺帝为太子时,废为济阴王。

⑥殆,危也。

⑦沛然,宽广之意。

⑧谓宋娥也。

夫妃后之家所以少完全者,岂天性当然? 但以爵位尊显,专总权柄,天道恶盈,不知自损,故至颠仆。先帝宠遇阎氏,位号太疾,故其受祸,曾不旋时。老子曰:“其进锐,其退速也。”①今梁氏戚为椒房,礼所不臣,②尊以高爵,尚可然也。而子弟群从,荣显兼加,永平、建初故事,殆不如此。宜令步兵校尉冀及诸侍中还居黄门之官,使权去外戚,政归国家,岂不休乎!

①案:孟子有此文。谢承书亦云孟子,而续汉书复云老子。

②公羊传曰:“宋杀其大夫,何以不名? 宋三世无大夫,三世内娶也。”何休注云:“内娶,娶大夫女也。言无大夫者三世,礼不臣妻之父母,国内皆臣,无娶道,故绝去大夫名,正其义也。”椒房者,皇后所居,以椒泥涂也。

又诏书所以禁侍中尚书中臣子弟不得为吏察孝廉者,以其秉威权,容请托故也。而中常侍在日月之侧,声执振天下,子弟禄仕,曾无限极。虽外托谦默,不干州郡,而谄伪之徒,望风进举。今可为设常禁,同之中臣。

昔馆陶公主为子求郎,①明帝不许,赐钱千万。所以轻厚赐,重薄位者,为官人失才,害及百姓也。窃闻长水司马武宣、②开阳城门候羊迪等,③无它功德,初拜便真。此虽小失,而渐坏旧章。④先圣法度,所宜坚守,政教一跌,百年不复。诗云:"上帝板板,下民卒瘅。"刺周王变祖法度,故使下民将尽病也。⑤

①馆陶公主,光武第三女也。

②续汉志"长水校尉一人,比二千石,司马一人,千石,掌宿卫"也。

③续汉志曰:"城门每门候一人,六百石。"

④续汉书曰:"中都官,千石、六百石,故事先守一岁,然后补真。"

⑤板,反也。卒,尽也。瘅,病也。诗大雅,凡伯刺周厉王反先王之道,下人尽病也。

　　今陛下之有尚书,犹天之有北斗也。斗为天喉舌,[2]尚书亦为陛下喉舌。①斗斟酌元气,运平四时。②尚书出纳王命,赋政四海,③权尊埶重,责之所归。若不平心,灾眚必至。诚宜审择其人,以毗圣政。今与陛下共理天下者,外则公卿尚书,内则常侍黄门,譬犹一门之内,一家之事,安则共其福庆,危则通其祸败。刺史、二千石,外统职事,内受法则。夫表曲者景必邪,源清者流必絜,犹叩树本,百枝皆动也。周颂曰:"薄言振之,莫不震叠。"④此言动之于内而应于外者也。(犹)〔由〕此言之,[3]本朝号令,岂可蹉跌?閒隙一开,则邪人动心;利竞暂启,则仁义道塞。刑罚不能复禁,化导以之寝坏。此天下之纪纲,当今之急务。陛下宜开石室,陈图书,⑤招会群儒,引问失得,指擿变象,以求天意。其言有中理,即时施行,显拔其人,以表能者。则圣听日有所闻,忠臣尽其所知。又宜罢退宦官,去其权重,裁置常侍二人,方直有德者,省事左右;小黄门五人,才智闲雅者,给事殿中。如此,则论者厌塞,升平可致也。臣所以敢陈愚瞽,冒昧自闻者,傥或皇天欲令微臣觉悟陛下。陛下宜熟察臣言,怜赦臣死。

①春秋合诚图曰："天理在斗中，司三公，如人喉在咽，以理舌语。"宋均
注曰："斗为天之舌口，主出政教。三公主导宣君命，喻于人，则宜如
人喉在咽，以理舌口，使言有条理。"

②春秋保乾图曰："天皇于是斟元陈枢，[4]以五易戚。"宋均注曰："戚，则
也，法也。天皇斟元气，陈列枢机，受行次之当得也。"

③赋，布也。

④韩诗薛君传曰："薄，辞也。振，奋也。莫，无也。震，动也。叠，应也。
美成王能奋舒文武之道而行之，则天下无不动而应其政教。"

⑤前书曰："司马迁为太史令，绅史记石室金匮之书。"绅音抽。

顺帝览其对，多所纳用，即时出阿母还弟舍，诸常侍悉叩头谢罪，朝
廷肃然。以固为议郎。而阿母宦者疾固言直，因诈飞章以陷其罪，
事从中下。大司农黄尚等请之于大将军梁商，又仆射黄琼救明固
事，久乃得拜议郎。

　出为广汉雒令，至白水关，解印绶，还汉中，①杜门不交人事。
岁中，梁商请为从事中郎。商以后父辅政，而柔和自守，不能有所
整裁，灾异数见，下权日重。固欲令商先正风化，退辞高满，乃奏记
曰："春秋褒仪父以开义路，②贬无骇以闭利门。③夫义路闭则利门
开，利门开则义路闭也。前孝安皇帝内任伯荣、樊丰之属，④外委
周广、谢恽之徒，开门受赂，署用非次，天下纷然，怨声满道。朝廷
初立，颇存清静，未能数年，稍复堕损。左右党进者，日有迁拜，守
死善道者，滞涸穷路，⑤而未有改敝立德之方。又即位以来，十有
馀年，圣嗣未立，群下继望。[5]可令中宫博简嫔媵，兼采微贱宜子之
人，进御至尊，顺助天意。若有皇子，母自乳养，无委保妾医巫，以
致飞燕之祸。⑥明将军望尊位显，当以天下为忧，崇尚谦省，垂则万
方。而新营祠堂，费功亿计，非以昭明令德，崇示清俭。自数年以

来,灾怪屡见,比无雨润,而沈阴郁泱。⑦宫省之内,容有阴谋。孔子曰:'智者见变思刑,愚者觌怪讳名。'[6]天道无亲,可为祇畏。⑧加近者月食既于端门之侧。⑨[7]月者,大臣之体也。⑩夫穷高则危,大满则溢,月盈则缺,日中则移。⑪凡此四者,自然之数也。天地之心,福谦忌盛,⑫是以贤达功遂身退,⑬全名养寿,无有怵迫之忧。⑭诚令王纲一整,道行忠立,明公踵伯成之高,全不朽之誉,⑮岂与此外戚凡辈耽荣好位者同日而论哉!固狂夫下愚,不达大体,窃感古人一饭之报,⑯况受顾遇而容不尽乎!"商不能用。

①梁州记曰:"关城西南百八十里有白水关,昔李固解印绶处也。"故关城今在梁州金牛县西。

②隐公元年三月,公及邾仪父盟于昧。公羊传曰:"仪父者何?邾娄之君也。何以称字?褒之也。曷为褒之?为其与〔公〕盟也。"[8]何休注云:"春秋王鲁,托隐公为受命王,因仪父先与隐公盟,假以见褒赏义。"

③春秋隐公二年,经书"无骇帅师入极"。公羊传曰:"无骇者何?展无骇也。何以不氏?贬。曷为贬?疾始灭也。"

④伯荣,王圣女也。

⑤守死善道,论语文。滞涸穷路,以鱼为谕也。

⑥赵飞燕,成帝皇后。妹为昭仪,专宠。成帝贵人曹伟能等生皇子,皆杀之。

⑦云起貌。

⑧祇,敬也。言天无亲疏,惟善是与,可敬(威)〔畏〕也。[9]书曰:"皇天无亲。"

⑨既,尽也。端门,太微宫南门也。

⑩前书李寻上疏曰:"月者众阴之长,妃后、大臣、诸侯之象也。"

⑪易丰卦曰:"日中则昃,月盈则食,天地盈虚,与时消息。"史记蔡泽谓

范睢曰:"日中则移,月满则亏"也。

⑫易曰:"鬼神害盈而福谦,人道恶盈而好谦。"又曰:"见天地之心。"

⑬老子曰:"功成名遂身退,天之道也。"

⑭为利所诱,怵迫于忧勤也。怵音息律反,或音黜。

⑮庄子曰:"伯成子高,唐虞时为诸侯,至禹,去而耕。禹往见之,则耕在野。禹问曰:'昔尧化天下,吾子立为诸侯,尧授舜,舜授予,子去而耕,其故何也?'子高曰:'昔尧化天下,至公无私,不赏而人自劝,不罚而人自畏。今子赏而不劝,罚而不威,德自此衰,刑自此作。夫子盍行,无留吾事。'佝佝然,耕不顾。"亦见吕氏春秋。

⑯谓灵辄也。

永和中,荆州盗贼起,弥年不定,乃以固为荆州刺史。固到,遣吏劳问境内,赦寇盗前衅,与之更始。于是贼帅夏密等敛其魁党六百馀人,自缚归首。固皆原之,遣还,使自相招集,开示威法。半岁间,馀类悉降,州内清平。

上奏南阳太守高赐等臧秽。赐等惧罪,遂共重赂大将军梁冀,冀为千里移檄,①而固持之愈急。冀遂令徙固为太山太守。时太山盗贼屯聚历年,郡兵常千人,追讨不能制。固到,悉罢遣归农,但选留任战者百馀人,以恩信招诱之。未满岁,贼皆弭散。

①言移一日行千里,救之急也。

迁将作大匠。上疏陈事曰:"臣闻气之清者为神,人之清者为贤。养身者以练神为宝,安国者以积贤为道。[10]昔秦欲谋楚,王孙圉设坛西门,陈列名臣,秦使懔然,遂为寝兵。①魏文侯师卜子夏,友田子方,轼段干木,[11]故群俊竞至,名过齐桓,秦人不敢闚兵于西河,斯盖积贤人之符也。②陛下拨乱龙飞,初登大位,聘南阳樊英、江夏黄琼、广汉杨厚、会稽贺纯,③策书嗟叹,待以大夫之位。

是以岩穴幽人,智术之士,弹冠振衣,乐欲为用,四海欣然,归服圣德。厚等在职,虽无奇卓,然夕惕孳孳,志在忧国。臣前在荆州,闻厚、纯等以病免归,诚以怅然,为时惜之。一日朝会,见诸侍中并皆年少,无一宿儒大人可顾问者,诚可叹息。宜征还厚等,以副群望。琼久处议郎,已且十年,众人皆怪始隆崇,今更滞也。④光禄大夫周举,才谟高正,宜在常伯,访以言议。侍中杜乔,学深行直,当世良臣,久托疾病,可敕令起。"又荐陈留杨伦、⑤河南尹存、东平王惲、陈国何临、⑥清河房植等。⑦是日有诏征用伦、厚等,而迁琼、举,以固为大司农。

①秦欲伐楚,使使者往观楚之宝器。昭奚恤乃为坛,使客东面,自居西面之坛,称曰:"理百姓,实仓廪,子西在此;奉圭璋,使诸侯,子方在此;[12]守封疆,谨境界,叶公子高在此;理师旅,正兵戎,司马子反在此;怀霸王之馀义,猎治乱之遗风,昭奚恤在此;惟大国所观。"使反,言于秦君曰:"楚多贤臣,未可谋也。"事见新序。国语曰,楚王孙围聘于晋,赵简子鸣玉以相,问围曰:"楚之白珩犹在乎,其为宝也几何?"对曰:"未尝为宝也。楚人有观射父,能作训辞以行诸侯,有左史倚相,道训典以序百物,此楚国之宝也。若夫古玉、白珩,先王之所玩也,何宝焉!"与此所引不同也。

②魏文侯受经于子夏,过段干木间,未尝不轼也。李克曰:"文侯东得卜子夏、田子方、段干木,此三人者,君皆师之。"又秦欲伐魏,或曰:"魏君贤人是礼,国人称仁,上下和合,未可图也。"事见史记也。

③谢承书曰:"纯字仲真,会稽山阴人。少为诸生,博极群艺。十辟公府,三举贤良方正,五征博士,四公车征,皆不就。后征拜议郎,数陈灾异,上便宜数百事,多见省纳。迁江夏太守。"

④隆,高也。崇,重也。

⑤伦见儒林传。

⑥临字子陵,熙之子,为平原太守,见百家谱也。

⑦植见党人篇也。

先是周举等八使案察天下,多所劾奏,其中并是宦者亲属,辄为请乞,诏遂令勿考。又旧任三府选令史,光禄试尚书郎,时皆特拜,不复选试。固乃与廷尉吴雄上疏,以为八使所纠,宜急诛罚,选举署置,可归有司。帝感其言,乃更下免八使所举刺史、二千石,自是稀复特拜,切责三公,明加考察,朝廷称善。乃复与光禄勋刘宣上言:"自顷选举牧守,多非其人,至行无道,侵害百姓。又宜止槃游,专心庶政。"帝纳其言,于是下诏诸州劾奏守令以下,政有乖枉,遇人无惠者,免所居官;其奸秽重罪,收付诏狱。

及冲帝即位,以固为太尉,与梁冀参录尚书事。明年帝崩,梁太后以杨、徐盗贼盛强,恐惊扰致乱,使中常侍诏固等,欲须所征诸王侯到乃发丧。固对曰:"帝虽幼少,犹天下之父。今日崩亡,人神感动,岂有臣子反共掩匿乎?昔秦皇亡于沙丘,①胡亥、赵高隐而不发,卒害扶苏,以至亡国。②近北乡侯薨,阎后兄弟及江京等亦共掩秘,遂有孙程手刃之事。③此天下大忌,不可之甚者也。"太后从之,即暮发丧。

①史记曰,始皇东巡道病,崩于沙丘。徐广曰,赵有沙丘宫,在钜鹿也。

②丞相李斯为始皇崩在外,恐诸公子及天下有变,乃祕之不发丧。独胡亥、赵高等知阴谋,破去始皇所封书,赐公子扶苏死,而立胡亥为太子。胡亥元年,楚、汉并起。

③江京、刘安等坐省门下,孙程与王康等就斩京、安等,立顺帝也。

固以清河王蒜年长有德,欲立之,谓梁冀曰:"今当立帝,宜择长年高明有德,任亲政事者,愿将军审详大计,察周、霍之立文、宣,[1]戒邓、阎之利幼弱。”[2]冀不从,乃立乐安王子缵,年八岁,是为质帝。时冲帝将北卜山陵,固乃议曰:“今处处寇贼,军兴用费加倍,新创宪陵,赋发非一。帝尚幼小,可起陵于宪陵茔内,依康陵制度,[3]其于役费三分减一。”乃从固议。时太后以比遭不造,委任宰辅,固所匡正,每辄从用,其黄门宦者一皆斥遣,天下咸望遂平,而梁冀猜专,每相忌疾。

①周勃立文帝,霍光立宣帝也。

②谓邓太后立殇帝,帝时诞育百馀日,二岁而崩;又立安帝,时年十馀岁。阎太后立北乡侯,其年薨,又征诸王子,拟择立之也。

③康陵,殇帝陵也。

初,顺帝时诸所除官,多不以次,及固在事,奏免百馀人。此等既怨,又希望冀旨,遂共作飞章虚诬固罪曰:“臣闻君不稽古,无以承天;[1]臣不述旧,无以奉君。昔尧殂之后,舜仰慕三年,坐则见尧于墙,食则覩尧于羹。[2]斯所谓聿追来孝,不失臣子之节者。[3]太尉李固,因公假私,依正行邪,离閒近戚,自隆支党。至于表举荐达,例皆门徒;及所辟召,靡非先旧。或富室财赂,或子婿婚属,其列在官牒者凡四十九人。又广选贾竖,以补令史;募求好马,临窗呈试。出入逾侈,辎軿曜日。大行在殡,路人掩涕,固独胡粉饰貌,搔头弄姿,[4]槃旋偃仰,从容冶步,曾无惨怛伤悴之心。山陵未成,违矫旧政,善则称己,过则归君,斥逐近臣,不得侍送,作威作福,莫固之甚。臣闻台辅之位,实和阴阳,琁机不平,寇贼奸轨,[5]则责在太尉。[6]固受任之后,东南跋扈,两州数郡,[7]千里萧条,兆人伤损,大化陵迟,而诋疵先主,苟肆狂狷。存无廷争之忠,没有诽谤之说。夫子罪莫大于累父,臣恶莫深于毁君。固之过衅,事合诛辟。”[8]书奏,冀以白太后,使下其事。太后不听,得免。

①书曰："粤若稽古帝尧。"郑玄注曰："稽,同也。古,天也。言能同天而行者帝尧。"

②太公兵法曰："帝尧王天下之时,金银珠玉弗服也,锦绣文绮弗衣也,奇怪异物弗视也,玩好之器弗宝也,淫佚之乐弗听也,宫垣室屋弗垩色也,榱橑柱楣弗藻饰也,茅茨之盖弗翦齐也,滋味重累弗食也,温饭煖羹酸馁不易也。"

③聿,述也。诗大雅曰："文王烝哉,遹追来孝。"言文王能述追王季勤孝之行也。

④西京杂记曰："武帝遇李夫人,就取玉簪搔头,自此宫人搔头皆用玉。"

⑤书曰："璇机玉衡以齐七政。"孔安国注曰："璇,美玉也。机,衡也。王者正天文之器,可运转者也。"又曰："寇贼奸轨。"注曰："群行攻劫曰寇,杀人曰贼,在外曰奸,在内曰轨。"

⑥续汉志曰"太尉掌四方兵事功课,岁尽则奏殿最而行赏罚"也。

⑦谓九江贼徐凤、马勉等攻烧城邑,广陵贼张婴等攻杀江都长。九江、广陵是荆、杨之地,故云两州也。

⑧据吴祐传,此章马融之词。

冀忌帝聪慧,恐为后患,遂令左右进鸩。帝苦烦甚,使促召固。固入,前问:"陛下得患所由?"帝尚能言,曰:"食煮饼,今腹中闷,得水尚可活。"时冀亦在侧,曰:"恐吐,不可饮水。"语未绝而崩。固伏尸号哭,推举侍医。冀虑其事泄,大恶之。

因议立嗣,固引司徒胡广、司空赵戒,①先与冀书曰:"天下不幸,仍遭大忧。皇太后圣德当朝,摄统万机,明将军体履忠孝,忧存社稷,而频年之间,国祚三绝。②今当立帝,天下重器,诚知太后垂心,将军劳虑,详择其人,务存圣明。然愚情眷眷,窃独有怀。远寻先世废立旧仪,近见国家践祚前事,未尝不询访公卿,广求群议,令上应天心,下合众望。且永初以来,政事多谬,地震宫庙,彗星竟天,诚是将军用情之日。传曰:'以天下与人易,为天下得人难。'昔昌邑之立,昏乱日滋,霍光忧愧发愤,悔之折骨。③自非博陆忠勇,④延年奋发,大汉之祀,几将倾矣。⑤至忧至重,可不熟虑!悠悠万事,唯此为大。国之兴衰,在此一举。"冀得书,乃召三公、中二千石、列侯大议所立。固、广、戒及大鸿胪杜乔皆以为清河王蒜明德著闻,又属最尊亲,宜立为嗣。先是蠡吾侯志当取冀妹,时在京师,冀欲立之。众论既异,愤愤不得意,而未有以相夺。⑥中常侍曹腾等闻而夜往说冀曰:"将军累世有椒房之亲,秉摄万机,宾客纵横,多有过差。清河王严明,若果立,则将军受祸不久矣。不如立蠡吾侯,富贵可长保也。"冀然其言。明日重会公卿,冀意气凶凶,而言辞激切。自胡广、赵戒以下,莫不慑惮之。皆曰:"惟大将军令。"而固独与杜乔坚守本议。冀厉声曰:"罢会。"固意既不从,犹望众心可立,复以书劝冀。冀愈激怒,乃说太后先策免固,竟立蠡吾侯,是为桓帝。

①谢承书"戒字志伯,蜀郡成都人也。戒博学明经讲授,举孝廉,累迁荆州刺史。梁商弟让为南阳太守,恃椒房之宠,不奉法,戒到州,劾奏之。迁戒河闲相。以冀部难理,整厉威严。迁南阳太守。纠豪杰,恤吏人,奏免中官贵戚子弟为令长贪浊者。征拜为尚书令,出为河南尹,转拜太常。永和六年特拜司空"也。

②顺帝崩,冲帝立一年崩,质帝一年崩。

③昌邑王贺,武帝孙昌邑哀王子也。昭帝崩,霍光立之。

④霍光封博陆侯。前书音义曰:"博,大。陆,平。取其嘉名,无此县也。食邑北海、河东也。"

⑤霍光召丞相已下议曰:"昌邑王行昏乱,恐危社稷,如何?"群臣皆惊愕

失色。大司农田延年前离席案剑曰："今日之议,不得旋踵,群臣后应者,臣请剑斩之!"于是废立遂定。

⑥未有别理而易夺之。

后岁馀,甘陵刘文、魏郡刘鲔各谋立蒜为天子,梁冀因此诬固与文、鲔共为妖言,下狱。门生勃海王调贯械上书,证固之枉,河内赵承等数十人亦要铁锧诣阙通诉,①太后明之,乃赦焉。及出狱,京师市里皆称万岁。冀闻之大惊,畏固名德终为己害,乃更据奏前事,遂诛之,时年五十四。②

①字林曰:"铁锧,椹也。"锧音质。椹音竹心反。

②固临终,敕子孙素棺三寸,幅巾,殡殓于本郡圹埌之地,不得还墓茔,污先公兆域。见谢承书也。

临命,与胡广、赵戒书曰:"固受国厚恩,是以竭其股肱,不顾死亡,志欲扶持王室,比隆文、宣。①何图一朝梁氏迷谬,公等曲从,以吉为凶,成事为败乎?汉家衰微,从此始矣。公等受主厚禄,颠而不扶,倾覆大事,后之良史,岂有所私?固身已矣,于义得矣,夫复何言!"广、戒得书悲惭,皆长叹流涕。

①文帝、宣帝皆群臣迎立,能兴汉祚。

州郡收固二子基、兹于郾城,皆死狱中。①小子燮得脱亡命。[13]冀乃封广、戒而露固尸于四衢,②令有敢临者加其罪。固弟子汝南郭亮,③年始成童,④游学洛阳,乃左提章钺,⑤[14]右秉铁锧,诣阙上书,乞收固尸。不许,因往临哭,陈辞于前,遂守丧不去。夏门亭长呵之曰:⑥"李、杜二公为大臣,不能安上纳忠,而兴造无端。卿曹何等腐生,公犯诏书,干试有司乎?"⑦亮曰:"亮含阴阳以生,戴乾履坤。义之所动,岂知性命,何为以死相惧?"亭长叹曰:

"居非命之世，⑧天高不敢不跼，地厚不敢不蹐。⑨耳目适宜视听，口不可以妄言也。"太后闻而不诛。[15]南阳人董班亦往哭固，而殉尸不肯去。⑩太后怜之，乃听得襚敛归葬。二人由此显名，三公并辟。班遂隐身，莫知所归。

①续汉书曰，基，偃师长。袁宏纪曰，基字宪公，兹字季公，并为长史，闻固策免，并弃官亡归巴汉。南郑赵子贱为郡功曹，诏下郡杀固二子。太守知其枉，遇之甚宽，二子托服药夭，具棺器，欲因出逃。子贱畏法，敕吏验实，就杀之。

②尔雅曰："四达谓之衢。"郭璞注曰："交通四出者也。"

③谢承书曰："亮字恒直，朗陵人也。"

④成童，年十五也。礼记曰"十五成童，舞象"也。

⑤章谓所上章也。苍颉篇曰："钺，斧也。"

⑥洛阳北面西头门，门外有万寿亭。

⑦腐生者，犹言腐儒也。

⑧非命谓衰乱之时，人多不得其死也。

⑨跼，曲也。蹐，累足也。言天高而有雷霆，地厚而有沦陷，上下皆可畏惧也。诗云"谓天盖高，不敢不跼，谓地盖厚，不敢不蹐"也。

⑩殉，巡也。楚国先贤传曰："班字季，宛人也。少游太学，宗事李固，才高行美，不交非类。尝耦耕泽畔，恶衣蔬食。闻固死，乃星行奔赴，哭泣尽哀。司隶案状奏闻，[16]天子释而不罪。班遂守尸积十日不去。桓帝嘉其义烈，听许送丧到汉中，赴葬毕而还也。"

固所著章、表、奏、议、教令、对策、记、铭凡十一篇。弟子赵承等悲叹不已，乃共论固言跡，以为德行一篇。①

①谢承书曰："固所授弟子，颍川杜访、汝南郑遂、河内赵承等七十二人，相与哀叹悲愤，以为眼不复瞻固形容，耳不复闻固嘉训，乃共论集德行一篇。"

燮字德公。初，固既策罢，知不免祸，乃遣三子归乡里。时燮年十三，姊文姬为同郡赵伯英妻，贤而有智，见二兄归，具知事本，默然独悲曰："李氏灭矣！自太公已来，积德累仁，何以遇此？"①密与二兄谋豫藏匿燮，托言还京师，人咸信之。有顷难作，下郡收固三子。二兄受害，文姬乃告父门生王成曰："君执义先公，有古人之节。今委君以六尺之孤，②李氏存灭，其在君矣。"成感其义，乃将燮乘江东下，入徐州界内，令变名姓为酒家佣，③而成卖卜于市。各为异人，阴相往来。

①太公谓祖父邻也。

②六尺谓年十五以下。

③谢承书曰："燮远遁身于北海剧，托命滕咨家以得免。"与此不同。

燮从受学，酒家异之，意非恒人，以女妻燮。燮专精经学。十馀年间，梁冀既诛而灾眚屡见。明年，史官上言宜有赦令，又当存录大臣冤死者子孙，于是大赦天下，并求固后嗣。燮乃以本末告酒家，酒家具车重厚遣之，皆不受，遂还乡里，追服。姊弟相见，悲感傍人。既而戒燮曰："先公正直，为汉忠臣，而遇朝廷倾乱，梁冀肆虐，令吾宗祀血食将绝。今弟幸而得济，岂非天邪！宜杜绝众人，勿妄往来，慎无一言加于梁氏。加梁氏则连主上，祸重至矣。唯引咎而已。"燮谨从其诲。后王成卒，燮以礼葬之，感伤旧恩，每四节为设上宾之位而祠焉。

州郡礼命，四府并辟，皆无所就，后征拜议郎。及其在位，廉方自守，所交皆舍短取长，好成人之美。时颍川荀爽、贾彪，虽俱知名而不相能，燮并交二子，情无适莫，世称其平正。①

①论语曰:"君子之于天下也,无适也,无莫也,义之与比。"

灵帝时拜安平相。[17]先是安平王续为张角贼所略,国家赎王得还,朝廷议复其国。瓒上奏曰:"续在国无政,为妖贼所虏,守藩不称,损辱圣朝,不宜复国。"时议者不同,而续竟归藩。瓒以谤毁宗室,输作左校。未满岁,王果坐不道被诛,乃拜瓒为议郎。京师语曰:"父不肯立帝,子不肯立王。"

擢迁河南尹。时既以货赂为官,诏书复横发钱三亿,以实西园。①瓒上书陈谏,辞义深切,帝乃止。先是颍川甄邵谄附梁冀,为邺令。有同岁生得罪于冀,亡奔邵,邵伪纳而阴以告冀,冀即捕杀之。邵当迁为郡守,会母亡,邵且埋尸于马屋,先受封,然后发丧。[18]邵还至洛阳,瓒行涂遇之,使卒投车于沟中,笞捶乱下,大署帛于其背曰"谄贵卖友,贪官埋母"。乃具表其状。邵遂废锢终身。瓒在职二年卒,时人感其世忠正,咸伤惜焉。

①事见宦者传。

杜乔字叔荣,河内林虑人也。①少为诸生,举孝廉,辟司徒杨震府。稍迁为南郡太守,转东海相,入拜侍中。

①续汉书曰:"累祖吏二千石。[19]乔少好学,治韩诗、京氏易、欧阳尚书,以孝称。虽二千石子,常步担求师。"林虑,今相州县也。

汉安元年,以乔守光禄大夫,使徇察兖州。表奏太山太守李固政为天下第一;陈留太守梁让、济阴太守汜宫、[20]济北相崔瑗等臧罪千万以上。让即大将军梁冀季父,宫、瑗皆冀所善。还,拜太子太傅,迁大司农。

时梁冀子弟五人及中常侍等以无功并封,乔上书谏曰:"陛下越从藩臣，龙飞即位，天人属心，万邦攸赖。不急忠贤之礼，而先左右之封，伤善害德，兴长佞谀。臣闻古之明君，褒罚必以功过；末世暗主，诛赏各缘其私。今梁氏一门，宦者微孽，①并带无功之绶，②裂劳臣之土，其为乖滥，胡可胜言！夫有功不赏，为善失其望；奸回不诘，为恶肆其凶。故陈资斧而人靡畏，[21]班爵位而物无劝。③苟遂斯道，岂伊伤政，为乱而已，丧身亡国，可不慎哉！"书奏不省。

> ①孽音鱼列反。公羊传曰："臣仆庶孽之事。"何休注云："孽，贱子也，犹树之有孽生也。"
>
> ②苍颉篇："绶，绶也。"
>
> ③易旅卦九四曰："旅于处，得其资斧。"前书音义曰："资，利也。"

益州刺史种暠举劾永昌太守刘君世以金蛇遗梁冀，事发觉，以蛇输司农。冀从乔借观之，乔不肯与，冀始为恨。累迁大鸿胪。时冀小女死，令公卿会丧，乔独不往，冀又衔之。

迁光禄勋。建和元年，代胡广为太尉。桓帝将纳梁冀妹，冀欲令以厚礼迎之，乔据执旧典，不听。①又冀属乔举汜宫为尚书，乔以宫臧罪明著，遂不肯用，因此日忤于冀。先是李固见废，内外丧气，群臣侧足而立，唯乔正色无所回桡。②由是海内叹息，朝野瞻望焉。在位数月，以地震免。宦者唐衡、左悺等因共谮于帝曰："陛下前当即位，乔与李固抗议言上不堪奉汉宗祀。"③帝亦怨之。及清河王蒜事起，梁冀遂讽有司劾乔及李固与刘鲔等交通，请逮案罪。而梁太后素知乔忠，但策免而已。④冀愈怒，使人胁乔曰："早从宜，妻子可得全。"⑤乔不肯。明日冀遣骑至其门，不闻哭者，遂白执系之，死狱中。妻子归故郡。与李固俱暴尸于城北，家属故人莫敢视者。

> ①时有司奏曰："春秋迎王后于纪，在涂则称后。今大将军冀女弟宜备

礼章,时进征币。"奏可。于是悉依孝惠帝纳后故事,聘黄金二万斤,[22]纳采雁璧乘马,一依旧典。

②回,邪也。桡,曲也。

③抗,举也。

④续汉书曰:"乔诸生耿伯尝与鲔同止,冀讽吏执鲔为乔门生。"

⑤从宜,令其自尽也。

乔故掾陈留杨匡闻之,[23]号泣星行到洛阳,乃著故赤帻,托为夏门亭吏,守卫尸丧,驱护蝇虫,积十二日,都官从事执之以闻。梁太后义而不罪。匡于是带铁锧诣阙上书,并乞李、杜二公骸骨。太后许之。成礼殡殓,送乔丧还家,葬送行服,[24]隐匿不仕。匡初好学,[25]常在外黄大泽教授门徒。补蕲长,①政有异绩,迁平原令。时国相徐曾,中常侍璜之兄也,匡耻与接事,托疾牧豕云。②

①蕲,今徐州县也,音机。

②袁山松书,匡一名章,字叔康也。

论曰:夫称仁人者,其道弘矣!①立言践行,②岂徒徇名安己而已哉,③将以定去就之概,正天下之风,使生以理全,死与义合也。④夫专为义则伤生,⑤专为生则骞义,⑥专为物则害智,⑦专为己则损仁。若义重于生,舍生可也;生重于义,全生可也。⑧上以残暗失君道,下以笃固尽臣节。臣节尽而死之,则为杀身以成仁,去之不为求生以害仁也。⑨顺桓之间,国统三绝,太后称制,贼臣虎视。李固据位持重,以争大义,确乎而不可夺。⑩岂不知守节之触祸,耻夫覆折之伤任也。⑪观其发正辞,及所遗梁冀书,虽机失谋乖,犹恋恋而不能已。至矣哉,社稷之心乎! 其顾视胡广、赵戒,犹粪土也。

①弘,大也。言非一涂也。

②立其言,必践而行之。

③徇,求也。

④概,节也。立身之道,唯孝与忠,全生死之义,须得其所。

⑤贵义则贱生也。

⑥骞,违也。

⑦为物则役智,故为害。

⑧孟子曰:"鱼我所欲,熊掌我所欲也。二者不可得兼,舍鱼而取熊掌者
也。生亦我所欲也,义亦我所欲也。二者不可得兼,舍生而取义
者也。"

⑨论语:"无求生以害仁,有杀身以成仁。"

⑩确,坚貌也。易曰:"确乎其不可拔。"论语曰:"临大节而不可夺。"

⑪易曰:"鼎折足,覆公𫗦。"言不胜其任。

赞曰:李、杜司职,朋心合力。①致主文、宣,抗情伊、稷。②道亡
时晦,终离罔极。③孪同赵孤,④世载弦直。⑤

①朋犹同也。

②伊尹、后稷也。

③离,被也。毛诗曰:"谗人罔极。"

④赵朔之子赵武。史记曰,晋景公三年,大夫屠岸贾杀赵朔,朔客程婴、
公孙杵臼匿朔遗腹子于中山。居十五年,后景公与韩厥立赵孤,而攻
灭屠岸贾也。

⑤载,行也。

1681

【校勘记】

〔1〕郃在(数)〔方〕术传 据集解引钱大昕说改。

〔2〕斗为天喉舌 艺文类聚四十八引续汉书,"斗"上有"北"字,太平御览五引本书,亦有"北"字。按:校补谓据下文皆止言斗,则"北"字非本有。

〔3〕(犹)〔由〕此言之 据殿本改。

〔4〕斟元陈枢 按:殿本"元"下有"气"字。

〔5〕群下继望 刊误谓"继"当作"系"。今按:继亦音系,训缚,亦维系之义,见集韵,刘说非。

〔6〕智者见变思刑愚者觊怪讳名 按:集解引惠栋说,谓"刑"通鉴作"形"。胡注,此二语盖本之纬书。

〔7〕加近者月食既于端门之侧 按:殿本"加"作"如",考证云"如"字本或作"加"。

〔8〕为其与〔公〕盟也 据刊误补,与公羊传合。

〔9〕可敬(威)〔畏〕也 据殿本改。

〔10〕臣闻气之清者为神至安国者以积贤为道 按:集解引沈钦韩说,谓以上语并见繁露,"神"彼作"精"。校补引柳从辰说,谓袁纪"神"亦作"精","练神"作"积精"。

〔11〕轼段干木 按:"段"原误"叚",径改正。注同。

〔12〕子方在此 按:集解引沈钦韩说,谓"子方"今新序作"大宗子敖"。

〔13〕小子燮 按:"燮"原皆讹"爕",汲本、殿本同,惟集解本不讹,今径改正。

〔14〕乃左提章钺 按:集解引沈钦韩说,谓案文"钺"字衍。

〔15〕太后闻而不诛 按:校补引柳从辰说,谓御览三八五引李固别传,作"太后闻而诛之"。

〔16〕司隶案状奏闻 按:汲本、殿本"案"作"察"。

〔17〕灵帝时拜安平相 按:集解引惠栋说,谓华阳国志"安平"作"东平"。

〔18〕先受封然后发丧 按:刊误谓甄邵迁为郡守,不得言"受封",或

"封"上脱一"玺"字。先受玺封谓拜郡诏也。

〔19〕累祖吏二千石　按：校补谓"祖"亦"世"字讳改。

〔20〕济阴太守氾宫　按：殿本"氾"作"氾"。

〔21〕故陈资斧而人靡畏　李慈铭谓"资"治要作"质"，即锧字。今按：注引旅卦以释资斧，则章怀所见本亦作"资"也。

〔22〕聘黄金二万斤　按：汲本、殿本作"一万斤"。

〔23〕乔故掾陈留杨匡　按：集解引汪文台说，谓类聚九十七引谢承书，"杨匡"作"杨章"。

〔24〕葬送行服　按：王先谦谓"葬送"疑误倒。

〔25〕匡初好学　按：王先谦谓"初"当是"幼"之误。

后汉书卷六十四

吴延史卢赵列传第五十四

吴祐字季英，①陈留长垣人也。父恢，为南海太守。②祐年十二，随从到官。恢欲杀青简以写经书，③祐谏曰："今大人踰越五领，④远在海滨，其俗诚陋，然旧多珍怪，上为国家所疑，下为权戚所望。⑤此书若成，则载之兼两。⑥昔马援以薏苡兴谤，王阳以衣囊徼名。⑦嫌疑之间，诚先贤所慎也。"恢乃止，抚其首曰："吴氏世不乏季子矣。"⑧及年二十，丧父，居无檐石，而不受赡遗。常牧豕于长垣泽中，⑨[1]行吟经书。遇父故人，谓曰："卿二千石子而自业贱事，纵子无耻，奈先君何？"祐辞谢而已，守志如初。

①祐音又。续汉书作"佑"。

②"恢"或作"悝"，音徒滥反。

③杀青者，以火炙简令汗，取其青易书，复不蠹，谓之杀青，亦谓汗简。

义见刘向别录也。

④领者,西自衡山之南,东至于海,一山之限耳,别标名则有五焉。裴氏广(川)〔州〕记云:[2]“大庾、始安、临贺、桂阳、揭阳,是为五领。”邓德明南康记曰:“大庾,一也;桂阳甲骑,二也;九真都庞,[3]三也;临贺萌渚,四也;始安越城,五也。”裴氏之说则为审矣。

⑤希望其赠遗也。

⑥车有两轮,故称“两”也。

⑦徼,要也,音工尧反。前书曰,王阳好车马,衣服鲜明,而迁徙转移,所载不过囊橐。时人怪其奢,伏其俭,故俗传王阳能作黄金。

⑧季子谓季札也。

⑨续汉书曰“年四十馀,乃为郡吏”也。

后举孝廉,①将行,郡中为祖道,祐越坛共小史雍丘黄真欢语移时,与结友而别。②功曹以祐倨,请黜之。太守曰:“吴季英有知人之明,卿且勿言。”真后亦举孝廉,除新蔡长,世称其清节。③时公沙穆来游太学,无资粮,乃变服客佣,为祐赁舂。祐与语大惊,遂共定交于杵臼之闲。

①陈留耆旧传曰:“太守冷宏召补文学,宏见异之,擢举孝廉。”
②祖道之礼,封土为軷坛也。五经要义曰:“祖道者,行祭为道路祈也。”周礼太驭:“掌王玉路以祀,及(祀)〔犯〕軷。”[4]注云:“〔犯〕軷(祀)者,[5]封土象山于路侧,以〔菩〕刍棘柏为神主祭之,[6]以车轹軷而去。喻无险难。”

③谢承书曰:“真字夏甫。”

祐以光禄四行迁胶东侯相。①时济北戴宏父为县丞,宏年十六,从在丞舍。祐每行园,常闻讽诵之音,奇而厚之,亦与为友,卒成儒宗,知名东夏,②官至酒泉太守。③祐政唯仁简,以身率物。民有争诉者,辄闭阁自责,然后断其讼,以道譬之。或身到闾里,重相和解。自是之后，争隙省息，吏人怀而不欺。啬夫孙性私赋民钱，④市衣以进其父，父得而怒曰："有君如是，何忍欺之！"促归伏罪。性惭惧，诣阁持衣自首。祐屏左右问其故，性具谈父言。祐曰："掾以亲故，受污秽之名，所谓'观过斯知人矣'。"⑤〔7〕使归谢其父，还以衣遗之。又安丘男子毋丘长与母俱行市，〔8〕道遇醉客辱其母，长杀之而亡，安丘追踪于胶东得之。祐呼长谓曰："子母见辱，人情所耻。然孝子忿必虑难，动不累亲。⑥今若背亲逞怒，⑦白日杀人，赦若非义，刑若不忍，将如之何？"长以械自系，⑧曰："国家制法，囚身犯之。明府虽加哀矜，〔9〕恩无所施。"祐问长有妻子乎？对曰："有妻未有子也。"即移安丘逮长妻，妻到，解其桎梏，使同宿狱中，妻遂怀孕。至冬尽行刑，长泣谓母曰："负母应死，当何以报吴君乎？"乃啮指而吞之，含血言曰："妻若生子，名之'吴生'，言我临死吞指为誓，属儿以报吴君。"因投缳而死。⑨

①汉官仪曰"四行，敦厚、质朴、逊让、节俭"也。

②东夏，东方也。尚书曰"尹兹东夏"也。

③济北先贤传曰"宏字元襄，刚县人也。年二十二，〔10〕为郡督邮，曾以职事见诘，府君欲挞之。宏曰：'今鄙郡遭明府，咸以为仲尼之君，国小人少，以宏为颜回，岂闻仲尼有挞颜回之义？'府君异其对，即日教署主簿"也。

④续汉书曰："赋钱五百，为父市单衣。"

⑤论语载孔子之言也。

⑥论语孔子曰："忿思难。"又曰："一朝之忿，忘其身以及其亲，非惑与？"

⑦若，汝也。逞，快也。

⑧在手曰械。

⑨谓以绳为缳，投之而缢也。缳音胡犬反。

祐在胶东九年,^①迁齐相,大将军梁冀表为长史。及冀诬奏太尉李固,祐闻而请见,与冀争之,不听。时扶风马融在坐,为冀章草,祐因谓融曰:"李公之罪,成于卿手。李公即诛,卿何面目见天下之人乎?"冀怒而起入室,祐亦径去。冀遂出祐为河间相,因自免归家,不复仕,躬灌园蔬,以经书教授。年九十八卒。

　①陈留耆旧传曰:"祐处同僚,无私书之问,上司无燔檄之敬。在胶东,书不入京师也。"

长子凤,官至乐浪太守;少子恺,新息令;凤子冯,铜阳侯相:^①皆有名于世。^②

　①铜阳,县,属汝南郡。音纣。

　②陈留耆旧传曰:"凤字君雅,冯字子高。"

延笃字叔坚,^[11]南阳犨人也。^①少从颍川唐溪典受左氏传,^②旬日能讽之,^[12]典深敬焉。^③又从马融受业,博通经传及百家之言,能著文章,有名京师。

　①犨音昌犹反,故城在汝州鲁山县东南也。

　②先贤行状曰:"典字季度,为西鄂长。"风俗通曰:"吴夫概王奔楚,封堂谿,因以为氏。"典为五官中郎将。"唐"与"堂"同也。

　③先贤行状曰:"笃欲写左氏传,无纸,唐溪典以废笺记与之。笃以笺记纸不可写传,乃借本讽之,粮尽辞归。典曰:'卿欲写传,何故辞归?'笃曰:'已讽之矣。'典闻之叹曰:'嗟乎延生!^[13]虽复端木闻一知二,未足为喻。若使尼父更起于洙、泗,君当编名七十,与游、夏争匹也。'"

举孝廉,为平阳侯相。到官,表龚遂之墓,立铭祭祠,擢用其后于畎亩之间。①以师丧弃官奔赴,五府并辟不就。

> ①前书龚遂,山阳南平阳人,为勃海太守。南平阳故城〔在〕今兖州
> 邹县。[14]

桓帝以博士征,拜议郎,与朱穆、边韶共著作东观。稍迁侍中。帝数问政事,笃诡辞密对,①动依典义。迁左冯翊,又徙京兆尹。其政用宽仁,忧恤民黎,擢用长者,与参政事,郡中欢爱,三辅咨嗟焉。先是陈留边凤为京兆尹,亦有能名,郡人为之语曰:"前有赵张三王,②后有边延二君。"

> ①穀梁传曰:"故士造辟而言,诡辞而出。"范宵注云:"辟,君也。诡辞而
> 出,不以实告人也。"

> ②前书,赵广汉、张敞、王遵、王章、王骏俱为京兆尹也。

时皇子有疾,下郡县出珍药,而大将军梁冀遣客赍书诣京兆,并货牛黄。①笃发书收客,曰:"大将军椒房外家,而皇子有疾,必应陈进医方,岂当使客千里求利乎?"遂杀之。冀憋而不得言,有司承旨欲求其事。笃以病免归,教授家巷。

> ①吴普本草曰:"牛黄味苦,无毒,牛出入呻者有之。夜有光走角中。牛
> 死,入胆中,如鸡子黄。"神农本草曰:"疗惊痫,除邪逐鬼。"

时人或疑仁孝前后之证,笃乃论之曰:"观夫仁孝之辩,①纷然异端,互引典文,代取事据,②可谓笃论矣。③夫人二致同源,总率百行,④非复铢两轻重,必定前后之数也。而如欲分其大较,⑤体而名之,则孝在事亲,仁施品物。施物则功济于时,事亲则德归于己。于己则事寡,济时则功多。推此以言,仁则远矣。然物有出微而著,事有由隐而章。近取诸身,则耳有听受之用,目有察见之明,足有致远之劳,手有饰卫之功,功虽显外,本之者心也。远取诸物,

则草木之生,始于萌牙,终于弥蔓,枝叶扶疏,荣华纷缛,⑥末虽繁蔚,致之者根也。夫仁人之有孝,犹四体之有心腹,⑦枝叶之有本根也。圣人知之,故曰:'夫孝,天之经也,地之义也,人之行也。'⑧'君子务本,本立而道生,孝悌也者,其为仁之本与!'⑨〔15〕然体大难备,物性好偏,故所施不同,事少两兼者也。如必对其优劣,则仁以枝叶扶疏为大,孝以心体本根为先,可无讼也。或谓先孝后仁,非仲尼序回、参之意。⑩盖以为仁孝同质而生,纯体之者,则互以为称,虞舜、颜回是也。⑪若偏而体之,则各有其目,公刘、曾参是也。⑫夫曾、闵以孝悌为至德,⑬管仲以九合为仁功,⑭未有论德不先回、参,考功不大夷吾。以此而言,各从其称者也。"

①辩,争也。

②代,更也。

③笃,厚也。

④二致,仁、孝也。易系词曰"殊涂而同归,百虑而一致"也。

⑤较犹略也。

⑥说文曰:"缛,繁彩饰也。"

⑦四体谓手足也。

⑧左氏传赵简子问子太叔:"何谓礼?"对曰:"闻诸先大夫子产曰:'夫礼,天之经也,地之义也,人之行也。天地之经,人实则之,则天之明,因地之性。'"孔子取为孝经之词也。

⑨论语载有若之词也。

⑩论语孔子曰:"参也鲁,回也其庶乎?"言庶几于善道也。鲁,钝也。言若先孝后仁,则曾参不得不贤于颜子。

⑪虞舜、颜回纯德既备,或仁或孝,但随其所称尔。

⑫史记,公刘,后稷曾孙也。能修复后稷之业,务耕种,行地宜,百姓怀之,多从而保归焉。故公刘以仁纪德,曾参以至孝称贤,此则各自为

目,不能总兼其美也。

⑬曾参、闵损也。

⑭论语孔子曰："桓公九合诸侯,不以兵车,管仲之力,如其仁,如其仁。"

九合者,谓再会于鄄,两会于幽,又会柽、首止、戴宵、母洮、葵丘也。

前越嶲太守李文德素善于笃,时在京师,谓公卿曰："延叔坚有王佐之才,奈何屈千里之足乎?"欲令引进之。笃闻,乃为书止文德曰:"夫道之将废,所谓命也。①流闻乃欲相为求还东观,来命虽笃,所未敢当。吾尝昧爽栉梳,坐于客堂。②[16]朝则诵羲、文之易,虞、夏之书,历公旦之典礼,览仲尼之春秋。③夕则消摇内阶,咏诗南轩。④百家众氏,投闲而作。⑤洋洋乎其盈耳也,⑥涣烂兮其溢目也,⑦纷纷欣欣兮其独乐也。当此之时,不知天之为盖,地之为舆;⑧不知世之有人,己之有躯也。虽渐离击筑,傍若无人,⑨高凤读书,不知暴雨,⑩方之于吾,未足况也。且吾自束脩已来,⑪为人臣不陷于不忠,为人子不陷于不孝,上交不谄,下交不黩,⑫从此而殁,下见先君远祖,可不惭赧。⑬如此而不以善止者,恐如教羿射者也。⑭慎勿迷其本,弃其生也。"

①论语孔子曰:"道之将行也与? 命也。道之将废也与? 命也。"

②孔安国注尚书曰:"昧,暝也。爽,明也。"

③周公摄政七年,制礼作乐。班固东都赋曰"今论者但知诵虞、夏之书,咏殷、周之诗,讲羲、文之易,论孔氏之春秋"也。

④楚词:"高堂邃宇,镂槛层轩。"王逸注云:"轩,楼板也。"

⑤言诵经典之馀,投射闲隙而玩百氏也。

⑥洋洋,美也。论语曰:"洋洋乎盈耳哉。"

⑦涣烂,文章貌也。

⑧宋玉大言赋曰"方地为舆,员天为盖"也。

⑨说文曰:"筑,五弦之乐也。"沈约宋书曰:"筑不知谁所造也。史记唯云高渐离击筑。"案:今筑形似筝,有项有柱。史记,荆轲至燕,日与屠狗及高渐离击筑,荆轲和而歌于市中,相乐,已而相泣,傍若无人。

⑩事具逸人传也。

⑪束脩谓束带脩饰。郑玄注论语曰"谓年十五已上"也。

⑫易系词之文也。

⑬色愧曰赧,音女板反。

⑭史记,有养由基者,善射者也,去柳叶百步而射之,百发而百中之。左右观者数千人,皆曰"善射"。有一人立其旁,曰:"善,可教射矣。"养由基怒,释弓搤剑曰:"客安能教我射乎?"客曰:"非吾能教枝左诎右也。夫去柳叶百步而射之,百发百中之,不以善息,少焉气衰力倦,弓拨矢钩,一发不中者百发尽息。"此言羿者,盖以俱善射而称之焉。

后遭党事禁锢。①永康元年,卒于家。乡里图其形于屈原之庙。②

①锢谓闭塞。

②屈原,楚大夫,抱忠贞而死。笃有志行文彩,故图其像而偶之焉。

笃论解经传,多所驳正,后儒服虔等以为折中。所著诗、论、铭、书、应讯、表、教令,①凡二十篇云。

①讯,问也。盖答客难之类。

史弼字公谦,陈留考城人也。父敞,顺帝时以佞辩至尚书、郡守。①弼少笃学,聚徒数百。仕州郡,②辟公府,迁北军中候。

①续汉书曰"敞为京兆尹,化有能名,尤善条教,见称于三辅"也。

②谢承书曰:"弼年二十为郡功曹,承前太守宋近秽浊之后,悉条诸生聚

敛奸吏百馀人，[17]皆白太守，埽跡还县，高名由此而兴。"

是时桓帝弟渤海王悝素行险辟，[18]僭傲多不法。弼惧其骄悖为乱，乃上封事曰："臣闻帝王之于亲戚，爱虽隆，必示之以威；体虽贵，必禁之以度。如是，和睦之道兴，骨肉之恩遂。昔周襄王恣甘昭公，①孝景皇帝骄梁孝王，②而二弟阶宠，终用勃慢，卒周有播荡之祸，汉有爰盎之变。窃闻勃海王悝，凭至亲之属，恃偏私之爱，失奉上之节，有僭慢之心，外聚剽轻不逞之徒，③内荒酒乐，出入无常，所与群居，皆有口无行，④或家之弃子，或朝之斥臣，必有羊胜、伍被之变。⑤州司不敢弹纠，傅相不能匡辅。陛下隆于友于，不忍遏绝。⑥恐遂滋蔓，为害弥大。⑦乞露臣奏，宣示百僚，使臣得于清朝明言其失，然后诏公卿平处其法。法决罪定，乃下不忍之诏。臣下固执，然后少有所许。如是，则圣朝无伤亲之讥，勃海有享国之庆。不然，惧大狱将兴，使者相望于路矣。臣职典禁兵，备御非常，而妄知藩国，干犯至戚，罪不容诛。不胜愤懑，谨冒死以闻。"帝以至亲，不忍下其事。后悝竟坐逆谋，贬为瘿陶王。

① 甘昭公王子带，周襄王弟也，食邑于甘，谥曰昭。左传曰，初，甘昭公有宠于惠后，后将立之，未及而卒。昭公奔齐。王复之，遂以狄师攻王，王出适郑也。

② 梁孝王，景帝弟，窦太后少子，爱之，赐天子旌旗，出警入跸。景帝尝与王宴太后前，曰："千秋万岁后传王。"爰盎谏不许，遂令人刺杀盎也。

③ 剽，悍也。逞，快也。谓被侵枉不快之人也。左传曰："率群不逞之人。"剽音疋妙反。

④ 有虚言无实行也。

⑤ 前书羊胜劝梁王求汉嗣，伍被劝淮南(子)〔王〕谋反诛也。[19]

⑥友，亲也。尚书曰："惟孝友于兄弟。"

⑦滋，长；蔓，延也。左氏传："无使滋蔓，蔓难图也。"

弼迁尚书，出为平原相。时诏书下举钩党，^①郡国所奏相连及者多至数百，唯弼独无所上。诏书前后切却州郡，^②髡笞掾史。从事坐传责曰：^③"诏书疾恶党人，旨意恳恻。青州六郡，其五有党，^④近国甘陵，亦考南北部，^⑤平原何理而得独无？"弼曰："先王疆理天下，画界分境，^⑥水土异齐，风俗不同。^⑦它郡自有，平原自无，胡可相比？若承望上司，诬陷良善，淫刑滥罚，以逞非理，则平原之人，户可为党。相有死而已，所不能也。"从事大怒，即收郡僚职送狱，遂举奏弼。会党禁中解，弼以俸赎罪得免，^⑧济活者千馀人。

①钩谓相连也。

②切，急也。却，退也。

③续汉志每州皆有从事史及诸曹掾史。传，客舍也，音知恋反。坐传舍召弼而责。

④济南、乐安、齐国、东莱、平原、北海六郡，青州所管也。青州在齐国临淄，见汉官仪。

⑤桓帝为蠡吾侯，受学于甘陵周福，及帝即位，擢福为尚书。时同郡河南尹房植有名当朝，二家宾客互相讥揣，遂各树朋徒，渐成尤隙，由是甘陵有南北部。见党人篇序也。

⑥疆，界也。理，正也。左传曰"先王疆理天下，物土之宜而布其利"也。

⑦前书曰"凡人函五常之性，而其刚柔缓急，音声不同。系水土之风气，故谓之风。好恶取舍，动静无常，随君上之情欲，故谓之俗"也。

⑧(奉)〔俸〕音扶用反。^[20]

弼为政特挫抑强豪，其小民有罪，多所容贷。迁河东太守，被一切诏书当举孝廉。弼知多权贵请托，乃豫敕断绝书属。①中常侍侯览果遣诸生赍书请之，并求假盐税，积日不得通。生乃说以它事谒弼，[21]而因达览书。弼大怒曰："太守忝荷重任，当选士报国，尔何人而伪诈无状！"命左右引出，楚捶数百，府丞、掾史十馀人皆谏于廷，弼不对。遂付安邑狱，即日考杀之。侯览大怨，[22]遂诈作飞章下司隶，诬弼诽谤，槛车征。吏人莫敢近者，唯前孝廉裴瑜送到崤渑之间，大言于道傍曰："明府摧折虐臣，选德报国，如其获罪，足以垂名竹帛，愿不忧不惧。"弼曰："'谁谓荼苦，其甘如荠。'②昔人刎颈，九死不恨。"③及下廷尉诏狱，平原吏人奔走诣阙讼之。又前孝廉魏劭毁变形服，诈为家僮，瞻护于弼。弼遂受诬，事当弃市。劭与同郡人卖郡邸，④行赂于侯览，得减死罪一等，论输左校。时人或讥曰："平原行货以免君，无乃蚩乎！"陶丘洪曰：⑤"昔文王羑里，闳、散怀金，⑥史弼遭患，义夫献宝。亦何疑焉！"于是议者乃息。刑竟归田里，称病闭门不出。数为公卿所荐，议郎何休又讼弼有干国之器，宜登台相，征拜议郎。侯览等恶之。光和中，出为彭城相，会病卒。裴瑜位至尚书。⑦

①属音之欲反。

②诗卫风也。荼，苦菜也。

③刎，割也。楚词曰"虽九死其犹未悔"也。

④郡邸，若今之寺邸也。

⑤青州先贤传曰："洪字子林，[23]平原人也。清达博辩，文冠当代。举孝廉，不行，辟太尉府。年三十卒。"

⑥羑里，殷狱名。或作"姜"，亦名姜城，在今相州汤阴县北。帝王纪："散宜生、南宫括、闳夭学乎吕尚。尚知三人贤，结朋友之交。及纣囚文王，乃以黄金千镒与宜生，令求诸物与纣。"史记曰"闳夭之徒乃求

有莘美女,骊戎文马,有熊九驷,它奇怪物,因殷尊臣费仲献之于纣,
　　纣大说,乃赦之"也。

⑦先贤行状曰"瑜字雉璜。聪明敏达,观物无滞。清论所加,必为成器;
　　丑议所指,没齿无怨"也。

论曰:夫刚烈表性,鲜能优宽;仁柔用情,多乏贞直。吴季英视
人畏伤,发言烝烝,①似夫儒者;[24]而怀愤激扬,折让权枉,又何壮
也! 仁以矜物,义以退身,君子哉!②语曰:"活千人者子孙必
封。"③史弼颉颃严吏,④终全平原之党,而其后不大,⑤斯亦未可
论也。

①烝烝犹仍仍也。

②法言曰:"君子于仁也柔,于义也刚。"

③前书王翁孺曰:"闻活千人者有封〔子〕孙。[25]吾所活者千人,〔后〕世
　　其兴乎?"[26]

④颉颃犹上下也。

⑤不大谓子孙衰替也。左传晋卜偃曰:"毕万之后必大。"

卢植字子幹,涿郡涿人也。身长八尺二寸,音声如锺。少与郑
玄俱事马融,能通古今学,好研精而不守章句。融外戚豪家,①多
列女倡歌舞于前。植侍讲积年,未尝转眄,融以是敬之。学终辞
归,阖门教授。性刚毅有大节,常怀济世志,不好辞赋,能饮酒
一石。

①融,明德皇后之从侄也。

时皇后父大将军窦武援立灵帝,初秉机政,朝议欲加封爵。植

虽布衣,以武素有名誉,乃献书以规之曰:"植闻嫠有不恤纬之事,①漆室有倚楹之戚,②忧深思远,君子之情。③夫士立争友,义贵切磋。④书陈'谋及庶人',⑤诗咏'询于刍荛'。⑥植诵先王之书久矣,敢爱其瞽言哉!⑦今足下之于汉朝,犹旦、奭之在周室,建立圣主,四海有系。论者以为吾子之功,于斯为重。天下聚目而视,攒耳而听,⑧谓准之前事,将有景风之祚。⑨寻春秋之义,王后无嗣,择立亲长,年均以德,德均则决之卜筮。⑩今同宗相后,披图案牒,以次建之,何勋之有?岂横叨天功以为己力乎!⑪宜辞大赏,以全身名。又比世祚不竞,⑫仍外求嗣,可谓危矣。而四方未宁,盗贼伺隙,恒岳、勃碣,⑬特多奸盗,将有楚人胁比、尹氏立朝之变。⑭宜依古礼。置诸子之官,征王侯爱子,宗室贤才,外崇训道之义,内息贪利之心,简其良能,随用爵之,强干弱枝之道也。"⑮武并不能用。州郡数命,植皆不就。建宁中,征为博士,乃始起焉。熹平四年,九江蛮反,四府选植才兼文武,拜九江太守,蛮寇宾服。以疾去官。

①左传曰,范献子曰:"人亦有言,嫠不恤其纬而忧宗周之陨,为将及焉。"杜预注曰:"嫠,寡妇也。织者常苦纬少,寡妇所宜忧也。"

②琴操曰:"鲁漆室女倚柱悲吟而啸,邻人见其心之不乐也,进而问之曰:'有淫心欲嫁之念耶,何吟之悲?'漆室女曰:'嗟乎!嗟乎!子无志,不知人之甚也。昔者楚人得罪于其君,走逃吾东家,马逸,蹈吾园葵,使吾终年不厌菜;吾西邻人失羊不还,请吾兄追之,雾浊水出,使吾兄溺死,终身无兄。政之所致也。吾忧国伤人,心悲而啸,岂欲嫁哉!'自伤怀结而为人所疑,于是褰裳入山林之中,见女贞之木,喟然叹息,援琴而弦歌以女贞之辞,自经而死。"

③诗序曰:"忧深思远,俭而用礼,乃有尧之遗风焉。"

④孝经曰:"士有争友,身不陷于不义。"诗云:"如切如磋。"郑玄注云:

"骨曰切,象曰磋。言友之相规诫,如骨象之见切磋。"

⑤尚书洪范曰"谋及卿士,谋及庶人"也。

⑥诗大雅曰:"先人有言,询于刍荛。"毛苌注云:"刍荛,采薪者也。"

⑦无目曰眇曰瞽。眇音直忍反。

⑧前书贾山曰"使天下戴目而视,倾耳而听"也。

⑨景风,解见和纪。

⑩左传王子朝曰:"先王之命,王后无嫡,则择立长。年钧以德,德钧以卜,古之制也。"

⑪叨,贪也。左传曰"贪天之功,以为己力"也。

⑫竞,强也。

⑬勃,勃海也。碣,碣石山也。

⑭左传曰,楚公子比,恭王之子也。灵王立,子比奔晋。灵王卒,子比自晋归楚,立为君。比弟公子弃疾欲篡其位,夜乃使人周走呼曰:"王至矣。"国人大惊,子比乃自杀。王子朝,周景王之庶子。景王卒,子猛立。尹氏,周卿士,立子朝,夺猛位也。

⑮以树为喻也。谓京师为干,四方为枝。前书曰:"汉兴,立都长安,徙齐诸田、楚昭、屈、景及诸功臣家于长陵。盖以强干弱枝,非独为奉山园也。"

作尚书章句、三礼解诂。①时始立太学石经,以正五经文字,植乃上书曰:"臣少从通儒故南郡太守马融受古学,颇知今之礼记特多回冗。②臣前以周礼诸经,发起秕谬,③[27]敢率愚浅,为之解诂,而家乏,无力供缮〔写〕上。④[28]愿得将能书生二人,共诣东观,就官财粮,专心研精,合尚书章句,考礼记失得,庶裁定圣典,刊正碑文。古文科斗,近于为实,而厌抑流俗,降在小学。⑤中兴以来,通儒达士班固、贾逵、郑兴父子,并敦悦之。⑥今毛诗、左氏、周礼各有传记,其与春秋共相表里,⑦宜置博士,为立学官,以助来,以广圣意。”

①诂，事也。言解其事意。

②回宂犹纡曲也。

③秕，粟不成。谕义之乖僻也。

④缮，善也。言家贫不能善写而上也。

⑤古文谓孔子壁中书也。形似科斗，因以为名。前书谓文字为“小学”也。

⑥兴子众也，自有传。左传曰“郈縠悦礼乐而敦诗书”也。

⑦表里言义相须而成也。前书云：“河图、洛书相为经纬，八卦、九章相为表里。”

会南夷反叛，以植尝在九江有恩信，拜为庐江太守。植深达政宜，务存清静，弘大体而已。

岁馀，复征拜议郎，与谏议大夫马日磾、议郎蔡邕、杨彪、韩说等并在东观，校中书五经记传，补续汉纪。①帝以非急务，转为侍中，迁尚书。光和元年，有日食之异，植上封事谏曰：“臣闻五行传‘日晦而月见谓之朓，王侯其舒’。②此谓君政舒缓，故日食晦也。春秋传曰‘天子避位移时’，③言其相掩不过移时。而閒者日食自巳过午，既食之后，云雾晻暧。比年地震，彗孛互见。臣闻汉以火德，化当宽明。近色信谗，忌之甚者，如火畏水故也。案今年之变，皆阳失阴侵，消御灾凶，宜有其道。谨略陈八事：一曰用良，二曰原禁，④三曰御疠，⑤四曰备寇，五曰脩礼，六曰遵尧，七曰御下，八曰散利。用良者，宜使州郡覈举贤良，⑥随方委用，责求选举。原禁者，凡诸党锢，多非其罪，可加赦恕，申宥回枉。⑦御疠者，宋后家属，并以无辜委骸横尸，不得收葬，疫疠之来，皆由于此。宜敕收拾，以安游魂。⑧备寇者，侯王之家，赋税减削，愁穷思乱，必致非常,宜使给足,以防未然。修礼者,应征有道之人,若郑玄之徒,陈明洪范,攘服灾咎。[29]遵尧者,今郡守刺史一月数迁,宜依黜陟,以章能否,纵不九载,可满三岁。⑨御下者,请谒希爵,一宜禁塞,⑩迁举之事,责成主者。散利者,天子之体,理无私积,宜弘大务,蠲略细微。"⑪帝不省。

①言中书以别于外也。

②五行传,刘向所著。朓者,月行速在日前,[30]故早见。刘向以为君舒缓则臣(娇)〔骄〕慢,[31]故日行迟而月行速也。

③左氏传曰:"日过分未至三辰有灾,于是乎君不举,避移时。"杜预注曰:"避正寝,过日食时也。"

④原其所禁而宥之也。

⑤防御疫疠之气。

⑥籔,实也。

⑦回,邪也。

⑧后以王甫、程阿所构,[32]忧死,父及兄弟并被诛。灵帝后梦见桓帝怒曰"宋皇后何罪而绝其命? 已诉于天,上帝震怒,罪在难救"也。

⑨书曰:"三载考绩,黜陟幽明。"孔安国注曰:"三年考功,三考九年,能否幽明有别,升进其明者,黜退其幽者。"此皆唐尧之法也。

⑩希,求也。

⑪蠲,除也。

中平元年,黄巾贼起,四府举植,拜北中郎将,持节,以护乌桓中郎将宗员副,将北军五校士,发天下诸郡兵征之。连战破贼帅张角,斩获万馀人。角等走保广宗,植筑围凿堑,造作云梯,垂当拔之。帝遣小黄门左丰诣军观贼形势,或劝植以赂送丰,植不肯。丰还言于帝曰:"广宗贼易破耳。卢中郎固垒息军,以待天诛。"帝怒,遂槛车征植,减死罪一等。及车骑将军皇甫嵩讨平黄巾,盛称植行师方略,嵩皆资用规谋,济成其功。以其年复为尚书。

帝崩,大将军何进谋诛中官,乃召并州牧董卓,以惧太后。植知卓凶悍难制,必生后患,固止之。进不从。及卓至,果陵虐朝廷,乃大会百官于朝堂,议欲废立。群僚无敢言,植独抗议不同。卓怒罢会,将诛植,语在卓传。植素善蔡邕,邕前徙朔方,植独上书请之。邕时见亲于卓,故往请植事。又议郎彭伯谏卓曰:"卢尚书海内大儒,人之望也。今先害〔之〕,[33]天下震怖。"卓乃止,但免植官而已。

植以老病求归,惧不免祸,乃诡道从轘辕出。① 卓果使人追之,到怀,不及。遂隐于上谷,不交人事。冀州牧袁绍请为军师。初平三年卒。临困,敕其子俭葬于土穴,不用棺椁,附体单帛而已。所著碑、诔、表、记凡六篇。

① 诡,诈也。轘辕道在今洛州缑氏县东南也。

建安中,曹操北讨柳城,过涿郡,① 告守令曰:"故北中郎将卢植,名著海内,学为儒宗,士之楷模,国之桢干也。昔武王入殷,封商容之闾;郑丧子产,仲尼陨涕。② 孤到此州,嘉其馀风。春秋之义,贤者之后,宜有殊礼。③ 亟遣丞掾除其坟墓,④ 存其子孙,并致薄酹,⑤ 以彰厥德。"子毓,知名。⑥

① 魏志曰,建安十二年,操北征乌桓,涉鲜卑,讨柳城,登白狼山也。

② 左传曰:"仲尼闻子产死,出涕曰:'古之遗爱也。'"

③ 公羊传曰:"君子之善善也长,恶恶也短。恶恶止其身,善善及子孙。贤者子孙,故君子为之讳也。"

④ 亟,急也。

⑤ 酹,祭酹也,音张芮反。

⑥魏志曰:"毓字子家,十岁而孤,以学行称,仕魏至侍中、吏部尚书。时举中书郎,诏曰:'得其人与不,在卢生耳。选举莫取有名,如画地为饼,不可啖也。'毓对曰:'名不足以致异人,而可以得常士。常士畏教慕善,然后有名也。'"

论曰:风霜以别草木之性,①危乱而见贞良之节,②则卢公之心可知矣。夫蜂虿起怀,雷霆骇耳,虽贲、育、荆、诸之伦,③未有不尤豫夺常者也。④当植抽白刃严阁之下,追帝河津之间,排戈刃,赴戕折,⑤岂先计哉? 君子之于忠义,造次必于是,颠沛必于是也。⑥

①论语曰:"岁寒然后知松柏之后彫也。"

②老子曰:"国家昏乱有忠臣。"

③孟贲,多力者也;夏育,勇者也:并卫人。荆,荆轲也。诸,专诸也。

④尤,人行貌也,音淫。言尤豫不能自定也。夺谓易其常分者也。

⑤事见何进传。杜预注左传曰:"戕者,卒暴之名也。"

⑥孔子曰:"君子无终食之間违仁,造次必于是,颠沛必于是。"马融注云:"造次,急遽也。颠沛,僵仆也。虽急遽僵仆,不违仁也。"

赵岐字邠卿,〔34〕京兆长陵人也。初名嘉,生于御史台,因字台卿,①后避难,故自改名字,示不忘本土也。岐少明经,有才艺,娶扶风马融兄女。融外戚豪家,岐常鄙之,不与融相见。②仕州郡,以廉直疾恶见惮。年三十馀,有重疾,〔35〕卧蓐七年,③自虑奄忽,乃为遗令敕兄子曰:"大丈夫生世,遁无箕山之操,④仕无伊、吕之勋,天不我与,复何言哉! 可立一员石于吾墓前,刻之曰:'汉有逸人,姓赵名嘉。有志无时,命也奈何!'"其后疾瘳。

①以其祖为御史,故生于台也。

②三辅决录注曰:"岐娶马敦女宗姜为妻。敦兄子融尝至岐家,多从宾
与从妹宴饮作乐,日夕乃出。过问赵处士所在。岐亦厉节,不以妹婿
之故屈志于融也。与其友书曰:'马季长虽有名当世,而不持士节,三
辅高士未曾以衣裾襒其门也。'岐曾读周官二义不通,一往造之,贱融
如此也。"

③蓐,寝蓐也。声类曰:"蓐,荐也。"

④易曰:"遁而亨,君子以远小人。"王弼注:"遁之义,避内而之外者也。"
箕山,许由所隐处也。

永兴二年,辟司空掾,议二千石得去官为亲行服,朝廷从之。
其后为大将军梁冀所辟,为陈损益求贤之策,冀不纳。举理剧,为
皮氏长。①会河东太守刘祐去郡,而中常侍左悺兄胜代之,岐耻疾
宦官,即日西归。京兆尹延笃复以为功曹。

①皮氏故城在今绛州龙门县西。决录曰"岐为长,抑强讨奸,大兴学
校"也。

先是中常侍唐衡兄玹为京兆虎牙都尉,①郡人以玹进不由德,
皆轻侮之。岐及从兄袭又数为贬议,玹深毒恨。②延熹元年,玹为
京兆尹,岐惧祸及,乃与从子戬逃避之。玹果收岐家属宗亲,陷以
重法,尽杀之。③岐遂逃难四方,江、淮、海、岱,靡所不历。自匿姓
名,卖饼北海市中。时安丘孙嵩年二十馀,游市见岐,察非常人,停
车呼与共载。岐惧失色,嵩乃下帷,令骑屏行人。密问岐曰:"视子
非卖饼者,又相问而色动,不有重怨,即亡命乎? 我北海孙宾石,阖
门百口,孰能相济。"岐素闻嵩名,即以实告之,遂以俱归。嵩先入
白母曰:"出行,乃得死友。"迎入上堂,飨之极欢。藏岐复壁中数
年,岐作厄屯歌二十三章。

①寓音玄。

②决录注"袭字元嗣。先是杜伯度、崔子玉以工草书称于前代,袭与罗晖拙书,见蚩于张伯英。英颇自矜高,与朱赐书云'上比崔、杜不足,下方罗、赵有馀'"也。

③决录注曰:"岐长兄譬,州都官从事,早亡。次兄无忌,字世卿,部河东从事,为寓所杀。"譬音薱。

后诸唐死灭,因赦乃出。三府闻之,同时并辟。九年,乃应司徒胡广之命。会南匈奴、乌桓、鲜卑反叛,公卿举岐,擢拜并州刺史。岐欲奏守边之策,未及上,会坐党事免,因撰次以为御寇论。①

①决录注曰:"是时纲维不摄,阉竖专权,岐拟前代连珠之书四十章上之,留中不出。"

灵帝初,复遭党锢十馀岁。中平元年,四方兵起,诏选故刺史、二千石有文武才用者,征岐拜议郎。车骑将军张温西征关中,请补长史,别屯安定。大将军何进举为敦煌太守,行至襄武,①岐与新除诸郡太守数人俱为贼边章等所执。贼欲胁以为帅,岐诡辞得免,展转还长安。②

①县名,属陇西郡。

②决录注曰"岐还至陈仓,复遇乱兵,裸身得免,在草中十二日不食"也。

及献帝西都,复拜议郎,稍迁太仆。及李傕专政,使太傅马日磾抚慰天下,以岐为副。日磾行至洛阳,表别遣岐宣扬国命,所到郡县,百姓皆喜曰:"今日乃复见使者车骑。"

是时袁绍、曹操与公孙瓒争冀州,绍及操闻岐至,皆自将兵数百里奉迎,岐深陈天子恩德,宜罢兵安人之道,又移书公孙瓒,为言利害。绍等各引兵去,皆与岐期会洛阳,奉迎车驾。岐南到陈留,得笃疾，经涉二年，期者遂不至。

兴平元年，诏书征岐，会帝当还洛阳，先遣卫将军董承修理宫室。岐谓承曰："今海内分崩，唯有荆州境广地胜，西通巴蜀，南当交阯，年穀独登，兵人差全。岐虽迫大命，犹志报国家，欲自乘牛车，南说刘表，可使其身自将兵来卫朝廷，与将军并心同力，共奖王室。此安上救人之策也。"承即表遣岐使荆州，督租粮。岐至，刘表即遣兵诣洛阳助修宫室，军资委输，前后不绝。时孙嵩亦寓于表，表不为礼，岐乃称嵩素行笃烈，因共上为青州刺史。岐以老病，遂留荆州。

曹操时为司空，举以自代。光禄勋桓典、少府孔融上书荐之，于是就拜岐为太常。年九十馀，建安六年卒。先自为寿藏，[①]图季札、子产、晏婴、叔向四像居宾位，又自画其像居主位，皆为赞颂。敕其子曰："我死之日，墓中聚沙为床，布簟白衣，散发其上，覆以单被，即日便下，下讫便掩。"岐多所述作，著孟子章句、三辅决录传于时。[②]

①寿藏谓冢圹也。称寿者，取其久远之意也。犹如寿宫、寿器之类。冢在今荆州古郢城中也。

②决录序曰："三辅者，本雍州之地，世世徙公卿吏二千石及高赀，皆以陪诸陵。五方之俗杂会，非一国之风，不但系于诗秦、豳也。其为士好高尚义，贵于名行。其俗失则趣埶进权，唯利是视。余以不才，生于西土，耳能听而闻故老之言，目能视[而]见衣冠之畴，[36]心能识而观其贤愚。常以玄冬，梦黄发之士，[37]姓玄名明，字子真，[38]与余寤言，言必有中，[39]善否之閒，无所依违，命操笔者书之。近从建武以来，暨于斯今，其人既亡，行乃可书，玉石朱紫，由此定矣，故谓之决录矣。"

赞曰:吴翁温爱,义干刚烈。①延、史字人,风和恩结。梁使显刑,诬党潜绝。子幹兼姿,逢掖临师。②邠卿出疆,专命朝威。③

①谓以义干梁冀争李固也。

②礼记孔子曰:"丘少居鲁,衣逢掖之衣。"郑玄注曰:"逢犹大也。为大掖之衣,此君子有道艺者所衣也。"相承本作缝,义亦通。

③疆,界也。左传曰:"大夫出疆,苟利社稷,专之可也。"

【校勘记】

〔1〕常牧豕于长垣泽中　按:集解引惠栋说,谓袁纪作"长罗泽"。水经注云圈称言长垣县有罗亭,故长罗县也,后汉并长垣。有长罗泽,季英牧豕处。

〔2〕裴氏广(川)〔州〕记　据殿本考证改。

〔3〕桂阳甲骑九真都庞　按:集解引沈钦韩说,谓水经注"甲骑"作"骑田","都庞"作"部龙"。又按:汲本"都庞"作"都宠"。

〔4〕及(祀)〔犯〕载　据殿本改。按:殿本考证谓"犯"字监本误"祀",据周礼大驭文改正。

〔5〕〔犯〕载(祀)者　据殿本改。

〔6〕以〔菩〕刍棘柏为神主　按刊误补,与周礼郑注合。

〔7〕观过斯知人矣　按:殿本"人"作"仁",疑后人据论语改。钱大昕谓古书仁人二字多通用,然以"人"义为长。

〔8〕安丘男子毋丘长　按:"毋"原讹"母",径据殿本改正。

〔9〕明府虽加哀矜　汲本、殿本"矜"作"矜"。按:段注说文作"矜",云从矛令声。

〔10〕年二十二　按:殿本作"年三十二"。

〔11〕延笃字叔坚　按:集解引汪文台说,谓御览四百五十二引谢承书,云"字叔固"。

〔12〕旬日能讽之　按:殿本"讽"下有"诵"字。

〔13〕嗟乎延生　按:"乎"原作"呼",径据汲本、殿本改。

〔14〕南平阳故城〔在〕今兖州邹县　据汲本、殿本补。

〔15〕其为仁之本与　按:集解引钱大昕说,谓葛本"仁"作"人",今本论语作"仁",初学记友悌部、御览人事部引论语俱作"人",与有子先言"其为人也孝弟",后言"其为人之本",首尾相应,亦当以"人"为长也。

〔16〕坐于客堂　按:集解引沈钦韩说,谓"客"一本作"容",是也。隐蔽自障者皆谓之容。堂前有屏蔽之设,故曰容堂。

〔17〕悉条诸生聚敛奸吏　按:殿本考证谓"生"字疑衍。

〔18〕桓帝弟渤海王悝　何焯校本改"渤"为"勃"。按:下文皆作"勃",故何氏改为一律。

〔19〕伍被劝淮南(子)〔王〕谋反诛也　据汲本、殿本改。

〔20〕(奉)〔俸〕音扶用反　据汲本、殿本改,与正文合。

〔21〕生乃说以它事谒弼　按:刊误谓案文"说"字当作"诡",谓诡谲也。

〔22〕侯览大怨　按:殿本"怨"作"怒"。

〔23〕洪字子林　按:殿本"林"作"休"。

〔24〕似夫儒者　汲本、殿本"儒"作"懦"。按:说文儒,柔也。儒有懦弱义,非讹字。

〔25〕闻活千人者有封〔子〕孙　据殿本补。

〔26〕〔后〕世其兴乎　据汲本、殿本补。

〔27〕发起秕谬　按:集解引惠栋说,谓"秕谬"疑"纰缪"之讹。

〔28〕无力供缮〔写〕上　据汲本、殿本补。

〔29〕攘服灾咎　汲本、殿本"攘"作"禳"。按:攘禳通。

〔30〕朓者月行速在日前　按:"日"原讹"目",径据汲本、殿本改正。

〔31〕君舒缓则臣(娇)〔骄〕慢　据汲本、殿本改。

〔32〕后以王甫程阿所构　按:"甫"原讹"封",径据汲本、殿本改正。

〔33〕今先害〔之〕　刊误谓案文少"之"字,不成文理。又集解引惠栋说,谓先贤传云"今先害之"。今据补。

〔34〕赵岐字邠卿　按:此传"岐"字原本皆作"歧",汲本同。王先谦谓殿本"歧"作"岐",古书通作,以"岐"为是。今一律依殿本改为"岐"。

〔35〕年三十馀有重疾　按:御览五百一引"三十馀"作"四十馀"。

〔36〕目能视〔而〕见衣冠之畴　据汲本补。

〔37〕常以玄冬梦黄发之士,　集解引惠栋说,谓据御览三百九十九卷引"玄冬"下有"修夜思而未之得也忽然而寝"十二字,"梦"下有"此"字。今按:御览"士"作"叟"。

〔38〕字子真　按:惠栋谓御览引"字"下有"曰"字。

〔39〕言必有中　按:惠栋谓御览引此下有"予授其人子真评之析微通理"十二字。

后 汉 书 卷 六 十 五

皇甫张段列传第五十五

皇甫规字威明,安定朝那人也。祖父棱,度辽将军。父旗,扶风都尉。

永和六年,西羌大寇三辅,围安定,征西将军马贤将诸郡兵击之,不能克。规虽在布衣,见贤不䣄军事,审其必败,乃上书言状。寻而贤果为羌所没。郡将知规有兵略,乃命为功曹,使率甲士八百,与羌交战,斩首数级,贼遂退却。举规上计掾。其后羌众大合,攻烧陇西,朝廷患之。规乃上疏求乞自效,[1]曰:"臣比年以来,数陈便宜。羌戎未动,策其将反,马贤始出,颇知必败。误中之言,在可考校。臣每惟贤等拥众四年,未有成功,悬师之费且百亿计,[1]出于平人,回入奸吏。[2]故江湖之人,群为盗贼,青、徐荒饥,褴负流散。夫羌戎溃叛,不由承平,皆由边将失于绥御。乘常守安,则加侵暴,苟竞小利,则致大害,微胜则虚张首级,军败则隐匿不言。军士劳怨,困于猾吏,进不得快战以徼功,退不得温饱以全命,饿死沟渠,暴骨中原。徒见王师之出,不闻振旅之声。③酋豪泣血,惊惧生变。是以安不能久,败则经年。臣所以搏手叩心而增叹者也。愿假臣两营二郡,④屯列坐食之兵五千,出其不意,与护羌校尉赵冲共相首尾。土地山谷,臣所晓习;兵势巧便,臣已更之。可不烦方寸之印,尺帛之赐,高可以涤患,下可以纳降。若谓臣年少官轻,不足用者,凡诸败将,非官爵之不高,年齿之不迈。⑤臣不胜至诚,没死自陈。"时帝不能用。

①悬犹停也。

②平人,齐人也。

③振,整;旅,众也。穀梁传曰"出曰治兵,入曰振旅"也。

④两营谓马贤及赵冲等。二郡,安定、陇西也。

⑤迈,往也。

冲质之间,梁太后临朝,规举贤良方正。对策曰:

伏惟孝顺皇帝,初勤王政,纪纲四方,几以获安。后遭奸伪,威分近习,①畜货聚马,戏谑是闻,又因缘嬖幸,受赂卖爵,轻使宾客,交错其间,天下扰扰,从乱如归。②故每有征战,鲜不挫伤,官民并竭,上下穷虚。臣在关西,窃听风声,未闻国家有所先后,③而威福之来,咸归权倖。陛下体兼乾坤,聪哲纯茂。摄政之初,拔用忠贞,其馀维纲,多所改正。远近翕然,望见太平。而地震之后,雾气白浊,日月不光,旱魃为虐,④大贼从横,流血丹野,[2]庶品不安,谴诫累至,殆以奸臣权重之所致也。其常侍尤无状者,亟便黜遣,⑤披埽凶党,收入财贿,以塞痛怨,以答天诫。

①近习,诸佞倖亲近小人也。礼记曰:"虽有贵戚近习。"

②左传曰"人惠王之无厌也,故从乱如归"也。

③先后谓进退也。言国家不妄有褒贬进退,^[3]而权倖之徒反为祸福也。

④诗大雅曰:"旱魃为虐,如惔如焚。"魃,旱神也。

⑤无状者,谓无善状。

今大将军梁冀、河南尹不疑,处周、邵之任,为社稷之镇,加与王室世为姻族,①今日立号虽尊可也,②实宜增修谦节,辅以儒术,省去游娱不急之务,割减庐第无益之饰。夫君者舟也,人者水也。③群臣乘舟者也,将军兄弟操楫者也。若能平志毕力,以度元元,所谓福也。如其怠弛,将沦波涛。可不慎乎!夫德不称禄,犹凿墉之趾,以益其高。岂量力审功安固之道哉?凡诸宿猾、酒徒、戏客,皆耳纳邪声,口出诐言,甘心逸游,唱造不义。亦宜贬斥,以惩不轨。令冀等深思得贤之福,失人之累。又在位素餐,尚书怠职,有司依违,莫肯纠察,故使陛下专受诐谀之言,不闻户牖之外。臣诚知阿谀有福,深言近祸,岂敢隐心以避诛责乎!臣生长边远,希涉紫庭,怖慴失守,言不尽心。

①梁商女为顺帝后,后女弟又为桓帝后。冀即商子,故曰代姻也。

②可犹宜也。

③家语孔子曰:"夫君者舟也,人者水也。水可载舟,亦以覆舟。君以此思危,则可知也。"

梁冀忿其刺己,以规为下第,拜郎中。托疾免归,州郡承冀旨,几陷死者再三。遂以诗、易教授,门徒三百馀人,积十四年。后梁冀被诛,旬月之间,礼命五至,皆不就。

时太山贼叔孙无忌侵乱郡县,中郎将宗资讨之未服。公车特征规,拜太山太守。规到官,广设方略,寇贼悉平。延熹四年秋,叛羌零吾等与先零别种寇钞关中,护羌校尉段颎坐征。①〔4〕后先零诸种陆梁,覆没营坞。②规素悉羌事,志自奋效,乃上疏曰:"自臣受任,志竭愚钝,实赖兖州刺史牵颢之清猛,中郎将宗资之信义,得承节度,幸无咎誉。今猾贼就灭,太山略平,复闻群羌并皆反逆。臣生长邠岐,〔5〕年五十有九,昔为郡吏,再更叛羌,豫筹其事,有误中之言。臣素有固疾,恐犬马齿穷,不报大恩,愿乞冗官,备单车一介之使,劳来三辅,宣国威泽,以所习地形兵埶,佐助诸军。臣穷居孤危之中,坐观郡将,已数十年矣。自鸟鼠至于东岱,其病一也。③力求猛敌,不如清平;勤明吴、孙,未若奉法。④前变未远,臣诚戚之。⑤是以越职,尽其区区。"

①颎击羌,坐为凉州刺史郭闳留兵不进下狱。

②说文曰:"坞,小障也。一曰庳城也。"音乌古反。

③郡将,郡守也。鸟鼠,山名,在今渭州西,即先零羌寇钞处也。东岱谓泰山,叔孙无忌反处也。皆由郡守不加绥抚,致使反叛,其疾同也。

④吴起,魏将也。孙武,吴将也。言若求猛(敌)〔将〕,〔6〕不如抚以青平之政;明习兵书,不如郡守奉法,使之无反也。

⑤戚,忧也。前变谓羌反。

至冬,羌遂大合,朝廷为忧。三公举规为中郎将,持节监关西兵,讨零吾等,破之,斩首八百级。先零诸种羌慕规威信,相劝降者十馀万。明年,规因发其骑共讨陇右,而道路隔绝,军中大疫,死者十三四。规亲入庵庐,巡视将士,三军感悦。东羌遂遣使乞降,凉州复通。

先是安定太守孙儁受取狼籍,属国都尉李翕、督军御史张禀多杀降羌,凉州刺史郭闳、汉阳太守赵熹并老弱不堪任职,而皆倚恃权贵,不遵法度。规到州界,悉条奏其罪,或免或诛。羌人闻之,翕然反善。沈氏大豪滇昌、饥恬等十馀万口，[7]复诣规降。

　　规出身数年，持节为将，拥众立功，还督乡里，既无它私惠，而多所举奏，又恶绝宦官，不与交通，于是中外并怨，遂共诬规货赂群羌，令其文降。①天子玺书诮让相属。规惧不免，上疏自讼曰："四年之秋，戎丑蠢戾，②爰自西州，侵及泾阳，③旧都惧骇，朝廷西顾。明诏不以臣愚驽，急使军就道。④[8]幸蒙威灵，遂振国命，羌戎诸种，大小稽首，辄移书营郡，以访诛纳，⑤所省之费，一亿以上。以为忠臣之义，不敢告劳，⑥故耻以片言自及微劝。然比方先事，庶免罪悔。⑦前践州界，先奏郡守孙儁，次及属国都尉李翕、督军御史张禀；旋师南征，又上凉州刺史郭闳、汉阳太守赵熹，陈其过恶，执据大辟。凡此五臣，支党半国，其馀墨绶，下至小吏，所连及者，复有百馀。吏托报将之怨，子思复父之耻，载贽驰车，怀粮步走，交搆豪门，竞流谤蔬，云臣私报诸羌，谢其钱货。⑧若臣以私财，则家无儋石；如物出于官，则文簿易考。就臣愚惑，信如言者，前世尚遗匈奴以宫姬，⑨镇乌孙以公主。⑩今臣但费千万，以怀叛羌。则良臣之才略，兵家之所贵，将有何罪，负义违理乎？自永初以来，将出不少，覆军有五，动资巨亿。有旋车完封，写之权门，⑪而名成功立，厚加爵封。今臣还督本土，纠举诸郡，绝交离亲，戮辱旧故，众谤阴害，固其宜也。臣虽污秽，廉絜无闻，今见覆没，耻痛实深。传称'鹿死不择音'，谨冒昧略上。"⑫

　　①以文簿虚降，非真心也。

　　②蠢，动也。戾，乖也。

　　③县名，属安定郡，其故城在今原州平源县南也。

　　④就犹上也。

　　⑤访，问也。规言羌种既服，臣即移书军营及郡，勘问诛杀并纳受多少

之数目也。

⑥诗小雅曰："密勿从事，不敢告劳。无罪无辜，谗口嚣嚣。"

⑦先事谓前辈败将也。

⑧谢犹僢也。

⑨元帝赐呼韩邪单于待诏掖庭王嫱为阏氏也。

⑩武帝以江都王建女细君妻乌孙王昆莫为夫人也。

⑪言覆军之将，旋师之日，多载珍宝，封印完全，便入权门。

⑫左传曰"鹿死不择音，挺而走险，急何能择"也。

其年冬，征还拜议郎。论功当封。而中常侍徐璜、左悺欲从求货，数遣宾客就问功状，规终不答。璜等忿怒，陷以前事，下之于吏。官属欲赋敛请谢，规誓而不听，遂以馀寇不绝，坐系廷尉，论输左校。①诸公及太学生张凤等三百馀人诣阙讼之。会赦，归家。

①汉官仪曰，左校署属将作大匠也。

征拜度辽将军，至营数月，上书荐中郎将张奂以自代。曰："臣闻人无常俗，而政有治乱；兵无强弱，而将有能否。伏见中郎将张奂，才略兼优，[9]宜正元帅，以从众望。若犹谓愚臣宜充军事者，愿乞冗官，以为奂副。"朝庭从之，以奂代为度辽将军，规为使匈奴中郎将。及奂迁大司农，规复代为度辽将军。

规为人多意筹，自以连在大位，欲退身避第，[10]数上病，不见听。会友人上郡太守王旻丧还，规缟素越界，到下亭迎之。因令客密告并州刺史胡芳，言规擅远军营，公违禁宪，当急举奏。芳曰："威明欲避第仕涂，故激发我耳。①吾当为朝廷爱才，何能申此子计邪！"遂无所问。及党事大起，天下名贤多见染逮，规虽为名将，素誉不高。自以西州豪桀，耻不得豫，乃先自上言："臣前荐故大司农张奂，是附党也。又臣昔论输左校时，太学生张凤等上书讼臣，是为党人所附也。臣宜坐之。"朝廷知而不问,时人以为规贤。[11][12]

①言欲归第避仕宦之涂也。

在事数岁,北边威服。永康元年,征为尚书。其夏日食,诏公卿举贤良方正,下问得失。规对曰:"天之于王者,如君之于臣,父之于子也。诚以灾妖,使从福祥。陛下八年之中,三断大狱,①一除内嬖,②再诛外臣。③而灾异犹见,人情未安者,殆贤愚进退,威刑所加,有非其理也。前太尉陈蕃、刘矩、④忠谋高世,废在里巷;刘祐、冯绲、⑤赵典、尹勋,正直多怨,流放家门;李膺、王畅、孔翊,絜身守礼,终无宰相之阶。至于钩党之衅,事起无端,⑥虐贤伤善,哀及无辜。今兴改善政,易于覆手,而群臣杜口,鉴畏前害,互相瞻顾,莫肯正言。伏愿陛下暂留圣明,容受謇直,则前责可弭,后福必降。"对奏,不省。

①谓诛梁冀,诛邓万、[13]邓会,诛李膺等党事也。

②无德而宠曰嬖,谓废邓皇后也。

③杀桂阳太守任胤,杀南阳太守成瑨、太原太守刘质等也。

④汉官仪曰:"矩字叔方。"

⑤古本反。

⑥钩,引也。谓李膺等事也。

迁规弘农太守,封寿成亭侯,邑二百户,让封不受。再转为护羌校尉。熹平三年,以疾召还,未至,卒于穀城,年七十一。所著赋、铭、碑、赞、祷文、吊、章表、教令、书、檄、笺记,凡二十七篇。

论曰:孔子称"其言之不怍,则其为之也难"。①察皇甫规之言,其心不怍哉! 夫其审己则干禄,见贤则委位,故干禄不为贪,而委位不求让;称己不疑伐,而让人无惧情。故能功成于戎狄,身全于邦家也。

①怍,惭也。

张奂字然明,敦煌(酒)〔渊〕泉人也。①〔14〕父惇,为汉阳太守。奂少游三辅,师事太尉朱宠,学欧阳尚书。初,牟氏章句浮辞繁多,②有四十五万馀言,奂减为九万言。后辟大将军梁冀府,乃上书桓帝,奏其章句,诏下东观。以疾去官,复举贤良,对策第一,擢拜议郎。

①(酒)〔渊〕泉,县名,地多泉水,故城在今(阳)〔瓜〕州晋昌县东北也。〔15〕
②时牟卿受书于张堪,〔16〕为博士,故有牟氏章句。

永寿元年,迁安定属国都尉。初到职,而南匈奴左薁鞬台耆、且渠伯德等七千馀人寇美稷,东羌复举种应之,而奂壁唯有二百许人,闻即勒兵而出。军吏以为力不敌,叩头争止之。奂不听,遂进屯长城,收集兵士,遣将王卫招诱东羌,因据龟兹,①使南匈奴不得交通东羌。诸豪遂相率与奂和亲,共击薁鞬等,连战破之。伯德惶恐,将其众降,郡界以宁。

①龟兹音丘慈,县名,属上郡。前书音义曰“龟兹国人来降之,因以名县”也。

羌豪帅感奂恩德,上马二十匹,先零酋长又遗金鐻八枚。奂并受之,①而召主簿于诸羌前,以酒酹地曰:②“使马如羊,不以入厩;使金如粟,不以入怀。”悉以金马还之。③羌性贪而贵吏清,前有八都尉率好财货,为所患苦,及奂正身絜己,威化大行。”

①郭璞注山海经云："鐻音渠,金(食)〔银〕器名。"〔17〕未详形制也。

②以酒沃地谓之酹。音力外反。

③如羊如粟,喻多也。

迁使匈奴中郎将。时休屠各①及朔方乌桓并同反叛,烧度辽将军门,②引屯赤阬,烟火相望。兵众大恐,各欲亡去。奂安坐帷中,与弟子讲诵自若,军士稍安。乃潜诱乌桓阴与和通,遂使斩屠各渠帅,袭破其众。诸胡悉降。

①屠音直于反。

②时度辽将军屯五原。

延熹元年,鲜卑寇边,奂率南单于击之,斩首数百级。

明年,梁冀被诛,奂以故吏免官禁锢。奂与皇甫规友善,奂既被锢,凡诸交旧莫敢为言,唯规荐举前后七上。在家四岁,复拜武威太守。平均徭赋,率厉散败,常为诸郡最,河西由是而全。其俗多妖忌,凡二月、五月产子及与父母同月生者,悉杀之。奂示以义方,严加赏罚,风俗遂改,百姓生为立祠。举尤异,迁度辽将军。数载间,幽、并清静。

九年春,征拜大司农。鲜卑闻奂去,其夏,遂招结南匈奴、乌桓数道入塞,或五六千骑,或三四千骑,寇掠缘边九郡,杀略百姓。秋,鲜卑复率八九千骑入塞,诱引东羌与共盟诅。于是上郡沈氏、安定先零诸种共寇武威、张掖,缘边大被其毒。朝廷以为忧,复拜奂为护匈奴中郎将,以九卿秩督幽、并、凉三州及度辽、乌桓二营,①兼察刺史、二千石能否,赏赐甚厚。匈奴、乌桓闻奂至,因相率还降,凡二十万口。奂但诛其首恶,馀皆慰纳之。唯鲜卑出塞去。

①明帝永平八年,初置度辽将军,屯五原郡曼柏县,汉官仪曰"乌丸校尉屯上谷郡宁县",故曰二营。

永康元年春,东羌、先零五六千骑寇关中,围祋祤,掠云阳。夏,复攻没两营,杀千馀人。冬,羌岸尾、摩螯等①胁同种复钞三辅。奂遣司马尹端、董卓并击,大破之,斩其酋豪,首虏万馀人,三州清定。论功当封,奂不事宦官,故赏遂不行,唯赐钱二十万,除家一人为郎。并辞不受,而愿徙属弘农华阴。旧制边人不得内移,唯奂因功特听,故始为弘农人焉。

①螯音必薛反。

建宁元年,振旅而还。时窦太后临朝,大将军窦武与太傅陈蕃谋诛宦官,事泄,中常侍曹节等于中作乱,以奂新征,不知本谋,矫制使奂与少府周靖率五营士围武。武自杀,蕃因见害。奂迁少府,又拜大司农,以功封侯。奂深病为节所卖,上书固让,封还印绶,卒不肯当。

明年夏,青蛇见于御坐轩前,①又大风雨雹,霹雳拔树,诏使百僚各言灾应。奂上疏曰:"臣闻风为号令,动物通气。②木生于火,相须乃明。蛇能屈申,配龙腾蛰。③顺至为休征,逆来为殃咎。阴气专用,则凝精为雹。故大将军窦武、太傅陈蕃,或志宁社稷,或方直不回,前以谗胜,并伏诛戮,海内默默,人怀震愤。昔周公葬不如礼,天乃动威。④今武、蕃忠贞,未被明宥,妖眚之来,皆为此也。宜急为改葬,徙还家属。其从坐禁锢,一切蠲除。又皇太后虽居南宫,而恩礼不接,朝臣莫言,远近失望。宜思大义顾复之报。"⑤天子深纳奂言,以问诸黄门常侍,左右皆恶之,帝不得自从。

①轩,殿槛阑板也。

②翼氏风角曰："凡风者天之号令,所以谴告人君者也。"

③易曰"龙蛇之蛰,以存身也"。慎子曰"腾蛇游雾,飞龙乘云,云罢雾散,与蚯蚓同"也。

④尚书大传："周公薨,成王欲葬之于成周,天乃雷雨以风,[18]禾即尽偃,大木斯拔,国人大恐。王葬周公于毕,示不敢臣也。"

⑤顾,旋视也。复,反复也。小雅曰："父兮生我,母兮鞠我,顾我复我,出入腹我。"

转奂太常,与尚书刘猛、刁韪、卫良同荐王畅、李膺可参三公之选,而曹节等弥疾其言,遂下诏切责之。奂等皆自囚廷尉,数日乃得出,并以三月俸赎罪。司隶校尉王寓,出于宦官,欲借宠公卿,以求荐举,百僚畏惮,莫不许诺,唯奂独拒之。寓怒,因此遂陷以党罪,禁锢归田里。

奂前为度辽将军,与段颎争击羌,不相平。及颎为司隶校尉,欲逐奂归敦煌,将害之。奂忧惧,奏记谢颎曰："小人不明,得过州将,千里委命,以情相归。①足下仁笃,照其辛苦,使人未反,复获邮书。恩诏分明,前以写白,而州期切促,郡县惶惧,屏营延企,侧待归命。父母朽骨,孤魂相托,若蒙矜怜,壹惠咳唾,则泽流黄泉,施及冥寞,非奂生死所能报塞。夫无毛发之劳,而欲求人丘山之用,此淳于髡所以拍髀仰天而笑者也。②诚知言必见讥,然犹未能无望。何者?朽骨无益于人,而文王葬之;③死马无所复用,而燕昭宝之。④党同文、昭之德,岂不大哉!⑤凡人之情,冤则呼天,穷则叩心。今呼天不闻,叩心无益,诚自伤痛。俱生圣世,独为匪人。⑥孤微之人,无所告诉。如不哀怜,便为鱼肉。⑦企心东望,无所复言。"颎虽刚猛,省书哀之,卒不忍也。时禁锢者多不能守静,或死或徙。奂闭门不出,养徒千人,著尚书记难三十馀万言。

① 汉官仪曰："司隶州部河南雒阳,管三辅、三河、弘农七郡。"所以奂屈于颎,称曰"州将"焉。

② 拍音片百反。髀音步弟反。史记,楚发兵伐齐,齐威王使淳于髡赍百金,车马十驷,之赵请救。髡仰天大笑,冠缨索绝。王曰:"先生少之乎?'髡曰:"今者臣从东方来,见道傍有禳田者,操一豚蹄,酒一盂,而祝曰:'瓯窭满篝,污邪满车,五谷蕃熟,穰穰满家。'〔19〕臣见其所持者狭,所求者奢,故笑。"于是王乃益以黄金千镒、白璧十双、车马百驷也。

③ 新序曰:"文王作灵台,掘得死人骨,吏以闻。文王曰:'葬之。'吏曰:'此无主矣。'文王曰:'有天下者,天下之主也;有一国者,一国之主也。寡人固其主焉。'令吏以棺葬之。天下闻之,曰:'文王贤矣,泽及朽骨,又况人乎?'"

④ 新序曰:"燕昭王即位,卑身求贤。谓郭隗曰:'齐因孤国之乱而袭燕,然得贤士与共国,以雪先王之丑,孤之愿也。先生视可者,得身事之。'隗曰:'臣闻古之人君,有以千金求千里马者,三年不得,涓人言于君请求之,君遣焉。三月,得千里马,马已死,乃以五百金买其首以报。〔20〕君大怒曰:"所求者生马,安市死马而捐五百金乎?"对曰:"死马且市之,况生马乎?天下必以王为能市马,马今至矣。"不出期年,千里马至者二。今王诚欲必致士,从隗始。隗且见事,况贤于隗者乎?'于是王为隗筑宫而师之。乐毅自魏往,邹衍自齐往,剧辛自赵往,士争归燕焉。"

⑤ 党音它朗反。

⑥ 诗小雅曰"哀我征夫,独为匪人"也。

⑦ 言将为人所吞噬也。

奂少立志节,尝与士友言曰:"大丈夫处世,当为国家立功边境。"及为将帅,果有勋名。董卓慕之,使其兄遗缣百匹。奂恶卓为人,绝而不受。光和四年卒,年七十八。遗命曰:"吾前后仕进,十要银艾,①不能和光同尘,为谗邪所忌。②通塞命也,始终常也。但地底冥冥,长无晓期,而复缠以纩绵,牢以钉密,为不喜耳。幸有前窀,朝殒夕下,措尸灵床,幅巾而已。奢非晋文,③〔21〕俭非王孙,④推情从意,庶无咎吝。"诸子从之。武威多为立祠,世世不绝。所著铭、颂、书、教、诫述、志、对策、章表二十四篇。

①银印绿绶也,以艾草染之,故曰艾也。

②老子曰"和其光,同其尘"也。

③陆翙邺中纪曰:"永嘉末,发齐桓公墓,得水银池金蚕数十箔,珠襦、玉匣、缯彩不可胜数。"左传曰:"晋文公朝王,请隧。王不许,曰:'王章也,未有代德而有二王,亦叔父之所恶也。'"晋文既臣,请用王礼,是其奢也。

④武帝时,杨王孙死,诫其子为布囊盛尸,入地七尺,脱去其囊,以身亲土。

长子芝,字伯英,最知名。①芝及弟昶,字文舒,并善草书,至今称传之。

①王愔文志曰:〔22〕"芝少持高操,以名臣子勤学,文为儒宗,武为将表。太尉辟,公车有道征,皆不至,号张有道。尤好草书,学崔、杜之法,家之衣帛,必书而后练。临池学书,水为之黑。下笔则为楷则,号匆匆不暇草书,为世所宝,寸纸不遗,韦仲将谓之'草圣'也。"

初,奂为武威太守,其妻怀孕,梦带奂印绶登楼而歌。讯之占者,曰:"必将生男,复临兹邦,命终此楼。"既而生子猛,以建安中为武威太守,杀刺史邯郸商,州兵围之急,猛耻见擒,乃登楼自烧而死,卒如占云。

论曰：自郪乡之封，中官世盛，①暴恣数十年间，四海之内，莫不切齿愤盈，愿投兵于其族。陈蕃、窦武奋义草谋，征会天下，名士有识所共闻也，而张奂见欺竖子，扬戈以断忠烈。②虽恨毒在心，辞爵谢咎。诗云："啜其泣矣，何嗟及矣！"③

①宦者郑众封郪乡侯也。

②奂被曹节等矫制，使率五营士围杀陈蕃、窦武等。

③诗国风也。啜，泣貌也，音知劣反。

段颎字纪明，武威姑臧人也。其先出郑共叔段，西域都护会宗之从曾孙也。①颎少便习弓马，尚游侠，轻财贿，长乃折节好古学。初举孝廉，为宪陵园丞、阳陵令，②所在〔有〕能政。[23]

①〔会〕宗字子松，[24]天水上邽人，元帝时为西域都护。死，城郭诸国为发丧立祠。

②宪陵，顺帝陵；阳陵，景帝陵。汉官仪曰"丞秩三百石，令秩六百石"也。

迁辽东属国都尉。时鲜卑犯塞，颎即率所领驰赴之。既而恐贼惊去，乃使驿骑诈赍玺书诏颎，颎于道伪退，潜于还路设伏。虏以为信然，乃入追颎。颎因大纵兵，悉斩获之。坐诈玺书伏重刑，以有功论司寇。刑竟，征拜议郎。

时太山、琅邪贼东郭窦、公孙举等聚众三万人，破坏郡县，遣兵讨之，连年不克。永寿二年，桓帝诏公卿选将有文武者，司徒尹（讼）〔颂〕荐颎，①[25]乃拜为中郎将。击窦、举等，大破斩之，获首万馀级，馀党降散。封颎为列侯，赐钱五十万，除一子为郎中。

①汉官仪曰："（讼）〔颂〕字公孙，巩人也。"

延熹二年,迁护羌校尉。会烧当、烧何、当煎、勒姐等八种羌^①寇陇西、金城塞,颎将兵及湟中义从羌万二千骑出湟谷,击破之。追讨南度河,使军吏田晏、夏育募先登,悬索相引,复战于罗亭,大破之,斩其酋豪以下二千级,获生口万馀人,虏皆奔走。

①姐音紫且反。

明年春,馀羌复与烧何大豪寇张掖,攻没钜鹿坞,杀属国吏民,又招同种千馀落,并兵晨奔颎军。颎下马大战,至日中,刀折矢尽,虏亦引退。颎追之,且斗且行,昼夜相攻,割肉食雪,四十馀日,遂至河首积石山,出塞二千馀里,斩烧何大帅,首虏五千馀人。^[26]又分兵击石城羌,斩首溺死者千六百人。烧当种九十馀口诣颎降。^[27]又杂种羌屯聚白石,^①颎复进击,首虏三千馀人。冬,勒姐、零吾种围允街,^②杀略吏民,颎排营救之,斩获数百人。

①白石,山,在今兰州狄道县东。

②允音铅。街音阶。

四年冬,上郡沈氏、陇西牢姐、乌吾诸种羌共寇并凉二州,颎将湟中义从讨之。凉州刺史郭闳贪共其功,稽固颎军,使不得进。^①义从役久,恋乡旧,皆悉反叛。郭闳归罪于颎,颎坐征下狱,输作左校。羌遂陆梁,覆没营坞,转相招结,唐突诸郡,于是吏人守阙讼颎以千数。朝廷知颎为郭闳所诬,诏问其状。颎但谢罪,不敢言枉,京师称为长者。起于徒中,复拜议郎,迁并州刺史。

①稽固犹停留也。

时滇那等诸种羌五六千人寇武威、张掖、酒泉,烧人庐舍。六年,寇势转盛,凉州几亡。冬,复以颎为护羌校尉,乘驿之职。明年春,羌封僇、良多、滇那等^①酋豪三百五十五人率三千落诣颎降。

当煎、勒姐种犹自屯结。冬，颎将万馀人击破之，斩其酋豪，首虏四千馀人。

①僇音良逐反，又力救反。

八年春，颎复击勒姐种，斩首四百馀级，降者二千馀人。夏，进军击当煎种于湟中，颎兵败，被围三日，用隐士樊志张策，潜师夜出，鸣鼓还战，大破之，首虏数千人。颎遂穷追，展转山谷间，自春及秋，无日不战，虏遂饥困败散，北略武威间。

颎凡破西羌，斩首二万三千级，获生口数万人，马牛羊八百万头，降者万馀落。封颎都乡侯，邑五百户。

永康元年，当煎诸种复反，合四千馀人，欲攻武威，颎复追击于鸾鸟，大破之，①杀其渠帅，斩首三千馀级，西羌于此弭定。

①鸟音爵，县名，属武威郡，故城在今凉州昌松县北也。

而东羌先零等，自覆没征西将军马贤后，朝廷不能讨，遂数寇扰三辅。其后度辽将军皇甫规、中郎将张奂招之连年，既降又叛。桓帝诏问颎曰："先零东羌造恶反逆，而皇甫规、张奂各拥强众，不时辑定。欲颎移兵东讨，未识其宜，可参思术略。"颎因上言曰："臣伏见先零东羌虽数叛逆，而降于皇甫规者，已二万许落，善恶既分，馀寇无几。今张奂踌躇久不进者，当虑外离内合，兵往必惊。且自冬践春，屯结不散，人畜疲羸，自亡之埶，徒更招降，[28]坐制强敌耳。臣以为狼子野心，难以恩纳，①埶穷虽服，兵去复动。唯当长矛挟胁，白刃加颈耳。计东种所馀三万馀落，居近塞内，路无险折，非有燕、齐、秦、赵从横之势，而久乱并、凉，累侵三辅，西河、上郡，已各内徙，安定、北地，复至单危，自云中、五原，西至汉阳二千馀里，匈奴、种羌，并擅其地，是为痈疽伏疾，留滞胁下，如不加诛，转就滋大。今若以骑五千，步万人，车三千两，三冬二夏，足以破定，无虑用费为钱五十四亿。② 如此，则可令群羌破尽，匈奴长服，内徙郡县，得反本土。伏计永初中，诸羌反叛，十有四年，用二百四十亿；永和之末，复经七年，用八十馀亿。费耗若此，犹不诛尽，馀孽复起，于兹作害。今不暂疲人，则永宁无期。臣庶竭驽劣，伏待节度。"帝许之，悉听如所上。

①左传晋叔向母曰"狼子野心"也。

②无虑，都凡也。

建宁元年春，颎将兵万馀人，赍十五日粮，从彭阳直指高平，① 与先零诸种战于逢义山。虏兵盛，颎众恐。颎乃令军中张镟利刃，[29] 长矛三重，挟以强弩，列轻骑为左右翼。激怒兵将曰："今去家数千里，进则事成，走必尽死，努力共功名！"因大呼，众皆应声腾赴，颎驰骑于傍，突而击之，虏众大溃，斩首八千馀级，获牛马羊二十八万头。

①彭阳，高平，并县名，属安定郡。彭阳县即今原州彭原县也。高平县今原州也。

时窦太后临朝，下诏曰："先零东羌历载为患，颎前陈状，欲必埽灭。涉履霜雪，兼行晨夜，身当矢石，感厉吏士。曾未浃日，凶丑奔破，① 连尸积俘，掠获无算。洗雪百年之逋负，以慰忠将之亡魂。② 功用显著，朕甚嘉之。须东羌尽定，当并录功勤。今且赐颎钱二十万，以家一人为郎中。"敕中藏府调金钱彩物，增助军费。拜颎破羌将军。

①浃，匝也。浃音子牒反。谓匝十二辰也。

②东观记曰，太后诏云"此以慰种光、马贤等亡魂"也。

夏,颎复追羌出桥门,至走马水上。^①寻闻虏在奢延泽,^②乃将轻兵兼行,一日一夜二百馀里,晨及贼,击破之。馀虏走向落川,复相屯结。颎乃分遣骑司马田晏将五千人出其东,假司马夏育将二千人绕其西。羌分六七千人攻围晏等,晏等与战,羌溃走。颎急进,与晏等共追之于令鲜水上。^③颎士卒饥渴,乃勒众推方夺其水,^④虏复散走。颎遂与相连缀,且斗且引,及于灵武谷。^⑤颎乃被甲先登,士卒无敢后者。羌遂大败,弃兵而走。追之三日三夜,士皆重茧。^⑥既到泾阳,^⑦馀寇四千落,悉散入汉阳山谷间。

① 东观记段颎(日)传〔曰〕"出桥门谷"也。^{〔30〕}

② 即上郡奢延县界也。

③ 令鲜,水名,在今甘州张掖县界。一名合黎水,一名羌谷水也。

④ 推方谓方头竞进也。

⑤ 灵武,县名,有谷,在今灵州怀远县西北。

⑥ 茧,足下伤起形如茧也。淮南子曰"申包胥曾茧重胝"也。

⑦ 县名,属安定郡。

时张奂上言:"东羌虽破,馀种难尽,颎性轻果,虑负败难常。宜且以恩降,可无后悔。"诏书下颎。颎复上言:"臣本知东羌虽众,而软弱易制,所以比陈愚虑,思为永宁之算。而中郎将张奂,说虏强难破,宜用招降。圣朝明监,信纳瞽言,故臣谋得行,奂计不用。事执相反,遂怀猜恨。信叛羌之诉,饰润辞意,云臣兵累见折衄,^①又言羌一气所生,不可诛尽,^②山谷广大,不可空静,血流污野,伤和致灾。臣伏念周秦之际,戎狄为害,中兴以来,羌寇最盛,诛之不尽,虽降复叛。今先零杂种,累以反复,攻没县邑,剽略人物,发冢露尸,祸及生死,上天震怒,假手行诛。^③昔邢为无道,卫国伐之,师兴而雨。^④臣动兵涉夏,连获甘澍,岁时丰稔,人无疵疫。

上占天心,不为灾伤;⑤下察人事,众和师克。⑥自桥门以西,落川以东,故(宫)〔官〕县邑,更相通属,[31]非为深险绝域之地,车骑安行,无应折衄。案奂为汉吏,身当武职,驻军二年,不能平寇,虚欲修文戢戈,招降犷敌,⑦诞辞空说,僭而无征。何以言之?昔先零作寇,赵充国徙令居内,⑧煎当乱边,马援迁之三辅,⑨始服终叛,至今为鲠。⑩故远识之士,以为深忧。今傍郡户口单少,数为羌所创毒,而欲令降徒与之杂居,是犹种枳棘于良田,养虺蛇于室内也。故臣奉大汉之威,建长久之策,欲绝其本根,不使能殖。⑪本规三岁之费,用五十四亿,今适期年,所耗未半,而馀寇残烬,将向殄灭。⑫臣每奉诏书,军不内御,⑬愿卒斯言,一以任臣,临时量宜,不失权便。"

①伤败曰衄,音女六反。

②言羌亦禀天之一气所生,诛之不可尽也。

③假,借也。尚书曰"皇天降灾,假手于我有命"也。

④左传曰"卫大旱,卜有事于山川,不吉。宁庄子曰:'昔周饥,克殷而年丰。今邢方无道,天欲卫伐邢乎?'从之,师兴而雨"也。

⑤占,候也。

⑥克,胜也。左传曰"师克在和不在众"也。

⑦犷,恶皃也,音谷猛反。

⑧宣帝时,充国击西羌,徙之于金城郡也。

⑨迁置天水、陇西、扶风,见西羌传也。

⑩"鲠"与"梗"同。梗,病也。大雅云:"至今为梗。"

⑪殖,生也。左传曰:"为国家者,见恶如农夫之务去草焉,绝其本根,勿使能殖。"

⑫杜预注左传曰:"烬,火馀木也。"

⑬御,制御也。淮南子曰"国不可从外理,军不可从中御"也。

二年,诏遣谒者冯禅说降汉阳散羌。颎以春农,百姓布野,羌虽暂降,而县官无廪,必当复为盗贼,不如乘虚放兵,埶必歼灭。夏,颎自进营,去羌所屯凡亭山四五十里,遣田晏、夏育将五千人据其山上。羌悉众攻之,厉声问曰:"田晏、夏育在此不?湟中义从羌悉在何面?今日欲决死生。"军中恐,晏等劝激兵士,殊死大战,遂破之。羌众溃,东奔,复聚射虎谷,分兵守诸谷上下门。颎规一举灭之,不欲复令散走,乃遣千人于西县结木为栅,广二十步,长四十里,遮之。①分遣晏、育等将七千人,衔枚夜上西山,结营穿堑,去虏一里许。又遣司马张恺等将三千人上东山。虏乃觉之,遂攻晏等,分遮汲水道。颎自率步骑进击水上,羌却走,因与恺等挟东西山,纵兵击破之,羌复败散。颎追至谷上下门穷山深谷之中,处处破之,斩其渠帅以下万九千级,获牛马驴骡毡裘庐帐什物,不可胜数。冯禅等所招降四千人,分置安定、汉阳、陇西三郡,于是东羌悉平。

①西县属天水郡,[32]故城在今秦州上邽县西南也。

凡百八十战,斩三万八千六百馀级,获牛马羊骡驴骆驼四十二万七千五百馀头,费用四十四亿,军士死者四百馀人。更封新丰县侯,邑万户。颎行军仁爱,士卒疾病者,亲自瞻省,手为裹创。在边十馀年,未尝一日蓐寝。①与将士同苦,故皆乐为死战。

①郭璞曰:"蓐,席也。"言身不自安。

三年春,征还京师,将秦胡步骑五万馀人,及汗血千里马,生口万馀人。诏遣大鸿胪持节慰劳于镐。①军至,拜侍中。转执金吾河南尹。有盗发冯贵人冢,坐左转谏议大夫,再迁司隶校尉。

①镐,水名,在今长安县西。

颎曲意宦官,故得保其富贵,遂党中常侍王甫,枉诛中常侍郑飒、董腾等,增封四千户,并前万四千户。

明年,代李咸为太尉,其冬病罢,复为司隶校尉。数岁,转颍川太守,征拜太中大夫。

光和二年,复代桥玄为太尉。在位月馀,会日食自劾,有司举奏,诏收印绶,诣廷尉。时司隶校尉阳球奏诛王甫,并及颍,就狱中诘责之,遂饮鸩死,家属徙边。后中常侍吕强上疏,追讼颍功,灵帝诏颍妻子还本郡。

初,颍与皇甫威明、张然明,并知名显达,京师称为"凉州三明"云。

赞曰:山西多猛,"三明"俪踪。① 戎骖纠结,尘斥河、潼。② 规、奂审策,殴遏嚣凶。文会志比,更相为容。段追两狄,束马县锋。纷纭腾突,谷静山空。

① 俪,偶也。前书班固曰:"秦汉以来,山东出相,山西出将。"若白起、王翦、李广、辛庆忌之流,皆山西人也。

② 潼,谷名。谷有水,曰潼水,即潼关。

【校勘记】

〔1〕规乃上疏求乞自救　按:殿本无"乞"字,王先谦谓无"乞"字是。

〔2〕流血丹野　殿本"丹"作"川",校补引钱大昭说,谓闽本作"川"。
按:集解引周寿昌说,谓丹野犹赤地也,本书公孙瓒传有"流血丹水"语,与此同,作"丹"为是。

〔3〕言国家不妄有褒贬进退　校补谓案文"妄"当作"闻"。

〔4〕护羌校尉段颍坐征　按"段"字原皆讹"叚",径改正,后如此不悉出校记。

〔5〕臣生长邠岐　按:"岐"原讹"歧",径据汲本、殿本改正。

〔6〕若求猛(敌)〔将〕　据汲本、殿本改。

〔7〕沈氏大豪滇昌饥恬等十馀万口　按:集解引惠栋说,谓袁纪作"二十馀万口"。

〔8〕急使军就道　按:刊误谓"军"上少一字,或"督"或"领"也。

〔9〕才略兼优　按:"兼"原讹"廉",径据汲本、殿本改正。

〔10〕欲退身避第　按:集解引钱大昕说,谓"第"当作"弟",避弟谓己避位而弟得辟召也,此事见风俗通过誉篇,下文"避第仕途"亦"弟"字之讹。

〔11〕及党事大起至时人以为规贤　按:校补谓此文九十一字当在"让封不受"下。以所叙乃张奂已坐党禁锢归田里时事,故称奂为故大司农。据奂传,奂之被禁锢,先因灾应上疏追讼窦武、陈蕃,及言皇太后恩礼不接,触宦官忌,事已在灵帝建宁二年四月矣,不应反列于桓帝永康元年前也。

〔12〕时人以为规贤　按:刊误谓案文当作"以规为贤"。

〔13〕诛邓万　按:校补谓邓万即邓万世,章怀避唐讳,省去一"世"字。

〔14〕敦煌(酒)〔渊〕泉人也　按:集解引钱大昕说,谓酒泉郡名,非县名,当作"渊泉"。汉志敦煌郡有渊泉县,晋志作"深泉",盖避唐讳。章怀本亦当作"深",后人妄改为"酒"耳。胡注通鉴云奂敦煌渊泉人,胡所见本尚未讹也。今据改。注同。

〔15〕(阳)〔瓜〕州晋昌县　汲本、殿本"阳"作"永"。按:刊误谓"永"当作"瓜"。集解引钱大昕说,谓闽本"永"作"阳",考唐书地理志,晋昌县属瓜州,永阳二字俱误。今据改。

〔16〕时牟卿受书于张堪　按:集解引洪亮吉说,谓"张"字应作"周"字。

〔17〕金(食)〔银〕器名　集解引洪颐煊说,谓中山经郭注,鐻,金银器之名。李注"食"当是"银"字之讹。今据改。

〔18〕天乃雷雨以风　按:汲本、殿本"雨"作"电"。

〔19〕穰穰满家　按："穰穰"原讹"禳禳"，径据汲本、殿本改正。

〔20〕乃以五百金买其首以报　按：校补引柳从辰说，谓今新序"首"作"骨"。案北史隐逸传崔赜答豫章王书"燕求马首，薛养鸡鸣"，知古本原有作"首"者。南史郑鲜之传"燕昭市骨而骏足至"，则仍作"骨"。且孔融与魏武论盛孝章书已云"燕君市骏马之骨"，是作"骨"亦由来已久。疑新序自有南北本之别，唐起北方，章怀所据盖是北本。

〔21〕奢非晋文　按：集解引惠栋说，谓"晋"续汉书作"桓"，据注引齐桓公事，疑本书亦元是"桓"字。

〔22〕王愔文志　按：殿本"文志"作"文字志"。

〔23〕所在〔有〕能政　据刊误补。

〔24〕〔会〕宗字子松　据殿本补。

〔25〕司徒尹(讼)〔颂〕荐颖　通鉴胡注谓桓帝纪"讼"作"颂"，作"颂"为是。今据改。注同。

〔26〕首虏五千馀人　按："千"原讹"十"，径据汲本、殿本改正。

〔27〕烧当种九十馀口诣颎降　按：刊误谓烧当一种不止九十馀口，其种中九十口降亦不足记，"十"当作"千"。

〔28〕徒更招降　按："徒"字疑讹，通鉴作"欲"。

〔29〕乃令军中张镞利刃　刊误谓案文镞非可张，未知何字。按：殿本考证谓通鉴"张"作"长"。

〔30〕段颎(日)传〔曰〕　据汲本改。

〔31〕故(宫)〔官〕县邑更相通属　据汲本改。按：刊误谓案文"宫"当作"官"，旧屯田营壁皆是故官也。

〔32〕西县属天水郡　按：集解引洪亮吉说，谓"天水"应作"汉阳"，明帝永平十七年所改也。

后汉书卷六十六

陈王列传第五十六

陈蕃字仲举,汝南平舆人也。祖河东太守。蕃年十五,尝闲处一室,而庭宇芜秽。父友同郡薛勤来候之,谓蕃曰:"孺子何不洒埽以待宾客?"蕃曰:"大丈夫处世,当埽除天下,安事一室乎!"勤知其有清世志,甚奇之。

初仕郡,举孝廉,除郎中。遭母忧,弃官行丧。服阕,刺史周景辟别驾从事,①以谏争不合,投传而去。②后公府辟举方正,皆不就。

①续汉志曰:"别驾从事,校尉行部奉引,总录众事。"

②投,弃也。传谓符也,音丁恋反。

太尉李固表荐,征拜议郎,再迁为乐安太守。①时李膺为青州刺史,名有威政,属城闻风,皆自引去,蕃独以清绩留。郡人周璆,高洁之士。②前后郡守招命莫肯至,唯蕃能致焉。字而不名,特为

1733

置一榻,去则县之。璆字孟玉,临济人,有美名。民有赵宣葬亲而不闭埏隧,③因居其中,行服二十馀年,乡邑称孝,州郡数礼请之。郡内以荐蕃,蕃与相见,问及妻子,而宣五子皆服中所生。蕃大怒曰:"圣人制礼,贤者俯就,不肖企及。④且祭不欲数,以其易黩故也。⑤况乃寝宿冢藏,而孕育其中,诳时惑众,诬汙鬼神乎?"遂致其罪。

①续汉志曰,乐安本名千乘,和帝更名也。

②璆音仇。

③埏隧,今人墓道也。[1]杜预注左传云:"掘地通路曰隧。"

④礼记曰:"三年之丧,可复父母之恩也。贤者俯而就之,不肖者企而及之。"

⑤黩,媟也。礼记曰:"祭不欲数,数则烦,烦则不敬。"

大将军梁冀威震天下,时遣书诣蕃,有所请托,不得通,使者诈求谒,蕃怒,笞杀之,坐左转脩武令。稍迁,拜尚书。[2]

时零陵、桂阳山贼为害,公卿议遣讨之,又诏下州郡,一切皆得举孝廉、茂才。蕃上疏驳之曰:"昔高祖创业,万邦息肩,抚养百姓,同之赤子。①今二郡之民,亦陛下赤子也。致令赤子为害,岂非所在贪虐,使其然乎? 宜严敕三府,隐覈牧守令长,其有在政失和,侵暴百姓者,即便举奏,更选清贤奉公之人,能班宣法令情在爱惠者,可不劳王师,而群贼弭息矣。又三署郎吏二千馀人,三府掾属过限未除,但当择善而授之,简恶而去之。岂烦一切之诏,以长请属之路乎!"以此忤左右,故出为豫章太守。性方峻,不接宾客,士民亦畏其高。②征为尚书令,送者不出郭门。

①尚书曰:"若保赤子,唯人其康乂。"

②蕃丧妻,乡人毕至,唯许子将不往,曰:"仲举性峻,峻则少通,故不

造也。"

迁大鸿胪。会白马令<u>李云</u>抗疏谏,<u>桓帝</u>怒,当伏〔重〕诛。[3]<u>蕃</u>上书救<u>云</u>,坐免归田里。

复征拜议郎,数日迁光禄勋。时封赏踰制,内宠猥盛,<u>蕃</u>乃上疏谏曰:"臣闻有事社稷者,社稷是为;有事人君者,容悦是为。今臣蒙恩圣朝,备位九列,见非不谏,则容悦也。夫诸侯上象四七,垂燿在天,下应分土,藩屏上国。①<u>高祖</u>之约,非功臣不侯。而闻追录<u>河南尹邓万世父遵</u>之微功,更爵尚书令<u>黄儁</u>先人之绝封,近习以非义授邑,左右以无功传赏,授位不料其任,裂土莫纪其功,至乃一门之内,侯者数人,故纬象失度,阴阳谬序,稼用不成,民用不康。臣知封事已行,言之无及,诚欲陛下从是而止。又比年收敛,十伤五六,万人饥寒,不聊生活,而采女数千,食肉衣绮,脂油粉黛,不可赀计。②鄙谚言'盗不过五女门',以女贫家也。今后宫之女,岂不贫国乎!是以倾宫嫁而天下化,③<u>楚</u>女悲而<u>西宫</u>灾。④且聚而不御,必生忧悲之感,以致并隔水旱之困。夫狱以禁止奸违,官以称才理物。若法亏于平,官失其人,则王道有缺。而令天下之论,[4]皆谓狱由怨起,爵以贿成。夫不有臭秽,则苍蝇不飞。陛下宜采求失得,择从忠善。尺一选举,委尚书三公,⑤使褒责诛赏,各有所归,岂不幸甚!"帝颇纳其言,为出宫女五百馀人,但赐<u>儁</u>爵关内侯,而<u>万世</u>南乡侯。

①上象四七,谓二十八宿各主诸侯之分野,故曰下应分土,言皆以辅王室也。

②赀,量也。

③<u>帝王纪</u>曰"<u>纣</u>作倾宫,多采美女以充之。<u>武王</u>伐<u>殷</u>,乃归倾宫之女于诸侯"也。

④公羊传曰:"西宫灾。"何休注云:"时僖公为齐桓所胁,以齐媵为嫡,楚女废居西宫,而不见恤,悲愁怨旷所生。"

⑤尺一谓板长尺一,以写诏书也。

延熹六年,车驾幸广(城)〔成〕校猎。①[5]蕃上疏谏曰:"臣闻人君有事于苑囿,唯仲秋西郊,顺时讲武,杀禽助祭,以敦孝敬。如或违此,则为肆纵。故皋陶戒舜'无教逸游',②[6]周公戒成王'无槃于游田'。③虞舜、成王犹有此戒,况德不及二主者乎!夫安平之时,尚宜有节,况当今之世,有三空之厄哉![7]田野空,朝廷空,仓库空,是谓三空。加兵戎未戢,四方离散,是陛下焦心毁颜,坐以待旦之时也。岂宜扬旗曜武,骋心舆马之观乎!又(前)秋〔前〕多雨,[8]民始种麦。今失其劝种之时,而令给驱禽除路之役,非贤圣恤民之意也。齐景公欲观于海,放乎琅邪,晏子为陈百姓恶闻旌旗舆马之音,举首嚬眉之感,景公为之不行。周穆王欲肆车辙马迹,祭公谋父为诵祈招之诗,以止其心。诚恶逸游之害人也。"④书奏不纳。

①广(城)〔成〕,苑名,在今汝州梁县西也。

②尚书咎繇谟曰:"无教逸欲有邦。"

③尚书无逸篇之言。

④祭公,祭国公,为周卿士。谋父,名也。祈招,逸诗也。左传曰:"昔周穆王欲肆其心,周行天下,将皆必有车辙马迹焉。祭公谋父作祈招之诗以止王心。其诗曰:'祈招之愔愔,式昭德音,思我王度,式如玉,式如金。刑人之力,而无醉饱之心。'"

自蕃为光禄勋,与五官中郎将黄琬共典选举,不偏权富,而为执家郎所谮诉,坐免归。顷之,征为尚书仆射,转太中大夫。八年,代杨秉为太尉。蕃让曰:"'不愆不忘,率由旧章,'①臣不如太常胡广。齐七政,训五典,臣不如议郎王畅。聪明亮达,文武兼姿,[9]

臣不如弛刑徒李膺。"帝不许。

①诗大雅也。言成王令德，不过误，不遗失，循用旧典文章，谓周公之礼
法也。

中常侍苏康、管霸等复被任用，遂排陷忠良，共相阿媚。大司
农刘祐、廷尉冯绲、①河南尹李膺，皆以忤旨，为之抵罪。蕃因朝
会，固理膺等，请加原宥，升之爵任。言及反覆，诚辞恳切。帝不
听，因流涕而起。时小黄门赵津、[10]南阳大猾张(氾)〔汜〕等，[11]奉
事中官，乘埶犯法，二郡太守刘瓆、成瑨考案其罪，虽经赦令，而并
竟考杀之。[12]宦官怨恚，有司承旨，遂奏瓆、瑨罪当弃市。又山阳
太守翟超，没入中常侍侯览财产，东海相黄浮，诛杀下邳令徐宣，
超、浮并坐髡钳，输作左校。蕃与司徒刘矩、[13]司空刘茂共谏请
瓆、瑨、超、浮等，帝不悦。有司劾奏之，矩、茂不敢复言。蕃乃独上
疏曰："臣闻齐桓修霸，务为内政；②春秋于鲁，小恶必书。③宜先自
整勑，后以及人。今寇贼在外，四支之疾；内政不理，心腹之患。臣
寝不能寐，食不能饱，实忧左右日亲，忠言以疏，内患渐积，外难方
深。陛下超从列侯，继承天位。④小家畜产百万之资，子孙尚耻愧
失其先业，况乃产兼天下，受之先帝，而欲懈怠以自轻忽乎？诚不
爱己，不当念先帝得之勤苦邪？前梁氏五侯，毒徧海内，⑤天启圣
意，收而戮之，天下之议，冀当小平。明鉴未远，覆车如昨，而近习
之权，复相扇结。小黄门赵津、大猾张(氾)〔汜〕等，肆行贪虐，奸媚
左右，前太原太守刘瓆、南阳太守成瑨，纠而戮之。虽言赦后不当
诛杀，原其诚心，在乎去恶。至于陛下，有何惜惜？⑥而小人道长，
营惑圣听，[14]遂使天威为之发怒。如加刑谪，已为过甚，况乃重
罚，令伏欧刀乎！又前山阳太守翟超、东海相黄浮，奉公不桡，疾恶

如仇,<u>超</u>没侯<u>览</u>财物,<u>浮</u>诛<u>徐宣</u>之罪,并蒙刑坐,不逢赦恕。<u>览</u>之从横,没财已幸;<u>宣</u>犯蚌过,死有馀辜。昔丞相<u>申屠嘉</u>召责<u>邓通</u>,洛阳令<u>董宣</u>折辱公主,而<u>文帝</u>从而请之,<u>光武</u>加以重赏,⑦未闻二臣有专命之诛。而今左右群竖,恶伤党类,妄相交搆,致此刑谴。闻臣是言,当复啼诉。陛下深宜割塞近习豫政之源,引纳尚书朝省之事,公卿大官,五日壹朝,⑧简练清高,斥黜佞邪。如是天和于上,地洽于下,休祯符瑞,岂远乎哉!陛下虽厌毒臣言,凡人主有自勉强,敢以死陈。"帝得奏愈怒,竟无所纳。朝廷众庶莫不怨之。宦官由此疾蕃弥甚,选举奏议,辄以中诏谴却,长(吏)〔史〕已下多至抵罪。[15]犹以蕃名臣,不敢加害。<u>瑨</u>字<u>文理</u>,<u>高唐</u>人。⑨<u>璿</u>字<u>幼平</u>,<u>陕</u>人。[16]并有经术称,处位敢直言,多所搏击,知名当时,皆死于狱中。

①音古本反。

②国语曰:"桓公问管仲曰:'安国可乎?'对曰:'未可。君若正卒伍,修甲兵,大国亦如之。若欲速得志于天下诸侯,则可以隐令,可以寄政。'公曰:'隐令寄政若何?'对曰:'作内政而寄军令焉。'"

③公羊传庄公四年,公及齐人狩于郜,讥其与雠狩也。僖公二十年,新作南门,讥其奢也。故曰"小恶必书"也。

④言桓帝以蠡吾侯即位。

⑤五侯谓胤、让、淑、忠、戟五人,与冀同时诛。事见冀传也。

⑥说文曰:"悁悁,恚忿。"

1738

⑦<u>文帝</u>时,太中大夫<u>邓通</u>爱幸,居上旁有怠慢礼。丞相<u>申屠嘉</u>入朝,因见之,为檄召<u>通</u>。<u>通</u>至,<u>嘉</u>曰:"<u>通</u>小臣,戏殿上,大不敬,当斩。"<u>通</u>顿首,首尽出血。<u>文帝</u>使召<u>通</u>,而谢丞相曰"吾弄臣,君释之"也。<u>湖阳公主</u>苍头白日杀人,匿主家,吏追不得。公主出,<u>宣</u>驻车叩马,以刀画地数主。主言于帝,帝赐<u>宣</u>钱三十万。语见<u>董宣</u>传。

⑧宣帝五日一听事,自丞相巳下,各敷奏其言。

⑨高唐,县名,今博州县也。

九年,李膺等以党事下狱考实。蕃因上疏极谏曰:"臣闻贤明之君,委心辅佐;亡国之主,讳闻直辞。故汤武虽圣,而兴于伊吕;桀纣迷惑,亡在失人。①由此言之,君为元首,臣为股肱,同体相须,其成美恶者也。②伏见前司隶校尉李膺、太仆杜密、太尉掾范滂等,正身无玷,死心社稷。以忠忤旨,横加考案,或禁锢闭隔,或死徙非所。杜塞天下之口,聋亡一世之人,与秦焚书阬儒,何以为异?③昔武王克殷,表闾封墓,④今陛下临政,先诛忠贤。遇善何薄?待恶何优?夫谗人似实,巧言如簧,⑤使听之者惑,视之者昏。夫吉凶之效,存乎识善;成败之机,在于察言。人君者,摄天地之政,秉四海之维,举动不可以违圣法,进退不可以离道规。谬言出口,则乱及八方,何况髡无罪于狱,杀无辜于市乎!昔禹巡狩苍梧,见市杀人,下车而哭之曰:'万方有罪,在予一人!'故其兴也勃焉。⑥又青、徐炎旱,五穀损伤,民物流迁,茹菽不足。⑦而宫女积于房掖,国用尽于罗纨,外戚私门,贪财受赂,所谓'禄去公室,政在大夫'。⑧昔春秋之末,周德衰微,数十年间无复灾眚者,天所弃也。⑨天之于汉,悢悢无已,⑩故殷勤示变,以悟陛下。除妖去孽,实在修德。臣位列台司,忧责深重,不敢尸禄惜生,坐观成败。如蒙采录,使身首分裂,异门而出,所不恨也。"⑪帝讳其言切,托以蕃辟召非其人,遂策免之。

①关龙逢,桀臣。王子比干,纣诸父,二人并谏,悉皆诛死。

②前书曰"君为元首,臣为股肱,明其一体相须而成"也。

③秦始皇时,丞相李斯上言曰:"天下已定,百姓力农。今诸生好古,惑乱黔首,臣请史官非秦记及天下敢有藏诗、书、百家语者,悉烧之。"事

见史记。卫宏诏定古文官书序曰："秦既焚书,患苦天下不从所改更,而诸生到者拜为郎,前后七百人。乃密令种瓜于骊山阮谷中温处,瓜实,诏博士说之,人人不同。乃令就视,为伏机,诸生贤儒皆至焉,方相难不决,因发机从上填之以土,皆压之,终乃无声。"今新丰县温汤处号愍儒乡。汤西有马谷,西岸有阮,古老相传以为秦阮儒处也。

④史记武王克殷,命毕公表商容之间,闳天封比干之墓也。

⑤诗小雅曰:"巧言如簧,颜之厚矣。"簧,笙簧也。言谗人之口以喻笙簧也。

⑥说苑曰:[17]"禹见罪人,下车泣而问之。左右曰:'夫罪人不顺,故使杀焉,君王何为痛之至此也!'禹曰:'尧舜之人,皆以尧舜之心为心。今寡人为君也,百姓各自以其心,是以痛之。'"书曰:"百姓有罪,在予一人。"左传曰:"禹汤罪己,其兴也勃焉。桀纣罪人,其亡也忽焉。"杜预注曰:"勃,盛也。"

⑦广雅曰:"茹,食也。"

⑧论语孔子之言也。

⑨春秋感精符曰:"鲁哀公政乱,绝无日食,天不谴告也。"

⑩悢悢犹眷眷也。

⑪榖梁传曰"公会齐侯于颊谷,齐人使优施舞于鲁之幕下。孔子曰:'笑君者罪当死。'使司马行法焉,首足异门而出"也。

永康元年,帝崩。窦后临朝,诏曰:"夫民生树君,使司牧之,必须良佐,以固王业。①前太尉陈蕃,忠清直亮。其以蕃为太傅,录尚书事。"时新遭大丧,国嗣未立,诸尚书畏惧权官,托病不朝。蕃以书责之曰:"古人立节,事亡如存。②今帝祚未立,政事日蹙,诸君奈何委荼蓼之苦,息偃在床?③于义不足,焉得仁乎!"诸尚书惶怖,皆起视事。

①前书谷永曰"臣闻天生蒸人,不能相持,[18]为立王者以统理之

（故）"也。[19]

②言人主虽亡,法度尚存,[20]当行之与不亡时同,故曰"如存"。前书爰
盎曰"主在与在,主亡与亡"也。

③诗国风曰:"谁谓荼苦,其甘如荠。"周颂曰:"未堪家多难,予又集
于蓼。"

灵帝即位,窦太后复优诏蕃曰:"盖褒功以劝善,表义以厉俗,
无德不报,大雅所叹。①太傅陈蕃,辅弼先帝,出内累年。②忠孝之
美,德冠本朝;謇愕之操,华首弥固。③今封蕃高阳乡侯,食邑三百
户。"蕃上疏让曰:"使者即臣庐,授高阳乡侯印绶,④臣诚悼心,不
知所裁。臣闻让,身之文,德之昭也,然不敢盗以为名。窃惟割地
之封,功德是为。臣执自思省,前后历职,无它异能,合亦食禄,不
合亦食禄。臣虽无素絜之行,窃慕'君子不以其道得之,不居
也'。⑤若受爵不让,掩面就之,⑥使皇天震怒,[21]灾流下民,于臣
之身,亦何所寄? 顾惟陛下哀臣朽老,戒之在得。"⑦窦太后不许,
蕃复固让,章前后十上,竟不受封。

①诗大雅曰:"无言不雠,无德不报。"

②内音纳。尚书曰"出纳朕命"也。

③齐宣王对闾丘卬曰:"夫士亦华发堕颠而后可用。"见新序。

④即,就也。

⑤论语孔子曰:"富与贵是人之所欲,不以其道得之,不处也。"

⑥诗小雅曰"受爵不让,至于已斯亡。"注云:"爵禄不以相让,故怨祸及
之"也。

⑦论语孔子曰:"及其老也,血气既衰,戒之在得。"注云:"得,贪也。"

初,桓帝欲立所幸田贵人为皇后。蕃以田氏卑微,窦族良家,
争之甚固。帝不得已,乃立窦后。及后临朝,故委用于蕃。蕃与后

父大将军窦武，同心尽力，征用名贤，共参政事，天下之士，莫不延颈想望太平。而帝乳母赵娆，且夕在太后侧，①中常侍曹节、王甫等与共交构，诏事太后。太后信之，数出诏命，有所封拜，及其支类，多行贪虐。蕃常疾之，志诛中官，会窦武亦有谋。蕃自以既从人望而德于太后，必谓其志可申，乃先上疏曰："臣闻言不直而行不正，则为欺乎天而负乎人。危言极意，则群凶侧目，祸不旋踵。钧此二者，臣宁得祸，不敢欺天也。今京师嚣嚣，道路喧譁，言侯览、曹节、公乘昕、王甫、郑飒等与赵夫人诸女尚书并乱天下。②附从者升进，忤逆者中伤。③方今一朝群臣，如河中木耳，汎汎东西，耽禄畏害。陛下前始摄位，顺天行诛，苏康、管霸并伏其辜。是时天地清明，人鬼欢喜，奈何数月复纵左右？元恶大奸，莫此之甚。今不急诛，必生变乱，倾危社稷，其祸难量。愿出臣章宣示左右，并令天下诸奸知臣疾之。"太后不纳，朝廷闻者莫不震恐。蕃因与窦武谋之，语在武传。

①娆音乃了反。

②赵夫人即赵娆也。女尚书，宫内官也。

③前书刘向上书论王凤曰"称誉者登进，忤恨者诛伤"也。

及事泄，曹节等矫诏诛武等。蕃时年七十馀，闻难作，将官属诸生八十馀人，并拔刃突入承明门，攘臂呼曰："大将军忠以卫国，黄门反逆，何云窦氏不道邪？"王甫时出，与蕃相连，①适闻其言，而让蕃曰："先帝新弃天下，山陵未成，窦武何功，兄弟父子，一门三侯？又多取掖庭宫人，作乐饮宴，旬月之间，赀财亿计。大臣若此，是为道邪？公为栋梁，枉桡阿党，复焉求贼！"遂令收蕃。蕃拔剑叱甫，甫兵不敢近，乃益人围之数十重，遂执蕃送黄门北寺狱。黄门从官骑②蹋蹴蕃曰："死老魅！复能损我曹员数，夺我曹禀假不？"即日害之。徙其家属于比景，宗族、门生、故吏皆斥免禁锢。

①连犹遇也。

②骑，骑士也。

蕃友人陈留朱震，时为铚令，①闻而弃官哭之，收葬蕃尸，匿其子逸于甘陵界中。事觉系狱，合门桎梏。震受考掠，誓死不言，故逸得免。后黄巾贼起，大赦党人，乃追还逸，官至鲁相。

①铚，县，属沛郡。

震字伯厚，初为州从事，奏济阴太守单匡臧罪，并连匡兄中常侍车骑将军超。[22]桓帝收匡下廷尉，以谴超，超诣狱谢。三府谚曰："车如鸡栖马如狗，疾恶如风朱伯厚。"

论曰：桓、灵之世，若陈蕃之徒，咸能树立风声，抗论惛俗。而驱驰崄陀之中，与刑人腐夫同朝争衡，①终取灭亡之祸者，彼非不能絜情志，违埃雾也。②愍夫世士以离俗为高而人伦莫相恤也。[23]以遁世为非义，故屡退而不去；以仁心为己任，虽道远而弥厉。③及遭际会，[24]协策窦武，自谓万世一遇也，懔懔乎伊、望之业矣！④功虽不终，然其信义足以携持民心。汉世乱而不亡，百馀年间，数公之力也。

①前书班固曰："相与提衡。"音义云："衡，平也。言二人齐也。"

②违，避也。

③论语曰："仁以为己任，不亦重乎！死而后已，不亦远乎！"

④懔懔，有风采之貌也。

王允字子师,太原祁人也。①世仕州郡为冠盖。同郡郭林宗尝见允而奇之,曰:"王生一日千里,王佐才也。"②遂与定交。

①祁,今并州县也。

②史记曰,田光谓燕太子丹曰:"臣闻骥壮盛之时,一日千里;至其老也,驽马先之。"

年十九,为郡吏。时小黄门晋阳赵津贪横放恣,为一县巨患,允讨捕杀之。而津兄弟诸事宦官,因缘谮诉,桓帝震怒,征太守刘瓆,遂下狱死。允送丧还平原,终毕三年,然后归家。复还仕,郡人有路佛者,[25]少无名行,而太守王球召以补吏,允犯颜固争,球怒,收允欲杀之。刺史邓盛闻而驰传辟为别驾从事。允由是知名,而路佛以之废弃。

允少好大节,有志于立功,常习诵经传,朝夕试驰射。三公并辟,以司徒高第为侍御史。中平元年,黄巾贼起,特选拜豫州刺史。辟荀爽、孔融等为从事,上除禁党。[26]讨击黄巾别帅,大破之,与左中郎将皇甫嵩、右中郎将朱儁等受降数十万。于贼中得中常侍张让宾客书疏,与黄巾交通,允具发其奸,以状闻。灵帝责怒让,让叩头陈谢,竟不能罪之。而让怀协忿怨,[27]以事中允。①明年,遂传下狱。②[28]

①中,伤也。

②传,逮也。

会赦,还复刺史。旬日间,复以它罪被捕。司徒杨赐以允素高,不欲使更楚辱,①乃遣客谢之曰:"君以张让之事,故一月再征。凶匿难量,幸为深计。"②又诸从事好气决者,共流涕奉药而进之。允厉声曰:"吾为人臣,获罪于君,当伏大辟以谢天下,岂有乳药求死乎!"投杯而起,出就槛车。既至廷尉,左右皆促其事,朝臣莫不叹息。大将军何进、太尉袁隗、司徒杨赐共上疏请之曰:^[29]"夫内视反听,则忠臣竭诚;宽贤矜能,则义士厉节。③是以孝文纳冯唐之说,④晋悼宥魏绛之罪。⑤允以特选受命,诛逆抚顺,曾未期月,州境澄清。方欲列其庸勋,请加爵赏,而以奉事不当,当肆大戮。责轻罚重,有亏众望。臣等备位宰相,不敢寝默。诚以允宜蒙三槐之听,以昭忠贞之心。"⑥书奏,得以减死论。是冬大赦,而允独不在宥,三公咸复为言。至明年,乃得解释。是时宦者横暴,睚眦触死。⑦允惧不免,乃变易名姓,转侧河内、陈留间。⑧

①更,经也。楚,苦痛。

②深计谓令自死。

③内视,自视也。反听,自听也。言皆恕己,不责于人也。

④文帝时,魏尚为云中守,下吏免。冯唐为郎中署长,奏言:"臣闻魏
尚为云中守,上功首虏差六级,陛下下之吏,削其爵。愚以为陛下法
太明,赏太轻,罚太重。"帝即日赦尚复为云中太守。

⑤左传曰:晋悼公之弟杨干乱行于曲梁,魏绛戮其仆。公怒之。绛曰:
"臣闻师众以顺为武,军事有死无犯为敬。臣惧其死,以及杨干,无所
逃罪。"公曰:"寡人有弟不能教训,使干大命,寡人之过也。子无重寡
人之过。"与之礼食,使佐新军。

⑥周礼朝士职,三槐、九棘,公卿于下听讼,故曰"三槐之听"。

⑦睚音五懈反。眦音士懈反。前书曰:"原涉好杀,睚眦于尘中,触死者
甚多。"

⑧转侧犹去来也。

及帝崩,乃奔丧京师。时大将军何进欲诛宦官,召允与谋事,请为从事中郎,转河南尹。献帝即位,拜太仆,再迁守尚书令。

初平元年,代杨彪为司徒,守尚书令如故。及董卓迁都关中,允悉收敛兰台、石室图书秘纬要者以从。既至长安,皆分别条上。又集汉朝旧事所当施用者,一皆奏之。经籍具存,允有力焉。时董卓尚留洛阳,朝政大小,悉委之于允。允矫情屈意,每相承附,卓亦推心,不生乖疑,故得扶持王室于危乱之中,臣主内外,莫不倚恃焉。

允见卓祸毒方深,篡逆已兆,密与司隶校尉黄琬、尚书郑公业等谋共诛之。乃上护羌校尉杨瓒行左将军事,执金吾士孙瑞为南阳太守,并将兵出武关道,以讨袁术为名,实欲分路征卓,而后拔天子还洛阳。卓疑而留之,允乃引内瑞为仆射,瓒为尚书。

二年,卓还长安,录入关之功,封允为温侯,食邑五千户。固让不受。士孙瑞说允曰:“夫执谦守约,存乎其时。公与董太师并位俱封,而独崇高节,岂和光之道邪?”①允纳其言,乃受二千户。

①老子曰:“和其光,同其尘。”

三年春,连雨六十馀日,允与士孙瑞、杨瓒登台请霁,复结前谋。①瑞曰:“自岁末以来,太阳不照,霖雨积时,月犯执法,②彗孛仍见,昼阴夜阳,雾气交侵,此期应促尽,内发者胜。几不可后,公其图之。”允然其言,乃潜结卓将吕布,使为内应。会卓入贺,吕布因刺杀之。语在卓传。③

①说文曰:“霁,雨止也。”郭璞曰:“南阳人呼雨止曰霁。”

②执法,星名。史记曰“太微南四星曰执法”也。

③帝时疾愈,故入贺也。

允初议赦卓部曲,吕布亦数劝之。既而疑曰:“此辈无罪,从其主耳。今若名为恶逆而特赦之,适足使其自疑,非所以安之之道也。”吕布又欲以卓财物班赐公卿、将校，允又不从。而素轻布，以剑客遇之。布亦负其功劳，多自夸伐，既失意望，渐不相平。

允性刚棱疾恶，①初惧董卓豺狼，故折节图之。卓既歼灭，自谓无复患难，及在际会，每乏温润之色，杖正持重，不循权宜之计，是以群下不甚附之。

①棱，威稜也，力登反。

董卓将校及在位者多凉州人，允议罢其军。或说允曰：“凉州人素惮袁氏而畏关东。今若一旦解兵（关东），[30]则必人人自危。可以皇甫义真为将军，就领其众，因使留陕以安抚之，而徐与关东通谋，以观其变。”允曰：“不然。关东举义兵者，皆吾徒耳。今若距险屯陕，虽安凉州，而疑关东之心，甚不可也。”时百姓讹言，当悉诛凉州人，遂转相恐动。其在关中者，皆拥兵自守。更相谓曰：“丁彦思、蔡伯喈但以董公亲厚，并尚从坐。[31]今既不赦我曹，而欲解兵，今日解兵，明日当复为鱼肉矣。”卓部曲将李傕、郭汜等先将兵在关东，因不自安，遂合谋为乱，攻围长安。城陷，吕布奔走。布驻马青琐门外，①招允曰：“公可以去乎？”允曰：“若蒙社稷之灵，上安国家，吾之愿也。如其不获，则奉身以死之。朝廷幼少，恃我而已，②临难苟免，吾不忍也。努力谢关东诸公，勤以国家为念。”

①前书音义曰：“以青画户边镂中，天子制也。”

②朝廷谓天子也。

初，允以同郡宋翼为左冯翊，王宏为右扶风。是时三辅民庶炽盛，兵穀富实，李傕等欲即杀允，惧二郡为患，乃先征翼、宏。宏遣使谓翼曰：“郭汜、李傕以我二人在外，故未危王公。今日就征，明日俱族。计将安出？”翼曰：“虽祸福难量，然王命所不得避也。”宏曰:"义兵鼎沸,在于董卓,况其党与乎!若举兵共讨君侧恶人,山东必应之,此转祸为福之计也。"翼不从。宏不能独立,遂俱就征,下廷尉。傕乃收允及翼、宏,并杀之。

允时年五十六。长子侍中盖、次子景、定及宗族十馀人皆见诛害,唯兄子晨、陵得脱归乡里。天子感恸,百姓丧气,莫敢收允尸者,唯故吏平陵令赵戬弃官营丧。①

①戬音翦。

王宏字长文,少有气力,不拘细行。初为弘农太守,考案郡中有事宦官买爵位者,虽位至二千石,皆掠考收捕,遂杀数十人,威动邻界。素与司隶校尉胡种有隙,及宏下狱,种遂迫促杀之。宏临命诟①曰:"宋翼竖儒,不足议大计。②胡种乐人之祸,祸将及之。"种后眠辄见宏以杖击之,因发病,数日死。

①诟,骂也,音火豆反。
②竖者,言贱劣如僮竖。

后迁都于许,帝思允忠节,使改殡葬之,遣虎贲中郎将奉策吊祭,赐东园秘器,赠以本官印绶,送还本郡。封其孙黑为安乐亭侯,[32]食邑三百户。

土孙瑞字君策,[33]扶风人,颇有才谋。瑞以允自专讨董卓之劳,故归功不侯,所以获免于难。后为国三老、光禄大夫。每三公缺,杨彪、皇甫嵩皆让位于瑞。兴平二年,从驾东归,为乱兵所杀。

赵戬字叔茂,长陵人,性质正多谋。初平中,为尚书,典选举。董卓数欲有所私授,戬辄坚拒不听,言色强厉。卓怒,召将杀之,众人悚慄,而戬辞貌自若。卓悔,谢释之。长安之乱,客于荆州,刘表厚礼焉。及曹操平荆州,乃辟之,执戬手曰:"恨相见晚。"卒相国钟繇长史。①

①钟繇字元常,魏太祖时为相国。

论曰:士虽以正立,亦以谋济。若王允之推董卓而引其权,伺其间而敝其罪,当此之时,天下悬解矣。①而终不以猜忤为衅者,知其本于忠义之诚也。故推卓不为失正,分权不为苟冒,伺间不为狙诈。及其谋济意从,则归成于正也。

①庄子曰:"斯所谓帝之悬解。"悬解喻安泰也。

赞曰:陈蕃芜室,志清天纲。人谋虽缉,幽运未当。①言观殄瘁,曷非云亡?②子师图难,晦心倾节。③功全元丑,身残馀孽。时有隆夷,事亦工拙。④

①缉,合也。易下系曰:"人谋鬼谋。"言蕃设谋虽合,而冥运未符也。

②殄,尽也。瘁,病也。言国将殄瘁,岂不由贤人云亡乎?诗大雅曰"人之云亡,邦国殄瘁"也。

③谓矫性屈意于董卓。

④诛卓为工,被杀为拙也。

【校勘记】

〔1〕埏隧今人墓道也　按:汲本"人"作"入"。

〔2〕稍迁拜尚书　按:校补谓案文"拜"上当有"召"字。

〔3〕当伏〔重〕诛　据汲本、殿本补。

〔4〕而令天下之论　按:刊误谓案文"令"当作"今"。

〔5〕车驾幸广(城)〔成〕校猎　按:集解引钱大昕说,谓"城"当作"成",马融上广成颂,即此。今据改。注同。

〔6〕无教逸游　按:"教"原讹"放",径据汲本、殿本改正。

〔7〕有三空之厄哉　按:校补引柳从辰说,谓御览四五二引本书,"厄"
　　作"危"。

〔8〕又(前)秋〔前〕多雨　据殿本改。

〔9〕文武兼姿　按:刊误谓姿是姿貌,此当作"资"。

〔10〕时小黄门赵津　按:钱大昕谓据王允传称"小黄门晋阳赵津",此传
　　"小黄门"下无"晋阳"字,则"二郡"文不可通矣。

〔11〕南阳大猾张(氾)(氾)　按汲本、殿本改。下同。按:岑晊传作"张
　　氾",氾与氾同。

〔12〕而并竟考杀之　按:刊误谓案汉、魏鞫狱皆云"考竟",此误倒。

〔13〕蕃与司徒刘矩　集解引惠栋说,谓考异云时胡广为司徒,非矩也,
　　栋案刘恺传,考异非也。今按:刘矩未尝为司徒,考异说是。刘恺
　　传亦误,参阅刘恺传校记。

〔14〕营惑圣听　按:何焯校本改"营"为"荧"。

〔15〕长(吏)〔史〕已下多至抵罪　刊误谓案文"吏"当作"史",太尉府有
　　长史,故因蕃见谴也。今据改。

〔16〕瑶字幼平陕人　按:"陕"原讹"陜",径据汲本改正。

〔17〕说莞曰　汲本、殿本"莞"作"苑"。按:苑莞通。

〔18〕不能相持　殿本"持"作"治"。案"治"作"持",避唐讳改。

〔19〕为立王者以统理之(故)也　据殿本删,与前书谷永传合。

〔20〕法度尚存　按:汲本、殿本"存"作"在"。

〔21〕使皇天震怒　按:"震"原讹"振",径据汲本、殿本改正。

〔22〕并连匡兄中常侍车骑将军超　按:校补谓宦者传又谓匡为超弟
　　之子。

〔23〕而人伦莫相恤也　按:李慈铭谓治要"莫"下有"能"字,当据增。

〔24〕及遭际会　按:李慈铭谓治要"遭"下有"值"字,当据增。

〔25〕复还仕郡人有路佛者　按:张森楷谓"郡"下当更有一"郡"字。

〔26〕上除禁党　按:李慈铭谓"禁党"当作"党禁"。

〔27〕而让怀协忿怨　汲本、殿本"协"作"挟"。按:协挟古字通,党锢传"怀经协术",黄琼传"黄门协邪",皆借"协"为"挟"也。

〔28〕明年遂传下狱　按:校补引柳从辰说,谓"明年"二字衍,盖黄巾起事及允之讨击黄巾别帅,发张让之奸,皆中平元年二三月事,下狱会赦,还复刺史,旬日间复以它罪被捕,仍不出元年三月也。

〔29〕太尉袁隗司徒杨赐　通鉴考异谓隗、赐时皆不为此官,恐误。按:通鉴系此事于中平元年冬十二月,故考异云然。柳从辰谓隗、赐之与何进共上疏请,乃在元年二三月间,其时袁隗为司徒,杨赐为太尉,不过官名互误耳。

〔30〕今若一旦解兵(关东)　刊误谓案文多"关东"二字。今据删。按:集解引王补说,谓通鉴作"解兵开关"。

〔31〕丁彦思蔡伯喈但以董公亲厚并尚从坐　按:集解引洪亮吉说,谓丁彦思不知何人,陈、范二史于卓传俱不载,裴松之注极详,亦不及此。又引王补说,谓通鉴无"丁彦思"三字。

〔32〕封其孙黑为安乐亭侯　按:校补引柳从辰说,谓袁纪"黑"作"异"。

〔33〕士孙瑞字君策　按:集解引惠栋说,谓"策"一作"荣",见三辅决录。

后 汉 书 卷 六 十 七

党锢列传第五十七

孔子曰:"性相近也,习相远也。"言嗜恶之本同,而迁染之涂异也。①夫刻意则行不肆,牵物则其志流。②是以圣人导人理性,裁抑宕佚,慎其所与,节其所偏,虽情品万区,质文异数,至于陶物振俗,其道一也。③叔末浇讹,王道陵缺,④而犹假仁以效己,凭义以济功。举中于理,则强梁褫气;片言违正,则厮台解情。盖前哲之遗尘,有足求者。⑤

①嗜犹好也。恶音乌故反。言人好恶,各有本性,迁染者,由其所习。尚书曰:"唯人生厚,因物有迁。"墨子曰:"墨子见染丝者,泣而叹曰:'染于苍则苍,染于黄则黄,故染不可不慎也。非独染丝然也,国亦有染。汤染于伊尹,故王天下;殷纣染于恶来,故国残身死,为天下僇。'"

②刻意,刻削其意不得自恣也。庄子曰:"刻意尚行,离时异俗。"行音下孟反。肆犹放纵也。牵物谓为物所牵制,则其志流宕忘反也。淮南

子曰:"非拘系牵连于物,而不与推移也。"

③陶谓陶冶以成之。管子曰:"夫法之制人,犹陶之于埴,冶之于金也。"埴音植。

④叔末犹季末也。谓当春秋之时。

⑤襭犹夺也,音直纸反。厮台,贱人也。齐侯伐楚,楚子使与师言曰:"君处北海,寡人处南海,唯是风马牛不相及也,不虞君之涉吾地也。何故?"管仲对曰:"尔贡苞茅不入,王祭不供,无以缩酒,寡人是征。"对曰:"贡之不入,寡君之罪也。"遂使屈完与齐盟于召陵。此强梁襭气也。又晋吕甥、郤芮将焚公宫而杀晋侯,寺人披请见,公使让之,且辞曰:"汝为惠公来求杀余,命汝三宿,汝中宿而至。虽君有命,何其速也?"对曰:"臣谓君之入也,其知之矣。若犹未也,又将及难。[1]君命无二,古之制也。除君之恶,唯力是视,蒲人狄人,余何有焉。今君即位,其无蒲、狄乎?"此为厮台解情也。并见左传。

霸德既衰,狙诈萌起。①强者以决胜为雄,弱者以诈劣受屈。至有画半策而绾万金,开一说而锡琛瑞。②或起徒步而仕执圭,解草衣以升卿相。③士之饰巧驰辩,以要能钓利者,不期而景从矣。④自是爱尚相夺,与时回变,其风不可留,其敝不能反。

①霸德衰谓六国时也。狙音七馀反。广雅曰:"狙,狝猴也。"[2]以其多诈,故比之也。

②苏秦说赵王,赐白璧百双,黄金万镒。虞卿一见赵王,赐白璧一双,黄金百镒。见史记及战国策。

③史记曰,楚惠王言"庄舄,越之鄙细人也,今仕楚执圭,贵富矣"。解草衣谓范睢、蔡泽之类。[3]

④韩子李斯曰"韩非饰辩诈谋,以钓利于秦"也。贾谊过秦曰"赢粮而景从"也。[4]

及汉祖杖剑,武夫勃兴,宪令宽赊,文礼简阔,绪馀四豪之烈,人怀陵上之心，①轻死重气，怨惠必雠，令行私庭，权移匹庶，任侠之方，成其俗矣。②自武帝以后，崇尚儒学，怀经协术，[5]所在雾会，至有石渠分争之论，党同伐异之说，守文之徒，盛于时矣。③至王莽专伪，终于篡国，忠义之流，[6]耻见缨绋，遂乃荣华丘壑，甘足枯槁。④虽中兴在运，汉德重开，而保身怀方，弥相慕袭，去就之节，重于时矣。⑤逮桓灵之间，主荒政缪，国命委于阉寺，[7]士子羞与为伍，故匹夫抗愤，处士横议，遂乃激扬名声，互相题拂，品覈公卿，裁量执政，婞直之风，于斯行矣。⑥

①四豪谓信陵君魏公子无忌、平原君赵胜、春申君黄歇、孟尝君田文。前书班固曰："游谈者以四豪为称首。"

②前书音义曰："相与信为任，同是非为侠，所谓权行州域，力折公侯者也。"

③武帝诏求贤良，于是公孙弘、董仲舒等出焉。宣帝时，集诸儒于石渠阁，讲论六艺。召五经名儒太子太傅萧望之等大议殿中，平公羊、穀梁同异，同己者朋党之，异己者攻伐之。刘歆书曰："党同门，妬道真。"

④谓龚胜、薛方、郭钦、蒋诩之类，并隐居不应莽召。

⑤谓逄萌、严光、周党、尚长之属。

⑥婞，狠也，音邢鼎反。

夫上好则下必甚，矫枉故直必过，其理然矣。①若范滂、张俭之徒，清心忌恶，终陷党议，不其然乎？

①礼记曰："下之事上也，不从其所令，从其所行。上好是物，下必有甚者矣。"矫，正也。正枉必过其直，见孟子。[8]

初，桓帝为蠡吾侯，受学于甘陵周福，及即帝位，擢福为尚书。时同郡河南尹房植有名当朝，乡人为之谣曰："天下规矩房伯武，因师获印周仲进。"二家宾客,互相讥揣,①遂各树朋徒,渐成尤隙,由是甘陵有南北部,党人之议,自此始矣。后汝南太守宗资任功曹范滂,南阳太守成瑨亦委功曹岑晊,②二郡又为谣曰:"汝南太守范孟博,南阳宗资主画诺。南阳太守岑公孝,弘农成瑨但坐啸。"③因此流言转入太学,诸生三万馀人,郭林宗、贾伟节为其冠,④并与李膺、陈蕃、王畅更相褒重。学中语曰:"天下模楷李元礼,不畏强御陈仲举,天下俊秀王叔茂。"又渤海公族进阶、⑤扶风魏齐卿,并危言深论,不隐豪强。⑥自公卿以下,莫不畏其贬议,屣履到门。

①初委反。

②音质。

③谢承书曰"成瑨少脩仁义,笃学,以清名见。举孝廉,拜郎中,迁南阳太守。郡旧多豪强,中官黄门磬(牙)互境界。[9]瑨下车,振威严以捡摄之。是时桓帝乳母、中官贵人外亲张子禁,怙恃贵势,不畏法网,功曹岑晊劝使捕子禁付宛狱,笞杀之。桓帝征瑨,下狱死。宗资字叔都,南阳安众人也。家代为汉将相名臣。祖父均,自有传。资少在京师,学孟氏易、欧阳尚书。举孝廉,拜议郎,补御史中丞、汝南太守。署范滂为功曹,委任政事,推功于滂,不伐其美。任善之名,闻于海内"也。

④冠犹首也。

⑤公族,姓也,名进阶。风俗通曰:"晋成公立嫡子为公族大夫。"韩无忌号公族穆子,见左氏传。

⑥危言谓不畏危难而直言也。论语孔子曰:"邦有道,危言危行。"

时河内张成善说风角,推占当赦,遂教子杀人。李膺为河南尹,[10]督促收捕,既而逢宥获免,膺愈怀愤疾,竟案杀之。初,成以方伎交通宦官,帝亦颇谇其占。[11]成弟子牢脩因上书诬告膺等养太学游士,[12]交结诸郡生徒,更相驱驰,共为部党,诽讪朝廷,疑乱风俗。①于是天子震怒,班下郡国,逮捕党人,布告天下,使同忿疾,遂收执膺等。其辞所连及陈寔之徒二百馀人,或有逃遁不获,皆悬金购募。使者四出,相望于道。明年,尚书霍谞、城门校尉窦武并表为请,帝意稍解,乃皆赦归田里,禁锢终身。而党人之名,犹书王府。

①说文曰:"诽,谤也。"苍颉篇曰:"讪,非也。"

自是正直废放,邪枉炽结,海内希风之流,遂共相摽搒,①指天下名士,为之称号。上曰"三君",次曰"八俊",次曰"八顾",次曰"八及",次曰"八厨",犹古之"八元"、"八凯"也。窦武、刘淑、陈蕃为"三君"。君者,言一世之所宗也。李膺、荀翌、[13]杜密、王畅、刘祐、魏朗、赵典、朱寓为"八俊"。俊者,言人之英也。郭林宗、宗慈、巴肃、夏馥、范滂、尹勋、蔡衍、羊陟为"八顾"。顾者,言能以德行引人者也。张俭、岑晊、刘表、陈翔、孔昱、[14]苑康、[15]檀(敷)〔敳〕、[16]翟超为"八及"。及者,言其能导人追宗者也。②度尚、张邈、王考、刘儒、胡母班、秦周、蕃向、王章为"八厨"。③厨者,言能以财救人者也。

①希,望也。摽搒犹相称扬也。"搒"与"榜"同,古字通。

②导,引也。宗谓所宗仰者。

③蕃,姓也,音皮。

又张俭乡人朱并,承望中常侍侯览意旨,上书告俭与同乡二十四人别相署号,共为部党,图危社稷。以俭及檀彬、褚凤、张肃、薛兰、冯禧、魏玄、徐乾为"八俊",田林、张隐、刘表、薛郁、王访、刘祗、[17]宣靖、公绪恭为"八顾",①朱楷、[18]田盘、疏耽、薛敦、宋布、唐龙、嬴咨、宣褒为"八及",刻石立墠,共为部党,而俭为之魁。②灵帝诏刊章捕俭等。③大长秋曹节因此讽有司奏捕前党故司空虞放、太仆杜密、长乐少府李膺、司隶校尉朱㝢、颍川太守巴肃、沛相荀昱、河内太守魏朗、山阳太守翟超、任城相刘儒、太尉掾范滂等百馀人，皆死狱中。馀或先殁不及，或亡命获免。自此诸为怨隙者，因相陷害，眭眦之忿，滥入党中。④又州郡承旨，或有未尝交关，亦离祸毒。其死徙废禁者，六七百人。

①公绪，姓也。

②墠，除地于中为坛。墠音禅。魁，大帅也。

③刊，削。不欲宣露并名，故削除之，而直捕俭等。

④眭音五懈反。广雅曰："眭，裂也。"眦音才赐反。前书音义曰："瞋目貌也。"史记曰："眭眦之隙必报。"

熹平五年，永昌太守曹鸾上书大讼党人，言甚方切。帝省奏大怒，即诏司隶、益州槛车收鸾，送槐里狱掠杀之。于是又诏州郡更考党人门生故吏父子兄弟，其在位者，免官禁锢，爰及五属。①

①谓斩衰、齐衰、大功、小功、缌麻也。

光和二年，上禄长和海①上言："礼，从祖兄弟别居异财，恩义已轻，服属疏末。而今党人锢及五族，既乖典训之文，有谬经常之法。"②帝览而悟之，党锢自从祖以下，皆得解释。

①上禄，县，属武都郡，今成州县也。

②左氏传曰："父子兄弟，罪不相及。"

中平元年，黄巾贼起，中常侍吕强言于帝曰："党锢久积，人情多怨。若久不赦宥，轻与张角合谋，为变滋大，悔之无救。"帝惧其言，乃大赦党人，诛徙之家皆归故郡。其后黄巾遂盛，朝野崩离，纲纪文章荡然矣。①

①诗大雅荡篇序曰："厉王无道,天下荡荡,无纲纪文章。"郑玄注云:"荡荡,法度废坏之兒也。"

凡党事始自甘陵、汝南,成于李膺、张俭,海内涂炭,二十餘年,诸所蔓衍,皆天下善士。三君、八俊等三十五人,其名跡存者,并载乎篇。陈蕃、窦武、王畅、刘表、度尚、郭林宗别有传。荀翌附祖淑传。[19]张邈附吕布传。胡母班附袁绍传。王考字文祖,东平寿张人,冀州刺史;秦周字平王,陈留平丘人,北海相;蕃向字嘉景,鲁国人,郎中;王璋字伯仪,[20]东莱曲城人,少府卿:①位行并不显。翟超,山阳太守,事在陈蕃传,字及郡县未详。朱寓,沛人,与杜密等俱死狱中。唯赵典名见而已。

①曲城,县,故城在今莱州掖县东北也。

刘淑字仲承,河间乐成人也。祖父称,司隶校尉。淑少学明五经,遂隐居,立精舍讲授,诸生常数百人。州郡礼请,五府连辟,并不就。永兴二年,司徒种暠举淑贤良方正,辞以疾。桓帝闻淑高名,切责州郡,使舆病诣京师。淑不得已而赴洛阳,对策为天下第一,拜议郎。又陈时政得失,灾异之占,事皆效验。再迁尚书,纳忠建议,多所补益。又再迁侍中、虎贲中郎将。上疏以为宜罢宦官,辞甚切直,帝虽不能用,亦不罪焉。以淑宗室之贤,特加敬异,每有疑事,常密谘问之。灵帝即位,宦官谮淑与窦武等通谋,下狱自杀。

李膺字元礼,颍川襄城人也。祖父脩,安帝时为太尉。①父益,赵国相。膺性简亢,无所交接,^②唯以同郡荀淑、陈寔为师友。

^①汉官仪曰:"脩字伯游。"

^②亢,高也。

　　初举孝廉,为司徒胡广所辟,举高第,再迁青州刺史。守令畏威明,多望风弃官。复征,再迁渔阳太守。寻转蜀郡太守,以母老乞不之官。^①转护乌桓校尉。鲜卑数犯塞,膺常蒙矢石,每破走之,虏甚惮慑。^②以公事免官,还居纶氏,^[21]教授常千人。^③南阳樊陵求为门徒,膺谢不受。陵后以阿附宦官,致位太尉,为节〔志〕者所羞。^{④[22]}荀爽尝就谒膺,因为其御,既还,喜曰:"今日乃得御李君矣。"其见慕如此。

^①谢承书曰:"出补蜀郡太守,修庠序,设条教,明法令,威恩并行。蜀之
　　珍玩,不入于门。益州纪其政化,朝廷举能理剧,转乌桓校尉。"

^②谢承书曰:"膺常率步骑临阵交战,身被创夷,拭血进战,遂破寇,斩首
　　二千级。"

^③纶氏,县,属颍川郡,故城今阳城县也。

^④汉官仪曰:"樊陵字德云。"

　　永寿二年,鲜卑寇云中,桓帝闻膺能,乃复征为度辽将军。先是羌虏及疏勒、龟兹,数出攻钞张掖、酒泉、云中诸郡,百姓屡被其害。自膺到边,皆望风惧服,先所掠男女,悉送还塞下。自是之后,声振远域。

　　延熹二年征,再迁河南尹。时宛陵大姓羊元群罢北海郡,臧罪狼藉,郡舍溷轩有奇巧,乃载之以归。^①膺表欲按其罪,元群行赂宦竖,膺反坐输作左校。

^①溷轩,厕屋。

初,膺与廷尉冯绲、大司农刘祐等共同心志,纠罚奸倖,绲、祐时亦得罪输作。司隶校尉应奉上疏理膺等曰:"昔秦人观宝于楚,昭奚恤莅以群贤;①梁惠王玮其照乘之珠,齐威王答以四臣。②夫忠贤武将,国之心膂。窃见左校弛刑徒前廷尉冯绲、大司农刘祐、河南尹李膺等,执法不挠,诛举邪臣,肆之以法,③众庶称宜。昔季孙行父亲逆君命,逐出莒仆,于舜之功二十之一。④今膺等投身强御,毕力致罪,陛下既不听察,而猥受谮诉,遂令忠臣同愆元恶。自春迄冬,不蒙降恕,遐迩观听,为之叹息。夫立政之要,记功忘失,是以武帝舍安国于徒中,⑤宣帝征张敞于亡命。⑥绲前讨蛮荆,均吉甫之功。⑦祐数临督司,有不吐茹之节。⑧膺著威幽、并,遗爱度辽。今三垂蠢动,王旅未振。易称'雷雨作解,君子以赦过宥罪'。⑨乞原膺等,以备不虞。"书奏,乃悉免其刑。

①新序曰:"秦欲伐楚,使〔使〕者往观楚之宝器。[23]楚王闻之,召昭奚恤问焉。对曰:'此欲观吾国之得失而图之,宝器在于贤臣。'遂使恤应之。乃为东面之坛一,为南面之坛四,为西面之坛一。秦使者至,恤曰:'君,客也,请就上位东面,子西南面,太宰子方次之,叶公子高次之,司马子反次之。'恤自居西面之坛,称曰:'客观楚国之宝器。所宝者,贤臣也。理百姓,实仓廪,使人各得其所,子西在此。奉圭璋,使诸侯,解忿悁之难,交两国之欢,使无兵革之忧,太宰子方在此。守封疆,谨境界,不侵邻国,邻亦不侵,叶公子高在此。理师旅,正兵戎,以当强敌,提枹鼓以动百万之众,使皆赴汤火,蹈白刃,出万死不顾,司马子反在此。若怀霸王之馀义,猎理乱之遗风,昭奚恤在此。惟大国所观。'秦使者瞿然无以对,恤遂摄衣而去。使反,言秦君曰:'楚多贤臣,未可谋也。'"

②玮犹美也。史记曰,魏惠王问齐威王曰:"王亦有宝乎?"威王曰:"无

有。"魏王曰:"寡人之国虽小,尚有径寸珠照车前后十二乘者十枚,奈何以万乘之国而无宝乎!"威王曰:"寡人所以为宝者与王异。吾臣有檀子者,使守南城,楚人不敢为寇。吾臣有盼子者,使守高堂,[24]则赵人不敢东渔于河。吾臣有黔夫者,使守徐州,于是燕人祭北门,赵人祭西门,从者七千余家。吾臣有种首者,使备盗贼,则道不拾遗。以此为宝,将以照千里,岂直十二乘哉?"魏王慙,不怿而去。

③肆,陈也。

④纪太子仆杀纪公,以其宝玉来奔,纳诸宣公,公命与之邑,季文子使司寇出之境。公问其故,对曰:"孝敬忠信为吉德,盗贼藏奸为凶德。夫莒仆,则其孝敬,〔则〕弑君父矣,[25]则其忠信,则窃宝玉矣,其人则盗贼也,是以去之。舜举十六相,去四凶,有大功二十而为天子。今行父虽未获一吉人,去一凶矣,于舜之功,二十一也。"见左传。

⑤景帝时,韩安国为梁大夫,坐法抵罪。后梁内史缺,起徒中为二千石,拜为内史。臣贤案:此言武帝,误也。

⑥张敞为京兆尹,坐杀人亡命归家。冀州乱,征敞为冀州刺史。

⑦诗小雅曰:"显允方叔,征伐猃狁,蛮荆来威。"郑玄注云:"方叔先与吉甫征伐猃狁,今特往伐蛮荆,皆使来服于宣王之威,美其功之多也。"绲以顺帝时讨长沙武陵蛮夷有功,故以比之。

⑧谓祜奏梁冀弟旻,又为司隶校尉,权豪畏之也。诗曰:"唯仲山甫,柔亦不茹,刚亦不吐,不侮鳏寡,不畏强御。"

⑨易解卦象词也。卦坎下震上。解,坎为险,为水。水者,雨之象。震为动,为雷。王弼注云:"屯难盘结,于是乎解也。"

再迁,复拜司隶校尉。时张让弟朔为野王令,[26]贪残无道,至乃杀孕妇,闻膺厉威严,惧罪逃还京师,因匿兄让弟舍,藏于合柱中。膺知其状,率将吏卒破柱取朔,付洛阳狱。受辞毕,即杀之。让诉冤于帝,诏膺入殿,御亲临轩,诘以不先请便加诛辟之意。膺对曰："昔晋文公执卫成公归于京师，春秋是焉。①礼云公族有罪，虽曰宥之，有司执宪不从。②昔仲尼为鲁司寇，七日而诛少正卯。今臣到官已积一旬，[27] 私惧以稽留为愆，不意获速疾之罪。诚自知衅责，死不旋踵，特乞留五日，克殄元恶，退就鼎镬，始生之愿也。"帝无复言，顾谓让曰："此汝弟之罪，司隶何愆?"乃遣出之。自此诸黄门常侍皆鞠躬屏气，[28] 休沐不敢复出宫省。帝怪问其故，并叩头泣曰："畏李校尉。"

① 公羊传曰："晋人执卫侯，归之于京师。归之于者，执之乎天子之侧者也。罪定不定已可知矣。"何休注云："归之于者，决辞也。"

② 解见张酺传。

是时朝庭日乱，纲纪颓阤，膺独持风裁，以声名自高。①士有被其容接者，名为登龙门。②及遭党事，当考实膺等。案经三府，太尉陈蕃却之。曰："今所考案，皆海内人誉，忧国忠公之臣。此等犹将十世宥也，③岂有罪名不章而致收掠者乎?"不肯平署。④帝愈怒，遂下膺等于黄门北寺狱。⑤膺等颇引宦官子弟，宦官多惧，请帝以天时宜赦，于是大赦天下。膺免归乡里，居阳城山中，天下士大夫皆高尚其道，而污秽朝廷。⑥

① 裁音才代反。

② 以鱼为喻也。龙门，河水所下之口，在今绛州龙门县。辛氏三秦记曰"河津一名龙门，水险不通，鱼鳖之属莫能上，江海大鱼薄集龙门下数千，不得上，上则为龙"也。

③ 解见耿弇传。

④ 平署犹连署也。

⑤ 狱名，解见灵纪也。

⑥ 以朝廷为污秽也。

及陈蕃免太尉,朝野属意于膺,荀爽恐其名高致祸,欲令屈节以全乱世,为书贻曰:"久废过庭,不闻善诱,陟岵瞻望,惟日为岁。①知以直道不容于时,悦山乐水,家于阳城。道近路夷,当即聘问,无状婴疾,关于所仰。顷闻上帝震怒,贬黜鼎臣,②人鬼同谋,③以为天子当贞观二五,利见大人,④不谓夷之初旦,明而未融,⑤虹蜺扬辉,弃和取同。⑥方今天地气闭,大人休否,⑦智者见险,投以远害。⑧虽匮人望,内合私愿。⑨想甚欣然,不为恨也。愿怡神无事,偃息衡门,⑩任其飞沈,与时抑扬。"顷之,帝崩。陈蕃为太傅,与大将军窦武共秉朝政,连谋诛诸宦官,故引用天下名士,乃以膺为长乐少府。及陈、窦之败,膺等复废。

①论语曰:"鲤趋而过庭。子曰:'学诗乎?'曰'未也'。"又曰:"孔子恂恂然善诱人。"诗曰:"陟彼岵兮,瞻望父兮。"又曰:"一日不见,如三岁兮。"爽致敬于膺,故以父为喻也。

②上帝谓天子,鼎臣即陈蕃。

③易下系曰:"人谋鬼谋,百姓与能。"

④易曰:"天地之道,贞观也。"乾九二、九五并曰"利见大人"也。

⑤夷,伤也。融,朗也。明夷卦离下坤上,离为日,坤为地,日之初出,其明未朗。左传曰:"明而未融,其当旦乎?"以膺黜,故喻之也。

⑥春秋考异邮曰:"虹蜺出,乱惑弃和。"谓弃君子,同小人也。论语曰"君子和而不同,小人同而不和"也。

⑦易文言曰:"天地闭,贤人隐。"否九五曰:"大人休否。"休否谓休废而否塞。

⑧见险难,故投身以远害也。易曰:"君子以俭德避难,不可荣以禄。"

⑨匮,乏也。

⑩毛苌诗注曰:"衡门,横木为门。"

后张俭事起，收捕钩党，乡人谓膺曰：“可去矣。”对曰：“事不辞难，罪不逃刑，臣之节也。①吾年已六十，死生有命，去将安之？”乃诣诏狱。考死，妻子徙边，门生、故吏及其父兄，并被禁锢。

①左传曰：晋侯之弟杨干乱行于曲梁，魏绛戮其仆。晋侯怒，谓羊舌赤
　曰：“合诸侯以为荣也。杨干为戮，何辱如之？必杀魏绛，无失也。”对
　曰：“绛无贰志，事君不避难，有罪不逃刑，其将来辞，何辱命焉！”

时侍御史蜀郡景毅子顾为膺门徒，而未有录牒，故不及于遣。毅乃慨然曰：“本谓膺贤，遣子师之，岂可以漏夺名籍，[29]苟安而已！”遂自表免归，时人义之。

膺子瓒，位至东平相。①初，曹操微时，瓒异其才，将没，谓子宣等曰：“时将乱矣，天下英雄无过曹操。张孟卓与吾善，袁本初汝外亲，虽尔勿依，必归曹氏。”诸子从之，并免于乱世。

①谢承书“瓒”作“珪”。

杜密字周甫，颍川阳城人也。为人沈质，少有厉俗志。为司徒胡广所辟，稍迁代郡太守。征，三迁太山太守、北海相。其宦官子弟为令长有奸恶者，辄捕案之。行春到高密县，见郑玄为乡佐，知其异器，即召署郡职，遂遣就学。

后密去官还家，每谒守令，多所陈托。同郡刘胜，亦自蜀郡告归乡里，闭门埽轨，无所干及。①太守王昱谓密曰：“刘季陵清高士，[30]公卿多举之者。”密知昱激己，对曰：“刘胜位为大夫，见礼上宾，而知善不荐，闻恶无言，隐情惜己，自同寒蝉，此罪人也。②今志义力行之贤而密达之，③违道失节之士而密纠之，使明府赏刑得中，令问休扬，不亦万分之一乎？”昱惭服，待之弥厚。

①轨，车跡也。言绝人事。

②寒蝉谓寂默也。楚词曰："悲哉秋之为气也，蝉寂漠而无声。"

③力行谓尽力行善也。礼记曰："好问近乎智，力行近乎仁。"

后桓帝征拜尚书令，迁河南尹，转太仆。党事既起，免归本郡，与李膺俱坐，而名行相次，故时人亦称"李杜"焉。①后太傅陈蕃辅政，复为太仆。明年，坐党事被征，自杀。

①前有李固、杜乔，故言"亦"也。

刘祐字伯祖，中山安国人也。①安国后别属博陵。祐初察孝廉，补尚书侍郎，闲练故事，文札强辨，每有奏议，应对无滞，为僚类所归。

①安国，县，故城在今定州义丰县东南。谢承书曰："祐，宗室胤绪，代有名位。少脩操行，学严氏春秋、小戴礼、古文尚书，仕郡为主簿。郡将小子尝出钱付之，令市买果实，祐悉以买笔书具与之，因白郡将，言'郎君年可入小学，而但傲很，远近谓明府无过庭之教，请出授书'。郡将为使子就祐受经，五日一试，不满呈限，白决罚，遂成学业也。"

除任城令，兖州举为尤异，迁扬州刺史。是时会稽太守梁旻，大将军冀之从弟也。祐举奏其罪，旻坐征。复迁祐河东太守。时属县令长率多中官子弟，百姓患之。祐到，黜其权强，平理冤结，政为三河表。①

①三河谓河东、河内、河南也。表犹标准也。

再迁，延熹四年，拜尚书令，又出为河南尹，转司隶校尉。时权贵子弟罢州郡还入京师者，每至界首，辄改易舆服，隐匿财宝，威行朝廷。

拜宗正,三转大司农。时中常侍苏康、管霸用事于内,遂固天下良田美业,山林湖泽,民庶穷困,州郡累气。①祐移书所在,依科品没入之。桓帝大怒,论祐输左校。

①累气,屏息也。

后得赦出,复历三卿,辄以疾辞,乞骸骨归田里。诏拜中散大夫,遂杜门绝迹。每三公缺,朝廷皆属意于祐,以潜毁不用。延笃贻之书曰:"昔太伯三让,人无德而称焉。①延陵高揖,华夏仰风。②吾子怀蘧氏之可卷,体甯子之如愚,③微妙玄通,冲而不盈,④蔑三光之明,未暇以天下为事,何其劭与!"⑤

①三让,解见和纪。

②揖,让也。左传,吴王寿梦卒,子诸樊既除丧,将立弟季札,札弃其室而耕,乃舍之。

③蘧瑗字伯玉,甯子名俞,并卫大夫。论语孔子曰:"君子哉蘧伯玉,邦有道则仕,邦无道则可卷而怀之。"又曰:"甯武子邦无道则愚。"

④老子曰"古之善为道者,微妙玄通,深不可识"也。又曰"道冲而用之或不盈"。

⑤庄子曰:"舜让天下于子州支伯,子州支伯曰:'予适有幽忧之病,方且理之,未暇理天下也。'"

灵帝初,陈蕃辅政,以祐为河南尹。及蕃败,祐黜归,卒于家。明年,大诛党人,幸不及祸。

魏朗字少英,会稽上虞人也。①少为县吏。兄为乡人所杀,朗白日操刃报仇于县中,遂亡命到陈国。从博士郤仲信学春秋图纬，②又诣太学受五经，京师长者李膺之徒争从之。

①上虞，县，故城在今越州馀姚县西。有虞山，在县东。

②孔子作春秋纬十二篇。

初辟司徒府，再迁彭城令。时中官子弟为国相，多行非法，朗与更相章奏，幸臣忿疾，欲中之。①会九真贼起，乃共荐朗为九真都尉。到官，奖厉吏兵，讨破群贼，斩首二千级。桓帝美其功，征拜议郎。顷之，迁尚书。屡陈便宜，有所补益。出为河内太守，政称三河表。尚书令陈蕃荐朗公忠亮直，宜在机密；复征为尚书。会被党议，免归家。

①中犹中伤。

朗性矜严，闭门整法度，家人不见堕容。后窦武等诛，朗以党被急征，行至牛渚，自杀。①著书数篇，号魏子云。

①牛渚，山名。突出江中，谓为牛渚圻，在今宣州当涂县北也。

夏馥字子治，陈留圉人也。少为书生，言行质直。同县高氏、蔡氏并皆富殖，郡人畏而事之，唯馥比门不与交通，①由是为豪姓所仇。桓帝初，举直言，不就。

①比门犹并门也。

馥虽不交时宦，然以声名为中官所惮，遂与范滂、张俭等俱被诬陷，诏下州郡，捕为党魁。

及俭等亡命，经历之处，皆被收考，辞所连引，布徧天下。馥乃顿足而叹曰："孽自己作，空污良善，一人逃死，祸及万家，何以生为！"乃自翦须变形，入林虑山中，①[31]隐匿姓名，为冶家佣。[32]亲突烟炭,形貌毁瘁,积二三年,人无知者。后馥弟静,乘车马,载缣帛,追之于涅阳市中。②〔33〕遇馥不识,闻其言声,乃觉而拜之。馥避不与语,静追随至客舍,共宿。夜中密呼静曰:"吾以守道疾恶,故为权宦所陷。且念营苟全,以庇性命,弟奈何载物相求,是以祸见追也。"明旦,别去。党禁未解而卒。

①林虑,今相州县。

②涅阳,县,属南阳郡。

宗慈字孝初,南阳安众人也。①举孝廉,九辟公府,有道征,不就。后为脩武令。时太守出自权豪,多取货赂,慈遂弃官去。征拜议郎,未到,道疾卒。南阳群士皆重其义行。

①安众在今南阳县西南,仍有其名,无复基趾也。

巴肃字恭祖,勃海高城人也。①初察孝廉,历慎令、贝丘长,②皆以郡守非其人,辞病去。辟公府,稍迁拜议郎。与窦武、陈蕃等谋诛阉官,武等遇害,肃亦坐党禁锢。中常侍曹节后闻其谋,收之。肃自载诣县。县令见肃,入阁解印绶与俱去。肃曰:"为人臣者,有谋不敢隐,有罪不逃刑。既不隐其谋矣,又敢逃其刑乎?"遂被害。刺史贾琮刊石立铭以记之。

①高城,县,故城在今沧州盐山县南。

②慎,县,属汝南郡。贝丘,县,属清河郡。

范滂字孟博,汝南征羌人也。①少厉清节,为州里所服,举孝廉、光禄四行。②时冀州饥荒,盗贼群起,乃以滂为清诏使,案察之。滂登车揽辔,慨然有澄清天下之志。及至州境,守令自知臧污,望风解印绶去。其所举奏,莫不厌塞众议。迁光禄勋主事。时陈蕃为光禄勋,滂执公仪诣蕃,蕃不止之,滂怀恨,投版弃官而去。③郭林宗闻而让蕃曰:"若范孟博者,岂宜以公礼格之?④今成其去就之名,得无自取不优之议也?"[34]蕃乃谢焉。

①征羌,解见来歙传。谢承书曰:"汝南细阳人也。"

②汉官仪曰:"光禄举敦厚、质朴、逊让、节俭。"此为四行也。

③版,笏也。

④格,正也。

复为太尉黄琼所辟。后诏三府掾属举谣言,①滂奏刺史、二千石权豪之党二十馀人。尚书责滂所劾猥多,疑有私故。滂对曰:"臣之所举,自非叨秽奸暴深为民害,岂以汙简札哉!间以会日迫促,故先举所急,其未审者,方更参实。臣闻农夫去草,嘉穀必茂;②忠臣除奸,王道以清。若臣言有贰,甘受显戮。"吏不能诘。滂睹时方艰,[35]知意不行,因投劾去。

①汉官仪曰:"三公听采长史臧否,人所疾苦,还条奏之,是为举谣言也。顷者举谣言,掾属令史都会殿上,主者大言,州郡行状云何,善者同声称之,不善者默尔衔枚。"

②左传曰:"为国家者,见恶如农夫之务去草焉。"

太守宗资先闻其名,请署功曹,委任政事。滂在职,严整疾恶。其有行违孝悌,不轨仁义者,皆埽迹斥逐,不与共朝。显荐异节,抽拔幽陋。滂外甥西平李颂,公族子孙,而为乡曲所弃,中常侍唐衡以颂请资,资用为吏。滂以非其人,寝而不召。资迁怒,捶书佐朱零。零仰曰："范滂清裁，犹以利刃齿腐朽。①今日宁受笞死，而滂不可违。"资乃止。郡中中人以下，莫不归怨，乃指滂之所用以为"范党"。

①裁音才载反。

后牢脩诬言钩党，①滂坐系黄门北寺狱。狱吏谓曰："凡坐系皆祭皋陶。"滂曰："皋陶贤者，古之直臣。知滂无罪，将理之于帝；②如其有罪，祭之何益！"众人由此亦止。狱吏将加掠考，滂以同囚多婴病，乃请先就格，遂与同郡袁忠争受楚毒。桓帝使中常侍王甫以次辨诘，滂等皆三木囊头，暴于阶下。③馀人在前，或对或否，滂、忠于后越次而进。王甫诘曰："君为人臣，不惟忠国，而共造部党，自相褒举，评论朝廷，虚搆无端，诸所谋结，并欲何为？皆以情对，不得隐饰。"滂对曰："臣闻仲尼之言，'见善如不及，见恶如探汤'。④欲使善善同其清，恶恶同其污，谓王政之所愿闻，不悟更以为党。"甫曰："卿更相拔举，迭为唇齿，有不合者，见则排斥，[36]其意如何？"滂乃慷慨仰天曰："古之循善，[37]自求多福；今之循善，身陷大戮。身死之日，愿埋滂于首阳山侧，上不负皇天，下不愧夷、齐。"⑤甫愍然为之改容。乃得并解桎梏。⑥

①钩，引也。

②帝谓天也。

③三木，项及手足皆有械，更以物蒙覆其头也。前书司马迁曰"魏其，大将也，衣赭关三木"也。

④探汤喻去疾也。见论语。

⑤伯夷、叔齐饿死首阳山，见史记。首阳山在洛阳东北。

⑥郑玄注周礼曰："木在足曰桎，在手曰梏。"

滂后事释，南归。始发京师，汝南、南阳士大夫迎之者数千两。①同囚乡人殷陶、黄穆,亦免俱归,并卫侍于滂,〔38〕应对宾客。滂顾谓陶等曰:"今子相随,是重吾祸也。"遂遁还乡里。

① 两,车也。尚书曰:"戎车三百两。"

初,滂等系狱,尚书霍谞理之。及得免,到京师,往候谞而不为谢。或有让滂者。对曰:"昔叔向婴罪,祁奚救之,未闻羊舌有谢恩之辞,祁老有自伐之色。"竟无所言。①

① 左传,晋讨栾盈之党,杀叔向之弟羊舌虎,并囚叔向。于是祁奚闻之,见范宣子曰:"夫谋而鲜过,惠训不倦者,叔向有焉。社稷之固也,犹将十代宥之,今一不免其身,不亦惑乎?"宣子说而免之。祁奚不见叔向而归,叔向亦不告免焉而朝。孔安国注尚书曰"自功曰伐"也。

建宁二年,遂大诛党人,诏下急捕滂等。督邮吴导至县,抱诏书,闭传舍,伏床而泣。①滂闻之,曰:"必为我也。"即自诣狱。县令郭揖大惊,出解印绶,引与俱亡。曰:"天下大矣,子何为在此?"滂曰:"滂死则祸塞,何敢以罪累君,又令老母流离乎!"其母就与之诀。滂白母曰:"仲博孝敬,足以供养,②滂从龙舒君归黄泉,③存亡各得其所。惟大人割不可忍之恩,勿增感戚。"母曰:"汝今得与李、杜齐名,死亦何恨!④既有令名,复求寿考,可兼得乎?"滂跪受教,再拜而辞。顾谓其子曰:"吾欲使汝为恶,则恶不可为;使汝为善,则我不为恶。"行路闻之,莫不流涕。时年三十三。

① 传,驿舍也,音知恋反。

② 仲博,滂弟也。

③ 谢承书曰:"滂父显,故龙舒侯相也。"

④ 李膺、杜密。

论曰:李膺振拔污险之中,①蕴义生风,以鼓动流俗,②激素行以耻威权,立廉尚以振贵埶,使天下之士奋迅感概,波荡而从之,幽深牢破室族而不顾,至于子伏其死而母欢其义。壮矣哉! 子曰:"道之将废也与? 命也!"③

①前书班固曰"振拔汙涂,跨腾风云"也。
②周易曰:"鼓以动之。"〔39〕
③论语之文。

尹勋字伯元,河南巩人也。家世衣冠。伯父睦为司徒,兄颂为太尉,宗族多居贵位者,而勋独持清操,不以地埶尚人。州郡连辟,察孝廉,三迁邯郸令,政有异迹。后举高第,五迁尚书令。及桓帝诛大将军梁冀,勋参建大谋,封都乡侯。迁汝南太守。上书解释范滂、袁忠等党议禁锢。寻征拜将作大匠,转大司农。坐窦武等事,下狱自杀。

蔡衍字孟喜,汝南项人也。①少明经讲授,以礼让化乡里。乡里有争讼者,辄诣衍决之,其所平处,皆曰无怨。

①项,今陈州项城县也。

举孝廉,稍迁冀州刺史。中常侍具瑗托其弟恭举茂才,衍不受,乃收赍书者案之。又劾奏河间相曹鼎臧罪千万。鼎者,中常侍腾之弟也。腾使大将军梁冀为书请之,衍不答,鼎竟坐输作左校。乃征衍拜议郎、符节令。梁冀闻衍贤,请欲相见,衍辞疾不往,冀恨之。时南阳太守成瑨等以收纠宦官考廷尉,衍与议郎刘瑜表救之,言甚切厉,坐免官还家,杜门不出。灵帝即位,(征)〔复〕拜议郎,[40]会病卒。

羊陟字嗣祖,太山梁父人也。①家世冠族。[41]陟少清直有学行,举孝廉,辟太尉李固府,举高第,拜侍御史。会固被诛,陟以故吏禁锢历年。复举高第,再迁冀州刺史。奏案贪浊,所在肃然。又再迁虎贲中郎将、城门校尉,三迁尚书令。时太尉张颢、司徒樊陵、[42]大鸿胪郭防、太仆曹陵、大司农冯方并与宦竖相姻私,公行货赂,并奏罢黜之,不纳。以前太尉刘宠、司隶校尉许冰、[43]幽州刺史杨熙、[44]凉州刺史刘恭、益州刺史庞艾清亮在公,荐举升进。帝嘉之,拜陟河南尹。计日受奉,常食干饭茹菜,禁制豪右,京师惮之。会党事起,免官禁锢,卒于家。

①梁父故城在今兖州泗水县北。

张俭字元节,山阳高平人,赵王张耳之后也。①父成,江夏太守。俭初举茂才,以刺史非其人,谢病不起。

①张耳,大梁人也。高祖立为赵王。

延熹八年,太守翟超请为东部督邮。时中常侍侯览家在防东,①残暴百姓,所为不轨。俭举劾览及其母罪恶,请诛之。览遏绝章表,并不得通,由是结仇。乡人朱并,[45]素性佞邪,为俭所弃,并怀怨恚,遂上书告俭与同郡二十四人为党,于是刊章讨捕。俭得亡命,困迫遁走,望门投止,莫不重其名行,破家相容。后流转东莱，止李笃家。外黄令毛钦操兵到门，[46]笃引钦谓曰："张俭知名天下，而亡非其罪。纵俭可得，宁忍执之乎？"钦因起抚笃曰："蘧伯玉耻独为君子，足下如何自专仁义？"笃曰："笃虽好义，明廷今日载其半矣。"②钦叹息而去。笃因缘送俭出塞，以故得免。其所经历，伏重诛者以十数，宗亲并皆殄灭，郡县为之残破。

①县名，属山阳郡，故城在今兖州金乡县南。

②明廷犹明府。言不执俭，得义之半也。

中平元年，党事解，乃还乡里。大将军、三公并辟，又举敦朴，公车特征，起家拜少府，皆不就。献帝初，百姓饥荒，而俭资计差温，乃倾竭财产，与邑里共之，赖其存者以百数。

建安初，征为卫尉，不得已而起。俭见曹氏世德已萌，乃阖门悬车，不豫政事。岁馀卒于许下。年八十四。

论曰：昔魏齐违死，虞卿解印；①季布逃亡，朱家甘罪。②而张俭见怒时王，颠沛假命，天下闻其风者，莫不怜其壮志，而争为之主。至乃捐城委爵、破族屠身，盖数十百所，岂不贤哉！然俭以区区一掌，而欲独堙江河，③终婴疾甚之乱，多见其不知量也。④

①违，避也。史记魏齐，魏之诸公子也。虞卿，赵相也。范睢入秦，为昭王相，昭王乃遗赵王书曰："魏齐，范睢之仇也，急持其头来。"赵王乃围齐，齐急亡，见虞卿。卿度赵王不可说，乃解其印，与齐往信陵君所。信陵君初闻之疑，后乃出迎。齐闻信陵初疑，遂自刭。赵王持其头遗秦也。

②季布，楚人。为项羽将，数窘汉王。羽败，汉购求布千金，敢舍匿，罪三族。布匿濮阳周氏，髡钳布，之鲁朱家所卖之。朱家心知是季布也，买置田舍。乃往洛阳，见汝阴侯灌婴，说之曰："季布何罪？臣各

③堙，塞也。前书班固曰："何武、王嘉，区区以一蒉障江河，用没其身。"

④论语曰："人而不仁，疾之以甚，乱也。"又曰："人虽欲自绝，其何伤于日月〔乎〕?[47] 多见其不知量也。"

岑晊字公孝，南阳棘阳人也。①父(像)〔豫〕，为南郡太守，[48] 以贪叨诛死。②晊年少未知名，往候同郡宗慈，慈方以有道见征，宾客满门，以晊非良家子，不肯见。晊留门下数日，晚乃引入。慈与语，大奇之，遂将俱至洛阳，因诣太学受业。

①棘音力。

②方言曰："叨，残也。"

晊有高才，郭林宗、朱公叔等皆为友，李膺、王畅称其有干国器，虽在闾里，慨然有董正天下之志。①太守弘农成瑨下车，欲振威严，闻晊高名，请为功曹，又以张牧为中贼曹吏。[49] 瑨委心晊、牧，褒善纠违，肃清朝府。宛有富贾张汜者，桓帝美人之外亲，善巧雕镂玩好之物，颇以赂遗中官，以此并得显位，恃其伎巧，用埶纵横。晊与牧劝瑨收捕汜等，既而遇赦，晊竟诛之，并收其宗族宾客，杀二百馀人，后乃奏闻。于是中常侍侯览使汜妻上书讼其冤。帝大震怒，征瑨，下狱死。晊与牧亡匿齐鲁之间。[50] 会赦出。后州郡察举，三府交辟，并不就。及李、杜之诛，因复逃窜，终于江夏山中云。

①尔雅曰："董，督正也。"

陈翔字子麟，汝南邵陵人也。祖父珍，司隶校尉。翔少知名，善交结。察孝廉,太尉周景辟举高第,拜侍御史。时正旦朝贺,大将军梁冀威仪不整,〔翔〕奏冀恃贵不敬,[51]请收案罪,时人奇之。迁定襄太守,征拜议郎,迁扬州刺史。举奏豫章太守王永奏事中官,[52]吴郡太守徐参在职贪秽,并征诣廷尉。参,中常侍璜之弟也。由此威名大振。又征拜议郎,补御史中丞。坐党事考黄门北寺狱,以无验见原,卒于家。

孔昱字元世,鲁国鲁人也。七世祖霸,成帝时历九卿,封褒成侯。①自霸至昱,爵位相系,其卿相牧守五十三人,列侯七人。昱少习家学,②大将军梁冀辟,不应。太尉举方正,对策不合,乃辞病去。后遭党事禁锢。灵帝即位,公车征拜议郎,补洛阳令,以师丧弃官,卒于家。

①臣贤案:前书孔霸字次(孺)〔儒〕,[53]即安国孙,世习尚书。宣帝时为太中大夫,授太子经,迁詹事,高密相。元帝即位,霸以师赐爵关内侯,号褒成君。薨,谥曰烈君。今范书及谢承书皆云成帝,又言封侯,盖误也。詹事及相俱二千石,故曰历卿。

②家学尚书。

苑康字仲真,勃海重合人也。①少受业太学,与郭林宗亲善。举孝廉,再迁颍阴令,有能迹。

①重合,县,故城在今沧州乐陵县东。

迁太山太守。郡内豪姓多不法,康至,奋威怒,施严令,莫有干犯者。先所请夺人田宅,皆遽还之。[54]

是时山阳张俭杀常侍侯览母，案其宗党宾客，或有进匿太山界者，康既常疾阉官，因此皆穷相收掩，无得遗脱。览大怨之，诬康与兖州刺史第五种及都尉壶嘉诈上贼降，征康诣廷尉狱，减死罪一等，徙日南。颍阴人及太山羊陟等诣阙为讼，乃原还本郡，卒于家。

檀敷字文有，山阳瑕丘人也。① 少为诸生，家贫而志清，不受乡里施惠。举孝廉，连辟公府，皆不就。立精舍教授，远方至者常数百人。[55] 桓帝时，博士征，不就。灵帝即位，太尉黄琼举方正，对策合时宜，再迁议郎，补蒙令。② 以郡守非其人，弃官去。家无产业，子孙同衣而出。年八十，卒于家。③

① 瑕丘，今兖州县。

② 蒙，县，属梁国。

③ 谢承书曰“敷〔与〕子孙同衣而行，[56] 并日而食”也。

刘儒字叔林，东郡阳平人也。① 郭林宗常谓儒口讷心辩，有珪璋之质。② 察孝廉，举高第，三迁侍中。桓帝时，数有灾异，下策博求直言，儒上封事十条，极言得失，辞甚忠切。帝不能纳，出为任城相。[57] 顷之，征拜议郎。会窦武事，下狱自杀。

① 阳平故城，今魏州莘县。

② 珪璋，玉也。半珪曰璋。谢承书曰：“林宗叹儒有珪璋之质，终必为令德之士。”诗曰：“如珪如璋，令闻令望。”[58]

贾彪字伟节，颍川定陵人也。少游京师，志节慷慨，与同郡荀爽齐名。

初仕州郡，举孝廉，补新息长。①小民困贫，多不养子，彪严为其制，与杀人同罪。城南有盗劫害人者，北有妇人杀子者，彪出案发，②而掾吏欲引南。[59]彪怒曰："贼寇害人，此则常理，母子相残，逆天违道。"遂驱车北行，案验其罪。城南贼闻之，亦面缚自首。数年间，人养子者千数，佥曰"贾父所长"，生男名为"贾子"，生女名为"贾女"。

①新息，今豫州县。

②就发处案验之。

延熹九年，党事起，太尉陈蕃争之不能得，朝廷寒心，莫敢复言。彪谓同志曰："吾不西行，大祸不解。"乃入洛阳，说城门校尉窦武、尚书霍谞，武等讼之，桓帝以此大赦党人。李膺出，曰："吾得免此，贾生之谋也。"

先是岑晊以党事逃亡，亲友多匿焉，彪独闭门不纳，时人望之。①彪曰："传言'相时而动，无累后人'。②公孝以要君致衅，自遗其咎，吾以不能奋戈相待，反可容隐之乎？"于是咸服其裁正。

①望，怨也。

②相，视也。左传之文也。

以党禁锢，卒于家。初，彪兄弟三人，并有高名，而彪最优，故天下称曰"贾氏三虎，伟节最怒"。

何颙字伯求，南阳襄乡人也。①少游学洛阳。颙虽后进，而郭林宗、贾伟节等与之相好，显名太学。友人虞伟高有父仇未报，而笃病将终,颙往候之,伟高泣而诉。颙感其义,为复仇,以头醊其墓。②

①襄乡故城在今随州枣阳县东北也。

②醊,祭酹也,音竹岁反。

及陈蕃、李膺之败,颙以与蕃、膺善,遂为宦官所陷,乃变姓名,亡匿汝南间。[60]所至皆亲其豪桀,有声荆豫之域。袁绍慕之,私与往来,结为奔走之友。①是时党事起,天下多离其难,颙常私入洛阳,从绍计议。其穷困闭厄者,为求援救,以济其患。有被掩捕者,则广设权计,使得逃隐,全免者甚众。

①诗大雅曰:"予曰有胥附,予曰有先后,予曰有奔走,予曰有御侮。"毛苌注曰:"谕德宣誉曰奔走。"

及党锢解,颙辟司空府。每三府会议,莫不推颙之长。累迁。及董卓秉政,逼颙以为长史,托疾不就,乃与司空荀爽、司徒王允等共谋卓。会爽薨,颙以它事为卓所系,忧愤而卒。初,颙见曹操,叹曰:"汉家将亡,安天下者必此人也。"操以是嘉之。尝称"颍川荀彧,王佐之器"。及彧为尚书令,遣人西迎叔父爽,[61]并致颙尸,而葬之爽之冢傍。

赞曰:渭以泾浊,玉以砾贞。物性既区,嗜恶从形。①兰莸无并,销长相倾。②[62]徒恨芳膏,煎灼灯明。③

①砾音历。说文曰:"砾,小石也。"言渭以泾浊,乃显其清,玉居砾石,乃见其贞。区犹别也。嗜,爱也。从形谓形有善恶也。以谕彼李膺等与宦竖不同,故相憎疾。

②莸,臭草也。左传曰:"一薰一莸,十年尚犹有臭。"易否卦曰:"小人道长,君子道销。"泰卦曰:"君子道长,小人道销。"老子曰"高下相

倾"也。

③前书龚胜死，有一老父入哭甚哀，曰："薰以香自烧，膏以明自销。"

【校勘记】

〔1〕 又将及难　按："又"原讹"及"，径据汲本、殿本改正。

〔2〕 狙狓猴也　按："狓"原讹"弥"，径据汲本、殿本改正。

〔3〕 谓范睢蔡泽之类　按：汲本、殿本"睢"作"雎"。

〔4〕 赢粮而景从也　按："赢"原讹"嬴"，径据汲本、殿本改正。

〔5〕 怀经协术　集解引惠栋说，谓"协"当作"挟"，古字通，黄琼传"黄门协邪"是也。

〔6〕 忠义之流　按："忠"原讹"志"，径据汲本、殿本改正。

〔7〕 国命委于阉寺　按："阉"原讹"阘"，径据汲本、殿本改正。

〔8〕 正枉必过其直见孟子　按：殿本考证谓今孟子无此文。

〔9〕 磐（牙）〔互〕境界　按：校补引柳从辰说，谓"牙"应作"乇"，即"互"字。今据改。

〔10〕 李膺为河南尹　集解引惠栋说，谓考异云"河南尹"当作"司隶"。校补引侯康说，谓通鉴系张成事于延熹九年，是年李膺为司隶，故考异云然，然灵纪九年无赦，惟八年三月大赦天下，则张成推占当赦，命子杀人，实在八年三月前，是时李膺正代邓万世为河南尹也。今按：黄山谓按张成事不必在八年。膺之输作左校，本传及陈蕃传皆谓膺河南尹，冯绲传则谓膺司隶校尉，此范书之疏缪也。

〔11〕 帝亦颇谇其占　集解引钱大昕说，谓"谇"当作"讯"，古书讯谇二字多相乱。今按：御览六五一引作"讯"。

〔12〕 成弟子牢脩　集解引惠栋说，谓袁宏纪作"牢顺"，续汉志作"牢川"。今按：御览引作"牢循"。

〔13〕 荀翌　按：汲本、殿本"翌"作"昱"。下同。按："翌"字经史多假

为"昱"字。

〔14〕 孔昱　按:皇甫规传"昱"作"翊"。集解引惠栋说,谓党锢传有孔昱,昱字元世,韩敕碑有御史孔翊元世,则翊即昱也。

〔15〕 苑康　汲本、殿本"苑"作"范"。下同。按:荀淑、窦武传并作"苑康",作"范"误。

〔16〕 檀(敷)〔敫〕　按:集解引惠栋说,谓本传及韩敕碑皆作"敫"。今据改,与下文合。

〔17〕 刘祗　按:"祗"原讹"祇",径据汲本、殿本改正。

〔18〕 朱楷　按:"楷"原讹"揩",径据汲本、殿本改正。

〔19〕 荀翌附祖淑传　按:沈家本谓案淑传云兄淑子昱,则"祖"字讹。

〔20〕 王璋字伯仪　集解引惠栋说,谓"璋"当作"章","仪"当作"义"。按:校补引柳从辰说,谓上文王章为八厨,字本作"章",此又作"璋",必有一误。

〔21〕 还居纶氏　续志"纶氏"作"轮氏"。按:纶轮通。

〔22〕 为节〔志〕者所羞　据汲本、殿本补。

〔23〕 使〔使〕者往观楚之宝器　据汲本、殿本补。

〔24〕 使守高堂　按:汲本、殿本"堂"作"唐"。

〔25〕 〔则〕弑君父矣　据汲本、殿本补,与左传合。

〔26〕 时张让弟朔为野王令　按:集解引惠栋说,谓袁纪作"阳翟令张奥",又膺为河南尹时考杀之也。

〔27〕 今臣到官已积一旬　按:集解引惠栋说,谓袁纪"一旬"作"二旬"。

〔28〕 皆鞠躬屏气　按:"鞠"原讹"鞫",径据汲本、殿本改正。

〔29〕 漏夺名籍　刊误谓"夺"当作"脱"。按:惠栋谓续汉书作"漏脱",夺与脱古字通。

〔30〕 刘季陵清高士　按:汲本"陵"作"林"。殿本考证谓"陵"本或作"林"。

〔31〕 入林虑山中　按:御览八一七引谢承书,作"遁跡黑山"。

〔32〕 为冶家佣　按:"冶"原讹"治",径据汲本、殿本改正。

〔33〕 追之于涅阳市中　按:集解引惠栋说,谓袁纪作"滏阳",魏郡邺县有釜水,或是滏水之阳。案汉末林虑、邺县皆属魏郡,馥入林虑山,静追之滏阳市中,为得其实。

〔34〕 得无自取不优之议也　按:汲本"议也"作"讥邪"。

〔35〕 潦睇时方艰　按:集解引王补说,谓袁纪"艰"下有"难"字。

〔36〕 见则排斥　按:刊误谓"见则"案文当作"则见"。

〔37〕 古之循善　按:刊误谓案文"循"当作"修"。

〔38〕 并卫侍于潦　按:汲本、殿本"潦"作"傍"。

〔39〕 周易曰鼓以动之　殿本考证云诸本同,王会汾谓案易无此文。张森楷校勘记谓"鼓"或当是"风"误。今按:注或引诗大序"风以动之",展转传写,误"诗序"为"周易",误"风"为"鼓"耳。

〔40〕 (征)〔复〕拜议郎　据汲本、殿本改。按:前曾征拜议郎,故此云复拜,作"征"误。

〔41〕 家世冠族　按:汲本、殿本"冠"上有"衣"字。

〔42〕 司徒樊陵　按:集解引钱大昕说,谓灵帝纪陵为太尉,非司徒。

〔43〕 司隶校尉许冰　汲本、殿本"冰"作"永"。按:殿本考证谓"永"毛本作"冰",监本作"水",今从宋本。王先谦谓毛本并不作"冰",不知所据何本。

〔44〕 幽州刺史杨熙　按:"杨"原讹"扬",径改正。

〔45〕 由是结仇乡人朱并　汲本、殿本"结仇"下衍"览等"二字。按:"览等"二字如连上读,当以"由是结仇览等"句绝,然上文祗言侯览与张俭结仇,不当有"等"字也。如连下读,则朱并成为侯览之乡人,通鉴即以"览等"二字连下读,而省去一"等"字,作"览乡人朱并",然朱并为张俭之乡人,非侯览之乡人也。绍兴本无此二字,乃知此二字为衍文。册府元龟九四九正作"乡人朱并告俭与

同郡二十四人为党",亦一明证也。

〔46〕外黄令毛钦操兵到门　按:外黄属陈留郡,黄县属东莱郡,故顾炎武、钱大昕皆谓当作"黄令",多一"外"字。惠栋则谓袁纪作"督邮毛钦",或钦是外黄人,衍一"令"字耳。

〔47〕其何伤于日月〔乎〕　据汲本、殿本补,与论语合。

〔48〕父(像)〔豫〕为南郡太守　据汲本、殿本改。按:殿本考证谓"豫"监本作"像",从宋本改。

〔49〕又以张牧为中贼曹吏　按:刊误谓案文多一"中"字,"吏"当作"史"。

〔50〕晊与牧亡匿齐鲁之间　按:汲本、殿本"亡匿"上衍"遁逃"二字。

〔51〕〔翔〕奏冀恃贵不敬　据汲本、殿本补。

〔52〕奏事中官　按:校补谓案文"奏"当为"奉"之讹。又按:据张元济后汉书校勘记,"官"原作"宫",影印时描改为"官"。

〔53〕前书孔霸字次(孺)〔儒〕　据汲本、殿本改,与前书合。

〔54〕皆遽还之　按:王先谦谓"遽"乃"追"之讹。

〔55〕远方至者常数百人　按:"常"原作"尝",径据汲本、殿本改。

〔56〕敷〔与〕子孙同衣而行　据汲本、殿本补。

〔57〕出为任城相　按:"城"原讹"成",径据汲本、殿本改正。

〔58〕令闻令望　按:"闻"原作"问",径据汲本、殿本改。

〔59〕而掾吏欲引南　按:刊误谓案文"吏"当作"史"。

〔60〕亡匿汝南间　按:刊误谓案文"閒"字下又云"有声荆豫之域",若只在汝南,则无用"閒"字,不当云"荆",盖漏"南郡"二字也,南郡则属荆州。

〔61〕遣人西迎叔父爽　按:刊误谓案文致颢尸,又葬冢旁,则爽亦死矣,明脱一"丧"字。

〔62〕销长相倾　殿本"销"作"消",注同。按:销消多通用。

后汉书卷六十八

郭符许列传第五十八

郭太字林宗，①太原界休人也。②家世贫贱。早孤，母欲使给事县廷。③林宗曰："大丈夫焉能处斗筲之役乎?"遂辞。就成皋屈伯彦学，三年业毕，博通坟籍。善谈论，美音制。乃游于洛阳。始见河南尹李膺，膺大奇之，遂相友善，于是名震京师。后归乡里，衣冠诸儒送至河上，车数千两。林宗唯与李膺同舟而济，众宾望之，以为神仙焉。

①范晔父名泰，故改为此"太"。郑公业之名亦同焉。

②介休，今汾州县。

③苍颉篇曰："廷，直也。"说文："廷，朝中也。"风俗通："廷，正也。言县廷、郡廷、朝廷，皆取平均正直也。"

司徒黄琼辟，太常赵典举有道。或劝林宗仕进者，对曰："吾夜观乾象，昼察人事，天之所废，不可支也。"①遂并不应。性明知人，好奖训士类。身长八尺，容貌魁伟，褒衣博带，周游郡国。尝于陈梁间行遇雨，巾一角垫，②时人乃故折巾一角，以为"林宗巾"。其见慕皆如此。③或问汝南范滂曰："郭林宗何如人?"滂曰："隐不违亲，④贞不绝俗，⑤天子不得臣，诸侯不得友，吾不知其它。"⑥后遭母忧，有至孝称。⑦林宗虽善人伦，而不为危言覈论，⑧故宦官擅政而不能伤也。及党事起，知名之士多被其害，唯林宗及汝南袁闳得免焉。遂闭门教授，弟子以千数。

①左传晋汝叔宽之词。支犹持也。

②音丁念反。周迁舆服杂事曰："巾以葛为之，形如(幍)〔帢〕，[1]音口洽反。本居士野人所服。魏武造(幍)〔帢〕，其巾乃废。今国子学生服焉。以白纱为之。"

③泰别传曰："泰名显，士争归之，载刺常盈车。"

④介推之类。

⑤柳下惠之类。

⑥礼记曰："儒有上不臣天子，下不事诸侯。"

⑦谢承书曰："遭母忧，欧血发病，历年乃瘳。"

⑧礼记曰："拟人必于其伦。"郑玄注曰："伦犹类也。"论语孔子曰："邦有道，危言危行。邦无道，危行言孙。"覈犹实也。

建宁元年，太傅陈蕃、大将军窦武为阉人所害，林宗哭之于野，恸。既而叹曰："'人之云亡，邦国殄瘁'。①'瞻乌爰止，不知于谁之屋'耳。"②

①诗大雅之词。

②诗小雅也。言不知王业当何所归。

明年春，卒于家，时年四十二。四方之士千馀人，皆来会葬。①同志者乃共刻石立碑，蔡邕为其文，既而谓涿郡卢植曰："吾为碑铭多矣,皆有惭德,唯<u>郭有道</u>无愧色耳。"

①谢承书曰:"<u>泰</u>以<u>建宁</u>二年正月卒,自<u>弘农函谷关</u>以西,<u>河内汤阴</u>以
　北,二千里负笈荷担弥路,柴车苇装塞涂,盖有万数来赴。"

其奖拔士人,皆如所鉴。①后之好事,或附益增张,故多华辞不
经,又类卜相之书。今录其章章效于事者,著之篇末。②

①谢承书曰:"<u>泰</u>之所名,人品乃定,先言后验,众皆服之。故适<u>陈留</u>则
　友<u>符伟明</u>,游太学则师<u>仇季智</u>,之<u>陈国</u>则亲<u>魏德公</u>,入<u>汝南</u>则交<u>黄叔
　度</u>。初,<u>太</u>始至<u>南州</u>,过<u>袁奉高</u>,不宿而去;从<u>叔度</u>,累日不去。或以
　问<u>太</u>。<u>太</u>曰:'<u>奉高</u>之器,譬之(泛)〔沈〕滥,^[3]虽清而易挹。<u>叔度</u>之
　器,汪汪若千顷之陂,澄之不清,扰之不浊,^[4]不可量也。'已而果然,
　<u>太</u>以是名闻天下。"^[2]
②章章犹昭昭也。

<u>左原</u>者,<u>陈留</u>人也。为郡学生,犯法见斥。<u>林宗</u>尝遇诸路,为
设酒肴以慰之。谓曰:"昔<u>颜涿聚梁甫</u>之巨盗,<u>段干木晋国</u>之大
驵,^[5]卒为<u>齐</u>之忠臣,<u>魏</u>之名贤。①<u>蘧瑗</u>、<u>颜回</u>尚不能无过,况其徐
乎?②慎勿恚恨,责躬而已。"<u>原</u>纳其言而去。或有讥<u>林宗</u>不绝恶人
者。对曰:"人而不仁,疾之以甚,乱也。"③<u>原</u>后忽更怀忿,结客欲
报诸生。其日<u>林宗</u>在学,<u>原</u>愧负前言,因遂罢去。后事露,众人咸
谢服焉。

①吕氏春秋曰:"<u>颜涿聚</u>,<u>梁父</u>大盗也,学于<u>孔子</u>。"左传曰:"<u>晋</u>伐<u>齐</u>,战
　于<u>黎丘</u>,<u>齐</u>师败绩,亲禽<u>颜庚</u>。"杜预注曰:"<u>黎丘</u>,隰也。<u>颜庚</u>,<u>齐</u>大夫
　<u>颜涿聚</u>也。"又曰:"<u>晋荀瑶</u>伐<u>郑</u>,〔<u>郑驷弘</u>〕请救于<u>齐</u>。^[6]<u>齐</u>师将兴,<u>陈
　成子</u>属孤子,三日朝,设乘车两马,系五邑焉。召<u>颜涿聚</u>之子<u>晋</u>,曰:
　'<u>隰</u>之役,而父死焉,以国之多难,未汝恤也。今君命汝以是邑也,服
　车而朝,无废前劳。'"吕氏春秋曰:"<u>段干木</u>,<u>晋国</u>之驵。"说文曰:

"駔,会也。谓合两家之卖买,如今之度市也。"新序曰"魏文侯过段干木之闾而轼之,遂致禄百万,而时往问之。国人皆喜,相与诵之曰:'吾君好正,段干木之敬;吾君好忠,段干木之隆。'秦欲攻魏,司马唐谏曰:[7]'段干木贤者也,而魏礼之,天下莫不闻,无乃不可加兵乎?'秦君以为然"也。駔音子朗反。

②论语曰:"蘧伯玉使人于孔子,问之曰:'夫子何为?'对曰:'夫子欲寡其过而未能也。'"又曰:"颜回好学,不贰过。"

③论语孔子之言也。郑玄注云:"不仁之人,当以风化之。若疾之以甚,是益使为乱也。"

茅容字季伟,[8]陈留人也。年四十馀,耕于野,时与等辈避雨树下,众皆夷踞相对,①容独危坐愈恭。林宗行见之而奇其异,遂与共言,因请寓宿。旦日,容杀鸡为馔,林宗谓为己设,既而以供其母,自以草蔬与客同饭。②林宗起拜之曰:"卿贤乎哉!"因劝令学,卒以成德。

①夷,平也。说文曰:"踞,蹲也。"

②草,粗也。

孟敏字叔达,钜鹿杨氏人也。①[9]客居太原。荷甑堕地,不顾而去。林宗见而问其意。对曰:"甑以破矣,视之何益?"林宗以此异之,因劝令游学。十年知名,三公俱辟,并不屈云。

①十三州志曰,杨氏县在今魏郡北也。

庾乘字世游,颍川鄢陵人也。少给事县廷为门士。①林宗见而拔之,劝游学(宫)〔官〕,[10]遂为诸生佣。后能讲论,自以卑第,每处下坐,诸生博士皆就雠问,由是学中以下坐为贵。后征辟并不起,号曰"征君"。

①士即门卒。

宋果字仲乙，①扶风人也。性轻悍，憙与人报仇，为郡县所疾。林宗乃训之义方，惧以祸败。果感悔，叩头谢负，遂改节自救。后以烈气闻，辟公府，侍御史、并州刺史，所在能化。

①谢承书"乙"作"文"。

贾淑字子厚，[11]林宗乡人也。虽世有冠冕，而性险害，邑里患之。①林宗遭母忧，淑来修弔，既而钜鹿孙威直亦至。[12]威直以林宗贤而受恶人弔，心怪之，不进而去。林宗追而谢之曰："贾子厚诚实凶德，然洗心向善。仲尼不逆互乡，故吾许其进也。"②淑闻之，改过自厉，终成善士。乡里有忧患者，淑辄倾身营救，为州闾所称。

①谢承书曰："淑为舅宋瑗报仇于县中，为吏所捕，系狱当死。泰与语，淑恩恻流涕。泰诣县令应操，陈其报怨蹈义之士。被赦，县不宥之，郡上言，乃得原。"

②互乡，乡名。"互乡难与言，童子见，门人惑。孔子曰：'人洁己以进，与其进，不保其往。'"

史叔宾者，陈留人也。少有盛名。林宗见而告人曰："墙高基下，虽得必失。"后果以论议阿枉败名云。

黄允字子艾，[13]济阴人也。以儁才知名。林宗见而谓曰："卿有绝人之才，足成伟器。然恐守道不笃，将失之矣。"后司徒袁隗欲为从女求姻，见允而叹曰："得婿如是足矣。"允闻而黜遣其妻夏侯氏。妇谓姑曰："今当见弃，方与黄氏长辞，乞一会亲属，以展离诀之情。"于是大集宾客三百馀人，[14]妇中坐，攘袂数允隐匿秽恶十五事，言毕，登车而去。允以此废于时。

谢甄字子微，汝南召陵人也。与陈留边让并善谈论，俱有盛名。每共候林宗，未尝不连日达夜。林宗谓门人曰："二人英才有餘,而并不入道,惜乎!"甄后不拘细行,为时所毁。让以轻侮曹操,操杀之。

王柔字叔优,弟泽,字季道,林宗同郡晋阳县人也。兄弟总角共候林宗,以访才行所宜。林宗曰:"叔优当以仕进显,季道当以经术通,然违方改务,亦不能至也。"后果如所言,柔为护匈奴中郎将,泽为代郡太守。

又识张孝仲刍牧之中,知范特祖邮置之役,①召公子、许伟康并出屠酤,司马子威拔自卒伍,及同郡郭长信、王长文、韩文布、李子政、曹子元、定襄周康子、西河王季然、云中丘季智、郝礼真等六十人,并以成名。②

①说文曰:"邮,境上传书舍也。"广雅曰:"邮,驿也。"置亦驿也。风俗通曰:"汉改邮为置。置者,度其远近之间置之也。"

②谢承书曰:"太原郭长信、王长文、长文弟子师、韩文布、李子政、曹子元、定襄周康子、西河王季然、云中丘季智名灵举。子师位至司徒,季然北地太守,其餘多典州郡者。"

论曰:庄周有言,人情险于山川,以其动静可识,而沈阻难征。①故深厚之性,诡于情貌;②"则哲"之鉴,惟帝所难。③而林宗雅俗无所失,将其明性特有主乎? 然而逊言危行,终亨时晦,④恂恂善导,使士慕成名,虽墨、孟之徒,不能绝也。⑤

①征,明也。沈,深也。

②诡,违也。

③帝谓尧也。书曰:"知人则哲,惟帝为难。"

④亨,通也。

⑤墨翟、孟轲也。绝,过也。

符融字伟明,陈留浚仪人也。少为都官吏,耻之,委去。[1]后游太学,师事少府李膺。膺风性高简,每见融,辄绝它宾客,听其言论。融幅巾奋褒,谈辞如云,[2]膺每捧手叹息。郭林宗始入京师,时人莫识,融一见嗟服,因以介于李膺,由是知名。[3]

①续汉志曰:"都官从事,主察举百官犯法者。"融耻为其吏而去。

②幅巾者,以一幅为之也。褒,古袖字。如云者,奔踊而出也。

③古人相见,必因绍介。介,因也,言因此人以相接见也。谢承书曰:"融见林宗,便与之交。又绍介于膺,以为海之明珠,未耀其光,鸟之凤皇,羽仪未翔。膺与林宗相见,待以师友之礼,遂振名天下,融之致也。"

时汉中晋文经、梁国黄子艾,并恃其才智,炫曜上京,卧托养疾,无所通接。洛中士大夫好事者,承其声名,坐门问疾,犹不得见。[1]三公所辟召者,辄以询访之,随所臧否,以为与夺。融察其非真,乃到太学,并见李膺曰:"二子行业无闻,以豪桀自置,遂使公卿问疾,王臣坐门。融恐其小道破义,空誉违实,特宜察焉。"膺然之。二人自是名论渐衰,宾徒稍省,旬日之间,惭叹逃去。后果为轻薄子,并以罪废弃。

①谢承书曰:"文经、子艾,曜名远近,声价已定,征辟不就,疗病京师,不通宾客。公卿将相大夫遣门生旦暮问疾,郎吏公府掾属杂坐其门,不得见也。"

融益以知名。州郡礼请,举孝廉,公府连辟,皆不应。太守冯岱有名称,到官,请融相见。融一往,荐达郡士范冉、韩卓、孔伷等三人,[1]因辞病自绝。会有党事,亦遭禁锢。

①伷音胄。谢承书曰:"冯岱字德山。性忼慨,有文武异才。既到官,融往相见,荐范冉为功曹,韩卓为主簿,孔伷为上计吏。"袁山松书曰:"卓字子助。腊日,奴窃食祭其先,卓义其心,即日免之。"

妻亡，贫无殡敛，乡人欲为具棺服，融不肯受。曰："古之亡者，弃之中野。①唯妻子可以行志，但即土埋藏而已。"②

①易系词曰："古之葬者，厚衣以薪，葬之中野。"

②谢承书："颍川张元祖，志行士也，来存融，弔其妻亡，知其如此，谓言'足下欲尚古道，非不清妙；且礼设棺椁，制杖章，孔子曰"吾从周"'。便推所乘羸牛车，命融以给殡，融受而不辞也。"

融同郡田盛，字仲向，与郭林宗同好，亦名知人，优游不仕，并以寿终。

许劭字子将，汝南平舆人也。①少峻名节，好人伦，多所赏识。若樊子昭、和阳士者，并显名于世。②故天下言拔士者，咸称许、郭。

①舆音预。

②魏志曰："和洽字阳士，汝南西平人也。初举孝廉，大将军辟，不就。魏国建，为侍中。"

初为郡功曹，太守徐璆甚敬之。①府中闻子将为吏，莫不改操饰行。同郡袁绍，公族豪侠，去濮阳令归，车徒甚盛，将入郡界，乃谢遣宾客，曰："吾舆服岂可使许子将见。"遂以单车归家。

①璆音求，又巨秋反。

1792

劭尝到颍川，多长者之游，唯不候陈寔。又陈蕃丧妻还葬，乡人（必）〔毕〕至，〔15〕而劭独不往。或问其故，劭曰："太丘道广，广则难周；仲举性峻，峻则少通。故不造也。"其多所裁量若此。

曹操微时，常卑辞厚礼，求为己目。①劭鄙其人而不肯对，操乃伺隙胁劭，劭不得已，曰："君清平之奸贼，乱世之英雄。"〔16〕操大悦而去。

①令品藻为题目。

劭从祖敬,敬子训,训子相,并为三公,相以能谄事宦官,故自致台司封侯,数遣请劭。劭恶其薄行,终不候之。

劭邑人李逵,壮直有高气,劭初善之,而后为隙,又与从兄靖不睦,①时议以此少之。初,劭与靖俱有高名,好共覈论乡党人物,每月辄更其品题,故汝南俗有"月旦评"焉。

①蜀志曰:"许靖字文休,少与从弟劭俱知名,并有人伦臧否之称,而私情不协。劭为郡功曹,排摈靖不得齿叙,以马磨自给。"

司空杨彪辟,[17]举方正、敦朴,征,皆不就。或劝劭仕,对曰:"方今小人道长,王室将乱,吾欲避地淮海,以全老幼。"乃南到广陵。徐州刺史陶谦礼之甚厚。劭不自安,告其徒曰:"陶恭祖外慕声名,内非真正。待吾虽厚,其埶必薄。不如去之。"遂复投扬州刺史刘繇于曲阿。①其后陶谦果捕诸寓士。②及孙策平吴,劭与繇南奔豫章而卒,时年四十六。

①繇字正礼。

②寓,寄也。

兄虔亦知名,汝南人称平舆渊有二龙焉。①

①平舆故城〔在〕今豫州汝阳县东北,[18]有二龙乡、月旦里。

赞曰:林宗怀宝,识深甄藻。①明发周流,永言时道。②符融鉴真,子将人伦。守节好耻,并亦逡巡。③

①甄,明也。藻犹饰也。

②明发,发夕至明也。吕氏春秋曰:"孔子周流天下。"

③逡巡,自退不仕也。

【校勘记】

〔１〕 形如(幓)〔帢〕　按:注云"音口洽反",则字当作"帢",今改,下同。

〔２〕 初太始至南州至太以是名闻天下　按:此注文七十四字,汲本、殿本皆儳入正文。明嘉靖汪文盛刻本不误,闽本亦不误,闽本盖据汪文盛本翻刻也。

〔３〕 譬之(泛)〔汍〕滥　集解引惠栋说,谓蒋皋云"泛"当作"汍",俗本误"汍"为"汎",因转误为"泛"也。王先谦谓黄宪传"泛滥"作"汍滥",谓汍泉、滥泉也。今据改。

〔４〕 扰之不浊　按:殿本"扰"作"挠",御览七十二引续汉书同。

〔５〕 段干木　按:"段"原讹"叚",径改正。注同。

〔６〕 晋荀瑶伐郑〔郑駟弘〕请救于齐　按:注脱"郑駟弘"三字,则上下文语意不属,今据今本左传补。

〔７〕 司马唐谏曰　按:校补引柳从辰说,谓"司马唐"今新序作"司马唐且"。

〔８〕 茅容字季伟　按:校补谓"伟"一作"玮"。柳从辰云风俗通有黄琼门生茅季玮,即其人。

〔９〕 钜鹿杨氏人也　按:"杨"原讹"扬",径改正。注同。

〔１０〕 劝游学(宫)〔官〕　刊误谓案文"宫"当作"官"。今据改。

〔１１〕 贾淑字子厚　按:集解引惠栋说,谓袁纪"子厚"作"子序"。

〔１２〕 既而钜鹿孙威直亦至　按:集解引惠栋说,谓郭泰别传"威"作"咸"。

〔１３〕 黄允字子艾　按:集解引惠栋说,谓袁纪"子艾"作"元艾"。

〔１４〕 于是大集宾客三百馀人　按:校补引柳从辰说,谓袁纪作"请亲属及宾客二十馀人"。

〔１５〕 乡人(必)〔毕〕至　据汲本、殿本改。

〔１６〕 君清平之奸贼乱世之英雄　按:三国魏志裴注引世说,作"治世

之能臣,乱世之奸雄"。

〔17〕 司空杨彪　按:"杨"原讹"扬",径改正。

〔18〕 平舆故城〔在〕今豫州汝阳县东北　据汲本、殿本补。

后汉书卷六十九

窦何列传第五十九

窦武字游平，扶风平陵人，安丰戴侯融之玄孙也。父奉，定襄太守。武少以经行著称，常教授于大泽中，不交时事，名显关西。

延熹八年，长女选入掖庭，桓帝以为贵人，拜武郎中。其冬，贵人立为皇后，武迁越骑校尉，封槐里侯，五千户。明年冬，拜城门校尉。在位多辟名士，清身疾恶，礼赂不通，妻子衣食裁充足而已。是时羌蛮寇难，岁俭民饥，武得两宫赏赐，悉散与太学诸生，及载肴粮于路，丐施贫民。兄子绍，[1]为虎贲中郎将，性疏简奢侈。武每数切厉相戒，犹不觉悟，乃上书求退绍位，又自责不能训导，当先受罪。由是绍更遵节，大小莫敢违犯。

时国政多失，内官专宠，李膺、杜密等为党事考逮。永康元年，上疏谏曰："臣闻明主不讳讥刺之言，以探幽暗之实；忠臣不邲谏争之患，以畅万端之事。是以君臣并熙，名奋百世。①臣幸得遭盛明

1797

之世,逢文武之化,岂敢怀禄逃罪,不竭其诚!陛下初从藩国,爰登圣祚,天下逸豫,谓当中兴。自即位以来,未闻善政。梁、孙、寇、邓虽或诛灭,②〔2〕而常侍黄门续为祸虐,欺罔陛下,竞行谲诈,自造制度,妄爵非人,朝政日衰,奸臣日强。伏寻西京放恣王氏,佞臣执政,终丧天下。今不虑前事之失,复循覆车之轨,臣恐二世之难,必将复及,③赵高之变,不朝则夕。④近者奸臣牢脩,造设党议,遂收前司隶校尉李膺、太仆杜密、御史中丞陈翔、太尉掾范滂等逮考,连及数百人,旷年拘录,事无效验。臣惟膺等建忠抗节,志经王室,此诚陛下稷、卨、伊、吕之佐,〔3〕而虚为奸臣贼子之所诬枉,天下寒心,海内失望。惟陛下留神澄省,时见理出,⑤以厌人鬼喁喁之心。臣闻古之明君,必须贤佐,以成政道。今台阁近臣,尚书令陈蕃,仆射胡广,〔4〕尚书朱寓、荀绲、⑥刘祐、魏朗、刘矩、尹勋等,皆国之贞士,朝之良佐。尚书郎张陵、妫皓、苑康、杨乔、边韶、戴恢等,文质彬彬,明达国典。内外之职,群才并列。而陛下委任近习,专树饕餮,外典州郡,内干心膂。宜以次贬黜,案罪纠罚,抑夺宦官欺国之封,案其无状诬罔之罪,信任忠良,平决臧否,使邪正毁誉,各得其所,宝爱天官,唯善是授。如此,咎征可消,天应可待。间者有嘉禾、芝草、黄龙之见。夫瑞生必于嘉士,⑦福至实由善人,在德为瑞,无德为灾。陛下所行,不合天意,不宜称庆。"书奏,因以病上还城门校尉、槐里侯印绶。⑧帝不许,有诏原李膺、杜密等,自黄门北寺、若卢、都内诸狱,系囚罪轻者皆出之。⑨

①熙,盛也。

②梁冀、孙寿、寇荣、邓万代,见桓纪也。

③二世即胡亥。

④赵高使女婿阎乐弑胡亥于望夷宫。

⑤时谓即时也。

⑥音古本反。

⑦嘉士犹善人也。

⑧上音时丈反。

⑨都内，主藏官名。前书有都内令丞，属大司农也。

其冬帝崩，无嗣。武召侍御史河间刘儵，参问其国中王子侯之贤者，儵称解渎亭侯宏。武入白太后，遂征立之，是为灵帝。拜武为大将军，常居禁中。帝既立，论定策功，更封武为闻喜侯；子机渭阳侯，拜侍中；兄子绍鄠侯，迁步兵校尉；绍弟靖西乡侯，为侍中，监羽林左骑。

武既辅朝政，常有诛翦宦官之意，太傅陈蕃亦素有谋。时共会朝堂，蕃私谓武曰：“中常侍曹节、王甫等，自先帝时操弄国权，浊乱海内，百姓匈匈，归咎于此。今不诛节等，后必难图。”武深然之。蕃大喜，以手推席而起。武于是引同志尹勋为尚书令，刘瑜为侍中，冯述为屯骑校尉；又征天下名士废黜者前司隶李膺、宗正刘猛、太仆杜密、庐江太守朱㝢等，列于朝廷；请前越巂太守荀翌为从事中郎，〔5〕辟颍川陈寔为属；共定计策。于是天下雄俊，知其风旨，莫不延颈企踵，思奋其智力。①

①续汉志曰：“桓帝初，京都童谣曰：‘游平卖印自有评，不避贤豪及大姓。’案：武字游平。与陈蕃合策戮力，唯德是建，咸得其人，豪贤大姓皆绝望矣。”

会五月日食，蕃复说武曰：“昔萧望之困一石显，①近者李、杜诸公祸及妻子，况今石显数十辈乎！蕃以八十之年，欲为将军除害，今可且因日食，斥罢宦官，以塞天变。又赵夫人及女尚书，旦夕乱太后，^②急宜退绝。惟将军虑焉。"<u>武</u>乃白太后曰："故事，黄门、常侍但当给事省内，典门户，主近署财物耳。今乃使与政事而任权重，子弟布列，专为贪暴。天下匈匈，正以此故。宜悉诛废，以清朝廷。"太后曰："汉来故事世有，但当诛其有罪，岂可尽废邪？"时中常侍<u>管霸</u>颇有才略，专制省内。<u>武</u>先白诛<u>霸</u>及中常侍<u>苏康</u>等，竟死。<u>武</u>复数白诛<u>曹节</u>等，太后尤豫未忍，^③故事久不发。

①元帝时，阉人<u>石显</u>为中书令，谮御史大夫<u>萧望之</u>，令自杀也。

②女尚书，内官也。夫人即<u>赵娆</u>。

③尤音淫。尤豫，不定也。

至八月，<u>太白</u>出西方。<u>刘瑜</u>素善天官，恶之，上书皇太后曰："<u>太白</u>犯<u>房左骖</u>，<u>上将星</u>入<u>太微</u>，其占宫门当闭，将相不利，奸人在主傍。愿急防之。"又与<u>武</u>、<u>蕃</u>书，以星辰错缪，不利大臣，宜速断大计。<u>武</u>、<u>蕃</u>得书将发，于是以<u>朱寓</u>为司隶校尉，<u>刘祐</u>为河南尹，<u>虞祁</u>为洛阳令。<u>武</u>乃奏免黄门令<u>魏彪</u>，以所亲小黄门<u>山冰</u>代之。使<u>冰</u>奏素狡猾尤无状者长乐尚书<u>郑飒</u>，^①送北寺狱。<u>蕃</u>谓<u>武</u>曰："此曹子便当收杀，何复考为！"<u>武</u>不从，令<u>冰</u>与<u>尹勋</u>、侍御史<u>祝瑨</u>杂考<u>飒</u>，辞连及<u>曹节</u>、<u>王甫</u>。<u>勋</u>、<u>冰</u>即奏收<u>节</u>等，使<u>刘瑜</u>内奏。

①音立。

时<u>武</u>出宿归府，典中书者先以告长乐五官史<u>朱瑀</u>。^[6]<u>瑀</u>盗发<u>武</u>奏，骂曰："中官放纵者，自可诛耳。我曹何罪，而当尽见族灭？"因大呼曰："<u>陈蕃</u>、<u>窦武</u>奏白太后废帝，为大逆！"乃夜召素所亲壮健者长乐从官史<u>共普</u>、^[7]<u>张亮</u>等十七人，歃血共盟诛<u>武</u>等。<u>曹节</u>闻之，惊起，白帝曰："外间切切，请出御<u>德阳前殿</u>。"令帝拔剑踊跃，使乳母<u>赵娆</u>等拥卫左右，取棨信，闭诸禁门。^①召尚书官属，胁以白刃,使作诏板。拜王甫为黄门令,持节至北寺狱收尹勋、山冰。冰疑,不受诏,甫格杀之。遂害勋,出郑飒。还共劫太后,夺玺书。[8]令中谒者守南宫,闭门,绝复道。②使郑飒等持节,及侍御史、谒者捕收武等。武不受诏,驰入步兵营,与绍共射杀使者。召会北军五校士数千人屯都亭下,令军士曰:“黄门常侍反,尽力者封侯重赏。”诏以少府周靖行车骑将军,加节,与护匈奴中郎将张奂率五营士讨武。夜漏尽,王甫将虎贲、羽林、厩驺、都候、剑戟士,合千馀人,出屯朱雀掖门,与奂等合。明旦悉军阙下,与武对陈。甫兵渐盛,使其士大呼武军曰:“窦武反,汝皆禁兵,当宿卫宫省,何故随反者乎?先降有赏!”营府素畏服中官,于是武军稍稍归甫。自旦至食时,兵降略尽。武、绍走,诸军追围之,皆自杀,枭首洛阳都亭。③收捕宗亲、宾客、姻属,悉诛之,及刘瑜、冯述,皆夷其族。徙武家属日南,迁太后于云台。

①棨,有衣戟也。汉官仪曰:“凡居宫中,[9]皆施籍于掖门,案姓名当入者,本官为封棨传,审印信,然后受之。”

②复音福。

③续汉志曰:“桓帝末,京师童谣曰:‘茅田一顷中有井,四方纤纤不可整。嚼复嚼,今年尚可后年硗。’案:易曰‘拔茅连茹’。茅喻群贤也。井者,法也。时中常侍管霸等憎疾海内英贤,并见废锢。‘茅田一顷’言群贤众多也。‘中有井’者,言虽厄穷,不失法度也。‘四方纤纤’言奸慝不可理也。‘嚼’,饮酒相强之辞也。言不恤王政,徒耽宴而已。‘今年尚可’者,言但禁锢也。‘后年硗’者,陈蕃、窦武等诛,天下大坏也。”硗音苦教反。硗犹恶也。

当是时,凶竖得志,士大夫皆丧其气矣。武府掾桂阳胡腾,少师事武,独殡敛行丧,坐以禁锢。

武孙辅，时年二岁，逃窜得全。事觉，节等捕之急。胡腾及令史南阳张敞共逃辅于零陵界，诈云已死，腾以为己子，而使聘娶焉。后举桂阳孝廉。至建安中，荆州牧刘表闻而辟焉，以为从事，使还窦姓，以事列上。会表卒，曹操定荆州，辅与宗人徙居于邺，辟丞相府。从征马超，为流矢所中死。①

①飞矢曰流矢。中，伤也。

初，武母产武而并产一蛇，送之林中。后母卒，及葬未窆，有大蛇自榛草而出，①径至丧所，以头击柩，涕血皆流，俯仰蛣屈，②若哀泣之容，有顷而去。时人知为窦氏之祥。③

①广雅曰："木藂生曰榛。"

②蛣音丘吉反。

③祥，吉凶之先见者。尚书曰："亳有祥。"

腾字子升。初，桓帝巡狩南阳，以腾为护驾从事。公卿贵戚车骑万计，征求费役，不可胜极。腾上言："天子无外，乘舆所幸，即为京师。臣请以荆州刺史比司隶校尉，①臣自同都官从事。"帝从之。②自是肃然，莫敢妄有干欲，腾以此显名。党锢解，官至尚书。

①南阳属荆州，故请以刺史比司隶。

②汉官仪曰"都官从事主洛阳百官，[10]朝会与三府掾同"也。

张敞者，太尉温之弟也。①

①汉官仪曰："温字伯慎，穰人也，封(玄)〔互〕乡侯。[11]太史奏言有大臣诛死，董卓取温笞杀于市以厌之。"

何进字遂高，南阳宛人也。异母女弟选入掖庭为贵人，有宠于灵帝,拜进郎中,再迁虎贲中郎将,出为颍川太守。光和(二)〔三〕年,贵人立为皇后,[12]征进入,拜侍中、将作大匠、河南尹。

中平元年,黄巾贼张角等起,以进为大将军,率左右羽林五营士屯都亭,修理器械,以镇京师。张角别党马元义谋起洛阳,进发其奸,以功封慎侯。①

①慎,县,属汝南郡。

四年,荥阳贼数千人群起,攻烧郡县,杀中牟县令,诏使进弟河南尹苗出击之。[13]苗攻破群贼,平定而还。诏遣使者迎于成皋,拜苗为车骑将军,封济阳侯。

五年,天下滋乱,望气者以为京师当有大兵,两宫流血。大将军司马许凉、假司马伍宕说进曰:"太公六韬有天子将兵事,①可以威厌四方。"进以为然,入言之于帝。于是乃诏进大发四方兵,讲武于平乐观下。起大坛,上建十二重五采华盖,高十丈,坛东北为小坛,复建九重华盖,高九丈,列步兵、骑士数万人,结营为陈。天子亲出临军,驻大华盖下,进驻小华盖下。礼毕,帝躬擐甲介马,②称"无上将军",行陈三匝而还。诏使进悉领兵屯于观下。是时置西园八校尉,以小黄门蹇硕为上军校尉,虎贲中郎将袁绍为中军校尉,屯骑都尉鲍鸿为下军校尉,[14]议郎曹操为典军校尉,赵融为助军校尉,淳于琼为佐军校尉,又有左右校尉。帝以蹇硕壮健而有武略,特亲任之,以为元帅,督司隶校尉以下,虽大将军亦领属焉。

①太公六韬篇:第一霸典,文论;第二文师,武论;第三龙韬,主将;第四虎韬,偏裨;第五豹韬,校尉;第六犬韬,司马。龙韬云:"武王曰:'吾欲令三军之众,亲其将如父母,闻金声而怒,闻鼓音而喜,为之奈何?'"

②擐音宦。擐,贯也。介亦甲也。

硕虽擅兵于中,而犹畏忌于进,乃与诸常侍共说帝遣进西击边章、韩遂。帝从之,赐兵车百乘,虎贲斧钺。进阴知其谋,乃上遣袁绍东击徐兖二州兵,[15]须绍还,即戎事,以稽行期。

初,何皇后生皇子辩,王贵人生皇子协。群臣请立太子,帝以辩轻佻无威仪,不可为人主,① 然皇后有宠,且进又居重权,故久不决。

①字书曰:"佻,轻也。"

六年,帝疾笃,属协于蹇硕。硕既受遗诏,且素轻忌于进兄弟,及帝崩,硕时在内,欲先诛进而立协。及进从外入,硕司马潘隐与进早旧,迎而目之。进惊,驰从儳道归营,引兵入屯百郡邸,①因称疾不入。硕谋不行,皇子辩乃即位,何太后临朝,进与太傅袁隗辅政,录尚书事。

①广雅曰:"儳,疾也。"音仕鉴反。

进素知中官天下所疾,兼忿蹇硕图己,及秉朝政,阴规诛之。袁绍亦素有谋,因进亲客张津劝之曰:"黄门常侍权重日久,又与长乐太后专通奸利,①将军宜更清选贤良,整齐天下,为国家除患。"进然其言。又以袁氏累世宠贵,海内所归,②而绍素善养士,能得豪杰用,其从弟虎贲中郎将术亦尚气侠,故并厚待之。因复博征智谋之士(庞)〔逢〕纪、[16]何颙、荀攸等,与同腹心。

①灵帝母董太后居长乐宫。

②袁安为司徒、司空,孙汤为司徒、太尉,汤子成五官中郎将,成生绍,故云"累代宠贵"也。

蹇硕疑不自安,与中常侍赵忠等书曰:"大将军兄弟秉国专朝,今与天下党人谋诛先帝左右,埽灭我曹。但以硕典禁兵,故且沈吟。今宜共闭上阁,急捕诛之。"中常侍郭胜,进同郡人也。太后及进之贵幸,胜有力焉。故胜亲信何氏,遂共赵忠等议,不从硕计,而以其书示进。进乃使黄门令收硕,诛之,因领其屯兵。

袁绍复说进曰:"前窦武欲诛内宠而反为所害者,以其言语漏泄,而五营百官服畏中人故也。今将军既有元舅之重,而兄弟并领劲兵,部曲将吏皆英俊名士,乐尽力命,事在掌握,此天赞之时也。将军宜一为天下除患,名垂后世。虽周之申伯,何足道哉!①今大行在前殿,②将军(宜)受诏领禁兵,〔17〕不宜轻出入宫省。"进甚然之,乃称疾不入陪丧,又不送山陵。遂与绍定筹策,而以其计白太后。太后不听,曰:"中官统领禁省,自古及今,汉家故事,不可废也。且先帝新弃天下,我奈何楚楚与士人对共事乎?"③进难违太后意,且欲诛其放纵者。绍以为中官亲近至尊,出入号令,今不悉废,后必为患。而太后母舞阳君及苗数受诸宦官赂遗,知进欲诛之,数白太后,为其障蔽。又言:"大将军专杀左右,擅权以弱社稷。"太后疑以为然。中官在省闼者或数十年,封侯贵宠,胶固内外。进新当重任,素敬惮之,虽外收大名而内不能断,故事久不决。

①申伯,周申后父也。诗大雅曰:"维申及甫,维周之翰。"

②人主崩未有谥,故称大行也。前书音义曰:"大行者,不反之辞也。"

③楚词曰"楚楚",鲜明貌也。诗曰:"衣裳楚楚。"

绍等又为画策,多召四方猛将及诸豪杰,使并引兵向京城,以胁太后。进然之。主簿陈琳入谏曰:"易称'即鹿无虞',①谚有'掩目捕雀'。夫微物尚不可欺以得志,况国之大事,其可以诈立乎?今将军总皇威,握兵要,龙骧虎步,高下在心,此犹鼓洪炉燎毛发耳。夫违经合道,天人所顺,而反委释利器,更征外助。大兵聚会,强者为雄,所谓倒持干戈,授人以柄,②功必不成,只为乱阶。"进不听。遂西召前将军董卓屯关中上林苑,又使府掾太山王匡东发其郡强弩,并召东郡太守桥瑁屯城皋,使武猛都尉丁原烧孟津,火照城中,③皆以诛宦官为言。太后犹不从。

①易屯卦六三爻辞也。虞,掌山泽之官。即鹿犹从禽也。无虞言不
可得。

②前书梅福上书曰:"倒持太阿,授楚其柄。"

③武猛谓有武艺而勇猛者。取其嘉名,因以名官也。

苗谓进曰:"始共从南阳来,俱以贫贱,依省内以致贵富。国家之事,亦何容易! 覆水不可收。宜深思之,且与省内和也。"进意更狐疑。绍惧进变计,乃胁之曰:"交搆已成,形势已露,事留变生,将军复欲何待,而不早决之乎?"进于是以绍为司隶校尉,假节,专命击断;从事中郎王允为河南尹。绍使洛阳方略武吏司察宦者,而促董卓等使驰驿上,欲进兵平乐观。太后乃恐,悉罢中常侍小黄门,使还里舍,唯留进素所私人,以守省中。诸常侍小黄门皆诣进谢罪,唯所措置。进谓曰:"天下匈匈,正患诸君耳。今董卓垂至,诸君何不早各就国?"袁绍劝进便于此决之,至于再三。进不许。绍又为书告诸州郡,诈宣进意,使捕案中官亲属。

进谋积日,颇泄,中官惧而思变。张让子妇,太后之妹也。[18]让向子妇叩头曰:"老臣得罪,当与新妇俱归私门。惟受恩累世,①今当远离宫殿,情怀恋恋,愿复一入直,得暂奉望太后、陛下颜色,然后退就沟壑,死不恨矣。"子妇言于舞阳君,入白太后,乃诏诸常侍皆复入直。

①惟,思念也。

八月，进入长乐白太后，请尽诛诸常侍以下，选三署郎入守宦官庐。诸宦官相谓曰："大将军称疾不临丧，不送葬，今欻入省，①此意何为？窦氏事竟复起邪？"又张让等使人潜听，具闻其语，乃率常侍段珪、[19]毕岚等数十人，持兵窃自侧闼入，伏省中。及进出，因诈以太后诏召进。入坐省闼，让等诘进曰："天下愦愦，[20]亦非独我曹罪也。②先帝尝与太后不快，几至成败，③我曹涕泣救解，各出家财千万为礼，和悦上意，但欲托卿门户耳。今乃欲灭我曹种族，不亦太甚乎？卿言省内秽浊，公卿以下忠清者为谁？"于是尚方监渠穆拔剑斩进于嘉德殿前。让、珪等为诏，以故太尉樊陵为司隶校尉，少府许相为河南尹。尚书得诏板，疑之，曰："请大将军出共议。"中黄门以进头掷与尚书，曰："何进谋反，已伏诛矣。"

①欻音许物反。

②说文曰："愦愦，乱也。"

③陈留王协母王美人，何后鸩杀之，帝怒，欲废后，宦官固请得止。

进部曲将吴匡、张璋，素所亲幸，在外闻进被害，欲将兵入宫，宫阁闭。袁术与匡共斫攻之，中黄门持兵守阁。会日暮，术因烧南宫九龙门及东西宫，[21]欲以胁出让等。让等入白太后，言大将军兵反，烧宫，攻尚书闼，因将太后、天子及陈留王，又劫省内官属，从复道走北宫。①尚书卢植执戈于阁道窗下，仰数段珪。段珪等惧，乃释太后。太后投阁得免。

①复音福。

袁绍与叔父隗矫诏召樊陵、许相，斩之。苗、绍乃引兵屯朱雀阙下，捕得赵忠等，斩之。吴匡等素怨苗不与进同心，而又疑其与宦官同谋，乃令军中曰："杀大将军者即车骑也，士吏能为报仇乎?”进素有仁恩,士卒皆流涕曰:“愿致死!”匡遂引兵与董卓弟奉车都尉旻攻杀苗,弃其尸于苑中。绍遂闭北宫门,勒兵捕宦者,无少长皆杀之。或有无须而误死者,至自发露然后得免。〔死〕者二千馀人。[22]绍因进兵排宫,或上端门屋,以攻省内。

张让、段珪等困迫,遂将帝与陈留王数十人步出榖门,奔小平津。①公卿并出平乐观,无得从者,唯尚书卢植夜驰河上,王允遣河南中部掾闵贡随植后。贡至,手剑斩数人,馀皆投河而死。明日,公卿百官乃奉迎天子还宫,以贡为郎中,封都亭侯。

①榖门,洛城北当中门也。

董卓遂废帝,又迫杀太后,杀舞阳君,何氏遂亡,而汉室亦自此败乱。

论曰:窦武、何进藉元舅之资,据辅政之权,内倚太后临朝之威,外迎群英乘风之埶,卒而事败阉竖,身死功颓,为世所悲,岂智不足而权有馀乎?①传曰:“天之废商久矣,君将兴之。”斯宋襄公所以败于泓也。②

①言智非不足,权亦有馀,盖天败也。

②左传曰,楚伐宋,宋公将战。子鱼谏曰:“天之弃商久矣,公将兴之,不可。”宋公不从,遂与楚战,大败于泓也。

赞曰:武生蛇祥,进自屠羊。①惟女惟弟,来仪紫房。上惛下婺,人灵动怨。将纠邪蠥,以合人愿。道之屈矣,代离凶困。②

①进本屠家子也。

②代,更也。

【校勘记】

〔１〕 兄子绍　按:集解引惠栋说,谓袁宏纪绍为武长子,与此异。

〔２〕 梁孙寇邓虽或诛灭　按:集解引惠栋说,谓袁宏纪云"梁、孙、邓、毫贵戚专势"云云,案寇荣未尝有此,袁纪是也。

〔３〕 此诚陛下稷卨伊吕之佐　"卨"原讹"卨",汲本讹"卨",径改正。按:"卨"乃"契"之古文。

〔４〕 尚书令陈蕃仆射胡广　按:通鉴删此九字,考异谓蕃、广时不为令、仆,故去之。

〔５〕 请前越巂太守苟翌为从事中郎　按:汲本、殿本"翌"作"昱"。

〔６〕 长乐五官史朱瑀　按:集解引惠栋说,谓百官志云"长信、长乐宫者署少府一人,职如长秋,及余吏皆以宫名为号",刘昭云"如长乐五官吏朱瑀之类",是"史"当作"吏"。

〔７〕 长乐从官史　按:惠栋补注谓胡三省云"掌太后宫从官",案"史"亦当作"吏"。

〔８〕 夺玺书　刊误谓"书"当作"绶"。按:集解引惠栋说,谓袁纪作"玺绶"。

〔９〕 凡居宫中　按:"宫"原讹"官",径据汲本、殿本改正。

〔10〕 主洛阳百官　按:集解引惠栋说,谓北堂书钞引汉官仪,云都官从事掌洛阳中百姓,似"百官"当作"百姓"。

〔11〕 封(玄)〔互〕乡侯　据殿本改。按:王先谦谓作"互"是。

〔12〕 光和(二)〔三〕年贵人立为皇后　据校补引钱大昭说改。

〔13〕 进弟河南尹苗　殿本考证谓苗,朱氏子,五行志作"皇后异父兄"。按:李慈铭谓何后本屠家,其父真早死,舞阳君改适朱氏,生苗,及何氏贵,苗亦冒姓何氏,幸续志偶存其本姓耳。苗与进固非一姓,故进之部将疑其同谋杀进,遂报杀苗也。

〔14〕 屯骑都尉鲍鸿为下军校尉　按:刊误谓汉无屯骑都尉,"都"当作"校"。

〔15〕乃上遣袁绍东击徐兖二州兵　按:校补谓案文"击"当作"集"。

〔16〕因复博征智谋之士(庞)〔逄〕纪　校补引陈景云说,谓据荀彧、袁绍传均作"逄纪",此作"庞",误。今据改。按:逄读同庞,音近而讹。

〔17〕将军(宜)受诏领禁兵　据刊误删。

〔18〕张让子妇太后之妹也　按:汲本"妹"作"甥",误。袁纪作"娣",娣训女弟也。

〔19〕乃率常侍段珪　按:"段"字原讹"叚",径改正,下同。

〔20〕天下愦愦　按:校补引柳从辰说,谓袁纪"愦愦"作"愤愤"。

〔21〕术因烧南宫九龙门　按:集解引惠栋说,谓袁宏纪"九龙门"作"青琐门"。又引王补说,谓通鉴从袁纪。

〔22〕至自发露然后得免〔死〕者二千馀人　刊误谓案文少一"死"字。今按:魏志袁绍传作"或有无须而误死者,至自发露形体而后得免。死者二千馀人"。又袁纪及通鉴均作"死者二千馀人"。此明脱一"死"字,今补。

后 汉 书 卷 七 十

郑孔荀列传第六十

郑太字公业,河南开封人,司农众之曾孙也。①[1]少有才略。灵帝末,知天下将乱,阴交结豪桀。家富于财,有田四百顷,而食常不足,名闻山东。

①开封,县,故城在今汴州南。

初举孝廉,三府辟,公车征,皆不就。及大将军何进辅政,征用名士,以公业为尚书侍郎,①迁侍御史。进将诛阉官,欲召并州牧董卓为助。公业谓进曰:"董卓强忍寡义,志欲无猒。若借之朝政,授以大事,②将恣凶欲,必危朝廷。明公以亲德之重,据阿衡之权,秉意独断,诛除有罪,诚不宜假卓以为资援也。且事留变生,殷鉴不远。"又为陈时务之所急数事。进不能用,乃弃官去。谓颍川人荀攸曰:"何公未易辅也。"

①续汉志曰:"尚书凡六曹,侍郎三十六人,四百石。一曹有六人,主作

1811

文书起草。"

②借音子夜反。

进寻见害，卓果作乱。公业等与侍中伍琼、卓长史何颙共说卓，以袁绍为勃海太守，以发山东之谋。及义兵起，卓乃会公卿议，大发卒讨之，群僚莫敢忤旨。公业恐其众多益横，凶强难制，独曰："夫政在德，不在众也。"卓不悦，曰，"如卿此言，兵为无用邪？"公业惧，乃诡词更对曰：①"非谓无用，以为山东不足加大兵耳。如有不信，试为明公略陈其要。今山东合谋，州郡连结，人庶相动，非不强盛。然光武以来，中国无警，百姓优逸，忘战日久。仲尼有言：'不教人战，是谓弃之。'其众虽多，不能为害。一也。明公出自西州，少为国将，闲习军事，数践战场，名振当世，人怀慑服。二也。袁本初公卿子弟，生处京师。张孟卓东平长者，②坐不阚堂。③孔公绪④清谈高论，嘘枯吹生。⑤并无军旅之才，执锐之干，临锋决敌，非公之俦。三也。山东之士，素乏精悍。⑥未有孟贲之勇，庆忌之捷，⑦聊城之守，⑧良、平之谋，可任以偏师，责以成功。四也。就有其人，而尊卑无序，王爵不加，若恃众怙力，⑨将各〔基〕〔棋〕峙，⑩[2]以观成败，不肯同心共胆，与齐进退。五也。关西诸郡，颇习兵事，自顷以来，数与羌战，妇女犹戴戟操矛，[3]挟弓负矢，⑪况其壮勇之士，以当妄战之人乎！其胜可必。六也。且天下强勇，百姓所畏者，有并、凉之人，[4]及匈奴、屠各、湟中义从、西羌八种，⑫而明公拥之，以为爪牙，譬驱虎兕以赴犬羊。七也。又明公将帅，皆中表腹心，周旋日久，恩信淳著，忠诚可任，智谋可恃。以胶固之众，⑬当解合之势，犹以烈风扫彼枯叶。八也。夫战有三亡，以乱攻理者亡，以邪攻正者亡，以逆攻顺者亡。今明公秉国平正，讨灭宦竖,忠义克立。以此三德,待彼三亡,奉辞伐罪,谁敢御之!九也。<u>东州郑玄</u>学该古今,⑭<u>北海邴原</u>清高直亮,⑮皆儒生所仰,群士楷式。彼诸将若询其计画,足知强弱。且<u>燕</u>、<u>赵</u>、<u>齐</u>、<u>梁</u>非不盛也,终灭于<u>秦</u>;<u>吴</u>、<u>楚</u>七国非不众也,卒败<u>荥阳</u>。⑯况今德政赫赫,股肱惟良,彼岂赞成其谋,造乱长寇哉?其不然。十也。若其所陈少有可采,无事征兵以惊天下,使患役之民相聚为非,弃德恃众,自亏威重。"<u>卓</u>乃悦,以<u>公业</u>为将军,使统诸军讨击<u>关东</u>。或说<u>卓</u>曰:"<u>郑公业</u>智略过人,而结谋外寇,今资之士马,就其党与,窃为明公惧之。"<u>卓</u>乃收还其兵,留拜议郎。

①诡犹诈也。

②<u>孟</u>、<u>卓</u>名邀。

③言不妄视也。

④名佃。

⑤枯者嘘之使生,生者吹之使枯。言谈论有所抑扬也。

⑥悍,勇也。

⑦说苑曰:[5]"<u>孟贲</u>水行不避蛟龙,陆行不避虎狼,发怒吐气,声响动天。"[6]<u>许慎</u>注淮南子曰:"<u>孟贲</u>,<u>卫</u>人也。"吕氏春秋曰:"<u>孟贲</u>过于河,先其伍,船人怒,以楫虓其头,不知其<u>孟贲</u>故也。中河,<u>孟贲</u>瞋目视船人,发植目裂,舟中人尽播入河。"<u>庆忌</u>,<u>吴王僚</u>子也。射之矢,满把不能中,四马追之不能及。

⑧史记,<u>燕</u>将攻下<u>聊城</u>,因保守之。<u>齐</u>将<u>田单</u>攻之,岁馀不下。

⑨怙亦恃也。

⑩峙,止也。

⑪挟,持也。

⑫义从、八种并见西羌传。

⑬胶亦固也。

⑭玄，北海人，故云东州。

⑮魏志，原字根矩，北海朱虚人也。与管宁俱以操尚称。

⑯前书吴王濞、楚王戊、赵王遂、淄川王贤、济南王辟光、胶西王卬、胶东王雄渠，景帝(二)〔三〕年反，〔7〕大将军条侯周亚夫将兵破之荥阳。

卓既迁都长安，天下饥乱，士大夫多不得其命。而公业家有馀资，日引宾客高会倡乐，所赡救者甚众。乃与何颙、荀攸共谋杀卓。事泄，颙等被执，公业脱身自武关走，东归袁术。术上以为杨州刺史。未至官，道卒，年四十一。〔8〕

孔融字文举，鲁国人，孔子二十世孙也。七世祖霸，为元帝师，位至侍中。①父宙，太山都尉。

①前书霸字次(孺)〔儒〕，〔9〕元帝师。解见孔昱传。

融幼有异才。①年十岁，随父诣京师。时河南尹李膺②以简重自居，〔10〕不妄接士宾客，敕外自非当世名人及与通家，皆不得白。融欲观其人，故造膺门。语门者曰："我是李君通家子弟。"门者言之。膺请融，问曰："高明祖父尝与仆有恩旧乎？"融曰："然。先君孔子与君先人李老君同德比义，而相师友，③则融与君累世通家。"众坐莫不叹息。太中大夫陈炜后至，④〔11〕坐中以告炜。炜曰："夫人小而聪了，大未必奇。"融应声曰："观君所言，将不早惠乎？"〔12〕膺大笑曰："高明必为伟器。"〔13〕

①融家传曰："兄弟七人，融第六，幼有自然之性。年四岁时，每与诸兄共食梨，融辄引小者。大人问其故，答曰：'我小儿，法当取小者。'由是宗族奇之。"

②膺，颍川襄城人。融家传曰："闻汉中李公清节直亮，意慕之，遂造公

门。"李固,汉中人,为太尉,与此传不同也。

③家语曰:"孔子谓南宫敬叔曰:'吾闻老聃博古而达今,通礼乐之源,明道德之归,即吾之师也。今将往矣。'遂至周,问礼于老聃焉。"

④炜音于匦反。

年十三,丧父,〔14〕哀悴过毁,扶而后起,州里归其孝。性好学,博涉多该览。

山阳张俭为中常侍侯览所怨,览为刊章下州郡,以名捕俭。①俭与融兄褒有旧,亡抵于褒,不遇。②时融年十六,〔15〕俭少之而不告。融见其有窘色,③谓曰:"兄虽在外,吾独不能为君主邪?"因留舍之。④后事泄,国相以下,密就掩捕,俭得脱走,遂并收褒、融送狱。二人未知所坐。融曰:"保纳舍藏者,融也,当坐之。"褒曰:"彼来求我,非弟之过,请甘其罪。"吏问其母,母曰:"家事任长,妾当其辜。"一门争死,郡县疑不能决,乃上谳之。⑤诏书竟坐褒焉。融由是显名,与平原陶丘洪、陈留边让齐声称。州郡礼命,皆不就。

①刊,削也。谓削去告人姓名。

②抵,归也。融家传"褒字文礼"也。

③窘,迫也。

④舍,止也。

⑤前书音义曰:"谳,请也,音宜杰反。"

辟司徒杨赐府。时隐覈官僚之贪浊者,将加贬黜,融多举中官亲族。尚书畏迫内宠,召掾属诘责之。融陈对罪恶,言无阿挠。①河南尹何进当迁为大将军,杨赐遣融奉谒贺进,不时通,融即夺谒还府,投劾而去。河南官属耻之,私遣剑客欲追杀融。客有言于进曰:"孔文举有重名,②将军若造怨此人,则四方之士引领而去矣。不如因而礼之,可以示广于天下。"进然之,既拜而辟融,举高第,为侍御史。与中丞赵舍不同，托病归家。

①挠，曲也，音乃孝反。

②融家传曰："客言于进曰：'孔文举于时英雄特杰，譬诸物类，犹众星之有北辰，百穀之有黍稷，天下莫不属目也。'"

后辟司空掾，拜中军候。[16]在职三日，迁虎贲中郎将。会董卓废立，融每因对答，辄有匡正之言。以忤卓旨，转为议郎。时黄巾寇数州，而北海最为贼冲，卓乃讽三府同举融为北海相。

融到郡，收合士民，起兵讲武，驰檄飞翰，引谋州郡。贼张饶等群辈二十万众从冀州还，融逆击，为饶所败，乃收散兵保朱虚县。稍复鸠集吏民为黄巾所误者男女四万馀人，更置城邑，立学校，表显儒术，荐举贤良郑玄、彭璆、邴原等。①郡人甄子然、临孝存知名早卒，融恨不及之，乃命配食县社。其馀虽一介之善，莫不加礼焉。郡人无后及四方游士有死亡者，皆为棺具而敛葬之。时黄巾复来侵暴，融乃出屯都昌，②为贼管亥所围。融逼急，乃遣东莱太史慈求救于平原相刘备。③备惊曰："孔北海乃复知天下有刘备邪？"即遣兵三千救之，贼乃散走。

①璆音巨秋反，又音求。

②都昌，县，属北海郡，故城在今青州临朐县东北。

③吴志，慈字子义，东莱人也。避事之辽东，北海相孔融闻而奇之，数遣人讯问其母，并致饷遗。时融为管亥所围，慈从辽东还，母谓之曰："汝与孔北海未尝相见，至汝行后，赡恤殷勤，过于故旧。今为贼所围，汝宜赴之。"慈单步见融，既而求救于刘备，得兵以解围焉。

时袁、曹方盛，而融无所协附。左丞祖者，称有意谋，劝融有所结纳。融知绍、操终图汉室，不欲与同，故怒而杀之。

融负其高气，志在靖难，而才疏意广，迄无成功。①在郡六年，刘备表领青州刺史。建安元年,为袁谭所攻,自春至夏,战士所馀裁数百人,流矢雨集,戈矛内接。融隐几读书,②谈笑自若。城夜陷,乃奔东山,妻子为谭所虏。

①迄,竟也。

②隐,凭也。庄子曰:"南郭子綦隐几而坐。"

及献帝都许,征融为将作大匠,迁少府。每朝会访对,融辄引正定议,公卿大夫皆隶名而已。①

①说文云:"隶,附著。"

初,太傅马日磾奉使山东,及至淮南,数有意于袁术。术轻侮之,遂夺取其节,求去又不听,因欲逼为军帅。日磾深自恨,遂呕血而毙。①及丧还,朝廷议欲加礼。融乃独议曰:"日磾以上公之尊,秉髦节之使,衔命直指,②宁辑东夏,③而曲媚奸臣,为所牵率,章表署用,辄使首名,④附下罔上,⑤奸以事君。⑥昔国佐当晋军而不挠,⑦宜僚临白刃而正色。⑧王室大臣,岂得以见胁为辞!又袁术僭逆,非一朝一夕,日磾随从,周旋历岁。汉律与罪人交关三日已上,皆应知情。春秋鲁叔孙得臣卒,以不发扬襄仲之罪,贬不书日。⑨郑人讨幽公之乱,斫子家之棺。⑩圣上哀矜旧臣,未忍追案,不宜加礼。"朝廷从之。

①三辅决录曰:"日磾字翁叔,马融之族子。少传融业,以才学进。与杨彪、卢植、蔡邕等典校中书,历位九卿,遂登台辅。"献帝春秋曰:"术从日磾借节观之,因夺不还,条军中十馀人使促辟之。日磾谓术曰:'卿先代诸公辟士云何?而言促之,谓公府掾可劫得乎?'从术求去,而术不遣,既以失节屈辱忧恚。"

②直指,无屈挠也。前书有绣衣直指。

③辑,和也。

④所上章表及署补用,皆以日碑名为首也。

⑤前书曰:"附下罔上者刑。"

⑥左传叔向曰:"奸以事君者,吾所能御。"

⑦公羊传曰:"鞍之战,齐师大败。齐侯使国佐如师。郤克曰:'与我纪侯之甗,(及)〔反〕鲁、卫之侵地,[17]使耕者东西其亩,以萧同叔子为质,则吾舍子。'国佐曰:'与我纪侯之甗,请诺。使反鲁、卫之侵,请诺。使耕者东西其亩,是则土齐也。萧同叔子者,齐君母也,齐君母犹晋君之母也,曰不可。请战,一战而不胜,请再战,再战而不胜,请三战,三战不胜,则齐国尽子之有也,何必萧同叔子为质!'揖而去之。"

⑧楚白公胜欲为乱,谓石乞曰:"王卿士皆以五百人当之则可。"乞曰:"不可得也。"曰:"市南有熊相宜僚者,若得之,可以当五百人矣。"乃从白公而见之。与言,悦;告之故,辞;承之以剑,不动。事见左传。

⑨公羊传曰:"叔孙得臣卒。"何休注曰:"不日者,知公子遂欲杀君,而为人臣知贼而不言,明当诛也。"公子遂即襄仲也。

⑩左传:"郑子家卒,郑人讨幽公之乱,斫子家之棺而逐其族。"杜预注曰:"斫薄其棺,不使从卿礼。"为其杀君故也。

时论者多欲复肉刑。融乃建议曰:"古者敦庬,善否不别,①[18]吏端刑清,②政无过失。百姓有罪,皆自取之。末世陵迟,风化坏乱,政挠其俗,法害其人。故曰上失其道,民散久矣。而欲绳之以古刑,投之以残弃,③非所谓与时消息者也。④纣斫朝涉之胫,天下谓为无道。⑤夫九牧之地,千八百君,⑥若各刖一人,是下常有千八百纣也。[19]求俗休和,弗可得已。且被刑之人,虑不念生,志在思死,类多趋恶,莫复归正。凤沙乱齐,⑦伊戾祸宋,⑧赵高、英布,为世大患。⑨不能止人遂为非也,适足绝人还为善耳。虽忠如鬻拳，⑩信如卞和，⑪智如孙膑，⑫冤如巷伯，⑬才如史迁，⑭达如子政，⑮一离刀锯，没世不齿。⑯是太甲之思庸，⑰穆公之霸秦，⑱南睢之骨立，卫武之初筵，⑲陈汤之都赖，⑳魏尚之守边，㉑无所复施也。汉开改恶之路，凡为此也。故明德之君，远度深惟，弃短就长，不苟革其政者也。"朝廷善之，卒不改焉。

①左传楚申叔时曰："人生敦庞。"杜预注："庞，厚大也。"

②端，直也。

③残其支体而弃废之。

④易曰："天地盈虚，与时消息。"

⑤尚书曰："纣斮朝涉之胫。"孔安国注曰："冬日见朝涉水者，谓其胫耐寒，斮而视之。"

⑥前书贾山曰："昔者周盖千八百国，以九州之人养千八百君也。"

⑦左传曰，灵公废太子光，立公子牙，使高厚傅牙，凤沙卫为少傅。崔杼逆光而立之，是为庄公。庄公以凤沙卫易己，卫奔高唐以叛。

⑧左传，楚客聘于晋，过宋，太子痤知之，请野享之。公使往，伊戾请从，遣之。至则欲用牲，加书征之，聘而告曰："太子将为乱，既与楚客盟矣。"公使视之，则信有焉。公囚太子，太子缢死。公徐闻其无罪，乃亨伊戾。

⑨史记，胡亥谓李斯曰："高，故宫人也。"遂专信任之。后杀李斯，劫杀胡亥，卒亡秦也。前书，英布坐法黥，论输骊山，亡之江中为群盗。及属项羽，常为先锋陷阵。后归汉，为九江王。谋反，诛之。

⑩左传："初，鬻拳强谏，楚子弗从。临之以兵，惧而从之。拳曰：'吾惧君以兵，罪莫大焉。'遂自刖。楚人以为大阍。君子曰：'鬻拳可谓爱君矣。谏以自纳于刑，刑犹不忘纳君于善。'"

⑪韩子曰："楚人和氏得璞玉于楚山之中，献之武王。武王使玉人相之，曰：'石也。'王以和为谩己，刖其左足。及文王即位，和又奉其璞，玉

人又曰：'石也。'又刖其右足。文王薨，成王即位，和乃抱其璞而哭于楚山之下，三日三夜，泣尽而继以血。王使玉人攻璞而得宝焉。"琴操曰："荆王封和为陵阳侯，和辞不就而去。乃作怨歌曰：'进宝得刑，足经兄兮。去封立信，守休芸兮。断者不续，岂不冤兮！'"

⑫史记，孙膑与庞涓学兵法，涓事魏惠王为将军，自以能不及膑，阴使召膑，断其两足而黥之。膑后入齐，威王问兵法，以为师。魏与赵攻韩，齐使田忌将而往。庞涓闻，去韩而归。膑谓田忌曰："三晋之兵素悍勇而轻齐。军半至。[20]使齐军入魏地为十万灶，明日为五万灶，明日为二万灶。"庞涓行三日，大喜曰："我固知齐卒怯，入吾地三日，士卒亡者过半矣。"乃弃其步兵，与其轻锐倍日并行逐之。孙子度其行，暮当至马陵。马陵道狭，旁多险阻，可伏兵，乃斫大树白而书之曰"庞涓死于此木下"。于是令齐军曰：[21]"善射者万弩，夹道而伏，期日莫见火举而俱发。"[22]涓夜至斫木下，见白书，乃钻火烛之，读书未毕，齐军万弩俱发，魏军大乱相失。庞涓自知智穷兵败，遂自刭。曰："遂成竖子之名矣。"

⑬毛苌注诗云："巷伯，内小臣也。掌王后之命于宫中，故谓之巷伯。"伯被谮将刑，寺人孟子伤而作诗，以刺幽王也。

⑭李陵为匈奴败，马迁明陵当必立功以报汉，遂被下蚕室宫刑，后乃著史记。

⑮刘向字子政。宣帝时，上言黄金可成。上令典尚方铸作事，费甚多，方不验，乃下吏，当死。上奇其材，得踰冬减论。班固云："向博物洽闻，通达古今。"

⑯国语"中刑用刀锯"也。

⑰尚书："太甲既立，不明，伊尹放诸桐。三年，复归于亳。思庸。"孔注曰："念常道也。"

⑱秦穆使孟明、白乙等伐郑，蹇叔谏，不从。晋襄公败诸崤，囚孟明等，后归之。穆公曰："孤之罪也，夫子何罪！"复使为政，遂霸西戎。事见

左传。

⑲韩诗曰:"宾之初筵,卫武公饮酒悔过也。言宾客初就筵之时,宾主秩秩然,俱谨敬也。宾既醉止,载号载呶,不知其为恶也。"

⑳前书,汤字子公。迁西域副校尉,矫制发诸国兵,斩郅支单于于都赖水上。

㉑文帝时,尚为云中守,坐上首虏差六级,下吏削爵。赵人冯唐为郎,为言文帝,赦尚复为云中守也。

是时荆州牧刘表不供职贡,多行僭伪,遂乃郊祀天地,拟斥乘舆。①诏书班下其事。融上疏曰:"窃闻领荆州牧刘表桀逆放恣,所为不轨,至乃郊祭天地,拟仪社稷。虽昏僭恶极,罪不容诛,至于国体,宜且讳之。②何者?万乘至重,天王至尊,身为圣躬,国为神器,③陛级县远,禄位限绝,④犹天之不可阶,日月之不可蹦也。⑤每有一竖臣,辄云图之,若形之四方,非所以杜塞邪萌。⑥愚谓虽有重戾,必宜隐忍。贾谊所谓'掷鼠忌器',盖谓此也。⑦是以齐兵次楚,唯责包茅;⑧王师败绩,不书晋人。⑨前以露袁术之罪,今复下刘表之事,是使跛牂欲阚高岸,天险可得而登也。⑩案表跋扈,擅诛列侯,遏绝诏命,断盗贡篚,⑪招呼元恶,以自营卫,专为群逆,主萃渊薮。⑫郜鼎在庙,章孰甚焉!⑬桑落瓦解,其势可见。⑭臣愚以为宜隐郊祀之事,以崇国防。"

①斥,指也。

②体谓国家之大体也。

③老子曰:"天下神器,不可为也。"

④贾谊曰:"人主之尊譬如堂,群臣如陛,众庶如地。故陛乃九级上,廉远地则堂高也。"

⑤论语曰:"夫子之不可及也,犹天之不可阶而升也。"又曰:"仲尼如日

月,无得而踰焉。"

⑥形,见也。

⑦前书贾谊曰:"里谚云'欲投鼠而忌器',此善谕也。鼠近于器,尚惮不投,恐伤其器,况乎贵臣之近主乎?"

⑧左传,齐桓伐楚,责以"苞茅不入,[23]王祭不供,无以缩酒"。杜预注曰:"包,裹束也。[24]茅,菁茅也。束茅而灌之以酒,为缩酒也。"

⑨公羊传:"成公元年秋,王师败绩于贸戎。孰败之?盖晋败之。曷为不言晋败之?王者无敌,莫敢当也。"

⑩史记李斯曰:"故城高五丈,而楼季不轻犯也;太山之高百仞,而跛牂牧其上。夫楼季而难五丈之限,岂跛牂而易百仞之高哉?峭渐之势异也。"尔雅曰:"羊牝曰牂。"易曰:"天险不可升,地险山川丘陵也。"

⑪郑玄注仪礼曰:"簁,竹器如筐也。"书曰:"厥篚玄纁玑组。"

⑫书曰:"今商王受亡道,为天下逋逃主,萃渊薮。"孔注曰:"天下罪人逃亡者,而纣为魁主,窟聚泉府薮泽也。"

⑬左传:"取郜大鼎于宋,戊申纳于太庙。臧哀伯谏曰:'君人者,昭德塞违,以临照百官,百官于是乎戒惧。郜鼎在庙,彰孰甚焉!'"郜鼎,郜国所作也。

⑭诗曰:"桑之落矣,其黄而陨。"

五年,南阳王冯、东海王祗薨,①帝伤其早殁,欲为脩四时之祭,以访于融。融对曰:"圣恩敦睦,感时增思,悼二王之灵,发哀愍之诏,稽度前典,以正礼制。窃观故事,前梁怀王、临江愍王、齐哀王、临淮怀王并薨无后,同产昆弟,即景、武、昭、明四帝是也,②未闻前朝修立祭祀。若临时所施,则不列传纪。臣愚以为诸在冲龀,圣慈哀悼,礼同成人,加以号谥者,宜称上恩,③祭祀礼毕,而后绝之。至于一岁之限,不合礼意,又违先帝已然之法,所未敢处。"④

①并献帝子。[25]

②<u>梁怀王揖</u>,<u>景帝</u>弟也,立十年薨。<u>临江闵王荣</u>,<u>武帝</u>兄也,为皇太子,
四岁废为王,坐侵庙墙地自杀。<u>齐怀王闳</u>,<u>武帝</u>子,<u>昭帝</u>异母兄,立八
年薨。臣贤案:<u>齐哀王</u>,<u>悼惠王</u>之子,<u>高帝</u>之孙,非<u>昭帝</u>兄弟,当为<u>怀
王</u>,作"哀"者误也。<u>临淮公衡</u>,<u>明帝</u>弟,建武十五年立,未及进爵为王
而薨。<u>融</u>家传及本传皆作"公",此为"王"者,亦误也。

③<u>称</u>音尺证反。

④处犹安也。

初,<u>曹操</u>攻屠<u>邺城</u>,<u>袁氏</u>妇子多见侵略,而<u>操</u>子<u>丕</u>私纳<u>袁熙</u>妻
<u>甄氏</u>。①<u>融</u>乃与<u>操</u>书,称"<u>武王</u>伐<u>纣</u>,以<u>妲己</u>赐<u>周公</u>"。②<u>操</u>不悟,后
问出何经典。对曰:"以今度之,想当然耳。"后<u>操</u>讨<u>乌桓</u>,③又嘲之
曰:"大将军远征,萧条海外。昔<u>肃慎</u>不贡楛矢,④<u>丁零</u>盗<u>苏武</u>牛
羊,可并案也。"⑤

①<u>袁绍</u>传,<u>熙</u>,<u>绍</u>之中子也。<u>甄氏</u>,<u>中山无极</u>人,<u>汉</u>太保<u>甄邯</u>后也。父
<u>逸</u>,<u>上蔡</u>令。<u>魏略</u>曰:"<u>熙</u>出在<u>幽州</u>,<u>甄氏</u>侍姑,及<u>邺城</u>破,文帝入<u>绍</u>
舍,后怖,伏姑膝上。帝令举头就视,见其颜色非凡。<u>太祖</u>闻其意,为
迎取之。"

②<u>妲</u>音丁末反,又音旦。<u>纣</u>之妃,有<u>苏氏</u>女也。<u>纣</u>用其言,毒虐众庶。
<u>武王</u>克<u>殷</u>,斩<u>妲己</u>头,县之于小白旗,以为<u>纣</u>之亡由此女也。出<u>列女
传</u>也。

③建安十二年也。

④<u>国语</u>曰:"昔<u>武王</u>克<u>商</u>,通于九夷百蛮,于是<u>肃慎</u>氏贡楛矢石砮,其长
尺有咫。"<u>肃慎国记</u>曰:"<u>肃慎</u>氏,其地在<u>夫馀国</u>北,东滨大海。"<u>魏略</u>
曰:"<u>挹娄</u>一名<u>肃慎</u>氏。"<u>说文</u>曰"楛,木也。今<u>辽</u>左有楛木,状如荆,叶
如榆"也。

⑤<u>山海经</u>曰:"<u>北海</u>之内,有<u>丁零</u>之国。"<u>前书</u><u>苏武</u>使<u>匈奴</u>,单于徙<u>北海</u>
上,〔26〕<u>丁零</u>盗<u>武</u>牛羊,<u>武</u>遂穷厄也。

时年饥兵兴,操表制酒禁,融频书争之,多侮慢之辞。①既见操雄诈渐著,数不能堪,故发辞偏宕,多致乖忤。②又尝奏宜准古王畿之制,千里寰内,不以封建诸侯。③操疑其所论建渐广,益惮之。然以融名重天下,外相容忍,而潜忌正议,虑鲠大业。山阳郗虑④承望风旨,以微法奏免融官。因显明仇怨,操故书激厉融曰:"盖闻唐虞之朝,有克让之臣,⑤故麟凤来而颂声作也。⑥后世德薄,犹有杀身为君,⑦破家为国。⑧及至其敝,睚眦之怨必仇,一餐之惠必报。⑨故晁错念国,遘祸于袁盎;⑩屈平悼楚,受谮于椒、兰;⑪彭宠倾乱,起自朱浮;⑫邓禹威损,失于宗、冯。⑬由此言之,喜怒怨爱,祸福所因,可不慎与!⑭昔廉、蔺小国之臣,犹能相下;⑮寇、贾仓卒武夫,屈节崇好;光武不问伯升之怨;齐侯不疑射钩之虏。⑯夫立大操者,岂累细故哉!往闻二君有执法之平,以为小介,⑰当收旧好;而怨毒渐积,志相危害,闻之忼然,中夜而起。⑱昔国家东迁,文举盛叹鸿豫名实相副,综达经学,出于郑玄,又明司马法,⑲鸿豫亦称文举奇逸博闻,诚怪今者与始相违。孤与文举既非旧好,又于鸿豫亦无恩纪,然愿人之相美,不乐人之相伤,是以区区思协欢好。又知二君群小所搆,孤为人臣,进不能风化海内,退不能建德和人,然抚养战士,杀身为国,破浮华交会之徒,计有馀矣。"

①融集与操书云:"酒之为德久矣。古先哲王,类帝禋宗,和神定人,以济万国,非酒莫以也。故天垂酒星之耀,地列酒泉之郡,人著旨酒之德。尧不千锺,无以建太平。孔非百觚,无以堪上圣。樊哙解厄鸿门,非羊肩锺酒,无以奋其怒。赵之厮养,东迎其王,非引卮酒,无以激其气。高祖非醉斩白蛇,无以畅其灵。景帝非醉幸唐姬,无以开中兴。袁盎非醇醪之力,无以脱其命。定国不酣饮一斛,无以决其法。故郦生以高阳酒徒,著功于汉;屈原不铺糟啜醨,取困于楚。由是观

之，酒何负于政哉？”又书曰：“昨承训答，陈二代之祸，及众人之败，以酒亡者，实如来诲。虽然，徐偃王行仁义而亡，今令不绝仁义；燕哙以让失社稷，今令不禁谦退；鲁因儒而损，今令不弃文学；夏、商亦以妇人失天下，今令不断婚姻。而将酒独急者，疑但惜穀耳，非以亡王为戒也。”

②偏邪跌宕，不拘正理。

③周礼：“方千里曰国畿，其外五百里侯畿。”郑玄注：“畿，限也。”

④续汉书：“虑字鸿豫，山阳高平人，少受学于郑玄。”虞浦江表传曰：“献帝尝时见虑及少府孔融[27]问融曰：‘鸿豫何所优长？’融曰：‘可与适道，未可与权。’虑举笏曰：‘融昔宰北海，政散人流，其权安在？’遂与融互相长短，以至不穆。曹操以书和解之。”虑从光禄勋迁御史大夫。

⑤尚书曰：舜以伯禹为司空，禹让稷、契暨皋陶。以益为朕虞，益让于朱虎、熊罴。以伯夷为秩宗，伯夷让于夔龙。

⑥史记曰：“于是禹兴九韶之乐，致异物，凤皇来仪。”

⑦若齐孟阳代君居床以待贼，西汉纪信乘黄屋诳楚之类也。

⑧若要离焚妻子以徇吴，李通诛宗族以从汉之类也。

⑨史记，范睢一餐之德必偿，睚眦之怨必报。

⑩景帝时，错为御史大夫，以诸侯国大，请削其土。吴楚七国反，以诛错为名。袁盎素与错不相善，盎乃进说，请斩错以谢七国，景帝遂斩错也。

⑪屈平楚怀王时为三闾大夫。秦昭王使张仪谲诈怀王，令绝齐交，又诱请会武关，平谏，王不听其言，卒客死于秦。怀王子子椒、子兰谮之于襄王，而放逐之。见史记。

⑫朱浮与宠不相能，数谮之光武，宠遂反。

⑬邓禹征赤眉，令宗钦、冯愔守枸邑。[28]二人争权相攻，遂杀钦，因反击禹。今流俗本“宗”误作“宋”也。

⑭音馀。

⑮赵惠文王与秦昭王会渑池,归,拜蔺相如为上卿,位在廉颇右。颇曰:"吾不忍为之下,必辱之。"相如每朝,常避之。颇闻之,肉袒负荆谢之,相与为刎颈之友。事见史记。

⑯公子纠与桓公争立,管仲射桓公中钩。后桓公即位,以管仲为相也。

⑰介犹蒂芥也。公法虽平,私情为蒂芥者也。

⑱怃音舞。怃,失意貌也。

⑲史记,齐威王使大夫追论古者司马法。其法论田及兵之法也。

融报曰:"猥惠书教,①告所不逮。融与鸿豫州里比郡,②知之最早。虽尝陈其功美,欲以厚于见私,信于为国,不求其覆过掩恶,有罪望不坐也。前者黜退,欢欣受之。昔赵宣子朝登韩厥,夕被其戮,喜而求贺。③况无彼人之功,而敢枉当官之平哉!忠非三闾,④智非晁错,窃位为过,免罪为幸。乃使徐论远闻,所以惭惧也。朱、彭、寇、贾,为世壮士,爱恶相攻,能为国忧。至于轻弱薄劣,犹昆虫之相啮,适足还害其身,⑤诚无所至也。晋侯嘉其臣所争者大,而师旷以为不如心竞。⑥性既迟缓,与人无伤,虽出胯下之负、⑦榆次之辱,⑧不知贬毁之于己,犹蚊虻之一过也。⑨子产谓人心不相似,⑩或矜势者,欲以取胜为荣,不念宋人待四海之客,大炉不欲令酒酸也。⑪至于屈彀巨瓠,坚而无窍,当以无用罪之耳。⑫它者奉遵严教,不敢失坠。郄为故吏,融所推进。赵衰之拔郤縠,⑬不轻公叔之升臣也。⑭知同其爱,训诲发中。⑮虽懿伯之忌,犹不得念,⑯况恃旧交,而欲自外于贤吏哉!⑰辄布腹心,修好如初。苦言至意,终身诵之。"

①猥,曲也。

②山阳与鲁郡相邻比。

③宣子,赵盾谥也。国语曰:"宣子言韩厥于灵公,以为司马。河曲之

役，赵宣子使人以其乘车干行，韩厥执而戮之。众咸曰：'韩厥必不没矣。其主朝升之而暮戮其车，其谁安之？'宣子召而礼之，谓诸大夫曰：'二三子可以贺我矣。吾举厥也，中吾，乃今知免于罪矣。'"

④即屈原也。掌王族三姓，曰昭、屈、景，故曰"三闾"。

⑤夏小正云："昆，众也。"孙卿子曰："昆虫亦有知。"

⑥左传"秦伯之弟鍼如晋修成，叔向命召行人子员。行人子朱曰：'朱也当御。'三云，叔向不应。子朱怒曰：'班爵同，何以黜朱于朝？'抚剑从之。叔向曰：'秦晋不和久矣。今日之事，幸而集，晋国赖之；不集，三军暴骨。子员导二国之言无私，子常易之。奸以事君者，吾所能御也。'拂衣从之。人救之。平公曰：'晋其庶乎！吾臣之所争者大。'师旷曰：'公室惧卑，臣不心竞而力争'"也。

⑦韩信贫贱，淮阴少年侮之，令信出跨下。〔29〕

⑧史记，荆轲尝游榆次，与盖聂论剑，盖聂怒而目之，荆轲出去。

⑨蚊音文。虻音亡。言蚊虻之暂过，未以为害。

⑩左传日，子产谓子皮曰："人心不同，其如面焉，吾岂敢谓子面如吾面乎？"

⑪炉，累土为之，以居酒瓮，四边隆起，一面高如锻炉，故名炉。字或作"垆"。韩子曰："宋人有沽酒者，斗概甚平，遇客甚谨，为酒甚美，而酒不售，酒酸（者）。〔30〕怪其故，问所知闾长者杨倩。（二人）〔倩〕曰：'汝狗猛耶？'〔31〕曰：'狗猛。''何故不售？'曰：'人畏焉。'令孺子怀钱挈壶往沽，狗迎龁之，酒所以酸而不售。"

⑫韩子曰："齐有居士田仲，宋人屈榖往见之，曰：'榖闻先生之义，不恃仰人而食。今榖有树瓠之法，坚如石，厚而无窍，愿献先生。'田仲曰：'夫子徒我也。凡贵于树瓠者，为可以盛也。今厚而无窍，则不可以盛物，而任坚如石，则不可以割而斟，吾无以此瓠为也。'〔曰：'然，榖〕将弃之。'〔32〕今仲不恃仰人而食，亦无益人国，亦坚瓠之类也。"

⑬左传，晋文公谋元帅，赵衰曰："郤榖可。"乃使郤榖将中军。

⑭公叔文子，卫大夫，其家臣名僎，行与文子同，升之于公，与之并为大

夫。僎音士眷反，见论语。

⑮言曹公与己同爱郗虑，故发于中心而训诲。

⑯礼记檀弓曰："滕成公之丧，使子叔敬叔吊，子服惠伯为介。及郊，为

懿伯之忌不入。惠伯曰：'政也，不可以叔父之私不将公事。'遂入。"

郑玄注曰："懿伯，惠伯之叔父也。忌，怨也。"

⑰贤吏谓虑也。

岁馀，复拜太中大夫。性宽容少忌，好士，喜诱益后进。及退
闲职，①宾客日盈其门。常叹曰："坐上客恒满，尊中酒不空，吾无
忧矣。"与蔡邕素善，邕卒后，有虎贲士貌类于邕，②融每酒酣，引与
同坐，曰："虽无老成人，且有典刑。"③融闻人之善，若出诸己，言有
可采，必演而成之，面告其短，而退称所长，荐达贤士，多所奖进，知
而未言，以为己过，故海内英俊皆信服之。

①太中大夫职在言议，故云闲职。

②汉官典职仪曰："虎贲中郎将，主武贲千五百人。"

③诗大雅曰"虽无老成人，尚有典刑"也。

曹操既积嫌忌，而郗虑复搆成其罪，遂令丞相军谋祭酒路粹①
枉状奏融曰："少府孔融，昔在北海，见王室不静，而招合徒众，欲规
不轨，云'我大圣之后，而见灭于宋，②有天下者，何必卯金刀'。及
与孙权使语，谤讪朝廷。③又融为九列，不遵朝仪，秃巾微行，④唐
突宫掖。又前与白衣祢衡跌荡放言，⑤云'父之于子，当有何亲？
论其本意，实为情欲发耳。子之于母，亦复奚为？譬如寄物瓴
中，⑥[33]出则离矣'。既而与衡更相赞扬。衡谓融曰：'仲尼不
死。'融答曰：'颜回复生。'大逆不道，宜极重诛。"书奏，下狱弃市。
时年五十六。妻子皆被诛。

① 典略曰："粹文字蔚，陈留人，少学于蔡邕。建安初，以高第擢拜尚书郎，后为军谋祭酒，与陈琳、阮瑀等典记室。融诛之后，人观粹所作，无不嘉其才而忌其笔也。"

② 史记曰：鲁大夫孟釐子曰："孔丘，圣人之后，灭于宋。"服虔注曰："圣人谓商汤也。孔子六代祖孔父嘉为宋华督所杀，其子奔鲁也。"

③ 讪音所谏反。讪谓谤毁也。苍颉篇曰："讪，非也。"

④ 谓不加帻。

⑤ 跌荡，无仪检也。放，纵也。

⑥ 说文曰："瓵，缶也。"[34]字书曰："瓵似缶而高。"

初，女年七岁，男年九岁，以其幼弱得全，寄它舍。二子方弈棋，融被收而不动。左右曰："父执而不起，何也？"答曰："安有巢毁而卵不破乎！"主人有遗肉汁，男渴而饮之。女曰："今日之祸，岂得久活，何赖知肉味乎？"兄号泣而止。或言于曹操，遂尽杀之。及收至，谓兄曰："若死者有知，得见父母，岂非至愿！"乃延颈就刑，颜色不变，莫不伤之。

初，京兆人脂习元升，与融相善，每戒融刚直。① 及被害，许下莫敢收者，习往抚尸曰："文举舍我死，吾何用生为？"操闻大怒，将收习杀之，后得赦出。

① 魏略曰："曹操为司空，威德日盛，融故以旧意书疏倨傲，习常责融令改节，融不从之。"

魏文帝深好融文辞，每叹曰："杨、班俦也。"募天下有上融文章者，辄赏以金帛。所著诗、颂、碑文、论议、六言、策文、表、檄、教令、书记凡二十五篇。文帝以习有栾布之节，加中散大夫。①

① 前书曰："栾布，梁人也，为梁王彭越大夫，使于齐，未反。汉诛越，枭首雒阳下，布还，奏事越头下，祠而哭之。"

论曰:昔谏大夫郑昌有言:"山有猛兽者,藜藿为之不采。"①是以孔父正色,不容弑虐之谋;②平仲立朝,有纾盗齐之望。③若夫文举之高志直情,其足以动义概而忤雄心。④故使移鼎之迹,事隔于人存;⑤代终之规,启机于身后也。⑥夫严气正性,覆折而已。岂有员园委屈,可以每其生哉!⑦〔35〕懔懔焉,皓皓焉,其与琨玉秋霜比质可也。⑧

①宣帝时,司隶校尉盖宽饶以直言得罪,郑昌愍伤宽饶忠直忧国,以言事不当意,而为文吏所诋挫,故上书讼之。

②公羊传曰:"孔父正色而立于朝,则人莫敢过而致难于其君者,孔父可谓义形于色矣。"

③纾音舒,解也,缓也。盗齐谓田常也。庄子曰:"田成子一旦弑齐君而盗其国。"左传,齐景公坐于路寝。公叹曰:"美哉室!其谁有此乎?"晏子对曰:"如君之言,其陈氏乎?"公曰:"是可若何?"对曰:"唯礼可以已之。"

④忤,逆也。

⑤移鼎谓迁汉之鼎也。人存谓曹操身在不得篡位也。左传曰:"桀有昏德,鼎迁于商;商纣暴虐,鼎迁于周。"

⑥代终谓代汉祚之终也。身后谓曹丕受禅也。

⑦"园"即"刓"字,音五九反。前书音义曰:"刓谓刓团无棱角也。"每,贪也。言宁正直以倾覆摧折,不能委曲以贪生也。贾谊云:"品庶每生。"

⑧懔懔言劲烈如秋霜也。皓皓言坚贞如白玉也。皓音古老反。

荀彧字文若,①颍川颍阴人,朗陵令淑之孙也。②父绲,为济南相。③绲畏惮宦官,乃为彧娶中常侍唐衡女。④彧以少有才名,故得免于讥议。南阳何颙名知人,见彧而异之,曰:"王佐才也。"

①袁宏汉纪"彧"作"郁"。

②朗陵,县,属汝南郡,故城在今豫州朗山县西南。

③绲音古本反。

④典略曰:"衡欲以女妻汝南傅公明,公明不取,转以妻郁。"

中平六年,举孝廉,再迁亢父令。①董卓之乱,弃官归乡里。同郡韩融时将宗亲千馀家,避乱密西山中。②彧谓父老曰:"颍川,四战之地也。③天下有变,常为兵冲。密虽小固,不足以扞大难,宜亟避之。"④乡人多怀土不能去。会冀州牧同郡韩馥遣骑迎之,彧乃独将宗族从馥,留者后多为董卓将李傕所杀略焉。

①亢父,〔县〕,属梁国,[36]故城在今兖州任城县南。亢音刚,父音甫。

②密县西山也。

③四面通也。

④亟音纪力反。

彧比至冀州,而袁绍已夺馥位,绍待彧以上宾之礼。彧明有意数,①[37]见汉室崩乱,每怀匡佐之义。时曹操在东郡,彧闻操有雄略,而度绍终不能定大业。初平二年,乃去绍从操。操与语大悦,曰:"吾子房也。"②以为奋武司马,时年二十九。明年,又为操镇东司马。[38]

①数,计数也。

②比之张良。

兴平元年,操东击陶谦,使彧守甄城,①任以留事。会张邈、陈宫以兖州反操,②而潜迎吕布。布既至,诸城悉应之。邈乃使人谲彧③曰:"吕将军来助曹使君击陶谦,宜亟供军实。"[39]彧知邈有变,即勒兵设备,故邈计不行。<u>豫州</u>刺史<u>郭贡</u>率兵数万来到城下,求见<u>彧</u>。<u>彧</u>将往,<u>东郡</u>太守<u>夏侯惇</u>等止之。④曰:"何知<u>贡</u>不与<u>吕布</u>同谋,而轻欲见之。今君为一州之镇,往必危也。"<u>彧</u>曰:"<u>贡</u>与邈等分非素结,今来速者,计必未定,及其犹豫,宜时说之,纵不为用,可使中立。⑤若先怀疑嫌,彼将怒而成谋,不如往也。"<u>贡</u>既见<u>彧</u>无惧意,知城不可攻,遂引而去。<u>彧</u>乃使<u>程昱</u>说<u>范</u>、<u>东阿</u>,⑥使固其守,卒全三城以待<u>操</u>焉。⑦

①县名,属<u>济阴郡</u>,今<u>濮州</u>县也。"甄"今作"鄄",音绢。

②典略"<u>宫</u>字<u>公台</u>,<u>东郡</u>人。刚直烈壮,少与海内知名之士皆相连结"也。

③谲,诈也。

④魏志曰:"<u>惇</u>字<u>元让</u>,<u>沛国</u>人。"

⑤不令其有去就也。

⑥魏志:"<u>昱</u>字<u>仲德</u>,<u>东郡</u><u>东阿</u>人。"<u>范</u>,县,属<u>东郡</u>,今<u>濮阳</u>县也。<u>东阿</u>,县,属<u>东郡</u>,今<u>济州</u>县也。

⑦三城谓<u>甄</u>、<u>范</u>、<u>东阿</u>也。

二年,<u>陶谦</u>死,<u>操</u>欲遂取<u>徐州</u>,还定<u>吕布</u>。<u>彧</u>谏曰:"昔<u>高祖</u>保<u>关中</u>,①<u>光武</u>据<u>河内</u>,皆深根固本,以制天下。进可以胜敌,退足以坚守,故虽有困败,而终济大业。将军本以<u>兖州</u>首事,故能平定<u>山东</u>,②此实天下之要地,而将军之关河也。[40]若不先定之,根本将何寄乎?宜急分讨<u>陈宫</u>,使虏不得西顾,乘其间而收熟麦,约食蓄谷,以资一举,则<u>吕布</u>不足破也。今舍之而东,未见其便。多留兵则力不胜敌,少留兵则后不足固。<u>布</u>乘虚寇暴,震动人心,纵数城或全,其馀非复已有,则将军尚安归乎?且前讨<u>徐州</u>,威罚实行,其子弟念父兄之耻,必人自为守。就能破之,尚不可保。彼若惧而相结,共为表里,坚壁清野,以待将军,将军攻之不拔,掠之无获,不出一旬,则十万之众未战而自困矣。夫事固有弃彼取此,以权一时之埶,愿将军虑焉。"操于是大收埶麦,复与布战。布败走,因分定诸县,兖州遂平。

①高祖距项羽,常留萧何守关中。

②曹操初从东郡守鲍信等迎领兖州牧,[41]遂进兵破黄巾等,故能平定山东也。

建安元年,献帝自河东还洛阳,操议欲奉迎车驾,徙都于许。众多以山东未定,韩暹、杨奉负功恣睢,①未可卒制。或乃劝操曰:"昔晋文公纳周襄王,而诸侯景从;②汉高祖为义帝缟素,而天下归心。③自天子蒙尘,④将军首唱义兵,徒以山东扰乱,未遑远赴,虽御难于外,乃心无不在王室。⑤今銮驾旋轸,⑥东京榛芜,义士有存本之思,兆人怀感旧之哀。诚因此时奉主上以从人望,大顺也;秉至公以服天下,大略也;扶弘义以致英俊,大德也。四方虽有逆节,其何能为? 韩暹、杨奉,安足恤哉! 若不时定,使豪桀生心,后虽为虑,亦无及矣。"操从之。

①恣睢,肆怒貌。睢音火季反,又火隹反。史记:"盗跖日杀不辜,暴戾恣睢。"

②左传,卜偃言于晋侯曰:"求诸侯莫如勤王,诸侯信之,且大义也。"晋侯以左师逆王,王入于王城,取太叔于温,杀之于隰城,遂定霸业,天下服从也。

③项羽杀义帝于郴,高祖为义帝发丧。高祖大哭,发使告诸侯曰:"天下共立义帝,北面事之。今项羽放杀义帝,大逆无道,寡人亲为发丧,兵皆缟素。"

④蒙,冒也。左传臧文仲曰:"天子蒙尘于外,敢不奔问官守。"

⑤尚书曰:"虽尔身在外,乃心无不在王室。"乃,汝也。

⑥郑玄注周礼曰:"軫,舆后横木也。"

及帝都许,以彧为侍中,守尚书令。操每征伐在外,其军国之事,皆与彧筹焉。彧又进操计谋之士从子攸,①及钟繇、郭嘉、②陈群、杜袭、③司马懿、戏志才等,④皆称其举。唯严象为杨州,⑤韦康为凉州,后并负败焉。⑥

① 魏志,荀攸字公达。太祖素闻攸名,与语大悦,谓彧曰:"公达非常人,吾得与计事,天下当何忧哉?"

② 魏志,嘉字奉孝,颍川人也。戏志才,筹画士也,太祖甚器之,早卒。太祖与彧书曰:"自志才亡后,莫可与计事者。汝、颍固多奇士,谁可以继之?"彧荐嘉,召见论天下事,太祖曰:"使孤成大业者,必此人也。"

③ 袭字子绪,颍川人。荀彧荐袭,太祖以为丞相军谋祭酒,魏国建,为侍中。

④ 懿字仲达,即晋宣帝。

⑤ 三辅决录曰:"象字文则,京兆人。少聪博有胆智,为杨州刺史。后为孙策庐江太守李术所杀。"

⑥ 康字元将,京兆人。父端,从凉州牧征为太仆,康代为凉州刺史,时人荣之。后为马超所围,坚守历时,救军不至,遂为超所杀。

袁绍既兼河朔之地,有骄气。而操败于张绣,①绍与操书甚倨。②操大怒,欲先攻之,而患力不敌,以谋于彧。彧量绍虽强,终为操所制,乃说先取吕布,然后图绍,操从之。三年,遂擒吕布,定徐州。

① 魏志,张绣在南阳降,既而悔之,而复反。操与战,军败为流矢所中。

② 陈琳为绍作檄书曰:"操祖父腾饕餮放横,父嵩乞丐携养,操赘阉遗

丑。"并倨慢之词也。

五年，袁绍率大众以攻许，操与相距。绍甲兵甚盛，议者咸怀惶惧。少府孔融谓彧曰："袁绍地广兵强，田丰、许攸智计之士为其谋，①审配、逢纪尽忠之臣任其事，②颜良、文丑勇冠三军，统其兵，殆难克乎？"彧曰："绍兵虽多而法不整，田丰刚而犯上，许攸贪而不正，审配专而无谋，逢纪果而自用，颜良、文丑匹夫之勇，可一战而擒也。"后皆如彧之筹，事在袁绍传。

①先贤行状："丰字元皓，钜鹿人。天姿瑰杰，权略多奇。"许攸字子远。
②配字正南，魏郡人。忠烈慷慨，有不可犯之色。绍领冀州，委配腹心之任。英雄记曰："纪字元图。初，绍去董卓，与许攸及纪俱诣冀州，绍以纪聪达有计策，甚信之。"

操保官度，①与绍连战，虽胜而军粮方尽，〔书〕与彧议，[42]欲还许以致绍师。②彧报曰："今穀食虽少，未若楚汉在荥阳、成皋间也。是时刘项莫肯先退者，以为先退则执屈也。③公以十分居一之众，④画地而守之，⑤搤其喉而不得进，已半年矣。⑥情见执竭，必将有变，此用奇之时，不可失也。"操从之。乃坚壁持之。遂以奇兵破绍，绍退走。封彧万岁亭侯，邑一千户。

①官度，即古之鸿沟也。于荥阳下引河东南流，其所保处在今郑州中牟县北官度口是也。
②致犹至也。兵法曰："善战者，致人不致于人。"
③高祖与项羽于荥阳、成皋间，久相持不决，后羽请鸿沟以西为汉而退，高祖遂乘羽，败之垓下，追杀之。
④言与绍众寡相悬也。
⑤言画地作限隔也。邹阳曰："画地而不敢犯。"
⑥搤音厄。搤谓捉持之也。

六年，操以绍新破，未能为患，但欲留兵卫之，自欲南征刘表，以计问彧。彧对曰："绍既新败，众惧人扰，今不因而定之，而欲远兵江汉，若绍收离纠散，①乘虚以出，则公之事去矣。"操乃止。

①纠，合也。

九年，操拔邺，自领冀州牧。有说操宜复置九州者，以为冀部所统既广，则天下易服。操将从之。彧言曰："今若依古制，是为冀州所统，悉有河东、冯翊、扶风、西河、幽、并之地也。公前屠邺城，海内震骇，各惧不得保其土宇，守其兵众。今若一处被侵，必谓以次见夺，人心易动，若一旦生变，天下未可图也。愿公先定河北，然后脩复旧京，南临楚郢，责王贡之不入。天下咸知公意，则人人自安。须海内大定，乃议古制，此社稷长久之利也。"操报曰："微足下之相难，所失多矣！"遂寝九州议。

十二年，操上书表彧曰："昔袁绍作逆，连兵官度，时众寡粮单，图欲还许。尚书令荀彧深建宜住之便，远恢进讨之略，①起发臣心，革易愚虑，坚营固守，徼其军实，②遂摧扑大寇，济危以安。绍既破败，臣粮亦尽，将舍河北之规，改就荆南之策。彧复备陈得失，用移臣议，故得反旆冀土，③克平四州。④向使臣退军官度，绍必鼓行而前，⑤敌人怀利以自百，⑥臣众怯沮以丧气，⑦有必败之形，无一捷之埶。⑧复若南征刘表，委弃兖、豫，饥军深入，踰越江、沔，⑨利既难要，将失本据。而彧建二策，以亡为存，以祸为福，谋殊功异，臣所不及。是故先帝贵指纵之功，薄搏获之赏；⑩古人尚帷幄之规，下攻拔之力。⑪原其绩效，足享高爵。而海内未喻其状，所受不侔其功，⑫臣诚惜之。乞重平议，增畴户邑。"⑬彧深辞让。操譬之曰："昔介子推有言：'窃人之财，犹谓之盗。'⑭况君奇谟拔出，

兴亡所系,可专有之邪?⑮虽慕鲁连冲高之迹,⑯将为圣人达节之
义乎!⑰于是增封千户,并前二千户。又欲授以正司,⑱或使荀攸
深自陈让,至于十数,乃止。操将伐刘表,问或所策。或曰:"今华
夏以平,荆、汉知亡矣,可声出宛、叶而间行轻进,以掩其不意。"操
从之。会表病死。⑲

①恢,大也。

②徼,邀也,音古尧反。

③左传:"南辕反旆。"杜预曰:"军门前大旗。"

④谓冀、青、幽、并也。

⑤鼓行谓鸣鼓而行,言无所畏也。

⑥各规利,人百其勇也。[43]

⑦沮,止也。

⑧捷,胜也。

⑨沔即汉水也。孔安国曰:"汉上为沔。"

⑩搏,击也。高祖既杀项羽,论功行封,以萧何为最,功臣多不服。高祖
　曰:"诸君知猎乎?夫猎追杀兽者,狗也,而发纵指示兽者,人也。诸
　君徒能追得兽耳,功狗也。至如萧何,发〔纵〕指示,功人也。"[44]"纵"
　或作"踪",两通。

⑪张良未尝有战斗功,高帝曰:"运策帷幄中,决胜千里外,子房功也。"
　自择齐三万户以封之。

⑫侔,等也。

⑬前书曰:"复其后代,畴其爵邑。"音义曰:"畴,等也,使其后常与先人
　等也。"

⑭左传介子推,晋文公臣。

⑮操不专功,欲分之于或也。

⑯史记曰,赵欲尊秦为帝,鲁连止之,平原君乃欲封鲁连。连笑曰:"所

贵于天下之士，为人排患释难解纷而无取也。即有取者，是商贾之士也，而连不忍为也。"

⑰左传曰："圣达节，次守节。"

⑱或先守尚书令，今欲正除也。

⑲魏志，操如或计，表子琮以州逆降。

十七年，董昭等①欲共进操爵国公，九锡备物，②密以访或。或曰："曹公本兴义兵，以匡振汉朝，虽勋庸崇著，犹秉忠贞之节。君子爱人以德，不宜如此。"事遂寝。③操心不能平。会南征孙权，表请或劳军于谯，因表留或曰："臣闻古之遣将，上设监督之重，下建副二之任，④所以尊严国命，谋而鲜过者也。⑤臣今当济江，奉辞伐罪，宜有大使肃将王命。文武并用，自古有之。使持节侍中守尚书令万岁亭侯或，国之(望)〔重〕臣，[45]德洽华夏，既停军所次，便宜与臣俱进，宣示国命，威怀丑虏。军礼尚速，不及先请，臣辄留或，依以为重。"书奏，帝从之，遂以或为侍中、光禄大夫，持节，参丞相军事。至濡须，⑥或病留寿春，⑦操馈之食，发视，乃空器也，于是饮药而卒。时年五十。⑧帝哀惜之，祖日为之废讌乐。⑨谥曰敬侯。明年，操遂称魏公云。

①昭字公仁，济阴人也。

②礼含文嘉曰："九锡一曰车马，二曰衣服，三曰乐器，四曰朱户，五曰纳陛，六曰虎贲百人，七曰斧钺，八曰弓矢，九曰秬鬯，谓之九锡。锡，与也，九锡皆如其德。"左传曰："分鲁公以大路大旂，夏后氏之璜，封父之繁弱，祝宗卜史，备物典策。"

③礼记曰"君子之爱人也以德，细人之爱人也以姑息"也。

④史记，齐景公以田穰苴为将军，扞燕。苴曰："臣素卑贱，擢之闾伍之中，加之大夫之上，士卒未附，百姓不信，权轻，愿得君之宠臣，国之所

尊，以监军，乃可。"景公许之，使庄贾往。即监督之义也。

⑤左传曰："谋而鲜过，惠训不倦。"

⑥濡须，水名也，在今和州历阳县西南。吴录曰："孙权闻操来，夹水立坞，状如偃月，以相拒，月馀乃退。"

⑦寿春，县，属淮南郡，今寿州郡也。

⑧献帝春秋，董承之诛，伏后与父完书，言司空杀董承，帝方为报怨。完得书以示彧，彧恶之，隐而不言。完以示其妻弟樊普，普封以呈太祖，太祖阴为之备。彧恐事觉，欲自发之，因求使至邺，劝太祖以女配帝。太祖曰："今朝廷有伏后，吾女何得配上？"彧曰："伏后无子，性又凶邪，往尝与父书，言词丑恶，可因此废也。"太祖曰："卿昔何不道之？"彧阳惊曰："昔已尝为公言也。"太祖曰："此岂小事，而吾忘之！"太祖以此恨彧，而外含容之。至董昭建魏公议，彧意不同，欲言之于太祖，乃赍玺书犒军，饮飨礼毕，彧请间，太祖知彧欲言，揖而遣之，遂不得。留之，卒于寿春。

⑨祖日谓祭祖神之日，因为谯乐也。风俗通曰："共工氏子曰脩，好远游，祀以为祖神。汉以午日祖。"

论曰：自迁帝西京，山东腾沸，①天下之命倒县矣。②荀君乃越河、冀，间关以从曹氏。③察其定举措，立言策，④崇明王略，以急国艰，岂云因乱假义，以就违正之谋乎？⑤诚仁为己任，期纾民于仓卒也。⑥及阻董昭之议，以致非命，岂数也夫！世言荀君者，通塞或过矣。常以为中贤以下，道无求备，智筭有所研疎，原始未必要末，斯理之不可全诘者也。夫以卫赐之贤，一说而毙两国。⑦彼非薄于仁而欲之，盖有全必有丧也，斯又功之不兼者也。⑧方时运之屯邅，⑨非雄才无以济其溺，功高执强，则皇器自移矣。⑩此又时之不可并也。盖取其归正而已，亦杀身以成仁之义也。

①诗曰:"百川沸腾。"

②赵岐注孟子曰:[46]"倒县犹困苦也。"

③间关犹展转也。

④措,置也。

⑤言或本心不背汉也。

⑥纾,缓也,音舒。

⑦两国谓齐与吴也。端木赐字子贡,卫人也。田常欲伐鲁,仲尼令出使劝田常伐吴,常许之。赐又至吴,请夫差伐齐。又之越,说句践将兵助吴。又之晋,说以兵待吴伐齐之弊。吴既胜齐,与晋争强,晋果败吴,越袭其后,遂杀夫差。故子贡一出,存鲁,乱齐,破吴,强晋,霸越。

⑧子贡不欲违仁义而致晋,但其事不兼济也。言或岂愿强曹氏令代汉哉?事不得已也。

⑨易曰:"屯如邅如。"邅音竹连反。

⑩谓魏太祖功业大而神器自归也。

赞曰:公业称豪,骏声升腾。权诡时逼,①挥金僚朋。②北海天逸,音情顿挫。③越俗易惊,孤音少和。直辔安归,高谋谁佐?④或之有弼,诚感国疾。功申运改,跡疑心一。⑤

①谓诡辞以对卓。

②挥,散也。

③逸,纵也。顿挫犹抑扬也。

④直辔,直道也。言其道无所归,谋谟之高欲谁佐也。

⑤跡若可疑,心如一也。

1840

【校勘记】

〔1〕 司农众之曾孙也 按:"曾孙"当作"玄孙"。泰弟浑,魏志有传,云高祖父众,则泰乃众之玄孙也。

〔2〕 将各(基)〔棋〕峙　刊误谓案文“基”当作“棋”,谓如棋不动。按:王先谦谓魏志郑浑传注引张璠汉纪作“棋峙”。今据改。

〔3〕 妇女犹戴戟操矛　按:王先谦谓戟不能戴,魏志郑浑传注引张璠汉纪作“载戟”。

〔4〕 百姓所畏者有并凉之人　按:刊误谓案文多一“有”字。

〔5〕 说菀曰　汲本、殿本“菀”作“苑”。按:菀苑通。

〔6〕 声响动天　按:“响”原讹“向”,径改正。

〔7〕 景帝(二)〔三〕年反　据殿本改。

〔8〕 年四十一　汲本、殿本作“四十二”。按:魏志郑浑传注作“四十一”,卢弼校云宋本作“四十二”。

〔9〕 霸字次(孺)〔儒〕　据汲本、殿本改,与前书合。

〔10〕 年十岁随父诣京师时河南尹李膺　集解引洪颐煊说,谓献帝纪建安十三年八月,曹操杀孔融,传云时年五十六,融当生于永兴元年。今按:据李膺传,膺于延熹二年为河南尹,坐输左校,则是时融年七岁也,“十”乃“七”之讹。

〔11〕 太中大夫陈炜　按:袁纪“炜”作“祎”。

〔12〕 将不早惠乎　殿本“惠”作“慧”,册府元龟七七三卷同。按:惠慧通。

〔13〕 高明必为伟器　按:王先谦谓世说注引续汉书,“高明”上有“长大”二字,似不可少。

〔14〕 年十三丧父　按:校补引沈铭彝说,谓融父宙卒于桓帝延熹六年正月己未,见孔宙碑,以融卒年计之,则宙卒时,融年十一,非十三也。

〔15〕 时融年十六　按:校补引侯康说,谓诏捕张俭事在建宁二年,融年十七矣。

〔16〕 拜中军候　刊误谓汉官无中军候,惟有北军中候耳,明字有脱误。按:校补引钱大昭说,谓魏志崔琰传注云“累迁北军中候”,此作

"中军候"，误。

〔17〕 (及)〔反〕鲁卫之侵地　刊误谓案公羊传本文，"及"当作"反"。今据改。按：以下注所引公羊传文与今本多不合，然意义无大出入。

〔18〕 善否不别　按：御览六四八引续汉书，"不别"作"区别"。

〔19〕 是下常有千八百纩也　按：刊误谓"是"下少一"天"字。

〔20〕 军半至　刊误谓案史记，彼文更有他语，故末云"军半至"，今既节取，不宜长此三字。今按：史记作"兵法，百里而趣利者蹶上将，五十里而趣利者军半至"。

〔21〕 于是令齐军曰　按：史记无"曰"字。

〔22〕 期日莫见火举而俱发　按：史记"日"作"曰"。

〔23〕 苞茅不入　汲本、殿本"苞"作"包"。按：阮元谓"包茅不入"之"包"，原从艸作"苞"，自石经始去艸头，后人往往从之。

〔24〕 包裹束也　按："裹"原讹"裏"，径改正。

〔25〕 并献帝子　按：校补谓以融所对圣恩敦睦及同产昆弟之说证之，实皆献帝之诸弟，而灵帝子耳。疑此注本作"并灵帝子"，浅人妄改为"献"。

〔26〕 单于徙北海上　按：张森楷校勘记谓"徙"下疑有"之"字。

〔27〕 献帝尝时见虑　按：刊误谓案文"时"当作"特"。

〔28〕 令宗钦冯愔守栒邑　按：集解引周寿昌说，谓案邓禹传，"宗钦"作"宗歆"。

〔29〕 令信出跨下　汲本、殿本"跨"作"胯"。按：跨胯同。

〔30〕 酒酸(者)　据今本韩非子删。

〔31〕 (二人)〔倩〕曰汝狗猛耶　据今本韩非子改。

〔32〕 〔曰然縠〕将弃之　按：韩非子作"曰然縠将弃之"，此脱"曰然縠"三字，今据补。

〔33〕 譬如寄物瓴中　按：殿本"瓴"作"瓶"。

〔34〕 瓵缶也　按:沈家本谓按说文,缾,罃也,瓶缾或从瓦。此注言缶
也,疑传写夺烂其半耳。"瓶"字本或作"瓵"者误,说文无瓵
字也。

〔35〕 岂有员园委屈可以每其生哉　汲本"有员"作"其负",校补谓负,
恃也,恃员道以为委屈也。园可通员,作"员园"于义为窒,似误。
今按:员园委屈,相对成文,古人自有复语耳,作"负"者讹,校补
说非。

〔36〕 亢父〔县〕属梁国　据汲本、殿本补。

〔37〕 或明有意数　按:刊误谓"明"上当有一"聪"字。

〔38〕 明年又为操镇东司马　按:集解引钱大昕说,谓此初平二年之明
年也。据魏志,操为镇东将军在建安元年,则初平三年安得便称
镇东司马乎?魏志彧传本云明年太祖领兖州牧,后为镇东将军,
常以司马从。然则领兖州在此年,而除镇东不在此年也。范史删
去领兖州句,遂误以镇东司马为是年事矣。

〔39〕 宜亟供军实　按:集解引惠栋说,谓"实"魏志作"食"。

〔40〕 而将军之关河也　按:集解引钱大昕说,谓"关河"当依魏志彧传
作"关中河内",盖上言高祖保关中,光武据河内,皆深根固本,以
制天下,故以兖州比关中、河内。范史删去二字,未当。

〔41〕 东郡守　按:刊误谓案文少一"太"字。

〔42〕 〔书〕与彧议　据殿本补。按:下文云"彧报曰",则此当有
"书"字。

〔43〕 各规利人百其勇也　按:"各"原讹"名",径改正。

〔44〕 发〔纵〕指示功人也　据汲本补。

〔45〕 国之(望)〔重〕臣　据汲本、殿本改。

〔46〕 赵岐注孟子曰　按:"岐"原讹"歧",径改正。

后汉书卷七十一

皇甫嵩朱儁列传第六十一^{〔1〕}

皇甫嵩字义真,安定朝那人,度辽将军规之兄子也。父节,雁门太守。嵩少有文武志介,好诗书,习弓马。初举孝廉、茂才。①太尉陈蕃、大将军窦武连辟,并不到。灵帝公车征为议郎,迁北地太守。

①续汉书曰:"举孝廉为郎中,迁霸陵、临汾令,以父丧遂去官。"

初,钜鹿张角自称"大贤良师",①奉事黄老道,畜养弟子,跪拜首过,②符水呪说以疗病,病者颇愈,百姓信向之。角因遣弟子八人使于四方,以善道教化天下,转相诳惑。十馀年间,众徒数十万,连结郡国,自青、徐、幽、冀、荆、杨、兖、豫八州之人,莫不毕应。遂置三十六方。^{〔2〕}方犹将军号也。大方万馀人,小方六七千,各立渠帅。讹言"苍天已死,黄天当立,岁在甲子,天下大吉"。以白土书京城寺门及州郡官府,皆作"甲子"字。中平元年,大方马元义等先收荆、杨数万人，期会发于邺。元义数往来京师，以中常侍封谞、徐奉等为内应，约以三月五日内外俱起。未及作乱，而张角弟子济南唐周上书告之，于是车裂元义于洛阳。灵帝以周章下三公、司隶，使钩盾令周斌将三府掾属，案验宫省直卫及百姓有事角道者，诛杀千馀人，推考冀州，逐捕角等。角等知事已露，晨夜驰敕诸方，一时俱起。皆著黄巾为摽帜，③时人谓之"黄巾"，亦名为"蛾贼"。④杀人以祠天。角称"天公将军"，角弟宝称"地公将军"，宝弟梁称"人公将军"。[3] 所在燔烧官府，劫略聚邑，州郡失据，长吏多逃亡。旬日之间，天下向应，京师震动。

①"良"或作"郎"。

②首音式受反。

③帜音尺志反，又音试。

④蛾音鱼绮反，即"蚁"字也。谕贼众多，故以为名。

诏敕州郡修理攻守，简练器械，自函谷、大谷、广城、[4]伊阙、轘辕、旋门、孟津、小平津诸关，并置都尉。①召群臣会议。嵩以为宜解党禁，益出中藏钱、西园厩马，以班军士。帝从之。于是发天下精兵，博选将帅，以嵩为左中郎将，持节，与右中郎将朱儁，共发五校、三河骑士及募精勇，合四万馀人，嵩、儁各统一军，共讨颍川黄巾。

①大谷、轘辕在洛阳东南，旋门在汜水之西。[5]

儁前与贼波才战，战败，嵩因进保长社。波才引大众围城，嵩兵少，军中皆恐，乃召军吏谓曰："兵有奇变，不在众寡。①今贼依草结营，易为风火。若因夜纵烧，必大惊乱。吾出兵击之。四面俱合，田单之功可成也。"②其夕遂大风，嵩乃约敕军士皆束苣乘城，③使锐士间出围外，纵火大呼，城上举燎应之，嵩因鼓而奔其陈，贼惊乱奔走。会帝遣骑都尉曹操将兵适至，嵩、操与朱儁合兵更战，大破之，斩首数万级。封嵩都乡侯。嵩、儁乘胜进讨汝南、陈国黄巾，追波才于阳翟，击彭脱于西华，并破之。④馀贼降散，三郡悉平。

①孙子兵法曰："凡战者，以正合，以奇胜者也。故善出奇，无穷如天地，无竭如江海。战势不过奇正。奇正之变，不可胜也。"

②田单为齐将，守即墨城。燕师攻城，田单取牛千头，衣以五采，束矛盾于其角，系火于其尾，穿城而出，城上大譟，燕师大败。事见史记。

③苣音巨。说文云："束苇烧之。"

④西华，县，属汝南。

又进击东郡黄巾卜己于仓亭，生禽卜己，斩首七千馀级。时北中郎将卢植及东中郎将董卓讨张角，并无功而还，乃诏嵩进兵讨之。嵩与角弟梁战于广宗。①梁众精勇，嵩不能克。明日，乃闭营休士，以观其变。知贼意稍懈，乃潜夜勒兵，鸡鸣驰赴其陈，战至晡时，大破之，斩梁，获首三万级，赴河死者五万许人，焚烧车重三万馀两，悉虏其妇子，系获甚众。[6]角先已病死，乃剖棺戮尸，传首京师。

①今贝州宗城县。

嵩复与钜鹿太守冯翊郭典攻角弟宝于下曲阳，又斩之。首获十馀万人，筑京观于城南。①即拜嵩为左车骑将军，领冀州牧，封槐里侯，食槐里、美阳两县，②合八千户。

①杜元凯注左传曰："积尸封土于其上，谓之京观。"

②并属扶风。

以黄巾既平,故改年为中平。嵩奏请冀州一年田租,以赡饥民,帝从之。百姓歌曰:"天下大乱兮市为墟,母不保子兮妻失夫,赖得皇甫兮复安居。"嵩温卹士卒,甚得众情,每军行顿止,须营幔修立,然后就舍帐。军士皆食,(尔)〔已〕乃尝饭。[7]吏有因事受赂者,嵩更以钱物赐之,吏怀惭,或至自杀。

嵩既破黄巾,威震天下,而朝政日乱,海内虚困。故信都令汉阳阎忠干说嵩曰:①"难得而易失者,时也;时至不旋踵者,几也。故圣人顺时以动,智者因几以发。今将军遭难得之运,蹈易骇之机,而践运不抚,临机不发,将何以保大名乎?"嵩曰:"何谓也?"忠曰:"天道无亲,百姓与能。今将军受钺于暮春,收功于末冬。②兵动若神,谋不再计,摧强易于折枯,消坚甚于汤雪,旬月之间,神兵电埽,封尸刻石,南向以报,威德震本朝,风声驰海外,虽汤武之举,未有高将军者也。今身建不赏之功,体兼高人之德,而北面庸主,何以求安乎?"嵩曰:"夙夜在公,心不忘忠,何故不安?"忠曰:"不然。昔韩信不忍一餐之遇,而弃三分之业,利剑已揣其喉,方发悔毒之叹者,机失而谋乖也。③今主上势弱于刘、项,将军权重于淮阴,指捴足以振风云,叱咤可以兴雷电。④赫然奋发,因危抵颓,⑤崇恩以绥先附,振武以临后服,征冀方之士,动七州之众,羽檄先驰于前,大军响振于后,蹈流漳河,饮马孟津,诛阉官之罪,除群凶之积,虽僮儿可使奋拳以致力,女子可使褰裳以用命,况厉熊罴之卒,因迅风之埶哉!功业已就,天下已顺,然后请呼上帝,示以天命,混齐六合,南面称制,移宝器于将兴,⑥推亡汉于已坠,实神机之至会,风发之良时也。夫既朽不雕,衰世难佐。若欲辅难佐之朝,雕朽败之木,是犹逆坂走丸,迎风纵棹,岂云易哉?且今竖宦群居,同恶如市,⑦上命不行,权归近习,昏主之下,难以久居,⑧不赏之功,谗人侧目,如不早图,后悔无及。"嵩惧曰:"非常之谋,不施于有常之埶。创图大功,岂庸才所致。黄巾细孽,敌非秦、项,新结易散,难以济业。且人未忘主,天不祐逆。若虚造不冀之功,不速朝夕之祸,孰与委忠本朝,守其臣节。虽云多谗,不过放废,犹有令名,死且不朽。⑨反常之论,所不敢闻。"忠知计不用,因亡去。⑩

①干谓冒进。

②老子曰:"天道无亲,常与善人。"易曰:"人谋鬼谋,百姓与能。"淮南子曰:"凡命将,主亲授钺,[8]曰:'从此上至天,将军制之。'"

③前书,项羽使武涉说韩信,信曰:"汉王解衣衣我,推食食我,背之不祥。"又蒯通说信,令信背汉,参分天下,鼎足而立。信曰:"汉王遇我厚,岂可背之哉?"后信谋反,为吕后所执,叹曰:"吾不用蒯通计,为女子所诈,岂非天哉!"

④"拗"即"麾"字,古通用。叱咤,怒声也。

⑤抵音纸。抵,击也。

⑥宝器犹神器也,谓天位也。

⑦左氏传韩宣子曰:"同恶相求,如市贾焉。"

⑧史记范蠡曰:"大名之下,难以久居。"

⑨二句皆左传之辞。

⑩英雄记曰:"梁州贼王国等起兵,劫忠为主,统三十六(郡)〔部〕,[9]号'车骑将军'。忠感慨发病死。"

会边章、韩遂作乱陇右,明年春,诏嵩回镇长安,以卫园陵。章等遂复入寇三辅,使嵩因讨之。

初,嵩讨张角,路由邺,见中常侍赵忠舍宅踰制,乃奏没入之。又中常侍张让私求钱五千万,嵩不与,二人由此为憾,奏嵩连战无功,所费者多。其秋征还,收左车骑将军印绶,削户六千,更封都乡侯,二千户。

五年,(梁)〔凉〕州贼王国围陈仓,[10]复拜嵩为左将军,督前将军董卓,各率二万人拒之。卓欲速进赴陈仓,嵩不听。卓曰:"智者不后时,勇者不留决。速救则城全,不救则城灭,全灭之埶,在于此也。"嵩曰:"不然。百战百胜,不如不战而屈人之兵。是以先为不可胜,以待敌之可胜。不可胜在我,可胜在彼。彼守不足,我攻有馀。①有馀者动于九天之上,不足者陷于九地之下。②今陈仓虽小,城守固备,非九地之陷也。王国虽强,而攻我之所不救,非九天之埶也。夫埶非九天,攻者受害;陷非九地,守者不拔。国今已陷受害之地,而陈仓保不拔之城,我可不烦兵动众,而取全胜之功,将何救焉!"遂不听。王国围陈仓,自冬迄春,八十馀日,城坚守固,竟不能拔。贼众疲敝,果自解去。嵩进兵击之。卓曰:"不可。兵法,穷寇勿(迫)〔追〕,归众勿(迫)〔追〕。③[11]今我追国,是迫归众,追穷寇也。困兽犹斗,蜂虿有毒,④况大众乎!"嵩曰:"不然。前吾不击,避其锐也。今而击之,待其衰也。所击疲师,非归众也。国众且走,莫有斗志。以整击乱,非穷寇也。"遂独进击之,使卓为后拒。连战大破之,斩首万馀级,国走而死。卓大惭恨,由是忌嵩。

①孙子之文。

②孙子兵法曰:"善守者藏于九地之下,善攻者动于九天之上。"玄女三宫战法曰:"行兵之道,天地之宝。九天九地,各有表里。九天之上,六甲子也。九地之下,六癸酉也。子能顺之,万全可保。"

③司马兵法之言。

④皆左氏传文。

明年,卓拜为并州牧,诏使以兵委嵩,卓不从。嵩从子郦①时在军中，〔12〕说嵩曰："本朝失政，天下倒悬，能安危定倾者，唯大人与董卓耳。今怨隙已结，埶不俱存。卓被诏委兵，而上书自请，此逆命也。又以京师昏乱，踌躇不进，此怀奸也。且其凶戾无亲，将士不附。大人今为元帅，杖国威以讨之，上显忠义，下除凶害，此桓文之事也。"嵩曰："专命虽罪，专诛亦有责也。②〔13〕不如显奏其事，使朝廷裁之。"于是上书以闻。帝让卓，卓又增怨于嵩。及后秉政，初平元年，乃征嵩为城门校尉，因欲杀之。嵩将行，长史梁衍说曰："汉室微弱，阉竖乱朝，董卓虽诛之，而不能尽忠于国，遂复寇掠京邑，废立从意。今征将军，大则危祸，小则困辱。今卓在洛阳，天子来西，以将军之众，精兵三万，迎接至尊，奉令讨逆，发命海内，征兵群帅，袁氏逼其东，将军迫其西，此成禽也。"嵩不从，遂就征。有司承旨，奏嵩下吏，将遂诛之。

①郦音历。

②春秋左氏传曰："禀命则不威，专命则不孝。"

嵩子坚寿与卓素善，自长安亡走洛阳，归投于卓。卓方置酒欢会，坚寿直前质让，责以大义，①叩头流涕。坐者感动，皆离席请之。卓乃起，牵与共坐。使免嵩囚，复拜嵩议郎，迁御史中丞。及卓还长安，公卿百官迎谒道次。卓风令御史中丞已下皆拜以屈嵩，②既而抵手言曰："义真犕未乎？"③嵩笑而谢之，卓乃解释。④

①质，正也。

②风音讽，谓讽动也。

③犕音服。说文曰："犕牛乘马。""犕"，即古"服"字也，今河朔人犹有此言，音备。

④献帝春秋曰："初卓为前将军，嵩为左将军，俱征边章、韩遂，争雄。及嵩拜车下，卓曰：'可以服未？'嵩曰：'安知明公乃至于是？'卓曰：'鸿

鹄固有远志,但燕雀自不知耳。'嵩曰:'昔与明公俱为鸿鹄,但明公今日变为凤皇耳。'"

及卓被诛,以嵩为征西将军,又迁车骑将军。其年秋,拜太尉,冬,以流星策免。①复拜光禄大夫,迁太常。寻李傕作乱,嵩亦病卒,赠骠骑将军印绶,拜家一人为郎。

①续汉书曰以日有重珥免。

嵩为人爱慎尽勤,[14]前后上表陈谏有补益者五百馀事,皆手书毁草,不宣于外。又折节下士,门无留客。①时人皆称而附之。

①言汲引之速。

坚寿亦显名,后为侍中,辞不拜,病卒。

朱儁字公伟,会稽上虞人也。少孤,母尝贩缯为业。儁以孝养致名,为县门下书佐,好义轻财,乡闾敬之。时同郡周规辟公府,[15]当行,假郡库钱百万,以为冠帻费,而后仓卒督责,规家贫无以备,儁乃窃母缯帛,为规解对。①母既失产业,深恚责之。儁曰:"小损当大益,初贫后富,必然理也。"

①规被录占对,儁为备钱以解其事。

本县长山阳度尚见而奇之,荐于太守韦毅,稍历郡职。后太守尹端以儁为主簿。熹平二年,端坐讨贼许昭失利,为州所奏,罪应弃市。儁乃羸服间行,轻赍数百金到京师,赂主章吏,遂得刊定州奏,故端得输作左校。端喜于降免而不知其由,儁亦终无所言。

后太守徐珪举儁孝廉,再迁除兰陵令,政有异能,为东海相所表。会交阯部群贼并起,牧守软弱不能禁。又交阯贼梁龙等万馀人，与<u>南海</u>太守<u>孔芝</u>反叛，攻破郡县。<u>光和</u>元年，即拜<u>儁交阯</u>刺史，令过本郡简募家兵及所调，①合五千人，分从两道而入。既到州界，按甲不前，先遣使诣郡，观贼虚实，宣扬威德，以震动其心；既而与七郡兵俱进逼之，遂斩<u>梁龙</u>，降者数万人，旬月尽定。以功封都亭侯，千五百户，赐黄金五十斤，征为谏议大夫。

①家兵，僮仆之属。调谓调发之。

及<u>黄巾</u>起，公卿多荐<u>儁</u>有才略，拜为右中郎将，持节，与左中郎将<u>皇甫嵩</u>讨<u>颍川</u>、<u>汝南</u>、<u>陈国</u>诸贼，悉破平之。<u>嵩</u>乃上言其状，而以功归<u>儁</u>，于是进封<u>西乡侯</u>，迁镇贼中郎将。

时<u>南阳黄巾张曼成</u>起兵，称“神上使”，众数万，杀郡守<u>褚贡</u>，[16]屯<u>宛</u>下百馀日。后太守<u>秦颉</u>击杀<u>曼成</u>，贼更以<u>赵弘</u>为帅，众浸盛，遂十馀万，据<u>宛</u>城。<u>儁</u>与<u>荆州</u>刺史<u>徐璆</u>及<u>秦颉</u>合兵万八千人围<u>弘</u>，自六月至八月不拔。有司奏欲征<u>儁</u>。司空<u>张温</u>上疏曰：“昔<u>秦</u>用<u>白起</u>，<u>燕</u>任<u>乐毅</u>，皆旷年历载，乃能克敌。①<u>儁</u>讨<u>颍川</u>，以有功效，[17]引师南指，方略已设，临军易将，兵家所忌，宜假日月，责其成功。”<u>灵帝</u>乃止。<u>儁</u>因急击<u>弘</u>，斩之。贼馀帅<u>韩忠</u>复据<u>宛</u>拒<u>儁</u>。<u>儁</u>兵少不敌，乃张围结垒，起土山以临城内，因鸣鼓攻其西南，贼悉众赴之。<u>儁</u>自将精卒五千，掩其东北，乘城而入。<u>忠</u>乃退保小城，惶惧乞降。司马<u>张超</u>及<u>徐璆</u>、<u>秦颉</u>皆欲听之。<u>儁</u>曰：“兵有形同而执异者。昔<u>秦项</u>之际，民无定主，故赏附以劝来耳。今海内一统，唯<u>黄巾</u>造寇，纳降无以劝善，讨之足以惩恶。今若受之，更开逆意，贼利则进战，钝则乞降，纵敌长寇，非良计也。”因急攻，连战不克。<u>儁</u>登土山望之，顾谓<u>张超</u>曰：“吾知之矣。贼今外围周固，内营逼急，乞降不受，欲出不得，所以死战也。万人一心，犹不可当，况十万乎！其害甚矣。不如彻围，并兵入城。忠见围解，埶必自出，出则意散，易破之道也。"既而解围，忠果出战，儁因击，大破之。乘胜逐北数十里，斩首万馀级。忠等遂降。而秦颉积忿忠，遂杀之。馀众惧不自安，复以孙夏为帅，还屯宛中。儁急攻之。夏走，追至西鄂精山，又破之。②复斩万馀级，贼遂解散。明年春，遣使者持节拜儁右车骑将军，振旅还京师，以为光禄大夫，增邑五千，更封钱塘侯，③加位特进。以母丧去官，起家，复为将作大匠，转少府、太仆。

①史记曰，白起，郿人也，善用兵，事秦昭王为大良造。攻魏，拔之。后五年，攻赵，拔光狼城。后七年，攻楚、拔鄢、邓五城。明年，拔郢，烧夷陵，遂东至竟陵。乐毅，赵人也，贤而好兵，燕昭王以为亚卿，后为上将军。代齐，入临淄，狗齐五岁，下齐七十馀城。

②西鄂故城在今邓州向城县南，精山在其南。

③钱塘，今杭州县也。钱塘记云："昔郡议曹华信（义）〔议〕立此塘，[18]以防海水。始开募，有能致土石一斛，与钱一千，旬日之间，来者云集。塘未成而谲不复取，皆遂弃土石而去，塘以之成也。"

自黄巾贼后，复有黑山、黄龙、白波、左校、郭大贤、于氐根、青牛角、[19]张白骑、刘石、左髭丈八、[20]平汉、大计、司隶、掾哉、①[21]雷公、浮云、飞燕、白雀、杨凤、于毒、[22]五鹿、李大目、白绕、畦固、[23]苦蝤之徒，②并起山谷间，不可胜数。其大声者称雷公，骑白马者为张白骑，轻便者言飞燕，多髭者号于氐根，③大眼者为大目，如此称号，各有所因。大者二三万，小者六七千。

①九州春秋"大计"作"大洪"，"掾哉"作"缘城"。[24]

②九州春秋"蝤"作"蝤"，音才由反。

③左氏传曰："于思于思，弃甲复来。"杜预注云："于思，多须之貌也。"

贼帅常山人张燕，轻勇趫捷，故军中号曰飞燕。善得士卒心，乃与<u>中山</u>、<u>常山</u>、<u>赵郡</u>、<u>上党</u>、<u>河内</u>诸山谷寇贼更相交通,众至(伯)〔百〕万,^[25]号曰<u>黑山</u>贼。<u>河北</u>诸郡县并被其害,朝廷不能讨。<u>燕</u>乃遣使至京师,奏书乞降,遂拜<u>燕</u>平难中郎将,使领<u>河北</u>诸山谷事,岁得举孝廉、计吏。

<u>燕</u>后渐寇<u>河内</u>,逼近京师,于是出<u>儁</u>为<u>河内</u>太守,将家兵击却之。其后诸贼多为<u>袁绍</u>所定,事在<u>绍传</u>。复拜<u>儁</u>为光禄大夫,转屯骑,寻拜城门校尉、<u>河南</u>尹。

时<u>董卓</u>擅政,以<u>儁</u>宿将,外甚亲纳而心实忌之。及关东兵盛,<u>卓</u>惧,数请公卿会议,徙都<u>长安</u>,<u>儁</u>辄止之。<u>卓</u>虽恶<u>儁</u>异己,然贪其名重,乃表迁太仆,以为己副。使者拜,<u>儁</u>辞不肯受。因曰:"国家西迁,必孤天下之望,以成<u>山东</u>之衅,臣不见其可也。"使者诘曰:"召君受拜而君拒之,不问徙事而君陈之,其故何也?"<u>儁</u>曰:"副相国,非臣所堪也;迁都计,非事所急也。辞所不堪,言所非急,臣之宜也。"使者曰:"迁都之事,不闻其计,^[26]就有未露,何所承受?"<u>儁</u>曰:"相国<u>董卓</u>具为臣说,所以知耳。"使人不能屈,由是止不为副。

<u>卓</u>后入关,留<u>儁</u>守<u>洛阳</u>,而<u>儁</u>与<u>山东</u>诸将通谋为内应。既而惧为<u>卓</u>所袭,乃弃官奔<u>荆州</u>。<u>卓</u>以<u>弘农杨懿</u>为<u>河南</u>尹,守<u>洛阳</u>。<u>儁</u>闻,复进兵还<u>洛</u>,<u>懿</u>走。<u>儁</u>以<u>河南</u>残破无所资,乃东屯<u>中牟</u>,移书州郡,请师讨<u>卓</u>。<u>徐州</u>刺史<u>陶谦</u>遣精兵三千,馀州郡稍有所给,<u>谦</u>乃上<u>儁</u>行车骑将军。<u>董卓</u>闻之,使其将<u>李傕</u>、<u>郭汜</u>等数万人屯<u>河南</u>拒<u>儁</u>。<u>儁</u>逆击,为<u>傕</u>、<u>汜</u>所破。<u>儁</u>自知不敌,留关下不敢复前。

及<u>董卓</u>被诛,<u>傕</u>、<u>汜</u>作乱,<u>儁</u>时犹在<u>中牟</u>。<u>陶谦</u>以<u>儁</u>名臣,数有战功,可委以大事,乃与诸豪桀共推<u>儁</u>为太师,因移檄牧伯,同讨<u>李傕</u>等,奉迎天子。乃奏记于<u>儁</u>曰:"<u>徐州</u>刺史<u>陶谦</u>、前<u>杨州</u>刺史<u>周</u>

乾、琅邪相阴德、东海相刘馗、①彭城相汲廉、北海相孔融、沛相袁忠、太山太守应劭、汝南太守徐璆、前九江太守服虔、博士郑玄等，敢言之行车骑将军河南尹莫府：②国家既遭董卓，重以李傕、郭汜之祸，幼主劫执，忠良残敝，长安隔绝，不知吉凶。是以临官尹人，搢绅有识，莫不忧惧，以为自非明哲雄霸之士，曷能克济祸乱！自起兵已来，于兹三年，州郡转相顾望，未有奋击之功，而互争私变，更相疑惑。谦等并共诹诹，议消国难。佥曰：'将军君侯，既文且武，应运而出，凡百君子，靡不颙颙。'故相率厉，简选精悍，堪能深入，直指咸阳，多持资粮，足支半岁，谨同心腹，委之元帅。"会李傕用太尉周忠、尚书贾诩策，征儁入朝。军吏皆惮入关，欲应陶谦等。儁曰："以君召臣，义不俟驾，③况天子诏乎！且傕、汜小竖，樊稠庸儿，无他远略，又执力相敌，变难必作。吾乘其间，大事可济。"遂辞谦议而就傕征，复为太仆，谦等遂罢。

① 馗音巨眉反。

② 蔡质典职仪曰："诸州刺史上郡并列卿府，[27]言'敢言之'。"′

③ 论语曰："君命召，不俟驾行矣。"俟，待也。

初平四年，代周忠为太尉，录尚书事。明年秋，以日食免，复行骠骑将军事，持节镇关东。未发，会李傕杀樊稠，而郭汜又自疑，与傕相攻，长安中乱，故儁止不出，留拜大司农。献帝诏儁与太尉杨彪等十馀人譬郭汜，令与李傕和。汜不肯，遂留质儁等。儁素刚，即日发病卒。

子晧，亦有才行，官至豫章太守。

论曰：皇甫嵩、朱儁并以上将之略，受脤仓卒之时。①及其功成师克,威声满天下。值弱主蒙尘,犷贼放命,斯诚叶公投袂之几,翟义鞠旅之日,②故梁衍献规,山东连盟,而舍格天之大业,蹈匹夫之小谅,卒狼狈虎口,为智士笑。③岂天之长斯乱也?何智勇之不终甚乎!前史晋平原华峤,称其父光禄大夫表,④每言其祖魏太尉歆⑤称"时人说皇甫嵩之不伐,汝豫之战,归功朱儁,张角之捷,本之于卢植,收名敛策,而己不有焉。⑥盖功名者,世之所甚重也。诚能不争天下之所甚重,则怨祸不深矣"。如皇甫公之赴履危乱,而能终以归全者,其致不亦贵乎!故颜子愿不伐善为先,斯亦行身之要与!⑦

① 春秋左氏传曰:"国之大事在祀与戎。祀有执膰,戎有受脤。"脤,宜社之肉也。尔雅曰:"举大事,动大众,必先有事于社然后出,谓之宜。"

② 新序曰:"楚白公胜既杀令尹、司马,欲立王子闾为王。王子闾不肯,劫之以刃。王子闾曰:'吾闻辞天下者,非轻其利以明其德也。不为诸侯者,非恶其位以絜其行也。今子告我以利,威我以兵,吾不为也。'白公强之,不可,遂杀之。叶公子高率楚众以诛白公,而反惠王于国。"投袂,奋袂也,言其怒也。左氏传曰:"楚子闻之,投袂而起。"翟义,方进之子,举兵将诛王莽,事见前书。诗曰:"陈师鞠旅。"郑玄注云:"鞠,告也。"

③ 山东连盟谓上云群帅及袁氏也。书称"伊尹格于皇天"。论语曰:"岂若匹夫匹妇之为谅也。"庄子云,孔子见盗跖,退曰:"吾几不免虎口。"

④ 华峤谱叙曰:"表字伟容,歆之子也。年二十馀,为散骑常侍。"

⑤ 魏志曰:"歆字子鱼。"

⑥ 敛策,不论其功。

⑦ 论语曰,颜回曰:"愿无伐善,无施劳。"

赞曰:黄妖冲发,嵩乃奋钺。孰是振旅,不居不伐。①儁捷陈、颖,亦弭(于)〔於〕越。②〔28〕言肃王命,并遭屯蹶。③

①老子曰:"功成而不居。"

②谓平许昭也。(于)〔於〕,语辞,犹云"句吴"之类矣。

③蹶犹蹶也。

【校勘记】

〔1〕 皇甫嵩朱儁列传第六十一　按:汲本"朱儁"作"朱雋",正文同。

〔2〕 遂置三十六方　按:集解引惠栋说,谓袁纪"方"作"坊"。

〔3〕 宝弟梁　按:集解引惠栋说,谓袁纪"梁"作"良"。通鉴考异据九州春秋云"角弟梁,梁弟宝"。

〔4〕 广城　按:殿本"城"作"成",通鉴同。

〔5〕 旋门在汜水之西　殿本、集解本"汜"作"氾"。按:此水汉书作"氾水",如淳音祀,水经始作"汜水",后多从水经。

〔6〕 系获甚众　按:殿本"系"作"击"。

〔7〕 (尔)〔己〕乃尝饭　据殿本改。按:王先谦谓作"己"是。

〔8〕 主亲授钺　按:汲本"主"作"王"。

〔9〕 统三十六(郡)〔部〕　集解引惠栋说,谓"郡"当作"部",今据改。按:董卓传注引此亦作"部"。

〔10〕 (梁)〔凉〕州贼王国围陈仓　集解引洪颐煊说,谓灵帝纪作"凉州贼王国",此"梁"字误。今据改。

〔11〕 穷寇勿(迫)〔追〕归众勿(追)〔迫〕　据汲本、殿本改。按:下云"是追归众,追穷寇也",明当作"穷寇勿追,归众勿迫"。

〔12〕 嵩从子郦　按:集解引惠栋说,谓袁纪"郦"作"逦",又作"丽"。

〔13〕 专命虽罪专诛亦有责也　按:集解引王补说,谓通鉴作"违命虽罪",故胡注卓不释兵为违命,嵩擅讨卓为专诛。

〔14〕 嵩为人爱慎尽勤　按:刊误谓当作"爱畏勤尽"。

〔15〕 同郡周规　按:集解引汪文台说,谓御览八一四引张璠汉纪,"规"作"起"。

〔16〕 杀郡守褚贡　按:殿本"贡"作"衷"。

〔17〕 以有功效　殿本"以"作"已"。按:以已古通作。

〔18〕 昔郡议曹华信(义)〔议〕立此塘　刊误谓案文"义"当作"议"。今据改。按:御览八三六引钱塘记,作"郡议曹华信象家富,乃议立此塘"。又七四引钱塘记,作"往时郡议曹华家信富,乃议立此塘"。御览引文亦有讹,然"义"当作"议",固无疑也。

〔19〕 青牛角　按:袁绍传注引九州春秋及三国魏志袁绍传,并作"张牛角"。

〔20〕 左髭丈八　按:魏志张燕传注引张璠汉纪,云"又有左校郭大贤左髭丈八三部也"。赵一清谓郭大贤疑是左校之帅,故下云三部。潘眉则谓盖左校一部,郭大贤一部,左髭丈八一部也。如赵说,则左校郭大贤为一部,左髭为一部,丈八为一部。如潘说,则左髭与丈八各为一部。通鉴作"左髭文八",胡注云朱儁传"左髭文八"作"左髭丈八",是胡氏亦以左髭丈八连读,今从潘说。

〔21〕 㨲哉　按:通鉴作"缘城"。

〔22〕 于毒　汲本作"干毒"。按:袁绍传亦作"干毒",通鉴作"于毒"。

〔23〕 眭固　按:集解引惠栋说,谓通鉴作"眭固"。

〔24〕 㨲哉作缘城　按:汲本"缘城"作"缘哉",殿本作"缘成"。

〔25〕 众至(伯)〔百〕万　据殿本改。

〔26〕 不闻其计　按:"计"原讹"讨",径据汲本、殿本改正。

〔27〕 诸州刺史上郡并列卿府　按:刊误谓案刺史在郡上,何缘有"上郡"之文,盖本言"刺史并郡上列卿府"云云。

〔28〕 亦弭(于)〔於〕越　据殿本改。注同。按:王念孙谓於于古虽通用,而"於越"之"於",不当作"于"。

后 汉 书 卷 七 十 二

董卓列传第六十二

董卓字仲颖，①〔1〕陇西临洮人也。性粗猛有谋。少尝游羌中，尽与豪帅相结。后归耕于野，诸豪帅有来从之者，卓为杀耕牛，与共宴乐，豪帅感其意，归相敛得杂畜千馀头以遗之，由是以健侠知名。为州兵马掾，常徼守塞下。②卓膂力过人，双带两鞬，左右驰射，③为羌胡所畏。

①卓别传曰："卓父君雅为颍川轮氏尉，生卓及弟旻，故卓字仲颖，旻字叔颖。"

②说文曰："徼，巡也。"前书曰："中尉巡徼京师。"音义曰："所谓游徼，备盗贼。"

③方言曰："所以藏箭谓之服，藏弓谓之鞬。"左氏传云："右属櫜鞬。"

桓帝末，以六郡良家子为羽林郎，从中郎将张奂为军司马，共击汉阳叛羌，破之，拜郎中，赐缣九千匹。卓曰："为者则己，有者则士。"①乃悉分与吏兵,无所留。稍迁西域戊己校尉,坐事免。后为并州刺史,河东太守。

①为功者虽己,共有者乃士。

中平元年,拜东中郎将,持节,代卢植击张角于下曲阳,军败抵罪。其冬,北地先零羌及枹罕河关群盗反叛,遂共立湟中义从胡北宫伯玉、李文侯为将军,杀护羌校尉泠徵。[2]伯玉等乃劫致金城人边章、韩遂,①使专任军政,共杀金城太守陈懿,攻烧州郡。明年春,将数万骑入寇三辅,侵逼园陵,托诛宦官为名。诏以卓为中郎将,副左车骑将军皇甫嵩征之。嵩以无功免归,而边章、韩遂等大盛。朝廷复以司空张温为车骑将军,假节,执金吾袁滂为副。②拜卓破虏将军,与荡寇将军周慎并统于温。并诸郡兵步骑合十馀万,屯美阳,③以卫园陵。章、遂亦进兵美阳。温、卓与战,辄不利。十一月,夜有流星如火,光长十馀丈,照章、遂营中,驴马尽鸣。贼以为不祥,欲归金城。卓闻之喜,明日,乃与右扶风鲍鸿等并兵俱攻,大破之,斩首数千级。章、遂败走榆中,④温乃遣周慎将三万人追讨之。温参军事孙坚⑤说慎曰:"贼城中无穀,当外转粮食。坚愿得万人断其运道,将军以大兵继后,贼必困乏而不敢战。若走入羌中,并力讨之,则凉州可定也。"慎不从,引军围榆中城。而章、遂分屯葵园狭,反断慎运道。慎惧,乃弃车重而退。温时亦使卓将兵三万讨先零羌,卓于望垣北⑥为羌胡所围,粮食乏绝,进退逼急。乃于所度水中伪立隄,以为捕鱼,而潜从隄下过军。⑦比贼追之,决水已深,不得度。时众军败退,唯卓全师而还,屯于扶风,封斄乡侯,邑千户。⑧

①献帝春秋曰:"凉州义从宋建、王国等反,[3]诈金城郡降,求见凉州大

人故新安令边允、从事韩约。约不见,太守陈懿劝之使(王)〔往〕,[4]国等便劫质约等数十人。金城乱,懿出,国等扶以到护羌营,[5]杀之,而释约、允等。陇西以爱憎露布,冠约、允名以为贼,州购约、允各千户侯。约、允被购,'约'改为'遂','允'改为'章'。"

②袁宏汉纪曰:"滂字公熙。纯素寡欲,终不言人短。当权宠之盛,或以同异致祸,滂独中立于朝,故爱憎不及焉。"

③美阳故城在今雍州武功县北。

④榆中,县,属金城郡,故城在今兰州金城县中。

⑤坚字文台,吴郡富春人,即孙权之父也。见吴志。

⑥望垣,县,属天水郡。

⑦续汉书"隅"字作"堰",其字义则同,但异体耳。

⑧麋,县,故城在今雍州武功县。字或作"邰",音台。

三年春,遣使者持节就长安拜张温为太尉。三公在外,始之于温。其冬,征温还京师,韩遂乃杀边章及伯玉、文侯,拥兵十馀万,进围陇西。太守李相如反,与遂连和,共杀凉州刺史耿鄙。而鄙司马扶风马腾,①亦拥兵反叛,又汉阳王国,自号"合众将军",皆与韩遂合。共推王国为主,悉令领其众,寇掠三辅。五年,围陈仓。乃拜卓前将军,与左将军皇甫嵩击破之。韩遂等复共废王国,而劫故信都令汉阳阎忠,②使督统诸部。忠耻为众所胁,感恚病死。遂等稍争权利,更相杀害,其诸部曲并各分乖。

①典略曰:"腾字寿成,扶风茂陵人,马援后也。长八尺馀,身体洪大,面鼻雄异,而性贤厚,人多敬之。"

②英雄记曰:"王国等起兵,劫忠为主,统三十六部,号'车骑将军'。"

六年,征卓为少府,不肯就,上书言:"所将湟中义从及秦胡兵皆诣臣曰:'牢直不毕,禀赐断绝,①妻子饥冻。'牵挽臣车,使不得行。羌胡敝肠狗态，②臣不能禁止，辄将顺安慰。增异复上。"③朝廷不能制，颇以为虑。及灵帝寝疾，玺书拜卓为并州牧，令以兵属皇甫嵩。卓复上书言曰："臣既无老谋，又无壮事，[6]天恩误加，掌戎十年。士卒大小相狎弥久，恋臣畜养之恩，为臣奋一旦之命。乞将之北州，效力边垂。"于是驻兵河东，以观时变。

①前书音义曰："牢，廪食也。古者名廪为牢。"

②言羌胡心肠敝恶，情态如狗也。续汉书"敝"作"憋"。方言云："憋，恶也。"郭璞曰："憋怤，急性也。"憋音芳烈反，怤音芳于反。

③如其更增异志，当复闻上。

及帝崩，大将军何进、司隶校尉袁绍谋诛阉宦，而太后不许，乃私呼卓将兵入朝，以胁太后。卓得召，即时就道。并上书①曰："中常侍张让等窃幸承宠，浊乱海内。[7]臣闻扬汤止沸，莫若去薪；②溃痈虽痛，胜于内食。昔赵鞅兴晋阳之甲，以逐君侧之恶人。③今臣辄鸣锺鼓如洛阳，④请收让等，以清奸秽。"卓未至而何进败，虎贲中郎将袁术乃烧南宫，欲讨宦官，而中常侍段珪等⑤劫少帝及陈留王夜走小平津。[8]卓远见火起，引兵急进，未明到城西，闻少帝在北芒，因往奉迎。帝见卓将兵卒至，恐怖涕泣。⑥卓与言，不能辞对；与陈留王语，遂及祸乱之事。卓以王为贤，且为董太后所养，卓自以与太后同族，有废立意。

①并犹兼也。

②前汉枚乘上书曰："欲汤之沧，一人吹之，百人扬之，无益也。不如绝薪止火而已。"沧音测亮反，寒也。

③公羊传曰："晋赵鞅取晋阳之甲以逐荀寅与士吉射。〔荀寅与士吉射〕者曷为〔者也〕？[9]君侧之恶人也。此逐君侧之恶人，曷为以叛言之？无君命也。"

④鸣锺鼓者，声其罪也。论语曰："小子鸣鼓而攻之。"典略载卓表曰："张让等慆慢天常，擅操王命，父子兄弟并据州郡，一书出门，高获千金，下数百万膏腴美田，[10]皆属让等。使变气上蒸，妖贼蜂起。"

⑤山阳公载记"段"字作"殷"。

⑥典略曰："帝望见卓涕泣，群公谓卓有诏却兵。卓曰：'公诸人为国大臣，不能匡正王室，至使国家播荡，何却兵之有？'遂俱入城。"

初，卓之入也，步骑不过三千，自嫌兵少，恐不为远近所服，率四五日辄夜潜出军近营，明旦乃大陈旌鼓而还，以为西兵复至，洛中无知者。寻而何进及弟苗先所领部曲皆归于卓，卓又使吕布杀执金吾丁原而并其众，①卓兵士大盛。乃讽朝廷策免司空刘弘而自代之。②因集议废立。百僚大会，卓乃奋首而言曰："大者天地，其次君臣，所以为政。皇帝闇弱，不可以奉宗庙，为天下主。今欲依伊尹、霍光故事，更立陈留王，何如？"公卿以下莫敢对。卓又抗言③曰："昔霍光定策，延年案剑。有敢沮大议，皆以军法从之。"坐者震动。④尚书卢植独曰："昔太甲既立不明，⑤昌邑罪过千馀，故有废立之事。⑥今上富于春秋，行无失德，非前事之比也。"卓大怒，罢坐。明日复集群僚于崇德前殿，遂胁太后，策废少帝。曰："皇帝在丧，无人子之心，威仪不类人君，今废为弘农王。"乃立陈留王，是为献帝。又议太后⑦蹙迫永乐太后，⑧至令忧死，逆妇姑之礼，无孝顺之节，⑨迁于永安宫，遂以弑崩。

①英雄记曰："原字建阳。为人粗略有勇，善射，受使不辞，有警急，追寇虏辄在前。"

②魏志曰："以久不雨策免。"汉官仪曰："弘字子高，安众人。"

③抗，高也。

④前书，昭帝崩，霍光迎立昌邑王贺，即位二十七日，行淫乱，光召丞相

已下会议,莫敢发言。田延年前,离席桉剑曰:"群臣有后应者请斩之。"

⑤太甲,汤孙,太丁子也。尚书曰"太甲既立,不明,伊尹放诸桐宫"也。

⑥昌邑王凡所征发一千一百二十七事。

⑦灵帝何皇后。

⑧孝仁董皇后,灵帝之母。

⑨左传曰:"妇,养姑者也。亏姑以成妇,逆莫大焉。"

卓迁太尉,领前将军事,加节传斧钺虎贲,更封郿侯。①卓乃与司徒黄琬、司空杨彪,俱带铁锧诣阙上书,追理陈蕃、窦武及诸党人,以从人望。于是悉复蕃等爵位,擢用子孙。

①传音陟恋反。郿,今岐州县。[11]

寻进卓为相国,入朝不趋,剑履上殿。封母为池阳君,置(丞)令〔丞〕。[12]

是时洛中贵戚室第相望,金帛财产,家家殷积。卓纵放兵士,突其庐舍,淫略妇女,剽虏资物,谓之"搜牢"。①人情崩恐,不保朝夕。及何后葬,开文陵,②卓悉取藏中珍物。又奸乱公主,妻略宫人,虐刑滥罚,睚眦必死,群僚内外莫能自固。卓尝遣军至阳城,时人会于社下,悉令就斩之,驾其车重,载其妇女,以头系车辕,歌呼而还。又坏五铢钱,更铸小钱,悉取洛阳及长安铜人、锺虡、飞廉、铜马之属,以充铸焉。③故货贱物贵,穀石数万。又钱无轮郭文章,不便人用。④时人以为秦始皇见长人于临洮,乃铸铜人。⑤卓,临洮人也,而今毁之。虽成毁不同,凶暴相类焉。

①言牢固者皆搜索取之也。一曰牢,漉也。二字皆从去声,今俗有此言。

②灵帝陵。

③鍾虡以铜为之，故贾山上书云"悬石铸鍾虡"。前书音义曰："虡，鹿头龙身，神兽也。"说文："鍾鼓之跗，以猛兽为饰也。"武帝置飞廉馆。音义云："飞廉，神禽，身似鹿，头如爵，有角，蛇尾，文如豹文。"明帝永平五年，长安迎取飞廉及铜马置上西门外，名平乐馆。铜马则东门京所作，致于金马门外者也。张璠纪曰："太史灵台及永安候铜兰楯，卓亦取之。"

④魏志曰："卓铸小钱，大五分，无文章，肉好无轮郭，不磨鑢。"

⑤三辅旧事曰："秦王立二十六年，初定天下，称皇帝。大人见临洮，身长五丈，跡长六尺，作铜人以厌之，立在阿房殿前。汉徙长乐宫中大夏殿前。"史记曰："始皇铸天下兵器为十二金人。"

卓素闻天下同疾阉官诛杀忠良，及其在事，虽行无道，而犹忍性矫情，擢用群士。乃任吏部尚书汉阳周珌、[13]侍中汝南伍琼、①[14]尚书郑公业、②长史何颙等。以处士荀爽为司空。其染党锢者陈纪、韩融之徒，皆为列卿。幽滞之士，多所显拔。以尚书韩馥为冀州刺史，③侍中刘岱为兖州刺史，④陈留孔伷为豫州刺史，⑤颍川张咨为南阳太守。⑥卓所亲爱，并不处显职，但将校而已。初平元年，馥等到官，与袁绍之徒十馀人，各兴义兵，同盟讨卓，而伍琼、周珌阴为内主。

①英雄记"珌"作"毖"，字仲远，武威人。琼字德瑜。珌音秘。

②公业名泰。馀人皆书名，范晔父名泰，避其讳耳。

③英雄记馥字文节，颍川人。

④吴志曰："刘岱字公山，东莱牟平人。"

⑤英雄记伷字公绪。九州春秋"伷"为"胄"。

⑥献帝春秋"咨"作"资"。[15]后为孙坚所杀。

初，灵帝末，黄巾馀党郭太等复起西河白波谷，转寇太原，遂破河东,百姓流转三辅,号为"白波贼",众十馀万。卓遣中郎将牛辅击之,不能却。及闻东方兵起,惧,乃鸩杀弘农王,欲徙都长安。会公卿议,太尉黄琬、司徒杨彪廷争不能得,而伍琼、周珌又固谏之。卓因大怒曰:"卓初入朝,二子劝用善士,故相从,而诸君到官,举兵相图。此二君卖卓,卓何用相负!"遂斩琼、珌。而彪、琬恐惧,诣卓谢曰:"小人恋旧,非欲沮国事也,请以不及为罪。"卓既杀琼、珌,旋亦悔之,故表彪、琬为光禄大夫。于是迁天子西都。

初,长安遭赤眉之乱,宫室营寺焚灭无馀,是时唯有高庙、京兆府舍,遂便时幸焉。①后移未央宫。于是尽徙洛阳人数百万口于长安,步骑驱蹙,更相蹈藉,饥饿寇掠,积尸盈路。卓自屯留毕圭苑中,悉烧宫庙官府居家,〔16〕二百里内无复孑遗。又使吕布发诸帝陵,及公卿已下冢墓,收其珍宝。

①便时谓时日吉便。

时长沙太守孙坚亦率豫州诸郡兵讨卓。卓先遣将徐荣、李蒙四出虏掠。荣遇坚于梁,①与战,破坚,生禽颍川太守李旻,亨之。卓所得义兵士卒,皆以布缠裹,倒立于地,热膏灌杀之。

①故城在今汝州梁县西南。

时河内太守王匡①屯兵河阳津,将以图卓。卓遣疑兵挑战,而潜使锐卒从小平津过津北,破之,死者略尽。明年,孙坚收合散卒,进屯梁县之阳人。②卓遣将胡轸、吕布攻之。布与轸不相能,军中自惊恐,士卒散乱。③坚追击之,轸、布败走。卓遣将李傕诣坚求和,坚拒绝不受,进军大谷,距洛九十里。④卓自出与坚战于诸陵墓间,卓败走,却屯黾池,聚兵于陕。〔17〕坚进洛阳宣阳城门,⑤更击吕布,布复破走。坚乃埽除宗庙,平塞诸陵,分兵出函谷关,至新安、黾池间,以戳卓后。卓谓长史刘艾曰:"关东诸将数败矣,无能为也。唯孙坚小戆,⑥诸将军宜慎之。"乃使东中郎将董越屯黾池,中郎将段煨屯华阴,⑦中郎将牛辅屯安邑,其馀中郎将、校尉布在诸县,以御山东。

①英雄记曰:"匡字公节,泰山人。轻财好施,以任侠闻。"

②梁县属河南郡,今汝州县也。阳人,聚,故城在梁县西。

③九州春秋曰:"卓以东郡太守胡轸为大督,吕布为骑督。轸性急,豫宣言'今此行也,要当斩一青绶,乃整齐耳'。布等恶之,宣言相警云'贼至',军众大乱奔走。"

④大谷口在故嵩阳西北三十五里,北出对洛阳故城。张衡东京赋云"盟津达其后,大谷通其前"是也。距,至也。

⑤洛阳记洛阳城南面有四门,从东第三门。〔18〕

⑥说文曰:"戆,愚也。"音都降反。

⑦典略曰:"煨在华阴,特修农事。天子东迁,煨迎,(贡)〔贵〕馈周急。"〔19〕魏志曰:"武威人也。"煨音壹回反。

卓讽朝廷使光禄勋宣璠①持节拜卓为太师,位在诸侯王上。乃引还长安。百官迎路拜揖,卓遂僭拟车服,乘金华青盖,爪画两辐,时人号"竿摩车",言其服饰近天子也。②以弟旻为左将军,封鄠侯,兄子璜为侍中、中军校尉,皆典兵事。于是宗族内外,并居列位。其子孙虽在髫龀,男皆封侯,女为邑君。

①璠音烦,又音甫袁反。

②金华,以金为华饰车也。爪者,盖弓头为爪形也。辐音甫袁反。广雅云:"车箱也。"画为文彩。续汉志曰:"辐长六尺,下屈,广八寸。"又云:"皇太子青盖金华蚤画辐。"竿摩谓相逼近也。今俗以事干人者,谓之"相竿摩"。〔20〕

数与百官置酒宴会,淫乐纵恣。乃结垒于长安城东以自居。又筑坞于郿,高厚七丈,号曰"万岁坞"。①积穀为三十年储。自云:"事成,雄据天下;不成,守此足以毕老。"尝至郿行坞,公卿已下祖道于横门外。②卓施帐幔饮设,[21]诱降北地反者数百人,于坐中杀之。先断其舌,次斩手足,次凿其眼目,以镬煮之。未及得死,偃转(杭)〔杯〕案间。[22]会者战慄,亡失匕箸,而卓饮食自若。诸将有言语蹉跌,便戮于前。又稍诛关中旧族,陷以叛逆。

①今案:坞旧基高一丈,周回一里一百步。

②横音光。

时太史望气,言当有大臣戮死者。卓乃使人诬卫尉张温与袁术交通,遂笞温于市,杀之,以塞天变。前温出屯美阳,令卓与边章等战无功,温召又不时应命,既到而辞对不逊。时孙坚为温参军,劝温陈兵斩之。温曰:"卓有威名,方倚以西行。"坚曰:"明公亲帅王师,威振天下,何恃于卓而赖之乎? 坚闻古之名将,杖钺临众,未有不断斩以示威武者也。故穰苴斩庄贾,①魏绛戮杨干。②今若纵之,自亏威重,后悔何及!"温不能从,而卓犹怀忌恨,故及于难。

①史记齐景公时,晋伐阿、甄而燕侵河上,以司马穰苴为将军,使宠臣庄贾监军。贾期后至,穰苴斩以徇三军。甄音绢。

②魏绛,晋大夫。杨干,晋公弟。会诸侯于曲梁,杨干乱行,魏绛戮其仆。事在左传。

温字伯慎,①少有名誉,累登公卿,亦阴与司徒王允共谋诛卓,事未及发而见害。越骑校尉汝南伍孚②忿卓凶毒,志手刃之,乃朝服怀佩刀以见卓。孚语毕辞去,卓起送至阁,以手抚其背,孚因出刀刺之,不中。卓自奋得免,急呼左右执杀之,而大诟③曰:"虏欲反耶!"孚大言曰:"恨不得磔裂奸贼于都市,④以谢天地!"言未毕而毙。

①汉官仪曰:"温,穰人。"

②谢承书曰:"孚字德瑜,汝南吴房人。质性刚毅,勇壮好义,力能兼人。"

③诟,骂也,音许豆反。

④磔,车裂之也,音丁格反。献帝春秋"磔"作"车"。

时王允与吕布及仆射士孙瑞谋诛卓。①有人书"吕"字于布上,负而行于市,歌曰:"布乎!"有告卓者,卓不悟。②三年四月,帝疾新愈,大会未央殿。卓朝服升车,既而马惊堕泥,还入更衣。其少妻止之,卓不从,遂行。乃陈兵夹道,自垒及宫,左步右骑,屯卫周匝,令吕布等扞卫前后。王允乃与士孙瑞密表其事,使瑞自书诏以授布,令骑都尉李肃③与布同心勇士十余人,[23]伪著卫士服于北掖门内以待卓。卓将至,马惊不行,怪惧欲还。吕布劝令进,遂入门。肃以戟刺之,卓衷甲不入,伤臂堕车,顾大呼曰:"吕布何在?"布曰:"有诏讨贼臣。"卓大骂曰:"庸狗敢如是邪!"布应声持矛刺卓,趣兵斩之。④主簿田仪⑤及卓仓头前赴其尸,[24]布又杀之。驰赍赦书,以令宫陛内外。士卒皆称万岁,百姓歌舞于道。长安中士女卖其珠玉衣装市酒肉相庆者,填满街肆。使皇甫嵩攻卓弟旻于郿坞,杀其母妻男女,尽灭其族。⑥乃尸卓于市。天时始热,卓素充肥,脂流于地。守尸吏然火置卓脐中,光明达曙,如是积日。诸袁门生又聚董氏之尸,焚灰扬之于路。坞中珍藏有金二三万斤,银八九万斤,锦绮缯縠纨素奇玩,积如丘山。

①三辅决录曰:"瑞字君荣,[25]扶风人,博达无不通。天子都许,追论瑞功,封子萌津亭侯。[26]萌字文始,有才学,与王粲善,粲作诗赠萌。"

②英雄记曰："有道士书布为'吕'字，将以示卓，卓不知其为吕布也。"

③献帝纪曰："肃，吕布同郡人也。"

④趣音促。九州春秋曰："布素使秦谊、陈卫、李黑等伪作宫门卫士，持长戟。卓到宫门，黑等以长戟侠叉卓车，[27]或叉其马。卓惊呼布，布素施铠于衣中，持矛，即应声刺卓，坠于车。"

⑤九州春秋"仪"字作"景"。

⑥英雄记曰："卓母年九十，走至坞门，曰：'乞脱我死。'即时斩首。"

初，卓以牛辅子婿，素所亲信，使以兵屯陕。辅分遣其校尉李傕、郭汜、张济①将步骑数万，击破河南尹朱儁于中牟。因掠陈留、颍川诸县，杀略男女，所过无复遗类。吕布乃使李肃以诏命至陕讨辅等，辅等逆与肃战，肃败走弘农，布诛杀之。其后牛辅营中无故大惊，辅惧，乃赍金宝踰城走。左右利其货，斩辅，送首长安。②

①英雄记："傕，北地人。"刘艾献帝纪曰："傕字稚然。汜，张掖人。"

②献帝纪曰："辅帐下支胡赤儿等，素待之过急，尽以家宝与之，自带二十馀饼金、大白珠璎。胡谓辅曰：'城北已有马，可去也。'以绳系辅腰，踰城悬下之，未及地丈许放之，辅伤腰不能行，诸胡共取其金并珠，斩首诣长安。"

傕、汜等以王允、吕布杀董卓，故忿怒并州人，并州人其在军者男女数百人，皆诛杀之。牛辅既败，众无所依，欲各散去。傕等恐，乃先遣使诣长安，求乞赦免。王允以为一岁不可再赦，不许之。傕等益怀忧惧，不知所为。武威人贾诩时在傕军，说之①曰："闻长安中议欲尽诛凉州人，诸君若弃军单行，则一亭长能束君矣。不如相率而西，以攻长安，为董公报仇。事济，奉国家以正天下；若其不合，走未后也。"傕等然之，各相谓曰："京师不赦我，我当以死决之。若攻长安克，则得天下矣；不克，则钞三辅妇女财物，西归乡里,尚可延命。"众以为然,于是共结盟,率军数千,晨夜西行。王允闻之,乃遣卓故将胡轸、徐荣击之于新丰。②荣战死,轸以众降。傕随道收兵,比至长安,已十馀万,与卓故部曲樊稠、李蒙等合,③围长安。城峻不可攻,守之八日,吕布军有叟兵内反,④引傕众得入。城溃,放兵虏掠,死者万馀人。杀卫尉种拂等。[28]吕布战败出奔。王允奉天子保宣平城门楼上。⑤于是大赦天下。李傕、郭汜、樊稠等皆为将军。⑥遂围门楼,共表请司徒王允出,问"太师何罪"?允穷蹙乃下,后数日见杀。傕等葬董卓于郿,并收董氏所焚尸之灰,合敛一棺而葬之。葬日,大风雨,霆震卓墓,流水入藏,漂其棺木。⑦

①魏志曰:"卓之入洛阳,诩以太尉掾为平津尉,迁讨虏校尉。"牛辅屯陕,诩在辅军。辅既死,故诩在傕军。

②九州春秋曰:"胡文才、杨整脩皆凉州人,王允素所不善也。及李傕之叛,乃召文才、整脩,使东晓喻之。不假借以温颜,谓曰:'关东鼠子欲何为乎?卿往晓之。'于是二人往,实召兵而还。"

③袁宏纪曰:[29]"蒙后为傕所杀。"

④叟兵即蜀兵也。汉代谓蜀为叟。

⑤三辅黄图曰:"长安城东面北头门号宣平门。"

⑥袁山松书曰"允谓傕等曰:'臣无作威作福,将军乃放纵,欲何为乎?'傕等不应。自拜署傕为扬武将军,汜为扬烈将军,樊稠等皆为中郎将"也。

⑦献帝起居注曰:"冢户开,大风暴雨,水土流入,抒出之。棺向入,辄复风雨,水溢郭户,如此者三四。冢中水半所,稠等共下棺,天风雨益暴甚,遂闭户。户闭,大风复破其冢。"

傕又迁车骑将军,开府,领司隶校尉,假节。汜后将军,稠右将军,张济为镇东将军,并封列侯。傕、汜、稠共秉朝政。济出屯弘农。以贾诩为左冯翊,欲侯之。诩曰:"此救命之计,何功之有!"固辞乃止。更以为尚书典选。

明年夏,大雨昼夜二十餘日,漂没人庶,又风如冬时。帝使御史裴茂讯诏狱,原系者二百餘人。其中有为傕所枉系者,傕恐茂赦之,乃表奏茂擅出囚徒,疑有奸故,请收之。诏曰:"灾异屡降,阴雨为害,使者衔命宣布恩泽,原解轻微,庶合天心。欲释冤结而复罪之乎!一切勿问。"

初,卓之入关,要韩遂、马腾共谋山东。①遂、腾见天下方乱,亦欲倚卓起兵。兴平元年,马腾从陇右来朝,进屯霸桥。时腾私有求于傕,不获而怒,遂与侍中马宇、右中郎将刘范、②前[30]凉州刺史种劭、[31]中郎将杜禀③合兵攻傕,连日不决。韩遂闻之,乃率众来欲和腾、傕,既而复与腾合。傕使兄子利共郭汜、樊稠与腾等战于长平观下。④遂、腾败,斩首万餘级,种劭、刘范等皆死。遂、腾走还凉州,稠等又追之。韩遂使人语稠曰:"天下反覆未可知,相与州里,今虽小违,要当大同,欲共一言。"乃骈马交臂相加,⑤笑语良久。军还,利告傕曰:"樊、韩骈马笑语,不知其辞,而意爱甚密。"于是傕、稠始相猜疑。犹加稠及郭汜开府,与三公合为六府,皆参选举。⑥

①献帝传曰:"腾父平,扶风人。为天水兰干尉,失官,遂留陇西,与羌杂居。家贫无妻,遂取羌女,生腾。"

②焉之子。

③献帝纪曰:"禀与贾诩有隙,胁扶风吏人为腾守槐里,欲共攻傕。傕令樊稠及兄子利数万人攻围槐里,夜梯城,城陷,斩禀枭首。"

④前书音义曰:"长平,坂名也,在池阳南。有长平观,去长安五十里。"

⑤骈,并也。

⑥献帝起居注曰:"催等各欲用其所举,若壹违之,便忿愤志怒。^[32]主者患之,乃以次第用其所举,先从催起,汜次之,稠次之。三公所举,终不见用。"

时长安中盗贼不禁,白日虏掠,催、汜、稠乃参分城内,各备其界,犹不能制,而其子弟纵横,侵暴百姓。是时穀一斛五十万,豆麦二十万,人相食啖,①白骨委积,臭秽满路。帝使侍御史侯汶②出太仓米豆为饥人作糜,经日而死者无降。帝疑赋恤有虚,③乃亲于御前自加临检。既知不实,使侍中刘艾出让有司。于是尚书令以下皆诣省阁谢,^[33]奏收侯汶考实。诏曰:"未忍致汶于理,可杖五十。"自是后多得全济。

①啖音徒敢反。

②音问。

③赋,布也。恤,忧也。

明年春,催因会刺杀樊稠于坐,①由是诸将各相疑异,催、汜遂复理兵相攻。②安西将军杨定者,故卓部曲将也。惧催忍害,乃与汜合谋迎天子幸其营。催知其计,即使兄子暹③将数千人围宫。以车三乘迎天子、皇后。太尉杨彪谓暹曰:"古今帝王,无在人臣家者。诸君举事,当上顺天心,奈何如是!"暹曰:"将军计决矣。"帝于是遂幸催营,彪等皆徒从。乱兵入殿,掠宫人什物,催又徙御府金帛乘舆器服,而放火烧宫殿官府居人悉尽。帝使杨彪与司空张喜等十馀人和催、汜,汜不从,遂质留公卿。彪谓汜曰:"将军达人间事,奈何君臣分争,一人劫天子,一人质公卿,此可行邪?"汜怒,欲手刃彪。彪曰:"卿尚不奉国家,吾岂求生邪!"左右多谏,汜乃止。遂引兵攻傕，矢及帝前，④又贯傕耳。傕将杨奉本白波贼帅，乃将兵救傕，于是汜众乃退。

①献帝纪曰："傕见稠果勇而得众心，疾害之，醉酒，潜使外生骑都尉胡封于坐中拉杀稠。"

②袁宏纪曰"李傕数设酒请汜，或留汜止宿。汜妻惧与傕婢妾私而夺己爱，思有以离间之。会傕送馈，汜妻乃以豉为药。汜将食，妻曰：'食从外来，傥或有故？'遂摘药示之，曰：'一栖不两雄，我固疑将军之信李公也。'他日傕请汜，大醉，汜疑傕药之，绞粪汁饮之乃解，于是遂相猜疑"也。

③音纤。

④献帝纪曰："汜与傕将张苞、张龙谋诛傕，汜将兵夜攻傕门。候开门内汜兵，苞等烧屋，火不然。汜兵弓弩并发，矢及天子楼帷帘中。"

是日，傕复移帝幸其北坞，唯皇后、宋贵人俱。傕使校尉监门，隔绝内外。①寻复欲徙帝于池阳黄白城，②〔34〕君臣惶惧。司徒赵温深解譬之，乃止。诏遣谒者仆射皇甫郦和傕、汜。郦先譬汜，汜即从命。又诣傕，傕不听。曰："郭多，盗马虏耳，何敢欲与我同邪！必诛之。君观我方略士众，足办郭多不？多又劫质公卿。所为如是，而君苟欲左右之邪！"③汜一名多。郦曰："今汜质公卿，而将军胁主，谁轻重乎？"傕怒，呵遣郦，因令虎贲王昌追杀之。昌伪不及，郦得以免。傕乃自为大司马。④与郭汜相攻连月，死者以万数。

①献帝纪曰："傕令门设反关，校尉守察。盛夏炎暑，不能得冷水，饥渴流离。上以前移宫人及侍臣，不得以穀米自随，入门有禁防，不得出市，困乏，使就傕索粳米五斛，牛骨五具，欲为食赐宫人左右。傕不与米，取久牛肉牛骨给，皆已臭虫，不可唉食。"

②池阳，县，故城在今泾阳县西北。

③左右，助也，音佐又。

④献帝起居注曰："傕性喜鬼怪左道之术，常有道人及女巫歌讴击鼓下神祭，[35]六丁符劾厌胜之具，无所不为。又于朝廷省门外为董卓作神坐，数以牛羊祠之。天子使左中郎将李固持节拜傕为大司马，[36]在三公之右。傕自以为得鬼神之助，乃厚赐诸巫。"

张济自陕来和解二人，仍欲迁帝权幸弘农。帝亦思旧京，因遣使敦请傕求东归，十反乃许。①车驾即日发迈。②李傕出屯曹阳。以张济为骠骑将军，复还屯陕。迁郭汜车骑将军，杨定后将军，杨奉兴义将军。又以故牛辅部曲董承为安集将军。③汜等并侍送乘舆。汜遂复欲胁帝幸郿，定、奉、承不听。汜恐变生，乃弃军还就李傕。车驾进至华阴。④宁辑将军段煨乃具服御及公卿以下资储，请帝幸其营。初，杨定与煨有隙，遂诬煨欲反，乃攻其营，十馀日不下。⑤而煨犹奉给御膳，禀赡百官，终无二意。

①袁宏纪曰："济使太官令孙笃、校尉张式宣谕十反。"[37]

②献帝起居注曰："初，天子出，到宣平门，当度桥，汜兵数百人遮桥曰：'是天子非？'[38]车不得前。傕兵数百人皆持大戟在乘舆车前，侍中刘艾大呼云：'是天子也！'使侍中杨琦高举车帷。帝言诸兵：'汝却，何敢迫近至尊邪！'汜等兵乃却。既度桥，士众咸称万岁。"

③蜀志曰："承，献帝舅也。"裴松之注曰："承，灵帝母太后之侄。"

④帝王纪曰："帝以尚书郎郭溥喻汜，汜以屯部未定，乞须留之。溥因骂汜曰：'卿真庸人贱夫，为国上将，今天子有命，何须留？吾不忍见卿所行，请先杀我，以章卿恶。'汜得溥言切，意乃少喻。"

⑤袁宏纪曰："煨与杨定有隙，煨迎乘舆，不敢下马，揖马上。侍中种辑素与定亲，乃言：'段煨欲反。'上曰：'煨属来迎，何谓反？'对曰：'迎不至界，拜不下马，其色变，必有异心。'太尉杨彪等曰：'煨不反，臣等敢以死保，车驾可幸其营。'董承、杨定言曰：'郭汜今且将七百骑

来入煨营。'天子信之,遂露次于道南,奉、承、定等功也。"

　　李傕、郭汜既悔令天子东,乃来救段煨,因欲劫帝而西。杨定为汜所遮,亡奔荆州。而张济与杨奉、董承下相平,乃反合傕、汜,共追乘舆,大战于弘农东涧。承、奉军败,百官士卒死者不可胜数,皆弃其妇女辎重,御物符策典籍,略无所遗。① 射声校尉沮儁被创坠马。李傕谓左右曰:"尚可活不?"儁骂之曰:"汝等凶逆,逼迫天子,乱臣贼子,未有如汝者!"傕使杀之。② 天子遂露次曹阳。承、奉乃谲傕等与连和,而密遣间使至河东,招故白波帅李乐、韩暹、胡才及南匈奴右贤王去卑,并率其众数千骑来,与承、奉共击傕等,大破之,斩首数千级,乘舆乃得进。董承、李乐拥卫左右,胡才、杨奉、韩暹、去卑为后距。傕等复来战,奉等大败,死者甚于东涧。自东涧兵相连缀四十里中,方得至陕,乃结营自守。时残破之馀,虎贲羽林不满百人,皆有离心。承、奉等夜乃潜议过河,③ 使李乐先度具舟舡,举火为应。帝步出营,临河欲济,岸高十馀丈,乃以绢缒而下。④ 馀人或匍匐岸侧,或从上自投,死亡伤残,不复相知。争赴舡者,不可禁制,董承以戈击披之,断手指于舟中者可掬。同济唯皇后、宋贵人、⑤ 杨彪、董承及后父执金吾伏完等数十人。其宫女皆为傕兵所掠夺,冻溺死者甚众。既到大阳,止于人家,⑥ 然后幸李乐营。百官饥饿,河内太守张杨⑦ 使数千人负米贡饷。帝乃御牛车,因都安邑。河东太守王邑奉献绵帛,悉赋公卿以下。封邑为列侯,⑧ 拜胡才征东将军,[39] 张杨为安国将军,皆假节、开府。其垒壁群竖,竞求拜职,刻印不给,至乃以锥画之。或赍酒肉就天子燕饮。⑨ 又遣太仆韩融至弘农,与傕、汜等连和。傕乃放遣公卿百官,颇归宫人妇女,及乘舆器服。

①献帝传曰:"掠妇女衣被,迟违不时解,即斫刺之。有美发者断取。冻死及婴儿随流而浮者塞水。"

②袁山松书曰:"儁年二十五,[40]其督战訾宝负其尸而瘗之。"[41]

③袁宏纪曰:"傕、汜绕营叫呼,吏士失色,各有分散意。李乐惧,欲令车驾御舡过砥柱,出盟津。杨彪曰:'臣弘农人也。自此以东,有三十六难,[42]非万乘所当登。'宗正刘艾亦曰:'臣前为陕令,知其危险。旧故〔有〕河师,犹时有倾危,[43]况今无师。太尉所虑是也。'"

④縆音直类反。

⑤宋贵人名都,常山太守泓之女也。见献帝起居注。[44]

⑥大阳,县,属河东郡。前书音义曰"在大河之阳"也。即今陕州河北县是也。十三州记曰:"傅岩在其界,今住穴尚存。"

⑦魏志曰:"杨字稚叔,云中人。"

⑧邑字文都,北地泾阳人,镇北将军。见同岁名。

⑨魏(志)〔书〕曰[45]"乘舆时居棘篱中,门户无关闭,天子与群臣会,兵士伏篱上观,互相镇压以为笑。诸将或遣婢诣省问,[46]或贵酒送天子,侍中不通,喧呼骂詈"也。

初,帝入关,三辅户口尚数十万,自傕汜相攻,天子东归后,长安城空四十馀日,强者四散,赢者相食,二三年间,关中无复人迹。建安元年春,诸将争权,韩暹遂攻董承,承奔张杨,杨乃使承先缮脩洛宫。七月,帝还至洛阳,幸杨安殿。张杨以为己功,故因以"杨"名殿。①乃谓诸将曰:"天子当与天下共之,朝廷自有公卿大臣,杨当出扞外难,何事京师?"遂还野王。杨奉亦出屯梁。乃以张杨为大司马,杨奉为车骑将军,韩暹为大将军,领司隶校尉,皆假节钺。暹与董承并留宿卫。

①献帝起居注曰:"旧时宫殿悉坏,仓卒之际,拾摭故瓦材木,工匠无法度之制,所作并无足观也。"

暹矜功恣睢，①干乱政事，董承患之，潜召兖州牧曹操。操乃诣阙贡献，禀公卿以下，因奏韩暹、张杨之罪。暹惧诛，单骑奔杨奉。帝以暹、杨有翼车驾之功，诏一切勿问。于是封卫将军董承、辅国将军伏完等十馀人为列侯，赠沮儁为弘农太守。②曹操以洛阳残荒，遂移帝幸许。杨奉、韩暹欲要遮车驾，不及，曹操击之，③奉、暹奔袁术，遂纵暴杨、徐间。明年，左将军刘备诱奉斩之。[47]暹惧，走还并州，道为人所杀。④胡才、李乐留河东，才为怨家所害，乐自病死。张济饥饿，出至南阳，攻穰，战死。郭汜为其将伍习所杀。

①恣睢，自任用之貌。睢音火季反。

②袁宏纪曰："诛议郎侯祈、尚书冯硕、侍中（壷）〔台〕崇，[48]讨有罪也。封卫将军董承、辅国将军伏完、侍中丁冲、种辑、尚书仆射钟繇、尚书郭溥、御史中丞董芬、彭城相刘艾、冯翊韩斌、东郡太守杨众、议郎罗邵、伏德、赵蕤为列侯，赏有功也。赠射声校尉沮儁为弘农太守，旌死节也。"

③献帝春秋曰："车驾出洛阳，自轘辕而东，杨奉、韩暹引军追之。轻骑既至，操设伏兵要于阳城山峡中，大败之。"

④九州春秋曰："暹失奉，孤特，与千馀骑欲归并州，为张宣所杀。"

三年，使谒者仆射裴茂诏关中诸将段煨等讨李傕，夷三族。①以段煨为安南将军，封閺乡侯。②

①典略曰："傕头至，有诏高县之。"

②閺乡，今虢州县也。说文"閺"，今作"阌"，流俗误也。

四年，张杨为其将杨醜所杀。①以[49]董承为车骑将军，开府。

①魏志曰："杨素与吕布善。曹公之围布，杨欲救之不能，乃出兵东市，遥为之势。其将杨醜杀杨以应曹公。"

自都许之后，权归曹氏，天子总己，百官备员而已。帝忌操专逼,乃密诏董承,使结天下义士共诛之。承遂与刘备同谋,未发,会备出征,承更与偏将军王服、长水校尉种辑、议郎吴硕结谋。事泄,承、服、辑、硕皆为操所诛。

韩遂与马腾自还凉州,更相战争,乃下陇据关中。操方事河北,虑其乘间为乱,七年,乃拜腾征南将军,遂征西将军,并开府。后征段煨为大鸿胪,病卒。复征马腾为卫尉,封槐里侯。腾乃应召,而留子超领其部曲。十六年,超与韩遂举关中背曹操,操击破之,遂、超败走,腾坐夷三族。超攻杀凉州刺史韦康,①复据陇右。十九年,天水人杨阜破超,②超奔汉中,降刘备。③韩遂走金城羌中,为其帐下所杀。初,陇西人宗建在枹罕,自称"河首平汉王",④署置百官三十许年。曹操因遣夏侯渊击建,斩之,凉州悉平。⑤

①太仆端之子也。[50]弟诞,魏光禄大夫。

②魏志曰:"阜字义山,天水冀人也。韦康以为别驾。马超率万馀人攻冀城,阜率国士大夫及宗族子弟胜兵者千馀人,使弟岳于城上作偃月营,[51]与超接战。自正月至八月拒守,而救兵不至。超入,拘岳于冀,杀刺史太守。阜内有报超之志,而未得其便。外兄姜叙屯历城,阜少长(诣)叙家,[52]见叙母,说前在冀中时事,歔欷悲甚。叙曰:'何为尔?'阜曰:'守城不能完,君亡不能死,亦何面目以视息天下?'时叙母慨然敕从阜计。超闻阜等兵起,自将出袭历城,得叙母。[叙母]骂之曰:[53]'若背父之逆子,杀君之桀贼,天地岂久容,敢以面目视人乎!'超怒,杀之。阜与战,身被五创,宗族昆季死者七人,超遂南奔张鲁。"

③蜀志曰:"超字孟起。既奔汉中,闻备围刘璋于成都,密书请降。备遣迎超,将兵径到城下。汉中震怖,璋即稽首。"

④建以居河上流,故称"河首"也。

⑤魏志曰:"渊字妙才,[54]沛国人也,为征西护军。魏太祖使帅诸将讨建,拔之。"

论曰:董卓初以虓阚为情,①因遭崩剥之埶,②故得蹈藉彝伦,毁裂畿服。③夫以刳肝斮趾之性,④则群生不足以厌其快,然犹折意缙绅,迟疑陵夺,⑤尚有盗窃之道焉。⑥及残寇乘之,倒山倾海,⑦崐冈之火,自兹而焚,⑧版荡之篇,于焉而极。⑨呜呼,人之生也难矣!⑩天地之不仁甚矣!⑪

①诗大雅曰:"阚如虓虎。"毛传曰:"虎怒之貌也。"

②剥犹乱也。左传曰:"天实剥乱。"

③彝,常也。伦,理也。书云:"我不知其彝伦攸叙。"左传曰:"裂冠毁冕。"畿谓王畿也。服,九服也。

④刳,剖也。斮,斩也。纣刳剔孕妇,剖比干之心,斩朝涉之胫。

⑤折,屈也。谓忍性屈情,擢用郑泰、蔡邕、何颙、荀爽等。

⑥庄子曰:"跖之徒问于跖曰:'盗亦有道乎?'跖曰:'何适无有邪?夫妄意室中之藏,圣也;入先,勇也;出后,义也;知可否,智也;分均,仁也:五者不备而能成大盗者,天下未之有也。'"

⑦残寇谓催、汜等。

⑧书曰:"火炎崐冈,玉石俱焚。"

⑨诗大雅曰:"上帝版版,下人卒瘅。"毛苌注:"版,反也。瘅,病也。言厉王为政,反先王之道,下人尽病也。"又荡之什曰:"荡荡上帝,下人之辟,疾威上帝,其命多辟。"郑玄注云:"荡荡,法度废坏之貌。"

⑩左传曰:"人生实难,其有不获死乎?"

⑪老子曰:"天地不仁,以万物为刍狗。"

赞曰:百六有会,①过、剥成灾。②董卓滔天,干逆三才。③方夏崩沸,④皇京烟埃。无礼虽及,馀祲遂广。⑤矢延王辂,兵缠魏象。⑥区服倾回,人神波荡。

①前书音义曰："四千五百岁为一元,一元之中有九厄,阳厄五,阴厄四。

　　阳为旱,阴为水。"初入元百六岁有阳厄,故曰"百六之会"。

②易曰大过:"栋挠,本末弱也。"剥:"不利有攸往,小人长也。"

③滔,漫也。书曰:"象龚滔天。"

④方,四方;夏,华夏也。诗小雅云:"百川沸腾,山冢崒崩。"

⑤左传曰:"多行无礼,必自及。"

⑥周礼巾车氏掌王之五辂。〔55〕缠,绕也。魏象,阙也。

【校勘记】

〔一〕　董卓字仲颖　按:刊误谓依注则"颖"当作"颖"。

〔二〕　杀护羌校尉泠徵　按:沈家本谓灵纪"泠"作"伶"。

〔三〕　凉州义从宋建王国等反　"凉"原讹"梁",各本同,径改正。按:
　　　　种暠传"后凉州羌动,以暠为凉州刺史",汲本、殿本"凉"并讹
　　　　"梁",集解引陈景云说,谓"梁"当作"凉",汉无梁州,至晋始
　　　　置耳。

〔四〕　太守陈懿劝之使(王)〔往〕　按:刊误谓此"王"当作"往",陈懿劝
　　　　约使往也。今据改。

〔五〕　国等扶以到护羌营　按:校补谓作"扶"无义,当是"挟"之讹。

〔六〕　又无壮事　按:殿本"事"作"士",疑讹。

〔七〕　浊乱海内　按:集解引王补说,谓袁纪"浊"作"汨"。

〔八〕　中常侍段珪　"段"原讹"叚",径改正。下同,不悉出校记。

〔九〕　晋赵鞅取晋阳之甲以逐荀寅与士吉射〔荀寅与士吉射〕者曷为
　　　　〔者也〕　注有脱文,不可句读,今据公羊传补。

〔一〇〕下数百万膏腴美田　按:沈家本谓"下"字不可解,当依魏志董卓
　　　　传注作"京畿诸郡"四字。

〔一一〕今岐州县　按:"岐"原讹"歧",径改正。

〔12〕 置(丞)令〔丞〕 刊误谓汉书内皆言"令丞",此不合倒之。今据改。按:魏志卓传作"置家令丞"。

〔13〕 汉阳周珌 按:集解引钱大昕说,谓章怀注引英雄记,云周珌武威人,此与蜀志许靖传俱云"汉阳",未知孰是。又引惠栋说,谓袁宏纪云"侍中周毖",魏志亦作"毖"。

〔14〕 侍中汝南伍琼 按:集解引惠栋说,谓魏志云"城门校尉汝南伍琼"。

〔15〕 献帝春秋咨作资 按:魏志亦作"资"。

〔16〕 悉烧宫庙官府居家 按:集解引惠栋说,谓魏志引续汉书"居家"作"民家"。

〔17〕 聚兵于陕 "陕"原讹"陕",径改正。下同。

〔18〕 从东第三门 按:刊误谓案文少"名宣阳"三字。

〔19〕 (贡)〔赉〕馈周急 据殿本改。按:王先谦谓作"赉"是。

〔20〕 今俗以事干人者谓之相竿摩 汲本"相竿摩"之"竿"作"干"。按:校补谓注本通竿于干,承上"干人"来,作"干"为长。

〔21〕 卓施帐幔饮设 按:校补谓案魏志原文本无"设"字,此"饮设"当作"设饮"。

〔22〕 偃转(柸)〔杯〕案间 按:"柸"非"杯"字,各本并讹,今改正。

〔23〕 骑都尉李肃 按:通鉴考异谓袁纪作"李顺"。

〔24〕 主簿田仪 按:魏志作"田景"。

〔25〕 瑞字君荣 殿本考证谓何焯校本"荣"改"策"。按:王允传作"策"。

1884

〔26〕 封子萌津亭侯 按:殿本"津"作"车"。

〔27〕 侠叉卓车 汲本"侠"作"挟"。按:侠与挟通。

〔28〕 卫尉种拂 按:集解引钱大昕说,谓案献帝纪、种拂传皆云"太常",非"卫尉"也。

〔29〕 袁宏纪曰 "纪"原作"记",径改正。按:注中纪记互误,各本多

有，以后径改正，不出校记。

〔30〕右中郎将刘范　集解引惠栋说，谓本纪及种劭传皆云"左中郎将"。按：<u>沈家本</u>谓<u>魏志</u>卓传、<u>蜀志刘焉</u>传并作"左中郎将"。

〔31〕前凉州刺史种劭　按："劭"原讹"邵"，各本并讹，径改正。

〔32〕便忿愤恚怒　按："恚"原讹"喜"，径据<u>汲本</u>、殿本改正。

〔33〕皆诣省阁谢　按：<u>刊误</u>谓案文"阁"当作"閤"。

〔34〕寻复欲徙帝于池阳黄白城　按："徙"原讹"徒"，径改正。

〔35〕歌讴击鼓下神祭　按：<u>沈家本</u>谓<u>魏志</u>裴注引献帝起居注，"祭"上有"祠"字，此夺。

〔36〕左中郎将李国持节拜催为大司马　按：<u>沈家本</u>谓<u>魏志</u>注"李国"作"李固"。又按："持"原讹"特"，径改正。

〔37〕济使太官令孙笃校尉张式　按：<u>校补</u>引<u>柳从辰</u>说，谓<u>袁纪</u>作"太官令狐笃、绥民校尉<u>张裁</u>"。

〔38〕是天子非　按：<u>袁纪</u>作"此天子非也"。<u>沈家本</u>谓<u>魏志</u>注"非"作"邪"。

〔39〕拜胡才征东将军　按：<u>校补</u>谓案照下文"征"上亦应有"为"字。

〔40〕儁年二十五　按："儁"原讹"俊"，径据<u>汲本</u>、殿本改正。

〔41〕其督战訾宝　按：<u>校补</u>引<u>柳从辰</u>说，谓<u>袁纪</u>"訾宝"作"訾置"。

〔42〕有三十六难　按：<u>袁纪</u>同。<u>汲本</u>、殿本"难"作"滩"，<u>魏志</u>注引<u>献帝纪</u>同。

〔43〕旧故〔有〕河师犹时有倾危　"旧故河师"不成文理，今据<u>袁纪</u>补一"有"字。按：<u>魏志</u>注作"有师犹有倾覆"。

〔44〕按：<u>校补</u>谓此注当在上文"唯皇后、宋贵人俱"下。

〔45〕魏(志)〔书〕曰　据<u>惠栋</u>补注改。按：注所引乃<u>王沈魏书</u>文，<u>魏志</u><u>董卓</u>传裴注亦引之。

〔46〕诸将或遣婢诣省问　<u>刊误</u>谓"问"当作"閤"。今按：<u>魏志董卓</u>传裴注引正作"閤"。集解引<u>周寿昌</u>说，谓此时天子居棘篱中，尚有

何省閤可诣乎？省问即存问，恐魏书本如是，不必作"閤"字也。

〔47〕 明年左将军刘备诱奉斩之　按：李慈铭谓案三国志先主传，是时尚为镇东将军，未拜左将军也。

〔48〕 侍中(壶)〔台〕崇　集解引惠栋说，谓"壶"当作"台"，详见献帝纪。今据改。

〔49〕 四年张杨为其将杨醜所杀　集解引钱大昕说，谓案献帝纪，在三年十二月。按：校补谓袁纪亦属之三年，与献纪合。又"杨醜"袁纪作"睢固"，亦异。

〔50〕 太仆端之子也　按：殿本"端"作"瑞"。

〔51〕 使弟岳于城上作偃月营　按："岳"原作"嶽"，而下文又作"岳"，今据汲本、殿本径改为"岳"，俾前后一致，与魏志亦合。

〔52〕 皁少长(诣)叙家　刊误谓此言皁自少长于叙家，后人不晓，妄加一"诣"字。按：魏志杨皁传亦作"皁少长叙家"，今据删。

〔53〕 得叙母〔叙母〕骂之曰　按：不重"叙母"二字，则文意不明，今据魏志杨皁传补。

〔54〕 泉字妙才　汲本、殿本"泉"作"渊"。按：此避唐讳，漏未追改。

〔55〕 掌王之五辂　按："王"原讹"主"，径改正。

后汉书卷七十三

刘虞公孙瓒陶谦列传第六十三

刘虞字伯安，东海郯人也。①祖父嘉，光禄勋。虞初举孝廉，稍迁幽州刺史，民夷感其德化，自鲜卑、乌桓、夫馀、秽貊之辈，皆随时朝贡，无敢扰边者，百姓歌悦之。公事去官。中平初，黄巾作乱，攻破冀州诸郡，拜虞甘陵相，绥抚荒馀，以疏俭率下。迁宗正。

①谢承书曰："虞父舒，丹阳太守。虞通五经，东海(王)恭〔王〕之后。"[1]

后车骑将军张温讨贼边章等，发幽州乌桓三千突骑，而牢禀逋悬，皆畔还本国。①前中山相张纯私谓前太山太守张举曰：[2]"今乌桓既畔，皆愿为乱，凉州贼起，朝廷不能禁。又洛阳人妻生子两头，此汉祚衰尽，天下有两主之征也。子若与吾共率乌桓之众以起兵，庶几可定大业。"举因然之。四年，纯等遂与乌桓大人共连盟，攻蓟下，燔烧城郭，虏略百姓，杀护乌桓校尉箕稠、右北平太守刘政、辽东太守阳终等，众至十馀万，屯肥如。②举称"天子"，纯称"弥天将军安定王",移书州郡,云举当代汉,告天子避位,敕公卿奉迎。纯又使乌桓峭王等③步骑五万,入青冀二州,攻破清河、平原,杀害吏民。朝廷以虞威信素著,恩积北方,明年,复拜幽州牧。虞到蓟,罢省屯兵,务广恩信。遣使告峭王等以朝恩宽弘,开许善路。又设赏购举、纯。举、纯走出塞,馀皆降散。纯为其客王政所杀,送首诣虞。灵帝遣使者就拜太尉,封容丘侯。④

①前书音义曰:"牢,贾直也。"禀,食也。言军粮不续也。

②肥如,县,属辽西郡,故城在今平州。

③峭音七笑反。

④容丘,县,属东海郡。

及董卓秉政,遣使者授虞大司马,进封襄贲侯。初平元年,复征代袁隗为太傅。道路隔塞,王命竟不得达。旧幽部应接荒外,资费甚广,岁常割青、冀赋调二亿有馀,以给足之。时处处断绝,委输不至,而虞务存宽政,劝督农植,开上谷胡市之利,通渔阳盐铁之饶,民悦年登,穀石三十。青、徐士庶避黄巾之难归虞者百馀万口,皆收视温恤,为安立生业,流民皆忘其迁徙。虞虽为上公,天性节约,敝衣绳履,食无兼肉,远近豪俊夙僭奢者,莫不改操而归心焉。①

①夙犹旧也。

初,诏令公孙瓒讨乌桓,受虞节度。瓒但务会徒众以自强大,而纵任部曲,颇侵扰百姓,而虞为政仁爱,念利民物,由是与瓒渐不相平。二年,冀州刺史韩馥、勃海太守袁绍及山东诸将议,以朝廷幼冲,逼于董卓,①远隔关塞,不知存否,以虞宗室长者,欲立为主。乃遣故乐浪太守张岐等赍议,上虞尊号。虞见岐等,历色叱之曰:

"今天下崩乱,主上蒙尘。②吾被重恩,未能清雪国耻。诸君各据州郡,宜共勠力,③尽心王室,而反造逆谋,以相垢误邪!"固拒之。馥等又请虞领尚书事,承制封拜,复不听。遂收斩使人。于是选掾右北平田畴、从事鲜于银④蒙险间行,奉使长安。献帝既思东归,见畴等大悦。时虞子和为侍中,因此遣和潜从武关出,告虞将兵来迎。道由南阳,后将军袁术闻其状,遂质和,使报虞遣兵俱西。虞乃使数千骑就和奉迎天子,而术竟不遣之。

①时献帝年十岁。

②左传曰,周襄王出奔于郑,鲁臧文仲曰:"天子蒙尘于外。"

③说文曰:"勠力,并力也。"左传曰:"勠力同心。"音力凋反,又音六。

④魏志曰:"畴字子春,[3]右北平无终人。好读书,善击剑。刘虞署为从事。太祖北征乌桓,令畴将众(止)〔上〕徐无,[4]出卢龙,历平刚,[5]登白狼堆。去柳城二百馀里,虏方惊,太祖与战,大斩获,论功封畴。畴上疏自陈,太祖令夏侯惇喻之。畴曰:'岂可卖卢龙塞以易赏禄哉?'"

初,公孙瓒知术诈,固止虞遣兵,虞不从,瓒乃阴劝术执和,使夺其兵,自是与瓒仇怨益深。和寻得逃术还北,复为袁绍所留。瓒既累为绍所败,而犹攻之不已,虞患其黩武,①且虑得志不可复制,固不许行,而稍节其禀假。瓒怒,屡违节度,又复侵犯百姓。虞所赍赏典当胡夷,②瓒数抄夺之。积不能禁,乃遣驿使奉章陈其暴掠之罪,瓒亦上虞禀粮不周,二奏交驰,互相非毁,朝廷依违而已。瓒乃筑京于蓟城以备虞。③虞数请瓒,辄称病不应。虞乃密谋讨之,以告东曹掾右北平魏攸。攸曰:"今天下引领,以公为归,谋臣爪牙,不可无也。瓒文武才力足恃,虽有小恶,固宜容忍。"虞乃止。

①黩犹慢也,数也。尚书曰"黩于祭祀"也。

②当音丁浪反。

③京，高丘也，言高筑丘垒以备虞焉。解见献帝纪。

顷之攸卒，而积忿不已。四年冬，遂自率诸屯兵众合十万人以攻瓒。将行，从事代郡程绪免胄而前曰："公孙瓒虽有过恶，而罪名未正。明公不先告晓使得改行，而兵起萧墙，非国之利。加胜败难保，不如驻兵，以武临之，瓒必悔祸谢罪，所谓不战而服人者也。"虞以绪临事沮议，遂斩之以徇。戒军士曰："无伤馀人，杀一伯珪而已。"时州从事公孙纪者，瓒以同姓厚待遇之。纪知虞谋而夜告瓒。瓒时部曲放散在外，仓卒自惧不免，乃掘东城欲走。虞兵不习战，又爱人庐舍，敕不听焚烧，急攻围不下。瓒乃简募锐士数百人，因风纵火，直冲突之。虞遂大败，与官属北奔居庸县。①瓒追攻之，三日城陷，遂执虞并妻子还蓟，犹使领州文书。会天子遣使者段训增虞封邑，[6]督六州事；拜瓒前将军，封易侯，假节督幽、并、(司)〔青〕、冀。[7]瓒乃诬虞前与袁绍等欲称尊号，胁训斩虞于蓟市。先坐而呪曰："若虞应为天子者，天当风雨以相救。"时旱势炎盛，遂斩焉。传首京师，故吏尾敦于路劫虞首归葬之。②瓒乃上训为幽州刺史。虞以恩厚得众，怀被北州，百姓流旧，莫不痛惜焉。

①居庸县属上谷郡，有关。

②尾敦，姓名。

初，虞以俭素为操，冠敝不改，乃就补其穿。及遇害，瓒兵搜其内，而妻妾服罗纨，盛绮饰，时人以此疑之。和后从袁绍报瓒云。

公孙瓒字伯珪，辽西令支人也。①家世二千石。瓒以母贱，遂为郡小吏。为人美姿貌，大音声，言事辩慧。②太守奇其才，以女妻之。③后从涿郡卢植学于缑氏山中,略见书传。举上计吏。太守刘君坐事槛车征,官法不听吏下亲近,瓒乃改容服,诈称侍卒,身执徒养,御车到洛阳。太守当徙日南,瓒具豚酒于北芒上,祭辞先人,酹觞祝曰:"昔为人子,今为人臣,当诣日南。日南多瘴气,恐或不还,便当长辞坟茔。"慷慨悲泣,再拜而去,观者莫不叹息。既行,于道得赦。

①令音力定反。支音巨移反。

②典略曰:"瓒性辩慧,每白事,常兼数曹,无有忘误。"

③魏志曰:"侯太守妻之以女。"

瓒还郡,举孝廉,除辽东属国长史。尝从数十骑出行塞下,卒逢鲜卑数百骑。瓒乃退入空亭,约其从者曰:"今不奔之,则死尽矣。"乃自持两刃矛,驰出冲贼,杀伤数十人,瓒左右亦亡其半,遂得免。

中平中,以瓒督乌桓突骑,车骑将军张温讨凉州贼。①[8]会乌桓反畔,与贼张纯等攻击蓟中,瓒率所领追讨纯等有功,迁骑都尉。张纯复与畔胡丘力居等寇渔阳、河间、勃海,入平原,多所杀略。瓒追击战于属国石门,②虏遂大败,弃妻子踰塞走,悉得其所略男女。瓒深入无继,反为丘力居等所围于辽西管子城,二百馀日,粮尽食马,马尽煑弩楯,力战不敌,乃与士卒辞诀,各分散还。时多雨雪,队阬死者十五六,虏亦饥困,远走柳城。[9]诏拜瓒降虏校尉,封都亭侯,复兼领属国长史。职统戎马,连接边寇。每闻有警,瓒辄厉色愤怒,如赴仇敌,望尘奔逐,或继之以夜战。虏识瓒声,惮其勇,莫敢抗犯。

①贼即边章等。

②石门,山名,在今营州柳城县西南。

瓒常与善射之士数十人，[10]皆乘白马，以为左右翼，自号"白马义从"。乌桓更相告语，避白马长史。乃画作瓒形，驰骑射之，中者咸称万岁。虏自此之后，遂远窜塞外。

瓒志埽灭乌桓，而刘虞欲以恩信招降，由是与虞相忤。初平二年，青、徐黄巾三十万众入勃海界，欲与黑山合。瓒率步骑二万人，逆击于东光南，大破之，①斩首三万馀级。贼弃其车重数万两，奔走度河。瓒因其半济薄之，贼复大破，死者数万，流血丹水，收得生口七万馀人，车甲财物不可胜筹，威名大震。拜奋武将军，封蓟侯。

①东光，今沧州县。

瓒既谏刘虞遣兵就袁术，而惧术知怨之，乃使从弟越将千馀骑诣术自结。术遣越随其将孙坚，击袁绍将周昕，[11]越为流矢所中死。瓒因此怒绍，遂出军屯槃河，[12]将以报绍。①乃上疏曰："臣闻皇羲已来，君臣道著，张礼以导人，设刑以禁暴。今车骑将军袁绍，托承先轨，爵任崇厚，而性本淫乱，情行浮薄。昔为司隶，值国多难，太后承摄，何氏辅朝。②绍不能举直措枉，而专为邪媚，招来不轨，疑误社稷，至令丁原焚烧孟津，③董卓造为乱始。绍罪一也。卓既无礼，帝主见质。绍不能开设权谋，以济君父，而弃置节传，④进窜逃亡。忝辱爵命，背违人主，绍罪二也。绍为勃海，当攻董卓，而默选戎马，不告父兄，至使太傅一门，累然同毙。不仁不孝，绍罪三也。⑤绍既兴兵，涉历二载，不恤国难，广自封植。乃多引资粮，专为不急，割刻无方，考责百姓，其为痛怨，莫不咨嗟。绍罪四也。逼迫韩馥，窃夺其州，矫刻金玉，以为印玺，每有所下，辄皂囊施检，文称诏书。⑥昔亡新僭伪，渐以即真。⑦观绍所拟，将必阶乱。⑧绍罪五也。绍令星工伺望祥妖，⑨赂遗财货，与共饮食，克会期日，攻钞郡县。此岂大臣所当施为？绍罪六也。绍与故虎牙都尉刘勋，首共造兵，勋降服张杨，累有功效，而以小忿枉加酷害。信用谗慝，济其无道，绍罪七也。故上谷太守高焉，故甘陵相姚贡，绍以贪惏，⑩横责其钱，钱不备毕，二人并命。绍罪八也。春秋之义，子以母贵。⑪绍母亲为傅婢，地实微贱，据职高重，享福丰隆。有苟进之志，无虚退之心，绍罪九也。又长沙太守孙坚，前领豫州刺史，遂能驱走董卓，埽除陵庙，忠勤王室，其功莫大。绍遣小将盗居其位，断绝坚粮，不得深入，使董卓久不服诛。绍罪十也。昔姬周政弱，王道陵迟，天子迁徙，诸侯背畔，故齐桓立柯(会)〔亭〕之盟，⑫〔13〕晋文为践土之会，⑬伐荆楚以致菁茅，⑭诛曹、卫以章无礼。⑮臣虽阘茸，名非先贤，⑯蒙被朝恩，负荷重任，职在铁钺，奉辞伐罪，⑰辄与诸将州郡共讨绍等。若大事克捷，罪人斯得，⑱庶续桓文忠诚之效。"遂举兵攻绍，于是冀州诸城悉畔从瓒。

①般即尔雅九河钩盘之河也。〔14〕其枯河在今沧州乐陵县东南。

②谓何进也。

③续汉书曰："何进欲诛中常侍赵忠等，进乃诈令武猛都尉丁原放兵数千人，为贼于河内，称'黑山伯'，上事以诛忠等为辞，烧平阴、河津莫府人舍，以怖动太后。"

④传音丁恋反。

⑤左传曰："两释累囚。"杜预曰："累，系也。"前书音义曰："诸不以罪死曰累。"毙，踣也。董卓恨绍起兵山东，乃诛绍叔父太傅隗，及宗族在京师者，尽诛灭之。

⑥汉官仪曰："凡章表皆启封，其言密事得皂囊。"说文曰："检，书署也。"今俗谓之排，其字从"木"。

⑦亡新，王莽。

⑧阶，梯也。诗曰："职为乱阶。"

⑨星工，善星者。

⑩怵音力含反。

⑪公羊传曰"桓公幼而贵，隐公长而卑，子以母贵，母以子贵"也。

⑫春秋："公会齐侯盟于柯。"公羊传曰："齐桓公之信著于天下，自柯之盟始也。"

⑬践土，郑地也。左传，周襄王出居于郑，晋文公重耳为践土之会，率诸侯朝天子，以成霸功。

⑭菁茅，灵茅，以供祭祀也。左传曰僖四年，齐桓伐楚，责之曰："尔贡苞茅不入，王祭不供，无以缩酒，寡人是征。"

⑮左传僖二十八年，晋侯伐曹，假道于卫，卫人不许，还自河南济，侵曹伐卫，责其无礼也。

⑯阆犹下也。茸，细也。阆音吐盍反。茸音人勇反。

⑰铁音方于反。莝，刃也。钺，斧也。

⑱尚书："周公东征，三年，罪人斯得。"

绍惧，乃以所佩勃海太守印绶授瓒从弟范，遣之郡，欲以相结。而范遂背绍，领勃海兵以助瓒。瓒乃自署其将帅为青、冀、兖三州刺史，又悉置郡县守令，与绍大战于界桥。①瓒军败还蓟。绍遣将崔巨业将兵数万攻围故安不下，退军南还。瓒将步骑三万人追击于巨马水，②大破其众，死者七八千〔人〕。[15]乘胜而南，攻下郡县，遂至平原，乃遣其青州刺史田揩据有齐地。[16]绍复遣兵数万与揩连战二年，粮食并尽，士卒疲困，互掠百姓，野无青草。③绍乃遣子谭为青州刺史，揩与战，败退还。

①桥名。解见献帝纪。

②水在幽州归义县界，自易州道县界流入。

③左传齐侯伐鲁，语展喜曰："室如悬磬，野无青草，何恃而不恐？"

是岁，瓒破禽刘虞，尽有幽州之地，猛志益盛。前此有童谣曰：
"燕南垂，赵北际，中央不合大如砺，唯有此中可避世。"瓒自以为
易地当之，遂徙镇焉。①乃盛修营垒，楼观数十，临易河，通辽海。

①前书易县属涿郡，续汉志曰属河间。瓒所居易京故城在今幽州归义
县南十八里。

刘虞从事渔阳鲜于辅等，合率州兵，欲共报瓒。辅以燕国阎柔
素有恩信，推为乌桓司马。柔招诱胡汉数万人，与瓒所置渔阳太守
邹丹战于潞北，斩丹等四千馀级。乌桓峭王感虞恩德，率种人及鲜
卑七千馀骑，共辅南迎虞子和，与袁绍将麹义合兵十万，共攻瓒。
兴平二年，破瓒于鲍丘，①斩首二万馀级。瓒遂保易京，开置屯田，
稍得自支。相持岁馀，麹义军粮尽，士卒饥困，馀众数千人退走。
瓒徼破之，尽得其车重。

①鲍丘，水名也，又名路水，在今幽州渔阳县。

是时旱蝗穀贵，民相食。瓒恃其才力，不恤百姓，记过忘善，睚
眦必报，州里善士名在其右者，必以法害之。常言"衣冠皆自以职
分富贵，不谢人惠"。故所宠爱，类多商贩庸儿。所在侵暴，百姓怨
之。于是代郡、广阳、上谷、右北平各杀瓒所置长吏，复与辅、和兵
合。瓒虑有非常，乃居于高京，以铁为门。斥去左右，男人七岁以
上不得入易门。专侍姬妾，其文簿书记皆汲而上之。令妇人习为
大言声，使闻数百步，以传宣教令。疏远宾客，无所亲信，故谋臣猛
将，稍有乖散。自此之后，希复攻战。或问其故。瓒曰："我昔驱畔
胡于塞表，埽黄巾于孟津，当此之时，谓天下指麾可定。①至于今
日，兵革方始，观此非我所决，不如休兵力耕，以救凶年。兵法百楼
不攻。今吾诸营楼橹千里，②积穀三百万斛，食此足以待天下

之变。”

①九州春秋曰：“瓒曰：‘始天下兵起，我谓唾掌而决。’”〔17〕

②“楣”即“檐”字，见说文。释名曰：“檐，露也。上无覆屋。”

建安三年，袁绍复大攻瓒。瓒遣子续请救于黑山诸帅，而欲自将突骑直出，傍西山以断绍后。长史关靖谏曰：“今将军将士，莫不怀瓦解之心，所以犹能相守者，顾恋其老小，而恃将军为主故耳。坚守旷日，或可使绍自退。若舍之而出，后无镇重，易京之危，可立待也。”瓒乃止。绍渐相攻逼，瓒众日蹙，乃却，筑三重营以自固。

四年春，黑山贼帅张燕与续率兵十万，三道来救瓒。未及至，瓒乃密使行人赍书告续曰：“昔周末丧乱，僵尸蔽地，以意而推，犹为否也。不图今日亲当其锋。袁氏之攻，状若鬼神，梯衝舞吾楼上，鼓角鸣于地中，日穷月急，不遑启处。鸟㕮归人，滀水陵高，①汝当碎首于张燕，驰骤以告急。父子天性，不言而动。②且厉五千铁骑于北隰之中，③起火为应，吾当自内出，奋扬威武，决命于斯。不然，吾亡之后，天下虽广，不容汝足矣。”绍候得其书，④如期举火，瓒以为救至，遂便出战。绍设伏，瓒遂大败，复还保中小城。自计必无全，乃悉缢其姊妹妻子，然后引火自焚。绍兵趣登台斩之。

①滀音丑六反，喻急也。

②言相感也。

③下湿曰隰。

④献帝春秋“候者得书，绍使陈琳易其词”，即此书。

关靖见瓒败，叹恨曰：“前若不止将军自行，未必不济。吾闻君子陷人于危，必同其难，岂可以独生乎！”乃策马赴绍军而死。续为屠各所杀。①田楷与袁绍战死。

①屠各,胡号。

鲜于辅将其众归曹操,操以辅为度辽将军,封都亭侯。阎柔将部曲从曹操击乌桓,拜护乌桓校尉,封关内侯。

张燕既为绍所败,人众稍散。曹操将定冀州,乃率众诣邺降,拜平北将军,封安国亭侯。

论曰:自帝室王公之胄,皆生长脂腴,不知稼穑,其能厉行饬身,卓然不群者,或未闻焉。①刘虞守道慕名,以忠厚自牧。②美哉乎,季汉之名宗子也!若虞瓒无间,同情共力,纠人完聚,稽保燕、蓟之饶,③〔18〕缮兵昭武,④以临群雄之隙,舍诸天运,〔19〕征乎人文,则古之休烈,何远之有!⑤

①前书班固曰:“夫唯大雅,卓尔不群者,河间献王之谓与?”故论引焉。

②牧,养也。易曰:“卑以自牧。”

③纠,收也。

④缮,修也。左传曰:“缮甲兵。”

⑤天运犹天命也。人文犹人事也。易曰“观乎人文,以化成天下”。

陶谦字恭祖,丹阳人也。①少为诸生,仕州郡,②四迁为车骑将军张温司马,20]西讨边章。会徐州黄巾起,以谦为徐州刺史,击黄巾,大破走之,境内晏然。

①丹阳郡丹阳县人也。吴书曰:“陶谦父,故馀姚长。谦少孤,始以不羁闻于县中。年十四,犹缀帛为幡,乘竹马而戏,邑中儿童皆随之。故仓梧太守同县甘公出遇之,见其容貌,异而呼之,与语甚悦,许妻以女。甘夫人怒曰:‘陶家儿遨戏无度,于何以女许之?’甘公曰:‘彼有

奇表,长必大成。'遂与之。"

②吴书曰:"陶谦察孝廉,拜尚书郎,除舒令。郡太守张磐,同郡先辈,与谦父友,谦耻为之屈。尝〔以〕舞属谦,[21]谦不为起,固强之乃舞,舞又不转。磐曰:'不当转邪?'曰:'不可转,转则胜人。'"

时董卓虽诛,而李傕、郭汜作乱关中。是时四方断绝,谦每遣使间行,奉贡西京。诏迁为徐州牧,加安东将军,封溧阳侯。①是时徐方百姓殷盛,穀实甚丰,流民多归之。而谦信用非所,刑政不理。别驾从事赵昱,知名士也,而以忠直见疏,出为广陵太守。②曹宏等谗慝小人,谦甚亲任之,良善多被其害。由斯渐乱。下邳(阎)〔阙〕宣自称"天子",[22]谦始与合从,后遂杀之而并其众。

①溧阳今宣州县也。溧音栗。

②谢承书曰:"谦奏昱茂才,迁为太守。"

初,曹操父嵩避难琅邪,时谦别将守阴平,①士卒利嵩财宝,遂袭杀之。初平四年,曹操击谦,破彭城傅阳。②谦退保郯,[23]操攻之不能克,乃还。过拔取虑、睢陵、夏丘,皆屠之。③凡杀男女数十万人,鸡犬无馀,泗水为之不流,自是五县城保,无复行迹。初三辅遭李傕乱,百姓流移依谦者皆歼。④

①县名,属东海国,故城在沂州承县西南。

②县名,属彭城国,本春秋时逼阳也。楚宣王灭宋,改曰傅阳,故城在今沂州承县南。

③取虑音秋闾,县名,属下邳郡,故城在今泗州下邳县西南。睢陵,县,在下邳县东南。夏丘,县,属沛郡,故城今泗州虹县是。

④歼、尽也。左传曰:"门官歼焉。"

兴平元年,曹操复击谦,略定琅邪、东海诸县,谦惧不免,欲走归丹阳。会张邈迎吕布据兖州,操还击布。是岁,谦病死。

初,同郡人笮融,①聚众数百,往依于谦,谦使督广陵、下邳、彭城运粮。遂断三郡委输,大起浮屠寺。②上累金盘,下为重楼,又堂阁周回,可容三千许人,作黄金涂像,衣以锦彩。每浴佛,辄多设饮饭,布席于路,其有就食及观者且万馀人。③及曹操击谦,徐方不安,融乃将男女万口、马三千匹走广陵。广陵太守赵昱待以宾礼。融利广陵资货,遂乘酒酣杀昱,放兵大掠,因以过江,南奔豫章,杀郡守朱皓,[24]入据其城。后为扬州刺史刘繇所破,走入山中,为人所杀。

①笮音侧格反。

②浮屠,佛也。解见西羌传。

③献帝春秋曰:"融数席方四五里,费以巨万。"

昱字元达,琅邪人。清己疾恶,潜志好学,虽亲友希得见之。为人耳不邪听,目不妄视。太仆种拂举为方正。

赞曰:襄贲励德,维城燕北。①仁能洽下,忠以卫国。伯珪疏犷,武才趫猛。②虞好无终,绍势难并。徐方歼耗,实谦为梗。

①励,勉也。

②趫音去骄反。

【校勘记】

〔1〕 东海(王)恭〔王〕之后　刊误谓"王恭"当作"恭王"。按:魏志公孙瓚传裴注引吴书亦作"东海恭王",今据改。

〔2〕 前中山相张纯　集解引钱大昕说,谓南匈奴、乌桓传俱作"前中山太守"。按:张森楷校勘记谓中山是国,两汉初未为郡,不应有太守,作"相"是也,两传自误耳。

〔３〕 畴字子春　按:魏志"春"作"泰",袁纪同。

〔４〕 令畴将众(止)〔上〕徐无　据殿本改。按:王先谦谓作"上"是。

〔５〕 历平刚　按:魏志"刚"作"冈"。

〔６〕 使者段训　"段"原讹"叚",径改正。按:校补引柳从辰说,谓袁纪"段"作"殷"。

〔７〕 假节督幽并(司)〔青〕冀　据汲本、殿本改。

〔８〕 以瓒督乌桓突骑车骑将军张温讨凉州贼　按:沈家本谓"突骑"下疑有夺字,或是"从"字,或是"属"字。

〔９〕 远走柳城　按:刊误谓"远"当作"还"。

〔10〕 善射之士数十人　按:集解引惠栋说,谓依英雄记"十"当作"千",数十人安能为左右翼也?

〔11〕 击袁绍将周昕　按:殿本考证谓"昕"魏志作"昂"。

〔12〕 遂出军屯槃河　魏志"槃"作"磐"。按:槃磐通作。

〔13〕 故齐桓立柯(会)〔亭〕之盟　集解引钱大昕说,谓"会"当作"亭"。按:魏志裴注引典略作"亭",今据改。

〔14〕 般即尔雅九河钩槃之河也　汲本、殿本"槃"作"般"。按:般、槃、磐三字通作。赵一清谓磐河即般河,水经河水注所谓"东入般县为般河"也。

〔15〕 死者七八千〔人〕　据汲本、殿本补。

〔16〕 乃遣其青州刺史田揩　按:校补谓"揩"魏志作"楷",通鉴从之。

〔17〕 我谓唾掌而决　按:汲本、殿本"掌"作"手"。

〔18〕 纠人完聚稸保燕蓟之饶　刊误谓"人"下当有一"众"字。集解引周寿昌说,谓以"纠人完聚"为句,"稸"字属下读亦可,稸即畜字。校补谓"人"下盖本有"民"字,乃"纠人民"句;"完聚稸"句,"保燕、蓟之饶"句,唐本避讳,省去"民"字,遂乖文法耳。按:诸说皆言之成理,今依周说,以"稸"字属下读为句。

〔19〕 舍诸天运　按:殿本考证王会汾谓案文义"舍"当作"合"。

〔20〕 为车骑将军张温司马　按:集解引惠栋说,谓魏志云参车骑将军张温军事也。

〔21〕 尝〔以〕舞属谦　沈家本谓"尝"下夺"以"字,当据魏志注补。今据补。

〔22〕 下邳(阎)〔阙〕宣自称天子　刊误谓案纪作"阙宣",仍云阙党童子之后,此作"阎",误。又集解引惠栋说,谓魏志作"阙"。今据改。

〔23〕 谦退保郯　按:"郯"原讹"剡",径据汲本、殿本改正。

〔24〕 杀郡守朱皓　按:集解本"皓"作"晧",引惠栋说,谓晧字文渊,见献帝春秋,俗作"皓"。

后汉书卷七十四上

袁绍刘表列传第六十四上　绍子谭

袁绍字本初,汝南汝阳人,司徒汤之孙。父成,五官中郎将,①[1](绍)壮健好交结[2],大将军梁冀以下莫不善之。

①袁山松书曰:"绍,司空逢之孽子,出后伯父成。"魏书亦同。英雄记:"成字文开,与梁冀结好,言无不从。京师谚曰:'事不谐,问文开。'"

绍少为郎,除濮阳长,[3]遭母忧去官。三年礼竟,追感幼孤,又行父服。①服阕,徙居洛阳。绍有姿貌威容,爱士养名。②既累世台司,宾客所归,加倾心折节,莫不争赴其庭,士无贵贱,与之抗礼,辎軿柴毂,填接街陌。③内官皆恶之。中常侍赵忠言于省内曰:"袁本初坐作声价,好养死士,不知此儿终欲何作。"叔父太傅隗闻而呼绍,以忠言责之,绍终不改。

①英雄记曰,凡在冢庐六年。

②英雄记曰:"绍不妄通宾客,非海内知名不得相见。又好游侠,与张孟

1903

卓、何伯求、吴子卿、许子远皆为奔走之友。"

③说文曰："辒车,衣车也。"郑玄注周礼曰："辒犹屏也,取其自蔽隐。"柴
毂,贱者之车。

后辟大将军何进掾,为侍御史、虎贲中郎将。中平五年,初置
西园八校尉,以绍为佐军校尉。①[4]

　　①乐资山阳公载记曰："小黄门蹇硕为上军校尉,虎贲中郎将袁绍为中
　　军校尉,屯骑校尉鲍鸿为下军校尉,议郎曹操为典军校尉,赵融为助
　　军左校尉,冯芳为助军右校尉,谏议大夫夏牟为左校尉,淳于琼为右
　　校尉;[5]凡八人,谓之西园军,皆统于硕。"此云"佐军",与彼文不同。

灵帝崩,绍劝何进征董卓等众军,胁太后诛诸宦官,转绍司隶
校尉。语已见何进传。及卓将兵至,骑都尉太山鲍信说绍曰:①
"董卓拥制强兵,将有异志,今不早图,必为所制。及其新至疲劳,
袭之可禽也。"绍畏卓,不敢发。顷之,卓议欲废立,谓绍曰："天下
之主,宜得贤明,每念灵帝,令人愤毒。②董侯似可,今当立之。"绍
曰："今上富于春秋,未有不善宣于天下。[6]若公违礼任情,废嫡立
庶,恐众议未安。"卓案剑叱绍曰："竖子敢然! 天下之事,岂不在
我? 我欲为之,谁敢不从!"绍诡对曰："此国之大事,请出与太傅
议之。"卓复言"刘氏种不足复遗"。绍勃然曰："天下健者,岂惟董
公!"横刀长揖径出。③悬节于上东门,④而奔冀州。

后汉书卷七十四上

1904

　　①魏书曰："信,太山(阳)平〔阳〕人也。[7]少有大节,宽厚爱人,沈毅有
　　谋。说绍不从,乃引军还乡里。"

　　②毒,恨也。

　　③英雄记曰："绍揖卓去,坐中惊愕。卓新至,见绍大家,故不敢害。"

　　④洛阳城东面北头门也。山阳公载记曰："卓以袁绍弃节,改第一葆为
　　赤旄。"

董卓购募求绍。时侍中周珌、城门校尉伍琼为卓所信待，琼等阴为绍说卓曰："夫废立大事，非常人所及。袁绍不达大体，恐惧出奔，非有它志。今急购之，执必为变。袁氏树恩四世，门生故吏徧于天下，若收豪杰以聚徒众，英雄因之而起，则山东非公之有也。不如赦之，拜一郡守，绍喜于免罪，必无患矣。"卓以为然，乃遣授绍勃海太守，封邟乡侯。①绍犹称兼司隶。

①前书颍川有周承休侯国，元帝置。元始二年更名邟，音口浪反。

初平元年，绍遂以勃海起兵，(以)〔与〕从弟后将军术、[8]冀州牧韩馥、①豫州刺史孔伷、兖州刺史刘岱、陈留太守张邈、广陵太守张超、河内太守王匡、山阳太守袁遗、东郡太守桥瑁、②济北相鲍信等同时俱起，众各数万，以讨卓为名。绍与王匡屯河内，伷屯颍川，馥屯邺，馀军咸屯酸枣，约盟，遥推绍为盟主。绍自号车骑将军，领司隶校尉。

①馥字文节，颍川人也。

②英雄记曰，孔伷字公绪，陈留人也。王匡字公节，泰山人也。袁遗字伯业，绍从弟术字公路，汝南汝阳人也。桥瑁字元玮，桥玄族子，先为兖州刺史，甚有威惠。魏氏春秋云刘岱恶而杀之。

董卓闻绍起山东，乃诛绍叔父隗，及宗族在京师者，尽灭之。①卓乃遣大鸿胪韩融、少府阴循、执金吾胡母班、将作大匠吴循、[9]越骑校尉王瓌譬解绍等诸军。绍使王匡杀班、瓌、吴循等，②袁术亦执杀阴循，惟韩融以名德免。

①献帝春秋曰："太傅袁隗，太仆袁基，术之母兄，卓使司隶宣璠(尺)〔尽〕口收之，[10]母及姊妹婴孩以上五十馀人下狱死。"卓别传曰："悉埋青城门外东都门内，而加书焉。又恐有盗取者，复以尸送郿藏之。"

②海内先贤传曰："韩融字元长，颍川人。"楚国先贤传曰："阴循字元基，

南阳新野人也。"汉末名士录曰："胡母班字季友，[11] 泰山人，名在八厨。"谢承书曰："班，王匡之妹夫。匡受绍旨，收班系狱，欲杀以徇军。班与匡书，略曰：'足下拘仆于狱，欲以衅鼓，此何悖暴无道之甚者也？仆与董卓何亲戚？义岂同恶？足下张虎狼之口，吐长蛇之毒，恚卓迁怒，何其酷哉！死者人之所难，然耻为狂夫所害。若亡者有灵，当诉足下于皇天。夫婚姻者祸福之几，今日著矣。曩为一体，今为血仇，亡人二女，[12] 则君之甥，身没之后，慎勿令临仆尸骸。'匡得书，抱班二子哭，班遂死于狱。"

＿

是时豪杰既多附绍，且感其家祸，人思为报，州郡蜂起，莫不以袁氏为名。韩馥见人情归绍，忌(方)〔其〕得众，[13] 恐将图己，常遣从事守绍门，不听发兵。桥瑁乃诈作三公移书，传驿州郡，说董卓罪恶，天子危逼，企望义兵，以释国难。馥于是方听绍举兵。乃谋于众曰："助袁氏乎？助董氏乎？"治中刘惠勃然曰："兴兵为国，安问袁、董？"①馥意犹深疑于绍，每贬节军粮，欲使离散。

① 英雄记曰："刘子惠，中山人。兖州刺史刘岱与其书，道'卓无道，天下所共攻，死在旦暮，不足为忧。但卓死之后，当复回师讨文节。拥强兵，何凶逆，[14] 宁可得置'。封书与馥，馥得此大惧，归咎子惠，欲斩之。别驾从事耿武等排阁伏子惠上，愿并见斩，得不死，作徒，被赭衣，埽除宫门外。"

明年，馥将麹义反畔，馥与战失利。绍既恨馥，乃与义相结。绍客逢纪 [15] 谓绍曰：① "夫举大事，非据一州，无以自立。今冀部强实，而韩馥庸才，可密要公孙瓒将兵南下，馥闻必骇惧。并遣辩士为陈祸福，馥迫于仓卒，必可因据其位。"绍然之，益亲纪，即以书与瓒。瓒遂引兵而至，外托〔讨〕董卓，[16] 而阴谋袭馥。绍乃使外甥陈留高幹及颍川荀谌等②说馥曰："公孙瓒乘胜来南，而诸郡应

[side margin]

之。袁车骑引军东向，其意未可量也。窃为将军危之。"馥惧，曰：
"然则为之奈何？"谌曰："君自料宽仁容众，为天下所附，孰与袁
氏？"馥曰："不如也。""临危吐决，智勇迈于人，又孰与袁氏？"馥
曰："不如也。""世布恩德，天下家受其惠，又孰与袁氏？"馥曰："不
如也。"谌曰："勃海虽郡，其实州也。③今将军资三不如之孰，久处
其上，袁氏一时之杰，必不为将军下也。且公孙提燕、代之卒，其锋
不可当。夫冀州天下之重资，若两军并力，兵交城下，危亡可立而
待也。夫袁氏将军之旧，且为同盟。当今之计，莫若举冀州以让袁
氏，必厚德将军，公孙瓒不能复与之争矣。是将军有让贤之名，而
身安于太山也。愿勿有疑。"馥素性恇怯，因然其计。馥长史耿武、
别驾闵纯、骑都尉沮授[17]闻而谏曰：④"冀州虽鄙，带甲百万，穀支
十年。袁绍孤客穷军，仰我鼻息，譬如婴儿在股掌之上，绝其哺乳，
立可饿杀。奈何欲以州与之？"馥曰："吾袁氏故吏，且才不如本
初。度德而让，古人所贵，诸君独何病焉？"先是，馥从事赵浮、程
涣[18]将强弩万人屯孟津，闻之，率兵驰还，请以拒绍，馥又不听。⑤
乃避位，出居中常侍赵忠故舍，遣子送印绶以让绍。

> ①英雄记曰："纪字元图。初，绍去董卓，与许攸及纪俱诣冀州，以纪聪
> 达有计策，甚亲信之。"逢音庞。

> ②魏志云谌，荀彧之弟。

> ③言土广也。

> ④献帝传曰："沮授，广平人。少有大志，多谋略。"英雄记曰："耿武字文
> 威。闵纯字伯典。后袁绍至，馥从事十人弃馥去，唯恐在后，独武、纯
> 杖刀拒，兵不能禁，绍后令田丰杀此二人。"

> ⑤英雄记曰："绍在朝歌清水口，浮等从后来，船数百艘，众万馀人，整兵
> 骇鼓过绍营，绍甚恶之。浮等到，谓馥曰：'袁本初军无斗粮，各欲离

散,旬日之间,必土崩瓦解。明将军但闭户高枕,何忧何惧?'"

绍遂领冀州牧,承制以馥为奋威将军,而无所将御。引沮授为别驾,因谓授曰:"今贼臣作乱,朝廷迁移。吾历世受宠,志竭力命,兴复汉室。然齐桓非夷吾不能成霸,句践非范蠡无以存国。今欲与卿戮力同心,共安社稷,将何以匡济之乎?"授进曰:"将军弱冠登朝,播名海内。值废立之际,忠义奋发,单骑出奔,董卓怀惧,济河而北,勃海稽服。①拥一郡之卒,撮冀州之众,②威陵河朔,名重天下。若举军东向,则黄巾可埽;还讨黑山,则张燕可灭;③回师北首,则公孙必禽;震胁戎狄,则匈奴立定。横大河之北,合四州之地,④收英雄之士,拥百万之众,迎大驾于长安,复宗庙于洛邑,号令天下,诛讨未服。以此争锋,谁能御之! 比及数年,其功不难。"绍喜曰:"此吾心也。"⑤即表授为奋武将军,使监护诸将。

①稽音启。

②广雅曰:"撮,持也。"

③黑山在今卫州卫县西北。九州春秋曰"燕本姓褚。黄巾贼起,燕聚少年为群盗,博陵张牛角亦起与燕合。燕推牛角为帅,俱攻瘿陶。牛角为飞矢所中,被创且死,大会其众,告曰:'必以燕为帅。'牛角死,众奉燕,故改姓张。性剽悍,捷速过人,故军中号曰'飞燕'。其后人众浸广,常山、赵郡、中山、上党、河内诸山谷皆相通,号曰'黑山'"也。

④四州见下。

⑤左传秦伯曰[19]:"是吾心也。"

魏郡审配,钜鹿田丰,①并以正直不得志于韩馥。绍乃以丰为别驾,配为治中,甚见器任。馥自怀猜惧,辞绍索去,②往依张邈。后绍遣使诣邈,有所计议,因共耳语。馥时在坐,谓见图谋,无何,如厕自杀。③

①先贤行状曰："配字正南。少忠烈慷慨，有不可犯之节。**绍**领**冀州**，委
　腹心之任。**丰**字元皓。天姿瓌杰，权略多奇。**绍**军之败也，土崩奔
　走，徒众略尽，军将皆抚膝啼泣曰：'向使田丰在此，不至于是。'"

②英雄记曰："**绍**以**河内**朱汉为都官从事。汉先时为**馥**所不礼，内怀忿
　恨，且欲徼迎**绍**意，擅发城郭兵围守**馥**第，拔刃登屋，**馥**走上楼，收得
　馥大儿，捶折两脚。**绍**亦立收汉杀之。**馥**犹忧怖，故报**绍**索去。"

③九州春秋曰："至厕，因以书刀自杀。"

其冬，**公孙瓒**大破黄巾，还屯**槃河**，①威震河北，**冀州**诸城无不
望风响应。**绍**乃自击之。**瓒**兵三万，列为方陈，分突骑万匹，翼军
左右，其锋甚锐。**绍**先令**麹义**领精兵八百，强弩千张，以为前登。
瓒轻其兵少，纵骑腾之，**义**兵伏楯下，一时同发，**瓒**军大败，斩其所
置**冀州**刺史**严纲**，获甲首千余级。**麹义**追至**界桥**，②**瓒**敛兵还战，
义复破之，遂到**瓒**营，拔其牙门，③余众皆走。**绍**在后十数里，闻**瓒**
已破，发鞍息马，唯卫帐下强弩数十张，大戟士百许人。**瓒**散兵二
千余骑卒至，围**绍**数重，射矢雨下。**田丰**扶**绍**，使却入空垣。**绍**脱
兜鍪抵地，曰："大丈夫当前斗死，而反逃垣墙间邪？"促使诸弩竞
发，多伤**瓒**骑。众不知是**绍**，颇稍引却。会**麹义**来迎，骑乃散退。
三年，**瓒**又遣兵至**龙凑**挑战，**绍**复击破之。**瓒**遂还**幽州**，不敢
复出。

①尔雅有九河，鈎**槃**是其一也。故河道在今**德州昌平县界**，入**沧州乐陵
县**，今名枯**槃河**。

②九州春秋曰："还屯**广宗界桥**。"今**贝州宗城县**东有古**界**城，此城近枯
漳水，则**界**桥盖当在此之侧也。

③真人水镜经曰："凡军始出，立牙竿必令完坚；若有折，将军不利。"牙
门旗竿，军之精也。即周礼司常职云"军旅会同置旌门"是也。

四年初,天子遣太仆赵岐和解关东,使各罢兵。瓒因此以书譬绍曰:"赵太仆以周、邵之德,衔命来征,宣扬朝恩,示以和睦,旷若开云见日,何喜如之!昔贾复、寇恂争相危害,遇世祖解纷,遂同舆并出。衅难既释,时人美之。自惟边鄙,得与将军共同斯好,此诚将军之(羞)〔眷〕,[20] 而瓒之愿也。"绍于是引军南还。

三月上巳,大会宾徒于薄落津。①[21] 闻魏郡兵反,与黑山贼于毒[22] 等数万人共覆邺城,杀郡守。② 坐中客家在邺者,皆忧怖失色,或起而啼泣,绍容貌自若,不改常度。③ 贼有陶升者,自号"平汉将军",④ 独反诸贼,将部众踰西城入,闭府门,具车重,⑤ 载绍家及诸衣冠在州内者,身自扞卫,送到斥丘。⑥ 绍还,因屯斥丘,以陶升为建义中郎将。六月,绍乃出军,入朝歌鹿肠山苍岩谷口,⑦ 讨于毒。围攻五日,破之,斩毒及其众万余级。绍遂寻山北行,[23] 进击诸贼左髭丈八[24] 等,皆斩之,又击刘石、青牛角、黄龙、左校、郭大贤、李大目、于氐根等,复斩数万级,皆屠其屯壁。遂与黑山贼张燕及四营屠各、雁门乌桓战于常山。燕精兵数万,骑数千匹,连战十馀日,燕兵死伤虽多,绍军亦疲,遂各退。麹义自恃有功,骄纵不轨,绍召杀之,而并其众。

①历法三月建辰,己卯退除,可以拂除灾也。韩诗曰:"溱与洧,方洹洹兮。"薛君注云:"郑国之俗,三月上巳之辰,两水之上招魂续魄,拂除不祥,故诗人愿与所说者俱往也。"郦元水经注曰:"漳水经钜鹿故城西,谓之〔薄〕落津。"[25] 续汉志瘿陶县有薄落亭。

②管子曰,齐桓公筑五鹿、中牟、邺,以御诸侯。

③献帝春秋曰:"绍劝督引满投壶,言笑容貌自若。"

④英雄记曰:"升故为内黄小吏。"

⑤重,辎重也。

⑥斥丘,县,属钜鹿郡,故城在今相州成安县东南。十三州志云:"土地
　　斥卤,故曰斥丘。"

⑦朝歌故城在今卫县西。续汉志曰:"朝歌有鹿肠山。"

兴平二年,拜绍右将军。[26]其冬,车驾为李傕等所追于曹阳,
沮授说绍曰:"将军累叶台辅,世济忠义。今朝廷播越,宗庙残毁,
观诸州郡,虽外托义兵,内实相图,未有忧存社稷卹人之意。且今
州城粗定,兵强士附,西迎大驾,即宫邺都,挟天子而令诸侯,稽士
马以讨不庭,谁能御之?"①绍将从其计。颍川郭图、淳于琼曰:②
"汉室陵迟,为日久矣,今欲兴之,不亦难乎? 且英雄并起,各据州
郡,连徒聚众,动有万计,所谓秦失其鹿,先得者王。③今迎天子,动
辄表闻,从之则权轻,违之则拒命,非计之善者也。"授曰:"今迎朝
廷,于义为得,于时为宜。若不早定,必有先之者焉。夫权不失几,
功不猒速,愿其图之。"帝立既非绍意,竟不能从。

①左传,周襄王出奔于郑,狐偃言于晋文公曰:"求诸侯莫如勤王,诸侯
　　信之,且大义也。继文之业而信宣于诸侯,今为可矣。"文公从之,纳
　　襄王,遂成霸业。

②九州春秋图字公则。

③史记曰,蒯通曰:"秦失其鹿,天下共追之,高才者先得焉。"

绍有三子:谭字显思,熙字显雍,[27]尚字显甫。谭长而惠,尚
少而美。绍后妻刘有宠,而偏爱尚,数称于绍,绍亦奇其姿容,欲使
传嗣。乃以谭继兄后,出为青州刺史。沮授谏曰:"世称万人逐兔,
一人获之,贪者悉止,分定故也。①且年均以贤,德均则卜,古之制
也。②愿上惟先代成(则)〔败〕之诫,[28]下思逐兔分定之义。若其不
改,祸始此矣。"绍曰:"吾欲令诸子各据一州,以视其能。"于是以
中子熙为幽州刺史,外甥高幹为并州刺史。

①慎子曰："兔走于街,百人追之,贪人具存,人莫之非者,以兔为未定分也。积兔满市,过不能顾,非不欲兔也,分定之后,虽鄙不争。"子思子、商君书并载,其词略同。

②左传曰："王后无嫡则择立长,年钧以德,德钧以卜。"

建安元年,曹操迎天子都许,乃下诏书于绍,责以地广兵多而专自树党,不闻勤王之师而但擅相讨伐。绍上书曰:

　　臣闻昔有哀叹而霜陨,①悲哭而崩城者。②每读其书,谓为信然,于今况之,乃知妄作。何者?臣出身为国,破家立事,至乃怀忠获衅,抱信见疑,昼夜长吟,剖肝泣血,曾无崩城陨霜之应,故邹衍、杞妇何能感彻。

①淮南子曰："邹衍事燕惠王尽忠,左右谮之,仰天而哭。夏五月,天为降霜。"

②齐庄公攻莒,为五乘之宾,而杞梁独不预。归而不食,其母曰："食!汝生而无义,死而无名,则虽非五乘,孰不汝笑?生而有义,死而有名,则五乘之宾尽汝下也。"及与莒战,梁遂斗杀二十七人而死。妻闻而哭,城为之阤而隅为之崩。见说苑。

　　臣以负薪之资,①拔于陪隶之中,②奉职宪台,擢授戎校。常侍张让等滔乱天常,侵夺朝威,贼害忠德,扇动奸党。故大将军何进忠国疾乱,义心赫怒,以臣颇有一介之节,可责以鹰犬之功,故授臣以督司,诰臣以方略。臣不敢畏惮强御,避祸求福,与进合图,事无违异。忠策未尽而元帅受败,③太后被质,宫室焚烧,陛下圣德幼冲,亲遭厄困。时进既被害,师徒丧沮,臣独将家兵百馀人,抽戈承明,竦剑翼室,④虎叱群司,奋击凶丑,曾不浃辰,罪人斯殄。⑤此诚愚臣效命之一验也。

①负薪谓贱人也。礼记曰："问士之子长幼,长曰能负薪矣,幼曰未能

负薪。"

②陪,重也。左传曰:"王臣公,公臣卿,卿臣大夫,大夫臣士,士臣皂,皂臣隶,隶臣僚,僚臣仆,仆臣台。"又曰:"是无陪台也。"陪隶犹陪台。

③元帅谓何进。

④山阳公载记曰:"绍与王匡等并力入端门,于承明堂上格杀中常侍高望等二人。"尚书曰:"延入翼室。"孔安国注:"翼,明也。室谓路寝。"

⑤浃,币也。左传曰:"浃辰之间。"杜预曰:"十二日也。"

会董卓乘虚,所图不轨。臣父兄亲从,并当大位,①不惮一室之祸,苟惟宁国之义,故遂解节出奔,创谋河外。②时卓方贪结外援,招悦英豪,故即臣勃海,申以军号,③则臣之与卓,未有纤芥之嫌。若使苟欲滑泥扬波,偷荣求利,④则进可以享窃禄位,退无门户之患。然臣愚所守,志无倾夺,故遂引会英雄,兴师百万,饮马孟津,歃血漳河。⑤会故冀州牧韩馥怀挟逆谋,欲专权埶,绝臣军粮,不得踵系,至使猾虏肆毒,害及一门,尊卑大小,同日并戮。鸟兽之情,犹知号呼。⑥臣所以荡然忘哀,貌无隐戚者,⑦诚以忠孝之节,道不两立,顾私怀已,不能全功。斯亦愚臣破家徇国之二验也。

①谓叔隗为太傅,从兄基为太仆。

②河外,河南。

③即谓就拜也。山阳公载记曰:"董卓以绍为前将军,封邟乡侯。绍受侯,不受前将军。"

④滑,混也。楚词:"滑其泥,扬其波。"

⑤献帝春秋曰:"绍合冀州十郡守相,众数十万,登坛歃血,盟曰:'贼臣董卓,承汉室之微,负兵甲之众,陵越帝城,跨蹈王朝,幽鸩太后,戮杀弘农,提挈幼主,越迁秦地,残害朝臣,斩刈忠良,焚烧宫室,蒸乱宫

人,发掘陵墓,虐及鬼神,过恶烝皇天,浊秽薰后土。神祇怨恫,无所凭恃,兆人泣血,无所控告,仁贤之士,痛心疾首,义士奋发,云兴雾合,咸欲奉辞伐罪,躬行天诛。凡我同盟之后,[29]毕力致命,以伐凶丑,同奖王室,翼戴天子。有渝此盟,神明是殛,[30]俾坠其师,无克祚国!’”

⑥礼记曰:“凡生天地之间者,有血气之属必有知,有知之属莫不知爱其类。今是(夫)〔大〕鸟兽则失丧其群匹,[31]越月瑜时焉,则必反巡过其故乡,翔回焉,鸣号焉,蹢躅焉,踟蹰焉,然后乃能去之。小者至于燕爵,犹有啁噍之顷焉,然后乃能去之。”

⑦隐,忧也。

又黄巾十万焚烧青、兖,黑山、张杨蹈藉冀域。臣乃旋师,奉辞伐畔。金鼓未震,狡敌知亡,故韩馥怀惧,谢咎归土,张杨、黑山同时乞降。[32]臣时辄承制,窃比窦融,以议郎曹操权领兖州牧。①会公孙瓒师旅南驰,陆掠北境,臣即星驾席卷,与瓒交锋。假天之威,每战辄克。臣备公族子弟,生长京辇,颇闻俎豆,不习干戈;加自乃祖先臣以来,世作辅弼,咸以文德尽忠,得免罪戾。臣非与瓒角戎马之埶,争战阵之功者也。诚以贼臣不诛,春秋所贬,②苟云利国,专之不疑。③故冒践霜雪,不惮劬勤,实庶一捷之福,以立终身之功。社稷未定,臣诚耻之。太仆赵岐[33]衔命来征,宣明陛下含弘之施,蠲除细故,与下更新,奉诏之日,引师南辕。④是臣畏怖天威,不敢怠慢之三验也。

①窦融行西河五郡大将军事,以梁统为武威太守。

②公羊传曰:“赵盾弑其君夷皋。弑者赵穿也,曷为加之赵盾?不讨贼也。赵盾曰:‘天乎!予无辜。’史曰:‘尔为仁为义,人弑尔君,而复国

不讨贼，非弑如何？'"

③左传曰："苟利社稷，专之可也。"

④左传曰："令尹南辕反斾。"杜预曰："回军南向。"

又臣所上将校，率皆清英宿德，令名显达，登锋履刃，死者
过半，勤恪之功，不见书列。而州郡牧守，竞盗声名，怀持二
端，优游顾望，皆列土锡圭，跨州连郡，是以远近狐疑，议论纷
错者也。臣闻守文之世，德高者位尊；仓卒之时，功多者赏厚。
陛下播越非所，洛邑乏祀，海内伤心，志士愤惋。是以忠臣肝
脑涂地，肌肤横分而无悔心者，义之所感故也。今赏加无劳，
以携有德；①杜黜忠功，以疑众望。斯岂腹心之远图？将乃谗
慝之邪说使之然也？臣爵为通侯，位二千石。殊恩厚德，臣既
叨之，岂敢阗觊重礼，以希彤弓玈矢之命哉？②诚伤偏裨列校，
勤不见纪，尽忠为国，翻成重愆。斯蒙恬所以悲号于边狱，③
白起歔欷于杜邮也。④太傅日磾位为师保，任配东征，而耗乱
王命，⑤宠任非所，凡所举用，皆众所捐弃。而容纳其策，以为
谋主，令臣骨肉兄弟，还为仇敌，交锋接刃，搆难滋甚。臣虽欲
释甲投戈，事不得已。诚恐陛下日月之明，有所不照，四聪之
听有所不闻，乞下臣章，咨之群贤，使三槐九棘，议臣罪戾。⑥
若以臣今行权为衅，则桓、文当有诛绝之刑；⑦若以众不讨贼
为贤，则赵盾可无书弑之贬矣。臣虽小人，志守一介。若使得
申明本心，不愧先帝，则伏首欧刀，褰衣就镬，臣之愿也。惟陛
下垂尸鸠之平，⑧绝邪诌之论，无令愚臣结恨三泉。⑨

①携，离也。

②左氏传曰："王命尹氏策晋文公为侯伯，赐之大路之服，戎路之服，彤
弓一，彤矢百，玈弓十，玈矢千。"

③史记曰，胡亥遣使者杀蒙恬，恬不肯死，使者即以属吏，系于阳周。恬喟然太息曰："恬罪当死矣。起临洮属之辽东，城万馀里，此其中不能无绝地脉，此乃恬之罪也！"遂吞药自杀。

④史记曰，秦王免白起为士伍，迁之阴密。白起既行，出咸阳西门十里，至杜邮，秦王乃使使者赐之剑，自裁。

⑤三辅决录注曰："马日磾字翁叔，马融之族子。少传融业，以才学进，历位九卿，遂登台辅。"献帝春秋曰："日磾假节东征，循抚州郡。术在寿春，不肃王命，侮慢日磾，借节观之，因夺不还，从术求去，而术不遣，既以失节屈辱，忧恚而死。"

⑥周官曰："三槐，三公（四）〔位〕焉。[34]左九棘，孤卿大夫位焉。右九棘，公侯伯子男位焉。"郑玄注曰："槐之言怀也，言怀来人于此欲与谋也。树棘以为位者，取其赤心而外刺，象以赤心有刺也。"

⑦齐桓、晋文时，周室弱，诸侯不朝，桓、文权行征伐，率诸侯以朝天子。

⑧尸鸠，鸤鹁也。诗国风曰："尸鸠在桑，其子七兮，叔人君子，其仪一兮。"毛苌注曰："尸鸠之养其子，旦从上下，暮从下上，平均如一。言善人君子执义亦如此。"

⑨三者，数之小终，言深也。前书曰："下锢三泉。"

于是以绍为太尉，封邺侯。①时曹操自为大将军，绍耻为之下，②伪表辞不受。操大惧，乃让位于绍。二年，使将作大匠孔融持节拜绍大将军，锡弓矢节钺，虎贲百人，③兼督冀、青、幽、并四州，然后受之。

①献帝春秋曰："使将作大匠孔融持节之邺，拜太尉绍为大将军，改封邺侯。"

②太尉位在大将军上。初，武帝以卫青征伐有功，以为大将军，欲尊宠之，故置大司马官号以冠之。其后霍光、王凤等皆然。明帝以弟东平王苍有贤材，以为骠骑大将军，[35]以王故，位公上。和帝以舅窦宪征

匈奴,还迁大将军,在公上,以勋戚者不拘常例焉。

③礼含文嘉曰:"九锡一曰车马,二曰衣服,三曰乐器,四曰朱户,五曰纳陛,六曰虎贲之士百人,七曰斧钺,八曰弓矢,九曰秬鬯。"春秋元命苞曰"赐虎贲得专征伐,赐斧钺得诛"也。

绍每得诏书,患有不便于己,乃欲移天子自近,使说操以许下埤①湿,洛阳残破,宜徙都甄城,②以就全实。操拒之。田丰说绍曰:"徙都之计,既不克从,宜早图许,奉迎天子,动托诏令,响号海内,此筹之上者。不尔,终为人所禽,虽悔无益也。"绍不从。四年春,击公孙瓒,遂定幽土,事在瓒传。

①埤亦下也。音婢。

②甄音绢。

绍既并四州之地,众数十万,而骄心转盛,贡御稀简。主簿耿包密白绍曰:"赤德衰尽,袁为黄胤,宜顺天意,①以从民心。"绍以包白事示军府僚属,议者以包妖妄宜诛。绍知众情未同,不得已乃杀包以弭其迹。于是简精兵十万,骑万匹,欲出攻许,以审配、逢纪统军事,田丰、荀谌及南阳许攸为谋主,颜良、文丑为将帅。沮授进说曰:"近讨公孙,师出历年,百姓疲敝,仓库无积,赋役方殷,此国之深忧也。宜先遣使献捷天子,务农逸人。若不得通,乃表曹操隔我王路,然后进屯黎阳,渐营河南,益作舟船,缮修器械,分遣精骑,抄其边鄙,令彼不得安,我取其逸。如此可坐定也。"郭图、审配曰:"兵书之法,十围五攻,敌则能战。②今以明公之神武,连河朔之强众,以伐曹操,(兵)〔其〕辈譬若覆手。③〔36〕今不时取,后难图也。"授曰:"盖救乱诛暴,谓之义兵;恃众凭强,谓之骄兵。义者无敌。骄者先灭。④曹操奉迎天子,建宫许都。今举师南向,于义则违。

且庙胜之策,不在强弱。⑤曹操法令既行,士卒精练,非公孙瓒坐受围者也。今弃万安之术,而兴无名之师,⑥窃为公惧之。"图等曰:"武王伐纣,不为不义;况兵加曹操,而云无名!且公师徒精勇,[37]将士思奋,而不及时早定大业,所谓'天与不取,反受其咎'。⑦此越之所以霸,吴之所以灭也。监军之计,在于(将军)〔持牢〕,[38]而非见时知几之变也。"绍纳图言。图等因是潜沮授曰:"授监统内外,威震三军,若其浸盛,何以制之!夫臣与主同者〔昌,主与臣同者〕亡,[39]此黄石之所忌也。⑧且御众于外,不宜知内。"⑨绍乃分授所统为三都督,使授及郭图、淳于琼各典一军,未及行。

①献帝春秋曰:"袁,舜后。黄应代赤,故包有此言。"

②十倍则围之,五倍则攻之。

③前书陆贾谓南越王曰:"越杀王降汉,如反覆手耳。"

④前书魏相上书曰:"救乱诛暴,谓之义兵。兵义者王。敌加于己,不得已而起者,谓之应兵。兵应者胜。争恨小故,不胜忿怒者,谓之忿兵。兵忿者败。利人土地货宝者,谓之贪兵。兵贪者破。恃国家之大,矜人庶之众,欲见威于敌者,谓之骄兵。兵骄者灭。此非但人事,乃天道也。"

⑤淮南子曰:"运筹于庙堂之中,决胜乎千里之外。"

⑥前书曰,新城三老说高祖曰:"顺德者昌,逆德者亡。兵出无名,事故不成。"音义曰:"有名,伐有罪也。"

⑦史记范蠡谓句践曰:"天与不取,反受其咎。"

⑧臣与主同者,权在于主也。主与臣同者,权在臣也。黄石者,即张良于下邳圮上所得者,三略也。圮音以之反。

⑨淮南子曰:"国不可从外理,军不可从中御。"

五年,左将军刘备杀徐州刺史车胄,据沛以背曹操。操惧,乃自将征备。田丰说绍曰："与公争天下者,曹操也。操今东击刘备,兵连未可卒解,今举军而袭其后,可一往而定。兵以几动,斯其时也。"绍辞以子疾,未得行。圭举杖击地曰："嗟乎,事去矣! 夫遭难遇之几,而以婴儿病失其会,惜哉!"绍闻而怒之,从此遂疏焉。

曹操畏绍过河,乃急击备,遂破之。备奔绍,绍于是进军攻许。田丰以既失前几,不宜便行,谏绍曰："曹操既破刘备,则许下非复空虚。且操善用兵,变化无方,众虽少,未可轻也。今不如久持之。将军据山河之固,拥四州之众,外结英雄,内修农战,然后简其精锐,分为奇兵,①乘虚迭出,以扰河南,救右则击其左,救左则击其右,使敌疲于奔命,人不得安业,我未劳而彼已困,不及三年,可坐克也。今释庙胜之策而决成败于一战,若不如志,悔无及也。"绍不从。圭强谏忤绍,绍以为沮众,遂械系之。乃先宣檄曰:

①孙子兵法曰:"凡战者以正合,以奇胜也。"注云:"正者当敌,奇者击其不备。"

盖闻明主图危以制变,忠臣虑难以立权。曩者强秦弱主,赵高执柄,专制朝命,威福由己,终有望夷之祸,污辱至今。①及臻吕后,禄、产专政,擅断万机,决事禁省,下陵上替,海内寒心。于是绛侯、朱虚兴威奋怒,诛夷逆暴,尊立太宗,故能道化兴隆,光明融显。此则大臣立权之明表也。②

①始皇崩,胡亥立,赵高为丞相。胡亥梦白虎啮其左骖马,杀之,心不乐。问占梦,卜泾水为祟,胡亥乃斋望夷宫。赵高令其婿阎乐逼胡亥使自杀。张华云:"望夷之宫在长陵西北长平观,东临泾水,作之以望北夷。"事见史记。

②吕后专制,以兄子禄为赵王、上将军,产为梁王、相国,各领南北军。吕后崩,欲为乱,绛侯周勃、朱虚侯刘章等共诛之。立文帝,庙称太

宗。左传闵子马曰："下陵上替,能无乱乎?"

司空曹操祖父腾,故中常侍,与左悺、徐璜并作妖孽,饕餮放横,伤化虐人。①父嵩,乞匄携养,②因臧买位,〔40〕舆金辇宝,输货权门,窃盗鼎司,倾覆重器。操(奸)〔赘〕阉遗丑,〔41〕本无令德,僄狡锋侠,好乱乐祸。③幕府董统鹰扬,埽夷凶逆,④续遇董卓侵官暴国,⑤于是提剑挥鼓,发命东夏,广罗英雄,弃瑕录用,故遂与操参咨策略,谓其鹰犬之才,爪牙可任。至乃愚佻短虑,轻进易退,伤夷折衄,数丧师徒。⑥幕府辄复分兵命锐,修完补辑,表行东郡太守、兖州刺史,被以虎文,⑦授以偏师,奖就威柄,〔42〕冀获秦师一克之报。⑧而遂乘资跋扈,肆行酷烈,割剥元元,残贤害善。⑨故九江太守边让,英才俊逸,以直言正色,论不阿谄,身被枭悬之戮,〔43〕妻孥受灰灭之咎。自是士林愤痛,人怨天怒,一夫奋臂,举州同声,故躬破于徐方,地夺于吕布,⑩彷徨东裔,蹈据无所。幕府惟强干弱枝之义,且不登畔人之党,⑪故复援旌擐甲,席卷赴征,金鼓响震,布众破沮,⑫拯其死亡之患,复其方伯之任。是则幕府无德于兖土,而有大造于操也。⑬

①贪财为饕,贪食为餮。悺音乌板反。

②续汉志曰:"嵩字巨高。灵帝时卖官,嵩以货得拜大司农、大鸿胪,代崔烈为太尉。"魏志曰:"嵩,腾养子,莫能审其生出本末。"曹瞒传及郭颁代语并云嵩,夏侯氏子,惇之叔父。魏太祖于惇为从父兄弟也。"匄"亦"乞"也。

③方言曰:"僄,轻也。"魏志曰:"操少机警有权数,而任侠放荡,不修行业。"锋侠言如其锋之利也。僄音方妙反。或作"剽",劫财物也,音同。

④谓绍诛诸阉人，无少长皆斩之。

⑤左传："侵官冒也。"

⑥字书曰："佻，轻也。"魏志曰："操引兵西，将据成皋，到荥阳汴水，遇卓将徐荣，战不利，士卒死伤多，操为流矢所中，所乘马被创。曹洪以马与操，得夜遁，又为吕布所败。"

⑦续汉志曰："虎贲将，冠鹖冠，虎文单衣。襄邑岁献织成虎文衣。"

⑧秦穆公使孟明视、西乞术、白乙丙伐郑，晋襄公败诸殽，执孟明等。文嬴请而舍之，归于秦。穆公复用孟明伐晋，晋人不敢出，封殽尸而还。事见左传。

⑨太公金匮曰："天道无亲，常与善人。今海内陆沈于殷久矣，何乃急于元元哉？"

⑩魏志曰："陶谦为徐州牧，操初征之，下十餘城。后复征谦，收五城，遂略地至东海。还过郯，会张邈与陈宫畔迎吕布，郡县皆应。布西屯濮阳而操攻之，布出兵战，操兵奔，阵乱，驰突火出，坠马烧左手掌，司马楼异扶操上马，遂得引去。"

⑪强干弱枝，解见班固传。左传宋大夫鱼石等以宋彭城畔属楚，经书"宋彭城"，传曰"非宋地，追书也，且不登畔人也"。杜预注曰："登，成也。"

⑫左传曰："擐甲执兵。"杜预注曰："擐，贯也。"前书杨雄曰："云彻席卷，后无餘灾。"魏志曰："操袭定陶未拔，会布至，击破之。布将薛兰、李封屯钜野，操攻之。布救兰败；布走。布复与陈宫将万餘人（乘）〔来〕战，[44]操时兵少，设伏纵奇兵击，大破之。布夜走，东奔刘备。"

⑬左传使吕相绝秦曰："秦师克还无害，则是我有大造于西也。"杜预注曰："造，成也。"

会后銮驾东反，群房乱政。时冀州方有北鄙之警，匪遑离局，①故使从事中郎徐勋就发遣操，使缮修郊庙，翼卫幼主。

而便放志专行,威劫省禁,卑侮王僚,败法乱纪,坐召三台,专制朝政,②爵赏由心,刑戮在口,所爱光五宗,所怨灭三族,③群谈者受显诛,腹议者蒙隐戮,④道路以目,百辟钳口,⑤尚书记期会,公卿充员品而已。⑥

①北部之微谓公孙瓒攻绍也。左传曰:"局部也。"杜预注曰:"远其部曲为离局。"

②晋书曰:"汉官尚书为中台,御史为宪台,谒者为外台,是谓三台。"

③五宗谓上至高祖,下及孙。三族谓父族、母族、妻族。

④大农颜异与张汤有隙,人告异,汤推异与客言诏令下有不便者,异不言,微反唇。汤遂奏,异九卿,见令不便,不入言而腹非,论死。见前书。

⑤国语曰:"厉王虐,国人谤王。邵公告王曰:'人不堪命矣。'王怒,得卫巫,使监谤,以告则杀之。国人莫敢言,道路以目。"周书曰:"贤哲钳口,小人鼓舌。"何休注公羊传曰:"柑,以木衔其口也。""钳"或作"柑",音渠廉反。

⑥前书贾谊曰:"大臣特以簿书不报,期会之间,以为大故。"

故太尉杨彪,历典二司,元纲极位。①操因睚眦,被以非罪,笞楚并兼,五毒俱至,②触情放慝,不顾宪章。又议郎赵彦,忠谏直言,议有可纳,故圣朝含听,改容加锡。操欲迷夺时明,杜绝言路,擅收立杀,不俟报闻。又梁孝王先帝母弟,坟陵尊显,松柏桑梓,犹宜恭肃。操率将吏士,亲临发掘,破棺裸尸,掠取金宝,至令圣朝流涕,士民伤怀。③又署发丘中郎将、摸金校尉,所过毁突,无骸不露。身处三公之官,而行桀虏之态,污国虐民,毒施人鬼。加其细政苛惨,科防互设,赠缴充蹊,坑阱塞路,举手挂网罗,动足蹈机埳,是以兖、豫有无聊之人,帝都有呼嗟之怨。④

① 续汉书曰:"彪代董卓为司空,又代黄琬为司徒。时袁术僭乱,操托彪 与术婚姻,诬以欲图废置,奏收下狱,劾以大逆。"

② 献帝春秋曰:"收彪下狱考实,遂以策罢。"

③ 前书曰,孝文皇帝窦皇后生孝景帝、梁孝王武。

④ 管子曰:"天下无道,人在爵位者皆不自聊生。"

历观古今书籍所载,贪残虐烈无道之臣,于操为甚。莫府方诘外奸,未及整训,加意含覆,冀可弥缝。①而操豺狼野心,潜包祸谋,②乃欲桡折栋梁,孤弱汉室,③除忠害善,专为枭雄。往岁伐鼓北征,讨公孙瓒,强御桀逆,拒围一年。操因其未破,阴交书命,欲托助王师,以见掩袭,故引兵造河,方舟北济。会行人发露,瓒亦枭夷,故使锋芒挫缩,厥图不果。屯据敖仓,阻河为固,④乃欲运螳蜋之斧,御隆车之隧。⑤莫府奉汉威灵,折冲宇宙,长戟百万,胡骑千群,奋中黄、育、获之士,⑥骋良弓劲弩之埶,⑦并州越太行,⑧青州涉济、漯,⑨大军泛黄河以角其前,荆州下宛、叶而掎其后。⑩雷震虎步,并集虏廷,若举炎火以焚飞蓬,⑪覆沧海而注熛炭,⑫有何不消灭者哉?

① 左传曰:"弥缝敝邑。"杜预注曰:"弥缝犹补合。"

② 左传,楚司马子良生子越椒,令尹子文曰:"必杀之。是子也,熊虎之状而豺狼之声,弗杀必灭若敖氏。谚曰'狼子野心',是乃狼也,其可畜乎!"

③ 周易"栋桡之凶,不可有以辅"也。

④ 献帝春秋曰:"操引军造河,托言助绍,实图袭邺,以为瓒援。会瓒破灭,绍亦觉之,以军退,屯于敖仓。"

⑤ 韩诗外传曰:"齐庄公猎,有螳蜋举足将持其轮,问其御曰:'此何虫?'

对曰：'此螳螂也。此虫知进而不知退，不量其力而轻就敌。'公曰：'此为天下勇士矣。'回车避之，勇士归焉。"亦见淮南子。又庄子曰："螳螂怒臂以当车辙，不知其不胜任也。"隧，道也。

⑥尸子曰："〔中〕黄伯曰：[45]'我左执太行之獶，右执彫虎，唯象未试。'"史记范睢说秦昭王"乌获、任鄙之力，庆忌、夏育之勇"也。

⑦文子曰："狡兔得而猎犬烹，高鸟尽而良弓臧。"史记苏秦说韩王曰："天下之强弓劲弩，皆从韩出。"

⑧绍甥高幹为并州刺史，故言越太行山而来助。

⑨绍长子谭为青州刺史。济、漯，二水名，在今齐州界。漯音他合反。

⑩贾逵注国语曰："从后牵曰掎。"音居蚁反。左传曰"晋人角之，诸戎掎之"是也。荆州谓刘表也。与绍交，故云下宛、叶。

⑪楚词曰："离忧患而乃窹，若纵火于秋蓬。"

⑫黄石公三略曰："夫以义而讨不义，若决河而沈荥火，其克必也。"

当今汉道陵迟，纲弛网绝，操以精兵七百，围守宫阙，外称陪卫，内以拘质，惧篡逆之祸，因斯而作。乃忠臣肝脑涂地之秋，烈士立功之会也。可不勖哉！①

①据陈琳集，此檄陈琳之词也。魏志曰："琳字孔璋，广陵人，避难冀州，袁绍使典文章。绍败，归太祖。太祖谓曰：'卿昔为本初移书，但可罪状孤而已，恶恶止其身，何乃上及父祖邪？'琳谢罪。太祖爱其才而不咎也。"流俗本此下有"陈琳之辞"者，非也。

乃先遣颜良攻曹操别将刘延于白马，①绍自引兵至黎阳。沮授临行，会其宗族，散资财以与之。曰："执存则威无不加，执亡则不保一身。哀哉！"其弟宗曰："曹操士马不敌，君何惧焉？"授曰："以曹兖州之明略，又挟天子以为资，我虽克伯珪，众实疲敝，而主骄将忕，军之破败，在此举矣。杨雄有言：'六国蚩蚩，为嬴弱姬'。

今之谓乎!"②曹操遂救刘延,击颜良斩之。③绍乃度河,壁延津南。④沮授临船叹曰:"上盈其志,下务其功,悠悠黄河,吾其济乎!"遂以疾退,绍不许而意恨之,复省其所部,并属郭图。

① 白马,县,属东郡,今滑州县也,故城在今县东。

② 法言之文也。嬴,秦姓也。姬,周姓。方言:"蚩,悖也。"六国悖惑,侵弱周室,终为秦所并也。

③ 蜀志曰:"曹公使张辽及关羽为先锋,羽望见良麾盖,策马刺良万众之中,斩其首还,诸将莫能当,遂解白马围。"

④ 郦元水经注曰:"汉孝文时河决酸枣,东溃金堤,大发卒塞之,武帝作瓠子之歌,皆谓此口也。"又东北谓之延津。杜预注左传:"陈留酸枣县北有延津。"

绍使刘备、文丑挑战,曹操又击破之,斩文丑。再战而禽二将,绍军中大震。操还屯官度,①绍进保阳武。②沮授又说绍曰:"北兵虽众,而劲果不及南军;南军穀少,而资储不如北。南幸于急战,北利在缓师。宜徐持久,旷以日月。"绍不从。连营稍前,渐逼官度,遂合战。操军不利,③复还坚壁。绍为高橹,起土山,射营中,④〔营中〕皆蒙楯而行。⑤[46]操乃发石车击绍楼,皆破,军中呼曰"霹雳车"。⑥绍为地道欲袭操,操辄于内为长堑以拒之。又遣奇兵袭绍运车,大破之,尽焚其穀食。

① 官度在今郑州中牟县北。郦元水经云:"莨荡渠经曹公垒北,有高台谓之官度台,在中牟城北,俗谓之中牟台。"

② 阳武,今郑州县。

③ 魏志曰:"连营稍进,前依沙堆,东西数十里为屯。操亦分营与相当。"

④ 释名曰:"楼橹者,露上无覆屋也。"今官度台北土山犹在,台之东,绍旧营遗基并存焉。

⑤楯，今之旁排也。杨雄羽猎赋曰："蒙楯负羽。"献帝春秋曰："绍令军中各持三尺绳，曹操诚禽，[47]但当缚之。"

⑥以其发石声震烈，呼为霹雳，即今之抛车也。抛音普孝反。

相持百馀日，河南人疲困，多畔应绍。绍遣淳于琼等将兵万馀人北迎粮运。沮授说绍可遣蒋奇别为支军于表，以绝曹操之钞。①绍不从。许攸进曰："曹操兵少而悉师拒我，许下馀守埶必空弱。若分遣轻军，星行掩袭，许拔则操(为)成禽。[48]如其未溃，可令首尾奔命，破之必也。"绍又不能用。会攸家犯法，审配收系之，攸不得志，遂奔曹操，而说使袭取淳于琼等。琼等时宿在乌巢，②去绍军四十里。操自将步骑五千人，夜往攻破琼等，悉斩之。③

①以支军为琼等表援。

②乌巢，地名，在滑州酸枣城东。

③曹瞒传曰："公闻许攸来，跣出迎之。攸劝公袭琼等，公大喜，乃选精锐步骑，皆执袁军旗帜，衔枚缚马口，夜从间道出，人把束薪。所历道问者，语之曰：'袁公恐曹操钞掠后军，还兵以益备。'[49]问者信以为然。既至，围屯，大放火，营中惊乱，大破之，尽燔其粮穀宝货，斩督将(雎)〔睢〕元进等，[50]割得将军淳于仲简鼻，杀士卒千馀人，皆取鼻，牛马割唇舌，以示绍军。将士皆惶惧。"

初，绍闻操击琼，谓长子谭曰："就操破琼，吾拔其营，彼固无所归矣。"乃使高览、张郃等攻操营，不下。①二将闻琼等败，遂奔操。于是绍军惊扰，大溃。绍与谭等幅巾乘马，与八百骑度河，至黎阳北岸，入其将军蒋义渠营。至帐下，把其手曰："孤以首领相付矣。"义渠避帐而处之，使宣令焉。众闻绍在，稍复集。馀众伪降，曹操尽阬之，前后所杀八万人。

①魏志曰："张郃字俊文，河间鄚人也。郃说绍曰：'曹公精兵往，必破琼

等，则事去矣。'郭图曰："邻计非也，不如攻其本营。'邻曰："曹公营固，攻之必不拔。若琼等见禽，吾属尽为虏矣。'绍但遣轻骑救琼，而以重兵攻太祖营，不能下。太祖果破琼等。绍军溃，图惭，又更谮邻快军败，邻惧，归太祖。"

沮授为操军所执，乃大呼曰："授不降也，为所执耳。"操见授谓曰："分野殊异，遂用圯绝，不图今日乃相得也。"授对曰："冀州失策，自取奔北。授知力俱困，宜其见禽。"操曰："本初无谋，不相用计。今丧乱过纪，[1]国家未定，方当与君图之。"授曰："叔父、母、弟县命袁氏，若蒙公灵，速死为福。"操叹曰："孤早相得，天下不足虑也。"遂赦而厚遇焉。授寻谋归袁氏，乃诛之。

[1]十二年曰纪。

绍外宽雅有局度，忧喜不形于色，而性矜愎自高，[1]短于从善，故至于败。及军还，或谓田丰曰："君必见重。"丰曰："公貌宽而内忌，不亮吾忠，而吾数以至言迕之。若胜而喜，必能赦我，战败而怨，内忌将发。若军出有利，当蒙全耳，今既败矣，吾不望生。"绍还，曰："吾不用田丰言，果为所笑。"遂杀之。[2]

[1]愎音平逼反。

[2]先贤行状曰："绍谓逄纪曰：'冀州人闻吾军败，皆当念吾；唯田别驾前谏止吾，与众不同，吾亦惭之。'纪复曰：'丰闻将军之退，拍手大笑，喜其言之中也。'绍于是有害丰之意。初，太祖闻丰不从戎，喜曰：'绍必败矣'。及绍奔遁，复曰：'向使绍用其别驾计，尚未可知也。'"

官度之败，审配二子为曹操所禽。孟岱与配有隙，因蒋奇言于绍曰："配在位专政，族大兵强，且二子在南，必怀反畔。"郭图、辛评亦为然。绍遂以岱为监军，代配守邺。护军逄纪与配不睦，[1]绍以问之,纪对曰:"配天性烈直,每所言行,慕古人之节,不以二子在南为不义也,公勿疑之。"绍曰:"君不恶之邪?"纪曰:"先所争者私情,今所陈者国事。"绍曰"善"。乃不废配,配、〔纪〕由是更协。[51]

　　①英雄记曰:"审配任用,与纪不睦,辛评、郭图皆比于谭。"评,辛毗兄也。见魏志。

　　冀州城邑多畔,绍复击定之。自军败后发病,七年夏,薨。①[52]未及定嗣,逢纪、审配宿以骄侈为谭所病,辛评、郭图皆比于谭而与配、纪有隙。众以谭长,欲立之。配等恐谭立而评等为害,遂矫绍遗命,奉尚为嗣。

　　①魏志曰:"绍自军破后,发病欧血死。"献帝春秋曰:"绍为人政宽,百姓德之。河北士女莫不伤怨,市巷挥泪,如或丧亲。"典论曰:"袁绍妻刘氏性酷妒,绍死,僵尸未殡,宠妾五人尽杀之,为死者有知,当复见绍于地下,乃髡头墨面,以毁其形。尚又为尽杀死者之家。"

【校勘记】

　　〔1〕父成五官中郎将　　按:集解引钱大昕说,谓华峤汉书作"左中郎将",见三国志注。袁安传云"左中郎",似失之。

　　〔2〕(绍)壮健好交结　　殿本考证引何焯说。谓此指其父成,衍"绍"字。今据删。

　　〔3〕除濮阳长　　按:集解引惠栋说,谓许劭传称绍为濮阳令。

　　〔4〕以绍为左军校尉　　集解引洪颐煊说,谓何进传作"中军校尉",盖勋传、五行志俱作"佐军校尉"。按:沈家本谓注引山阳公载记作"中军",献纪注引亦同,魏志亦作"中军",案时有上军、下军,则作"中军"是也。

　　〔5〕淳于琼为右校尉　　按:何进传作"左军校尉"。

〔6〕未有不善宣于天下　按:校补引柳从辰说,谓袁纪"宣"作"害"。

〔7〕信太山(阳)平〔阳〕人也　集解引洪亮吉说,谓"阳平"应如魏志鲍勋传作"平阳"。今据改。按:汉泰山郡有东平阳,平阳乃东平阳之省称。

〔8〕(以)〔与〕从弟后将军术　据刊误改。

〔9〕少府阴循至将作大匠吴循　按:集解引钱大昕说,谓献帝纪"循"皆作"脩",魏志亦作"吴脩",当以"脩"为正。

〔10〕卓使司隶宣璠(尺)〔尽〕口收之　据汲本、殿本改。

〔11〕胡母班字季友　三国魏志注"季友"作"季皮"。风俗通卷三作"胡母季皮"。今按:作"皮"是。沈家本谓汉书叙传,楚人谓虎班。名班字季皮,犹春秋时郑罕虎字子皮也。

〔12〕亡人二女　按:沈家本谓魏志注作"亡人子二人",案下文云"匡抱班二子哭",则作"二女"者非也。

〔13〕忌(方)〔其〕得众　刊误谓"方"字无义,当是"其"字。按:通志正作"其",今据改。

〔14〕何凶逆　刊误谓"何"当作"阿"。按:严可均全后汉文注"何,负也"。依严说,则"何"字不讹。

〔15〕绍客逢纪　按:何进传作"庞纪"。

〔16〕外托〔讨〕董卓　刊误谓案文少一"讨"字。按:通志正作"托讨董卓",今据补。

〔17〕骑都尉沮授　按:集解引王补说,谓魏志言谏者耿、闵外,有治中李历,而无沮授,通鉴从之。

〔18〕程涣　按:集解引惠栋说,谓魏志"涣"作"奂"。

〔19〕秦伯曰　按:"秦"原讹"泰",径据汲本、殿本改。

〔20〕此诚将军之(羞)〔眷〕　集解引惠栋说,谓"羞"字误,当依英雄记作"眷"。今据改。按:三国志袁绍传注引英雄记作"眷"。

〔21〕大会宾徒于薄落津　校补谓"徒"当作"从"。按:魏志注引英雄

记,作"方与宾客诸将共会"。

〔22〕黑山贼干毒　殿本"干"作"于"。下同。按:朱俊传亦作"于"。

〔23〕绍遂寻山北行　按:张森楷校勘记谓"寻"字无义,疑当作"循"。

〔24〕左髭丈八　按:殿本"丈"作"文"。

〔25〕谓之〔薄〕落津　校补引柳从辰说,谓通鉴注引此作"谓之薄落津",此脱"薄"字。今据补,与今本水经注合。

〔26〕拜绍右将军　按:集解引惠栋说,谓袁宏纪作"后将军"。

〔27〕熙字显雍　集解引惠栋说,谓"显雍"当从魏志注作"显奕"。按:潘眉三国志考证谓雍熙字相应,作"奕"误。

〔28〕愿上惟先代成(则)〔败〕之诫　集解引惠栋说,谓"则"依九州春秋当作"败"。今据改。

〔29〕凡我同盟之后　按:刊误谓案文当云"同盟之人,既盟之后",此盟书常文也,误脱四字。

〔30〕神明是殛　按:"殛"原讹"亟",径据汲本、殿本改正。

〔31〕今是(夫)〔大〕鸟兽则失丧其群匹　据殿本改,与今礼记文合。

〔32〕张杨黑山同时乞降　按:"杨"原作"扬",前后互岐,径改正。

〔33〕太仆赵岐　按:"岐"原讹"歧",径改正。

〔34〕三槐三公(四)〔位〕焉　据汲本、殿本改。

〔35〕以为骠骑大将军　按:张森楷校勘记谓案明帝纪及东平王传并云为骠骑将军,"大"字盖衍。

〔36〕(兵)〔其〕执辔若覆手　据汲本改。

〔37〕且公师徒精勇　按:校补引柳从辰说,谓闽本"公"作"今"。

〔38〕在于(将军)〔持牢〕　据殿本改。按:殿本考证李良裘谓　按三国志注中载献帝传作"在于持牢","将军"二字传写之误。又集解引王补说,谓通鉴亦作"持牢",胡注犹今南人言"把稳"也。

〔39〕夫臣与主同者〔昌主与臣同者〕亡　集解引惠栋说,谓献帝传云"臣与主同者昌,主与臣同者亡",传漏"昌主与臣同者"六字。今

据补。

〔40〕因臧买位　集解引惠栋说,谓"买"陈琳集作"假"。今按:文选亦
　　作"假"。

〔41〕操(奸)〔赘〕阉遗丑　集解引钱大昕说,谓"奸"当作"赘",三国志
　　注及文选并是"赘"字。今据改。

〔42〕奖就威柄　集解引惠栋说,谓文选及魏志注皆作"奖蹴",蹴,成也,
　　就亦训成,与蹴同义。按:殿本"就"讹"蹴"。

〔43〕身被枭悬之戮　文选"身"下有"首"字,"戮"作"诛"。按:下云
　　"妻孥受灰灭之咎","身首""妻孥"相对成文,疑此脱"首"字。

〔44〕布复与陈宫将万馀人(乘)〔来〕战　据汲本、殿本改。

〔45〕〔中〕黄伯曰　据刊误补。

〔46〕〔营中〕皆蒙楯而行　李慈铭谓"皆"字上当叠"营中"二字,三国志
　　袁绍传作"营中皆蒙楯,众大惧"。今据补。

〔47〕曹操诚禽　按:刊误谓"诚"案文当作"成"。

〔48〕许拔则操(为)成禽　据刊误删。

〔49〕还兵以益备　按:校补谓魏志注引曹瞒传,"还兵"作"遣兵"。

〔50〕斩督将(睢)〔眭〕元进等　集解引惠栋说,谓"睢"当作"眭",即眭
　　固也。今据改。

〔51〕配〔纪〕由是更协　据集解引苏舆说补。

〔52〕七年夏薨　按:魏志袁绍传"夏薨"作"忧死"。

后汉书卷七十四下

袁绍刘表列传第六十四下　　绍子谭

谭自称车骑将军,出军黎阳。尚少与其兵,而使逢纪随之。谭求益兵,审配等又议不与。谭怒,杀逢纪。

曹操度河攻谭,谭告急于尚,尚乃留审配守邺,自将助谭,与操相拒于黎阳。自九月至明年二月,[1]大战城下,①谭、尚败退。操将围之,乃夜遁还邺。操进军,尚逆击破操,操军还许。谭谓尚曰:"我铠甲不精,故前为曹操所败。今操军退,人怀归志,及其未济,出兵掩之,可令大溃,此策不可失也。"尚疑而不许,既不益兵,又不易甲。谭大怒,郭图、辛评因此谓谭曰:"使先公出将军为兄后者,皆是审配之所构也。"[2]谭然之。遂引兵攻尚,战于外门。②谭败,乃引兵还南皮。③

①郭缘生述征记曰:"黎阳城西袁谭城,城南又有一城,是曹公攻谭之所筑。"

1933

②郭郭之门。

③南皮,今沧州县也。章武有北皮亭,故此曰南皮。

别驾王脩率吏人自青州往救谭,谭还欲更攻尚,问脩曰:"计将安出?"脩曰:"兄弟者,左右手也。譬人将斗而断其右手,曰'我必胜若',如是者可乎?夫弃兄弟而不亲,天下其谁亲之?属有谗人交斗其间,以求一朝之利,愿塞耳勿听也。若斩佞臣数人,复相亲睦,以御四方,可横行于天下。"谭不从。尚复自将攻谭,谭战大败,婴城固守。①尚围之急,谭奔平原,而遣颍川辛毗诣曹操请救。②

①前书蒯通曰:"必将婴城固守。"音义曰:"婴谓以城自绕也。"

②魏志曰:"辛毗,颍川阳翟人也。谭使毗诣太祖求和,毗见太祖致谭意。太祖悦,谓毗曰:'谭可信,尚必可克不?'毗对曰:'明公无问信与诈也,直(言)当论其执耳。[3]袁氏本兄弟相伐,非谓他人能间其间,乃谓天下可定于己也。一旦求救于明公,此可知也。'"

刘表以书谏谭曰:

天降灾害,祸难殷流,初交殊族,卒成同盟,使王室震荡,彝伦攸斁。①是以智达之士,莫不痛心入骨,伤时人不能相忍也。然孤与太公,志同愿等,②虽楚魏绝邈,山河迥远,③戮力乃心,共奖王室,④使非族不干吾盟,异类不绝吾好,此孤与太公无贰之所致也。功绩未卒,太公俎陨,贤胤承统,以继洪业。宣奕世之德,[4]履丕显之祚,⑤摧严敌于邺都,扬休烈于朔土,顾定疆宇,虎视河外,凡我同盟,莫不景附。何悟青蝇飞于竿旌,无忌游于二垒,⑥使股肱分成二体,匈膂绝为异身。初闻此问,尚谓不然,定闻信来,乃知阏伯、实沈之忿已成,弃亲即仇之计已决,⑦旍斾交于中原,暴尸累于城下。闻之哽咽,若存若亡。昔三王、五伯，下及战国，君臣相弑，父子相杀，兄弟相残，亲戚相灭，盖时有之。然或欲以成王业，⑧或欲以定霸功，⑨皆所谓逆取顺守，而徼富强于一世也。未有弃亲即异，兀其根本，而能全于长世者也。[5]

①左传曰："震荡播越。"书曰："彝伦攸斁。"彝，常也。伦，理也，攸，所也。斁，败也。

②言太公者尊之，谓绍也。

③楚，荆州也。魏，冀州也。

④左传曰："同好恶，奖王室。"杜预曰："奖，助也。"

⑤奕，重也，国语曰"奕代载德"。

⑥诗小雅曰："营营青蝇，止于樊。谗人罔极，构我二人。"[6]史记，费无忌得宠于楚平王，为太子建少傅，无宠于太子，日夜谮太子于王，欲诛太子。太子亡奔宋。左传作"无极"。竿旄、二垒者，谓谭、尚也。

⑦左传子产曰："高辛氏有二子，伯曰阏伯，季曰实沈，居于旷林，不相能也，日寻干戈，以相征讨。"

⑧若周公诛管、蔡之类。

⑨若齐桓公杀子纠也。

　　昔齐襄公报九世之仇，①士匄卒荀偃之事，是故春秋美其义，君子称其信。夫伯游之恨于齐，未若太公之忿于曹也；宣子之臣承业，未若仁君之继统也。②且君子违难不适仇国，交绝不出恶声，③况忘先人之仇，弃亲戚之好，而为万世之戒，遗同盟之耻哉！蛮夷戎狄将有诮让之言，况我族类，而不痛心邪！

①公羊传曰："纪侯大去其国。大去者何？灭之也。孰灭之也？齐灭之。曷为不言齐灭之？为襄公讳也。春秋为贤者讳。何贤于襄公？

复仇也。何仇尔？远祖也。哀公烹于周,纪侯谮之。远祖者几代？九代矣。"史记曰,纪侯谮齐哀公于周,周夷王烹哀公。其弟静立,^[7]是为胡公。弟献公立,子武公立,子厉公立,子文公立,子成公立,子庄公立,子釐公立,子襄公八年,纪迁去其邑,是为九代也。

②荀偃,晋大夫也。左传曰,荀偃将中军,士匄佐之,伐齐。济河,病目出,及卒,而视不可唅。栾盈曰:"其为未卒事于齐故也?"士匄抚之曰:"主苟终,所不嗣事于齐有如河!"乃瞑受唅。伯游,荀偃字也。宣子即士匄也,士燮之子,士会之孙。

③左传曰,公山不狃曰:"君子违难不适仇国。"杜预曰:"违,奔亡也。"史记乐毅遗燕惠王书曰:"臣闻古之君子,交绝不出恶声。"

夫欲立竹帛于当时,全宗祀于一世,岂宜同生分谤,争校得失乎？若冀州有不弟之傲,^①无愻顺之节,仁君当降志辱身,以济事为务。事定之后,使天下平其曲直,不亦为高义邪？今仁君见憎于夫人,未若郑庄之于姜氏;昆弟之嫌,未若重华之于象敖。然庄公卒崇大隧之乐,象敖终受有鼻之封。愿捐弃百痾,追摄旧义,复为母子昆弟如初。^②今整勒士马,瞻望鹄立。

①左传曰:"段不弟,^[8]故不言弟。"

②郑武公娶于申,曰武姜,生庄公及叔段。庄公寤生,惊姜氏,遂恶之,爱叔段,欲立之,武公弗许。及庄公立,姜氏为请京,使居之。段缮甲兵,将袭郑,夫人将启之。庄公遂寘姜氏于城颍,而誓之曰:"不及黄泉,无相见也。"既而悔之。颍考叔曰:"君何患焉？若阙地及泉,隧而相见,其谁曰不然!"从之。公入而赋:"大隧之中,其乐也融融。"姜出而赋:"大隧之外,其乐也泄泄。"遂为母子如初。事见左传。史记曰,舜名重华。父瞽叟盲而舜母死,瞽叟更娶妻,生象。瞽叟爱后妻子,常欲杀舜。舜践帝位,封弟象为诸侯。孟子曰:"象至不仁,封诸有

鼻。仁人之于其弟也，不藏怒焉，不宿怨焉，亲爱之而巳矣。"鼻国在永州营道县北，今犹谓之鼻亭。

又与尚书谏之，并不从。①

①魏氏春秋载袁遗尚书曰："知变起辛、郭，祸结同生，追阏伯、实沈之踪，忘常棣死丧之义，亲寻干戈，僵尸流血，闻之哽咽，若存若亡。昔轩辕有涿鹿之战，周公有商、奄之师，皆所以剪除秽害而定王业，非强弱之争，喜怒之忿也。故虽灭亲不尤，诛兄不伤。[9]今二君初承洪业，纂继前轨，进有国家倾危之虑，退有先公遗恨之负。当唯曹是务，[10]唯国是康。何者？金木水火刚柔相济，然后克得其和，能为人用。今青州天性峭急，迷于曲直。仁君度数弘广，绰然有馀，当以大苞小，以优容劣，先除曹操，以平先公之恨，事定之后，乃议曲直之评，不亦善乎！若留神远图，剋已复礼，当振旅长驱，共奖王室。若迷而不返，遵而无改，[11]则胡夷将有诮让之言，况我同盟，复能戮力仁君之役哉！此韩卢、东郭自困于前，而遗田父之获者也。愤跃鹤望，冀闻和同之声。若其泰也，则袁族其与汉升降乎！如其否也，则同盟永无望矣。"表二书并见王粲集。

曹操遂还救谭，十月至黎阳。尚闻操度河，乃释平原还邺。尚将吕旷、高翔[12]畔归曹氏，谭复阴刻将军印，以假旷、翔。操知谭诈，乃以子整娉谭女以安之，①而引军还。

①魏志曰，整建安二十二年封郿侯，二十三年薨，无子。黄初二年，追进爵，谥曰戴公。

九年三月，尚使审配守邺，复攻谭于平原。配献书于谭曰："配闻良药苦口而利于病，忠言逆耳而便于行。①愿将军缓心抑怒，终省愚辞。盖春秋之义，国君死社稷，忠臣死君命。②苟图危宗庙，剥乱国家，亲疏一也。③是以周公垂涕以（毙）〔蔽〕管、蔡之狱，④[13]季友歔欷而行叔牙之诛。⑤何则？义重人轻，事不获已故也。昔先公废黜将军以续贤兄，立我将军以为嫡嗣，上告祖灵，下书谱牒，海内远近，谁不备闻！何意凶臣郭图，妄画蛇足，⑥曲辞谄媚，交乱懿亲。至令将军忘孝友之仁，袭阋、沈之跡，放兵钞突，屠城杀吏，冤魂痛于幽冥，创痍被于草棘。又乃图获邺城，许赏赐秦胡，其财物妇女，豫有分数。又云：'孤虽有老母，趣使身体完具而已。'闻此言者，莫不悼心挥涕，使太夫人忧哀愤隔，我州君臣监寐悲叹。诚拱默以听执事之图，则惧违春秋死命之节，诒太夫人不测之患，损先公不世之业。我将军辞不获命，以及馆陶之役。⑦伏惟将军至孝蒸蒸，发于岐嶷，友于之性，生于自然，章之以聪明，行之以敏达，览古今之举措，觌兴败之征符，轻荣财于粪土，贵名(高)〔位〕于丘岳。[14]何意奄然迷沈，堕贤哲之操，⑧积怨肆忿，取破家之祸！翘企延颈，待望仇敌，委慈亲于虎狼之牙，以逞一朝之志，岂不痛哉！若乃天启尊心，革图易虑，则我将军匍匐悲号[15]于将军股掌之上，配等亦当敦躬布体以听斧锧之刑。如又不悛，祸将及之。愿熟详吉凶，以赐环玦。"⑨谭不纳。

①孔子家语曰："忠言逆耳而利于行。"

②左传晏婴曰："君为社稷死则死之，为社稷亡则亡之。"又晋解杨曰："受命以出，有死无陨。死而成命，臣之禄也。"

③左传曰"天实剥乱"也。

④左传曰，郑子太叔曰："周公杀管叔，放蔡叔。夫岂不爱？王室故也。"

⑤公羊传曰："公子牙卒。何以不称弟？杀也，为季子讳杀也。庄公病，叔牙曰：'鲁一生一及，君以知之。庆父存也。'[16]季子曰：'夫何敢？是将为乱！'和药而饮之，曰：'公子从吾言而饮此，则可以无为天下戮笑，必有后于鲁国。'诛不避兄弟，君臣之义也。"

⑥战国策曰："楚有祠者，赐其舍人酒一卮，相谓曰：'数人饮之不足，一人饮之有馀，请各画地为蛇，先成者饮酒。'一人蛇先成，引酒且饮，乃左手持酒，右手画蛇，曰：'吾能为之足。'未成，一人蛇成，夺其卮，曰：'蛇固无足，子安能为足？'遂饮酒。为蛇足者终亡其酒。"

⑦诒，遗也。不世犹言非常也。献帝春秋曰："谭尚遂寻干戈，以相征讨。谭军不利，保于平原，尚乃军于馆陶。谭击之败，尚走保险。谭追攻之，尚设奇伏大破谭军，僵尸流血不可胜计。谭走还平原。"

⑧堕音许规反。

⑨孙卿子曰："绝人以玦，反人以环。"

曹操因此进攻邺，审配将冯（札）〔礼〕[17]为内应，开突门内操兵三百馀人。①配觉之，从城上以大石击门，门闭，入者皆死。操乃凿堑围城，周回四十里，初令浅，示若可越。配望见，笑而不出争利。操一夜浚之，广深二丈，引漳水以灌之。自五月至八月，城中饿死者过半。尚闻邺急，将军万馀人还救城，操逆击破之。尚走依曲漳为营，②操复围之，未合，尚惧，遣阴夔、陈琳求降，不听。尚还走蓝口，③操复进，急围之。尚将马延等临阵降，众大溃，尚奔中山。尽收其辎重，得尚印绶节钺及衣物，以示城中，城中崩沮。审配令士卒曰："坚守死战，操军疲矣。幽州方至，何忧无主！"操出行围，配伏弩射之，几中。④以其兄子荣为东门校尉，荣夜开门内操兵，配拒战城中，生获配。操谓配曰："吾近行围，弩何多也？"配曰："犹恨其少。"操曰："卿忠于袁氏，亦自不得不尔。"意欲活之。配意气壮烈，终无挠辞，见者莫不叹息，遂斩之。⑤全尚母妻子，还其财宝。高干以并州降，复为刺史。

①墨子备突篇曰"城百步，一突门。突门用车两轮，以木束之涂其上，维置突门内。度门广狭之，令人入门四尺，中置窒突，门旁为橐，充灶

状，又置艾。寇即入，下轮而塞之，鼓橐薰之"也。

②漳水之曲。

③相州安(杨)〔阳〕县界有蓝嵯山，[18]与邺相近，盖蓝山之口。

④几音祈。中音竹仲反。

⑤先贤行状曰："是日先缚配将诣帐下，辛毗等逆以马鞭击其头，骂之
曰：'奴，汝今日真死矣。'配顾曰：'狗辈！由汝曹破冀州，恨不得杀
汝。'太祖既有意活配，配无挠辞，辛毗等号哭不已，乃杀之。"

曹操之围邺也，谭复背之，因略取甘陵、安平、勃海、河间，攻尚
于中山。尚败，走故安从熙，而谭悉收其众，还屯龙凑。

十二月，曹操讨谭，军其门。谭夜遁(奔)〔走〕南皮，[19]临清河
而屯。明年正月，急攻之。谭欲出战，军未合而破。谭被发驱驰，
追者意非恒人，趋奔之。①谭堕马，顾曰："咄，儿过我，我能富贵
汝。"言未绝口，头已断地。于是斩郭图等，戮其妻子。

①趋音促。

熙、尚为其将焦触、张南所攻，奔辽西乌桓。触自号幽州刺史，
驱率诸郡太守令长背袁向曹，陈兵数万。杀白马盟，令曰："违者
斩！"众莫敢仰视，各以次歃。至别驾代郡韩珩，①曰："吾受袁公父
子厚恩，今其破亡，智不能救，勇不能死，于义阙矣。若乃北面曹
氏，所不能为也！"一坐为珩失色。触曰："夫举大事，当立大义。
事之济否，不待一人，可卒珩志，以厉事君。"②曹操闻珩节，甚高
之，屡辟不至，卒于家。

①珩音行。

②先贤行状曰"珩字子佩，代郡人，清粹有雅量。少丧父母，奉养兄姊，
宗族称悌"也。

高干复叛，执上党太守，举兵守壶口关。①十一年，曹操自征干，干乃留其将守城，自诣匈奴求救，不得，独与数骑亡，欲南奔荆州。上洛都尉捕斩之。②

①潞州上党县有壶山口，因其险而置关焉。

②典论曰：[20]"上洛都尉王琰获高干，以功封侯。其妻哭于室，以为琰富贵将更娶妾媵故也。"

十二年，曹操征辽西，击乌桓。尚、熙与乌桓逆操军，战败走，乃与亲兵数千人奔公孙康于辽东。尚有勇力，先与熙谋曰："今到辽东，康必见我，我独为兄手击之，且据其郡，犹可以自广也。"康亦心规取尚以为功，乃先置精勇于厩中，然后请尚、熙。熙疑不欲进，尚强之，遂与俱入。未及坐，康叱伏兵禽之，坐于冻地。尚谓康曰："未死之间，寒不可忍，可相与席。"康曰："卿头颅方行万里，何席之为！"遂斩首送之。

康，辽东人。父度，初避吏为玄菟小吏，[21]稍仕。中平元年，还为本郡守。在职敢杀伐，郡中名豪与己夙无恩者，遂诛灭百馀家。因东击高句骊，西攻乌桓，威行海畔。时王室方乱，度恃其地远，阴独怀幸。会襄平社生大石丈馀，下有三小石为足，度以为己瑞。①初平元年，乃分辽东为辽西、中辽郡，并置太守，越海收东莱诸县，为营州刺史，②自立为辽东侯、平州牧，追封父延为建义侯。立汉二祖庙。承制设坛墠于襄平城南，郊祀天地，藉田理兵，乘鸾辂九旒旄头羽骑。建安九年，司空曹操表为奋威将军，[22]封永宁乡侯。度死，康嗣，故遂据辽土焉。

①襄平，县，属辽东郡，故城在今平州卢龙县西南。魏志曰："时襄平延里社生大石，或谓度曰：'此汉宣帝冠石祥也，里名与先君同。社主土地，明当有土地，有三公辅也。'度益喜。"

②为犹置也。

刘表字景升，山阳高平人，鲁恭王之后也。①身长八尺馀，姿貌温伟。与同郡张俭等俱被讪议，号为"八顾"。诏书捕案党人，表亡走得免。党禁解，辟大将军何进掾。

①恭王，景帝子，名馀。

初平元年，长沙太守孙坚杀荆州刺史王叡，①诏书以表为荆州刺史。时江南宗贼大盛，②又袁术阻兵屯鲁阳，表不能得至，乃单马入宜城，③请南郡人蒯越、襄阳人蔡瑁与共谋画。④表谓越曰："宗贼虽盛而众不附，若袁术因之，祸必至矣。吾欲征兵，恐不能集，其策焉出？"对曰："理平者先仁义，理乱者先权谋。兵不在多，贵乎得人。袁术骄而无谋，宗贼率多贪暴。越有所素养者，使人示之以利，必持众来。使君诛其无道，施其才用，威德既行，襁负而至矣。兵集众附，南据江陵，北守襄阳，荆州八郡⑤可传檄而定。公路虽至，无能为也。"表曰："善。"乃使越遣人诱宗贼帅，至者十五人，〔23〕皆斩之而袭取其众。唯江夏贼张虎、陈坐拥兵据襄阳城，〔24〕表使越与庞季往譬之，乃降。江南悉平。诸守令闻表威名，多解印绶去。表遂理兵襄阳，以观时变。

①王氏谱曰："叡字通曜，晋太保祥之伯父也。"吴录曰："叡见执，惊曰：'我何罪？'坚曰：'坐无所知。'叡穷迫，刮金饮之而死。"

②宗党共为贼。

③宜城，县，属南郡，本鄢，惠帝三年改名宜城。

④傅子曰："越字异度，魏太祖平荆州，与荀彧书曰：'不喜得荆州，喜得异度耳。'"

⑤汉官仪曰，荆州管长沙、零陵、桂阳、南阳、江(陵)〔夏〕、[25]武陵、南郡、章陵等是也。

袁术与其从兄绍有隙，而绍与表相结，故术共孙坚合从袭表。表败，坚遂围襄阳。会表将黄祖救至，坚为流箭所中死，馀众退走。①及李傕等入长安，冬，表遣使奉贡。傕以表为镇南将军、荆州牧，封成武侯，假节，以为己援。

> ①典略曰："刘表夜遣将黄祖潜出兵，坚逆与战，祖败走，窜岘山中。坚乘胜夜追祖，祖部兵从竹木间射坚，杀之。"英雄记："刘表将吕介将兵缘山向坚，坚轻骑寻山讨介，介下兵射中坚头，应时物故。"[26]与此不同。

建安元年，骠骑将军张济自关中走南阳，因攻穰城，中飞矢而死。荆州官属皆贺。表曰："济以穷来，主人无礼，至于交锋，此非牧意，牧受吊不受贺也。"使人纳其众，众闻之喜，遂皆服从。①三年，长沙太守张羡率零陵、桂阳三郡畔表，表遣兵攻围，破羡，平之。②于是开土遂广，南接五领，③北据汉川，地方数千里，带甲十馀万。初，荆州人情好扰，加四方骇震，寇贼相扇，处处麇沸。表招诱有方，威怀兼洽，其奸猾宿贼更为效用，万里肃清，大小咸悦而服之。关西、兖、豫学士归者盖有千数，表安慰赈赡，皆得资全。遂起立学校，博求儒术，綦毋闿、[27]宋忠等④撰立五经章句，谓之后定。爱民养士，从容自保。

> ①献帝春秋曰："济引众入荆州，贾诩随之归刘表。襄阳城守不受，济因攻之，为流矢所中。济从子绣收众而退。刘表自责，以为己无宾主礼，遣使招绣，绣遂屯襄阳，为表北藩。"
> ②英雄记曰："张羡，南阳人。先作零陵、桂阳守，甚得江湘间心。然性屈强不顺，表薄其为人，不甚礼也。羡因是怀恨，遂畔表。"

③裴氏广州记云："大庾、始安、临贺、桂阳、揭阳,是谓五领。"邓德明南
康记曰："大庾一也,桂阳甲骑二也,九真都庞三也,临贺萌渚四也,始
安越城五也。"

④阆音开。

及曹操与袁绍相持于官度,绍遣人求助,表许之,不至,亦不援
曹操,且欲观天下之变。从事中郎南阳韩嵩、①别驾刘先说表②
曰："今豪桀并争,两雄相持,天下之重在于将军。若欲有为,起乘
其敝可也;如其不然,固将择所宜从。岂可拥甲十万,坐观成败,求
援而不能助,见贤而不肯归!此两怨必集于将军,恐不得中立矣。
曹操善用兵,且贤俊多归之,其势必举袁绍,然后移兵以向江汉,恐
将军不能御也。今之胜计,莫若举荆州以附曹操,操必重德将军,
长享福祚,垂之后嗣,此万全之策也。"蒯越亦劝之。表狐疑不断,
乃遣嵩诣操,观望虚实。谓嵩曰："今天下未知所定,而曹操拥天子
都许,君为我观其衅。"嵩对曰："嵩观曹公之明,必得志于天下。
将军若欲归之,使嵩可也;如其犹豫,嵩至京师,天子假嵩一职,不
获辞命,〔28〕则成天子之臣,将军之故吏耳。在君为君,不复为将军
死也。惟加重思。"表以为惮使,强之。至许,果拜嵩侍中、零陵太
守。及还,盛称朝廷曹操之德,劝遣子入侍。表大怒,以为怀贰,陈
兵诟嵩,将斩之。③嵩不为动容,徐陈临行之言。表妻蔡氏知嵩贤,
谏止之。表犹怒,乃考杀从行者。知无它意,但囚嵩而已。④

1944

①先贤行状曰："嵩字德高,义阳人,少好学,贫不改操。"
②零陵先贤传曰："先字始宗。博学强记,尤好黄老,明习汉家典故。"
③诟,骂也。
④傅子曰："表妻蔡氏谏之曰:'韩嵩,楚国之望,且其言直,诛之无辞。'
表乃不诛而囚之。"

六年,<u>刘备</u>自<u>袁绍</u>奔<u>荆州</u>,<u>表</u>厚相待结而不能用也。十三年,<u>曹操</u>自将征<u>表</u>,未至。八月,<u>表</u>疽发背卒。①在<u>荆州</u>几二十年,家无馀积。

> ①<u>代语</u>曰[29]"<u>表</u>死后八十余年,<u>晋太康</u>中,冢见发,<u>表</u>及妻身形如生,芬香闻数里"也。

二子:<u>琦</u>,<u>琮</u>。<u>表</u>初以<u>琦</u>貌类于己,甚爱之,后为<u>琮</u>娶其后妻<u>蔡氏</u>之侄,<u>蔡氏</u>遂爱<u>琮</u>而恶<u>琦</u>,毁誉之言日闻于<u>表</u>。<u>表</u>宠耽后妻,每信受焉。又妻弟<u>蔡瑁</u>及外甥<u>张允</u>并得幸于<u>表</u>,又睦于<u>琮</u>。而<u>琦</u>不自宁,尝与<u>琅邪</u>人<u>诸葛亮</u>谋自安之术。<u>亮</u>初不对。后乃共升高楼,因令去梯,谓<u>亮</u>曰:"今日上不至天,下不至地,言出子口而入吾耳,可以言未?"<u>亮</u>曰:"君不见<u>申生</u>在内而危,<u>重耳</u>居外而安乎?"①<u>琦</u>意感悟,阴规出计。会<u>表</u>将<u>江夏</u>太守<u>黄祖</u>为<u>孙权</u>所杀,<u>琦</u>遂求代其任。

> ①<u>申生</u>,<u>晋献公</u>之太子。为<u>丽姬</u>所谮,自缢死。<u>重耳</u>,<u>申生</u>之弟。惧<u>丽姬</u>之谮,出奔。<u>献公</u>卒,<u>重耳</u>入,是为<u>文公</u>,遂为霸主。见<u>左氏传</u>。

及<u>表</u>病甚,<u>琦</u>归省疾,素慈孝,<u>允</u>等恐其见<u>表</u>而父子相感,更有托后之意,乃谓<u>琦</u>曰:"将军命君抚临<u>江夏</u>,其任至重。今释众擅来,必见谴怒。伤亲之欢,重增其疾,非孝敬之道也。"遂遏于户外,使不得见。<u>琦</u>流涕而去,人众闻而伤焉。[30]遂以<u>琮</u>为嗣。<u>琮</u>以侯印授<u>琦</u>。<u>琦</u>怒,投之地,将因奔丧作难。会<u>曹操</u>军至<u>新野</u>,<u>琦</u>走<u>江南</u>。<u>蒯越</u>、<u>韩嵩</u>及东曹掾<u>傅巽</u>等说<u>琮</u>归降。①<u>琮</u>曰:"今与诸君据全<u>楚</u>之地,守先君之业,以观天下,何为不可?"<u>巽</u>曰:"逆顺有大体,强弱有定执。以人臣而拒人主,逆道也;以新造之<u>楚</u>而御中国,必危也;以<u>刘备</u>而敌<u>曹公</u>,不当也。三者皆短,欲以抗王师之锋,必亡之道也。将军自料何与刘备?"琮曰:"不若也。"巽曰:"诚以刘备不足御曹公,则虽全楚不能以自存也。诚以刘备足御曹公,则备不为将军下也。愿将军勿疑。"

①傅子曰:"巽字公悌,瑰玮博达,有知人监识。"〔31〕

及操军到襄阳,琮举州请降,刘备奔夏口。①操以琮为青州刺史,封列侯。蒯越等侯者十五人。乃释嵩之囚,以其名重,甚加礼待,使条品州人优劣,皆擢而用之。以嵩为大鸿胪,以交友礼待之。蒯越光禄勋,刘(光)〔先〕尚书令。〔32〕初,表之结袁绍也,侍中从事邓义〔33〕谏不听。义以疾退,终表世不仕,操以为侍中。其馀多至大官。

①夏口,城,今之鄂州也。左传:"吴伐楚,楚沈尹戌奔命于夏汭。"杜预注曰:"汉水入(口)〔江〕,〔34〕今夏口也。"

操后败于赤壁,①刘备表琦为荆州刺史。明年卒。

①赤壁,山名也,在今鄂州蒲圻县。

论曰:袁绍初以豪侠得众,遂怀雄霸之图,天下胜兵举旗者,莫不假以为名。及临场决敌,则悍夫争命;①深筹高议,则智士倾心。盛哉乎,其所资也! 韩非曰:"很刚而不和,愎过而好胜,嫡子轻而庶子重,斯之谓亡征。"②刘表道不相越,而欲卧收天运,拟踪三分,其犹木禺之于人也。③

①悍,勇也。

②韩非亡征篇曰:"很刚而不和,愎谏而好胜,不顾社稷而轻为信者,可亡也。"又曰:"太子轻,庶子伉,可亡也。"又曰:"太子卑而庶子尊,可亡也。"

③言其如刻木为人,无所知也。前书:"有木禺龙一。"音义曰:"禺,寄

也。寄龙形于木。"

赞曰:绍姿弘雅,表亦长者。称雄河外,擅强南夏。鱼俪汉舳,云屯冀马。①阙图讯鼎,禋天类社。②既云天工,亦资人亮。③矜强少成,坐谈奚望。④回皇冢嬖,身殒业丧。⑤

①鱼俪犹相次比也。左传曰:"奉公为鱼丽之陈。"前书音义曰:"舳,船后持柂处也。"左传曰:"冀之北土,马之所生。"

②阙图谓若刘歆图书改名秀。讯鼎谓楚子问王孙满鼎轻重也。国语曰:"精意以享谓之禋。"尔雅曰:"是类是禡,师祭也。"社者阴类,将兴师,故祭之。

③工者,官也。亮,信也。尚书曰:"天工人其代之。"又曰:"惟时亮天工。"

④九州春秋曰:"曹公征乌桓,诸将曰:'今深入远征,万一刘表使备袭许,悔无及也。'郭嘉曰:'刘表坐谈客耳,自知才不足以御备,重任之则恐不能制,轻之则备不为用。虽违国远征,无忧矣。'公遂征之。"

⑤冢,嫡也。嬖,爱也。

【校勘记】

〔一〕自九月至明年二月　按:沈家本谓案魏志武纪,操破谭尚在三月。

〔二〕皆是审配之所构也　按:"构"原讹"搆",各本同,径改正。

〔三〕直(言)当论其执耳　据刊误删。按:魏志辛毗传无"言"字。

〔四〕宣奕世之德　按:"奕"原讹"弈",径据汲本、殿本改正。注同。

〔五〕而能全于长世者也　校补谓"於"字误,当作"族"。按:魏志注引魏氏春秋作"而能崇业济功,垂祚后世者也"。

〔六〕构我二人　按:"构"原讹"搆",径据殿本改正。

〔七〕其弟静立　汲本、殿本"静"作"靖"。按:静靖古多通作。

〔8〕段不弟 "段"原讹"叚",径改正。下同,不悉出校记。

〔9〕故虽灭亲不尤诛兄不伤 按:魏志注"尤"上有"为"字,"伤"下有"义"字。

〔10〕当唯曹是务 按:集解引惠栋说,谓曹,众也,魏氏春秋作"义"。王粲集云"唯曹氏是务",此后人妄加也。

〔11〕遵而无改 按:魏志注"遵"作"违"。

〔12〕尚将吕旷高翔 魏志"高翔"作"吕翔",惠栋补注从之。按:潘眉谓作"高翔"是。

〔13〕是以周公垂涕以(毙)〔蔽〕管蔡之狱 集解引惠栋说,谓"毙"当作"弊",断也。或作"蔽",义同。今据改。按:魏志注作"是以周公垂泣而蔽管蔡之狱"。

〔14〕贵名(高)〔位〕于丘岳 据殿本改。按:校补引钱大昭说,谓闽本"高"作"位"。

〔15〕匍匐悲号 按:"匍匐"二字原倒,径乙正。

〔16〕庆父存也 按:刊误谓案公羊云"庆父也存"。

〔17〕审配将冯(札)〔礼〕 集解引钱大昭说,谓闽本"冯札"作"冯礼"。又魏志亦作"冯礼"。今据改。按:礼字古作"礼",形近讹"札"。

〔18〕相州安(杨)〔阳〕县界有蓝嵯山 据殿本改。

〔19〕谭夜遁(奔)〔走〕南皮 据汲本改。按:校补谓奔者逃亡之辞,谭时尚有军,作"奔"非。

〔20〕典论曰 按:校补引钱大昭说,谓魏志注引此作"典略"。

〔21〕初避吏为玄兔小吏 按:刊误谓"玄兔"按郡名皆作"菟"。

〔22〕司空曹操表为奋威将军 按:沈家本谓魏志公孙度传"奋"作"武"。

〔23〕至者十五人 按:集解引惠栋说,谓司马彪战略云"五十五人"。

〔24〕唯江夏贼张虎陈坐拥兵据襄阳城 按:殿本考证谓何焯校本"坐"改"生"。又集解引惠栋说,谓战略作"陈生"。

〔25〕江(陵)〔夏〕　集解引洪亮吉说，谓"江陵"应作"江夏"，表传凡言江夏者三，汉官仪作"江陵"，误。今据改。

〔26〕刘表将吕介至应时物故　按：校补谓吴志注引英雄记"介"作"公"。"介下兵射中坚头"作"公兵下石中坚头"，"应时"下多"脑出"二字。

〔27〕綦母闿　按：殿本"綦母"作"綦毋"。

〔28〕不获辞命　按：刊误谓案文当云"辞不获命"。

〔29〕代语曰　按：校补引钱大昭说，谓代语即世语，唐人避讳改。世语晋郭颁撰，隋书经籍志作"魏晋世语"。

〔30〕琦流涕而去人众闻而伤焉　汲本、殿本"人"作"之"，属上读。按：魏志注引典论，作"琦流涕而去"，无"之"字。

〔31〕有知人监识　汲本、殿本"监"作"鉴"。按：监与鉴通。

〔32〕刘(光)〔先〕尚书令　按：集解引惠栋说，谓"光"魏志作"先"，即上别驾刘先也。零陵先贤传亦作"先"。今据改。

〔33〕侍中从事邓义　按：集解引陈景云说，谓"侍"当作"治"。又引钱大昕说，谓章怀讳"治"为"持"，此"治中"改"持中"，校书者妄易为"侍"耳。又按：集解引惠栋说，谓魏志"邓义"作"邓羲"。

〔34〕汉水入(口)〔江〕　据刊误改，与左传杜注合。

后汉书卷七十五

刘焉袁术吕布列传第六十五

刘焉字君郎,[1]江夏竟陵人也,①鲁恭王后也。②肃宗时,徙竟陵。焉少任州郡,以宗室拜郎中。去官居阳城山,精学教授。举贤良方正,稍迁南阳太守、宗正、太常。

①竟陵今复州县。

②恭王,景帝子,名馀。

时灵帝政化衰缺,四方兵寇,焉以为刺史威轻,既不能禁,且用非其人,辄增暴乱,乃建议改置牧伯,镇安方夏,清选重臣,[2]以居其任。焉乃阴求为交阯,以避时难。议未即行,会益州刺史郤俭[3]在政烦扰,谣言远闻,而并州刺史张懿、[4]凉州刺史耿鄙并为寇贼所害,故焉议得用。出焉为监军使者,领益州牧,①太仆黄琬为豫州牧,宗正刘虞为幽州牧,皆以本秩居职。州任之重,自此而始。

①前书任安为监北军使者。

是时益州贼马相亦自号"黄巾",合聚疲役之民数千人,先杀绵竹令,①进攻雒县,②杀郡俭,又击蜀郡、犍为,旬月之间,破坏三郡。③马相自称"天子",众至十馀万人,遣兵破巴郡,杀郡守赵部。州从事贾龙,先领兵数百人在犍为,遂纠合吏人攻相,破之,[5]龙乃遣吏卒迎焉。[6]焉到,以龙为校尉,徙居绵竹。(龙)抚纳离叛,[7]务行宽惠,而阴图异计。

①绵竹故城在今益州绵竹县东。

②今益州雒县。

③绵竹及雒属广汉郡,并蜀郡、犍为郡。

沛人张鲁,母有恣色,兼挟鬼道,往来焉家,遂任鲁以为督义司马,(遂)与别部司马张脩[8]将兵掩杀汉中太守苏固,断绝斜谷,杀使者。鲁既得汉中,遂复杀张脩而并其众。

焉欲立威刑以自尊大,乃托以佗事,杀州中豪强十馀人,①士民皆怨。初平二年,犍为太守任岐及贾龙并反,攻焉。焉击破,皆杀之。自此意气渐盛,遂造作乘舆车重千馀乘。②焉四子,范为左中郎将,诞治书御史,璋奉车都尉,③并从献帝在长安,唯别部司马瑁随焉在益州。朝廷使璋晓譬焉,焉留璋不复遣。兴平元年,征西将军马腾与范谋诛李傕,焉遣叟兵五千助之,战败,④范及诞并见杀。焉既痛二子,又遇天火烧其城府车重,延及民家,馆邑无馀,于是徙居成都,遂〔疽〕发背(疽)卒。⑤[9]

①蜀志曰,杀王咸、李权等。

②重,辎重也。

③蜀志曰:"璋字季玉。"

④汉世谓蜀为叟。孔安国注尚书云:"蜀,叟也。"

⑤说文曰:"疽,久痛。"

州大吏赵韪等贪璋温仁,立为刺史。诏书因以璋为监军使者,领益州牧,以韪为征东中郎将。先是荆州牧刘表表焉僭拟乘舆器服,韪以此遂屯兵朐䏰备表。①

①朐音蠢。䏰音如尹反。属巴郡,故城在今夔州云安县西也。

初,南阳、三辅民数万户流入益州,焉悉收以为众,名曰"东州兵"。璋性柔宽无威略,东州人侵暴为民患,不能禁制,旧士颇有离怨。赵韪之在巴中,甚得众心,璋委之以权。韪因人情不辑,①乃阴结州中大姓。建安五年,还共击璋,蜀郡、广汉、犍为皆反应。东州人畏见诛灭,乃同心并力,为璋死战,遂破反者,进攻韪于江州,②斩之。

①辑,和也。

②江州,县名,属巴郡,今渝州巴县。

张鲁以璋暗懦,不复承顺。璋怒,杀鲁母及弟,而遣其将庞羲等攻鲁,数为所破。鲁部曲多在巴土,故以羲为巴郡太守。鲁因袭取之,遂雄于巴汉。

十三年,曹操自将征荆州,璋乃遣使致敬。操加璋振威将军,兄瑁平寇将军。璋因遣别驾从事张松诣操,而操不相接礼。松怀恨而还,劝璋绝曹氏,而结好刘备。璋从之。

十六年,璋闻曹操当遣兵向汉中讨张鲁,内怀恐惧,松复说璋迎刘备以拒操。璋即遣法正将兵迎备。①璋主簿巴西黄权谏曰:②"刘备有枭名,③今以部曲遇之,则不满其心,以宾客待之,则一国不容二主,此非自安之道。"从事广汉王累自倒悬于州门以谏。璋一无所纳。

①蜀志曰:"法正字孝直,扶风郿人也。祖真,字乔卿。[10]父衍,字

季谋。"

②蜀志曰："权字公衡，阆中人也。先主取益州，诸县望风景附，权闭城坚守。须璋稽服，乃诣先主。〔先〕主称尊号，[11]将东伐吴，权谏，先主不从，以权为镇北将军，督江北军，先主自在江南。吴将陆义乘虚断围，南军败绩，先主引退，而道隔，权不得还，故率所领降于魏。有司执法白收权妻子。先主曰：'孤负黄权，权不负孤也。'待之如初。魏文帝谓权曰：'君舍逆效顺，欲追踪陈、韩邪？'权对曰：'臣过受刘氏厚遇，降吴不可，还蜀无路，是以归命。且败军之将，免死为幸，何古人之可慕？'"

③枭即骁也。

备自江陵驰至涪城，①璋率步骑数万与备会。②张松劝备于会袭璋，备不忍。明年，出屯葭萌。松兄广汉太守肃惧祸及己，乃以松谋白璋，收松斩之，③敕诸关戍勿复通。备大怒，还兵击璋，所在战克。十九年，进围成都，数十日，城中有精兵三万人，穀支一年，[12]吏民咸欲拒战。璋言："父子在州二十馀岁，无恩德以加百姓，而攻战三载，肌膏草野者，以璋故也。何心能安！"遂开城出降，群下莫不流涕。备迁璋于公安，④归其财宝，后以病卒。⑤

①涪城故城今绵州城。

②蜀志曰："是岁建安十六年。"

③益郡耆旧传曰："张肃有威仪，容貌甚伟。松为人短小放荡，不持节操，然识理精果，有才干。刘璋遣诣曹公，公不甚礼。杨修深器之，白公辟松，不纳。修以公所撰兵书示松，饮宴之间，一省即便闇诵，以此异之。"

④公安，今荆州县。

⑤蜀志曰："先主迁璋于公安南，[13]犹佩振威将军印绶。孙权破关羽，取荆州，以璋为益州牧，留（住）〔驻〕秭归。"[14]

明年,曹操破张鲁,定汉中。

鲁字公旗。[15]初,祖父陵,顺帝时客于蜀,学道鹤鸣山中,①造作符书,以惑百姓。受其道者辄出米五斗,故谓之"米贼"。陵传子衡,衡传于鲁,鲁遂自号"师君"。其来学者,初名为"鬼卒",后号"祭酒"。祭酒各领部众,众多者名曰"理头"。[16]皆校以诚信,不听欺妄,有病但令首过而已。②诸祭酒各起义舍于路,同之亭传,③县置米肉以给行旅。食者量腹取足,过多则鬼能病之。犯法者先加三原,④然后行刑。不置长吏,以祭酒为理,民夷信向。⑤朝廷不能讨,遂就拜鲁镇夷中郎将,[17]领汉宁太守,⑥通其贡献。

①山在今益州晋原县西。

②魏志曰:"大抵与黄巾相似。"首音式(杀)〔救〕反。[18]

③传音陟恋反。

④原,免也。

⑤典略曰:"初,熹平中,妖贼大起,〔三辅有骆曜。光和中,东方有张角〕,[19]汉中有张脩。〔骆曜教民缅匿法,角〕为太平道,(张角)〔脩〕为五斗米道。[20]太平道师持九节杖,为符祝,教病人叩头思过,因以符水饮之。病或自愈者,则云此人信道,其或不愈,则云不信道。脩法略与角同,加施净室,使病人处其中思过。又使人为奸令祭酒,主以老子五千文,使都习,号'奸令'。为鬼吏,主为病者请祷。〔请祷〕之法,[21]书病人姓字,说服罪之意。作三通,其一上之天,著山上,其一埋之地,其一沈之水,谓之'三官手书'。使病者家出米五斗以为常,故号'五斗米师'也。实无益于疗病,〔但为淫妄〕,[22]小人昏愚,竞共事之。后角被诛,脩亦亡。及鲁自在汉中,因其人信行脩业,遂增饰之。教使起义舍,以米〔肉〕置其中,[23]以止行人。又〔教〕使自隐,[24]有小过者,当循道百步,[25]则罪除。又依月令,春夏禁杀。又

　　禁酒。流移寄在其地者,不敢不奉也。”

　　⑥袁山松书,建安二十年置汉宁郡。

　　韩遂、马超之乱,关西民奔鲁者数万家。时人有地中得玉印者,群下欲尊鲁为汉宁王。鲁功曹阎圃谏曰:“汉川之民,户出十万,四面险固,财富土沃,上匡天子,则为桓文,次方窦融,不失富贵。今承制署置,势足斩断。据称王号,必为祸先。”鲁从之。

　　鲁自在汉川垂三十年,闻曹操征之,至阳平,①欲举汉中降。其弟卫不听,率众数万,拒关固守。②操破卫,斩之。鲁闻阳平已陷,将稽颡归降。阎圃说曰:“今以急往,其功为轻,不如且依巴中,然后委质,功必多也。”于是乃奔南山。左右欲悉焚宝货仓库。鲁曰:“本欲归命国家,其意未遂。今日之走,以避锋锐,非有恶意。”遂封藏而去。操入南郑,甚嘉之。又以鲁本有善意,遣人慰安之。鲁即与家属出逆,拜镇南将军,封阆中侯,邑万户,③将还中国,待以客礼。封鲁五子及阎圃等皆为列侯。

　　①周地图记曰:“褒谷西北有古阳平关。”其地在今梁州褒城县西北也。

　　②魏志曰:[26]“太祖征鲁至阳平关,卫拒关坚守。”

　　③阆中属巴郡,今隆州县。

　　鲁卒,谥曰原侯。子富嗣。

　　论曰:刘焉觇时方艰,先求后亡之所,①庶乎见几而作。②夫地广则骄尊之心生,财衍则僭奢之情用,③固亦恒人必至之期也。璋能闭隘养力,守案先图,尚可与岁时推移,而遽输利器,静受流斥,④所谓羊质虎皮,见豺则恐,吁哉!⑤

　　①左传曰,郑公孙黑肱有疾,归邑于公,曰:“吾闻之,生于乱代,贵而能

贫,人无求焉,可以后亡。"

②易曰:"君子见几而作,不俟终日。"又曰:"几者动之微,吉之先见。"

③衍,饶也。

④老子曰:"国之利器,不可以示人。"

⑤杨子法言曰:[26]"羊质虎皮,见草而悦,见豺而战。"

袁术字公路,汝南汝阳人,司空逢之子也。少以侠气闻,数与诸公子飞鹰走狗,后颇折节。举孝廉,累迁至河南尹、虎贲中郎将。

时董卓将欲废立,以术为后将军。术畏卓之祸,出奔南阳。会长沙太守孙坚杀南阳太守张咨,①引兵从术。刘表上术为南阳太守,术又表坚领豫州刺史,使率荆、豫之卒,击破董卓于阳人。

①英雄记曰:"咨字子议,颍川人。"吴历曰:"孙坚至南阳,咨不给军粮,又不肯见。坚欲进兵,恐为后害,乃诈得急疾,举军震惶,迎呼巫医,祷祀山川,遣所亲人说咨,言病困欲以兵付咨。咨闻之,心利其兵,即将步骑五六百人入营看坚。坚与相见,无何,卒然而起,案剑骂咨,遂执斩之。"

术从兄绍因坚讨卓未反,远,遣其将会稽周昕[27]夺坚豫州。术怒,击昕走之。绍议欲立刘虞为帝,术好放纵,惮立长君,托以公义不肯同,积此衅隙遂成。乃各外交党援,以相图谋,术结公孙瓒,而绍连刘表。豪桀多附于绍,术怒曰:"群竖不吾从,而从吾家奴乎!"又与公孙瓒书,云绍非袁氏子,绍闻大怒。初平三年,术遣孙坚击刘表于襄阳,坚战死。公孙瓒使刘备与术合谋共逼绍,绍与曹操会击,皆破之。四年,术引军入陈留,屯封丘。黑山馀贼及匈奴於扶罗等佐术,[28]与曹操战于匡亭,大败,术退保雍丘,又将其馀众奔九江,杀杨州刺史陈温而自领之,又兼称徐州伯。李傕入长安,欲结术为援,乃授以左将军,假节,封阳翟侯。[29]

初,术在南阳,户口尚数十百万,而不修法度,以钞掠为资,奢恣无猒,百姓患之。又少见谶书,言"代汉者当涂高",自云名字应之。①又以袁氏出陈为舜后,以黄代赤,德运之次,②遂有僭逆之谋。又闻孙坚得传国玺,③遂拘坚妻夺之。兴平二年冬,天子播越,败于曹阳。术大会群下,因谓曰:"今海内鼎沸,刘氏微弱。吾家四世公辅,④百姓所归,欲应天顺民,于诸君何如?"众莫敢对。主簿阎象进曰:"昔周自后稷至于文王,积德累功,参分天下,[30]犹服事殷。⑤明公虽奕世克昌,⑥[31]孰若有周之盛?汉室虽微,未至殷纣之敝也。"术嘿然,使召张范。范辞疾,遣弟承往应之。术问曰:"昔周室陵迟,则有桓文之霸;⑦秦失其政,汉接而用之。今孤以土地之广,士人之众,欲徼福于齐桓,拟跡于高祖,可乎?"承对曰:"在德不在众。苟能用德以同天下之欲,虽云匹夫,霸王可也。若陵僭无度,干时而动,众之所弃,谁能兴之!"⑧术不说。

①当涂高者,魏也。然术自以"术"及"路"皆是"涂",故云应之。

②陈大夫辕涛涂,袁氏其后也。五行火生土,故云以黄代赤。

③韦昭吴书曰:"汉室大乱,天子北诣河上,六玺不自随,掌玺者以投井中。孙坚北讨董卓,顿军城南,甄官署有井,每旦有五色气从井中出,使人浚井,得汉〔传〕国玉玺,[32]其文曰'受命于天,既寿永昌'。"

④袁安为司空,子敞及京,京子汤,汤子逢并为司空。

⑤国语曰:"后稷勤周,十五代而王。"毛诗国风序曰:"国君积行累功,以致爵位。"论语孔子曰:"三分天下有二,犹服事殷。"[33]

⑥奕犹重也。诗云:"不显奕代。"又曰:"克昌厥后。"

⑦王肃注家语曰:"言若丘陵之渐逶迟。"

⑧魏志曰，范字公仪。承字公先，河内人，司徒歆之孙也。

自孙坚死，子策复领其部曲，术遣击杨州刺史刘繇，破之，策因据江东。策闻术将欲僭号，与书谏曰："董卓无道，陵虐王室，祸加太后，暴及弘农，天子播越，①宫庙焚毁，是以豪桀发愤，沛然俱起。②元恶既毙，幼主东顾，乃使王人奉命，宣明朝恩，偃武修文，与之更始。然而河北异谋于黑山，③曹操毒被于东徐，刘表僭乱于南荆，公孙叛逆于朔北，正礼阻兵，④玄德争盟，⑤是以未获从命，囊弓戢戈。当谓使君与国同规，[34]而舍是弗恤，完然有自取之志，⑥惧非海内企望之意也。成汤讨桀，称'有夏多罪'；⑦武王伐纣，曰'殷有重罚'。⑧此二王者，虽有圣德，假使时无失道之过，无由逼而取也。今主上非有恶于天下，徒以幼小胁于强臣，异于汤武之时也。又闻幼主明智聪敏，有夙成之德，⑨天下虽未被其恩，咸归心焉。若辅而兴之，则旦、奭之美，率土所望也。使君五世相承，⑩为汉宰辅，荣宠之盛，莫与为比，宜效忠守节，以报王室。时人多惑图纬之言，妄牵非类之文，苟以悦主为美，不顾成败之计，古今所慎，可不孰虑！忠言逆耳，驳议致憎，⑪苟有益于尊明，无所敢辞。"术不纳，策遂绝之。

①左传曰，王子朝云"兹不穀震荡播越"。播，迁也。越，逸也。言失其所居。

②沛然，自恣纵貌也。沛音片害反。

③谓袁绍为冀州牧，与黑山贼相连。

④刘繇也。

⑤刘备也。

⑥完然，自得貌。

⑦尚书汤誓曰："有夏多罪，天命殛之。"

⑧史记曰："武王徧告诸侯曰：'殷有重罚，不可不伐。'"

⑨夙，早也。

⑩安生京，京生汤，汤生逢，逢生术，凡五代。

⑪驳，杂也，议不同也。前书张良曰："忠言逆耳利于行，良药苦口利于病。"

建安二年，因河内张炯符命，遂果僭号，自称"仲家"。①以九江太守为淮南尹，置公卿百官，郊祀天地。乃遣使以窃号告吕布，并为子娉布女。布执术使送许。②术大怒，遣其将张勋、桥蕤攻布，大败而还。术又率兵击陈国，诱杀其王宠及相骆俊，曹操乃自征之。术闻大骇，即走度淮，留张勋、桥蕤于蕲阳，③〔35〕以拒操。〔操〕击破斩蕤，〔36〕而勋退走。术兵弱，大将死，众情离叛。加天旱岁荒，士民冻馁，江、淮间相食殆尽。时舒仲应为术沛相，术以米十万斛与为军粮，仲应悉散以给饥民。术闻怒，陈兵将斩之。仲应曰："知当必死，故为之耳。宁可以一人之命，救百姓于涂炭。"术下马牵之曰："仲应，足下独欲享天下重名，不与吾共之邪？"

①"仲"或作"冲"。

②时献帝在许。

③水经曰："蕲水出江夏蕲春县北山。"郦元注云："即蕲山也。西南流经蕲山，又南对蕲阳，注于大江，亦谓之蕲阳口。"

术虽矜名尚奇，而天性骄肆，尊己陵物。及窃伪号，淫侈滋甚，媵御数百，无不兼罗纨，厌粱肉，①自下饥困，莫之简卹。于是资实空尽，不能自立。四年夏，乃烧宫室，奔其部曲陈简、〔37〕雷薄于灊山。②复为简等所拒，遂大困穷，士卒散走。忧懑不知所为，遂归帝号于绍，曰："禄去汉室久矣，天下提挈，政在家门。豪雄角逐，分割疆宇。此与周末七国无异，唯强者兼之耳。袁氏受命当王，符瑞炳然。今君拥有四州，③人户百万，以强则莫与争大，以位则无所比高。曹操虽欲扶衰奖微，安能续绝运，起已灭乎！谨归大命，君其兴之。"绍阴然其计。

①九州春秋曰："司隶冯方女，国色也，避乱杨州。袁术登城，见而悦之，遂纳焉，甚爱幸。诸妇害其宠，绐之曰：'将军贵人有志节，当时时涕泣忧愁，必长见敬重。'冯氏以为然，后见术辄垂涕，术以有心志，益衰之。诸妇因是共绞杀之，悬之厕梁，术诚以为不得志而死也，厚加殡敛焉。"

②灊县之山也。灊，今寿州霍山县也。灊音潜。

③青、冀、幽、并。

术因欲北至青州从袁谭，曹操使刘备徼之，不得过，复走还寿春。六月，至江亭。坐簀床而叹曰：①[38]"袁术乃至是乎！"因愤慨结病，欧血死。妻子依故吏庐江太守刘勋。②孙策破勋，复见收视，术女入孙权宫；子曜仕吴为郎中。

①簀，第也，谓无茵席也。

②魏志曰"勋字子台，琅邪人，与太祖有旧，为孙策破后，自归太祖，封列侯。勋自恃与太祖有宿，日骄慢，数犯法，又诽谤，遂免其官"也。

论曰：天命符验，可得而见，未可得而言也。然大致受大福者，归于信顺乎！①夫事不以顺，虽强力广谋，不能得也。谋不可得之事，日失忠信，变诈安生矣。况复苟肆行之，其以欺天乎！虽假符僭称，归将安所容哉！

①易曰："天之所助者，顺也；人之所助者，信也。履信思顺，自天佑之。"

吕布字奉先,五原九原人也。以弓马骁武给并州。刺史丁原为骑都尉,(原)屯河内,[39]以布为主簿,甚见亲待。灵帝崩,原受何进召,将兵诣洛阳,为执金吾。会进败,董卓诱布杀原而并其兵。

卓以布为骑都尉,誓为父子,甚爱信之。稍迁至中郎将,封都亭侯。卓自知凶恣,每怀猜畏,行止常以布自卫。尝小失卓意,卓拔手戟掷之。布拳捷得免,而改容顾谢,卓意亦解。布由是阴怨于卓。卓又使布守中阁,而私与傅婢情通,益不自安。因往见司徒王允,自陈卓几见杀之状。①时允与尚书仆射士孙瑞密谋诛卓,因以告布,使为内应。布曰:"如父子何?"曰:"君自姓吕,本非骨肉。今忧死不暇,何谓父子?掷戟之时,岂有父子情也?"布遂许之,乃于门刺杀卓,事已见卓传。允以布为奋威将军,假节,仪同三司,封温侯。

①几音祈。

允既不赦凉州人,由是卓将李傕等遂相结,还攻长安。布与傕战,败,乃将数百骑,以卓头系马鞍,走出武关,奔南阳。袁术待之甚厚。布自恃杀卓,有德袁氏,遂恣兵钞掠。术患之。布不安,复去从张杨于河内。时李傕等购募求布急,杨下诸将皆欲图之。布惧,谓杨曰:"与卿州里,今见杀,其功未必多。不如生卖布,可大得傕等爵宠。"杨以为然。有顷,布得走投袁绍,绍与布击张燕于常山。燕精兵万馀,骑数千匹。布常御良马,号曰赤菟,能驰城飞堑,①与其健将成廉、魏越等数十骑驰突燕阵,一日或至三四,皆斩首而出。连战十馀日,遂破燕军。布既恃其功,更请兵于绍,绍不许,而将士多暴横,绍患之。布不自安,[40]因求还洛阳。绍听之,承制使领司隶校尉,遣壮士送布而阴使杀之。布疑其图己,乃使人鼓筝于帐中，潜自遁出。夜中兵起，而布已亡。绍闻，惧为患，募遣追之，皆莫敢逼，遂归张杨。道经陈留，太守张邈遣使迎之，相待甚厚，临别把臂言誓。

①曹瞒传曰："时人语曰：'人中有吕布，马中有赤菟。'"

邈字孟卓，东平人，少以侠闻。初辟公府，稍迁陈留太守。董卓之乱，与曹操共举义兵。及袁绍为盟主，有骄色，邈正义责之。绍既怨邈，且闻与布厚，乃令曹操杀邈。操不听，然邈心不自安。兴平元年，曹操东击陶谦，令其将武阳人陈宫屯东郡。①宫因说邈曰："今天下分崩，雄桀并起。君拥十万之众，当四战之地，②抚剑顾眄，亦足以为人豪，而反受制，不以鄙乎！今州军东征，其处空虚，吕布壮士，善战无前，迎之共据兖州，观天下形埶，俟时事变通，此亦从横一时也。"邈从之，遂与弟超及宫等迎布为兖州牧，据濮阳，郡县皆应之。

①典略曰："陈宫字公台，东郡人也。刚直烈壮，[41] 少与海内知名之士皆连结。及天下乱，始随太祖。后自疑，乃从吕布。为布画策，布每不从。"

②陈留地平，四面受敌，故谓之四战之地也。

曹操闻而引军击布，累战，相持百馀日。是时旱蝗少穀，百姓相食，布移屯山阳。二年间，操复尽收诸城，破布于钜野，布东奔刘备。邈诣袁术求救，留超将家属屯雍丘。操围超数月，屠之，灭其三族。邈未至寿春，为其兵所害。

时刘备领徐州，居下邳，与袁术相拒于淮上。术欲引布击备，乃与布书曰："术举兵诣阙，未能屠裂董卓。将军诛卓，为术报耻，功一也。①昔金元休南至封丘，为曹操所败。②将军伐之，令术复明目于遐迩,功二也。<u>术</u>生年以来,不闻天下有<u>刘备</u>,<u>备</u>乃举兵与<u>术</u>对战。凭将军威灵,得以破<u>备</u>,功三也。将军有三大功在<u>术</u>,<u>术</u>虽不敏,奉以死生。将军连年攻战,军粮苦少,今送米二十万斛。非唯此止,当骆驿复致。凡所短长亦唯命。"<u>布</u>得书大悦,即勒兵袭<u>下邳</u>,获<u>备</u>妻子。<u>备</u>败走<u>海西</u>,③饥困,请降于<u>布</u>。<u>布</u>又患<u>术</u>运粮不复至,乃具车马迎<u>备</u>,以为<u>豫州</u>刺史,遣屯<u>小沛</u>。④<u>布</u>自号<u>徐州</u>牧。<u>术</u>惧<u>布</u>为己害,为子求婚,<u>布</u>复许之。

①董卓杀<u>隗</u>及<u>术</u>兄<u>基</u>等男女二十馀人。

②<u>典略</u>曰"<u>元休</u>名<u>尚</u>,<u>京兆</u>人。同郡<u>韦休甫</u>、<u>第五文休</u>俱著名,号为'三休'。<u>尚</u>,<u>献帝</u>初为<u>兖州</u>刺史,东之郡,而<u>太祖</u>已临<u>兖州</u>。<u>尚</u>依<u>袁术</u>,<u>术</u>僭号,欲以<u>尚</u>为太尉,不敢显言,私使讽之,<u>术</u>亦不敢强也。<u>建安</u>初,<u>尚</u>逃还,为<u>术</u>所害"也。

③<u>海西</u>,县,属<u>广陵郡</u>,故属<u>东海</u>。

④<u>高祖</u>本<u>泗水郡沛县</u>人。及得天下,改<u>泗水</u>为<u>沛郡</u>,<u>小沛</u>即<u>沛县</u>。

<u>术</u>遣将<u>纪灵</u>等步骑三万以攻<u>备</u>,<u>备</u>求救于<u>布</u>。诸将谓<u>布</u>曰:"将军常欲杀<u>刘备</u>,今可假手于<u>术</u>。"<u>布</u>曰:"不然。<u>术</u>若破<u>备</u>,则北连<u>太山</u>,吾为在<u>术</u>围中,不得不救也。"便率步骑千馀,驰往赴之。<u>灵</u>等闻<u>布</u>至,皆敛兵而止。<u>布</u>屯<u>沛</u>城外,遣人招<u>备</u>,并请<u>灵</u>等与共飨饮。<u>布</u>谓<u>灵</u>曰:"<u>玄德</u>,<u>布</u>弟也,为诸君所困,故来救之。<u>布</u>性不喜合斗,但喜解斗耳。"乃令军候植戟于营门,<u>布</u>弯弓顾曰:"诸君观<u>布</u>射〔戟〕小支,①[42]中者当各解兵,不中可留决斗。"<u>布</u>即一发,正中戟支。<u>灵</u>等皆惊,言"将军天威也"。明日复欢会,然后各罢。

①<u>周礼考工记</u>曰:"为戟博二寸,内倍之,胡参之,援四之。"<u>郑</u>注云:"援,直刃;胡,其孑也。"小支谓胡也。即今之戟傍曲支。

术遣韩胤以僭号事告布，因求迎妇，布遣女随之。沛相陈珪恐术报布成姻，[43]则徐杨合从，为难未已。于是往说布曰："曹公奉迎天子，辅赞国政，将军宜与协同策谋，共存大计。今与袁术结姻，必受不义之名，将有累卵之危矣。"①布亦素怨术，而女已在涂，乃追还绝婚，执胤送许，曹操杀之。

①说苑曰："晋灵公造九层台，费用千亿，谓左右曰：'敢有谏者斩。'孙息求见。灵公张弩持矢见之，谓之曰：'子欲谏邪？'孙息曰：'臣不敢谏也。臣能累十二博棋，加九鸡子于其上。'公曰：'吾未尝见也，子为寡人作之。'孙息即正颜色，定志意，以棋子置下，加鸡子其上，左右慑息。灵公曰：'危哉！'孙息曰：'复有危于此者。'公曰：'顾复见之。'息曰：'九层之台，三年不成，男不得耕，女不得织，国用空虚，户口减少，吏人叛亡，邻国谋议将兴兵。'公乃坏台。"

陈珪欲使子登诣曹操，布固不许，会使至，拜布为左将军，布大喜，即听登行，并令奉章谢恩。登见曹操，因陈布勇而无谋，轻于去就，宜早图之。操曰："布狼子野心，诚难久养，①非卿莫究其情伪。"即增珪秩中二千石，拜登广陵太守。临别，操执登手曰："东方之事，便以相付。"令阴合部众，以为内应。始布因登求徐州牧，不得。登还，布怒，拔戟斫机曰："卿父劝吾协同曹操，绝婚公路。今吾所求无获，而卿父子并显重，但为卿所卖耳。"登不为动容，徐对之曰："登见曹公，言养将军譬如养虎，当饱其肉，不饱则将噬人。公曰：'不如卿言。譬如养鹰，饥即为用，饱则飏去。'其言如此。"布意乃解。

①左传曰："伯石之生也，步向之母视之，曰：'是豺狼之声也，狼子野心。'"

袁术怒布杀韩胤，遣其大将张勋、桥蕤等与韩暹、杨奉连执，步骑数万，七道攻布。布时兵有三千，马四百匹，惧其不敌，谓陈珪曰："今致术军，卿之由也，为之奈何？"珪曰："暹、奉与术，卒合之师耳。①谋无素定，②不能相维。子登策之，比于连鸡，执不俱栖，③立可离也。"布用珪策，与暹、奉书曰："二将军亲拔大驾，而布手杀董卓，俱立功名，当垂竹帛。今袁术造逆，宜共诛讨，奈何与贼还来伐布？可因今者同力破术，为国除害，建功天下，此时不可失也。"又许破术兵，悉以军资与之。暹、奉大喜，遂共击勋等于下邳，大破之，生禽桥蕤，馀众溃走，其所杀伤、堕水死者殆尽。

①卒音千忽反。

②素，旧也。

③战国策曰："秦惠王谓寒泉子曰：'苏秦欺弊邑，欲以一人之知，反覆山东之君。夫诸侯之不可一，犹连鸡之不能俱上于栖。'"

时太山臧霸等攻破莒城，许布财币以相结，而未及送，布乃自往求之。其督将高顺谏止①曰："将军威名宣播，远近所畏，何求不得，而自行求略。万一不克，岂不损邪？"布不从。既至莒，霸等不测往意，固守拒之，无获而还。顺为人清白有威严，少言辞，将众整齐，每战必克。布性决易，所为无常。顺每谏曰："将军举动，不肯详思，忽有失得，动辄言误。误事岂可数乎？"布知其忠而不能从。

①英雄记曰"顺为人不饮酒，不受馈。所将七百馀兵，号为千人，名'陷阵营'。布后疏顺，夺顺所将兵，亦无恨意"也。

建安三年，[44]布遂复从袁术，遣顺攻刘备于沛，破之。曹操遣夏侯惇救备，①为顺所败。操乃自将击布，至下邳城下。遗布书，为陈祸福。布欲降，而陈宫等自以负罪于操，深沮其计，而谓布曰：

"曹公远来，埶不能久。将军若以步骑出屯于外，宫将馀众闭守于内。若向将军，宫引兵而攻其背；若但攻城，则将军救于外。不过旬月，军食毕尽，击之可破也。"布然之。布妻曰："昔曹氏待公台如赤子，犹舍而归我。今将军厚公台不过于曹氏，而欲委全城，捐妻子，孤军远出乎？若一旦有变，妾岂得为将军妻哉！"布乃止。而潜遣人求救于袁术，自将千馀骑出。战败走还，保城不敢出。术亦不能救。

①魏志曰："夏侯惇字元让，沛国谯人。年二十四，就师学，人有辱其师者，惇杀之。后从征吕布，为流矢伤左目。领陈留、济阴太守，加建武将军。太祖常同舆载，特见亲重，出入卧内，诸将莫之比。"

曹操堑围之，壅沂、泗以灌其城，三月，上下离心。其将侯成使客牧其名马，而客策之以叛。成追客得马，诸将合礼以贺成。成分酒肉，先入诣布而言曰："蒙将军威灵，得所亡马，诸将齐贺，未敢尝也，故先以奉贡。"布怒曰："布禁酒而卿等酝酿，为欲因酒共谋布邪？"成忿惧，乃与诸将共执陈宫、高顺，率其众降。布与麾下登白门楼。①兵围之急，令左右取其首诣操。左右不忍，乃下降。布见操曰："今日已往，天下定矣。"操曰："何以言之？"布曰："明公之所患不过于布，今已服矣。令布将骑，明公将步，天下不足定也。"顾谓刘备曰："玄德，卿为坐上客，我为降虏，绳缚我急，独不可一言邪？"操笑曰："缚虎不得不急。"乃命缓布缚。刘备曰："不可。明公不见吕布事丁建阳、董太师乎？"操颔之。②布目备曰："大耳儿最叵信！"③操谓陈宫曰："公台平生自谓智有馀，今意何如？"〔45〕宫指布曰："是子不用宫言，以至于此。若见从，未可量也。"操又曰："奈卿老母何？"宫曰："老母在公，不在宫也。夫以孝理天下者，不

害人之亲。"操复曰:"奈卿妻子何?"宫曰:"宫闻霸王之主,不绝人
之祀。"④固请就刑,遂出不顾,操为之泣涕。布及宫、顺皆缢杀之,
传首许市。

> ①宋武北征记曰:"下邳城有三重,大城(之门)周四里,[46]吕布所守也。
> 魏武禽布于白门。白门,大城之门也。"郦元水经注曰:"南门谓之白
> 门,魏武禽陈宫于此。"
>
> ②杜豫注左传曰:"领,摇头也。"音五感反。
>
> ③蜀志曰:"备顾自见其耳。"
>
> ④左传曰:"齐桓公存三亡国。"

赞曰:焉作庸牧,以希后福。①曷云负荷?地堕身逐。术既叨
贪,布亦翻覆。

> ①王莽改益州曰庸部。

【校勘记】

〔1〕刘焉字君郎　按:校补引柳从辰说,谓蜀志同,华阳国志作"字君
　　朗"。

〔2〕清选重臣　按:"清"原讹"请",径据汲本、殿本改正。

〔3〕益州刺史郄俭　按:集解引惠栋说,谓蜀志"郄"作"邰"。

〔4〕并州刺史张懿　集解引钱大昕说,谓蜀志刘二牧传作"张益"。又
　　引惠栋说,谓一作"张壹"。按:王先谦谓"懿"作"壹"或作"益",
　　避晋讳也。

〔5〕州从事贾龙先领兵数百人在犍为遂纠合吏人攻相破之　按:李慈
　　铭谓案三国志作"在犍为东界",华阳国志曰,贾龙素领家兵在犍为
　　之青衣,则三国志云在东界者是也。时犍为已为黄巾所破,此传省
　　文,非是。"人"当作"民"。"破之"华阳国志作"破灭之"。

〔6〕龙乃遣吏卒迎焉　按:"遣"原讹"选",径据汲本、殿本改正。

〔7〕(龙)抚纳离叛　校补谓"龙"字误衍,各本皆未去,此叙焉事,与龙无涉,兼系蜀志原文,原文固无"龙"字也。今据删。

〔8〕(遂)与别部司马张脩　据刊误删。

〔9〕遂〔疽〕发背(疽)卒　据殿本改。

〔10〕祖真字乔卿　按:蜀志法正传裴注引三辅决录"乔"作"高"。

〔11〕〔先〕主称尊号　据汲本补。

〔12〕穀支一年　按:集解引惠栋说,谓蜀志云"穀帛支二年"。

〔13〕先主迁璋于公安南　按:"迁"原讹"还",径改正。

〔14〕留(住)〔驻〕秭归　据汲本改。

〔15〕鲁字公旗　按:殿本考证谓魏志作"公祺"。

〔16〕众多者名曰"理头"　按:魏志张鲁传"理"作"治"。补注引何焯说,谓"理"本"治"字,避唐讳改。

〔17〕遂就拜鲁镇夷中郎将　按:魏志"夷"作"民"。

〔18〕首音式(杀)〔救〕反　据殿本改。

〔19〕妖贼大起〔三辅有骆曜光和中东方有张角〕　殿本考证谓何焯校本于"妖贼大起"下增"三辅有骆曜光和中东方有张角"十三字。今据补,与魏志裴注引典略合。

〔20〕〔骆曜教民缅匿法角〕为太平道(张角)〔脩〕为五斗米道　殿本考证谓何焯校本于"汉中有张脩"句下增"骆曜教民缅匿法角"八字,"张脩为五斗米道"灭去"张"字,改"角"为"脩"。今据补改,与魏志裴注引典略略合。

〔21〕主为病者请祷〔请祷〕之法　殿本考证谓何焯校本"请祷"下复增"请祷"二字。今据补,与魏志裴注引典略略合。

〔22〕实无益于疗病〔但为淫妄〕　殿本考证谓何焯校本"实无益于疗病"下增"但为淫妄"四字。今据补,与魏志裴注引典略略合。

〔23〕以米〔肉〕置其中　殿本考证谓何焯校本"米"字下增"肉"字。今

据补,与**魏志**裴注引典略合。

〔24〕又〔教〕使自隐 殿本考证谓何焯校本"使"字上增"教"字。今据
补,与**魏志**裴注引典略合。

〔25〕当循道百步 按**魏志**裴注引典略"循"作"治"。**补**注引何焯说,谓
避**唐**讳改。

〔26〕杨子法言曰 "杨"字原作"扬",径据**汲**本、**殿**本改。

〔27〕遣其将会稽周昕 按:校补谓"周昕"据**吴**录作"周喁",昕之弟也。

〔28〕黑山徐贼及匈奴於扶罗等佐术 按:"及"原讹"反",径据**汲**本、**殿**
本改正。

〔29〕阳翟侯 按:"阳"原讹"杨",径据**汲**本、**殿**本改正。

〔30〕参分天下 **魏志**作"参分天下有其二",此脱"有其二"三字。按:
校补谓去此三字,则文义不属,当由转写脱误耳。若**范氏**删节,胡
不云"三分有二"乎?

〔31〕明公虽奕世克昌 按:"奕"原讹"弈",径据**汲**本、**殿**本改。注同。

〔32〕得汉〔传〕国玉玺 殿本考证谓何焯校本"汉"字下添"传"字,今
据补。

〔33〕三分天下有二犹服事殷 按:**汲**本"有"下有"其"字。**殿**本"犹"
作"以"。

〔34〕当谓使君与国同规 殿本"当"作"尝"。按:**袁纪**作"当"。

〔35〕留张勋桥蕤于蕲阳 集解引通鉴胡注,谓此盖沛国之**蕲**县,**范史**衍
"阳"字。按:校补谓胡说是。**前志**沛郡蕲县字本作"靳",从邑,靳
阳盖即靳北地名,亦非衍"阳"字。此与**江夏**之**蕲**春本无涉也。章
怀虽误注,当仍未改字,故毛本注中犹间杂从邑之字,后人并改为
从斤,遂无别耳。

〔36〕〔操〕击破斩蕤 据**汲**本、**殿**本补。

〔37〕奔其部曲陈简 按:集解引惠栋说,谓"陈简"**魏志**作"陈兰"。

〔38〕坐簀床而叹曰 按:**魏志**袁术传裴注引吴书。"簀床"作"糯床"。

〔39〕(原)屯河内　魏志吕布传无"原"字,今据删。

〔40〕布不自安　按:原作"布自不安",径据汲本、殿本改。

〔41〕刚直烈壮　按:"烈"原作"列",径改正。

〔42〕诸君观布射〔戟〕小支　据汲本、殿本补。

〔43〕恐术报布成姻　汲本"姻"作"婚"。按:魏志亦作"婚"。

〔44〕建安三年　按:"三"原讹"二",径改正。

〔45〕今意何如　按"刊误谓"意"当作"竟"。

〔46〕大城(之门)周四里　据刊误删。

后汉书卷七十六

循吏列传第六十六

初，光武长于民间，颇达情伪，①见稼穑艰难，百姓病害，至天下已定，务用安静，解王莽之繁密，还汉世之轻法。②身衣大练，色无重綵，耳不听郑卫之音，手不持珠玉之玩，宫房无私爱，左右无偏恩。建武十三年，异国有献名马者，日行千里，又进宝剑，贾兼百金，诏以马驾鼓车，剑赐骑士。损上林池篽之官，废骋望弋猎之事。其以手跡赐方国者，皆一札十行，细书成文。③勤约之风，行于上下。数引公卿郎将，列于禁坐。④广求民瘼，观纳风谣。故能内外匪懈，百姓宽息。自临宰邦邑者，竞能其官。若杜诗守南阳，号为"杜母"，任延、锡光移变边俗，斯其绩用之最章章者也。⑤又第五伦、宋均之徒，亦足有可称谈。然建武、永平之间，吏事刻深，亟以谣言单辞，转易守长。故朱浮数上谏书，箴切峻政，锺离意等亦规讽殷勤，以长者为言，而不能得也。⑥所以中兴之美，盖未尽焉。自

1973

章、和以后，其有善绩者，往往不绝。如鲁恭、吴佑、刘宽及颍川四长，⑦并以仁信笃诚，使人不欺；王堂、陈宠委任贤良，而职事自理：⑧斯皆可以感物而行化也。边凤、延笃先后为京兆尹，时人以辈前世赵、张。⑨又王涣、任峻之为洛阳令，明发奸伏，吏端禁止，然导德齐礼，有所未充，亦一时之良能也。今缀集殊闻显跡，以为循吏篇云。

①左传楚子曰："晋侯在外十九年矣，人之情伪尽知之矣。"

②前书曰："莽春夏斩人于市，一家铸钱，保伍人没入为官奴婢，[1]男子槛车，女子步，铁锁琅铛其颈，愁苦死者十七八。"轻法谓高祖约法三章，孝文除肉刑也。

③说文曰："札，牒也。"

④禁坐犹御坐也。

⑤章章，明也。前书班固曰："章章尤著者也。"

⑥时明帝性褊察，好以耳目隐发为明，又引杖撞郎，朝廷崍㮚，[2]争为苛刻，唯意独敢谏争，数封还诏书。见意传也。

⑦谓荀淑为当涂长，韩韶为赢长，陈寔为太丘长，钟皓为林虑长。淑等皆颍川人也。

⑧王堂任陈蕃、应嗣，陈宠任王涣、镡显也。

⑨辈，类也。赵谓赵广汉，张谓张敞者也。

卫飒字子产，①河内修武人也。家贫好学问，随师无粮，常庸以自给。王莽时，仕郡历州宰。

①飒音立。

建武二年，辟大司徒邓禹府。举能案剧，除侍御史，襄城令。

政有名跡,迁桂阳太守。郡与交州接境,颇染其俗,不知礼则。飒下车,修庠序之教,设婚姻之礼。期年间,邦俗从化。

先是含洭、浈阳、曲江三县,越之故地,①武帝平之,内属桂阳。民居深山,滨溪磬,习其风土,不出田租。去郡远者,或且千里。吏事往来,辄发民乘船,名曰“传役”。每一吏出,傜及数家,百姓苦之。飒乃凿山通道五百馀里,列亭传,置邮驿。于是役省劳息,奸吏杜绝。流民稍还,渐成聚邑,使输租赋,同之平民。又耒阳县(山)〔出〕铁石,②[3]佗郡民庶常依因聚会,私为冶铸,遂招来亡命,多致奸盗。飒乃上起铁官,罢斥私铸,岁所增入五百馀万。飒理卹民事,居官如家,其所施政,莫不合于物宜。视事十年,郡内清理。

①含洭故城在今广州含洭县东。浈阳,今广州县也。曲江,韶州县也。
②续汉志耒阳县有铁官也。

二十五年,征还。光武欲以为少府,会飒被疾,不能拜起,①敕以桂阳太守归家,须后诏书。②居二岁,载病诣阙,自陈困笃,乃收印绶,赐钱十万,后卒于家。

①东观记曰“飒到即引见,赐食于前。从吏二人,赐冠帻,钱人五千”也。
②须,待也。

南阳茨充代飒为桂阳。①亦善其政,教民种殖柘桑麻纻之属,②劝令养蚕织屦,民得利益焉。③

①东观记曰“充字子河,宛人也。初举孝廉,之京师,同侣马死,充到前亭,辄舍车持马还相迎,乡里号之曰‘一马两车茨子河’”也。
②礼记曰:“禁人无伐桑柘。”郑玄注云:“爱蚕食也。”
③东观记曰:“元和中,荆州刺史上言:臣行部入长沙界,观者皆徒跣。臣问御佐曰:‘人无履亦苦之否?’御佐对曰:‘十二月盛寒时并多剖裂血出,燃火燎之,春温或脓溃。建武中,桂阳太守茨充教人种桑蚕,人

得其利，至今江南颇知桑蚕织屦，皆充之化也。'"

任延字长孙，南阳宛人也。年十二，为诸生，学于长安，明诗、易、春秋，显名太学，学中号为"任圣童"。值仓卒，避兵之陇西。时隗嚣已据四郡，遣使请延，延不应。

更始元年，以延为大司马属，拜会稽都尉。时年十九，迎官惊其壮。①及到，静泊无为，唯先遣馈礼祠延陵季子。②时天下新定，道路未通，避乱江南者皆未还中土，会稽颇称多士。延到，皆聘请高行如董子仪、严子陵等，敬待以师友之礼。掾吏贫者，辄分奉禄以赈给之。省诸卒，令耕公田，以周穷急。每时行县，辄使慰勉孝子，就餐饭之。③

①壮，少也。

②季子，吴王寿梦之少子札也，封于延陵也。

③饭音符晚反。

吴有龙丘苌者，隐居太末，①志不降辱。王莽时，四辅三公连辟，不到。②掾史白请召之。延曰："龙丘先生躬德履义，有原宪、伯夷之节。③都尉埽洒其门，犹惧辱焉，召之不可。"遣功曹奉谒，修书记，致医药，吏使相望于道。积一岁，苌乃乘辇诣府门，愿得先死备录。④延辞让再三，遂署议曹祭酒。苌寻病卒，延自临殡，不朝三日。是以郡中贤士大夫争往宦焉。

①太末，县，属会稽郡，今婺州龙丘县也。东观记云："秦时改为太末，有龙丘山在东，有九石特秀，色丹，远望如莲华。苌之隐处有一岩穴如窗牖，中有石床，可寝处。"

②四辅谓太师、太傅、国师、国将。三公谓大司马、司徒、司空也，并莽时

官。见前书也。

③原宪，孔子弟子，鲁人也。子贡结驷连骑，排藜藿过谢，原宪摄敝衣冠见子贡。伯夷，孤竹君之子，让其国，饿死于首阳山也。

④请编名录于郡职也。

建武初，延上书愿乞骸骨，归拜王庭。诏征为九真太守。光武引见，赐马杂缯，令妻子留洛阳。九真俗以射猎为业，不知牛耕，^①民常告籴交阯，每致困乏。延乃令铸作田器，教之垦辟。田畴岁岁开广，百姓充给。又骆越之民无嫁娶礼法，各因淫好，无適对匹，^②不识父子之性，夫妇之道。延乃移书属县，各使男年二十至五十，女年十五至四十，皆以年齿相配。其贫无礼娉，令长吏以下各省奉禄以赈助之。同时相娶者二千馀人。是岁风雨顺节，穀稼丰衍。其产子者，始知种姓。咸曰："使我有是子者，任君也。"多名子为"任"。于是徼外蛮夷夜郎等慕义保塞，延遂止罢侦候戍卒。^③

①东观汉记曰："九真俗烧草种田。"前书曰"搜粟都尉赵过教人牛耕"也。

②適音丁历反。

③侦，伺也，音丑政反。

初，平帝时，汉中锡光为交阯太守，教导民夷，渐以礼义，化声侔于延。^①王莽末，闭境拒守。建武初，遣使贡献，封盐水侯。领南华风，始于二守焉。

①侔，等也。

延视事四年，征诣洛阳，以病稽留，左转睢阳令，九真吏人生为立祠。拜武威太守，帝亲见，戒之曰："善事上官，无失名誉。"延对曰："臣闻忠臣不私，私臣不忠。^[4]履正奉公，臣子之节。上下雷同,非陛下之福。善事上官,臣不敢奉诏。"帝叹息曰:"卿言是也。"

既之武威,时将兵长史田绀,郡之大姓,其子弟宾客为人暴害。延收绀系之,父子宾客伏法者五六人。绀少子尚乃聚会轻薄数百人,自号将军,夜来攻郡。延即发兵破之。自是威行境内,吏民累息。①

①累息,累气。

郡北当匈奴,南接种羌,民畏寇抄,多废田业。延到,选集武略之士千人,明其赏罚,令将杂种胡骑休屠黄石屯据要害,①其有警急,逆击追讨。虏恒多残伤,遂绝不敢出。

①黄石,杂种号也。

河西旧少雨泽,乃为置水官吏,修理沟渠,皆蒙其利。又造立校官,①[5]自掾(吏)〔史〕子孙,[6]皆令诣学受业,复其徭役。章句既通,悉显拔荣进之。郡遂有儒雅之士。

①校,学也。

后坐擅诛羌不先上,左转召陵令。显宗即位,拜颍川太守。永平二年,征会辟雍,因以为河内太守。视事九年,病卒。

少子恺,官至太常。

王景字仲通,乐浪䛁邯人也。①八世祖仲,本琅邪不其人。好道术,明天文。诸吕作乱,齐哀王襄谋发兵,而数问于仲。及济北王兴居反,欲委兵师仲,②仲惧祸及,乃浮海东奔乐浪山中,因而家焉。父闳,为郡三老。更始败,土人王调杀郡守刘宪,自称大将军、乐浪太守。建武六年，光武遣太守王遵将兵击之。至辽东，闳与郡决曹史杨邑等[7]共杀调迎遵，皆封为列侯，闳独让爵。帝奇而征之，道病卒。

①調音诺甘反，邯音下甘反，县名。

②襄及兴居并高祖孙，齐悼惠王肥之子也。

景少学易，遂广阙众书，又好天文术数之事，沈深多伎蓺。辟司空伏恭府。时有荐景能理水者，显宗诏与将作谒者王吴共修作浚仪渠。吴用景墕流法，水乃不复为害。

初，平帝时，河、汴决坏，未及得修。建武十年，阳武令张汜上言："河决积久，日月侵毁，济渠所漂数十许县。①脩理之费，其功不难。宜改脩堤防，以安百姓。"书奏，光武即为发卒。方营河功，而浚仪令乐俊复上言："昔元光之间，②人庶炽盛，缘堤垦殖，而瓠子河决，尚二十餘年，不即拥塞。③今居家稀少，田地饶广，虽未脩理，其患犹可。且新被兵革，方兴役力，劳怨既多，民不堪命。宜须平静，更议其事。"光武得此遂止。后汴渠东侵，日月弥广，而水门故处，皆在河中，兖、豫百姓怨叹，以为县官恒兴佗役，不先民急。永平十二年，议修汴渠，乃引见景，问以理水形便。景陈其利害，应对敏给，帝善之。又以尝修浚仪，功业有成，乃赐景山海经、河渠书，④禹贡图，及钱帛衣物。夏，遂发卒数十万，遣景与王吴修渠筑堤，[8]自荥阳东至千乘海口千餘里。景乃商度地埶，凿山阜，破砥绩，⑤直截沟涧，防遏冲要，疏决壅积，十里立一水门，令更相洄注，⑥无复溃漏之患。景虽简省役费，然犹以百亿计。⑦明年夏，渠成。帝亲自巡行，诏滨河郡国置河堤员吏，如西京旧制。⑧景由是知名。王吴及诸从事掾史皆增秩一等。景三迁为侍御史。十五年,从驾东巡狩,至无盐,帝美其功绩,拜河堤谒者,赐车马缣钱。

①济水出今洛州济源县西北,东流经温县入河,度河东南入郑州,又东入滑、曹、郓、济、齐、青等州入海,即此渠也。王莽末,旱,因枯涸,但入河内而已。

②武帝年。

③瓠子堤在今滑州白马县。武帝元光中,河决于瓠子,东南注钜野,通于淮、泗,至元封二年塞之也。

④山海经,禹所作。河渠书,太史公史记也。

⑤尚书曰:“原隰底绩。”注:“底,致也。绩,功也。”言破禹所致功之处也。或云砥碛,山名也。

⑥尔雅曰:“逆流而上曰洄。”郭璞注云:“旋流也。”

⑦十万曰亿也。

⑧十三州志曰:“成帝时河堤大坏,汜滥青、徐、兖、豫四州略遍,乃以校尉王延代领河堤谒者,秩千石,或名其官为护都水使者。中兴,以三府掾属为之。”

建初七年,迁徐州刺史。先是杜陵杜笃奏上论都〔赋〕,[9]欲令车驾迁还长安。耆老闻者,皆动怀土之心,莫不眷然伫立西望。景以宫庙已立,恐人情疑惑,会时有神雀诸瑞,①乃作金人论,颂洛邑之美,天人之符,文有可采。

①章帝时有神雀、凤皇、白鹿、白乌等瑞也。

明年,迁庐江太守。先是百姓不知牛耕,致地力有馀而食常不足。郡界有楚相孙叔敖所起芍陂稻田。①景乃驱率吏民,修起芜废,教用犁耕,由是垦辟倍多,境内丰给。遂铭石刻誓,令民知常禁。又训令蚕织,为作法制,皆著于乡亭,庐江传其文辞。卒于官。

①陂在今寿州安丰县东。陂径百里,灌田万顷。芍音鹊。

初，景以为六经所载，皆有卜筮，作事举止，质于蓍龟，而众书错糅，吉凶相反，乃参纪众家数术文书，冢宅禁忌，①堪舆日相之属，②适于事用者，集为大衍玄基云。③

①葬送造宅之法，若黄帝、青乌之书也。

②前书艺文志，堪舆金匮十四卷。许慎云："堪，天道也。舆，地道也。"日相谓日辰王相之法也。

③易曰"大衍之数五十，其用四十有九"也。

秦彭字伯平，〔10〕扶风茂陵人也。自汉兴之后，世位相承。六世祖袭，为颍川太守，与群从同时为二千石者五人，故三辅号曰"万石秦氏"。彭同产女弟，显宗时入掖庭为贵人，有宠。永平七年，以彭贵人兄，随四姓小侯擢为开阳城门候。①十五年，拜骑都尉，副驸马都尉耿秉北征匈奴。

①续汉志："城门候一人，六百石。"〔开阳〕，城南面东头第一门也。〔11〕汉官仪云"开阳门始成，未有名，夜有一柱来止楼上。琅邪开阳县上言南门一柱飞去，因以名门"也。

建初元年，迁山阳太守。以礼训人，不任刑罚。崇好儒雅，敦明庠序。每春秋飨射，辄修升降揖让之仪。乃为人设四诫，以定六亲长幼之礼。①有遵奉教化者，擢为乡三老，常以八月致酒肉以劝勉之。吏有过咎，罢遣而已，不加耻辱。百姓怀爱，莫有欺犯。兴起稻田数千顷，每于农月，亲度顷亩，分别肥瘠，差为三品，各立文簿，藏之乡县。于是奸吏踧踖，无所容诈。彭乃上言，宜令天下齐同其制。诏书以其所立条式，班令三府，并下州郡。

①六亲谓父子兄弟夫妇也。

在职六年,转颍川太守,仍有凤皇、麒麟、嘉禾、甘露之瑞,集其郡境。肃宗巡行,再幸颍川,辄赏赐钱穀,恩宠甚异。章和二年卒。

彭弟惇、褒,并为射声校尉。

王涣字稚子,广汉郪人也。①父顺,安定太守。涣少好侠,尚气力,数通剽轻少年。②晚而改节,敦儒学,习尚书,读律令,略举大义。为太守陈宠功曹,当职割断,不避豪右。宠风声大行,入为大司农。和帝问曰:"在郡何以为理?"宠顿首谢曰:"臣任功曹王涣以简贤选能,主簿镡显拾遗补阙,臣奉宣诏书而已。"帝大悦。涣由此显名。

①郪,县,故城在今梓州郪县西南也。

②剽,劫夺也。

州举茂才,除温令。县多奸猾,积为人患。涣以方略讨击,悉诛之。境内清夷,商人露宿于道。其有放牛者,辄云以属稚子,终无侵犯。在温三年,迁兖州刺史,绳正部郡,①风威大行。后坐考妖言不实论。岁馀,征拜侍御史。

①绳,直也。

永元十五年,从驾南巡,还为洛阳令。以平正居身,得宽猛之宜。其冤嫌久讼,历政所不断,法理所难平者,莫不曲尽情诈,压塞群疑。又能以谲数发擿奸伏。①京师称叹,以为涣有神算。②元兴元年,病卒。百姓市道莫不咨嗟。[12]男女老壮皆相与赋敛,致奠醊以千数。③

①谲,诈;数,术也。

②智算若神也。

③醯音张芮反。说文曰:"祭酹也。"

涣丧西归,道经弘农,民庶皆设槃梊于路。吏问其故,咸言平常持米到洛,为卒司所钞,①恒亡其半。自王君在事,不见侵枉,故来报恩。其政化怀物如此。民思其德,为立祠安阳亭西,每食辄弦歌而荐之。②

①钞,掠也。

②古乐府歌曰"孝和帝在时,洛阳令王君,本自益州广汉蜀人,〔13〕少行(官)〔宦〕学,〔14〕通五经论。明知法令,历代衣冠,从温补洛阳令,化行致贤。外行猛政,内怀慈仁,移恶子姓名五,篇著里端。无妄发赋,念在理冤。清身苦体,宿夜劳勤,化有能名,远近所闻。天年不遂,早就奄昏,为君作祠安阳亭西,欲令后代莫不称传"也。

永初二年,邓太后诏曰:"夫忠良之吏,国家所以为理也。求之甚勤,得之至寡。故孔子曰:'才难不其然乎!'昔大司农朱邑、①右扶风尹翁归,②政跡茂异,令名显闻,孝宣皇帝嘉叹愍惜,而以黄金百斤策赐其子。故洛阳令王涣,秉清脩之节,蹈羔羊之义,③尽心奉公,务在惠民,功业未遂,不幸早世,百姓追思,为之立祠。自非忠爱之至,孰能若斯者乎! 今以涣子石为郎中,以劝劳勤。"延熹中,桓帝事黄老道,悉毁诸房祀,唯特诏密县存故太傅卓茂庙,洛阳留王涣祠焉。

①前书曰,邑字仲卿,庐江舒人。为北海太守,以理行第一,入为大司农。性公正,不可交以私,天子器之,朝廷敬焉。神爵元年卒,宣帝下诏赐其子黄金百斤,奉其祭祀。

②前书云,翁归字子况,河东平阳人。拜东海太守,以高第入守右扶风。元康四年卒。宣帝制诏:"御史右扶风翁归,廉平向正,早夭不遂,朕

甚怜之。其赐翁归子黄金百斤,以奉其祭祀。"

③韩诗羔羊曰:"羔羊之皮,素丝五紽。"薛君章句曰:"小者曰羔,大者曰羊。素喻洁白,丝喻屈柔。紽,数名也。诗人贤仕为大夫者,言其德能,称有洁白之性,屈柔之行,进退有度数也。"

　　譚显后亦知名,安帝时为豫州刺史。时天下饥荒,竞为盗贼,州界收捕且万馀人。显愍其困穷,自陷刑辟,辄擅赦之,因自劾奏。有诏勿理。后位至长乐卫尉。

　　自涣卒后,连诏三公特选洛阳令,皆不称职。永和中,以剧令勃海任峻补之。①峻擢用文武吏,皆尽其能,纠剔奸盗,不得旋踵,②一岁断狱,不过数十。威风猛于涣,而文理不及之。峻字叔高,终于太山太守。

①剧,县名,属北海郡也。

②左传天王策命晋文侯曰:"纠逖王慝。"杜预注云:"逖,远也。""剔"与"逖"通。

　　许荆字少张,①会稽阳羡人也。②祖父武,太守第五伦举为孝廉。武以二弟晏、普未显,欲令成名,乃请之曰:"礼有分异之义,家有别居之道。"③于是共割财产以为三分,武自取肥田广宅奴婢强者,二弟所得并悉劣少。乡人皆称弟克让而鄙武贪婪,晏等以此并得选举。武乃会宗亲,泣曰:"吾为兄不肖,盗声窃位,二弟年长,未豫荣禄,所以求得分财,自取大讥。今理产所增,三倍于前,悉以推二弟,一无所留。"于是郡中翕然,远近称之。位至长乐少府。

①谢承书曰:"荆字子张。家贫为吏。无有船车,休假常单步荷担上下。"

②<u>阳羡</u>故城在今<u>常州义兴县</u>也。

③<u>仪礼</u>曰"父子一体也,夫妇一体也,昆弟一体也。故父子手足也,夫妇
判合也,昆弟四体也。昆弟之义无分焉,而有分者,则避子之私也。
子不私其父,则不成为子。故有东宫,有西宫,有南宫,有北宫。异居
而同财,有馀则归之宗,不足则资之宗"也。

<u>荆</u>少为郡吏,兄子<u>世</u>尝报仇杀人,怨者操兵攻之。<u>荆</u>闻,乃出
门逆怨者,跪而言曰:"<u>世</u>前无状相犯,咎皆在<u>荆</u>不能训导。兄既早
没,一子为嗣,如令死者伤其灭绝,愿杀身代之。"怨家扶<u>荆</u>起,曰:
"<u>许掾</u>郡中称贤,吾何敢相侵?"因遂委去。<u>荆</u>名誉益著。太守<u>黄</u>
<u>兢</u>举孝廉。

和帝时,稍迁桂阳太守。郡滨<u>南州</u>,风俗脆薄,①不识学义。
<u>荆</u>为设丧纪婚姻制度,使知礼禁。尝行春到<u>耒阳县</u>,人有<u>蒋均</u>者,
兄弟争财,互相言讼。<u>荆</u>对之叹曰:"吾荷国重任,而教化不行,咎
在太守。"乃顾使吏上书陈状,乞诣廷尉。<u>均</u>兄弟感悔,各求受
罪。②在事十二年,父老称歌。以病自上,征拜谏议大夫,卒于官。
<u>桂阳</u>人为立庙树碑。

①脆薄犹轻薄也。

②<u>谢承</u>书曰"<u>郴</u>人<u>谢弘</u>等不养父母,兄弟分析,因此皆还供养者千有馀
人"也。

<u>荆</u>孙<u>㥻</u>,<u>灵帝</u>时为太尉。

<u>孟尝</u>字<u>伯周</u>,<u>会稽上虞</u>人也。其先三世为郡吏,并伏节死难。
<u>尝</u>少脩操行,仕郡为户曹史。<u>上虞</u>有寡妇至孝养姑。姑年老寿终,
夫女弟先怀嫌忌,乃诬妇厌苦供养,加鸩其母,列讼县庭。郡不加

寻察，遂结竟其罪。尝先知枉状，备言之于太守，太守不为理。尝哀泣外门，因谢病去，妇竟冤死。自是郡中连旱二年，祷请无所获。后太守殷丹到官，访问其故，尝诣府具陈寡妇冤诬之事。因曰："昔东海孝妇，感天致旱，于公一言，甘泽时降。①宜戮讼者，以谢冤魂，庶幽枉获申，时雨可期。"丹从之，即刑讼女而祭妇墓，天应澍雨，榖稼以登。

①解见霍谞传也。

尝后策孝廉，举茂才，拜徐令。州郡表其能，迁合浦太守。郡不产穀实，而海出珠宝，与交阯比境，常通商贩，贸籴粮食。①先时宰守并多贪秽，诡人採求，不知纪极，②珠遂渐徙于交阯郡界。于是行旅不至，人物无资，贫者饿死于道。[15]尝到官，革易前敝，求民病利。③曾未踰岁，去珠复还，百姓皆反其业，商货流通，称为神明。

①贸，易也。

②诡，责也。

③人所病苦及利益之(甚)〔事〕也。[16]

以病自上，被征当还，吏民攀车请之。尝既不得进，乃载乡民船夜遁去。隐处穷泽，身自耕佣。邻县士民慕其德，就居止者百馀家。

桓帝时，尚书同郡杨乔上书荐尝曰：①"臣前后七表言故合浦太守孟尝，而身轻言微，终不蒙察。区区破心，徒然而已。尝安仁弘义，耽乐道德，清行出俗，能干绝群。前更守宰，移风改政，去珠复还，饥民蒙活。且南海多珍，财产易积，掌握之内，价盈兼金，而尝单身谢病，躬耕垄次，匿景藏采，不扬华藻。实羽翮之美用，非徒腹背之毛也。②而沈沦草莽，好爵莫及，③廊庙之宝，弃于沟渠。④且年岁有讫，桑榆行尽，⑤而忠贞之节，永谢圣时。臣诚伤心，私用流涕。夫物以远至为珍，⑥士以稀见为贵。槃木朽株，为万乘用者，左右为之容耳。⑦王者取士，宜拔众之所贵。臣以斗筲之姿，趋走日月之侧。⑧思立微节，不敢苟私乡曲。窃感禽息，亡身进贤。”⑨尝竟不见用。年七十，卒于家。

① 谢承书曰“乔字圣达，乌伤人也。前后数上书陈政事”也。

② 说苑曰：“赵简子游于西河而乐之，叹曰：‘安得贤士而与处焉？’舟人古桑曰：‘此是吾君不好之也。’简子曰：‘吾门左右客千人，朝食不足，暮收市征，暮食不足，朝收市征，吾可谓不好士乎？’古桑曰：‘鸿鹄高飞远翔，其所恃者六翮也。背上之毛，腹下之毳，无尺寸之数，加之满把，飞不能为之益高。不知门下左右客千人者，六翮之用乎？将尽毛毳也？’”新序云晋平公，馀并同也。

③ 易曰：“我有好爵，吾与尔縻之。”

④ 尚书顾命曰：“赤刀、大训、弘璧、琬琰在西序，大玉、夷玉、天球、河图在东序。”周礼大宗伯曰：“天府掌祖庙之守藏，凡国之玉镇大宝器藏焉。”

⑤ 谓日将夕，在桑榆间，言晚暮也。

⑥ 若珠翠之属也。

⑦ 前书邹阳曰：“蟠木根柢，轮囷离奇，而为万乘器者，左右为之先容耳。”

⑧ 日月喻人君也。易曰：“悬象著明莫大乎日月，崇高莫大乎富贵。”

⑨ 禽息，秦大夫，荐百里奚而不见纳。缪公出，当车以头击闑，脑乃播出，曰：“臣生无补于国，不如死也。”缪公感寤，而用百里奚，秦以大化。见韩诗外传。

第五访字仲谋,京兆长陵人,司空伦之族孙也。少孤贫,常佣耕以养兄嫂。有闲暇,则以学文。①仕郡为功曹,察孝廉,补新都令。②政平化行,三年之间,邻县归之,户口十倍。

①文谓道艺者也。

②新都,县,属蜀郡,故城在今益州新都县东。

迁张掖太守。岁饥,粟石数千,访乃开仓赈给以救其敝。吏惧谴,①争欲上言。访曰:"若上须报,是弃民也。②太守乐以一身救百姓!"遂出谷赋人。顺帝玺书嘉之。由是一郡得全。岁馀,官民并丰,界无奸盗。

①谴,责也。

②上音时掌反。须,待也。

迁南阳太守,去官。拜护羌校尉,边境服其威信。卒于官。

刘矩字叔方,沛国萧人也。叔父光,顺帝时为司徒。[17]矩少有高节,以(叔)父〔叔〕辽未得仕进,[18]遂绝州郡之命。太尉朱宠、太傅桓焉嘉其志义,故叔辽以此为诸公所辟,拜议郎,矩乃举孝廉。

稍迁雍丘令,以礼让化之,[19]其无孝义者,皆感悟自革。民有争讼,矩常引之于前,提耳训告,①以为忿恚可忍,县官不可入,使归更寻思。讼者感之,辄各罢去。其有路得遗者,皆推寻其主。在县四年,以母忧去官。

①毛诗曰:"匪面命之,言提其耳。"

后太尉胡广举矩贤良方正,四迁为尚书令。矩性亮直,不能谐附贵执,以是失大将军梁冀意,出为常山相,以疾去官。时冀妻兄

孙祉[20]为沛相,矩惧为所害,不敢还乡里,乃投彭城友人家。岁
馀,冀意少悟,乃止。补从事中郎,复为尚书令,迁宗正、太常。

延熹四年,代黄琼为太尉。琼复为司空,矩与琼及司徒种暠同
心辅政,号为贤相。时连有灾异,司隶校尉以劾三公。尚书朱穆上
疏,称矩等良辅,及言殷汤、高宗不罪臣下之义。①帝不省,竟以蛮
夷反叛免。后复拜太中大夫。

> ①尚书汤诰曰:"余一人有罪,无以尔万方。[21]万方有罪,在余一人。"尚
> 书高宗诫傅说曰:"一夫不获,则曰时予之辜。"

灵帝初,代周景为太尉。矩再为上公,所辟召皆名儒宿德。不
与州郡交通。顺辞默谏,①多见省用。复以日食免。因乞骸骨,卒
于家。

> ①顺辞,不忤旨。默谏,不显扬也。

刘宠字祖荣,东莱牟平人,齐悼惠王之后也。①悼惠王子孝王
将闾,将闾少子封牟平侯,子孙家焉。父丕,[22]博学,号为通儒。

> ①悼惠王肥,高祖子也。

宠少受父业,以明经举孝廉,除东平陵令,①以仁惠为吏民所
爱。母疾,弃官去。百姓将送塞道,车不得进,乃轻服遁归。

> ①东平陵,县名,属济南郡也。

后四迁为豫章太守,又三迁拜会稽太守。山民愿朴,乃有白首
不入市井者,①颇为官吏所扰。宠简除烦苛,禁察非法,郡中大化。
征为将作大匠。山阴县有五六老叟,庞眉皓发,②自若邪山谷间
出,③人赍百钱以送宠。宠劳之曰:"父老何自苦?"对曰:"山谷鄙

生,未尝识郡朝。[23]它守时吏发求民间,至夜不绝,或狗吠竟夕,民不得安。自明府下车以来,狗不夜吠,民不见吏。年老遭值圣明,今闻当见弃去,故自扶奉送。"宠曰:"吾政何能及公言邪?勤苦父老!"为人选一大钱受之。

①愿,谨也。风俗通曰"俗说市井者,言至市(当)有所鬻卖,[24]当于井上先濯,乃到市也。谨案春秋井田记,人年三十,受田百亩,以食五口。五口为一户,父母妻子也。公田十亩,庐舍五亩,成田一顷十五亩。八家而九顷二十亩,共为一井。庐舍在内,贵人也。公田次之,重公也。私田在外,贱私也。井田之义,一曰无泄地气,二曰无费一家,三曰同风俗,四曰合巧拙,五曰通财货。因井为市,交易而退,故称市井"也。

②尨,杂也。老者眉杂白黑也。

③若邪,在今越州会稽县东南也。

转为宗正、大鸿胪。延熹四年,代黄琼为司空,以阴雾愆阳免。顷之,拜将作大匠,复为宗正。建宁元年,代王畅为司空,频迁司徒、太尉。二年,以日食策免,归乡里。

宠前后历宰二郡,累登卿相,而(准)〔清〕约省素,[25]家无货积。尝出京师,欲息亭舍,亭吏止之,曰:"整顿洒埽,以待刘公,不可得(也)〔止〕。"[26]宠无言而去,时人称其长者。以老病卒于家。

弟方,官至山阳太守。方有二子:岱字公山,繇字正礼。兄弟齐名称。①

①吴志曰:"平原陶丘洪荐繇,欲令举茂才。刺史曰:'前年举公山,奈何复举正礼?'洪曰:'若(使)明〔使〕君用公山于前,[27]擢正礼于后,所谓御二龙于长涂,骋骐骥于千里,不亦可乎?'"

董卓入洛阳,岱从侍中出为兖州刺史。虚己爱物,为士人所附。初平三年，青州黄巾贼入兖州，杀任城相郑遂，转入东平。岱击之，战死。

兴平中，繇为扬州牧、振威将军。时袁术据淮南，繇乃移居曲阿。值中国丧乱，士友多南奔，繇携接收养，与同优剧，甚得名称。袁术遣孙策攻破繇，因奔豫章，病卒。

仇览字季智，一名香，陈留考城人也。①少为书生淳默，乡里无知者。年四十，县召补吏，选为蒲亭长。〔28〕劝人生业，为制科令，至于果菜为限，鸡豕有数，农事既毕，乃令子弟群居，还就黉学。其剽轻游恣者，皆役以田桑，严设科罚。躬助丧事，赈恤穷寡。期年称大化。览初到亭，人有陈元者，〔29〕独与母居，而母诣览告元不孝。览惊曰："吾近日过舍，庐落整顿，②耕耘以时。此非恶人，当是教化未及至耳。母守寡养孤，苦身投老，奈何肆忿于一朝，欲致子以不义乎？"母闻感悔，涕泣而去。览乃亲到元家，与其母子饮，因为陈人伦孝行，譬以祸福之言。元卒成孝子。③乡邑为之谚曰："父母何在在我庭，化我鸤枭哺所生。"④

①续汉志："考城故菑。"陈留风俗传曰"章帝恶其名，改为考城"也。

②广雅曰："落，居也。"案今人谓院为落也。

③谢承书曰"览为县阳遂亭长，好行教化。人羊元凶恶不孝，〔30〕其母诣览言元。览呼元，诮责元以子道，与一卷孝经，使诵读之。元深改悔，到母床下，谢罪曰：'元少孤，为母所骄。谚曰："孤犊触乳，骄子骂母。"乞今自改。'母子更相向泣，于是元遂修孝道，后成佳士"也。

④鸤枭即鸱枭也。

时考城令河内王涣，〔31〕政尚严猛，闻览以德化人，署为主簿。

谓览曰："主簿闻陈元之过,不罪而化之,得无少鹰鹯之志邪?"①览曰:"以为鹰鹯,不若鸾凤。"涣谢遣曰:"枳棘非鸾凤所栖,百里岂大贤之路?②今日太学曳长裾,飞名誉,皆主簿后耳。以一月奉为资,勉卒景行。"③

①左传季孙行父曰:"见无礼于君者诛之,如鹰鹯之逐鸟雀。"

②时涣为县令,故自称百里也。

③卒,终也。

览入太学。时诸生同郡符融有高名,与览比宇,宾客盈室。览常自守,不与融言。融观其容止,心独奇之,乃谓曰:"与先生同郡壤,邻房牖。今京师英雄四集,志士交结之秋,虽务经学,守之何固?"览乃正色曰:"天子脩设太学,岂但使人游谈其中!"高揖而去,不复与言。后融以告郭林宗,林宗因与融赍刺就房谒之,遂请留宿。林宗嗟叹,下床为拜。

览学毕归乡里,州郡并请,皆以疾辞。虽在宴居,①必以礼自整。妻子有过,辄免冠自责。妻子庭谢,候览冠,乃敢升堂。家人莫见喜怒声色之异。后征方正,遇疾而卒。

①宴,安也。论语曰:"子之宴居。"

三子皆有文史才,少子玄,最知名。

童恢[32]字汉宗,①琅邪姑幕人也。②父仲玉,遭世凶荒,倾家赈卹,九族乡里赖全者以百数。仲玉早卒。

①谢承书"童"作"僮",[33]"恢"作"种"也。

②姑幕故城在今密州莒县东北也。

恢少仕州郡为吏,司徒杨赐闻其执法廉平,乃辟之。及赐被劾当免,掾属悉投刺去,恢独诣阙争之。及得理,掾属悉归府,恢杖策而逝。由是论者归美。

复辟公府,除不其令。吏人有犯违禁法,辄随方晓示。若吏称其职,人行善事者,皆赐以酒肴之礼,以劝励之。耕织种收,皆有条章。一境清静,牢狱连年无囚。比县流人归化,徙居二万馀户。民尝为虎所害,乃设槛捕之,生获二虎。恢闻而出,咒虎曰:"天生万物,唯人为贵。虎狼当食六畜,①而残暴于人。王法杀人者死,伤人则论法。汝若是杀人者,当垂头服罪;自知非者,当号呼称冤。"一虎低头闭目,状如震惧,即时杀之。其一视恢鸣吼,踊跃自奋,遂令放释。吏人为之歌颂。青州举尤异,迁丹阳太守,暴疾而卒。

①杜预注左传云:"六畜,马牛羊豕犬鸡也。"

弟翊字汉文,名高于恢,宰府先辟之。翊阳喑不肯仕,①及恢被命,乃就孝廉,除须昌长。化有异政,吏人生为立碑。闻举将丧,弃官归。后举茂才,不就。卒于家。

①喑,疾不能言也。

赞曰:"政畏张急,①理善亨鲜。②推忠以及,众瘼自瘳。③一夫得情,千室鸣弦。④怀我风爱,永载遗贤。⑤

①韩诗外传曰:"水浊则鱼喝,令苛则人乱。理国者譬若张琴然,大弦急则小弦绝矣。故急辔衔者,非千里之御也。"

②老子曰"理大国者若亨小鲜"也。

③推忠恕以及于人,则众病自瘳除。

④一夫谓守长也。千室谓黎庶。言上得化下之情,则其下鸣弦而安乐也。

⑤<u>沈约宋书</u>载晔与其侄及甥书,论撰书之意曰:"吾观史书,恒觉其不可解。既造<u>后汉</u>,转得统绪。详观古今著述及评论,殆少可得意者。<u>班氏</u>最有高名,既任情无例,不可甲乙。博赡不可及之,^[34]整理未必愧也。吾杂传论皆有精意深旨,至于<u>循吏</u>已下及六夷诸序论,笔势纵放,实天下之奇作,其中合者,往往不减<u>过秦篇</u>。尝比方<u>班氏</u>所作,非但不愧之而已。又欲因事发论,以正一代得失,意复未果。赞自是吾文之杰思,殆无一字空设。此书行,故应有赏音者。纪传例为举其大略耳。诸细意甚多,自古体大而思精,未有此也。恐俗人不能尽之,多贵古贱今,所以称情狂言耳。"

【校勘记】

〔1〕保伍人没入为官奴婢　按:<u>汲本</u>"伍"作"五"。

〔2〕又引杖撞郎朝廷竦栗　按:"撞"原讹"橦","栗"原讹"慓",径改正。

〔3〕又耒阳县(山)〔出〕铁石　据<u>汲本</u>、<u>殿本</u>改。

〔4〕臣闻忠臣不私私臣不忠　按:两"私"字<u>通鉴</u>皆作"和"。<u>考异</u>谓案<u>高峻小史</u>作"忠臣不和,和臣不忠",意思为长,又与上语相应,今从之。又按:<u>御览</u>四二七引,两"私"字并作"和"。

〔5〕又造立校官　按:<u>汲本</u>"造"作"遣"。

〔6〕自掾(吏)〔史〕子孙　据<u>刊误</u>改。按:<u>何焯校本</u>"吏"改"史"。

〔7〕郡决曹史杨邑等　按:"杨"原讹"扬",径改正。

〔8〕遣景与王吴修渠筑堤　按:<u>集解</u>引<u>惠栋</u>说,谓"王吴"<u>水经注</u>作"王昊"。

〔9〕杜陵杜笃奏上论都〔赋〕　据<u>刊误</u>补,与<u>杜笃传</u>合。按:<u>汲本</u>、<u>殿本</u>"论"下衍"迁"字。

〔10〕秦彭字伯平　按:<u>集解</u>引<u>惠栋</u>说,谓"伯平"<u>东观记</u>作"国平"。

〔11〕〔开阳〕城南面东头第一门也　据刊误补。

〔12〕百姓市道莫不咨嗟　殿本"市"作"币"。按:校补谓币道犹言绕道,义亦可通。

〔13〕本自益州广汉蜀人　宋书乐志作"本自益州广汉民"。按:沈家本谓章怀避"民"作"人",衍"蜀"字。又谓此注所载歌辞不全,全篇宋书乐志载之。

〔14〕少行(官)〔宦〕学　集解引惠栋说,谓"官"当作"宦"。按:宋志作"宦",今据改。

〔15〕贫者饿死于道　按:"饿死",原作"死饿",各本同,御览二百六十引作"饿死",今乙正。

〔16〕人所病苦及利益之(甚)〔事〕也　据汲本、殿本改。

〔17〕叔父光顺帝时为司徒　按:"司徒"乃"太尉"之讹。集解引钱大昕说,谓案顺帝纪,永建二年七月,太常刘光为太尉,四年八月免,未尝为司徒也。

〔18〕以(叔)父〔叔〕辽未得仕进　集解引钱大昕说,谓当云"父叔辽",传写颠倒耳,见风俗通十反篇。李慈铭说同。今据改。

〔19〕以礼让化之　刊误谓"之"当作"人"。今按:化本治字,避唐讳改,谓以礼让治之也,刘说未谛。

〔20〕时冀妻兄孙祉　按:殿本"祉"作"社"。集解引惠栋说,谓"祉"风俗通作"礼"。

〔21〕无以尔万方　按:"尔"原讹"令",径据汲本、殿本改正。

〔22〕父丕　按:集解引惠栋说,谓"丕"一作"本"。

〔23〕山穀鄙生未尝识郡朝　按:袁宏纪作"山穀鄙老生未尝到郡县"。集解引王补说,谓通鉴从范书,无"老"字。按如范书,则"生"字句绝,袁纪则"生"字当属下句读。

〔24〕言至市(当)有所鬻卖　刊误谓多一"当"字。按:诗陈风疏与御览卷一九一、八二七引,皆无"当"字,今据删。

〔25〕而(准)〔清〕约省素　据汲本改。

〔26〕整顿洒埽以待刘公不可得(也)〔止〕　校补引钱大昭说,谓"也"当
从吴志注作"止"。今据改。按:吴志裴注引续汉书作"整顿传舍,
以待刘公,不可得止"。

〔27〕若(使)明〔使〕君用公山于前　集解引陈景云说,谓"使明君"当作
"明使君",汉代人称州将如此。今据改。按:吴志正作"明使君"。

〔28〕选为蒲亭长　按:殿本考证谓谢承书作"阳遂亭长"。

〔29〕人有陈元者　按:集解引惠栋说,谓汝南先贤行状作"孙元"。

〔30〕人羊元凶恶不孝　按:殿本"羊"作"陈"。

〔31〕河内王涣　按:集解引钱大昕说,谓"涣"当作"奂",河内武德人,
非广汉之王涣。

〔32〕童恢　按:集解引惠栋说,谓案不其令童君阙,童字从艹从童,董与
童通,恢盖姓董也。又引汪文台说,谓御览九百二十二、事类赋注
十九引谢承书作"董仲",类聚九十九作"董种"。

〔33〕谢承书童作僮　按:汲本"僮"作"憧"。

〔34〕博赡不可及之　按:"不可"原作"可不",径据宋书、南史乙正。

后汉书卷七十七

酷吏列传第六十七

汉承战国馀烈,多豪猾之民。其并兼者则陵横邦邑,桀健者则
雄张闾里。①且宰守旷远,户口殷大。②故临民之职,专事威断,族
灭奸轨,先行后闻。③肆情刚烈,成其不桡之威。④违众用己,表其
难测之智。⑤至于重文横入,为穷怒之所迁及者,亦何可胜言。⑥故
乃积骸满阱,漂血十里。⑦致温舒有虎冠之吏,⑧延年受屠伯之名,
岂虚也哉!⑨若其揣挫强执,摧勒公卿,碎裂头脑而不顾,亦为
壮也。⑩

①横音胡孟反。张音知亮反。

②前书曰,成帝户一千二百二十三万三千六十,口五千九百五十九万四
　千九百七十八,汉极盛矣。

③先行刑而后闻奏也。

④桡,屈也。前书甯成为济南都尉,而郅都为守。始前数都尉,步入府,
　因吏谒守如县令,其畏都如此。及成往,直陵都出其上。都素闻其

声,善遇之,与结驩。

⑤前书严延年为河南太守,众人所谓当死者一朝出之,所谓当生者诡杀之,吏人莫能测其用意深浅也。

⑥重犹深也。横犹枉也。穷,极也。言迁怒于无罪之人。

⑦阱,阬也。前书尹赏守长安令,得一切以便宜从事。赏至,修理长安狱,穿地方深各数丈,名为虎穴。乃部户曹掾史,杂举长安中轻薄少年恶子,无市籍商贩作务,而鲜衣凶服者,得数百人,尽以次内穴中,覆以大石,皆相枕藉死。又王温舒为河内太守,捕郡中豪猾论报,流血十余里也。

⑧王温舒为中尉,穷案奸猾,尽糜烂狱中。其爪牙吏,虎而冠者也。音义云"言其残虐之甚"也。

⑨前书严延年为河南太守,所诛杀血流数里。河南号曰"屠伯",言若屠人之杀六畜也。

⑩前书济南瞷氏,宗人三百余家,豪猾,二千石莫能制。郅都为济南守,至则诛瞷氏首恶,郡中路不拾遗,都后竟坐斩。又赵广汉为京兆尹,侵犯贵戚大臣,将吏卒入丞相魏相府,召其夫人(疏)〔跪〕庭下受辞,[1]责以杀婢事。司直萧望之劾奏广汉摧辱大臣,伤化不道,坐腰斩。破碎头脑言不避诛戮也。

自中兴以后,科网稍密,吏人之严害者,方于前世省矣。而阉人亲娅,侵虐天下。①至使阳球磔王甫之尸,张俭剖曹节之墓。[2]若此之类,虽厌快众愤,亦云酷矣!俭知名,故附党人篇。②

①尔雅曰:"两婿相谓曰娅。"

②刘淑、李膺等传也。

董宣字少平,陈留圉人也。初为司徒侯霸所辟,举高第,累迁北海相。到官,以大姓公孙丹为五官掾。丹新造居宅,而卜工以为

当有死者,丹乃令其子杀道行人,置尸舍内,以塞其咎。宣知,即收丹父子杀之。丹宗族亲党三十馀人,操兵诣府,称冤叫号。宣以丹前附王莽,虑交通海贼,乃悉收系剧狱,^①使门下书佐水丘岑尽杀之。^②青州以其多滥,奏宣考岑,宣坐征诣廷尉。在狱,晨夜讽诵,无忧色。及当出刑,官属具馔送之,宣乃厉色曰:"董宣生平未曾食人之食,况死乎!"升车而去。时同刑九人,次应及宣,光武驰使驺骑特原宣刑,且令还狱。遣使者诘宣多杀无辜,宣具以状对,言水丘岑受臣旨意,罪不由之,愿杀臣活岑。使者以闻,有诏左转宣怀令,令青州勿案岑罪。岑官至司隶校尉。

①剧县之狱。

②姓水丘,名岑也。

后江夏有剧贼夏喜等寇乱郡境,以宣为江夏太守。到界,移书曰:"朝廷以太守能禽奸贼,故辱斯任。今勒兵界首,檄到,幸思自安之宜。"喜等闻,惧,即时降散。外戚阴氏为郡都尉,宣轻慢之,坐免。

后特征为洛阳令。时湖阳公主苍头白日杀人,因匿主家,吏不能得。及主出行,而以奴骖乘,宣于夏门亭候之,乃驻车叩马,以刀画地,大言数主之失,叱奴下车,因格杀之。主即还宫诉帝,帝大怒,召宣,欲箠杀之。宣叩头曰:"愿乞一言而死。"帝曰:"欲何言?"宣曰:"陛下圣德中兴,而纵奴杀良人,将何以理天下乎?臣不须箠,请得自杀。"即以头击楹,流血被面。帝令小黄门持之,使宣叩头谢主,宣不从,强使顿之,宣两手据地,终不肯俯。主曰:"文叔为白衣时,臧亡匿死,吏不敢至门。今为天子,威不能行一令乎?"帝笑曰:"天子不与白衣同。"因敕强项令出。^①赐钱三十万,宣悉以班诸吏。由是搏击豪强,莫不震栗。京师号为"卧虎"。歌

之曰：“枹鼓不鸣董少平。”②

①谢承书曰：“敕令诣太官赐食。宣受诏出，饭尽，覆杯杫机上。[3]太官
以状闻。上问宣，宣对曰：‘臣食不敢遗馀，如奉职不敢遗力。’”

②枹，击鼓杖也，音浮，其字从木也。

在县五年。年七十四，卒于官。诏遣使者临视，唯见布被覆
尸，妻子对哭，有大麦数斛、敝车一乘。①帝伤之，曰：“董宣廉絜，死
乃知之！”以宣尝为二千石，赐艾绶，葬以大夫礼。拜子并为郎中，
后官至齐相。②

①谢承书曰“有白马一匹，兰舆一乘”也。

②诸本此下有说蔡茂事二十五字，亦有无者。案：茂自有传也。

樊晔字仲华，南阳新野人也。与光武少游旧。建武初，征为侍
御史，迁河东都尉，引见云台。初，光武微时，尝以事拘于新野，晔
为市吏，馈饵一笥，①帝德之不忘，仍赐晔御食，及乘舆服物。因戏
之曰：“一笥饵得都尉，何如？”晔顿首辞谢。及至郡，诛讨大姓马
适匡等。②盗贼清，吏人畏之。数年，迁杨州牧，[4]教民耕田种树理
家之术。视事十馀年，坐法左转轵长。③

①苍颉篇曰：“馈，饷也。”说文曰：“饵，饼也。笥，竹器也。”

②马适，姓也。前书有马适建。俗本“匡”上有“王”字者，误也。

③轵，县，属河(南)〔内〕郡，[5]故城在今洛州济源县东南也。

隗嚣灭后，陇右不安，乃拜晔为天水太守。政严猛，好申韩
法，①善恶立断。人有犯其禁者，率不生出狱，吏人及羌胡畏之。
道不拾遗。行旅至夜，聚衣装道傍，曰“以付樊公”。凉州为之歌

曰："游子常苦贫，力子天所富。② 宁见乳虎穴，③〔6〕不入冀府寺。④〔7〕大笑期必死，忿怒或见置。嗟我樊府君，安可再遭值！"视事十四年，卒官。

①申不害、韩非之法也。

②勤力之子。

③乳，产也。猛兽产乳护其子，则搏噬过常，故以喻也。诸本"穴"字或作"六"，误也。

④冀，天水县也。

永平中，显宗追思晔在天水时政能，以为后人莫之及，诏赐家钱百万。子融，有俊才，好黄老，不肯为吏。

李章字第公，〔8〕河内怀人也。五世二千石。章习严氏春秋，①经明教授，历州郡吏。光武为大司马，平定河北，召章置东曹属，数从征伐。

①宣帝时博士严彭祖也。

光武即位，拜阳平令。①时赵、魏豪右往往屯聚，清河大姓赵纲遂于县界起坞壁，缮甲兵，为在所害。章到，乃设飨会，而延谒纲。纲带文剑，被羽衣，②从士百馀人来到。章与对讌饮，有顷，手剑斩纲，伏兵亦悉杀其从者，因驰诣坞壁，掩击破之，吏人遂安。

①阳平，县，属东郡，故城今魏州莘县也。

②缉鸟羽以为衣也。前书栾大为五利将军，服羽衣也。

迁千乘太守，坐诛斩盗贼过滥，征下狱免。岁中拜侍御史，出为琅邪太守。时北海安丘大姓夏长思等反，遂囚太守处兴，①而据营陵城。②章闻，即发兵千人，驰往击之。掾（吏）〔史〕止章[9]曰：
"二千石行不得出界，兵不得擅发。"③章按剑怒曰："逆虏无状，囚
劫郡守，此何可忍！若坐讨贼而死，吾不恨也。"遂引兵安丘城下，
募勇敢烧城门，与长思战，斩之，获三百馀级，得牛马五百馀头而
还。兴归郡，以状上帝，悉以所得班劳吏士。后坐度人田不实征，
以章有功，但司寇论。月馀免刑归。复征，会病卒。

①风俗通曰："史记赵有辩士处子，故有处姓也。"

②营陵，县，属北海郡也。

③前书杜钦奏记王凤曰"二千石守千里之地，任兵马之重，不宜去
　郡"也。

周纡字文通，下邳徐人也。为人刻削少恩，好韩非之术。少为
廷尉史。

永平中，补南行唐长。到官，晓吏人曰："朝廷不以长不肖，使
牧黎民，而性仇猾吏，志除豪贼，且勿相试！"遂杀县中尤无状者数
十人，吏人大震。迁博平令。①收考奸臧，无出狱者。以威名迁齐
相，亦颇严酷，专任刑法，而善为辞案条教，②为州内所则。后坐杀
无辜，复左转博平令。

①博平，县，故城在今博州博平县东也。

②辞案犹今案牍也。

建初中，为勃海太守。每赦令到郡，辄隐闭不出，先遣使属县
尽决刑罪，乃出诏书。坐征诣廷尉，免归。

纡廉絜无资，常筑墼以自给。肃宗闻而怜之，复以为郎，再迁
召陵侯相。廷掾惮纡严明，欲损其威，①乃晨取死人断手足，立寺

门。纡闻，便往至死人边，若与死人共语状。阴察视口眼有稻芒，乃密问守门人曰："悉谁载藁入城者？"②门者对："唯有廷掾耳。"又问铃下：③"外颇有疑令与死人语者不？"对曰："廷掾疑君。"乃收廷掾考问，具服"不杀人，取道边死人"。后人莫敢欺者。

①续汉志每郡有五官掾，县为廷掾也。

②悉犹知也。

③汉官仪曰："铃下、侍阁、辟车，此皆以名自定者也。"

征拜洛阳令。下车，先问大姓主名，吏数闾里豪强以对。纡厉声怒曰："本问贵戚若马、窦等辈，岂能知此卖菜佣乎？"于是部吏望风旨，争以激切为事。贵戚踧踖，京师肃清。皇后弟黄门郎窦笃从宫中归，夜至止奸亭，亭长霍延遮止笃，笃苍头与争，延遂拔剑拟笃，而肆詈恣口。笃以表闻。诏召司隶校尉、河南尹诣尚书谴问，遣剑戟士收纡送廷尉诏狱。数日贳出。①帝知纡奉法疾奸，不事贵戚，然苛惨失中，②数为有司所奏，八年，遂免官。

①贳，赦也，音市夜反。

②惨，虐也。

后为御史中丞。和帝即位，太傅邓彪奏纡在任过酷，不宜典司京辇。①免归田里。后窦氏贵盛，笃兄弟秉权，睚眦宿怨，无不僵仆。②纡自谓无全，乃柴门自守，以待其祸。然笃等以纡公正，而怨隙有素，遂不敢害。

①汉官仪曰："御史中丞，外督部刺史，内领侍御史，纠察百司。"故云典司京辇。

②僵，偃也。仆，踣也。

永元五年，复征为御史中丞。诸窦虽诛，而夏阳侯瑰犹尚在朝。纡疾之,乃上疏曰:"臣闻臧文仲之事君也,见有礼于君者,事之如孝子之养父母;见无礼于君者,诛之如鹰鹯之逐鸟雀。①案夏阳侯瑰,本出轻薄,志在邪僻,学无经术,而妄搆讲舍,外招儒徒,实会奸桀。轻忽天威,侮慢王室,又造作巡狩封禅之书,惑众不道,当伏诛戮,而主者营私,不为国计。夫涓流虽寡,浸成江河;爝火虽微,卒能燎野。②履霜有渐,可不惩革?③宜寻吕产专窃之乱,④永惟王莽篡逆之祸,上安社稷之计,下解万夫之惑。"会瑰归国,纡迁司隶校尉。

①左氏传季孙行父称臧文仲教行父事君之辞也。

②庄子曰:"日月出矣,而爝火不息。"爝火,小火也。

③易曰:"履霜坚冰至,其所由来者渐矣。"

④吕产,吕太后之兄子,封为梁王,太后崩,与弟禄作乱也。

六年夏旱,车驾自幸洛阳录囚徒,二人被掠生虫,坐左转骑都尉。七年,迁将作大匠。九年,卒于官。

黄昌字圣真,会稽馀姚人也。①本出孤微。居近学官,数见诸生修庠序之礼,因好之,遂就经学。又晓习文法,仕郡为决曹。②刺史行部,见昌,甚奇之,辟从事。

①馀姚,今越州县也。

②续汉志曰:"决曹主罪法事。"

后拜宛令,政尚严猛,好发奸伏。人有盗其车盖者,昌初无所言,后乃密遣亲客至门下贼曹家掩取得之,①悉收其家,一时杀戮。大姓战惧,皆称神明。

①续汉志曰:"贼曹主盗贼事。"

朝廷举能,迁蜀郡太守。先太守李根年老多悖政,①百姓侵冤。及昌到,吏人讼者七百馀人,悉为断理,莫不得所。密捕盗帅一人,胁使条诸县强暴之人姓名居处,乃分遣掩讨,无有遗脱。宿恶大奸,皆奔走它境。

①悖,乱也。

初,昌为州书佐,其妇归宁于家,遇贼被获,遂流转入蜀为人妻。其子犯事,乃诣昌自讼。昌疑母不类蜀人,因问所由。对曰:"妾本会稽馀姚戴次公女,州书佐黄昌妻也。妾尝归家,为贼所略,遂至于此。"昌惊,呼前谓曰:"何以识黄昌邪?"对曰:"昌左足心有黑子,常自言当为二千石。"①昌乃出足示之。因相持悲泣,还为夫妇。

①相书曰:"足心有黑子者二千石。"

视事四年,征,再迁陈相。县人彭氏旧豪纵,造起大舍,高楼临道。昌每出行县,彭氏妇人辄升楼而观。昌不喜,遂敕收付狱,案杀之。

又迁为河内太守,又再迁颍川太守。〔10〕永和五年,征拜将作大匠。汉安元年,进补大司农,左转太中大夫,卒于官。

阳球字方正,渔阳泉州人也。①家世大姓冠盖。球能击剑,习弓马。性严厉,好申韩之学。郡吏有辱其母者,球结少年数十人,杀吏,灭其家,由是知名。初举孝廉,补尚书侍郎,闲达故事,其章奏处议,②常为台阁所崇信。出为高唐令,以严苛过理,郡守收举,③会赦见原。

①泉州故城在今幽州雍奴县南也。

②处,断也。

③收系举劾之也。

辟司徒刘宠府,举高第。九江山贼起,连月不解。三府上球有理奸才,拜九江太守。球到,设方略,凶贼殄破,收郡中奸吏尽杀之。

迁平原相。[11]出教曰:"相前莅高唐,志埽奸鄙,遂为贵郡所见枉举。昔桓公释管仲射钩之仇,高祖赦季布逃亡之罪。虽以不德,敢忘前义。况君臣分定,而可怀宿昔哉!今一蠲往怨,期诸来效。若受教之后而不改奸状者,不得复有所容矣。"郡中咸畏服焉。时天下大旱,司空张颢[12]条奏长吏苛酷贪污者,皆罢免之。球坐严苦,征诣廷尉,当免官。灵帝以球九江时有功,拜议郎。

迁将作大匠,坐事论。顷之,拜尚书令。奏罢鸿都文学,曰:"伏承有诏敕中尚方为鸿都文学乐松、江览等三十二人图象立赞,以劝学者。臣闻传曰:'君举必书。书而不法,后嗣何观!'①案松、览等皆出于微蔑,斗筲小人,依凭世戚,附托权豪,俛眉承睫,微进明时。或献赋一篇,或鸟篆盈简,②而位升郎中,形图丹青。亦有笔不点牍,辞不辩心,假手请字,妖伪百品,莫不被蒙殊恩,蝉蜕浊秽。③是以有识掩口,天下嗟叹。臣闻图象之设,以昭劝戒,欲令人君动鉴得失。未闻竖子小人,诈作文颂,而可妄窃天官,垂象图素者也。今太学、东观足以宣明圣化。愿罢鸿都之选,以消天下之谤。"书奏不省。

①左传曹(翙)〔刿〕谏鲁庄公之辞也。[13]

②八体书有鸟篆,象形以为字也。

③说文曰："蜕,蝉蛇所解皮也。"蜕音式锐反。楚词曰："济江海兮蝉
　蜕。"或音它外反。

　　时中常侍王甫、曹节等奸虐弄权,扇动外内,球尝拊髀发愤曰:
"若阳球作司隶,此曹子安得容乎?"光和二年,迁为司隶校尉。王
甫休沐里舍,球诣阙谢恩,奏收甫及中常侍淳于登、袁赦、封昒、^①
中黄门刘毅、小黄门庞训、朱禹、^{〔14〕}齐盛等,及子弟为守令者,奸猾
纵恣,罪合灭族。太尉段颎^{〔15〕}谄附佞幸,宜并诛戮。于是悉收甫、
颎等送洛阳狱,及甫子永乐少府萌、沛相吉。球自临考甫等,五毒
备极。萌谓球曰:"父子既当伏诛,少以楚毒假借老父。"球曰:"若
罪恶无状,^②死不灭责,乃欲求假借邪?"^{〔16〕}萌乃骂曰:"尔前奉事
吾父子如奴,奴敢反汝主乎! 今日困吾,行自及也!"球使以土窒萌
口,箠朴交至,父子悉死杖下。颎亦自杀。乃僵磔甫尸于夏城门,
大署牓曰"贼臣王甫"。尽没入财产,妻子皆徙比景。

　　①扇音吐盍反。

　　②若,汝也。

　　球既诛甫,复欲以次表曹节等,乃敕中都官从事曰:"且先去大
猾,当次案豪右。"权门闻之,莫不屏气。诸奢饰之物,皆各缄縢,不
敢陈设。^①京师畏震。

　　①说文曰:"缄,束箧也。"孔安国注尚书曰:"縢,缄也。"

　　时顺帝虞贵人葬,百官会丧还,曹节见磔甫尸道次,慨然拉泪
曰:^①"我曹自可相食,何宜使犬舐其汁乎?"语诸常侍,今且俱入,
勿过里舍也。节直入省,白帝曰:"阳球故酷暴吏,前三府奏当免
官,以九江微功,复见擢用。怨过之人,好为妄作,不宜使在司隶,
以骋毒虐。"帝乃徙球为卫尉。时球出谒陵,节敕尚书令召拜,不得

稽留尺一。**球**被召急，因求见帝，叩头曰："臣无清高之行，横蒙鹰犬之任。前虽纠诛<u>王甫</u>、<u>段颎</u>，盖简落狐狸，^{〔17〕}未足宣示天下。愿假臣一月，必令豺狼鸱枭，各服其辜。"叩头流血。殿上呵叱曰："卫尉扞诏邪！"至于再三，乃受拜。

①扞，拭也，音亡粉反。

其冬，司徒<u>刘郃</u>与球议收案<u>张让</u>、<u>曹节</u>，苄等知之，共诬白<u>郃</u>等。语已见<u>陈球传</u>。遂收<u>球</u>送<u>洛阳</u>狱，诛死，妻子徙边。

<u>王吉</u>者，<u>陈留浚仪</u>人，中常侍<u>甫</u>之养子也。<u>甫</u>在宦者传。<u>吉</u>少好诵读书传，喜名声，而性残忍。以父秉权宠，年二十馀，为<u>沛</u>相。晓达政事，能断察疑狱，发起奸伏，多出众议。课使郡内各举奸吏豪人诸常有微过酒肉为臧者，虽数十年犹加贬弃，注其名籍。专选剽悍吏，击断非法。若有生子不养，即斩其父母，合土棘埋之。凡杀人皆磔尸车上，随其罪目，宣示属县。①夏月腐烂，则以绳连其骨，周徧一郡乃止，见者骇惧。视事五年，凡杀万馀人。其馀惨毒刺刻，不可胜数。郡中惴恐，②莫敢自保。及<u>阳球</u>奏<u>甫</u>，乃就收执，死于<u>洛阳</u>狱。

①目，罪名也。

②惴，惧也，音之瑞反。

论曰：古者敦庬，善恶易分。①至于画衣冠，异服色，而莫之犯。②叔世偷薄，③上下相蒙，④德义不足以相洽，化导不能以惩违，遂乃严刑痛杀，随而绳之，致刻深之吏，以暴理奸，倚疾邪之公直，济忍苛之虐情。<u>汉世</u>所谓酷能者,盖有闻也。皆以敢捍精敏,巧附文理,风行霜烈,威誉諠赫。与夫断断守道之吏,何工否之殊乎!⑤故<u>严君</u>蚩<u>黄霸</u>之术,⑥<u>密</u>人笑<u>卓茂</u>之政,⑦猛既穷矣,而犹或未胜。然<u>朱邑</u>不以笞辱加物,⑧<u>袁安</u>未尝鞫人臧罪,⑨而猾恶自禁,人不欺犯。何者?以为威辟既用,而苟免之行兴;⑩仁信道孚,故感被之情著。⑪苟免者威隙则奸起,感被者人亡而思存。⑫由一邦以言天下,则刑讼繁措,可得而求乎!

①左传申叔时曰:“人生敦厖,和同以听。”杜预注云:“敦厖,厚大也。”

②<u>白武通</u>曰:〔18〕“画象者,其衣服象五刑也。犯墨者蒙巾,犯劓者以赭著其衣,犯髌者以墨蒙其髌处而画之,犯宫者杂扉,犯大辟者布衣无领。”墨,黥面也。

③<u>左传</u>曰:“叔向曰:‘三辟之兴,皆叔代也。’”叔代犹末代也。偷,苟且也。本或作“渝”。渝,变也。

④<u>左传介之推</u>曰:“下义其罪,上赏其奸,上下相蒙,难与处矣。”蒙,欺也。

⑤<u>尚书</u>曰:“如有一介臣,断断猗。”孔安国注云:“断断猗然专一之臣也。”

⑥前书<u>严延年</u>为<u>河南</u>太守,严刑峻罚。时<u>黄霸</u>为<u>颍川</u>太守,以宽恕为化,郡中亦平,屡蒙丰年,凤皇屡集。上下诏称扬其行,加金爵之赏。<u>延年</u>素轻<u>霸</u>为人,及比郡为守,褒赏反在己前,心内不服。<u>河南</u>界中又有蝗,府丞狐义出行蝗,还见<u>延年</u>。<u>延年</u>曰:“此蝗岂凤皇食邪?”

⑦<u>茂传</u>曰:“初<u>茂</u>到县,有所废置,吏人笑之。”

⑧前书曰:“<u>朱邑</u>以爱利为行,未尝笞辱人。”

⑨<u>安传</u>曰“<u>安</u>为<u>河南</u>尹,政号严明,然未曾以臧罪鞫人”也。

⑩辟,法也,音频亦反。

⑪<u>左传</u>曰:“小信未孚。”杜预注云:“孚,大信也。”此言仁信之道,大信

于人。

⑫若子产卒,仲尼闻之,曰"古之遗爱也"。

　　赞曰:大道既往,刑礼为薄。①斯人散矣,机诈萌作。②去杀由仁,济宽非虐。③末暴虽胜,崇本或略。④

①老子曰:"大道废,有仁义。"又曰:"礼者,忠信之薄而乱之始。"

②论语曾子曰"上失其道,人散久矣,如得其情,则哀矜而勿喜"也。

③论语曰:"善人为邦百年,亦可以胜残去杀。"此言用仁德化人,人知礼节,可以无杀戮也。左传曰:"宽以济猛,猛以济宽。"言政宽则人慢,故须以猛济之,非故为暴虐也。

④春秋繁露曰:"君者,国之本也。夫为国(本),其化莫大于崇本。〔19〕崇本则君化若神,不崇本则无以兼人。"此言酷暴为政化之末,虽得胜残,而崇本之道尚为略也。

【校勘记】

〔1〕召其夫人(疏)〔跪〕庭下受辞　据汲本改。

〔2〕张俭剖曹节之墓　按:集解引何焯说,谓以党锢、宦者二传参考,乃侯览,非曹节也,所当刊正。

〔3〕覆杯食机上　按:"杯"原讹"杯",径改正。

〔4〕迁杨州牧　按:"杨"原作"扬",各本同。以前后皆作"杨",径改。

〔5〕轵县属河(南)〔内〕郡　据集解引洪亮吉说改。

〔6〕宁见乳虎穴　按:校补谓"见"或"觅"之讹。

〔7〕不入冀府寺　按:集解引惠栋说,谓"府"一作"城"。

〔8〕李章字第公　"第"原作"弟",径据汲本、殿本改。按:弟第古通作。

〔9〕掾(吏)〔史〕止章　据刊误改。

〔10〕又迁为河内太守又再迁颖川太守　按:刊误谓案文多二"又"字。

〔11〕迁平原相　按:校补引柳从辰说,谓袁纪作"甘陵相"。

〔12〕司空张颢　按:集解引惠栋说,谓考异云案颢光和元年为太尉,未尝为司空。

〔13〕曹(翙)〔刿〕谏鲁庄公之辞也　据殿本改。

〔14〕朱禹　按:殿本考证谓何焯校本"禹"改"瑀"。

〔15〕太尉段颎　按:"段"原误"叚",径改正。下同。

〔16〕乃欲求假借邪　按:集解引王补说,谓此句通鉴"乃欲"下多"论先后"三字。

〔17〕简落狐狸　按:集解引王补说,谓袁纪作"狐狸小丑"。

〔18〕白武通曰　按:汲本、殿本"武"作"虎",此避唐讳而未回改也。

〔19〕夫为国(本)其化莫大于崇本　据刊误删。

后汉书卷七十八

宦者列传第六十八

易曰:"天垂象,圣人则之。"①宦者四星,在皇位之侧,故周礼置官,亦备其数。阍者守中门之禁,②寺人掌女宫之戒。③又云"王之正内者五人"。④〔1〕月令:"仲冬,命阉尹审门闾,谨房室。"⑤诗之小雅,亦有巷伯刺谗之篇。⑥然宦人之在王朝者,其来旧矣。将以其体非全气,情志专良,通关中人,易以役养乎?⑦然而后世因之,才任稍广。其能者,则勃貂、管苏有功于楚、晋,⑧景监、缪贤著庸于秦、赵。⑨及其敝也,则竖刁乱齐,伊戾祸宋。⑩

①易系辞之文也。

②周礼曰:"阍人掌守王宫中门之禁。"郑玄注云:"中门,于外内为中也。阍即刖足者。"

③周礼曰:"寺人掌王宫之内人及女宫之戒命"也。

④周礼曰:"寺人掌王之正内五人。"〔2〕注云:"正内,路寝也。"

⑤郑玄注月令云:"奄尹,主领奄竖之官者也。于周(礼)则为内宰,〔3〕掌理王之内政、宫命,诚出入开闭之属也。"

⑥毛诗序曰:"巷伯,刺幽王也。寺人伤于谗,而作是诗也。"毛苌注云:"巷伯,内之小臣也。"

⑦关,涉也。中人,内人也。

⑧勃貂即寺人披也。一名勃鞮,字伯楚。左传曰,吕、郤畏逼,将焚公宫,杀晋文公。寺人披见公,以难告,遂杀吕、郤。新序曰:"楚恭王有疾,告诸大夫曰:'管苏犯我以义,违我以礼,与处不安,不见不思,然而有得焉,〔4〕吾死之后,爵之于朝'"也。

⑨史记曰,商君入秦,因孝公宠臣景监以求见。又曰,蔺相如为赵宦者令缪贤舍人,赵求人使报秦者,未得,缪贤曰:"臣舍人蔺相如可使也。"著庸谓荐鞅及相如也。

⑩左传曰,齐桓公卒,易牙入,与寺人貂因内宠以杀群吏而立公子无亏,孝公奔宋。杜预注曰:"寺人即阍官。""刁"即"貂"也,音雕。又曰,楚客聘于晋,过宋,太子知之,请野享之,公使往。寺人伊戾请从之。至则坎用牲,加书征之,而骋告公曰:"太子将为乱。"公使视之,则信有焉。太子死,公徐闻其无罪,乃亨伊戾也。

汉兴,仍袭秦制,置中常侍官。然亦引用士人,以参其选,皆银叡左貂,给事殿省。及高后称制,乃以张卿为大谒者,出入卧内,受宣诏命。①文帝时,有赵谈、北宫伯子,颇见亲幸。至于孝武,亦爱李延年。②帝数宴后庭,或潜游离馆,故请奏机事,多以宦人主之。至元帝之世,史游为黄门令,勤心纳忠,有所补益。③其后弘恭、石显以佞险自进,卒有萧、周之祸,损秽帝德焉。④

①前书曰,齐人田生求事吕后所幸大谒者张释卿。音义曰:"奄人也。"仲长统昌言曰:"宦竖傅近房卧之内,交错妇人之间。"

②前书曰,孝文时宦者则赵谈、北宫伯子,孝武时宦者李延年也。

③前书曰,急就一篇,元帝黄门令史游作。董巴舆服志曰"禁门曰黄闼,中人主之,故曰黄门"也。

④前书曰,前将军萧望之及光禄大夫周堪建白,以为宜罢中常侍官,应古不近刑人,由是大与石显忤,后皆害焉。望之自杀,堪废锢不得复进用也。

中兴之初,宦官悉用阉人,[5]不复杂调它士。至永平中,始置员数,中常侍四人,小黄门十人。和帝即祚幼弱,而窦宪兄弟专总权威,内外臣僚,莫由亲接,所与居者,唯阉宦而已。故郑众得专谋禁中,终除大憝,①遂享分土之封,超登宫卿之位。②于是中官始盛焉。

①憝,恶也,音大对反。谓诛窦宪也。

②宫卿谓为大长秋也。

自明帝以后,迄乎延平,委用渐大,而其员稍增,中常侍至有十人,小黄门二十人,改以金玳右貂,兼领卿署之职。邓后以女主临政,而万机殷远,朝臣国议,[6]无由参断帷幄,称制下令,不出房闱之间,①不得不委用刑人,寄之国命。手握王爵,口含天宪。非复掖廷永巷之职,闺牖房闼之任也。②其后孙程定立顺之功,曹腾参建桓之策,续以五侯合谋,梁冀受钺,迹因公正,恩固主心,故中外服从,上下屏气。或称伊、霍之勋,无谢于往载;或谓良、平之画,复兴于当今。虽时有忠公,而竟见排斥。③举动回山海,呼吸变霜露。阿旨曲求,则光宠三族;④直情忤意,则参夷五宗。⑤汉之纲纪大乱矣。

①尔雅曰"宫中(小)〔之〕门谓之闱"[7]也。

②永巷及掖廷,并署名也。尔雅曰:"小闱谓之闼。"

③谓皇甫嵩、蔡邕等并被排也。

④父族、母族、妻族也。

⑤夷,灭也。参夷,夷三族也。五宗,五服内亲故也。^{〔8〕}

若夫高冠长剑,纡朱怀金者,布满宫闱;①苴茅分虎,南面臣人者,盖以十数。②府署第馆,棋列于都鄙;③子弟支附,过半于州国。南金、和宝、冰纨、雾縠之积,盈仞珍臧;④嫱媛、侍儿、歌童、舞女之玩,充备绮室。⑤狗马饰雕文,土木被缇绣。⑥皆剥割萌黎,竞恣奢欲。搆害明贤,专树党类。其有更相援引,希附权强者,皆腐身熏子,以自衔达。⑦同敝相济,故其徒有繁,败国蠹政之事,不可单书。⑧所以海内嗟毒,志士穷栖,寇剧缘间,摇乱区夏。⑨虽忠良怀愤,时或奋发,而言出祸从,旋见孥戮。因复大考鉤党,转相诬染。⑩凡称善士,莫不离被灾毒。窦武、何进,位崇戚近,乘九服之嚣怨,协群英之执力,⑪而以疑留不断,至于殄败。斯亦运之极乎!虽袁绍龚行,芟夷无馀,然以群易乱,亦何云及!⑫自曹腾说梁冀,竟立昏弱,⑬魏武因之,遂迁龟鼎。⑭所以“君以此始,必以此终”,信乎其然矣!⑮

①楚辞曰:“高余冠之岌岌。”又曰:“抚长剑兮玉珥。”杨雄法言曰:“或问使我纡朱怀金,其乐不可量也。”李轨注曰:“朱,朱绂也。金,金印也。”

②封诸侯各以其方色土,苴以白茅,而分铜虎符也。

③棋列,如棋之布列。史记曰:“往往棋置。”

④诗颂曰:“大路南金。”郑玄注云:“荆、杨之州,^{〔9〕}贡金三品。”和谓下和也。

⑤左传曰:“夫差宿有妃嫱嫔御焉。”杜预注曰:“妃嫱,贵者。”嫱音墙。前书曰:“初,爰盎为吴相时,从史盗私盎侍儿。”昌言曰:“为音乐则歌儿舞女,千曹而迭起。”左传晏子曰:“高台深池,撞锺舞女。”绮室,室

之绮丽者。

⑥前书东方朔曰:"土木衣绮绣,〔10〕狗马被缋罽。"缇,厚缯也。

⑦前书曰:"史迁熏胥以刑。"书昭曰:"古者腐刑必熏合之。"

⑧单,尽也。

⑨寇盗剧贼缘间隙而起也。

⑩鉤党谓李膺、杜密等。

⑪九服已见上。群英谓刘猛、朱寓之属,〔11〕见窦武传。

⑫尚书曰:"龚行天罚。"左传曰:"芟夷蕴崇之。"史记曰"以暴易乱兮,
不知其非"也。

⑬谓立桓帝也。

⑭龟鼎,国之守器,以谕帝位也。尚书曰:"宁王遗我大宝龟。"左传曰
"鼎迁于商"也。

⑮此谓宦官也。言汉家初宠用宦官,其后终为宦官所灭。左传楚屈荡
曰"君以此始,必以此终"也。

郑众字季产,南阳犨人也。为人谨敏有心几。永平中,初给事
太子家。肃宗即位,拜小黄门,迁中常侍。和帝初,加位鉤盾令。

时窦太后秉政,后兄大将军宪等并窃威权,朝臣上下莫不附
之,而众独一心王室,不事豪党,帝亲信焉。及宪兄弟图作不轨,众
遂首谋诛之,以功迁大长秋。策勋班赏,每辞多受少。由是常与议
事。①中官用权,自众始焉。

①与音预。

十四年,帝念众功美,封为鄛乡侯,食邑千五百户。①永初元
年,和熹皇后益封三百户。

①鄨音士交反。[12]说文曰："南(郡)〔阳〕棘阳县有鄨乡。"[13]

元初元年卒，养子闳嗣。闳卒，子安嗣。后国绝。桓帝延熹二年，绍封众曾孙石鄨为关内侯。

蔡伦字敬仲，桂阳人也。以永平末始给事宫掖，建初中，为小黄门。及和帝即位，转中常侍，豫参帷幄。

伦有才学，尽心敦慎，数犯严颜，匡弼得失。每至休沐，辄闭门绝宾，暴体田野。后加位尚方令。永元九年，监作秘剑及诸器械，莫不精工坚密，为后世法。

自古书契多编以竹简，其用缣帛者谓之为纸。缣贵而简重，并不便于人。伦乃造意，用树肤、麻头及敝布、鱼网以为纸。元兴元年奏上之，帝善其能，自是莫不从用焉，故天下咸称"蔡侯纸"。①

①湘州记曰："耒阳县北有汉黄门蔡伦宅，宅西有一石臼，云是伦舂纸白也。"

元初元年，邓太后以伦久宿卫，[14]封为龙亭侯，①邑三百户。后为长乐太仆。四年，帝以经传之文多不正定，乃选通儒谒者刘珍及博士良史诣东观，各雠校(汉)家法，[15]令伦监典其事。

①龙亭，县，故城在今洋州兴势县东，明月池在其侧。

伦初受窦后讽旨，诬陷安帝祖母宋贵人。及太后崩，安帝始亲万机，敕使自致廷尉。伦耻受辱，乃沐浴整衣冠，饮药而死。国除。

孙程字稚卿，涿郡新城人也。①安帝时，为中黄门，给事长乐官。

①东观记曰："北新城人，卫康叔之胄孙林父之后。"东观自此已下十九

人，与程同功者皆叙其所承本系。盖当时史官惧程等威权，故曲为

文饰。

时邓太后临朝，帝不亲政事。小黄门李闰与帝乳母王圣常共
谮太后兄执金吾悝等，言欲废帝，立平原王(德)〔翼〕，[16]帝每忿
惧。及太后崩，遂诛邓氏而废平原王，封闰雍乡侯；又小黄门江京
以谄诏进，初迎帝于邸，以功封都乡侯，食邑各三百户。闰、京并迁
中常侍，江京兼大长秋，与中常侍樊丰、黄门令刘安、鉤盾令陈达及
王圣、圣女伯荣扇动内外，竞为侈虐。又帝舅大将军耿宝、皇后兄
大鸿胪阎显更相阿党，遂枉杀太尉杨震，废皇太子为济阴王。

明年帝崩，立北乡侯为天子。显等遂专朝争权，乃讽有司奏诛
樊丰，废耿宝、王圣，及党与皆见死徙。

十月，北乡侯病笃。程谓济阴王谒者长兴渠曰：①"王以嫡统，
本无失德，先帝用谗，遂至废黜。若北乡疾不起，共断江京、阎显，
事乃可成。"渠等然之。又中黄门南阳王康，先为太子府史，自太子
之废，常怀叹愤。又长乐太官丞京兆王国，并附同于程。至二十七
日，北乡侯薨。阎显白太后，征诸王子简为帝嗣。未及至。十一月
二日，程遂与王康等十八人聚谋于西锺下，皆截单衣为誓。四日
夜，程等共会崇德殿上，因入章台门。时江京、刘安及李闰、陈达等
俱坐省门下，程与王康共就斩京、安、达，以李闰权执积为省内所
服，欲引为主，因举刀胁闰曰："今当立济阴王，无得摇动。"闰曰：
"诺。"于是扶闰起，俱于西锺下迎济阴王立之，是为顺帝。召尚书
令、仆射以下，从辇幸南宫云台，程等留守省门，遮扞内外。

①兴姓，渠名。

阎显时在禁中，忧迫不知所为，小黄门樊登劝显发兵，以太后诏召越骑校尉冯诗、虎贲中郎将阎崇，屯朔平门，[17]以御程等。诱诗入省，太后使授之印，曰："能得济阴王者封万户侯，得李闰者五千户侯。"显以诗所将众少，使与登迎吏士于左掖门外。诗因格杀登，归营屯守。显弟卫尉景遽从省中还外府，收兵至盛德门。程传召诸尚书使收景。尚书郭镇时卧病，闻之，即率直宿羽林出南止车门，逢景从吏士，拔白刃，呼曰："无干兵。"镇即下车，持节诏之。景曰："何等诏？"因斫镇，不中。镇引剑击景堕车，左右以戟叉其匈，遂禽之，送廷尉狱，即夜死。旦日，令侍御史收显等送狱，于是遂定。下诏曰："夫表功录善，古今之通义也。故中常侍长乐太仆江京、黄门令刘安、鉤盾令陈达与故车骑将军阎显兄弟谋议恶逆，倾乱天下。中黄门孙程、王康、长乐太官丞王国、中黄门黄龙、彭恺、孟叔、李建、王成、张贤、史汎、马国、王道、李元、杨佗、①陈予、赵封、李刚、魏猛、苗光等，②怀忠愤发，勠力协谋，遂埽灭元恶，以定王室。诗不云乎：'无言不仇，无德不报。'③程为谋首，康、国协同。其封程为浮阳侯，食邑万户；康为华容侯，国为郦侯，各九千户；黄龙为湘南侯，五千户；彭恺为西平昌侯，④孟叔为中庐侯，⑤李建为复阳侯，各四千二百户；王成为广宗侯，张贤为祝阿侯，史汎为临沮侯，⑥马国为广平侯，王道为范县侯，李元为褒信侯，杨佗为山都侯，⑦陈予为下隽侯，⑧赵封为析县侯，李刚为枝江侯，各四千户；魏猛为夷陵侯，二千户；苗光为东阿侯，千户。"是为十九侯。加赐车马金银钱帛各有差。李闰以先不豫谋，故不封。遂擢拜程骑都尉。

①佗音驼。

②东观记曰“程赋枣脯,又〔分〕与光,〔18〕曰：'以为信,今暮其当著矣。'
漏尽,光为尚席直事通灯,解剑置外,持灯入章台门,程等适入。光走
出门,欲取剑,王康呼还,光不应。光得剑,欲还入,门已闭,光便守宜
秋门,会李闰来,出光,因与俱迎济阴王幸南宫云台。诏书录功臣,令
康疏名,康诈疏光入章台门。光谓康曰：'缓急有问者当相证也。'诏
书封光东阿侯,食邑四千户,未受符策,光心不自安,诣黄门令自告。
有司奏康、光欺诈主上,诏书勿问,遂封东阿侯,邑千户”也。

③诗大雅也。

④西平昌,(诸)县,属平原郡〔19〕。

⑤中庐,县,属南郡。

⑥临沮,县,属南郡。

⑦褒信、山都并属南阳郡也。〔20〕

⑧下隽,县,〔属〕长沙郡,〔21〕音似兖反。

永建元年,程与张贤、孟叔、马国等为司隶校尉虞诩讼罪,怀表
上殿,呵叱左右。帝怒,遂免程官,因悉遣十九侯就国,后徙封程为
宜城侯。程既到国,怨恨恚愁,①封还印绶、符策,亡归京师,②往
来山中。诏书追求,复故爵土,赐车马衣物,遣还国。

①愁,怨也,音直季反。

②续汉书曰："程到宜城,怨恨恚愁,刻瓦为印,封还印绶。"

三年,帝念程等功勋,悉征还京师。程与王道、李元皆拜骑都
尉,馀悉奉朝请。阳嘉元年,程病甚,即拜奉车都尉,位特进。及
卒,使五官〔中〕郎将〔22〕追赠车骑将军印绶,赐谥刚侯。侍御史持
节监护丧事,乘舆幸北部尉传,①瞻望车骑。

①北部尉之传舍也。传音陟恋反。

程临终,遗言上书,以国传弟美。帝许之,而分程半,^[23]封程养子寿为浮阳侯。后诏书录微功,封兴渠为高望亭侯。四年,诏宦官养子悉听得为后,袭封爵,定著乎令。

王康、王国、彭恺、王成、赵封、魏猛六人皆早卒。黄龙、杨佗、孟叔、李建、张贤、史汎、王道、李元、李刚九人与阿母山阳君宋娥更相货赂,求高官增邑,又诬罔中常侍曹腾、孟贲等。永和二年,发觉,并遣就国,减租四分之一。宋娥夺爵归田舍。唯马国、陈予、苗光保全封邑。

初,帝见废,监太子家小黄门籍建、傅高梵、长秋长赵熹、丞良贺、药长夏珍皆以无过获罪,建等坐徙朔方。及帝即位,并擢为中常侍。梵坐臧罪,减死一等。建后封东乡侯,三百户。

贺清俭退厚,①位至大长秋。阳嘉中,诏九卿举武猛,^[24]贺独无所荐。帝引问其故,对曰:“臣生自草茅,长于宫掖,既无知人之明,又未尝交知士类。昔卫鞅因景监以见,有识知其不终。②今得臣举者,匪荣伊辱。”固辞之。及卒,帝思贺忠,封其养子为都乡侯,三百户。

①谦退而厚重也。
②史记赵良谓商君曰:“君之见秦王也,因嬖人景监,非所以为名也。”商君竟为秦惠所车裂也。

2022

曹腾字季兴,沛国谯人也。安帝时,除黄门从官。顺帝在东宫,邓太后以腾年少谨厚,使侍皇太子书,特见亲爱。及帝即位,腾为小黄门,迁中常侍。桓帝得立,腾与长乐太仆州辅等七人,以定策功,皆封亭侯,腾为费亭侯,迁大长秋,加位特进。

腾用事省闼三十馀年，奉事四帝，未尝有过。其所进达，皆海内名人，陈留虞放、边韶、南阳延固、张温、弘农张奂、颍川堂谿典等。时蜀郡太守因计吏赂遗于腾，益州刺史种暠于斜谷关搜得其书，[25]上奏太守，并以劾腾，请下廷尉案罪。帝曰："书自外来，非腾之过。"遂寝暠奏。腾不为纤介，常称暠为能吏，时人嗟美之。

腾卒，养子嵩嗣。种暠后为司徒，告宾客曰："今身为公，乃曹常侍力焉。"

嵩灵帝时货赂中官及输西园钱一亿万，故位至太尉。①及子操起兵，不肯相随，乃与少子疾避乱琅邪，[26]为徐州刺史陶谦所杀。

①嵩具袁绍传。

单超，河南人；徐璜，下邳良城人；具瑗，魏郡元城人；左悺，河南平阴人；①唐衡，颍川郾人也。桓帝初，超、璜、瑗为中常侍，悺、衡为小黄门史。

①悺音工奂反，又音绾。

初，梁冀两妹为顺桓二帝皇后，冀代父商为大将军，再世权戚，威振天下。冀自诛太尉李固、杜乔等，骄横益甚，皇后乘埶忌恣，多所鸠毒，上下钳口，①莫有言者。帝逼畏久，恒怀不平，恐言泄，不敢谋之。延熹二年，皇后崩，帝因如厕，独呼衡问："左右与外舍不相得者皆谁乎？"②衡对曰："单超、左悺前诣河南尹不疑，礼敬小简，不疑收其兄弟送洛阳狱，二人诣门谢，乃得解。徐璜、具瑗常私忿疾外舍放横，口不敢道。"于是帝呼超、悺入室，谓曰："梁将军兄弟专固国朝，迫胁外内，公卿以下从其风旨。今欲诛之，于常侍意何如?"超等对曰:"诚国奸贼,当诛日久。臣等弱劣,未知圣意何如耳。"帝曰:"审然者,常侍密图之。"对曰:"图之不难,但恐陛下复中狐疑。"③帝曰:"奸臣胁国,当伏其罪,何疑乎!"于是更召瑛、瑗等五人,遂定其议,帝啮超臂出血为盟。于是诏收冀及宗亲党与悉诛之。悝、衡迁中常侍,封超新丰侯,二万户,瑛武原侯,瑗东武阳侯,各万五千户,赐钱各千五百万;悝上蔡侯,衡汝阳侯,各万三千户,赐钱各千三百万。五人同日封,故世谓之"五侯"。又封小黄门刘普、赵忠等八人为乡侯。自是权归宦官,朝廷日乱矣。

①周书曰:"贤智钳口。"谓不言也。拑与钳古字通,音其炎反。

②外舍谓皇后家也。

③中音丁仲反。

超病,帝遣使者就拜车骑将军。明年薨,赐东园秘器,棺中玉具,赠侯将军印绶,使者理丧。及葬,发五营骑士,(将军)侍御史护丧,〔27〕将作大匠起冢茔。

其后四侯转横,天下为之语曰:"左回天,具独坐,①徐卧虎,唐两堕。"②皆竞起第宅,楼观壮丽,穷极伎巧。金银罽毦,施于犬马。③多取良人美女以为姬妾,皆珍饰华侈,拟则宫人。其仆从皆乘牛车而从列骑。又养其疏属,或乞嗣异姓,或买苍头为子,并以传国袭封。兄弟姻戚皆宰州临郡,辜较百姓,与盗贼无异。

①独坐言骄贵无偶也。

②两堕谓随意所为不定也。今人谓持两端而任意为两堕。诸本"两"或作"雨"也。

③毦,以毛羽为饰,音如志反。

超弟安为河东太守,弟子匡为济阴太守,瑛弟盛为河内太守,恺弟敏为陈留太守,瑗兄恭为沛相,皆为所在蠹害。

瑱兄子宣为下邳令,暴虐尤甚。先是求故汝南太守下邳李暠女不能得,及到县,遂将吏卒至暠家,载其女归,戏射杀之,埋著寺内。时下邳县属东海,汝南黄浮为东海相,有告言宣者,浮乃收宣家属,无少长悉考之。掾史以下固谏争。浮曰:"徐宣国贼,今日杀之,明日坐死,足以瞑目矣。"即案宣罪弃市,暴其尸以示百姓,郡中震栗。瑱于是诉怨于帝,帝大怒,浮坐髡钳,输作右校。[28] 五侯宗族宾客虐徧天下,民不堪命,起为寇贼。七年,衡卒,亦赠车骑将军,如超故事。瑱卒,赙赠钱布,赐冢茔地。

明年,司隶校尉韩演因奏恺罪恶,及其兄太仆南乡侯称请托州郡,聚敛为奸,宾客放纵,侵犯吏民。恺、称皆自杀。演又奏瑗兄沛相恭臧罪,征诣廷尉。瑗诣狱谢,上还东武侯印绶,诏贬为都乡侯,卒于家。超及瑱、衡袭封者,并降为乡侯,租入岁皆三百万,子弟分封者,悉夺爵土。刘普等贬为关内侯。

侯览者,山阳防东人。桓帝初为中常侍,以佞猾进,倚埶贪放,受纳货遗以巨万计。延熹中,连岁征伐,府帑空虚,乃假百官奉禄,王侯租税。览亦上缣五千匹,赐爵关内侯。又托以与议诛梁冀功,进封高乡侯。

小黄门段珪家在济阴,与览并立田业,近济北界,仆从宾客侵犯百姓,劫掠行旅。济北相滕延一切收捕,杀数十人,陈尸路衢。览、珪大怨,以事诉帝,延坐多杀无辜,征诣廷尉,免。延字伯行,北海人,后为京兆尹,有理名,世称为长者。

览等得此愈放纵。览兄参为益州刺史,民有丰富者,辄诬以大逆,皆诛灭之,没入财物,前后累亿计。太尉杨秉奏参,槛车征,于道自杀。京兆尹袁逢于旅舍阅参车三百馀两,[29]皆金银锦帛珍玩,不可胜数。览坐免,旋复复官。①

①复,上音房又反。

建宁二年,丧母还家,大起茔冢。督邮张俭因举奏览贪侈奢纵,前后请夺人宅三百八十一所,田百一十八顷。起立第宅十有六区,皆有高楼池苑,堂阁相望,饰以绮画丹漆之属,制度重深,僭类宫省。又豫作寿冢,①石椁双阙,高庑百尺,②破人居室,发掘坟墓。虏夺良人,妻略妇子,及诸罪衅,请诛之。而览伺候遮截,章竟不上。俭遂破览冢宅,藉没资财,具言罪状。又奏览母生时交通宾客,干乱郡国。复不得御。③览遂诬俭为钩党,及故长乐少府李膺、太仆杜密等,皆夷灭之。遂代曹节领长乐太仆。

①生而自为冢,为寿冢。

②庑,廊下周屋也。

③御,进也。

熹平元年,有司举奏览专权骄奢,策收印绶,自杀。阿党者皆免。

曹节字汉丰,南阳新野人也。其本魏郡人,[30]世吏二千石。顺帝初,以西园骑迁小黄门。桓帝时,迁中常侍,奉车都尉。建宁元年,持节将中黄门虎贲羽林千人,北迎灵帝,陪乘入宫。及即位,以定策封长安乡侯,六百户。

时窦太后临朝，后父大将军武与太傅陈蕃谋诛中官，节与长乐五官史朱瑀、从官史共普、张亮、①中黄门王尊、长乐谒者腾是等十七人，共矫诏以长乐食监王甫为黄门令，将兵诛武、蕃等，事已具蕃、武传。节迁长乐卫尉，封育阳侯，增邑三千户；[31]甫迁中常侍，黄门令如故；瑀封都乡侯，千五百户；普、亮等五人各三百户；馀十一人皆为关内侯，岁食租二千斛。

①共音恭。

先是瑀等阴于明堂中祷皇天曰："窦氏无道，请皇天辅皇帝诛之，令事必成，天下得宁。"既诛武等，诏令太官给塞具，①赐瑀钱五千万，馀各有差，后更封华容侯。二年，节病困，诏拜为车骑将军。有顷疾瘳，上印绶，罢，复为中常侍，位特进，秩中二千石，寻转大长秋。

①塞，报祠也，音苏代反。字当为"赛"，通也。

熹平元年，窦太后崩，有何人书朱雀阙，①言"天下大乱，曹节、王甫幽杀太后，常侍侯览多杀党人，公卿皆尸禄，无有忠言者"。于是诏司隶校尉刘猛逐捕，十日一会。猛以诽书言直，不肯急捕，月馀，主名不立。②猛坐左转谏议大夫，以御史中丞段颎代猛，乃四出逐捕，及太学游生，系者千馀人。节等怨猛不已，使颎以它事奏猛，抵罪输左校。朝臣多以为言，乃免刑，复公车征之。

①何人，不知何人也。

②不得书阙主名。

节遂与王甫等诬奏桓帝弟勃海王悝谋反，诛之。以功封者十二人。甫封冠军侯。节亦增邑四千六百户，并前七千六百户。父兄子弟皆为公卿列校、牧守令长，布满天下。

节弟破石为越骑校尉,越骑营五百妻有美色,①破石从求之,五百不敢违,妻执意不肯行,遂自杀。其淫暴无道,多此类也。

①韦昭辩释名曰:"五百字本为'伍'。伍,当也。伯,道也。使之导引当道陌中以驱除也。"案:今俗呼行杖人为五百也。

光和二年,司隶校尉阳球奏诛王甫及子长乐少府萌、沛相吉,皆死狱中。时连有灾异,郎中梁人审忠以为朱瑀等罪恶所感,乃上书曰:"臣闻理国得贤则安,失贤则危,故舜有臣五人而天下理,①汤举伊尹不仁者远,②陛下即位之初,未能万机,皇太后念在抚育,权时摄政,③故中常侍苏康、管霸应时诛殄。④太傅陈蕃、大将军窦武考其党与,志清朝政。华容侯朱瑀知事觉露,祸及其身,遂兴造逆谋,作乱王室,撞蹋省闼,⑤执夺玺绶,迫胁陛下,聚会群臣,离间骨肉母子之恩,遂诛蕃、武及尹勋等。因共割裂城社,自相封赏。父子兄弟被蒙尊荣,素所亲厚布在州郡,或登九列,或据三司。不惟禄重位尊之责,而苟营私门,多蓄财货,缮修第舍,连里竟巷。盗取御水以作鱼钓,⑥车马服玩拟于天家。群公卿士杜口吞声,莫敢有言。州牧郡守承顺风旨,辟召选举,释贤取愚。故虫蝗为之生,夷寇为之起。天意愤盈,积十馀年。故频岁日食于上,地震于下,所以谴戒人主,欲令觉悟,诛钼无状。昔高宗以雉雊之变,故获中兴之功。⑦近者神祇启悟陛下,发赫斯之怒,故王甫父子应时戮戳,⑧路人士女莫不称善,若除父母之仇。诚怪陛下复忍孽臣之类,不悉殄灭。⑨昔秦信赵高,以危其国;吴使刑人,身遘其祸。⑩虞公抱宝牵马,鲁昭见逐乾侯,以不用宫之奇、子家驹以至灭辱。⑪今以不忍之恩,赦夷族之罪,奸谋一成,悔亦何及!臣为郎十五年,皆耳目闻见,瑀之所为,诚皇天所不复赦。愿陛下留漏刻之听,裁省臣表,埽灭丑类,以答天怒。与瑀考验,有不如言,愿受汤镬之诛,妻子并徙,以绝妄言之路。"章寝不报。节遂领尚书令。四年,卒,赠车骑将军。后瑀亦病卒,皆养子传国。

①五臣谓禹、稷、契、咎陶、伯益也。

②论语文也。

③桓思窦后。

④窦后传诛康及霸。

⑤撞音直江反。

⑥水入宫苑为御水。

⑦高宗祭,有雉升鼎耳而雊,高宗修德,殷以中兴。见尚书也。

⑧诗鲁颂曰:"在泮献馘。"音古获反。郑玄注云:"谓所杀者之左耳。"

⑨谓复任用曹节等也。

⑩左传曰:吴伐越获俘焉,以为阍,使守舟。吴子馀祭观舟,阍人以刀杀之。

⑪公羊传曰,晋大夫荀息请以屈产之乘与垂棘之璧,假道于虞以伐虢,宫之奇谏,不听。后晋灭虞,虞公抱宝牵马而至,荀息见曰:"臣之谋何如?"又曰,昭公将杀季氏,告子家驹曰:"季氏为无道,僭于公室久矣。吾欲杀之,何如?"子家驹曰:"诸侯僭于天子,大夫僭于诸侯,久矣,君无多辱焉。"昭公不从其言,后逐季氏,昭公奔于乾侯,遂死焉。

审忠字公诚,宦官诛后,辟公府。

吕强字汉盛,河南成皋人也。少以宦者为小黄门,再迁中常侍。为人清忠奉公。灵帝时,例封宦者,以强为都乡侯。强辞让恳恻,固不敢当,帝乃听之。因上疏陈事曰:

臣闻诸侯上象四七,下裂王土,高祖重约非功臣不侯,所以重天爵明劝戒也。伏闻中常侍曹节、王甫、张让等,及侍中许相,并为列侯。节等宦官祐薄,[32]品卑人贱,谗谄媚主,佞邪徼宠,放毒人物,疾妒忠良,有赵高之祸,未被辗裂之诛,①掩朝廷之明,成私树之党。而陛下不悟,妄授茅土,开国承家,小人是用。②又并及家人,重金兼紫,③相继为蕃辅。受国重恩,不念尔祖,述脩厥德,④而交结邪党,下比群佞。陛下或其琐才,⑤[33]特蒙恩泽。又授位乖越,贤才不升,素餐私倖,必加荣擢。阴阳乖剌,稼穑荒蔬,⑥人用不康,罔不由兹。臣诚知封事已行,言之无逮,所以冒死干触陈愚忠者,实愿陛下损改既谬,从此一止。

①赵高指鹿为马,而杀胡亥。辗裂,以车裂也。

②易曰:"开国承家,小人勿用。"

③金印紫绶。重、兼,言累积也。

④诗大雅云:"无念尔祖,聿脩厥德。"聿,述也。

⑤琐,小也。

⑥郑玄注周礼云:"蔬,草有实者。"

臣又闻后宫綵女数千馀人,衣食之费,日数百金。比谷虽贱,而户有饥色。案法当贵而今更贱者,由赋发繁数,以解县官,①寒不敢衣,饥不敢食。民有斯厄,而莫之恤。宫女无用,填积后庭,天下虽复尽力耕桑,犹不能供。昔楚女悲愁,则西宫致灾,②况终年积聚,岂无忧怨乎! 夫天生蒸民,立君以牧之。君道得,则民戴之如父母,仰之犹日月,③虽时有征税,犹望其仁恩之惠。易曰:"悦以使民,民忘其劳;悦以犯难,民忘其死。"④储君副主,宜讽诵斯言;南面当国,宜履行其事。⑤

①县官调发既多，故贱粜穀以供之。

②公羊传曰："西宫灾，何以书？记灾也。"何休注云："是时僖公为齐桓公所胁，以齐媵为嫡，楚女废居西宫而不见恤，悲愁怨旷所生也。"

③左传师旷对晋侯曰："君养人如子，盖之如天，容之如地。人奉其君，爱之如父母，仰之如日月，敬之如神明，畏之如雷霆。天生人而立之君，使司牧之，勿使失其性"也。

④易兑卦象辞。

⑤易曰："圣人南面，向明而化。"杜预注左传曰："当国，执政也。"

又承诏书，当于河间故国起解渎之馆。陛下龙飞即位，虽从藩国，然处九天之高，岂宜有顾恋之意。①且河间疏远，解渎邈绝，而当劳民单力，未见其便。又今外戚四姓贵倖之家，及中官公族无功德者，造起馆舍，凡有万数，楼阁连接，丹青素垩，②雕刻之饰，不可单言。丧葬踰制，奢丽过礼，竞相放效，莫肯矫拂。③穀梁传曰："财尽则怨，力尽则懟。"尸子曰：④"君如杅，民如水，杅方则水方，杅圆则水圆。"⑤上之化下，犹风之靡草。今上无去奢之俭，下有纵欲之敝，至使禽兽食民之甘，木土衣民之帛。昔师旷谏晋平公曰："梁柱衣绣，民无褐衣；池有弃酒，士有渴死；厩马秣粟，民有饥色。近臣不敢谏，远臣不得畅。"此之谓也。⑥

①楚辞曰："圆则九重，孰营度之？"圆谓天也。

②郭璞注山海经曰："垩似土，白色，音恶。"

③矫，正也。拂，戾也，音扶弗反。

④尸子，晋人也，名佼，秦相卫鞅客也。鞅谋计，未尝不与佼规也。商君被刑，恐并诛，乃亡逃入蜀，作书二十篇，十九篇陈道德仁义之纪，一篇言九州险阻，水泉所起也。

⑤杅,碗属也,音于。字亦作盂。

⑥说苑咎犯谏晋文公之辞也。

又闻前召议郎蔡邕对问于金商门,而令中常侍曹节、王甫等以诏书喻旨。邕不敢怀道迷国,而切言极对,毁刺贵臣,讥呵竖宦。陛下不密其言,至令宣露,群邪项领,膏唇拭舌,①竞欲咀嚼,造作飞条。②陛下回受诽谤,致邕刑罪,室家徙放,老幼流离,岂不负忠臣哉!今群臣皆以邕为戒,上畏不测之难,下惧剑客之害,③臣知朝廷不复得闻忠言矣。故太尉段颎,武勇冠世,习于边事,垂发服戎,功成皓首,④历事二主,⑤勋烈独昭。陛下既已式序,位登台司,而为司隶校尉阳球所见诬胁,一身既毙,而妻子远播。天下惆怅,功臣失望。宜征邕更授任,反颎家属,则忠贞路开,众怨以弭矣。

①毛诗曰:"驾彼四牡,四牡项领。"注云:"项,大也。四牡者人所驾,今但养大其领,不肯为用。谕大臣自恣,王不能使也。"膏唇拭舌谓欲谗毁故也。

②飞条,飞书也。

③谓蔡邕徙朔方时,阳球使刺客追刺邕也。

④垂发谓童子也。

⑤谓桓帝、灵帝也。

2032　帝知其忠而不能用。

时帝多稸私臧,收天下之珍,每郡国贡献,先输中署,名为"导行费"。①强上疏谏曰:

①中署,内署也。导,引也。贡献外别有所入,以为所献希之导引也。[34]

天下之财,莫不生之阴阳,归之陛下。①归之陛下,岂有公私？而今中尚方敛诸郡之宝，中御府积天下之缯，<u>西园</u>引司农之臧，中厩聚太仆之马，而所输之府，辄有导行之财。调广民困，费多献少，奸吏因其利，百姓受其敝。又阿媚之臣，好献其私，容谄姑息，自此而进。

①万物禀阴阳而生。

旧典选举委任三府，三府有选，参议掾属，咨其行状，度其器能，①受试任用，责以成功。若无可察，然后付之尚书。尚书举劾，请下廷尉，覆案虚实，行其诛罚。今但任尚书，或复敕用。如是，三公得免选举之负，尚书亦复不坐，责赏无归，岂肯空自苦劳乎！

①咨，谋也。

夫立言无显过之咎，明镜无见玼之尤。如恶立言以记过，则不当学也；不欲明镜之见玼，则不当照也。①愿陛下详思臣言，不以记过见玼为责。

①韩子曰："古人之目短于自见，故以镜观面。智短于自规，故以道正己。镜无见疵之罪，道无明过之恶。目失镜则无以正须眉，身失道则无以知迷惑。"玼与疵同也。

书奏不省。

<u>中平</u>元年，黄巾贼起，帝问<u>强</u>所宜施行。<u>强</u>欲先诛左右贪浊者，大赦党人，料简刺史、二千石能否。帝纳之，乃先赦党人。于是诸常侍人人求退，又各自征还宗亲子弟在州郡者。中常侍<u>赵忠</u>、<u>夏恽</u>等遂共搆<u>强</u>，云"与党人共议朝廷，数读霍光传。①<u>强</u>兄弟所在并皆贪秽"。帝不悦，使中黄门持兵召<u>强</u>。<u>强</u>闻帝召，怒曰："吾死，乱起矣。丈夫欲尽忠国家，岂能对狱吏乎！"遂自杀。<u>忠</u>、<u>恽</u>复谮

曰:"强见召未知所问,而就外草自屏,有奸明审。"②遂收捕宗亲,没入财产焉。

①言其欲谋废立也。

②外草自屏谓在外野草中自杀也。

时宦者济阴丁萧、下邳徐衍、〔35〕南阳郭耽、汝阳李巡、〔36〕北海赵祐〔37〕等五人称为清忠,皆在里巷,不争威权。巡以为诸博士试甲乙科,争弟高下,更相告言,至有行赂定兰台漆书经字,以合其私文者,乃白帝,与诸儒共刻五经文于石,于是诏蔡邕等正其文字。自后五经一定,争者用息。赵祐博学多览,著作校书,诸儒称之。

又小黄门甘陵吴伉,善为风角,博达有奉公称。知不得用,常托病还寺舍,从容养志云。

张让者,颍川人;赵忠者,安平人也。少皆给事省中,桓帝时为小黄门。忠以与诛梁冀功封都乡侯。①延熹八年,黜为关(中)〔内〕侯,〔38〕食本县租千斛。

①与音预。

灵帝时,让、忠并迁中常侍,封列侯,与曹节、王甫等相为表里。节死后,忠领大长秋。让有监奴典任家事,交通货赂,威形喧赫。扶风人孟佗,①资产饶赡,与奴朋结,倾竭馈问,无所遗爱。奴咸德之,问佗曰:"君何所欲?力能办也。"曰:"吾望汝曹为我一拜耳。"时宾客求谒让者,车恒数百千两,佗时诣让,后至,不得进,监奴乃率诸仓头迎拜于路,遂共舆车入门。宾客咸惊,谓佗善于让,皆争以珍玩赂之。佗分以遗让,让大喜,遂以佗为凉州刺史。②

①佗音驼。

②三辅决录注曰："佗字伯郎。以蒲陶酒一斗遗让,让即拜佗为凉州刺史。"

是时让、忠及夏恽、郭胜、孙璋、毕岚、栗嵩、段珪、高望、张恭、韩悝、宋典十二人,皆为中常侍,封侯贵宠,父兄子弟布列州郡,所在贪残,为人蠹害。黄巾既作,盗贼糜沸,郎中中山张钧[39]上书曰:"窃惟张角所以能兴兵作乱,万人所以乐附之者,其源皆由十常侍多放父兄、子弟、婚亲、宾客典据州郡,辜榷财利,侵掠百姓,百姓之冤无所告诉,故谋议不轨,聚为盗贼。宜斩十常侍,县头南郊,以谢百姓,又遣使者布告天下,可不须师旅,而大寇自消。"天子以钧章示让等,皆免冠徒跣顿首,乞自致洛阳诏狱,并出家财以助军费。有诏皆冠履视事如故。帝怒钧曰:"此真狂子也。十常侍固当有一人善者不?"钧复重上,犹如前章,辄寝不报。诏使廷尉、侍御史考为张角道者,御史承让等旨,遂诬奏钧学黄巾道,收掠死狱中。而让等实多与张角交通。后中常侍封谞、徐(奏)〔奉〕事独发觉[40]坐诛,帝因怒诘让等曰:"汝曹常言党人欲为不轨,皆令禁锢,或有伏诛。今党人更为国用,汝曹反与张角通,为可斩未?"皆叩头云:"故中常侍王甫、侯览所为。"帝乃止。

明年,南宫灾。让、忠等说帝令敛天下田亩税十钱,以脩宫室。发太原、河东、狄道诸郡[41]材木及文石,每州郡部送至京师,黄门常侍辄令谴呵不中者,因强折贱买,十分雇一,①因复货之于宦官,复不为即受,材木遂至腐积,宫室连年不成。刺史、太守复增私调,百姓呼嗟。凡诏所征求,皆令西园驺密约敕,②号曰"中使",恐动州郡,多受赇赂。刺史、二千石及茂才孝廉迁除,皆责助军脩宫钱,大郡至二三千万,馀各有差。当之官者,皆先至<u>西园</u>谐价,然后得去。③有钱不毕者,或至自杀。其守清者,乞不之官,皆迫遣之。

①雇谓酬其价也。

②骆,养马人。

③谐谓平论定其价也。

时<u>钜鹿</u>太守<u>河内</u><u>司马直</u>新除,以有清名,减责三百万。<u>直</u>被诏,怅然曰:"为民父母,而反割剥百姓,以称时求,吾不忍也。"辞疾,不听。行至<u>孟津</u>,上书极陈当世之失,古今祸败之戒,即吞药自杀。书奏,帝为暂绝脩宫钱。

又造万金堂于<u>西园</u>,引司农金钱缯帛,仞积其中。①又还<u>河间</u>买田宅,起第观。帝本侯家,宿贫,每叹<u>桓帝</u>不能作家居,故聚为私臧,复(臧)寄小黄门常侍钱各数千万。[42]常云:"<u>张常侍</u>是我公,[43]<u>赵常侍</u>是我母。"宦官得志,无所惮畏,并起第宅,拟则宫室。帝常登<u>永安候台</u>,②宦官恐其望见居处,乃使中大人<u>尚但</u>谏曰:③"天子不当登高,登高则百姓虚散。"自是不敢复升台榭。④

①仞,满也。

②<u>永安</u>,宫也。

③<u>尚</u>姓,<u>但</u>名。

④<u>春秋潜潭巴</u>曰:"天子无高台榭,高台榭,则下畔之。"盖因此以诳帝也。

明年,遂使鉤盾令<u>宋典</u>缮脩<u>南宫</u><u>玉堂</u>。又使掖庭令<u>毕岚</u>铸铜人四列于<u>仓龙</u>、<u>玄武阙</u>。①又铸四钟,皆受二千斛,县于<u>玉堂</u>及<u>云台殿</u>前。又铸天禄虾蟆,吐水于<u>平门</u>外桥东,转水入宫。又作翻车渴乌,②施于桥西,用洒南北郊路,以省百姓洒道之费。又铸四出文钱,钱皆四道。识者窃言侈虐已甚,形象兆见,[44]此钱成,必四道而去。及京师大乱，钱果流布四海。复以忠为车骑将军，百馀日罢。

①仓龙，东阙。玄武，北阙。

②翻车，设机车以引水。渴乌，为曲筒，以气引水上也。

六年，帝崩。中军校尉袁绍说大将军何进，令诛中官以悦天下。谋泄，让、忠等因进入省，遂共杀进。而绍勒兵斩忠，捕宦官无少长悉斩之。让等数十人劫质天子走河上。追急，让等悲哭辞曰："臣等殄灭，天下乱矣。惟陛下自爱！"皆投河而死。

论曰：自古丧大业绝宗裡者，其所渐有由矣。三(世)〔代〕以嬖色取祸，①〔45〕嬴氏以奢虐致灾，②西京自外戚失祚，东都缘阉尹倾国。成败之来，先史商之久矣。③至于蜂起宦夫，其略犹或可言。何者？刑馀之丑，理谢全生，声荣无晖于门阀，肌肤莫传于来体，推情未鉴其敝，即事易以取信，加渐染朝事，颇识典物，故少主凭谨旧之庸，〔46〕女君资出内之命，顾访无猜惮之心，恩狎有可悦之色。亦有忠厚平端，怀术纠邪；④或敏才给对，饰巧乱实；⑤或借誉贞良，先时荐誉。⑥非直苟恣凶德，止于暴横而已。然真邪并行，情貌相越，⑦故能回惑昏幼，迷督视听，盖亦有其理焉。⑧诈利既滋，朋徒日广，直臣抗议，必漏先言之间，⑨至戚发愤，方启专夺之隙，⑩斯忠贤所以智屈，社稷故其为墟。易曰："履霜坚冰至。"云所从来久矣。今跡其所以，亦岂一朝一夕哉！⑪

①夏以末嬉，殷以妲己，周以褒姒。

②秦始皇，嬴姓也。

③商谓商略。

④谓吕强也。

⑤若良贺对顺帝不举人也。

⑥曹腾进边韶、延固等也。

⑦越,违也。谓貌虽似忠而情实奸邪。

⑧瞀,乱也,音茂。

⑨谓蔡邕对诏,王甫、曹节窃观之,乃宣布于外,而邕下狱也。

⑩谓窦武谋诛宦者,反为宦者所杀也。

⑪易曰:"非一朝一夕之故,其所由来者渐矣,由辨之不早辨也。"〔47〕易曰:"履霜坚冰至。"盖言慎也。〔48〕言初履霜而坚冰至者,以喻物渐而至大也。

赞曰:任失无小,过用则违。况乃巷职,远参天机。①舞文巧态,作惠作威。凶家害国,夫岂异归!②

①毛诗曰:"寺人巷伯,作为此诗。"巷职即寺人之职也。

②尚书曰:"臣无作威作福。臣有作威作福,其害于而家,凶于而国。"又曰:"为恶不同,同归于乱。"

【校勘记】

〔1〕王之正内者五人　按:刊误谓多一"者"字。

〔2〕寺人掌王之正内五人　按:周礼天官职云"寺人王之正内五人",无"掌"字。

〔3〕于周(礼)则为内宰　按:殿本考证引何焯说,谓月令吕不韦作,故郑注云"于周则为内宰","礼"字不学者所增,文选注中尚无"礼"字。今据删。

〔4〕然而有得焉　校补谓文选注引"得"作"德"。今按:得德古通作。

〔5〕宦官悉用阉人　按:刊误谓"宦"字当作"内",谓省内官不用他士也。

〔6〕朝臣国议　按:文选"国"作"图"。

〔7〕宫中(小)〔之〕门谓之闱　据校补改,与尔雅合。

〔8〕五服内亲故也　按:汲本作"五服内之亲故也",殿本作"五服内之亲也",王先谦谓殿本是。

〔9〕荆杨之州　"杨"原讹"阳",径改正。

〔10〕土木衣绮绣　按:前书东方朔传"土木"作"木土"。

〔11〕群英谓刘猛朱寓之属　按:"寓"原讹"寓",径据汲本、殿本改正。

〔12〕鄹音士交反　按:汲本、殿本作"七交反"。

〔13〕南(郡)〔阳〕棘阳县有鄹乡　集解引洪亮吉说,谓棘阳属南阳,非南郡也。又校补引柳从辰说,谓今说文注本作"南阳",惟"棘"误为"枣",段玉裁已订之。今据改。

〔14〕邓太后以伦久宿卫　按:汲本、殿本"久"下有"在"字。

〔15〕各雠校(汉)家法　刊误谓诸儒各谓其师说为家法,后人不知,妄加一"汉"字。今据删。

〔16〕立平原王(德)〔翼〕　据殿本考证引何焯说改。

〔17〕屯朔平门　按:集解引惠栋说,谓袁宏纪云"平朔门"。

〔18〕又〔分〕与光　据汲本、殿本补。

〔19〕西平昌(诸)县属平原郡　据殿本删。按:王先谦谓殿本无"诸"字是。

〔20〕襄信山都并属南阳郡也　按:集解引钱大昕说,谓案郡国志,襄信属汝南,不属南阳。

〔21〕下隽县〔属〕长沙郡　校补谓案注"县"下脱"属"字。今据补。

〔22〕五官〔中〕郎将　据殿本补。按:刊误谓"五官"下少一"中"字。

〔23〕而分程半　按:校补谓案文"程"下少一"国"字。

〔24〕阳嘉中诏九卿举武猛　按:校补引侯康说,谓阳嘉中无此诏,永和

三年有之。通鉴考异谓此传误以永和为阳嘉,是也。

〔25〕益州刺史种暠于斜穀关搜得其书　按:"斜穀关"汲本、殿本作"斜穀閗",魏志裴注引续汉书作"函穀关"。

〔26〕乃与少子疾避乱琅邪　按:殿本考证谓魏志嵩少子德。

〔27〕(将军)侍御史护丧　刊误谓按超赠将军尔,不可使将军护丧,明衍二字。今据删。按:张森楷校勘记谓治要无"将军"二字。

〔28〕输作右校　按:张森楷校勘记谓案输作者皆左校,此独右校,待考。

〔29〕京兆尹袁逢于旅舍阅参车三百餘两　按:李慈铭谓治要"车"下有"重"字。

〔30〕其本魏郡人　按:校补引钱大昭说,谓"其"下疑脱"先"字。

〔31〕增邑三千户　按:校补谓"邑"下盖脱"至"字。此并前六百户合为三千户也,否则下文增邑四千六百户,并前不止七千六百户矣。

〔32〕节等宦官祐薄　按:集解引周寿昌说,谓"祐薄"之"祐",恐应作"祐",盖吕强原疏避安帝讳也。

〔33〕陛下或其琐才　汲本、殿本"或"作"惑"。按:或与惑通。

〔34〕以为所献希之导引也　按:"希"字无义,必有误,刊误谓当作"物"。

〔35〕下邳徐衍　按:集解引惠栋说,谓袁宏纪"衍"作"演"。

〔36〕汝阳李巡　按:集解引惠栋说,谓"汝阳"经典序录作"汝南"。

〔37〕北海赵祐　按:集解引惠栋说,谓袁宏纪"祐"作"裕"。

〔38〕黜为关(中)〔内〕侯　按:殿本考证谓何焯校本"中"改"内"。今据改。

〔39〕郎中中山张钧　按:集解引惠栋说,谓袁宏纪"郎中"作"中郎将","钧"作"均"。

〔40〕后中常侍封谞徐(奏)〔奉〕事独发觉　按:"徐奏"当依皇甫嵩传作
　　"徐奉",通鉴亦作"徐奉",各本皆未正,今改。

〔41〕狄道诸郡　按:集解引钱大昕说,谓狄道非郡名,当云"陇西"。

〔42〕故聚为私臧复(臧)寄小黄门常侍钱各数千万　据李慈铭说删。
　　按:李云治要无下"臧"字,是也,当据删。

〔43〕张常侍是我公　汲本、殿本"公"作"父"。按:通鉴作"公"。

〔44〕形象兆见　按:"形"原讹"刑",径据汲本、殿本改正。

〔45〕三(世)〔代〕以嬖色取祸　据汲本改。

〔46〕故少主凭谨旧之庸　按:"主"原讹"王",径改正。

〔47〕由辨之不早辨也　按:两"辨"字原并讹"辩",径改正。

〔48〕盖言慎也　按:"慎"原讹"顺",径改正。

后汉书卷七十九上

儒林列传第六十九上

昔王莽、更始之际,天下散乱,礼乐分崩,典文残落。及光武中兴,爱好经术,未及下车,而先访儒雅,采求阙文,补缀漏逸。①先是四方学士多怀协图书,[1]遁逃林薮。自是莫不抱负坟策,云会京师,范升、陈元、郑兴、杜林、卫宏、刘昆、桓荣之徒,继踵而集。于是立五经博士,各以家法教授,易有施、孟、梁丘、京氏,尚书欧阳、大小夏侯,诗齐、鲁、韩,[2]礼大小戴,春秋严、颜,凡十四博士,太常差次总领焉。

①礼记曰:"武王克殷反商,未及下车,而封黄帝之后于蓟。"

建武五年,乃脩起太学,稽式古典,笾豆干戚之容,备之于列,①服方领习矩步者,委它乎其中。②中元元年,初建三雍。明帝即位,亲行其礼。天子始冠通天,③衣日月,④备法物之驾,⑤盛清道之仪,⑥坐明堂而朝群后,登灵台以望云物,⑦祖割辟雍之上,尊养三老五更。飨射礼毕,帝正坐自讲,诸儒执经问难于前,冠带缙绅之人,圜桥门而观听者盖亿万计。⑧其后复为功臣子孙、四姓末属别立校舍,搜选高能以受其业,自期门羽林之士,悉令通**孝经**章句,匈奴亦遣子入学。济济乎,洋洋乎,盛于**永平**矣!

①笾豆,礼器也。竹谓之笾,木谓之豆。干,盾也。戚,钺也。舞者所执。

②方领,直领也。委它,行貌也。委音於危反。它音以支反。

③**徐广舆服杂注**曰:"天子朝,冠通天冠,高九寸,黑介帻,金薄山,所常服也。"

④续汉志曰"乘舆备文日月星辰"也。

⑤**胡广汉制度**曰"天子出,有大驾、法驾、小驾。大驾则公卿奉引,大将军骖乘,太仆御,属车八十一乘,备千乘万骑。法驾,公不在卤簿,唯河南尹、执金吾、洛阳令奉引,侍中骖乘,奉车郎御,属车三十六乘。小驾,太仆奉驾,侍御史整车骑"也。

⑥汉官仪曰"清道以旄头为前驱"也。

⑦云物,解见明纪。

⑧汉官仪曰:"辟雍四门外有水,以节观者。"门外皆有桥,观者水外,故云圜桥门也。圜,遶也。

建初中,大会诸儒于**白虎观**,考详同异,连月乃罢。**肃宗**亲临称制,如**石渠**故事,①顾命史臣,著为通义。②又诏高才生受古文尚书、毛诗、穀梁、**左氏**春秋,虽不立学官,然皆擢高第为讲郎,给事近署,所以网罗遗逸,博存众家。**孝和**亦数幸东观,览阅书林。及**邓后**称制,学者颇懈。时**樊准**、**徐防**并陈敦学之宜,又言儒职多非其人,于是制诏公卿妙简其选,三署郎能通经术者,皆得察举。自**安帝**览政,薄于蓺文,博士倚席不讲,③朋徒相视怠散,学舍颓敝,鞠为园蔬，④牧儿荛竖，[3]至于薪刈其下。顺帝感翟酺之言，乃更脩黉宇，⑤凡所造构二百四十房，千八百五十室。试明经下第补弟子，增甲乙之科员各十人，除郡国耆儒皆补郎、舍人。本初元年，梁太后诏曰："大将军下至六百石，悉遣子就学，每岁辄于乡射月一飨会之，以此为常。"⑥自是游学增盛，至三万馀生。然章句渐疏，而多以浮华相尚，儒者之风盖衰矣。党人既诛，其高名善士多坐流废，后遂至忿争，更相言告，亦有私行金货，定兰台漆书经字，以合其私文。熹平四年，灵帝乃诏诸儒正定五经，刊于石碑，为古文、篆、隶三体书法以相参检，树之学门，⑦使天下咸取则焉。

①石渠见章纪。

②即白武通(议)〔义〕[4]是。

③礼记曰："凡侍坐于大司成者，远近间三席。"又曰："若非饮食之客则布席，席间函丈。"注云："谓讲问客也。"倚席言不施讲坐也。

④诗小雅曰："鞫为茂草。"注云："鞫，穷也。"

⑤说文曰："黉，学也。"黉与横同。

⑥汉官仪曰："春三月，秋九月，习乡射礼，礼生皆使太学学生。"

⑦古文谓孔子壁中书。篆书，秦始皇使程邈所作也。隶书亦程邈所献也，主于徒隶，从简易也。谢承书曰："碑立太学门外，瓦屋覆之，四面栏障，开门于南，河南郡设吏卒视之。"杨龙骧洛阳记载朱超石与兄书云："石经文都似碑，高一丈许，广四尺，骈罗相接。"

初，光武迁还洛阳，其经牒秘书载之二千馀两，自此以后，参倍于前。及董卓移都之际，吏民扰乱，自辟雍、东观、兰台、石室、宣明、鸿都诸藏典策文章，竞共剖散，其缣帛图书，大则连为帷盖，小乃制为滕囊。①及王允所收而西者，裁七十馀乘，道路艰远，复弃其半矣。后长安之乱，一时焚荡，莫不泯尽焉。

①滕亦縢也,音徒恒反。说文曰:"縢,囊也。"

东京学者猥众,难以详载,今但录其能通经名家者,以为儒林篇。其自有列传者,则不兼书。若师资所承,①宜标名为证者,乃著之云。

①老子曰:"善人者,不善人之师也。不善人者,善人之资也。"故因曰师资。

前书云:田何传易授丁宽,①丁宽授田王孙,王孙授沛人施雠、东海孟喜、琅邪梁丘贺,②由是易有施、孟、梁丘之学。又东郡京房受易于梁国焦延寿,③别为京氏学。又有东莱费直,④传易,授琅邪王横,为费氏学。⑤本以古字,号古文易。又沛人高相传易,授子康及兰陵毋将永,[5]为高氏学。⑥施、孟、梁丘、京氏四家皆立博士,费、高二家未得立。

①前书宽字子襄。

②前书雠字长卿,喜字长卿,贺字长翁。

③前书延寿名赣。

④前书直字长翁。

⑤前书"横"作"璜",字平仲。

⑥毋将姓也,毋读曰无。

刘昆[6]字桓公,陈留东昏人,①梁孝王之胤也。少习容礼。②平帝时,受施氏易于沛人戴宾。能弹雅琴,知清角之操。③

①东昏属陈留郡,东缗属山阳郡,诸本作"缗"者误。

②容,仪也。前书鲁徐生善为容,孝文时,以容为礼官大夫。

③刘向别录曰："雅琴之意,事皆出龙德诸琴杂事中。"前书艺文志曰："雅琴,龙氏名德,赵氏名定。"韩子曰："师旷对晋平公曰:'昔黄帝合鬼神,驾象车,交龙毕,方并辖,蚩尤居前,风伯进埽,雨师洒道,作为清角。今君德薄,不足以听之。'"

王莽世,教授弟子恒五百馀人。每春秋飨射,常备列典仪,以素木瓠叶为俎豆,桑弧蒿矢,以射"菟首"。①每有行礼,县宰辄率吏属而观之。王莽以昆多聚徒众,私行大礼,有僭上心,乃系昆及家属于外黄狱。寻莽败得免。既而天下大乱,昆避难河南负犊山中。②

①诗小雅瓠叶诗序曰："刺幽王弃礼而不能行,故思古之人,不以微薄废礼焉。"诗曰："幡幡瓠叶,采之亨之。君子有酒,酌言尝之。有菟斯首,炰之燔之。君子有酒,酌言献之。"昆惧礼之废,故引以瓠叶为俎实,射则歌"菟首"之诗而为节也。

②郡国志河南郡有负犊山。

建武五年,举孝廉,不行,遂逃,教授于江陵。光武闻之,即除为江陵令。时县连年火灾,昆辄向火叩头,多能降雨止风。征拜议郎,稍迁侍中、弘农太守。

先是崤、黾驿道多虎灾,行旅不通。昆为政三年,仁化大行,虎皆负子度河。帝闻而异之。二十二年,征代杜林为光禄勋。诏问昆曰:"前在江陵,反风灭火,后守弘农,虎北度河,行何德政而致是事?"昆对曰:"偶然耳。"左右皆笑其质讷。帝叹曰:"此乃长者之言也。"顾命书诸策。乃令入授皇太子及诸王小侯五十馀人。二十七年,拜骑都尉。三十年,以老乞骸骨,诏赐洛阳第舍,以千石禄终其身。中元二年卒。

子轶,字君文,传昆业,门徒亦盛。永平中,为太子中庶子。建初中,稍迁宗正,卒官,遂世掌宗正焉。

洼丹字子玉,①南阳育阳人也。世传孟氏易。王莽时,常避世教授,专志不仕,徒众数百人。建武初,为博士,稍迁,十一年,为大鸿胪。作易通论七篇,世号洼君通。丹学义研深,易家宗之,称为大儒。十七年,卒于官,年七十。

①风俗通"洼"音"圭"。

时中山觟阳鸿,字孟孙,①亦以孟氏易教授,有名称,永平中为少府。

①姓觟阳,名鸿也。觟音胡瓦反。其字从"角"字,或作"鲑"。从"鱼"者,音胡佳反。

任安字定祖,广汉绵竹人也。少游太学,受孟氏易,兼通数经。又从同郡杨厚学图谶,究极其术。时人称曰:"欲知仲桓问任安。"又曰:"居今行古任定祖。"学终,还家教授,诸生自远而至。初仕州郡。后太尉再辟,除博士,公车征,皆称疾不就。州牧刘焉表荐之,时王涂隔塞,诏命竟不至。年七十九,建安七年,卒于家。

杨政字子行,京兆人也。少好学,从代郡范升受梁丘易,善说经书。京师为之语曰:"说经铿铿杨子行。"教授数百人。

范升尝为出妇所告,坐系狱,政乃肉袒,以箭贯耳,抱升子潜伏道傍,候车驾,而持章叩头大言曰:"范升三娶,唯有一子,今适三岁,孤之可哀。"武骑虎贲惧惊乘舆,举弓射之,犹不肯去;旄头又以戟叉政,伤胸,政犹不退。哀泣辞请,有感帝心,诏曰:"乞杨生师。"①即尺一出升。政由是显名。

①乞读曰(氣)〔气〕。[7]

为人嗜酒,不拘小节,果敢自矜,然笃于义。时帝婿梁松,皇后弟阴就,皆慕其声名,而请与交友。政每共言论,常切磋恳至,不为屈挠。尝诣杨虚侯马武,武难见政,称疾不为起。政入户,径升床排武,把臂责之曰:"卿蒙国恩,备位藩辅,不思求贤以报殊宠,而骄天下英俊,此非养身之道也。今日动者刀入胁。"武诸子及左右皆大惊,以为见劫,操兵满侧,政颜色自若。会阴就至,责数武,令为交友。其刚果任情,皆如此也。建初中,官至左中郎将。

张兴字君上,颍川鄢陵人也。习梁丘易以教授。建武中,举孝廉为郎,谢病去,复归聚徒。后辟司徒冯勤府,勤举为孝廉,稍迁博士。永平初,迁侍中祭酒。十年,拜太子少傅。显宗数访问经术。既而声称著闻,弟子自远至者,著录且万人,为梁丘家宗。①十四年,卒于官。

①著于籍录。

子酺,传兴业,位至张掖属国都尉。

戴凭字次仲,汝南平舆人也。习京氏易。年十六,郡举明经,征试博士，拜郎中。

时诏公卿大会，群臣皆就席，凭独立。<u>光武</u>问其意。凭对曰：
"博士说经皆不如臣，而坐居臣上，是以不得就席。"帝即召上殿，
令与诸儒难说，<u>凭</u>多所解释。帝善之，拜为侍中，数进见问得失。
帝谓<u>凭</u>曰："侍中当匡补国政，勿有隐情。"<u>凭</u>对曰："陛下严。"帝
曰："朕何用严？"<u>凭</u>曰："伏见前太尉西曹掾<u>蒋遵</u>，清亮忠孝，学通
古今，陛下纳肤受之诉，遂致禁锢，^①世以是为严。"帝怒曰："<u>汝南</u>
子欲复党乎？"<u>凭</u>出，自系廷尉，有诏敕出。后复引见，<u>凭</u>谢曰："臣
无謇谔之节，而有狂瞽之言，不能以尸伏谏，^②偷生苟活，诚惭圣
朝。"帝即敕尚书解<u>遵</u>禁锢，拜<u>凭</u>虎贲中郎将，以侍中兼领之。

①<u>论语</u><u>孔子</u>曰："肤受之诉。"注云："谓受人之诉辞，〔在〕皮肤之
　〔外〕，^[8]不深知其情核也。"

②<u>韩诗外传</u>曰："昔<u>卫</u>大夫<u>史鱼</u>病且死，谓其子曰：'我数知<u>蘧伯玉</u>之贤
　而不能进，<u>弥子瑕</u>不肖而不能退，死不当居丧正堂，殡我于侧室足
　矣。'<u>卫</u>君问其故，子以父言闻于君，君乃召<u>蘧伯玉</u>而贵之，<u>弥子瑕</u>退
　之，徙殡于正堂，成礼而后去。"

正旦朝贺，百僚毕会，帝令群臣能说经者更相难诘，义有不
通，辄夺其席以益通者，<u>凭</u>遂重坐五十馀席。故京师为之语曰：
"解经不穷<u>戴侍中</u>。"在职十八年，卒于官，诏赐东园梓器，钱二
十万。

时<u>南阳</u><u>魏满</u>字<u>叔牙</u>，亦习<u>京氏易</u>，教授。<u>永平</u>中，至<u>弘农</u>太守。

<u>孙期</u>字<u>仲彧</u>，^[9]<u>济阴</u><u>成武</u>人也。少为诸生，习<u>京氏易</u>、<u>古文尚</u>
<u>书</u>。家贫，事母至孝，牧豕于大泽中，以奉养焉。远人从其学者，皆

执经垄畔以追之，里落化其仁让。黄巾贼起，过期里陌，相约不犯孙先生舍。郡举方正，遣吏赍羊酒请期，期驱豕入草不顾。司徒黄琬特辟，不行，终于家。

建武中，范升传孟氏易，[10]以授杨政，[11]而陈元、郑众皆传费氏易，其后马融亦为其传。融授郑玄，玄作易注，荀爽又作易传，自是费氏兴，而京氏遂衰。[12]

前书云：济南伏生①传尚书，授济南张生及千乘欧阳生，②欧阳生授同郡儿宽，宽授欧阳生之子，世世相传，至曾孙欧阳高，③为尚书欧阳氏学；张生授夏侯都尉，④都尉授族子始昌，始昌传族子胜，为大夏侯氏学；胜传从兄子建，建别为小夏侯氏学：三家皆立博士。又鲁人孔安国传古文尚书授都尉朝，⑤朝授胶东庸谭，为尚书古文学，未得立。

①名胜。

②前书字和伯。

③高字子阳。

④都尉名。

⑤姓都尉名朝。

欧阳歙字正思，[13]乐安千乘人也。自欧阳生传伏生尚书，至歙八世，皆为博士。

歙既传业，而恭谦好礼让。王莽时，为长社宰。①更始立，为原武令。世祖平河北，到原武，见歙在县修政，迁河南都尉，后行太守事。世祖即位，始为河南尹，封被阳侯。②建武五年，坐事免官。明年,拜杨州牧,迁汝南太守。推用贤俊,政称异跡。九年,更封夜侯。③

①长社,今许州县也。

②被阳故城在今淄州高苑县西南。

③夜,今莱州掖县。

歙在郡,教授数百人,视事九岁,征为大司徒。坐在汝南臧罪千馀万发觉下狱。诸生守阙为歙求哀者千馀人,至有自髡剔者。平原礼震,①年十七,闻狱当断,驰之京师,行到河内获嘉县,自系,上书求代歙死。曰:"伏见臣师大司徒欧阳歙,学为儒宗,八世博士,而以臧咎当伏重辜。歙门单子幼,未能传学,身死之后,永为废绝,上令陛下获杀贤之讥,下使学者丧师资之益。乞杀臣身以代歙命。"书奏,而歙已死狱中。歙掾陈元上书追讼之,言甚切至,帝乃赐棺木,赠印绶,赙缣三千匹。

①谢承书曰:"震字仲威。光武嘉其仁义,拜震郎中,后以公事左迁淮阳王厩长。"[14]

子復嗣。復卒,无子,国除。

济阴曹曾字伯山,从歙受尚书,门徒三千人,位至谏议大夫。子祉,河南尹,传父业教授。

又陈留陈弇,字叔明,亦受欧阳尚书于司徒丁鸿,仕为蕲长。①

①续汉书曰:"弇以尚书教授,躬自耕种,常有黄雀飞来,随弇翱翔。"

牟长字君高,乐安临济人也。其先封牟,春秋之末,国灭,因氏焉。

长少习欧阳尚书，不仕王莽世。建武二年，大司空弘^①特辟，拜博士，稍迁河内太守，坐垦田不实免。

①宋弘也。

长自为博士及在河内，诸生讲学者常有千馀人，著录前后万人。著尚书章句，皆本之欧阳氏，俗号为牟氏章句。复征为中散大夫，赐告一岁，卒于家。

子纡，又以隐居教授，门生千人。肃宗闻而征之，欲以为博士，道物故。^①

①在路死也。案：魏台访〔议〕^[15]问物故之义，高堂隆答曰："闻之先师，物，无也，故，事也。言死者无复所能于事也。"

宋登字叔阳，京兆长安人也。父由，为太尉。

登少传欧阳尚书，教授数千人。为汝阴令，政为明能，号称"神父"。迁赵相，入为尚书仆射。顺帝以登明识礼乐，使持节临太学，奏定典律，转拜侍中。数上封事，抑退权臣，由是出为颍川太守。市无二价，道不拾遗。病免，卒于家，汝阴人配社祠之。

张驯^[16]字子儁，济阴定陶人也。少游太学，能诵春秋左氏传。以大夏侯尚书教授。辟公府，举高第，拜议郎。与蔡邕共奏定六经文字。擢拜侍中，典领秘书近署，甚见纳异。多因便宜陈政得失，朝廷嘉之。迁丹阳太守，化有惠政。光和七年，征拜尚书，迁大司农。初平中，卒于官。

尹敏字幼季，南阳堵阳人也。①少为诸生。初习欧阳尚书，后受古文，兼善毛诗、穀梁、左氏春秋。

①堵音者。

建武二年，上疏陈洪范消灾之术。时世祖方草创天下，未遑其事，命敏待诏公车，拜郎中，辟大司空府。

帝以敏博通经记，令校图谶，使蠲去崔发所为王莽著录次比。①敏对曰："谶书非圣人所作，其中多近鄙别字，颇类世俗之辞，恐疑误后生。"帝不纳。敏因其阙文增之曰："君无口，为汉辅。"帝见而怪之，召敏问其故。敏对曰："臣见前人增损图书，敢不自量，窃幸万一。"帝深非之，虽竟不罪，而亦以此沈滞。

①前书王莽居摄三年，广饶侯刘京、车骑将军千人扈云、太保属臧鸿奏符命。京言齐郡新井，云言巴郡石牛，鸿言扶风雍石，莽皆迎受。十一月甲子，莽上奏太后曰："巴郡石牛，雍石文，皆到未央宫之前殿，臣与太保安阳侯舜等视。天风起尘冥，风止，得铜章帛图于石前，文曰：'天告帝符，献者封侯，承天命，用神说。'"骑都尉崔发等视说，其后莽封发为说符侯。

与班彪亲善，每相遇，辄日旰忘食，夜分不寝，①自以为钟期伯牙、庄周惠施之相得也。②

①旰，晚也。

②说苑曰，伯牙子鼓琴，其友钟子期听之，志在于山水，子期皆知之。子期死，伯牙屏琴绝弦，终身不复鼓琴。庄子曰，庄子送葬过惠子之墓，顾谓从者曰："郢人垩墁其鼻端若蝇翼，使匠石斲之，匠石运斤成风，听而斲之，尽垩而鼻不伤，郢人立不失容。元君闻之，召匠石曰：'尝为寡人为之。'匠石曰：'臣则尝斲之。虽然，臣之质死久矣。自惠子之死，吾无以为质矣，吾无与言之。'"垩墁，有泥墁之也。垩音於各

反。墁音莫干反。蝇翼薄也。

后三迁长陵令。永平五年,诏书捕男子周虑。虑素有名称,而善于敏,敏坐系免官。及出,叹曰:"瘖聋之徒,真世之有道者也,何谓察察而遇斯患乎?"十一年,除郎中,迁谏议大夫。卒于家。

周防字伟公,汝南汝阳人也。父扬,少孤微,常脩逆旅,①以供过客,而不受其报。

①杜预注左传曰:"逆旅,客舍也。"

防年十六,仕郡小吏。世祖巡狩汝南,召掾史试经,防尤能诵读,拜为守丞。防以未冠,谒去。①师事徐州刺史盖豫,受古文尚书。经明,举孝廉,拜郎中。撰尚书杂记三十二篇,四十万言。太尉张禹荐补博士,稍迁陈留太守,坐法免。年七十八,卒于家。

①礼男子二十而冠。自以年未成人,故请去。谒,请也。

子举,自有传。

孔僖字仲和,[17]鲁国鲁人也。自安国以下,世传古文尚书、毛诗。[18]曾祖父子建,少游长安,与崔篆友善。及篆仕王莽为建新大尹,①尝劝子建仕。对曰:"吾有布衣之心,子有衮冕之志,各从所好,不亦善乎!道既乖矣,请从此辞。"遂归,终于家。

①莽改千乘国曰建信,又改曰建新;郡守曰大尹。

僖与崔篆孙骃复相友善,同游太学,习春秋。因读吴王夫差时事,僖废书叹曰:"若是,所谓画龙不成反为狗者。"①[19]骃曰:"然。

昔孝武皇帝始为天子，年方十八，崇信圣道，师则先王，五六年间，号胜文、景。②及后恣己，忘其前之为善。"③僖曰："书传若此多矣！"邻房生梁郁傀和之曰：④"如此，武帝亦是狗邪？"僖、駰默然不对。郁怒恨之，阴上书告駰、僖诽谤先帝，刺讥当世。事下有司，駰诣吏受讯。僖以吏捕方至，恐诛，乃上书肃宗自讼曰："臣之愚意，以为凡言诽谤者，谓实无此事而虚加诬之也。至如孝武皇帝，政之美恶，显在汉史，坦如日月。是为直说书传实事，非虚谤也。夫帝者为善，则天下之善咸归焉；其不善，则天下之恶亦萃焉。斯皆有以致之，故不可以诛于人也。⑤且陛下即位以来，政教未过，而德泽有加，⑥天下所具也，[20]臣等独何讥刺哉？假使所非实是，则固应悛改；倘其不当，亦宜含容，又何罪焉？陛下不推原大数，深自为计，徒肆私忿，以快其意。臣等受戮，死即死耳，顾天下之人，必回视易虑，以此事阚陛下心。自今以后，苟见不可之事，终莫复言者矣。臣之所以不爱其死，犹敢极言者，诚为陛下深惜此大业。陛下若不自惜，则臣何赖焉？齐桓公亲扬其先君之恶，以唱管仲，⑦然后群臣得尽其心。今陛下乃欲以十世之武帝，远讳实事，岂不与桓公异哉？臣恐有司卒然见构，衔恨蒙枉，不得自叙，使后世论者，擅以陛下有所方比，宁可复使子孙追掩之乎？谨诣阙伏待重诛。"帝始亦无罪僖等意，及书奏，立诏勿问，拜僖兰台令史。

2056

①夫差伐越，败之，越王句践乃以甲兵五千人栖于会稽，使大夫种因吴太宰嚭而行成。吴王将许之，伍子胥谏曰："今不灭，后必悔之。"吴王不听。后句践灭吴。吴王曰："吾悔不用子胥之言！"遂自到死。

②前书，武帝年十七即位。即位一年，议立明堂，安车蒲轮征鲁申公。六年，举贤良。班固赞曰"以武帝之雄才大略，不改文、景之恭俭，以济斯人，虽诗书所称，何以加兹"也。

③谓武帝末年好神仙祭祀之事，征伐四夷，连兵三十餘年，又信巫蛊，天下户口减半，人相食，筭及舟车，官卖盐铁也。

④儳谓不与之言而傍对也。礼记曰："无儳言。"儳音仕鉴反。

⑤诛，责也。

⑥言政教未有过失也。

⑦国语曰，鲁庄公束缚管仲以与齐桓公，公亲迎于郊，而与之坐，问焉。曰："昔吾先君襄公，筑台以为高位，田狩毕弋，不听国政，卑圣侮士，而唯女是崇，九妃六嫔，陈妾数百，食必粱肉，衣必文绣，戎士冻馁，是以国家不日引，不月长。恐宗庙不埽除，社稷不血食，敢问为此若何?"管子曰："昔者圣王之理天下，定人之居，成人之事，而慎用其六柄焉。四人者勿使杂处，杂处则其言喥，其事易"也。

元和二年春，帝东巡狩，还过鲁，幸阙里，以太牢祠孔子及七十二弟子，①作六代之乐，②大会孔氏男子二十以上者六十三人，命儒者讲论〔语〕。[21]僖因自陈谢。帝曰："今日之会，宁于卿宗有光荣乎?"对曰："臣闻明王圣主，莫不尊师贵道。今陛下亲屈万乘，辱临敝里，此乃崇礼先师，增辉圣德。至于光荣，非所敢承。"帝大笑曰："非圣者子孙，焉有斯言乎!"遂拜僖郎中，赐褒成侯损及孔氏男女钱帛，诏僖从还京师，使校书东观。

①案史记达者七十二人。

②黄帝曰云门，尧曰咸池，舜曰大韶，禹曰大夏，汤曰大护，周曰大武。

冬，拜临晋令，崔骃以家林筮之，①谓为不吉，止僖曰："子盍辞乎?"僖曰："学不为人，仕不择官，凶吉由己，而由卜乎?"在县三年，卒官，遗令即葬。

①崔篆所作易林也。

二子长彦、季彦，并十餘岁。蒲坂令许君然劝令反鲁。对曰：

"今载柩而归,则违父令;舍墓而去,心所不忍。"遂留华阴。

长彦好章句学,季彦守其家业,门徒数百人。延光元年,河西大雨雹,大者如斗。安帝诏有道术之士极陈变眚,乃召季彦见于德阳殿,帝亲问其故。对曰:"此皆阴乘阳之征也。今贵臣擅权,母后党盛,陛下宜脩圣德,虑此二者。"帝默然,左右皆恶之。举孝廉,不就。三年,年四十七,终于家。[22]

初,平帝时王莽秉政,乃封孔子后孔均为褒成侯,追谥孔子为褒成宣尼。[23]及莽败,失国。建武十三年,世祖复封均子志为褒成侯。[24]志卒,子损嗣。永元四年,徙封褒亭侯。损卒,子曜嗣。曜卒,子完嗣。世世相传,至献帝初,国绝。①

①臣贤案:献帝后至魏,封孔子二十一叶孙羡为崇圣侯。晋封二十三叶孙震为奉圣亭侯。后魏封二十七叶孙乘为崇圣大夫。太和十九年,孝文幸鲁,亲祠孔子庙,又改封二十八叶孙珍为崇圣侯。北齐改封三十一叶孙为恭圣侯,周武帝平齐,改封邹国公,隋文帝仍旧封邹国公,隋炀帝改封为绍圣侯。贞观十一年,封夫子裔孙子德伦为褒圣侯,伦今见存。

杨伦字仲理,[25]陈留东昏人也。少为诸生,师事司徒丁鸿,习古文尚书。为郡文学掾。更历数将,志乖于时,以不能人间事,遂去职,不复应州郡命。讲授于大泽中,弟子至千馀人。元初中,郡礼请,三府并辟,公车征,皆辞疾不就。

后特征博士,为清河王傅。是岁,安帝崩,伦辄弃官奔丧,号泣阙下不绝声。阎太后以其专擅去职,坐抵罪。

顺帝即位,诏免伦刑,遂留行丧于恭陵。服阕,征拜侍中。是时邵陵令任嘉在职贪秽，因迁武威太守，后有司奏嘉臧罪千万，征考廷尉，其所牵染将相大臣百有馀人。伦乃上书曰："臣闻春秋诛恶及本，本诛则恶消；振裘持领，领正则毛理。今任嘉所坐狼藉，未受辜戮，猥以垢身，改典大郡，自非案坐举者，无以禁绝奸萌。往者湖陆令张叠、萧令驷贤、徐州刺史刘福等，峄秽既章，咸伏其诛，而豺狼之吏至今不绝者，岂非本举之主不加之罪乎？昔齐威之霸，杀奸臣五人，并及举者，以弭谤蔺。当断不断，黄石所戒。[1]夫圣王所以听僮夫匹妇之言者，犹尘加嵩岱，雾集淮海，虽未有益，不为损也。惟陛下留神省察。"奏御，有司以伦言切直，辞不逊顺，下之。尚书奏伦探知密事，激以求直。坐不敬，结鬼薪。[2]诏书以伦数进忠言，特原之，免归田里。

[1]黄石公三略曰："当断不断，反受其乱。"

[2]结，正其罪也。鬼薪，取薪以给宗庙，三岁刑也。

阳嘉二年，征拜太中大夫。大将军梁商以为长史。谏诤不合，出补常山王傅，病不之官。诏书敕司隶催促发遣，伦乃留河内朝歌，以疾自上，曰："有留死一尺，无北行一寸。刎颈不易，九裂不恨。[1]匹夫所执，强于三军。[2]固敢有辞。"帝乃下诏曰："伦出幽升高，[3]宠以藩傅，稽留王命，擅止道路，托疾自从，苟肆狷志。"[4]遂征诣廷尉，有诏原罪。

[1]裂，死也。楚词曰"虽九死其犹未悔"也。

[2]论语曰："三军可夺帅，匹夫不可夺志。"

[3]诗曰："出于幽谷，升于乔木。"

[4]狷，狂狷也，音绢。

伦前后三征，皆以直谏不合，既归，闭门讲授，自绝人事。公车复征,逊遁不行,卒于家。①

①遁,逃也。

中兴,北海牟融习大夏侯尚书,东海王良习小夏侯尚书,沛国桓荣习欧阳尚书。荣世习相传授,东京最盛。扶风杜林传古文尚书,林同郡贾逵为之作训,马融作传,郑玄注解,由是古文尚书遂显于世。

【校勘记】

〔1〕怀协图书　汲本、殿本改"协"作"挟"。按:方术传序"天下怀协道艺之士",惠栋补注引孔平仲云,后汉"怀挟"字都作"怀协"。

〔2〕诗齐鲁韩　按:汲本、殿本"韩"下衍"毛"字。

〔3〕牧儿尧竖　按:"竖"原讹"坚",径据汲本改正。

〔4〕即白武通(议)〔义〕　据汲本、殿本改。按:汲本、殿本作"白虎通义",此避唐讳,改"虎"为"武"也。

〔5〕兰陵毋将永　按:"毋"原讹"母",径改正。注同。

〔6〕刘昆　按:集解引惠栋说,谓论衡"昆"作"琨"。

〔7〕乞读曰(氣)〔气〕　据集解引惠栋说改。按:惠氏谓"氣"当作"气"。气,匃也。

〔8〕〔在〕皮肤之〔外〕　据刊误补。按:论语何晏集解引马融云"肤受之愬,皮肤外语,非其内实"。

〔9〕孙期字仲彧　按:集解引惠栋说,谓经典序录"彧"作"奇"。

〔10〕范升传孟氏易　按:集解引钱大昭说,谓范升传云习梁丘易,又上疏云"臣与博士梁恭、山阳太守吕羌俱修梁丘易",此传亦云杨政从升受梁丘易,则此云"孟氏易"误。

〔11〕以授杨政　按:"杨"原讹"扬",径改正。

〔12〕而京氏遂衰　按:集解引何焯说,谓"京氏"上疑当有"孟氏"二字。

〔13〕欧阳歙字正思　按:"正"原讹"王",径据汲本改正。

〔14〕按:此注原在"书奏而歙已死狱中"下,今据集解本移正。

〔15〕魏台访〔议〕　按:史记匈奴传索隐、艺文类聚岁时部、初学记岁时部及服食部、御览时序部并引魏台访议,此脱"议"字,今补。

〔16〕张驯　按:集解引惠栋说,谓"驯"一作"训",古文通。

〔17〕孔僖字仲和　按:集解引惠栋说,谓连丛子作"子和"。

〔18〕世传古文尚书毛诗　按:集解引李良裘说,谓安国未闻受毛诗,"毛诗"疑"鲁诗"之误。

〔19〕所谓画龙不成反为狗者　按:刊误谓"龙"字乃"虎"字之误。补注引王懋说,谓唐避"虎"字,改"虎"为"龙",非误也。

〔20〕天下所具也　按:集解谓袁宏纪云"天下所共见也"。

〔21〕命儒者讲论〔语〕　按:校补引钱大昭说,谓闽本"论"下有"语"字。校补谓闽本是,各本皆脱一字。今据补。

〔22〕年四十七终于家　按:集解引惠栋说,谓连丛子云年四十有九,延光三年十一月丁丑卒。

〔23〕追谥孔子为褒成宣尼　按:刊误谓案文此少一"公"字。

〔24〕建武十三年世祖复封均子志为褒成侯　按:集解引洪亮吉说,谓案纪在十四年四月,注引古今注,云志时为密令。此云"十三年",似误。

〔25〕杨伦字仲理　按:集解引洪颐煊说,谓杨震传"震举荐明经陈留杨伦等"。李注"字仲垣。谢承书荐杨仲垣等五人,各从家拜博士"。与此字仲理不同。又按:"杨"原讹"扬",径改正。

后 汉 书 卷 七 十 九 下

儒林列传第六十九下

前书鲁人申公受诗于浮丘伯,为作诂训,是为鲁诗;齐人辕固生亦传诗,是为齐诗;燕人韩婴亦传诗,是为韩诗:三家皆立博士。赵人毛苌传诗,是为毛诗,未得立。

高诩字季回,平原般人也。①曾祖父嘉,以鲁诗授元帝,仕至上谷太守。父容,少传嘉学,哀平间为光禄大夫。

2063

①般音卜满反。

诩以父任为郎中,世传鲁诗。以信行清操知名。王莽篡位,父子称盲,逃,不仕莽世。光武即位,大司空宋弘荐诩,征为郎,除符离长。①去官,后征为博士。建武十一年,拜大司农。在朝以方正称。十三年,卒官,赐钱及冢田。

①符离,县,故城在今徐州符离县东也。

包咸字子良,会稽曲阿人也。①少为诸生,受业长安,师事博士右师细君,②习鲁诗、论语。王莽末,去归乡里,于东海界为赤眉贼所得,遂见拘执。十馀日,咸晨夜诵经自若,贼异而遣之。因住东海,立精舍讲授。光武即位,乃归乡里。太守黄谠署户曹史,欲召咸入授其子。咸曰:"礼有来学,而无往教。"③谠遂遣子师之。

①曲阿今润州县。
②姓右师。
③礼记曰"礼闻来学,不闻往教"也。

举孝廉,除郎中。建武中,入授皇太子论语,又为其章句。拜谏议大夫、侍中、右中郎将。永平五年,迁大鸿胪。每进见,锡以几杖,入屏不趋,赞事不名。经传有疑,辄遣小黄门就舍即问。

显宗以咸有师傅恩,而素清苦,常特赏赐珍玩束帛,奉禄增于诸卿,咸皆散与诸生之贫者。病笃,帝亲辇驾临视。八年,年七十二,[1]卒于官。

子福,拜郎中,亦以论语入授和帝。

魏应字君伯,任城人也。少好学。建武初,诣博士受业,习鲁诗。闭门诵习,不交僚党,京师称之。后归为郡吏,举明经,除济阴王文学。以疾免官,教授山泽中,徒众常数百人。永平初,为博士,再迁侍中。十三年,迁大鸿胪。十八年,拜光禄大夫。建初四年,拜五官中郎将,诏入授千乘王伉。

应经明行修,弟子自远方至,著录数千人。肃宗甚重之,数进见,论难于前,特受赏赐。时会京师诸儒于白虎观,讲论五经同异,使应专掌难问,侍中淳于恭奏之,帝亲临称制,如石渠故事。明年,出为上党太守,征拜骑都尉,卒于官。

伏恭字叔齐,琅邪东武人,司徒湛之兄子也。湛弟黯,字稚文,以明齐诗,改定章句,作解说九篇,位至光禄勋,无子,以恭为后。

恭性孝,事所继母甚谨,少传黯学,以任为郎。建武四年,除剧令。视事十三年,以惠政公廉闻。青州举为尤异,太常试经第一,拜博士,迁常山太守。敦脩学校,教授不辍,由是北州多为伏氏学。永平二年,代梁松为太仆。四年,帝临辟雍,于行礼中拜恭为司空,儒者以为荣。

初,父黯章句繁多,恭乃省减浮辞,定为二十万言。在位九年,以病乞骸骨罢,诏赐千石奉以终其身。十五年,行幸琅邪,引遇如三公仪。建初二年冬,肃宗行飨礼,以恭为三老。年九十,元和元年卒,赐葬显节陵下。

子寿,官至东郡太守。

任末字叔本,蜀郡繁人也。①少习齐诗,游京师,教授十余年。友人董奉德于洛阳病亡,末乃躬推鹿车,载奉德丧致其墓所,由是知名。为郡功曹,辞以病免。后奔师丧,于道物故。临命,敕兄子造曰:"必致我尸于师门,使死而有知,魂灵不惭;如其无知,得土而已。"造从之。

①繁,县,故城在今益州新繁县北。

景鸾字汉伯,广汉梓潼人也。少随师学经,涉七州之地。能理齐诗、施氏易,兼受河洛图纬,作易说及诗解,文句兼取河洛,以类相从,名为交集。又撰礼内外记,号曰礼略。又抄风角杂书,列其占验,作兴道一篇。及作月令章句。凡所著述五十馀万言。数上书陈救灾变之术。州郡辟命不就。以寿终。

薛汉字公子,淮阳人也。世习韩诗,父子以章句著名。汉少传父业,尤善说灾异谶纬,教授常数百人。建武初,为博士,受诏校定图谶。当世言诗者,推汉为长。永平中,为千乘太守,政有异迹。后坐楚事辞相连,下狱死。弟子犍为杜抚、会稽澹台敬伯、钜鹿韩伯高最知名。

杜抚字叔和,犍为武阳人也。[2]少有高才。受业于薛汉,定韩诗章句。后归乡里教授。沈静乐道,举动必以礼。弟子千馀人。后为骠骑将军东平王苍所辟,及苍就国,掾史悉补王官属,未满岁,皆自劾归。时抚为大夫,不忍去,苍闻,赐车马财物遣之。辟太尉府。建初中,为公车令,数月卒官。其所作诗题约义通,学者传之,曰杜君法[3]云。

召驯[4]字伯春，九江寿春人也。曾祖信臣，元帝时为少府。①
父建武中为卷令，②俶傥不拘小节。

①前书信臣字翁卿，为南阳太守，吏人亲爱，号曰"召父"。

②卷，县，属荥阳郡。[5]卷音丘圆反。

驯少习韩诗，博通书传，以志义闻，乡里号之曰"德行恂恂召伯
春"。累仕州郡，辟司徒府。建初元年，稍迁骑都尉，侍讲肃宗。拜
左中郎将，入授诸王。帝嘉其义学，恩宠甚崇。出拜陈留太守，赐
刀剑钱物。元和二年，入为河南尹。章和二年，代任隗为光禄
勋，[6]卒于官，赐冢茔陪园陵。

孙休，位至青州刺史。

杨仁字文义，巴郡阆中人也。建武中，诣师学习韩诗，数年归，
静居教授。仕郡为功曹，举孝廉，除郎。太常上仁经中博士，①仁
自以年未五十，不应旧科，②上府让选。

①上音时掌反，下同。

②汉官仪曰："博士限年五十以上。"

显宗特诏补北宫卫士令，①引见，问当世政跡。仁对以宽和任
贤，抑黜骄戚为先。又上便宜十二事，皆当世急务。帝嘉之，赐以
缣钱。

①汉官仪曰："北宫卫士令一人，秩六百石。"

及帝崩，时诸马贵盛，各争欲入宫。仁被甲持戟，严勒门卫，莫
敢轻进者。肃宗既立，诸马共譖仁刻峻，帝知其忠，愈善之，拜什邡

令。①宽惠为政,劝课掾史弟子,悉令就学。其有通明经术者,显之右署,②或贡之朝,由是义学大兴。垦田千馀顷。行兄丧去官。

①今益州什邡县也,音十方。

②右署,上司。

后辟司徒桓虞府。掾有宋章者,贪奢不法,仁终不与交言同席,时人畏其节。后为阆中令,卒于官。

赵晔字长君,会稽山阴人也。少尝为县吏,奉檄迎督邮,晔耻于厮役,遂弃车马去。到犍为资中,①诣杜抚受韩诗,究竟其术。积二十年,绝问不还,家为发丧制服。(晔)〔抚〕卒(业)乃归。[7]州召补从事,不就。举有道。卒于家。

①资中,县名,今资州资阳县。

晔著吴越春秋、诗细历神渊。蔡邕至会稽,读诗细而叹息,以为长于论衡。邕还京师,传之,学者咸诵习焉。

时山阳张匡,字文通。亦习韩诗,作章句。后举有道,博士征,不就。卒于家。

卫宏字敬仲,[8]东海人也。少与河南郑兴俱好古学。

初,九江谢曼卿善毛诗,乃为其训。宏从曼卿受学,因作毛诗序,善得风雅之旨,于今传于世。后从大司空杜林更受古文尚书,为作训旨。时济南徐巡师事宏,后从林受学,亦以儒显,由是古学大兴。光武以为议郎。

宏作汉旧仪四篇,以载西京杂事;又著赋、颂、诔七首,皆传於世。

中兴后,郑众、贾逵传毛诗,后马融作毛诗传,郑玄作毛诗笺。①

①笺,荐也,荐成毛义也。张华博物志曰:"郑注毛诗曰笺,不解此意。或云毛公尝为北海相,玄是郡人,故以为敬云。"

前书鲁高堂生,〔9〕汉兴传礼十七篇。后瑕丘萧奋以授同郡后苍,〔10〕苍授梁人戴德及德兄子圣、沛人庆普。①于是德为大戴礼,圣为小戴礼,普为庆氏礼,三家皆立博士。孔安国所献礼古经五十六篇及周官经六篇,前世传其书,未有名家。中兴已后,亦有大、小戴博士,虽相传不绝,然未有显于儒林者。建武中,曹充习庆氏学,传其子褒,遂撰汉礼,事在褒传。

①德字近君。〔11〕圣字次君。普字孝公。

董钧字文伯,犍为资中人也。习庆氏礼。事大鸿胪王临。元始中,举明经,迁廪牺令,①病去官。建武中,举孝廉,辟司徒府。

①前书平帝元始五年,举明经。汉官仪曰:"廪牺令一人,秩六百石。"

钧博通古今,数言政事。永平初,〔12〕为博士。时草创五郊祭祀,①及宗庙礼乐,威仪章服,辄令钧参议,多见从用,当世称为通儒。累迁五官中郎将,常教授门生百馀人。后坐事左转骑都尉。年七十馀,卒于家。

2069

①续汉志曰:"永平中,以礼仪谶及月令有五郊迎气,因采元和)〔始〕中故事,〔13〕兆五郊于洛阳四方,中兆在未,坛皆三尺。"

中兴,郑众传周官经,后马融作周官传,授郑玄,玄作周官注。玄本习小戴礼,后以古经校之,取其义长者,故为郑氏学。玄又注小戴所传礼记四十九篇,通为三礼焉。

前书齐胡母子都传公羊春秋,授东平嬴公,嬴公授东海孟卿,孟卿授鲁人眭孟,眭孟授东海严彭祖、鲁人颜安乐。彭祖为春秋严氏学,安乐为春秋颜氏学,[①]又瑕丘江公传穀梁春秋,三家皆立博士。梁太傅贾谊为春秋左氏传训诂,授赵人贯公。

①前书彭祖字公子。安乐字翁孙。安乐即眭孟姊子也。

丁恭字子然,山阳东缗人也。[①]习公羊严氏春秋。恭学义精明,教授常数百人,州郡请召不应。建武初,为谏议大夫、博士,封关内侯。十一年,迁少府。诸生自远方至者,著录数千人,当世称为大儒。太常楼望、侍中承宫、长水校尉樊(鯈)〔儵〕等[14]皆受业于恭。二十年,拜侍中祭酒、骑都尉,与侍中刘昆俱在光武左右,每事谘访焉。卒于官。

①东缗,今兖州金乡县。

周泽字穉都,北海安丘人也。少习公羊严氏春秋,隐居教授,门徒常数百人。建武末,辟大司马府,署议曹祭酒。数月,征试博士。中元元年,迁黾池令。奉公克己,矜恤孤嬴,吏人归爱之。永平五年,迁右中郎将。十年,拜太常。

泽果敢直言,数有据争。后北地太守廖信[①]坐贪秽下狱,没入财产，显宗以信臧物班诸廉吏，唯泽及光禄勋孙堪、大司农常冲特蒙赐焉。是时京师翕然，在位者咸自勉励。

①廖音力吊反。

堪字子稺，河南缑氏人也。明经学，有志操，清白贞正，爱士大夫，然一毫未尝取于人，以节介气勇自行。王莽末，兵革并起，宗族老弱在营保间，堪常力战陷敌，无所回避，数被创刃，宗族赖之，郡中咸服其义勇。

建武中，仕郡县。公正廉絜，奉禄不及妻子，皆以供宾客。及为长吏，所在有迹，为吏人所敬仰。喜分明去就。尝为县令，谒府，趋步迟缓，门亭长谴堪御吏，堪便解印绶去，不之官。后复仕为左冯翊，坐遇下促急，[15]司隶校尉举奏免官。数月，征为侍御史，再迁尚书令。永平十一年，拜光禄勋。

堪清廉，果于从政，数有直言，多见纳用。十八年，以病乞身，为侍中骑都尉，卒于官。堪行类于泽，故京师号曰"二稺"。

十二年，以泽行司徒事，[16]如真。泽性简，忽威仪，颇失宰相之望。数月，复为太常。清絜循行，尽敬宗庙。常卧疾斋宫，其妻哀泽老病，阚问所苦。泽大怒，以妻干犯斋禁，遂收送诏狱谢罪。当世疑其诡激。时人为之语曰："生世不谐，作太常妻，一岁三百六十日，三百五十九日斋。"①十八年，拜侍中骑都尉。后数为三老五更。建初中致仕，卒于家。

①汉官仪此下云"一日不斋醉如泥"。

锺兴字次文，汝南汝阳人也。少从少府丁恭受严氏春秋。恭荐兴学行高明,光武召见,问以经义,应对甚明。帝善之,拜郎中,稍迁左中郎将。诏令定春秋章句,去其復重,①以授皇太子。又使宗室诸侯从兴受章句。封关内侯。兴自以无功,不敢受爵。帝曰:"生教训太子及诸王侯,非大功邪?"兴曰:"臣师丁恭。"于是复封恭,而兴遂固辞不受爵,卒于官。

①復音复。重音直容反。

甄宇字长文,北海安丘人也。清静少欲。习严氏春秋,教授常数百人。建武中,为州从事,征拜博士,①稍迁太子少傅,卒于官。

①东观记曰:"建武中每腊,诏书赐博士一羊。羊有大小肥瘦。时博士祭酒议欲杀羊分肉,又欲投钩,宇复耻之。宇因先自取其最瘦者,由是不复有争讼。后召会,问'瘦羊博士'所在,京师因以号之。"

传业子普,[17]普传子承。承尤笃学,未尝视家事,讲授常数百人。诸儒以承三世传业,莫不归服之。建初中,举孝廉,卒于梁相。子孙传学不绝。

楼望字次子,陈留雍丘人也。少习严氏春秋。操节清白,有称乡间。建武中,赵节王栩①闻其高名,遣使赍玉帛请以为师,望不受。后仕郡功曹。永平初,为侍中、越骑校尉,入讲省内。十六年,迁大司农。十八年,代周泽为太常。建初五年,坐事左转太中大夫,后为左中郎将。教授不倦,世称儒宗,诸生著录九十餘人。年八十,永元十二年,[18]卒于官,门生会葬者数千人,儒家以为荣。

①光武叔父赵王良之子,谥曰节。

程曾字秀升，豫章南昌人也。受业长安，习严氏春秋，积十馀年，还家讲授。会稽顾奉等数百人常居门下。著书百馀篇，皆五经通难，又作孟子章句。建初三年，举孝廉，迁海西令，卒于官。

张玄字君夏，河内河阳人也。少习颜氏春秋，[19]

兼通数家法。建武初，举明经，补弘农文学，迁陈仓县丞。清净无欲，专心经书，方其讲问，乃不食终日。及有难者，辄为张数家之说，令择从所安。诸儒皆伏其多通，著录千馀人。

玄初为县丞，尝以职事对府，不知官曹处，吏白门下责之。时右扶风琅邪徐业，亦大儒也，闻玄诸生，试引见之，与语，大惊曰："今日相遭，真解蒙矣！"①遂请上堂，难问极日。

①遭，逢也。

后玄去官，举孝廉，除为郎。会颜氏博士缺，玄试策第一，拜为博士。居数月，诸生上言玄兼说严氏、（宣）〔冥〕氏，[20]不宜专为颜氏博士。光武且令还署，未及迁而卒。

李育字元春，扶风漆人也。①少习公羊春秋。沈思专精，博览书传，知名太学，深为同郡班固所重。固奏记荐育于骠骑将军东平王苍，由是京师贵戚争往交之。州郡请召，育到，辄辞病去。

①漆，县，今豳州辛平县。

常避地教授，门徒数百。颇涉猎古学。尝读<u>左氏传</u>，虽乐文采，然谓不得圣人深意，以为前世<u>陈元</u>、<u>范升</u>之徒更相非折，①而多引图谶，不据理体，于是作<u>难左氏义</u>四十一事。

①折，难也，音之舌反。

<u>建初元年</u>，卫尉<u>马廖</u>举<u>育</u>方正，为议郎。后拜博士。四年，诏与诸儒论<u>五经</u>于<u>白虎观</u>，<u>育</u>以<u>公羊</u>义难<u>贾逵</u>，往返皆有理证，最为通儒。

再迁尚书令。及<u>马氏</u>废，①<u>育</u>坐为所举免归。岁馀复征，再迁侍中，卒于官。

①<u>建初八年</u>，顺阳侯<u>马廖</u>子<u>豫</u>为步兵校尉，坐投书怨谤，<u>豫</u>免，<u>廖</u>归国。见<u>马援传</u>。

<u>何休</u>字<u>邵公</u>，<u>任城樊</u>人也。①父<u>豹</u>，少府。<u>休</u>为人质朴讷口，而雅有心思，精研<u>六经</u>，世儒无及者。以列卿子诏拜郎中，非其好也，辞疾而去。不仕州郡。进退必以礼。

①<u>樊</u>，县，故城在今<u>兖州瑕丘县</u>西南。

太傅<u>陈蕃</u>辟之，与参政事。<u>蕃</u>败，<u>休</u>坐废锢，乃作<u>春秋公羊解诂</u>，①覃思不闚门，十有七年。又注训<u>孝经</u>、<u>论语</u>、风角七分，皆经纬典谟，不与守文同说。又以<u>春秋</u>驳汉事六百馀条，妙得<u>公羊</u>本意。<u>休</u>善历算，与其师博士<u>羊弼</u>，追述<u>李育</u>意以难二传，作<u>公羊墨守</u>、②<u>左氏膏肓</u>、<u>穀梁废疾</u>。

①<u>博物志</u>曰："<u>何休</u>注<u>公羊</u>云'何氏学'，有不解者，或答曰'<u>休</u>谦辞受学于师，乃宣此义不出于己'。"此言为允也。

②言公羊之义不可攻,如墨翟之守城也。

党禁解,又辟司徒。群公表休道术深明,宜侍帷幄,幸臣不悦之,乃拜议郎,屡陈忠言。再迁谏议大夫,年五十四,光和五年卒。

服虔字子慎,初名重,又名祇,后改为虔,河南荥阳人也。少以清苦建志,入太学受业。有雅才,善著文论,作春秋左氏传解,[21]行之至今。又以左传驳何休之所驳汉事六十条。举孝廉,稍迁,中平末,拜九江太守。免,遭乱行客,病卒。所著赋、碑、诔、书记、连珠、九愤,凡十馀篇。

颍容[22]字子严,陈国长平人也。①博学多通,善春秋左氏,师事太尉杨赐。郡举孝廉,州辟,公车征,皆不就。初平中,避乱荆州,聚徒千馀人。刘表以为武陵太守,不肯起。著春秋左氏条例五万馀言,建安中卒。

①长平,县,故城在今陈州西北。

谢该字文仪,南阳章陵人也。善明春秋左氏,为世名儒,门徒数百千人。建安中,河东人乐详条左氏疑滞数十事以问,该皆为通解之,名为谢氏释,行于世。①

①魏略曰:"详字文载,少好学,闻谢该善左氏传,乃从南阳步涉诣许,从

该问〔疑〕难诸要。[23]今左氏〔乐氏〕问七十二事,详所撰也。杜畿为太守,署详文学祭酒。黄初中,征拜博士。〔时有博士〕十馀人,学多褊〔狭〕,又不熟悉,唯详五业并授。其或质难不解,详无愠色,以杖画地,牵譬引类,至忘寝食也。”

仕为公车司马令,以父母老,托疾去官。欲归乡里,会荆州道断,不得去。少府孔融上书荐之曰:“臣闻高祖创业,韩、彭之将征讨暴乱,陆贾、叔孙通进说诗书。①光武中兴,吴、耿佐命,范升、卫宏脩述旧业,故能文武并用,成长久之计。陛下圣德钦明,同符二祖,劳谦厄运,三年乃谨。②今尚父鹰扬,方叔翰飞,③王师电鸷,群凶破碎,始有櫜弓卧鼓之次,④宜得名儒,典综礼纪。窃见故公车司马令谢该,体曾、史之淑性,⑤兼商、偃之文学,⑥博通群艺,周览古今,物来有应,事至不惑,清白异行,敦悦道训。求之远近,少有畴匹。若乃巨骨出吴,⑦隼集陈庭,⑧黄能入寝,⑨亥有二首,⑩非夫洽闻者,莫识其端也。隼不疑定北阙之前,⑪夏侯胜辩常阴之验,然后朝士益重儒术。⑫今该实卓然比跡前列,间以父母老疾,弃官欲归,道路险塞,无由自致。猥使良才抱朴而逃,踰越山河,沈沦荆楚,所谓往而不反者也。⑬后日当更馈乐以钓由余,克像以求傅说,岂不烦哉?⑭臣愚以为可推录所在,召该令还。楚人止孙卿之去国,⑮汉朝追匡衡于平原,⑯尊儒贵学,惜失贤也。”书奏,诏即征还,拜议郎。以寿终。

2076

①陆贾为太中大夫,时时前说称诗书,著书十二篇,每奏一篇,高祖未尝不称善。叔孙通为高祖制礼仪。并见前书。

②史记:“高宗谅闇,三年不言,言乃谨。”时灵帝崩后,献帝居谅闇,初释服也。

③尚父,太公也。毛诗曰:“维师尚父,时惟鹰扬。”又曰:“方叔涖止,其

车三千。鸿彼飞隼，翰飞戾天。"注云："方叔，卿士，命为将也。涖，临也。鸿，急疾之貌也。飞乃至天，喻士卒至勇，能深入攻敌。"

④毛诗曰："载櫜弓矢。"櫜所以盛弓。言今太平，櫜弓卧鼓，不用征伐，故须贤人也。

⑤曾参、史鱼。

⑥卜商、言偃也。论语曰："文学则子游、子夏。"

⑦史记曰："吴伐越，隳会稽，得骨节专车。吴使使问仲尼：'骨何者最大？'仲尼曰：'禹致群神于会稽山，防风氏后至，禹杀而僇之，其节专车，此为大也。'"

⑧史记曰："有隼集于陈庭而死，楛矢贯之，石砮矢长尺有咫。陈湣公使问仲尼，仲尼曰：'隼来远矣，此肃慎之矢也。昔武王克商，通道九夷百蛮，使各以其方贿来贡，于是肃慎贡楛矢石砮，长尺有咫。先王以分大姬，配虞胡公而封诸陈。'试求之故府，果得之。"

⑨左传曰："郑子产聘于晋，晋侯有疾，韩宣子曰：'寡君寝疾，于今三月矣。今梦黄能入于寝门，其何厉鬼邪？'对曰：'昔尧殛鲧于羽山，其神化为黄能，以入羽泉，实为夏郊，三代祀之。晋为盟主，其或者未之祀也？'韩子祀夏郊，晋侯有间。"

⑩左传："晋悼夫人食舆人之城杞者，绛县人或年长矣，无子，而往与于食。有与疑年，使之年，曰：'臣小人也，不知纪年。臣生之岁，正月甲子朔，四百有四十五甲子矣。其季于今，三之一也。'吏走问诸朝。师旷曰：'鲁叔仲惠伯会郤成子于承匡之岁也，七十三年矣。'史赵曰：'亥有二首六身，下二如身，是其日数也。'士文伯曰：'然则二万六千六百有六旬也。'"杜注云："'亥'字二画在上，并三六为身，如算之六也。"

⑪前书昭帝时，有男子成方遂诣北阙，自称卫太子。丞相、御史、二千石至者，(立)〔并〕莫敢发言，[24]京兆尹隽不疑后到，叱从吏收缚。或曰："是非未可知？"不疑曰："诸君何患于卫太子？昔蒯聩违命出奔，辄距

而不纳,春秋是之。卫太子得罪先帝,亡不即死,今来自诣,此罪人也。"遂送(下)诏狱。[25]天子与大将军霍光闻而嘉之,曰"公卿大臣当用经术,明于大义"也。

⑫前书曰,昌邑王嗣立,数出,胜当乘舆车前谏曰:"天久阴不雨,臣下有谋上者,陛下欲何之?"王怒,谓胜为妖言,缚以属吏。吏白霍光。是时光与张子孺谋欲废王,光让子孺,以为泄,子孺实不泄,召问胜,对言"在洪范"。光、子孺以此益重儒术士。

⑬韩诗外传曰:"山林之士为名,故往而不能反也。朝廷之士为禄,故入而不能出。"

⑭史记曰:"由余,其先晋人也,亡入戎,能晋言。〔戎王〕闻缪公贤,[26]故使由余观秦。秦缪公示以宫室积聚。由余曰:'使鬼为之,则劳神矣;使人为之,亦苦人矣。'缪公退而问内史廖曰:'孤闻邻国有圣人,敌国之忧也。今由余寡人之害,将奈何?'廖曰:'戎王处僻,未闻中国之声,君试遗以女乐,以夺其志;为由余请,以疏其间;留而莫遣,以失其期。戎王怪之,必疑由余。君臣有间,乃可虑也。'乃令内史廖以女乐二八遗戎王,戎王受而说之。由余数谏不听,缪公又数使人间要由余,由余遂去降秦。"

⑮刘向孙卿子后序所论孙卿事曰:"卿名况,赵人也。楚相春申君以为兰陵令。或谓春申君曰:'汤以七十里,文王以百里,孙卿贤者,今与之百里地,楚其危乎!'春申君谢之。孙卿去之赵,后客或谓春申君曰:'伊尹去夏入殷,殷王而夏亡,管仲去鲁入齐,鲁弱而齐强,故贤者所在,君尊国安。今孙卿天下贤人,所去之国其不安乎?'春申君使人聘孙卿,乃还,复为兰陵令。"

⑯前书匡衡为平原文学,长安令杨兴荐之于车骑将军史高,曰:"衡材智有馀,经学绝伦,但以无阶朝廷,故随牒在远方。将军试召置幕府,[27]贡之朝廷,必为国器。"高然其言,辟衡为议曹(吏)〔史〕,[28]荐衡于帝,帝以为郎中。

建武中，郑兴、陈元传春秋左氏学。时尚书令韩歆上疏，欲为左氏立博士，范升与歆争之未决，陈元上书讼左氏，遂以魏郡李封为左氏博士。后群儒蔽固者数廷争之。及封卒，光武重违众议，而因不复补。

许慎字叔重，汝南召陵人也。性淳笃，少博学经籍，马融常推敬之，时人为之语曰："五经无双许叔重。"为郡功曹，举孝廉，再迁除洨长。卒于家。①

①洨音侯交反。

初，慎以五经传说臧否不同，于是撰为五经异义，又作说文解字十四篇，皆传于世。

蔡玄字叔陵，汝南南顿人也。学通五经，门徒常千人，其著录者万六千人。征辟并不就。顺帝特诏征拜议郎，讲论五经异同，甚合帝意。迁侍中，出为弘农太守，卒官。

论曰：自光武中年以后，干戈稍戢，专事经学，自是其风世笃焉。其服儒衣，称先王，①游庠序，聚横②塾者，盖布之于邦域矣。若乃经生所处，不远万里之路，③精庐暂建，赢粮动有千百，④其耆名高义开门受徒者，编牒不下万人，皆专相传祖，莫或讹杂。至有分争王庭，树朋私里，繁其章条，穿求崖穴，以合一家之说。故杨雄曰："今之学者，非独为之华藻，又从而绣其鞶帨。"⑤夫书理无二，义归有宗，而硕学之徒，莫之或徙，⑥故通人鄙其固焉，又雄所谓"诐诐之学，各习其师"也。⑦且观成名高第，终能远至者，盖亦寡焉，而迂滞若是矣。然所谈者仁义，所传者圣法也。故人识君臣父子之纲，家知违邪归正之路。

①儒服为章甫之冠，缝掖之衣也。礼记曰："言必则古昔，称先王。"

②"横"又作"黉"。

③经生谓博士也。就之者不以万里为远而至也。

④精庐，讲读之舍。赢，担负也。

⑤杨雄法言之文也。喻学者文烦碎也。挈，带也，字或作"幣"。说文曰："幣，覆衣巾也。"音盘。帨，佩巾也，音税。

⑥无二，专一也。

⑦亦法言之文也。诐诐，喧也，音奴交反。

自桓、灵之间，君道秕僻，①朝纲日陵，国隙屡启，②自中智以下，靡不审其崩离；而权强之臣，息其窥盗之谋，③豪俊之夫，屈于鄙生之议者，④人诵先王言也，下畏逆顺埶也。⑤至如张温、皇甫嵩之徒，功定天下之半，声驰四海之表，俯仰顾眄，则天业可移，犹鞠躬昏主之下，狼狈折札之命，散成兵，就绳约，而无悔心。⑥暨乎剥桡自极，人神数尽，⑦然后群英乘其运，世德终其祚。⑧跡衰敝之所由致，而能多历年所者，斯岂非学之效乎，⑨故先师垂典文，褒励学者之功，笃矣切矣。不循春秋，至乃比于杀逆，其将有意乎！⑩

①秕，谷不成也。以喻政化之恶也。

②陵，陵迟也。

③谓阎忠劝皇甫嵩，令推亡汉而自立，嵩不从其言。

④谓董卓欲大起兵，郑泰止之，卓从其言。

⑤言政化虽坏，而朝久不倾危者，以经籍道行，下人惧逆顺之埶。

⑥昏主谓献帝也。札，简也。折简而召，言不劳重命也。绳约犹拘制也。谓温及嵩并被征而就拘制也。

⑦易大过卦曰："栋桡凶。"桡，折也。极，终也。言汉祚自终，人神之数尽。桡音女教反。

⑧群英谓袁术、曹操之属。代德终其祚谓曹丕即位，废献帝为山阳公，自废至薨十四年，以寿终。

⑨跡犹寻也。言由有儒学，故能长久也。

⑩史记曰"为人君父而不通春秋之义者，必蒙首恶之名。为人臣子〔而〕不通春秋之义者，[29]必陷篡弑诛死之罪"也。

赞曰：斯文未陵，亦各有承。①涂分流别，专门并兴。精疏殊会，通阂相征。千载不作，渊原谁澄？②

①论语曰："天之将丧斯文也。"言斯文未陵迟，故学者分门，各自承袭其家业也。

②说经者，各自是其一家，或精或疏，或通或阂，去圣既久，莫知是非。若千载一圣，不复作起，则泉原混浊，谁能澄之。

【校勘记】

〔1〕年七十二　按：汲本、殿本"二"作"一"。

〔2〕犍为武阳人也　集解引惠栋说，谓华阳国志作"资中人"。按：张森楷校勘记谓案下赵长君传，言到犍为资中诣杜抚受韩诗，疑"资中"为是，"武阳"非也。

〔3〕杜君法　按：汲本、殿本并作"杜君注"。

〔4〕召驯　按：集解引惠栋说，谓桓郁传作"召训"，训驯古文通。

〔5〕卷县属荥阳郡　按：集解引洪亮吉说，谓汉无荥阳郡，当属河南。

〔6〕章和二年代任隗为光禄勋　按：集解引洪颐煊说，谓章帝纪章和元

年光禄勋任隗为司空,则驯之代隗,当在章和元年。

〔7〕(晔)〔抚〕卒(业)乃归　据殿本改。按:集解引惠栋说,谓会稽典录云"抚卒,晔经营葬之,然后归"。

〔8〕卫宏字敬仲　按:集解引惠栋说,谓"宏"书断作"密"。郑康成自序云"字次仲"。书断亦云。

〔9〕鲁高堂生　按:汲本、殿本此下有注"高堂生名隆"五字,殿本考证李良裘谓高堂隆乃三国时人,此注疑误,前书注中亦不记其名。

〔10〕后瑕丘萧奋以授同郡后苍　按:沈家本谓按前书瑕丘萧奋以礼至淮阳太守,孟卿事萧奋,以授后苍,是奋授卿,卿授苍,此云奋授苍,误。

〔11〕德字近君　按:沈家本谓前书"近君"作"延君",释文叙录同。此作"近",形近而讹。

〔12〕永平初　按:汲本、殿本"初"作"中"。

〔13〕因采元(和)〔始〕中故事　据集解本改。

〔14〕长水校尉樊(鯈)〔鯈〕等　据殿本改。

〔15〕坐遇下促急　按:汲本、殿本"遇"作"御"。

〔16〕十二年以泽行司徒事　按:通鉴作"十四年"。考异谓泽传云"十二年",按十二年不阙司徒,当是虞延免后,邢穆未至间,泽行司徒事耳,故云数月。

〔17〕传业子普　按:校补引柳从辰说,谓东观记"普"作"晋",书钞引同。

〔18〕永元十二年　按:汲本、殿本"二"作"三"。

〔19〕少习颜氏春秋　按:原作"春秋颜氏",迳据汲本、殿本乙正。

〔20〕玄兼说严氏(宣)〔冥〕氏　按:集解引惠栋说,谓前书春秋有冥氏学,"宣氏"当作"冥氏"。今据改。

〔21〕作春秋左氏传解　按:隋书经集志"解"下有"谊"字。

〔22〕颍容　按:"颍"原作"颖",迳据汲本改。

〔23〕从该问〔疑〕难诸要　殿本考证谓何焯校本"问"字下添"疑"字,今据补。按:以下并据何焯校本,于"今左氏"今下补"乐氏"二字,"征拜博士"下补"时有博士"四字,"学多褊"下补"狭"字。

〔24〕(立)〔并〕莫敢发言　王念孙汉书杂志谓"立"当作"并",汉纪孝昭纪作"并不敢言",是其证。王先谦汉书补注谓通鉴亦作"并"。今据改。

〔25〕遂送(下)诏狱　据刊误删。按:汉书无"下"字。

〔26〕〔戎王〕闻缪公贤　据汲本、殿本补。

〔27〕将军试召置幕府　按:校补引柳从辰说,谓注引前书,据今本"试"作"诚"。

〔28〕辟衡为议曹(吏)〔史〕　张森楷校勘记谓"吏"当依前书匡衡传作"史",今据改。

〔29〕为人臣子〔而〕不通春秋之义者　据汲本补。

后汉书卷八十上

文苑列传第七十上

杜笃字季雅,京兆杜陵人也。高祖延年,宣帝时为御史大夫。①笃少博学,不修小节,不为乡人所礼。居美阳,与美阳令游,数从请托,不谐,颇相恨。令怒,收笃送京师。会大司马吴汉薨,光武诏诸儒诔之,笃于狱中为诔,辞最高,帝美之。赐帛免刑。

①前书延年字幼公,周之子也,为御史大夫。延年居父官府,不敢当旧位,卧坐皆易其处也。

笃以关中表里山河,先帝旧京,不宜改营洛邑,乃上奏论都赋曰:

臣闻知而复知,是为重知。①臣所欲言,陛下已知,故略其梗概,②不敢具陈。昔般庚去奢,行俭于亳,③成周之隆,乃即中洛。④遭时制都,不常厥邑。⑤贤圣之虑,盖有优劣;霸王之姿,明知相绝。守国之埶,同归异术:或弃去阻阸,务处平易；⑥或据山带河，并吞六国；⑦或富贵思归，不顾见袭；或掩空击虚，自蜀汉出；⑧即日车驾，策由一卒；⑨[1]或知而不从，久都垝垠。⑩臣不敢有所据。窃见司马相如、杨子云作辞赋以讽主上，臣诚慕之，伏作书一篇，名曰论都，谨并封奏如左。

①韩诗外传曰："知者知其所知，乃为知矣。"

②梗概犹粗略也。

③帝王纪曰："般庚以耿在河北，迫近山川，自祖辛以来，奢淫不绝，般庚乃南度河，徙都于亳。人咨嗟相怨，不欲徙，乃作书三篇以告之。"

④周成王就土中都洛阳也。

⑤尚书曰："不常厥邑，于今五迁。"

⑥淮南子曰："武王克殷，欲筑宫于五行之山。周公曰：'不可。夫五行之山，固塞险阻之地。使我德能覆之，则天下纳其贡职者固矣；使我有暴乱之行，则天下之伐我难也。'"高诱注云："明周公恃德不恃险也。"

⑦谓秦也。

⑧韩生劝项羽都关中，羽曰："富贵不归故乡，如衣锦夜行。"乃归都彭城，而高祖自蜀汉出袭击之也。见前书。

⑨前书戍卒娄敬说高祖都关中，即日车驾西都长安。

⑩谓光武久都洛阳也。垝垠，薄地也。前书张良曰："洛阳田地薄，四面受敌。"垝音苦交反。垠音苦角反。

皇帝以建武十八年二月甲辰，升舆洛邑，巡于西岳。①推天时，顺斗极，②排阊阖，入函谷，③观阸于崤、黾，图险于陇、蜀。④其三月丁酉，行至长安。经营宫室，伤愍旧京，即诏京兆，乃命扶风，斋肃致敬，告觐园陵。悽然有怀祖之思，⑤喟乎以思诸夏之隆。⑥遂天旋云游，造舟于渭，北航泾流。⑦千乘方

毂,万骑骈罗,衍陈于岐、梁,东横乎大河。⑧瘗后土,⑨礼邠
郊。⑩其岁四月,反于洛都。明年,有诏复函谷关,作大驾
宫,⑪六王邸、高车厩于长安,脩理东都城门,⑫桥泾、渭。往
往缮离观,东临霸、浐,西望昆明,北登长平,⑬规龙首,抚未
央,觇平乐,仪建章。⑭

①光武纪曰:"甲寅西巡狩。"

②杨雄长杨赋曰:"顺斗极,运天关。"极,北极星也,言顺斗建及北极之
　星运转而行也。[2]

③阊阖,天门也。函谷故关在今洛州新安县也。

④图犹规度也。

⑤怀,思也。

⑥喟,叹声。

⑦尔雅曰:"天子造舟。"造,并也。以舟相并而济也。斻,舟度也,音胡
　郎反。方言:"关而东或谓舟为斻。"说文"斻"字在方部,今流俗不解,
　遂与"杭"字相乱者,误也。

⑧衍,布也。横,绝流度也。楚辞曰"横大江兮扬舲"也。

⑨瘗,埋也,谓埋牲币也。尔雅曰:"祭地曰瘗埋。"后土祠在今蒲州汾阴
　县北也。

⑩甘泉祭天所也,在邠地之郊。

⑪大驾见儒林传。大驾宫即天子行幸也。

⑫长安外城门,东面北头第一门也。

⑬长平,坂名也,在池阳宫南也。

⑭龙首,山名,萧何于其上作未央宫。抚,巡也。或云"抚"亦"模",其字
　从"木"。觇,视也,音麦。平乐,观名,建章,宫名,并在城西。谓光武
　规模而修理也。

　　是时山东翕然狐疑,意圣朝之西都,惧关门之反拒也。①

客有为笃言："彼埳井之潢污，固不容夫吞舟；②且洛邑之淳濡，曷足以居乎万乘哉？③咸阳守国利器，不可久虚，以示奸萌。"④笃未甚然其言也，故因为述大汉之崇，⑤世据雝州之利，而今国家未暇之故，以喻客意。⑥曰：

①恐西都置关，所以拒外山东也。

②埳井喻小也。庄子曰："埳井之蛙。"潢污，停水也。吞舟，大鱼也。贾谊曰："彼寻常之污渎，岂容夫吞舟之鱼。"

③杨雄甘泉赋曰："梁弱水之濎濙。"濎濙，小貌也。濎音天鼎反。濙音乌迥反。

④老子曰："国之利器，不可以示人。"

⑤崇，高盛也。

⑥喻，晓也。

　　昔在强秦，爰初开畔，①霸自岐、雝，国富人衍，卒以并兼，桀虐作乱。②天命有圣，托之大汉。大汉开基，高祖有勋，斩白蛇，屯黑云，③聚五星于东井，提干将而呵暴秦。④蹈沧海，跨崑崙，⑤奋彗光，埽项军，⑥遂济人难，荡涤于泗、沂。⑦刘敬建策，初都长安。⑧太宗承流，守之以文。⑨躬履节俭，侧身行仁，食不二味，衣无异采，赈人以农桑，率下以约己，曼丽之容不悦于目，郑卫之声不过于耳，⑩佞邪之臣不列于朝，巧伪之物不鬻于市，⑪故能理升平而刑几措。富衍于孝景，功传于后嗣⑫

①畔，疆界也。

②衍，饶也，音以战反。桀虐，如桀之无道也。

③前书高祖斩大蛇，有一老妪夜哭，曰："吾子，白帝子，今赤帝子斩之。"故曰白蛇。又吕后曰："季所居上常有云气。"

④高祖初至霸上，五星聚东井。干将，剑名也。高祖曰："吾提三尺剑取天下。"

⑤杨雄长杨赋曰："横巨海，(乘)〔漂〕昆仑。"〔3〕此言蹈跨，喻远大也。

⑥彗星者，所以除旧布新也，故曰埽。

⑦项羽都彭城。泗水、沂水近彭城地也。荡涤谓诛之也。

⑧解见班固传。

⑨太宗，文帝也。继体之君，以文德守之。

⑩曼，美也。

⑪礼记曰"用器不中度，不鬻于市。布帛精粗不中数，广狭不中量，不鬻于市。奸色乱正色，不鬻于市"也。

⑫前书景帝时，太仓之粟红腐而不可食，都内之钱贯朽而不可校也。

是时孝武因其馀财府帑之蓄，始有钩深图远之意，探冒顿之罪，①校平城之仇。②遂命票骑，③勤任卫青，④勇惟鹰扬，军如流星，⑤深之匈奴，割裂王庭，⑥席卷漠北，叩勒祁连，⑦横分单于，屠裂百蛮。⑧烧阏帐，⑨系阏氏，⑩燔康居，灰珍奇，⑪椎鸣镝，⑫钉鹿蠡，⑬驰阬岸，获昆弥，⑭虏傲佷，⑮驱骡驴，驭宛马，⑯鞭驮骒。⑰拓地万里，威震八荒。肇置四郡，据守敦煌。⑱并域属国，一郡领方。⑲立候隔北，建护西羌。⑳捶驱氐、僰，寥狼卭、笮，㉑东摅乌桓，蹂轹涉貃。㉒南羁钩町，水剑强越。㉓残夷文身，海波沫血。㉔郡县日南，漂槩朱崖。㉕部尉东南，兼有黄支。㉖连缓耳，琐雕题，㉗撴天督，㉘牵象犀，椎蟒蛤，碎瑠璃，甲瑇瑁，戎猜觿。㉙于是同穴裘褐之域，㉚共川鼻饮之国，㉛莫不祖跣稽颡，失气虏伏。㉜非夫大汉之盛，世藉塵土之饶，得御外理内之术，孰能致功若斯！故创业于高祖，嗣传于孝惠，德隆于太宗，财衍于孝景，威盛于圣武，政行于宣、元，侈极于成、哀,祚缺于孝平。传世十一,历载三百,㉝德衰而复盈,道微而复章,㉞皆莫能迁于酆州,而背于咸阳。宫室寝庙,山陵相望,高显弘丽,可思可荣,羲、农已来,无兹著明。

① 前书冒顿杀其父头曼单于,又为书使遗高后曰:"孤偾之君,生于沮泽之中,长于平野牛马之域,数至边境,愿游中国。陛下独立,孤偾独居,两主不乐,无以自娱,愿以所有,易其所无。"

② 校,报也。冒顿单于围高祖于平城七日,故报之也。

③ 票骑将军霍去病也。

④ 青为大将军霍去病舅也。

⑤ 毛诗曰:"时惟鹰扬。"注云:"如鹰之飞扬也。"长杨赋曰:"疾如奔星。"

⑥ 匈奴王庭也。长杨赋曰:"遂猎乎王庭。"

⑦ 漠,沙漠也。祁连,匈奴中山名也。叩,击也。勒谓衔勒也。

⑧ 百蛮,夷狄之总称也。

⑨ 罽,毛布也。

⑩ 单于妻号也。

⑪ 康居,西域国也。居音渠。

⑫ 前书曰:"冒顿作鸣镝。"今之骲箭也。

⑬ 蠡音离。匈奴有左右鹿蠡王。前书作"觳蠡"。

⑭ 昆弥,西域国也。

2090

⑮ 方言:"佷,养马人也。"字书佷音真。字书无"傲"字。诸家并音数佷为粟犊,西域国名也。传读如此,不知所出。今有肃特国,恐是也。

⑯ 大宛,国名,出汗血马。

⑰ 骏马也。駃音决。騠音啼。生七日而超其母也。

⑱ 四郡谓酒泉、武威、张掖、敦煌也。

⑲ 并西域,以属国都尉主之,以敦煌一郡部领西方也。

㉑杨雄解嘲曰:"西北一候。"孟康注云:"敦煌玉门关候也。"置护羌校尉,以主西羌。

㉑捶,击也。寥狼犹孽扰也。氐、僰、邛、莋并西南夷号。

㉒字书"攦"亦"靡"字也。音摩[4]方言云:"摩,灭也。"蹂,践也。辚,轹也,音吝。涉貊,东夷号也。

㉓羁,系也。鉤町,西南夷也。水剑谓戈船将军等下水诛南越也。鉤町音劬挺。

㉔谷梁传曰:"越人被发文身。"沫血,水沫如血。

㉕武帝元鼎六年,平南越,以为南海、苍梧、郁林、合浦、交阯、九真、日南、珠崖、儋耳九郡。漂榢谓摩近之也。前书音义曰:"珠崖言珠若崖也。"此作"朱",古字通。茂陵书曰:"珠崖郡都郎暐,去长安七千三百里。"暐音审。

㉖杨雄解嘲曰:"东南一尉。"孟康注云:"会稽东部都尉也。"前书曰"自都卢国船行可二月馀,有黄支国,俗与珠崖相类"也。

㉗缓耳,耳下垂,即儋耳也。礼记曰:"南方曰蛮,雕题交阯。"郑玄注曰:"谓刻其身以丹青涅之也。"王逸注楚词曰:"雕,画也。题,额也。"

㉘即天竺国也。

㉙郭义恭广志曰:"璿瑁形似龟,出南海。"甲谓取其甲也。戕,残也。觜巂,大龟,亦璿瑁之属。觜音子期反。巂音以规反。

㉚同穴,艳娄之属也。衣裘褐,北狄也。

㉛前书贾捐之曰"骆越之俗,父子同川而浴,相习以鼻饮"也。

㉜稽,止也。方言曰:"颡,额颢也。"以额至地而稽止也。宋玉高唐赋曰:"虎豹豺犴,失气恐喙。"言其恐惧如奴房之伏也。

㉝高祖至平帝十一代。历,涉也。合二百十四年,此言"三百"者,谓出二百年,涉三百年也。

㉞谓吕氏乱而文帝立,昌邑废而宣帝中兴也。

　　夫雝州本帝皇所以育业,①霸王所以衍功,战士角难之场也。②禹贡所载,厥田惟上。③沃野千里,原隰弥望。保殖五穀,桑麻条畅。滨据南山,带以泾、渭,号曰陆海,蠢生万类。④柟枏檀柘,蔬果成实。畎浍润淤,水泉灌溉,⑤渐泽成川,粳稻陶遂。⑥厥土之膏,亩价一金。⑦田田相如,镭镂株林。⑧火耕流种,功浅得深。⑨既有蓄积,陙塞四临:西被陇、蜀,南通汉中,北据穀口,东阻嶔岩。⑩关函守峣,山东道穷;⑪置列汧、陇,雝偃西戎;⑫拒守褒斜,岭南不通,杜口绝津,朔方无从。⑬鸿、渭之流,径入于河;大船万艘,转漕相过;东綜沧海,西纲流沙;朔南暨声,诸夏是和。⑭城池百尺,陙塞要害。关梁之险,多所衿带。⑮一卒举礌,千夫沈滞;⑯一人奋戟,三军沮败。⑰地埶便利,介胄剽悍,可与守近,利以攻远。⑱士卒易保,人不肉袒。⑲肇十有二,是为赡腴。⑳用霸则兼并,㉑先据则功殊;㉒修文则财衍,行武则士要;㉓为政则化上,篡逆则难诛;㉔进攻则百克,退守则有馀:斯固帝王之渊囿,而守国之利器也。

①周始祖后稷封邰,公刘居豳,大王居岐,〔5〕文王居酆,武王居镐,并在关中,故曰育业也。

②衍,广也。秦都关中也。

③尚书:"雝州厥田上上。"

④滨,近也。前书东方朔曰"汉都泾、渭之南,此谓天下陆海之地"也。

⑤说文曰:"淤,淀滓也。"顾野王曰:"今水中泥草也。"

⑥薛君注韩诗曰:"陶,畅也。"尔雅曰:"遂,生也。"

⑦前书东方朔曰:"酆镐之间,号为土膏,其价亩一金。"一金,一斤金也。

⑧相如言地皆沃美相类也。广雅曰:"镭,(推)〔椎〕也。"〔6〕音甫袁反。坤苍云:"镭,铲也。"谓以铲镂去林木之株蘖也。

⑨以火烧所伐林枺，引水溉之而布种也。

⑩穀口在今云阳县。穀梁传秦袭郑，蹇叔送其子而戒之曰："汝必死于嵚之岩唫之下。"嵚岩谓嵰也。唫音吟。

⑪函，函穀关也。峣谓峣山之关也，在蓝田南，故武关之西。峣音尧。

⑫廱音拥。

⑬杜塞穀口，绝黄河之津。

⑭尚书曰："朔南暨声教。"注云："朔，北方也。"

⑮衿带，衣服之要，故以喻之。

⑯碥，石也。前书："匈奴乘隅下碥石。"音力对反。

⑰淮南子曰："狭路津关，大山石塞，龙蛇蟠，簦笠居，羊肠道，鱼笱门，一人守险，千人弗敢过"也。

⑱劋，急疾也。悍，勇也。所据险要，故可守近；士卒勇疾，故可攻远也。

⑲左传郑伯肉袒牵羊以降楚，言关中士卒易与保守不降下也。

⑳尚书曰"肇十有二州"，谓雍、梁、荆、豫、徐、杨、青、兖、冀、幽、并、营也。雍州田第一，故曰赡腴。今流俗比地之良沃者为赡者也。[7]

㉑谓秦并六国也。

㉒高祖先入关，功为诸侯最也。

㉓修文德，则财产富衍。若用武，则士皆奋励而要功也。

㉔地险固，故难诛也。

逮及亡新，时汉之衰，偷忍渊囿，篡器慢违，①徒以执便，莫能卒危。②假之十八，诛自京师。③天畀更始，不能引维，④慢藏招寇，复致赤眉。⑤海内云扰，诸夏灭微；群龙并战，未知是非。⑥于时圣帝，赫然申威。荷天人之符，兼不世之姿。⑦受命于皇上，获助于灵祇。⑧立号高邑，搴旗四麾。⑨首策之臣，运筹出奇；⑩虓怒之旅，如虎如螭。⑪师之攸向，无不靡披。盖夫燔鱼剸蛇，莫之方斯。⑫大呼山东，响动流沙。要龙渊，首镆铷，⑬命腾太白，亲发狼、弧。⑭南禽公孙，北背强胡，西平陇、冀，东据洛都。乃廓平帝宇，济蒸人于涂炭，成兆庶之酆酆，遂兴复乎大汉。⑮

①偷忍犹盗窃也。渊囿谓秦中也。

②卒音仓忽反。

③莽居摄篡位十八年，公宾就始斩之也。

④舁，与也。言更始不能持其纲维，故致败亡。

⑤易曰："慢藏诲盗。"又曰："负且乘，致寇至。"言更始为赤眉所破也。

⑥赤伏符曰："四夷云扰，龙斗于野。"易曰："龙战于野。"谓更始败后，刘永、张步等重起，未知受命者为谁也。

⑦圣帝，光武也。天人符谓彊华自关中持赤伏符也。前书曰王吉上疏曰："欲化之主不代出。"言有时而出，难常遇也。

⑧皇上谓天也。尚书曰："惟皇上帝降衷于下人。"灵祇谓呼池[8]冰及白衣老父等也。

⑨搴，拔也。

⑩前书高祖曰："运筹帷幄之中，决胜千里之外，子房是也。"出奇谓陈平从高祖定天下，凡六出奇计，以比邓禹、冯异、吴汉、耿弇等也。

⑪诗曰："阚如虓虎。"注云："虎之怒虓然也。"史记周武王誓众曰："如虎如罴，如豺如螭。"杜预注左传曰："螭，山神，兽形也。"虓音呼交反。

⑫尚书今文太誓篇曰："太子发升舟，中流，白鱼入于王舟，王跪取出，以燎。群公咸曰'休哉'。"郑玄注云："燔鱼以祭，变礼也。"刉，割也，音之究反，谓高祖斩蛇也。

⑬龙渊，剑，解见韩稜传。说文："镆铘，大戟也。"音莫邪。首谓建之于首也。吴越春秋有莫邪剑，义与此不同也。

⑭腾，驰也。太白，天之将军。狼、弧，并星名也。史记曰："天苑东有大星曰天狼，下有四星曰弧。"宋均注演孔图曰："狼为野将，用兵象也。"

合诚图曰:"孤主司兵,兵弩象。"

⑮尔雅曰:"亹亹,勉也。"易曰:"成天下之亹亹。"

今天下新定,矢石之勤始瘳,①而主上方以边垂为忧,忿葭萌之不柔,②未遑于论都而遗思麷州也。③方躬劳圣思,以率海内,厉抚名将,略地疆外,信威于征伐,展武乎荒裔。④若夫文身鼻饮缓耳之主,椎结左衽镶锔之君,⑤东南殊俗不羁之国,西北绝域难制之邻,靡不重译纳贡,请为藩臣。上犹谦让而不伐勤。⑥意以为获无用之虏,不如安有益之民;略荒裔之地,不如保殖五穀之渊;⑦远救于已亡,不若近而存存也。⑧今国家躬脩道德,吐惠含仁,湛恩沾洽,时风显宣。⑨徒垂意于持平守实,务在爱育元元,苟有便于王政者,圣主纳焉。何则?物冈挹而不损,道无隆而不移,阳盛则运,阴满则亏,⑩故存不忘亡,安不讳危,虽有仁义,犹设城池也。⑪

①瘳,差也。

②杨子云长杨赋曰:"遐萌为之不安。"谓远人也。案:笃此赋每取子云甘泉、长杨赋事,意此"葭"即"遐"也。时蜀郡守将史歆及交阯徵侧反,卢芳亡入匈奴,故云忿其不柔也。

③遗犹留也。

④信读曰申。

⑤结音髻。前书:"尉佗椎结箕踞。"注云:"如今兵士椎头髻也。"孔子曰:"微管仲吾其被发左衽矣。"镶音渠吕反。山海经曰:"神武罗穿耳以镶。"郭璞注云:"金银器之名,未详形制。"锔音牛于反。埤苍曰:"锔,锯也。"案今夷狄好穿耳以垂金宝等,此并谓夷狄之君长也。

⑥前书司马相如曰:"上犹谦让而未俞也。"

⑦左传曰:"吾将略地焉。"略,取也。

⑧易曰"成性存存"也。

⑨前书司马相如难蜀父老曰:"湛恩汪濊。"湛音沈。易通卦验曰"巽气退则时风不至,万物不成。冬至广莫风至,立春条风至,春分明庶风至,立夏清明风至,夏至景风至,立秋凉风至,秋分阊阖风至,立冬不周风至"也。

⑩淮南子曰:"孔子观桓公之庙,有器焉谓之宥坐。孔子曰:'善哉乎,得见此器!'顾曰:'弟子取水。'水至灌之,其中则正,其盈则覆。孔子造然革容曰:'善哉持盈者乎!'子贡在侧,曰:'请问持盈?'曰:'把而损之。'曰:'何谓把而损之?'曰:'夫物盛而衰,乐极而悲;日中而移,月盈而亏。是故聪明睿智,守之以愚;多闻博辩,守之以俭;武力毅勇,守之以畏;富贵广大,守之以陋;德施天下,守之以让:此五者,先王所以守天下而弗失也。'"

⑪易曰"君子存不忘亡,安不忘危"也。

客以利器不可久虚,而国家亦不忘乎西都,何必去洛邑之淳滠与?

笃后仕郡文学掾,以目疾,二十馀年不阙京师。

笃之外高祖破羌将军辛武贤,以武略称。①笃常叹曰:"杜氏文明善政,而笃不任为吏;②辛氏秉义经武,而笃又怯于事。外内五世,至笃衰矣!"

①前书武贤,狄道人,为破羌将军,以勇武称,左将军庆忌之父。
②谓杜周及延年并以文法著名也。

女弟适扶风马氏。建初三年,车骑将军马防击西羌,请笃为从事中郎,战没于射姑山。

所著赋、诔、吊、书、赞、七言、女诫及杂文,凡十八篇。又著明世论十五篇。

子硕,豪侠,以货殖闻。

王隆字文山,冯翊云阳人也。王莽时,以父任为郎,后避难河西,为窦融左护军。建武中,为新汲令。①能文章,所著诗、赋、铭、书凡二十六篇。

①新汲,县,属颍川郡,故城在今许州扶沟县西也。

初,王莽末,沛国史岑子孝亦以文章显,莽以为谒者,著颂、诔、复神、说疾凡四篇。①

①岑一字孝山,著出师颂。

夏恭字敬公,梁国蒙人也。习韩诗、孟氏易,讲授门徒常千馀人。王莽末,盗贼从横,攻没郡县,恭以恩信为众所附,拥兵固守,独安全。光武即位,嘉其忠果,召拜郎中,再迁太山都尉。和集百姓,甚得其欢心。

恭善为文,著赋、颂、诗、励学凡二十篇。年四十九卒官,诸儒共谥曰宣明君。

子牙,少习家业,著赋、颂、赞、诔凡四十篇。举孝廉,早卒,乡人号曰文德先生。

傅毅字武仲,扶风茂陵人也。少博学。永平中,于平陵习章句,因作迪志诗曰:

咨尔庶士,迨时斯勖。①日月踰迈,岂云旋复!②哀我经营,旅力靡及。③在兹弱冠,靡所庶立。④

①迨,及也。勖,勉也。

②尚书曰:"日月踰迈。"踰,过。迈,行。言日月之过往,不可复还也。

③旅,陈也。言己欲经营仁义之道,然非陈力之所能及也。

④礼记曰年二十日弱冠。言已在弱冠之岁,无所庶几成立也。

於赫我祖,显于殷国。①二跻阿衡,克光其则。②武丁兴商,伊宗皇士。③爰作股肱,万邦是纪。奕世载德,[9]迄我显考。④保厝淑懿,缵修其道。⑤汉之中叶,俊乂式序。秩彼殷宗,光此勋绪。⑥

①谓傅说也。

②阿,倚;衡,平也。言依倚之以取平也。谓伊尹也。高宗命傅说曰:"尔尚明保〔予〕[10],罔俾阿衡专美有商。"故曰二跻也。言傅说功比伊尹,而能光大其法则也。

③武丁,殷王高宗也。伊,惟,宗,尊也。诗曰:"思皇多士。"皇,美也。言武丁所以能兴殷者,惟尊皇美之士,谓傅说。

④易曰:"德积载。"载,重也。

⑤缵,继也。

⑥中叶谓宣帝中兴。秩,序也。言汉代序殷高宗用傅说之事,光大其勋功,而用其绪胤也。谓傅介子以军功封义阳侯;傅喜论议正直,为大司马,封高武侯;傅晏为孔乡侯;傅商为汝昌侯;建武中傅俊为昆阳侯也。

伊余小子,秽陋靡逮。惧我世烈,自兹以坠。谁能革浊,清我濯溉?①谁能昭暗,启我童昧? 先人有训,我讯我诰。训我嘉务,诲我博学。爰率朋友,寻此旧则。契阔夙夜,庶不懈忒。②

①毛诗曰："谁能执热，逝不以濯。"此言谁能革易我之浊，而以清泉洗濯
 我也？

②诗云："与子契阔。"契阔谓辛苦也。懈，惰也。忒，差也。

　　秩秩大猷，纪纲庶式。匪勤匪昭，匪壹匪测。①农夫不怠，
越有黍稷，②谁能云作，考之居息？③二事败业，多疾我力。④如
彼遵衢，则冈所极。⑤二志靡成，聿劳我心。如彼兼听，则溷
于音。⑥

①诗大雅曰："秩秩大猷，圣人谟之。"秩秩，美也。猷，道也。庶，众也。
　式，法也。言美哉乎大道，可以纲纪众法。若不勤励，则不能昭明其
　道；不专一，则不能深测。

②尚书曰"若农服田力穑，乃亦有秋。惰农自安，乃其冈有黍稷"也。

③考，成也。言谁能有所作，而居息闲暇可能成者？言必须勤之也。

④二事谓事不专一也。〔11〕疾，害也。言为事不专，则多害其力也。

⑤遵，循也。如循长路，则不知所终极也。

⑥聿，辞也。溷，乱也。志不专一，徒烦劳于我心。兼听众声则音乱。

　　於戏君子，无恒自逸。徂年如流，鲜兹暇日。①行迈屡税，
胡能有迄。②密勿朝夕，聿同始卒。③

①人当自勉脩德义，专志勤学，不可自放逸。年之过往如流，言其速也。
　少有闲暇之日也。

②行迈之人，屡税驾停止，何能有所至也？言当自勖，不可中废也。

③（毛）〔韩〕诗曰："密勿从事。"〔12〕密勿，黾勉也。聿，循也。卒，终也。
　言朝夕黾勉，终始如一也。

毅以显宗求贤不笃，士多隐处，故作七激以为讽。
建初中，肃宗博召文学之士，以毅为兰台令史，拜郎中，与班

固、贾逵共典校书。毅追美孝明皇帝功德最盛，而庙颂未立，乃依清庙作显宗颂十篇奏之，①由是文雅显于朝廷。

①清庙，诗周颂篇名，序文王之德也。

车骑将军马防，外戚尊重，请毅为军司马，待以师友之礼。及马氏败，免官归。

永元元年，车骑将军窦宪复请毅为主记室，崔骃为主簿。及宪迁大将军，复以毅为司马，班固为中护军。宪府文章之盛，冠于当世。

毅早卒，著诗、赋、诔、颂、祝文、七激、连珠凡二十八篇。

黄香字文彊，江夏安陆人也。年九岁，失母，思慕憔悴，殆不免丧，①乡人称其至孝。年十二，太守刘护闻而召之，署门下孝子，甚见爱敬。香家贫，内无仆妾，躬执苦勤，尽心奉养。遂博学经典，[13]究精道术，能文章，京师号曰"天下无双江夏黄童"。

①免丧，终丧。

初除郎中，元和元年，肃宗诏香诣东观，读所未尝见书。香后告休，及归京师，时千乘王冠，①帝会中山邸，乃诏香殿下，顾谓诸王曰："此'天下无双江夏黄童'者也。"左右莫不改观。后召诣安福殿言政事，拜尚书郎，数陈得失，赏赉增加。常独止宿台上，昼夜不离省闼，帝闻善之。

①千乘贞王伉，章帝子也。冠谓二十加冠也。

永元四年，拜左丞，功满当迁，和帝留，增秩。六年，累迁尚书令。后以为东郡太守，香上疏让曰："臣江淮孤贱，愚蒙小生，经学行能，无可筹录。遭值太平，先人馀福，①得以弱冠特蒙征用，连阶累任，〔14〕遂极台阁。讫无纤介称，报恩效死，诚不意悟，卒被非望，显拜近郡，尊位千里。臣闻量能授官，则职无废事；因劳施爵，则贤愚得宜。臣<u>香</u>小丑，少为诸生，典郡从政，固非所堪，诚恐蒙顿，孤忝圣恩。又惟机密端首，至为尊要，②复非臣<u>香</u>所当久奉。承诏惊惶，不知所裁。臣<u>香</u>年在方刚，适可驱使。③愿乞馀恩，留备冗官，赐以督责小职，任之宫台烦事，以毕臣<u>香</u>蝼蚁小志，诚瞑目至愿，土灰极荣。"帝亦惜<u>香</u>干用，久习旧事，复留为尚书令，增秩二千石，赐钱三十万。是后遂管枢机，甚见亲重，而<u>香</u>亦祗勤物务，忧公如家。

①谢承书〔15〕："<u>香</u>代为冠族，<u>叶令况</u>之子也。"

②谓尚书令。

③论语曰："及其壮也，血气方刚。"言少壮也。

十二年，<u>东平清河</u>奏訞言卿<u>仲辽</u>等，所连及且千人。<u>香</u>科别据奏，全活甚众。每郡国疑罪，辄务求轻科，爱惜人命，每存忧济。又晓习边事，均量军政，皆得事宜。帝知其精勤，数加恩赏，疾病存问，赐医药。〔16〕在位多所荐达，宠遇甚盛，议者讥其过幸。

<u>延平</u>元年，迁<u>魏郡</u>太守。郡旧有内外园田，常与人分种，收穀岁数千斛。<u>香</u>曰："田令'商者不农'，〔17〕王制'仕者不耕'，①伐冰食禄之人，不与百姓争利。"②乃悉以赋人，课令耕种。时被水年饥，乃分奉禄及所得赏赐班赡贫者，于是丰富之家各出义穀，助官稟贷，荒民获全。后坐水潦事免，数月，卒于家。

①王制曰："上农夫食九人，下士视上农夫，禄足以代耕也。"

②伐冰解见冯衍传。

所著赋、笺、奏、书、令凡五篇。子<u>琼</u>，自有传。

刘毅,北海敬王子也。初封平望侯,^①永元中,坐事夺爵。毅少有文辩称,元初元年,上汉德论并宪论十二篇。时刘珍、邓耽、尹兑、马融共上书称其美,安帝嘉之,赐钱三万,拜议郎。

①平望,县,属北海郡。

李尤字伯仁,广汉雒人也。少以文章显。和帝时,侍中贾逵荐尤有相如、杨雄之风,召诣东观,受诏作赋,拜兰台令史。稍迁,安帝时为谏议大夫,受诏与谒者仆射刘珍等俱撰汉记。后帝废太子为济阴王,尤上书谏争。顺帝立,迁乐安相。年八十三卒。所著诗、赋、铭、诔、颂、七叹、哀典凡二十八篇。

尤同郡李胜,亦有文才,为东观郎,著赋、诔、颂、论数十篇。

苏顺,字孝山,京兆霸陵人也。和安间以才学见称。好养生术,隐处求道。晚乃仕,拜郎中,卒于官。所著赋、论、诔、哀辞、杂文凡十六篇。

时三辅多士,扶风曹众伯师亦有才学,著诔、书、论四篇。^①

①三辅决录注曰:"众与乡里苏孺文、窦伯向、马季长并游宦,唯众不遇,以寿终于家。"

又有曹朔,不知何许人,作汉颂四篇。

刘珍字秋孙,①一名宝,南阳蔡阳人也。少好学。永初中,为谒者仆射。邓太后诏使与校书刘騊駼、马融及五经博士,校定东观五经、诸子传记、百家艺术,整齐脱误,是正文字。永宁元年,太后又诏珍与騊駼作建武已来名臣传,迁侍中、越骑校尉。延光四年,拜宗正。明年,转卫尉,卒官。著诔、颂、连珠凡七篇。又撰释名三十篇,以辩万物之称号云。

①诸本时有作"秘孙"者,其人名珍,与"秘"义相扶,而作"秋"者多也。

葛龚字元甫,梁国宁陵人也。和帝时,以善文记知名。①性慷慨壮烈,勇力过人。安帝永初中,举孝廉,为太官丞,上便宜四事,拜荡阴令。②辟太尉府,病不就。州举茂才,为临汾令。居二县,皆有称绩。著文、赋、碑、诔、书记凡十二篇。[18]

①龚善为文奏。或有请龚奏以干人者,龚为作之,其人写之,忘自载其名,因并写龚名以进之。故时人为之语曰:"作奏虽工,宜去葛龚。"事见笑林。

②荡阴,县名,今相州县也。荡音汤。

王逸字叔师,南郡宜城人也。元初中,举上计吏,为校书郎。顺帝时,为侍中。著楚辞章句行于世。其赋、诔、书、论及杂文凡二十一篇。又作汉诗百二十三篇。

子延寿,字文考,有俊才。少游鲁国,作灵光殿赋。后蔡邕亦造此赋,未成,及见延寿所为,甚奇之,遂辍翰而已。曾有异梦,意恶之,乃作梦赋以自厉。后溺水死,时年二十馀。①

①张华博物志曰:"王子山与父叔师到泰山从鲍子真学算,到鲁赋灵光殿,归度湘水溺死。"文考一字子山也。

崔琦字子玮,涿郡安平人,济北相瑗之宗也。少游学京师,以文章博通称。初举孝廉,为郎。河南尹梁冀闻其才,请与交。冀行多不轨,①琦数引古今成败以戒之,冀不能受。乃作外戚箴。其辞曰:

①轨,法也。

　　赫赫外戚,华宠煌煌。昔在帝舜,德隆英、皇。①周兴三母,②有莘崇汤。③宣王晏起,姜后脱簪。④齐桓好乐,卫姬不音。⑤皆辅主以礼,扶君以仁,达才进善,以义济身。

①帝舜妃娥皇、女英,帝尧之女,聪明贞仁。事舜于畎亩之中,事瞽叟谦让恭俭,[19]思尽妇道也。

②列女传曰"太姜者,太王之妃,贤而有色。生太伯、仲雍、王季,化导三子,皆成贤德。太王有事,必谘谋焉。太姙者,王季之妃。端懿诚庄,唯德之行。及其有身,目不视恶色,耳不听淫声,而生文王。太姒者,文王之妃,号曰文母。思媚太姜、太姙,旦夕勤劳,以进妇道。文王理外,文母理内,生十男"也。

③列女传曰"汤娶有莘氏女,德高而明,伊尹为之媵臣,佐汤致王,训正后宫,嫔御有序,咸无嫉妒"也。

④列女传曰:"周宣王尝夜卧而晏起,姜后乃脱簪珥待罪于永巷,使其傅母通言王曰:'妾不才,妾之淫心见矣,至使君王失礼而晏朝,以见君王乐色而忘德也。敢请婢子之罪。'王乃勤于政,早朝晏罢,卒成中兴焉。"

⑤列女传曰："齐桓公好淫乐,卫姬不听郑卫之音。"

　　爰暨末叶,渐已颓亏。贯鱼不叙,九御差池。①晋国之难,祸起于丽。②惟家之索,牝鸡之晨。③专权擅爱,显己蔽人。陵长间旧,圮剥至亲。④并后匹嫡,⑤淫女毙陈。⑥匪贤是上,番为司徒。⑦[20]荷爵负乘,采食名都。⑧诗人是刺,德用不忱。⑨暴辛惑妇,拒谏自孤。⑩蝮蛇其心,纵毒不辜。⑪诸父是杀,孕子是刳。天怒地忿,人谋鬼图。甲子昧爽,身首分离。⑫初为天子,后为人螭。⑬

①易曰:"贯鱼以宫人宠。"谓王者之御宫人,如贯鱼之有次叙,不偏爱也。礼后夫人已下进御之法云:"凡天子进御之仪,从后而下,十五日编。自下始,以象月之初生,渐进至盛,法阴道之义也。"其法,九嫔已下皆九九而御,则女御八十一人为九夕也,世妇二十七人为三夕,九嫔为一夕,夫人为一夕,凡十四夕,后当一夕。故曰十五日一编也。

②献公丽姬也。

③尚书曰:"牝鸡无晨。牝鸡之晨,惟家之索。"孔安国注云"索,尽也。雌代雄鸣则家尽,妇夺夫政则国亡"也。

④左传曰:"少陵长,新间旧。"言其乱政也。圮,毁也。

⑤左传曰,辛伯谂周桓公曰:"并后匹嫡,乱之本也。"

⑥陈夏姬通于孔宁、仪行父,又通于灵公。夏姬之子徵舒弑灵公,楚伐陈,灭之。见左传。

⑦诗小雅也。番,幽王之后亲党也。幽王淫色,不尚贤德之人,宠其后亲,而以番为司徒之官。

⑧易曰:"负且乘。"负也者,小人之事也。乘也者,君子之器也。以小人而乘君子之器,寇必至也。毛诗曰:"皇父孔圣,作都于向。"皇父,幽王后之亲党也。向,邑也。以向为皇父食采邑也。

⑨忱,大也,音呼。谓自诗人刺番为司徒及皇父都向,用其后亲党,是以

其德不大也。

⑩暴,虐也。纣字受德,名辛。以其暴虐,故日暴辛。惑妇谓惑妲己也。纣智足以拒谏。祖伊谏纣,纣不从。自孤谓纣为独夫也。

⑪字书蝠音福,即蝙蝠也。此当作"蝮",音芳福反。不辜谓菹梅伯,脯鬼侯之类也。

⑫王子比干,纣之诸父也,纣杀之。尚书日,纣刳剔孕妇,为周武王所伐。甲子日,纣衣其宝衣赴火而死,武王乃斩以轻吕之剑也。

⑬左传日:"螭魅魍魉。"杜预注云:"螭,山神,兽形。"故以比纣之恶也。

　　非但耽色,母后尤然。不相率以礼,而竞奖以权。先笑后号,卒以辱残。①家国泯绝,宗庙烧燔。末嬉丧夏,②褒姒毙周,③妲己亡殷,赵灵沙丘④戚姬人豕,吕宗以败。⑤陈后作巫,卒死于外。⑥霍欲鸩子,身乃罹废。⑦

①母后不能循用礼法,争竞相劝,以擅权柄也。易日:"旅人先笑而后号咷。"言初虽恃权势而笑,后竟罹祸而号哭也。

②末喜、桀妃,有施氏女。美于色,薄于德,女子行丈夫心。桀尝置末喜于膝上,听用其言,昏乱失道。汤伐之,遂死于南巢。[21]见列女传。

③周幽王嬖褒姒,为犬戎所杀也。

④赵武灵王以长子章为太子,后得吴娃,爱之,生子何,乃废章而立何。后自号主父,立何为王。吴娃死,何爱弛,主父怜章北面臣诎于其弟,欲分赵王章于代。计未决,主父及王游于沙丘宫,公子章以其徒作乱,公子成与李兑自国起兵,公子章败,往走主父,主父开之,成、兑因围主父宫,章死。成、兑谋日:"以章故围主父,即解兵,吾属夷矣。"乃遂围主父,令宫人后出者夷。宫中人悉出,主父欲出不得,饥探雀鷇而食之,三月馀,死沙丘宫。见史记。

⑤解见皇后纪。

⑥孝武帝陈皇后以巫蛊废。

⑦孝宣帝霍皇后，霍光之女，欲谋毒太子被废也。

故曰：无谓我贵，天将尔摧；无恃常好，色有歇微；无怙常幸，爱有陵迟；无曰我能，天人尔违。患生不德，福有慎机。①日不常中，月盈有亏。履道者固，杖势者危。微臣司戚，敢告在斯。

①无德而贵宠者，患害之所生也。左传曰："无德而禄，殃也。"若慎其机事，则有福也。

琦以言不从，失意，复作白鹄赋以为风。①梁冀见之，呼琦问曰："百官外内，各有司存，天下云云，岂独吾人之尤，君何激刺之过乎？"琦对曰："昔管仲相齐，乐闻机谏之言；萧何佐汉，乃设书过之史。[22]今将军累世台辅，任齐伊、公，②而德政未闻，黎元涂炭，不能结纳贞良，以救祸败，反复欲钳塞士口，杜蔽主听，将使玄黄改色，马鹿易形乎？"③冀无以对，因遣琦归。

①风读曰讽。

②伊尹、〔周〕公。[23]

③史记赵高欲为乱，恐群臣不听，乃先设验，持鹿献胡亥，曰"马也"。胡亥笑曰："丞相误邪？"问左右，或默，或言马以阿顺高。或言鹿，高因阴中诸言鹿者以法。后群臣畏高，高遂作乱也。

后除为临济长，不敢之职，解印绶去。冀遂令刺客阴求杀之。客见琦耕于陌上，怀书一卷，息辄偃而咏之。客哀其志，以实告琦，曰："将军令吾要子，今见君贤者，情怀忍忍，①可亟自逃，吾亦于此亡矣。"琦得脱走，冀后竟捕杀之。

所著赋、颂、铭、诔、箴、吊、论、九咨、七言，[24]凡十五篇。

①忍忍犹不忍也。

边韶字孝先,陈留浚仪人也。以文章知名,教授数百人。韶口辩,曾昼日假卧,^①弟子私嘲之曰:"边孝先,腹便便。^②懒读书,但欲眠。"韶潜闻之,应时对曰:"边为姓,孝为字。腹便便,五经笥。但欲眠,思经事。寐与周公通梦,静与孔子同意。师而可嘲,出何典记?"嘲者大惭。韶之才捷皆此类也。

①左传:"赵盾坐而假寐。"杜注云:"不脱衣冠而睡也。"
②便音蒲坚反。

桓帝时,为临颍侯相,征拜太中大夫,著作东观。再迁北地太守,入拜尚书令。后为陈相,卒官。著诗、颂、碑、铭、书、策凡十五篇。

【校勘记】

〔1〕即日车驾策由一卒　按:校补谓案文"即"上亦应有"或"字。高帝非自蜀汉出即都关中,则二语自另为一事也。

〔2〕言顺斗建及北极之星运转而行也　按:殿本作"言顺斗建及斗极北星运转而行也"。

〔3〕(乘)〔漂〕昆仑　据殿本改。按:校补谓殿本注"乘"作"漂",与文选合,前书作"票"。

〔4〕擩亦靡字也音摩　按:汲本作"擩亦摩字也,音靡"。殿本作"擩亦摩字,音摩"。

〔5〕大王居岐　按:"岐"原误"歧",径改正。

〔6〕鐇(推)〔椎〕也　据殿本改。

〔7〕今流俗比地之良沃者为赡者也　按:汲本、殿本"比"作"北",刊误

谓案文"北"当作"以",又衍一"者"字。

〔8〕呼池　按:汲本、殿本作"滹沱"。

〔9〕奕世载德　按:"奕"原讹"弈",径改正。

〔10〕尔尚明保〔予〕　据殿本、集解本补。

〔11〕二事谓事不专一也　按:"二事"之"事"原讹"十",径改正。

〔12〕(毛)〔韩〕诗曰密勿从事　据殿本改。

〔13〕遂博学经典　按:校补谓此句上当有脱文,盖尽心奉养下必接叙其父事,奉养乃有所属,亦必有所藉,乃得博学经典也。

〔14〕连阶累任　按:"阶"原讹"偕",径据汲本、殿本改正。

〔15〕谢承书　按:"承"原讹"丞",径据汲本改正。

〔16〕赐医药　按:"医"原作"瞖",径据汲本、殿本改。

〔17〕田令商者不农　按:钱大昭谓"田"字疑误,或是"甲"字。校补谓钱所见甚是。前书叙传述景纪云"匪怠匪荒,务在农桑,著于甲令,民用宁康"。颜注"甲令即景纪令甲也"。

〔18〕凡十二篇　按:汲本作"二十篇"。

〔19〕事瞽叟谦让恭俭　按:汲本、殿本"俭"作"敬"。

〔20〕番为司徒　按:"为"依诗当作"唯"。

〔21〕汤伐之遂死于南巢　按:殿本作"汤遂放桀于南巢"。

〔22〕乃设书过之吏　按:刊误谓"吏"当作"史"。

〔23〕伊尹〔周〕公　校补谓"公"上明脱一"周"字,张森楷校勘记则谓"公"字下脱一"旦"字。今依校补补"周"字。

〔24〕七言　按:集解引王补说,谓御览、初学记、艺文类聚引崔琦七蠲凡六处,即文选刘峻辨命论、曹植王仲宣诔、王康琚反招隐诗注,皆引作"七蠲",独传作"七言",殆言蠲音近而讹与?当从蠲为是。

后 汉 书 卷 八 十 下

文苑列传第七十下

张升字彦真,陈留尉氏人,富平侯放之孙也。①〔1〕

升少好学,多关览,而任情不羁。②其意相合者,则倾身交结,不问穷贱;如乖其志好者,虽王公大人,终不屈从。③常叹曰:"死生有命,富贵在天。其有知我,虽胡越可亲;苟不相识,从物何益?"④

①放,汤六代孙也。

②关,涉也。不羁谓超绝等伦,不可羁束也。邹阳上书曰:"使不羁之士与牛骥同皁。"

③杜预注左传曰"大人谓在位者"也。

④前书邹阳上书曰"意合则胡越为兄弟"也。

仕郡为纲纪,以能出守外黄令。吏有受赇者,即论杀之。或讥升守领一时,何足趋明威戮乎?①对曰:"昔仲尼暂相,诛齐之侏儒,手足异门而出,〔2〕故能威震强国,反其侵地。②君子仕不为己,职思其忧,③岂以久近而异其度哉?"遇党锢去官,后竟见诛,年四十九。

①趣,急也,读曰促。

②侏儒,短人,能为俳优也。毂梁传曰:"鲁定公与齐侯会于颊毂,两君就坛,〔3〕齐人鼓譟而起,欲以执鲁君。孔子历阶而上,不尽一等。曰:'两君合好,夷狄之人何为来?'齐侯逡巡而谢曰:'寡人之过也。'罢会,齐人使优施舞于鲁君之幕下。孔子曰:'笑国君者罪当死!'使司马行法焉,首足异门而出。齐人乃归鲁郓、讙、龟阴之田。"

③诗唐风曰:"无以太康,职思其忧。"职,主也。君子之居位,当思尽忠,不为己身。

著赋、诔、颂、碑、书,凡六十篇。

赵壹字元叔,汉阳西县人也。体貌魁梧,①身长九尺,美须豪眉,望之甚伟。而恃才倨傲,为乡党所摈,乃作解摈。②后屡抵罪,几至死,友人救得免。壹乃贻书谢恩曰:

①魁梧,壮大之貌。

②摈,斥也。

昔原大夫赎桑下绝气,传称其仁;①秦越人还虢太子结脉,世著其神。②设囊之二人不遭仁遇神,则结绝之气竭矣。然而糟脯出乎车轮,③针石运乎手爪。④今所赖者,非直车轮之糟脯,手爪之针石也。乃收之于斗极,还之于司命,⑤使干皮复含血,枯骨复被肉,允所谓遭仁遇神,真所宜传而著之。余畏禁,不敢班班显言,⑥窃为穷鸟赋一篇。其辞曰:

①原大夫谓赵衰之子盾,谥曰宣。吕氏春秋曰:"赵宣孟将之绛,见骫桑之下有卧饿人,宣孟与脯二胊,拜受之,不敢食,问其故,曰:'臣有母,

持以遗之。'宣孟更赐之脯二束,遂去。"赎即续也。散,古委字也。

②扁鹊姓秦,名越人。过虢,虢太子死。扁鹊曰:"臣能生之。若太子病,所谓尸蹷也。"乃使弟子子阳厉针砥石,以取三阳五会。有间,太子苏。见史记。

③说文:"轼,车辐间横木。"

④古者以砭石为针。凡针之法,右手象天,左手法地,弹而怒之,搔而下之,此运手爪也。砭音必廉反。

⑤礼记曰:"祭司命。"郑玄注云:"文昌中星。"

⑥班班,明貌。

　　有一穷鸟,戢翼原野。罿网加上,机穽在下,①前见苍隼,后见驱者,〔4〕缴弹张右,②羿子彀左,③〔5〕飞丸激矢,交集于我。思飞不得,欲鸣不可,举头畏触,摇足恐堕。内独怖急,乍冰乍火。幸赖大贤,我矜我怜,昔济我南,今振我西。④鸟也虽顽,犹识密恩,内以书心,外用告天。天乎祚贤,归贤永年,且公且侯,子子孙孙。

①礼记曰:"罗网毕翳。"郑玄注云:"小而柄长谓之毕。"〔6〕机,捕兽机槛也。穽,穿地陷兽。

②缴,以缕系箭而射者也。

③羿子谓羿也。淮南子曰:"尧时十日并出,命羿仰射十日,中其九乌,皆死,堕其羽翼。"彀,引弓也。

④西,协韵音先。

又作刺世疾邪赋,以舒其怨愤。曰:

　　伊五帝之不同礼,三王亦又不同乐,数极自然变化,非是故相反驳。①德政不能救世溷乱,赏罚岂足惩时清浊?春秋时祸败之始,战国愈复增其荼毒。②秦、汉无以相踰越,乃更加其怨酷。宁计生民之命,唯利己而自足。

① 礼记曰:"五帝殊时,不相沿乐,三王异代,不相袭礼。乐极则忧,礼粗则偏矣。"

② 尚书曰:"雁其凶害,不忍荼毒。"孔注云:"荼毒,苦也。"

于兹迄今,情伪万方。佞谄日炽,刚克消亡。舐痔结驷,正色徒行。① 妪媚名埶,抚拍豪强。② 偃蹇反俗,立致咎殃。③ 捷慑逐物,日富月昌。④ 浑然同惑,孰温孰凉。邪夫显进,直士幽藏。

① 庄子曰:"宋有曹商者,为宋王使秦,秦王悦之,益车百乘。见庄子,庄子曰:'秦王有病,召医舐痔者,得车五乘,子岂舐痔邪?何得车之多乎?'"

② 妪媚犹伛偻也。妪音衣宇反。媚音丘矩反。抚拍,相亲狎也。

③ 偃蹇,骄傲也。

④ 捷,疾也。慑,惧也。急惧逐物,则致富昌。

原斯瘼之攸兴,实执政之匪贤。女谒掩其视听兮,近习秉其威权。所好则钻皮出其毛羽,所恶则洗垢求其瘢痕。虽欲竭诚而尽忠,路绝险而靡缘。九重既不可启,又群吠之猜猜。① 安危亡于旦夕,肆嗜欲于目前。奚异涉海之失柂,积薪而待燃。② 荣纳由于闪揄,孰知辨其蚩妍。③ 故法禁屈挠于埶族,恩泽不逮于单门。宁饥寒于尧舜之荒岁兮,不饱暖于当今之丰年。乘理虽死而非亡,远义虽生而匪存。

① 楚辞曰:"岂不思夫君兮?君之门以九重。猛犬猜猜以迎吠,关梁闭而不通。"猜音银。

② 柂可以正船也,音徒我反。前书贾谊曰:"措火积薪之下而寝其上,火未及燃而谓之安。当今之埶,何以异此?"

③闪揄，倾佞之貌也。行倾佞者则享荣宠而见纳用。揄音输。

有秦客者，乃为诗曰：河清不可俟，人命不可延。①顺风激靡草，富贵者称贤。文籍虽满腹，不如一囊钱。伊优北堂上，抗脏倚门边。②

①左传曰："俟河之清，人寿几何？"言人寿促，河清迟也。

②伊优，屈曲佞媚之貌。抗脏，高亢婞直之貌也。佞媚者见亲，故升堂；婞直者见弃，故倚门。脏音葬。

鲁生闻此辞，系而作歌曰：①埶家多所宜，欬唾自成珠。被褐怀金玉，兰蕙化为刍。②贤者虽独悟，所困在群愚。且各守尔分，勿复空驰驱。哀哉复哀哉，此是命矣夫！

①秦客、鲁生，皆寓言也。

②老子曰："被褐怀玉。"言处卑贱而怀德义也。楚辞曰"兰芷变而不芳，荃蕙化而为茅"也。

光和元年，举郡上计到京师。是时司徒袁逢受计，[7]计吏数百人皆拜伏庭中，莫敢仰视，壹独长揖而已。逢望而异之，令左右往让之，曰："下郡计（史）〔吏〕而揖三公，[8]何也？"对曰："昔郦食其长揖汉王，今揖三公，何遽怪哉？"①逢则敛衽下堂，执其手，延置上坐，因问西方事，大悦，顾谓坐中曰："此人汉阳赵元叔也。朝臣莫有过之者，吾请为诸君分坐。"②坐者皆属观。既出，往造河南尹羊陟，不得见。壹以公卿中非陟无足以托名者，乃日往到门，陟自强许通，③尚卧未起，壹迳入上堂，遂前临之，曰："窃伏西州，承高风旧矣，④乃今方遇而忽然，⑤奈何命也！"因举声哭，门下惊，皆奔入满侧。陟知其非常人，乃起，延与语，大奇之。谓曰："子出矣。"陟明旦大从车骑奉谒造壹。⑥时诸计吏多盛饰车马帷幕，而壹独柴车草屏，⑦露宿其傍，延陟前坐于车下，左右莫不叹愕。陟遂与言谈，至熏夕，极欢而去，执其手曰："良璞不剖，必有泣血以相明者矣！"⑧陟乃与袁逢共称荐之。名动京师，士大夫想望其风采。

① 前书郦食其初见高祖，长揖不拜，因说高祖，高祖引之上坐。左传曰："岂不遽止。"杜预注曰："遽，畏惧。"

② 分坐，别坐也。

③ 陟意未许通壹，以壹数至门，故自勉强许通之。

④ 前书隽不疑见暴胜之曰："窃伏海滨，承暴公子旧矣。"旧，久也。

⑤ 谓死也。

⑥ 奉谒，通名也。

⑦ 韩诗外传曰，周子高对齐景公："臣赖君之赐，疏食恶肉可得而食，驽马柴车可得而乘。"柴车，弊恶之车也。

⑧ 琴操曰："卞和得玉璞，以献楚怀王。使乐正子占之，言非玉。以其欺谩，斩其一足。怀王死，子平王立，和复抱其璞而献之。平王复以为欺，斩其一足。平王死，和复献，恐复见断，乃抱其玉而哭荆山之中，昼夜不止，涕尽继之以血。"

及西还，道经弘农，过候太守皇甫规，门者不即通，壹遂遁去。门吏惧，以白之。规闻壹名大惊，乃追书谢曰："蹉跌不面，企德怀风，虚心委质，为日久矣。侧闻仁者愍其区区，冀承清诲，以释遥悚。今旦外白有一尉两计吏，不道屈尊门下，①更启乃知已去。如印绶可投，夜岂待旦。惟君明叡，平其夙心。宁当慢傲，加于所天。②事在悖惑，不足具责。傥可原察，追脩前好，则何福如之！谨遣主簿奉书。下笔气结，汗流竟趾。"壹报曰："君学成师范，缙绅归慕，仰高希骥，历年滋多。③旋辕兼道，渴于言侍，沐浴晨兴，昧旦守门，实望仁兄，[9]昭其悬遟。④以贵下贱，握发垂接，⑤高可敷翫坟典,起发圣意,下则抗论当世,消弭时灾。岂悟君子,自生怠倦,失恂恂善诱之德,同亡国骄惰之志!⑥盖见机而作,不俟终日,⑦是以凤退自引,畏使君劳。⑧昔人或历说而不遇,或思士而无从,皆归之于天,不尤于物。⑨今壹自遣而已,岂敢有猜!仁君忽一匹夫,于德何损?而远辱手笔,追路相寻,诚足愧也。壹之区区,曷云量己,其嗟可去,谢也可食,⑩诚则顽薄,实识其趣。但关节疢动,膝灸(块)〔坏〕溃,⑪〔10〕请俟它日,乃奉其情。辄诵来贶,永以自慰。"遂去不顾。

①尊谓壹也,敬之故号为尊。

②平,恕也。尊敬壹,故谓为所天。

③诗曰:"高山仰止,景行行止。"法言曰:"希骥之马,亦骥之乘;希颜之人,亦颜之徒。"希,慕也。

④悬心遅仰之。

⑤易曰:"以贵下贱,大得人也。"史记曰:"周公一沐三握发,以接天下之士。"

⑥论语曰:"夫子恂恂然善诱人。"恂恂,恭顺貌。

⑦易系辞曰:"君子见机而作,不俟终日。"

⑧诗曰:"大夫凤退,无使君劳。"盖断章以取义。

⑨历说谓孔丘也。论语孔子曰:"不怨天,不尤人,下学而上达,知我者其天乎!"马融注云:"孔子不用于时,而不怨天;人不知己,亦不尤人也。"思士谓孟轲也。孟轲欲见鲁平公,臧仓谮之。〔11〕孟轲曰:"余之不遇鲁侯,天也。臧氏之子焉能令余不遇哉?"见孟子。

⑩曷,何也。言区区之心,不量己而至君门。礼记曰:"齐大饥,黔敖为食于路以待饿者,有蒙袂辑屦贸贸而来。曰:'嗟来食。'曰:'余唯不食嗟来之食,以至于斯。'从而谢之,不食而死。仲尼曰:'其嗟也可去,其谢也可食。'"

⑪人有四关十二节。

州郡争致礼命,十辟公府,并不就,终于家。初袁逢使善相者相壹,云"仕不过郡吏",竟如其言。

著赋、颂、箴、诔、书、论及杂文十六篇。

刘梁字曼山,一名岑,〔12〕东平宁阳人也。①梁宗室子孙,而少孤贫,卖书于市以自资。

①宁阳,县,故城在今兖州龚丘县南。

常疾世多利交,以邪曲相党,乃著破群论。时之览者,以为"仲尼作春秋,乱臣知惧,①今此论之作,俗士岂不愧心"。其文不存。

①孟子曰"孔子成春秋,乱臣贼子惧"也。

又著辩和同之论。其辞曰:

夫事有违而得道,有顺而失义,有爱而为害,有恶而为美。其故何乎?盖明智之所得,闇伪之所失也。是以君子之于事也,无適无莫,必考之以义焉。①

①论语曰:"君子之于天下也,无適也,无莫也,义之与比。"

得由和兴,失由同起,故以可济否谓之和,好恶不殊谓之同。春秋传曰:"和如羹焉,酸苦以剂其味,①君子食之以平其心。同如水焉,若以水济水,谁能食之? 琴瑟之专一,谁能听之?"②是以君子之行,周而不比,和而不同,③以救过为正,以匡恶为忠。经曰:"将顺其美,匡救其恶,则上下和睦能相亲也。"

①左传"剂"作"齐"。尔雅曰:"剂,剪齐也。"音子随反。今人相传剂音
在计反。

②左传晏子对齐景公辞也。

③忠信为周,阿党为比。

　　昔楚恭王有疾,召其大夫曰:"不穀不德,少主社稷。^①失
先君之绪,覆楚国之师,^②不穀之罪也。若以宗庙之灵,得保
首领以殁,请为灵若厉。"大夫许诸。^③及其卒也,子囊曰:"不
然。^④夫事君者,从其善,不从其过。赫赫楚国,而君临之,抚
正南海,训及诸夏,其宠大矣。^⑤有是宠也,而知其过,可不谓
恭乎!"大夫从之。^⑥此违而得道者也。及灵王骄淫,暴虐无
度,芋尹申亥[13]从王之欲,以殡于乾溪,殉之二女。此顺而失
义者也。^⑦鄢陵之役,晋楚对战,阳穀献酒,子反以毙。此爱而
害之者也。^⑧臧武仲曰:"孟孙之恶我,药石也;季孙之爱我,美
疢也。疢毒滋厚,石犹生我。"此恶而为美者也。^⑨孔子曰:"智
之难也! 有臧武仲之智,而不容于鲁国。抑有由也,作不顺而
施不恕也。"^⑩盖善其知义,讥其违道也。

①楚恭王名审。左传楚王曰:"生十年而丧先君。"故云少主社稷。

②绪,业也。谓鄢陵之战,为晋所败。

③谥法:"乱而不损曰灵,杀戮不辜曰厉。"左传曰:"'大夫择焉。'莫对,
　　及五命,乃许之。"诸,之也。

④子囊,楚令尹,名(也)〔午〕。[14]

⑤宠,荣也。

⑥谥法:"既过能改曰恭。"案:此楚语之文。

⑦国语楚灵王子围[15]为章华之台,伍举对曰:"君为此台,国人罢焉,财
　　用尽焉,年穀败焉,数年乃成。"左传芋尹申亥,申无宇之子也。乾溪

之役，申亥曰："吾父再干王命，王不诛，惠孰大焉。"乃求王，遇诸棘

闱，以王归。王缢，申亥以其二女殉而葬之也。

⑧淮南子云，楚恭王与晋人战于鄢陵，战酣，恭王伤。司马子反渴而求

饮，竖阳穀奉酒而进之。子反之为人也，嗜酒，而甘之，不能绝于口，

遂醉而卧。恭王欲复战，使人召子反，子反辞以疾。王驾而往之，入

幄中而闻酒臭，恭王大怒，斩子反以为戮。

⑨武仲，臧孙纥也。左传孟孙死，臧孙入哭甚哀，多涕。出，其御曰："孟

孙之恶子也而哀如是，季孙若死，其若之何？"臧孙曰："季孙之爱我，

疾疢也，孟孙之恶我，药石也。美疢不如恶石。夫石犹生我，疢之美，

其毒滋多。"言石能除已疾也。

⑩季武子无適子，公弥长，悼子少，武子爱悼子，欲立之。访于申丰，曰：

"不可。"访于臧纥，曰："饮我酒，吾为子立之。"季氏饮大夫酒，臧纥为

客，既献，臧孙命北面重席，新尊絜之，召悼子降逆之，大夫皆起，悼子

乃立。季氏以公弥为马正。其后公弥立，孟孙羯与共构臧纥于季氏，

臧纥奔齐。齐侯将与臧纥田，臧孙闻之，见齐侯，与之言伐晋。对曰：

"多则多矣，抑君似鼠。鼠昼伏夜动，不穴于寝庙，畏人故也。今君闻

晋之乱而后作焉，宁将事之，非鼠如何？"乃不与田。注曰"纥知齐侯

将败，不欲受其邑，故以比鼠，欲使怒而止"也。见左传。

　　夫知而违之，伪也；不知而失之，闇也。闇与伪焉，其患一
也。患之所在，非徒在智之不及，又在及而违之者矣。故曰
"智及之仁不能守之，虽得之，必失之"也。①夏书曰："念兹在
兹，庶事恕施。"忠智之谓矣。②

①论语之文。

②兹，此也。念此事也，在此身也。言行事当常念如在己身也。庶，众

也。言众事恕己而施行，斯可谓忠而有智矣。

故君子之行，动则思义，不为利回，不为义疚，①进退周旋，唯道是务。苟失其道，则兄弟不阿；苟得其义，虽仇雠不废。故解狐蒙祁奚之荐，二叔被周公之害，②勃鞮以逆文为成，③傅瑕以顺厉为败，④管苏以憎忤取进，申侯以爱从见退，考之以义也。⑤故曰："不在逆顺，以义为断；不在憎爱，以道为贵。"礼记曰："爱而知其恶，憎而知其善。"考义之谓也。

①左传曰："君子动则思礼，行则思义，不为利回，不为义疚。"杜预注云："回，邪也。疚，病也。"

②左传曰，晋祁奚请老，晋侯问嗣焉，称解狐，其仇也。

③勃鞮，晋寺人，名披。左传晋献公使寺人披伐公子重耳于蒲，[16]披斩其袪。及文公归国，吕甥、郤芮将焚公宫而杀文公，寺人披以吕、郤之难告之。言初虽逆文公，后竟成之也。

④左传言郑厉公为祭仲所逐，后侵郑及大陵，获郑大夫傅瑕。傅瑕曰："苟舍我，吾请纳之。"厉公与之盟而赦之。傅瑕杀郑子而纳厉公，〔厉公〕遂杀傅瑕也。[17]

⑤新序曰："楚恭王有疾，告诸大夫曰：'管苏犯我以义，违我以礼，与处不安，不见不思，然而有得焉。吾死之后，爵之于朝。申侯伯顺吾所欲，行吾所乐，与处则安，不见则思，然未尝有得焉。必速遣之。'"

桓帝时，举孝廉，除北新城长。①告县人曰："昔文翁在蜀，道著巴汉，②庚桑琐隶，风移碨磈。③吾虽小宰，犹有社稷，④苟赴期会，理文墨，岂本志乎！"乃更大作讲舍，延聚生徒数百人，朝夕自往劝诫，身执经卷，试策殿最，儒化大行。此邑至后犹称其教焉。

①北新城属涿县。

②前书文翁为蜀郡太守，兴起学校，比于〔齐〕、鲁(卫)也。[18]

③磙,碎也。庄子曰:"老聃之(后)〔役〕有庚桑楚者,[19]偏得老聃之道,以北居畏磥之山,居三年,畏磥大穰。畏磥之人相与言曰:'庚桑子之始来,吾洒然异之;今吾日计之不足,岁计之有馀,庶几其圣人乎!'"畏音猥。磥音卢罪反。

④论语曰:"子路将子羔为费宰,曰:'有民人焉,有社稷焉。'"

特召入拜尚书郎,累迁。后为野王令,未行。光和中,病卒。孙桢,亦以文才知名。①

①魏志桢字公幹,为司空军谋祭酒,五官郎将文学,与徐幹、陈琳、阮瑀、应玚俱以文章知名,转为平原侯庶子。

边让字文礼,陈留浚仪人也。少辩博,能属文。作章华赋,虽多淫丽之辞,而终之以正,亦如相如之讽也。①其辞曰:

①章华台,解见冯衍传。杨雄曰:"词人之赋丽以淫。"司马相如作上林赋"发仓廪以救贫穷,补不足,恤鳏寡,存孤独,出德号,省刑罚",此为讽也。

楚灵王既游云梦之泽,息于荆台之上。前方淮之水,左洞庭之波,①右顾彭蠡之隩,南眺巫山之阿。②延目广望,骋观终日。顾谓左史倚相曰:"盛哉斯乐,可以遗老而忘死也!"③于是遂作章华之台,筑乾谿之室,④穷木土之技,单珍府之实,举国营之,数年乃成。⑤设长夜之淫宴,作北里之新声。⑥于是伍举知夫陈、蔡之将生谋也。⑦乃作斯赋以讽之:

①洞庭湖在今岳州西南。

②说苑曰:"楚昭王欲之荆台游,司马子綦进谏曰:'荆台之游,左洞庭之波,右彭蠡之水,南望猎山,下临方淮,其地使人遗老而忘死也。王不

可游也。'"<u>巫山</u>在<u>夔州巫山县</u>东。

③<u>说苑</u>,此并<u>司马子綦</u>谏<u>昭王</u>之言。

④<u>史记</u>曰,<u>灵王</u>次于<u>乾谿</u>,乐<u>乾谿</u>不能去。

⑤技,巧也。单,尽也。<u>国语楚灵王</u>为章华之台,与<u>伍举</u>升焉。曰:"台
美夫!"对曰:"国君安人以为乐,今君为此台也,国人罢焉,财用尽焉,
年榖败焉,百姓烦焉,军国苦之,数年乃成。"

⑥<u>史记</u>曰,<u>纣</u>为酒池肉林,使男女倮而相逐其间,为长夜之饮。使<u>师涓</u>
作新声,北里之舞,靡靡之乐也。

⑦<u>陈</u>、<u>蔡</u>二国,先为<u>楚</u>所灭也。

　　胄<u>高阳</u>之苗胤兮,承圣祖之洪泽。①建列藩于<u>南楚</u>兮,等
威灵于二伯。②超<u>有商</u>之<u>大彭</u>兮,越隆<u>周</u>之两<u>虢</u>。③达皇佐之
高勋兮,驰仁声之显赫。④[20]惠风春施,神武电断,<u>华夏</u>肃清,
五服攸乱。⑤旦垂精于万机兮,夕回辇于门馆。设长夜之欢饮
兮,展中情之嬿婉。⑥竭四海之妙珍兮,尽生人之秘玩。

①胄,胤也。<u>高阳</u>,<u>帝颛顼</u>也。<u>帝系</u>曰:"<u>颛顼</u>娶于<u>滕隍氏</u>女而生<u>老童</u>,
是为<u>楚</u>先。"<u>楚词</u>曰:"帝<u>高阳</u>之苗裔兮。"

②<u>老童</u>之后<u>鬻熊</u>,事<u>周文王</u>,早卒。至孙<u>熊绎</u>,<u>周成王</u>时封于<u>楚</u>。其后
子孙隆盛,与<u>齐</u>、<u>晋</u>〔争〕强。[21]二伯,<u>齐桓</u>、<u>晋文</u>也。

③<u>国语</u>曰:"<u>商</u>伯<u>大彭</u>、<u>豕韦</u>。"<u>左传</u>曰"<u>虢仲</u>、<u>虢叔</u>,<u>王季</u>之穆"也。

④皇佐谓<u>鬻熊</u>佐<u>文王</u>也。<u>左传</u>曰:"<u>楚</u>自克<u>庸</u>以来,[22]其君无日不讨国
人而训之,于人生之不易,祸至之无日,戒惧之不可以怠。"此驰仁
声也。

⑤谓<u>灵王</u>承先世仁惠之风,如春普施。神武威棱,如电雷之断决也。五
服,甸、侯、绥、要、荒也。乱,理也。

⑥嬿,安也。婉,美也。婉,协韵音於愿反。

尔乃携窈窕,从好仇,①径肉林,登糟丘,②兰肴山竦,椒酒渊流。③激玄醴于清池兮,靡微风而行舟。登瑶台以回望兮,冀弥日而消忧。④于是招宓妃,命湘娥,⑤齐倡列,郑女罗。⑥扬激楚之清宫兮,展新声而长歌。⑦繁手超于北里,妙舞丽于阳阿。⑧金石类聚,丝竹群分。被轻袿,曳华文,⑨罗衣飘飖,组绮缤纷。⑩纵轻躯以迅赴,若孤鹄之失群;[23]振华袂以逶迤,若游龙之登云。于是欢嫌既洽,长夜向半,琴瑟易调,繁手改弹,清声发而响激,微音逝而流散。振弱支而纤绕兮,若绿繁之垂干,忽飘飖以轻逝兮,[24]似鸾飞于天汉。舞无常态,鼓无定节,寻声响应,脩短靡跌。⑪长袖奋而生风,清气激而绕结。⑫尔乃妍媚递进,巧弄相加,俯仰异容,忽兮神化。⑬体迅轻鸿,荣曜春华,进如浮云,退如激波。虽复柳惠,能不咨嗟!⑭于是天河既回,淫乐未终,[25]清籥发徵,激楚扬风。⑮于是音气发于丝竹兮,飞响轶于云中。比目应节而双跃兮,⑯孤雌感声而鸣雄。⑰美繁手之轻妙兮,嘉新声之弥隆。于是众变已尽,群乐既考。⑱归乎生风之广夏兮,脩黄轩之要道。⑲携西子之弱腕兮,援毛嫱之素肘。⑳形便娟以婵媛兮,若流风之靡草。㉑美仪操之姣丽兮,忽遗生而忘老。

①窈窕,幽闲也。仇,匹也。毛诗曰:"窈窕淑女,君子好仇。"

②史记纣作糟丘酒池,悬肉以为林也。

③兰肴,芳若兰也。椒酒,置椒酒中也。楚词曰:"蕙肴兮兰籍,桂酒兮椒浆。"

④弥,终也。楚辞曰:"望瑶台而偃蹇。"

⑤宓妃,洛水之神女也。湘娥,尧之二女娥皇、女英,湘水之神也。

⑥楚辞曰:"二八齐容起郑舞。"

⑦激楚，曲名也。淮南子曰："激楚结风。"

⑧左传曰："繁手淫声，慆堙心耳，[26]乃忘和平。"阳阿，解见马融传。

⑨方言曰："袿谓之裾。"释名曰："妇人上服谓之袿。"

⑩组，绶也。绮，绫也。

⑪趹，蹋也。

⑫歌声激发，萦绕缠结。

⑬化，协韵音花。

⑭柳下惠，展季也。家语曰："柳下惠妪不逮门之女，国人不称其乱，言其贞也。"

⑮籥如笛，六孔。

⑯比目鱼一名鲽，一名王馀，不比不行，今江东呼为板鱼。韩诗外传曰："伯牙鼓琴，游鱼出听。"[27]

⑰枚乘七发曰："暮则羁雌迷鸟宿焉。"羁雌，孤雌也。

⑱考，成也。

⑲黄帝轩辕氏得房中之术于玄女，握固吸气，还精补脑，可以长生。说苑[28]雍门周说孟尝君曰："广厦邃房下，罗帷来清风。"

⑳西子，西施也。越绝书曰："越王句践得采薪二女西施、郑旦，以献吴王。"毛嫱，毛嫱也。庄子曰："毛嫱丽姬，人之美者。"

㉑淮南子曰："今舞者便娟若秋药被风。"药，白芷也。

尔乃清夜晨，妙技单，收尊俎，彻鼓盘。①惘焉若醒，抚剑而叹。②虑理国之须才，悟稼穑之艰难。美吕尚之佐周，善管仲之辅桓。将超世而作理，焉沈湎于此欢！于是罢女乐，堕瑶台。思夏禹之卑宫，慕有虞之土阶。③举英奇于仄陋，拔髦秀于蓬莱。④君明哲以知人，官随任而处能。⑤百揆时叙，庶绩咸熙。诸侯慕义，不召同期。⑥继高阳之绝轨，崇成、庄之洪基。⑦虽齐桓之一匡，岂足方于大持？⑧尔乃育之以仁，临之以

明。致虔报于鬼神,尽肃恭乎上京。⑨驰淳化于黎元,永历世
而太平。

①张衡七盘赋曰"历七盘而屣蹑"也。

②酲,酒病也。

③墨子曰:"虞舜土阶三尺,茅茨不剪。"

④蓬蒿草莱之间也。尔雅曰:"髦,俊也。"

⑤能,协韵音乃来反。

⑥尚书武王伐纣,八百诸侯不期而至。

⑦史记楚成王布德施惠,结旧好于诸侯,使人献于天子。庄王,成王孙
　也。纳伍举、苏纵之谏,罢淫乐,听国政,所诛数百人,所进数百人,国
　人大悦。

⑧谷梁传曰:"齐桓公为阳谷之会,一匡天下。"匡,正也。

⑨言楚尊事周室。

大将军何进闻让才名,欲辟命之,恐不至,诡以军事征召。既
到,署令史,①进以礼见之。让善占(谢)〔射〕,〔29〕能辞对,时宾客满
堂,莫不羡其风。府掾孔融、王朗并脩刺候焉。②

①续汉志曰:"大将军下有令史及御史属三十一人。"

②朗字景兴,魏志有传。

议郎蔡邕深敬之,以为让宜处高任,乃荐于何进曰:"伏惟幕府
初开,博选清英,华发旧德,并为元龟。①虽振鹭之集西雍,济济
之在周庭,无以或加。②窃见令史陈留边让,天授逸才,聪明贤智。髫
龀凤孤,不尽家训。③〔30〕及就学庐,便受大典。初涉诸经,见本知
义,授者不能对其问,章句不能逮其意。〔31〕心通性达,口辩辞长。
非礼不动,非法不言。若处狐疑之论,定嫌审之分,经典交至,捡括
参合,众夫寂焉,莫之能夺也。使让生在唐、虞,则元、凯之次,运值

仲尼,则颜、冉之亚,岂徒俗之凡偶近器而已者哉![32]阶级名位,亦宜超然。若复随辈而进,[33]非所以章瑰伟之高价,昭知人之绝明也。传曰:'函牛之鼎以亨鸡,多汁则淡而不可食,少汁则熬而不可熟。'④此言大器之于小用,固有所不宜也。邕窃悁邑,⑤怪此宝鼎未受牺牛大羹之和,久在煎熬脔割之间。愿明将军回谋垂虑,裁加少纳,[34]贡之机密,展之力用。⑥若以年齿为嫌,则颜回不得贯德行之首,子奇终无理阿之功。⑦苟堪其事,古今一也。"

① 华发,白首也。元龟所以知吉凶。尚书曰:"格人元龟。"

② 韩诗曰:"振鹭于飞,于彼西雍。"薛君章句曰:"鹭,洁白之鸟也。西雍,文王(之)〔辟〕雍也。[35]言文王之时,辟雍学士皆絜白人也。"又曰:"济济多士,文王以宁。"

③ 髡,剪发为髡也。龇,毁齿也。

④ 庄子曰:"函牛之鼎沸,蚁不得措一足焉。"吕氏春秋曰,白圭对魏王曰"市丘之鼎以亨鸡,多洎之则淡不可食,少洎之则焦而不熟"也。函,容也。洎,汁也。

⑤ 悁邑,忧愤也。

⑥ 展,陈也。

⑦ 说苑曰:"子奇年十八为阿宰,有善绩。"

让后以高才擢进,屡迁,出为九江太守,不以为能也。

初平中,王室大乱,让去官还家。恃才气,不屈曹操,多轻侮之言。建安中,其乡人有搆让于操,操告郡就杀之。文多遗失。

郦炎字文胜,范阳人,郦食其之后也。炎有文才,解音律,言论给捷,多服其能理。①灵帝时,州郡辟命,皆不就。有志气,作诗二篇曰：

①给，敏也。

　　大道夷且长，窘路狭且促。脩翼无(与)〔卑〕栖，[36]远趾不步局。①舒吾陵霄羽，奋此千里足。超迈绝尘驱，倏忽谁能逐。贤愚岂常类，禀性在清浊。富贵有人籍，贫贱无天录。②通塞苟由己，志士不相卜。③陈平敖里社，④韩信钓河曲。⑤终居天下宰，食此万锺禄。⑥德音流千载，功名重山岳。

①窘，迫也。

②富贵者为人所载于典籍也，贫贱者不载于天录。天录谓若萧、曹见名于图书。

③言通塞苟若由己，则志士不须相卜也。故蔡泽谓唐举曰："富贵吾自取之，所不知者寿也。"

④陈平为里社宰，分肉均。里中曰："善哉陈孺子之为宰也！"曰："使平宰天下亦犹是。"见前书。

⑤韩信家贫无行，不得为吏，钓于淮阴城下。河者，水之总名也。

⑥大斛四斗曰锺。

　　灵芝生河洲，动摇因洪波。兰荣一何晚，严霜瘁其柯。哀哉二芳草，不植太山阿。文质道所贵，遭时用有嘉。绛、灌临衡宰，谓谊崇浮华。贤才抑不用，远投荆南沙。①抱玉乘龙骥，不逢乐与和。②安得孔仲尼，为世陈四科！③

①贾谊欲革汉土德，改定律令，绛侯周勃及灌婴共毁之，文帝以谊为长沙太傅。见前书。

②伯乐、卞和。

③谓德行、政事、文学、言语也。

炎后风病慌忽。性至孝，遭母忧，病甚发动。妻始产而惊死，妻家讼之，收系狱。炎病不能理对，<u>熹平</u>六年，遂死狱中，时年二十八。尚书<u>卢植</u>为之诔赞，以昭其懿德。

　　<u>侯瑾</u>字<u>子瑜</u>，<u>敦煌</u>人也。少孤贫，依宗人居。性笃学，恒佣作为资，暮还辄爇柴以读书。①常以礼自牧，②独处一房，如对严宾焉。州郡累召，公车有道征，并称疾不到。作<u>矫世</u>论以讥切当时。而徙入山中，覃思著述。③以莫知于世，故作<u>应宾</u>难以自寄。又案<u>汉记</u>撰中兴以后行事，为<u>皇德传</u>三十篇，行于世。馀所作杂文数十篇，多亡失。(西)<u>河</u>〔西〕人敬其才[37]而不敢名之，皆称为<u>侯君</u>云。

　　①爇，古"然"字。

　　②<u>易</u>曰："卑以自牧。"牧，养也。

　　③覃，静也。

　　<u>高彪</u>字<u>义方</u>，<u>吴郡无锡</u>人也。①家本单寒，至<u>彪</u>为诸生，游太学。有雅才而讷于言。尝从<u>马融</u>欲访大义，<u>融</u>疾不获见，乃覆刺遗<u>融</u>书曰："承服风问，从来有年，②故不待介者而谒大君子之门，冀一见龙光，以叙腹心之愿。③不图遭疾，幽闭莫启。昔<u>周公旦</u>父<u>文</u>兄<u>武</u>，九命作伯，以尹<u>华夏</u>，犹挥沐吐餐，垂接白屋，④故<u>周</u>道以隆，天下归德。公今养痾傲士，故其宜也。"<u>融</u>省书慙，追谢还之，<u>彪</u>逝而不顾。

　　①<u>无锡</u>，今<u>常州</u>县。

　　②风问，风献令问。

③毛诗曰："既见君子,为龙为光。"龙,宠也。

④白屋,匹夫也。

后郡举孝廉,试经第一,除郎中,校书东观,数奏赋、颂、奇文,因事讽谏,灵帝异之。

时京兆第五永为督军御史,使督幽州,百官大会,祖饯于长乐观。[38]议郎蔡邕等皆赋诗,彪乃独作箴曰："文武将坠,乃俾俊臣。①整我皇纲,董此不虔。②古之君子,即戎忘身。③明其果毅,尚其桓桓。④吕尚七十,气冠三军,诗人作歌,如鹰如鸇。⑤天有太一,五将三门;⑥地有九变,丘陵山川;⑦人有计策,六奇五间;⑧总兹三事,谋则咨询。⑨无曰已能,务在求贤,淮阴之勇,广野是尊。⑩周公大圣,石碏纯臣,以威克爱,以义灭亲。⑪勿谓时险,不正其身。勿谓无人,莫识己真。忘富遗贵,福禄乃存。枉道依合,复无所观。⑫先公高节,越可永遵。佩藏斯戒,以厉终身。"邕等甚美其文,以为莫尚也。

①俾,使也。

②董,正也。

③易曰："不利即戎。"司马穰苴曰："将受命之日忘其家,援枹鼓即忘其身。"[39]

④左传曰："杀敌为果,致果为毅。"尚书曰："勖哉夫子,尚桓桓。"桓桓,武貌。

⑤太公年七十遇文王。毛诗曰："惟师尚父,时惟鹰扬。"

⑥太一式:"凡举事皆欲发三门,顺五将。"发三门者,开门、休门、生门。五将者,天目、文昌等。

⑦孙子九变篇曰:"用兵有散地,有轻地,有争地,有交地,有衢地,有重地,有汜地,[40]有围地,有死地。诸侯自战其地,为散地。入人之地而

不深,为轻地。我得则利,彼得亦利者,为争地。我可以往,彼可以来,为交地。诸侯之地三属,先至而得众,为衢地。入人地深,倍城邑多,为重地。行山林,阻沮泽,难行之道,为圮地。所由入者隘,所从归者少,彼寡可以击吾众者,为围地。疾战则存,不疾战则亡,为死地。通九变之利,知用兵矣。"

⑧陈平凡六出奇策。孙子曰:"用间有五,有因间,有内间,有反间,有死间,有生间。五间俱起,莫知其道,是谓神纪,人君之宝也。因间者,因其乡人而用之也。内间者,因其官人而用之也。反间者,因其敌间而用之也。死间者,为诳事于外,令吾间知之而得于敌者也。生间者,反报者也。"

⑨总天、地、人之事而询谋于众。

⑩臣贤案:前书韩信破赵,得广武君李左车,解其缚而师事之。而此作"广野"。案广野君郦食其,无韩信师事处,盖误也。

⑪周公诛管、蔡,石碏杀其子厚也。克,胜也。前书孙宝曰:"周公上圣,邵公大贤。"尚书曰:"威克厥爱,允济。"左传曰:"石碏纯臣也。大义灭亲,其是之谓乎!"

⑫曲道以合时者,不足观也。

后迁(内)〔外〕黄令,〔41〕帝敕同僚临送,祖于上东门,①诏东观画彪像以劝学者。彪到官,有德政,上书荐县人申徒蟠等。病卒于官,文章多亡。

①洛阳城东面北头门。

子岱,亦知名。

张超字子并,河间鄚人也。①留侯良之后也。有文才。灵帝时,从车骑将军朱儁征黄巾,为别部司马。著赋、颂、碑文、荐、檄、笺、书、谒文、嘲,凡十九篇。超又善于草书,妙绝时人,[42]世共传之。

①今瀛州鄚县。

祢衡字正平,平原般人也。①少有才辩,而尚气刚傲,好矫时慢物。兴平中,避难荆州。建安初,来游许下。始达颍川,乃阴怀一刺,既而无所之适,至于刺字漫灭。是时许都新建,贤士大夫四方来集。或问衡曰:"盍从陈长文、司马伯达乎?"②对曰:"吾焉能从屠沽儿耶!"又问:"荀文若、赵稚长云何?"③衡曰:"文若可借面吊丧,稚长可使监厨请客。"④唯善鲁国孔融及弘农杨脩。常称曰:"大儿孔文举,小儿杨德祖。餘子碌碌,莫足数也。"融亦深爱其才。

①般,县,故城在今德州平昌县东。般音卜满反。[43]

②陈群字长文。司马朗字伯达,河内温人。

③赵为荡寇将军,见魏志。

④典略曰:"衡见荀彧容但有貌耳,故可吊丧。赵有腹大,[44]健啖肉,故可监厨也。"

衡始弱冠,而融年四十,遂与为交友。上疏荐之曰:"臣闻洪水横流,帝思俾乂,①旁求四方,以招贤俊。②昔孝武继统,[45]将弘祖业,畴咨熙载,群士响臻。③陛下叡圣,纂承基绪,遭遇厄运,劳谦日昃。④惟岳降神,异人并出。⑤窃见处士平原祢衡,年二十四,字正平,淑质贞亮,英才卓砾。[46]初涉蓺文,升堂覩奥,目所一见,辄诵于口,耳所瞥闻,〔47〕不忘于心。性与道合,思若有神。⑥弘羊潜计,安世默识,以衡准之,诚不足怪。⑦忠果正直,志怀霜雪,见善若惊,疾恶若雠。⑧任座抗行,史鱼厉节,殆无以过也。⑨鸷鸟累伯,〔48〕不如一鹗。⑩使衡立朝,必有可观。飞辩骋辞,溢气坌涌,解疑释结,临敌有馀。昔贾谊求试属国,诡系单于;⑪终军欲以长缨,牵致劲越。⑫弱冠慷慨,前世美之。近日路粹、严象,亦用异才擢拜台郎,衡宜与为比。如得龙跃天衢,振翼云汉,扬声紫微,垂光虹蜺,足以昭近署之多士,增四门之穆穆。⑬钧天广乐,必有奇丽之观;⑭帝室皇居,必蓄非常之宝。若衡等辈,不可多得。激楚、杨阿,〔49〕至妙之容,台牧者之所贪;⑮〔50〕飞兔、騕褭,绝足奔放,良、乐之所急。⑯臣等区区,敢不以闻。"

①孟子曰:"尧时洪水横流,氾滥于天下。"尚书帝曰:"咨,汤汤洪水方割,有能俾乂。"俾,使也。乂,理也。

②尚书曰:"旁求天下。"

③尚书帝尧曰:"畴咨若时登庸。"又曰:"有能奋庸熙帝之载。"畴,谁也。熙,广也。载,事也。

④易曰:"劳谦君子有终吉。"尚书叙文王德曰:"自朝至于日中昃,不遑〔暇〕食。"〔51〕言不敢懈怠也。

⑤毛诗曰:"惟岳降神,生甫及申。"公孙弘传赞曰:"异人并出。"

⑥淮南子曰:"所谓真人者,性合于道也。"

⑦前书曰:"桑弘羊,洛阳贾人子,以心计,年十三为侍中。"又曰:"张安世字子孺,为郎。上行幸河东,尝亡书三箧,诏问莫能知,唯安世识之,具作其事。后购求得书,以相校,无所遗失。"

⑧国语楚蓝尹亹谓子西曰:"夫阖庐,闻一善言若惊,得一士若赏。"

⑨吕氏春秋魏文侯饮,问诸大夫曰:"寡人何如主也?"任座曰:"君不肖君也。克中山,不以封君之弟,而以封君之子,是以知君不肖君也。"

2133

论语孔子曰"直哉史鱼,邦有道如矢,邦无道如矢"也。

⑩邹阳上书之言也。鹗,大雕也。

⑪前书贾谊曰:"何不试以臣为属国之官,以主匈奴。行臣之计,请必系单于之颈而制其命。"

⑫前书终军曰"愿受长缨,必羁南越王而致之阙下"也。

⑬尚书曰:"宾于四门,四门穆穆。"

⑭史记曰,赵简子疾,五日不知人,大夫皆惧。医扁鹊曰:"血脉理也。昔秦穆公如此,七日寤,寤而曰:'我之帝所甚乐。'今主君之疾与之同,不出三日必閒,閒必有言也。"居二日,果寤,语大夫曰"我之帝所甚乐,与百神游于钧天,广乐九奏,其声动心"也。

⑮诸本并作"台牧",未详其义。融集作"掌伎"。[52]

⑯吕氏春秋曰:"飞兔、骙裹,古骏马也。"高诱注曰:"日行万里。"王良、伯乐,善御人也。

融既爱衡才,数称述于曹操。操欲见之,而衡素相轻疾,自称狂病,不肯往,而数有恣言。操怀忿,而以其才名,不欲杀之。闻衡善击鼓,乃召为鼓史,因大会宾客,阅试音节。诸史过者,皆令脱其故衣,更著岑牟单绞之服。①次至衡,衡方为渔阳参挝,蹀躞而前,②容态有异,声节悲壮,听者莫不慷慨。衡进至操前而止,吏诃之曰:"鼓史何不改装,而轻敢进乎?"衡曰:"诺。"于是先解祖衣,③次释馀服,裸身而立,徐取岑牟、单绞而著之,毕,复参挝而去,颜色不怍。④操笑曰:"本欲辱衡,衡反辱孤。"

①文士传曰:"魏太祖欲辱衡,乃令人录用为鼓史。后至八月朝普天阅试鼓节,[53]作三重阁,列坐宾客,以帛绢制作衣,一岑牟,一单绞及小裈。"通史志曰:"岑牟,鼓角士胄也。"郑玄注礼记曰:"绞,苍黄之色也。"

②文士传曰："衡击鼓作渔阳参捶,蹋地来前,蹴跶足脚,容态不常,鼓声甚悲,易衣毕,复击鼓参捶而去。至今有渔阳参捶,自衡始也。"臣贤案:捶及挝并击鼓杖也。参挝是击鼓之法,而王僧孺诗云:"散度广陵音,参写渔阳曲。"而于其诗自音云:"参音七绀反。"后诸文人多同用之。据此诗意,则参曲奏之名,则挝字入于下句,全不成文。下云"复参挝而去",足知"参挝"二字当相连而读。参字音为去声,不知何所凭也。参七甘反。

③杜预注左传曰:"衵,近身衣也。"音女一反。

④怍,羞也。

孔融退而数之曰:"正平大雅,固当尔邪?"①因宣操区区之意。衡许往。融复见操,说衡狂疾,今求得自谢。操喜,敕门者有客便通,待之极晏。衡乃著布单衣、疏巾,手持三尺梲杖,②坐大营门,以杖捶地大骂。吏白:外有狂生,坐于营门,言语悖逆,请收案罪。操怒,谓融曰:"祢衡竖子,孤杀之犹雀鼠耳。顾此人素有虚名,远近将谓孤不能容之,今送与刘表,视当何如。"于是遣人骑送之。临发,众人为之祖道,先供设于城南,乃更相戒曰:"祢衡勃虐无礼,今因其后到,咸当以不起折之也。"及衡至,众人莫肯兴,衡坐而大号。众问其故,衡曰:"坐者为冢,卧者为尸,尸冢之间,能不悲乎!"

①雅,正也。言大雅君子不当尔。

②说文曰:"梲,大杖也。"音佗结反。

刘表及荆州士大夫先服其才名,甚宾礼之,文章言议,非衡不定。表尝与诸文人共草章奏,并极其才思。时衡出,还见之,开省未周,因毁以抵地。①表怃然为骇。②衡乃从求笔札,须臾立成,辞义可观。表大悦,益重之。

①抵,掷也。

②怃然,怪之也,音抚。

后复侮慢于表,表耻不能容,以江夏太守黄祖性急,故送衡与之,祖亦善待焉。衡为作书记,轻重疏密,各得体宜。祖持其手曰:"处士,此正得祖意,如祖腹中之所欲言也。"

祖长子射①为章陵太守,尤善于衡。尝与衡俱游,共读蔡邕所作碑文,射爱其辞,还恨不缮写。衡曰:"吾虽一览,犹能识之,②唯其中石缺二字为不明耳。"因书出之,射驰使写碑还校,如衡所书,莫不叹伏。射时大会宾客,人有献鹦鹉者,射举卮于衡曰:"愿先生赋之,以娱嘉宾。"衡(览)〔揽〕笔而作,[54]文无加点,辞采甚丽。

①射音亦。

②识,记也,音志。

后黄祖在蒙冲船上,①大会宾客,而衡言不逊顺,祖惭,乃诃之,衡更熟视曰:"死公!云等道?"②祖大怒,令五百将出,③欲加箠,衡方大骂,祖恚,遂令杀之。祖主簿素疾衡,即时杀焉。射徒跣来救,不及。祖亦悔之,乃厚加棺敛。衡时年二十六,其文章多亡云。

①释名曰:"外狭而长曰蒙冲,以冲突敌船。"

②死公,骂言也。等道,犹今言何勿语也。

③五百犹今之问事也。解见宦者传。

赞曰:情志既动,篇辞为贵。①抽心呈貌,非彫非蔚。②殊状共体,同声异气。言观丽则,永监淫费。③

①毛诗序云:"情发于中而形于言。诗者志之所之,故情志动而篇辞作,斯文章之为贵。"

②雕,断也。易曰:"君子豹变,其文蔚。"

③杨雄曰:[55]"诗人之赋丽以则,辞人之赋丽以淫。"礼记曰:"不辞费。"

【校勘记】

〔1〕富平侯放之孙也　按:集解引洪亮吉说,谓案升传,升以党锢事诛,年四十九,以升生年计之,放卒已一百三十馀年,范言升放之孙,未识何据。又引李赓芸说,谓"孙"上疑有脱字。

〔2〕手足异门而出　殿本"手"作"首"。王先谦谓"手"字误,当依注作"首"。今按:史记孔子世家云"手足异处",与榖梁传异。

〔3〕两君就坛　汲本、殿本此下有"两相揖"四字。今按:注引经传多删节,此或后人据榖梁传补也。

〔4〕后见驱者　按:集解引惠栋说,谓"见"集作"逼"。

〔5〕羿子殼左　按:集解引惠栋说,谓"羿子"集作"羿弓"。

〔6〕小而柄长谓之罩　按:罩原讹"罩",径改正。

〔7〕是时司徒袁逢受计　按:集解引洪颐煊说,谓灵帝纪光和元年二月,光禄勋袁滂为司徒,二年三月,司徒袁滂免,元年受计者非袁逢也。

〔8〕下郡计(史)〔吏〕而揖三公　据汲本、殿本改。

〔9〕实望仁兄　按:刊误谓"兄"当作"君"。两汉未尝相呼为"仁兄",下文亦有"仁君"。

〔10〕膝炙(块)〔坏〕溃　据汲本改。按:"炙"原讹"炙",径改正。

〔11〕臧仓潜之　按:"仓"原讹"苍",径据汲本、殿本改正。

〔12〕一名岑　按:集解引何焯说,谓魏志注中作"一名恭"。

〔13〕芊尹申亥　汲本"芊"作"芉",注同。按:校补引柳从辰说,谓此字左传注疏本作"芉",郝在田金壶字考云"芉音千,芉尹,复姓也"。案芊、芉、芋三字形近易讹,以音求形,作"芉"为是。至郝氏作

"芊",以芊尹为复姓,则汲本之从千,可知亦别有所据,自不妨两存之。

〔14〕子囊楚令尹名(也)〔午〕　据殿本改。

〔15〕楚灵王子围　按:刊误谓案文多一"子"字

〔16〕伐公子重耳于蒲　按:"蒲"原讹"蒱",径据汲本、殿本改正。

〔17〕傅瑕杀郑子而纳厉公〔厉公〕遂杀傅瑕也　王先谦谓"遂"上当更有"厉公"二字。今据补。

〔18〕比于〔齐〕鲁(卫)也　按:集解引惠栋说,谓依前书"鲁卫"当作"齐鲁"。今据改。

〔19〕老聃之(后)〔役〕有庚桑楚者　据汲本改。

〔20〕驰仁声之显赫　按:集解引王补说,谓文选曹植赠丁仪王粲诗注"驰"作"飞"。

〔21〕与齐晋〔争〕强　据刊误补。

〔22〕楚自克庸以来　按:"庸"原讹"广",径改正。

〔23〕若孤鹄之失群　按:集解引王补说,谓文选洛神赋注"孤"作"离"。

〔24〕忽飘飘以轻逝兮　按:集解引王补说,谓文选陆机日出东南隅行注"飘飘"作"飘然"。

〔25〕淫乐未终　按:集解引王补说,谓文选谢惠连咏牛女诗注"淫"作"欢"。

〔26〕惛埋心耳　按:"惛"原讹"怡",径改正。

〔27〕游鱼出听　按:"游"原讹"淫",径改正。

〔28〕说苑　按:"苑"原讹"宛",径改正。

〔29〕让善占(谢)〔射〕　据殿本改。

〔30〕不尽家训　按:集解引惠栋说,谓"尽"邕集作"堕"。

〔31〕章句不能逮其意　按:集解引惠栋说,谓"逮"邕集作"遂"。

〔32〕岂徒俗之凡偶近器而已者哉　按:刊误谓案文多一"者"字。

〔33〕若复随辈而进　按:集解引惠栋说,谓邕集云"若复从此郡选举"

2138

后汉书卷八十下

云云。

〔34〕愿明将军回谋垂虑裁加少纳　按:集解引惠栋说,谓邕集云"愿明将军回谋守虑,思垂采纳"。又引苏舆说,谓"裁加少纳"疑当作"少加裁纳"。

〔35〕文王(之)〔辟〕雍也　据殿本改。

〔36〕脩翼无(与)〔卑〕栖　据汲本、殿本改。

〔37〕(西)河〔西〕人敬其才　集解引陈景云说,谓"西河"当作"河西"。瑾敦煌人,河西四郡之一也。今据改。

〔38〕祖饯于长乐观　按:集解引惠栋说,谓"长乐"当作"平乐"。

〔39〕援枹鼓即忘其身　按:"枹"原讹"抱",径改正。

〔40〕有汜地　按:刊误谓案孙子"汜"当作"圮"。

〔41〕后迁(内)〔外〕黄令　按:集解引钱大昕说,谓"内黄"当作"外黄",惠栋说同,今据改。按:御览一七九引亦作"外黄"。

〔42〕妙绝时人　按:"时"原讹"府",径据汲本、殿本改正。

〔43〕般音卜满反　按:"卜"原讹"十",径改正。

〔44〕赵有腹大　刊误谓"腹大"旧作"腹尺"。按魏志荀彧传裴注引典略作"腹尺"。

〔45〕昔孝武继统　按:校补谓文选"孝武"作"世宗",此皆章怀避改。

〔46〕英才卓砾　按:文选"砾"作"跞",校补谓作"跞"是。

〔47〕耳所瞥闻　按:文选"瞥"作"暂",校补谓作"暂"是。

〔48〕鸢鸟累伯　汲本"伯"作"百"。按:古伯百通用。

〔49〕激楚杨阿　汲本、殿本"杨"作"扬",文选作"阳"。按:作"阳"是。

〔50〕台牧者之所贪　按:集解引钱大昕说,谓文选载此表作"掌技"。

〔51〕不遑〔暇〕食　据汲本、殿本补。

〔52〕融集作掌伎　"掌伎"汲本作"掌牧",殿本作"堂牧"。按:皆"掌伎"之讹。

〔53〕后至八月朝普天阅试鼓节　按:校补谓"朝普天"语不明。魏志注

引<u>文士</u>传作"后至八月朝大宴宾客并会",疑即"朝会大宴"四字之讹脱。

〔54〕衡(览)〔揽〕笔而作　据<u>汲</u>本改。

〔55〕杨雄曰　按："杨"原作"扬",径据<u>汲</u>本、殿本改。

后 汉 书 卷 八 十 一

独行列传第七十一

孔子曰："与其不得中庸,必也狂狷乎!"①又云:"狂者进取,狷者有所不为也。"②此盖失于周全之道,而取诸偏至之端者也。然则有所不为,亦将有所必为者矣;既云进取,亦将有所不取者矣。如此,性尚分流,为否异适矣。③

①庸,常也。[1]中和可常行之道,谓之中庸。言若不得中庸之人与之居,必也须得狂狷之人。

②此是录论语者,因夫子之言而释狂狷之人也。

③人之好尚不同,或为或否,各有所适。

2141

中世偏行一介之夫,能成名立方者,盖亦众也。或志刚金石,而剋扞于强御。①或意严冬霜,而甘心于小谅。②亦有结朋协好,幽明共心;③蹈义陵险,死生等节。④虽事非通圆,良其风轨有足怀者。而情跡殊杂,难为条品;片辞特趣,不足区别。措之则事或有遗,⑤载之则贯序无统。以其名体虽殊,而操行俱绝,故总为<u>独行</u>篇焉。庶备诸阙文,纪志漏脱云尔。

①谓<u>刘茂</u>、<u>卫福</u>也。

②<u>戴就</u>、<u>陆续</u>也。

③<u>范式</u>、<u>张劭</u>也。

④<u>缪肜</u>、<u>李善</u>也。

⑤措,置也。

<u>谯玄</u>字<u>君黄</u>,<u>巴郡</u><u>阆中</u>人也。少好学,能说<u>易</u>、<u>春秋</u>。仕于州郡。<u>成帝</u><u>永始</u>二年,有日食之灾,乃诏举敦朴逊让有行义者各一人。州举<u>玄</u>,诣公车,对策高第,拜议郎。

帝始作期门,数为微行。①立<u>赵飞燕</u>为皇后,后专宠怀忌,皇(太)子多横夭。[2]<u>玄</u>上书谏曰:"臣闻王者承天,继宗统极,保业延祚,莫急胤嗣,故<u>易</u>有幹蛊之义,<u>诗</u>咏众多之福。②今陛下圣嗣未立,天下属望,而不惟社稷之计,专念微行之事,爱幸用于所惑,曲意留于非正。窃闻后宫皇子产而不育。③臣闻之怛然,痛心伤剥,窃怀忧国,不忘须臾。夫警卫不脩,则患生非常。忽有醉酒狂夫,分争道路,既无尊严之仪,岂识上下之别。此为<u>胡狄</u>起于轂下,而贼乱发于左右也。愿陛下念天下之至重,爱金玉之身,均九女之施,④存无穷之福,天下幸甚。"

①<u>前书</u><u>武帝</u>微行,常与侍中、常侍、武骑及待诏<u>北地</u>良家子能骑射者期诸殿门,故有期门之号,自此始也。<u>成帝</u>微行亦然,故言始也。

②<u>易</u>曰:"幹父之蛊。"注云:"蛊,事也。"<u>毛诗</u>曰:"螽斯,后妃之德也。后妃不妒忌,则子孙众多也。"其诗曰:"螽斯羽,诜诜兮,宜尔子孙,振

振兮。"

③前书成帝宫人曹伟能及许美人皆生子,赵昭仪皆令杀之。

④九女,解见崔琦传。

时数有灾异,玄辄陈其变。既不省纳,故久稽郎官。后迁太常丞,以弟服去职。

平帝元始元年,日食,又诏公卿举敦朴直言。大鸿胪左咸举玄诣公车对策,复拜议郎,迁中散大夫。[3]四年,选明达政事能班化风俗者八人。时并举玄,为绣衣使者,①持节,与太仆(任)〔王〕恽等分行天下,[4]观览风俗,所至专行诛赏。事未及终,而王莽居摄。玄于是纵使者车,②变易姓名,间窜归家,③因以隐遁。

①前书御史大夫领绣衣直指,出讨奸猾,理大狱。武帝所制,不常置。

②纵,舍也。

③间,私也。

后公孙述僭号于蜀,连聘不诣。述乃遣使者备礼征之;若玄不肯起,(使阳)〔便赐〕以毒药。[5]太守乃自赍玺书至玄庐,曰:"君高节已著,朝廷垂意,诚不宜复辞,自招凶祸。"玄仰天叹曰:"唐尧大圣,许由耻仕;周武至德,伯夷守饿。彼独何人,我亦何人。保志全高,死亦奚恨!"遂受毒药。玄子瑛泣血叩头于太守曰:"方今国家东有严敌,兵师四出,国用军资或不常充足,愿奉家钱千万,以赎父死。"太守为请,述听许之。玄遂隐藏田野,终述之世。

时兵戈累年,莫能脩尚学业,玄独训诸子勤习经书。建武十一年卒。明年,天下平定,玄弟庆以状诣阙自陈。光武美之,策诏本郡祠以中牢,敕所在还玄家钱。

时亦有犍为费贻,不肯仕述,[6]乃漆身为厉,阳狂以避之,退藏山薮十馀年。述破后,仕至合浦太守。

瑛善说易,以授显宗,为北宫卫士令。①

①汉官仪曰:"北宫卫士令一人,秩六百石。"

李业字巨游,广汉梓潼人也。少有志操,介特。习鲁诗,师博士许晃。元始中,举明经,除为郎。①

①元始,平帝年也。

会王莽居摄,业以病去官,杜门不应州郡之命。太守刘咸强召之,业乃载病诣门。咸怒,出教曰:"贤者不避害,譬犹(殼)〔觳〕弩射市,薄命者先死。闻业名称,故欲与之为治,而反托疾乎?"令诣狱养病,欲杀之。客有说咸曰:"赵杀鸣犊,孔子临河而逝。①未闻求贤而胁以牢狱者也。"咸乃出之,因举方正。王莽以业为酒士,②病不之官,遂隐藏山谷,绝匿名迹,终莽之世。

①史记曰"孔子既不得用于卫,将西见赵简子。至于河而闻窦鸣犊、舜华之死也,临河而叹曰:'美哉河水,洋洋乎!丘之不济,命也夫!'子贡进曰:'敢问何谓也?'孔子曰:'窦鸣犊,舜华,晋国之贤大夫也。赵简子未得志之时,须此两人而后从政。丘闻之也,刳胎杀夭则麒麟不至,竭泽而渔则蛟龙不合阴阳,覆巢毁卵则凤凰不翔。何则?君子讳伤其类。夫鸟兽之于不义也,尚知避之,而况乎丘哉!'乃还"也。

②王莽时官酤酒,故置酒士也。

及公孙述僭号,素闻业贤,征之,欲以为博士,业固疾不起。数年,述羞不致之,乃使大鸿胪尹融持毒酒奉诏命以劫业:若起,则受公侯之位;不起,赐之以药。融譬旨曰:"方今天下分崩,孰知是非,而以区区之身,试于不测之渊乎! 朝廷贪慕名德,旷官缺位,于今七年,四时珍御,不以忘君。宜上奉知己,下为子孙,身名俱全,不亦优乎! 今数年不起,猜疑寇心,[7]凶祸立加,非计之得者也。"业乃叹曰:"危国不入,乱国不居。① 亲于其身为不善者,义所不从。君子见危授命,② 何乃诱以高位重饵哉?"融见业辞志不屈,复曰:"宜呼室家计之。"业曰:"丈夫断之于心久矣,何妻子之为?"遂饮毒而死。述闻业死,大惊,又耻有杀贤之名,乃遣使吊祠,赙赠百匹。业子翚逃辞不受。

① 论语孔子曰:"危邦不入,乱邦不居。天下有道则见,无道则隐。"

② 论语曰:"亲于其身为不善者,君子不入。"又曰:"君子见危授命,见得思义。"

蜀平,光武下诏表其闾,益部纪载其高节,图画形象。

初,平帝时,蜀郡王皓为美阳令,王嘉为郎。王莽篡位,并弃官西归。及公孙述称帝,遣使征皓、嘉,恐不至,遂先系其妻子。使者谓嘉曰:"速装,妻子可全。"对曰:"犬马犹识主,况于人乎!"王皓先自刭,以首付使者。述怒,遂诛皓家属。王嘉闻而叹曰:"后之哉!"乃对使者伏剑而死。

是时犍为任永(君)〔及〕业同郡冯信,[8]并好学博古。公孙述连征命,待以高位,皆托青盲以辟世难。永妻淫于前,匿情无言;见子入井,忍而不救。信侍婢亦对信奸通。及闻述诛,皆盥洗更视曰:"世适平,目即清。"淫者自杀。光武闻而征之,并会病卒。

刘茂字子卫,太原晋阳人也。少孤,独侍母居。家贫,以筋力致养,孝行著于乡里。及长,能习礼经,教授常数百人。哀帝时,察孝廉,再迁五原属国候,遭母忧去官。服竟后为沮阳令。①会王莽篡位,茂弃官,避世弘农山中教授。

①沮阳,县,属上谷郡,故城在今妫州东。沮音阻。

建武二年,归,为郡门下掾。时赤眉二十馀万众攻郡县,杀长吏及府掾史。茂负太守孙福踰墙藏空穴中,得免。其暮,俱奔孟县。①昼则逃隐,夜求粮食。积百馀日,贼去,乃得归府。明年,诏书求天下义士。福言茂曰:"臣前为赤眉所攻,吏民坏乱,奔走趣山,臣为贼所围,命如丝发,赖茂负臣踰城,出保孟县。茂与弟触冒兵刃,缘山负食,臣及妻子得度死命,节义尤高。宜蒙表擢,以厉义士。"诏书即征茂拜议郎,迁宗正丞。②后拜侍中,卒官。

①今并州孟县也。

②续汉书宗正丞一人,比千石也。

(元初)〔延平〕中,鲜卑数百馀骑寇渔阳,[9]太守张显率吏士追出塞,遥望虏营烟火,急趣之。兵马掾严授虑有伏兵,苦谏止,不听。显蹙令进,授不获已,前战,伏兵发,授身被十创,殁于阵。显拔刃追散兵,不能制,虏射中显,主簿卫福、功曹徐咸遽(起)〔赴〕之,[10]显遂堕马,福以身拥蔽,虏并杀之。朝廷愍授等节,诏书褒叹,厚加赏赐,各除子一人为郎中。

永初二年,剧贼毕豪等入平原界,县令刘雄将吏士乘船追之。至厌次河,①与贼合战。雄败,执雄,以矛刺之。时小吏所辅②[11]前叩头求哀,愿以身代雄。豪等纵雄而刺辅,贯心洞背即死。东郡太守捕得豪等,具以状上。诏书追伤之,赐钱二十万,除父奉为郎中。

①厌次县之河也。

②所，姓也。风俗通曰："宋大夫华所事之后也。汉有所忠，为谏大夫。"

温序字次房，太原祁人也。仕州从事。建武二年，骑都尉弓里戍①将兵平定北州，到太原，历访英俊大人，问以策谋。戍见序奇之，上疏荐焉。于是征为侍御史，迁武陵都尉，病免官。

①弓里，姓也。[12]

六年，拜谒者，迁护羌校尉。[13]序行部至襄武，为隗嚣别将苟宇所拘劫。宇谓序曰："子若与我并威同力，天下可图也。"序曰："受国重任，分当效死，义不贪生苟背恩德。"宇等复晓譬之。序素有气力，大怒，叱宇等曰："虏何敢迫胁汉将！"因以节棰杀数人。贼众争欲杀之。宇止之曰："此义士死节，可赐以剑。"序受剑，衔须于口，顾左右曰："既为贼所迫杀，无令须污土。"遂伏剑而死。

序主簿韩遵、从事王忠持尸归敛。光武闻而怜之，命忠送丧到洛阳，赐城傍为冢地，赙谷千斛、缣五百匹，除三子为郎中。长子寿，服竟为邹平侯相。梦序告之曰："久客思乡里。"寿即弃官，上书乞骸骨归葬。帝许之，乃反旧茔焉。①

①序墓在今并州祁县西北。

彭脩字子阳，会稽毗陵人也。①年十五时，父为郡吏，得休，②与脩俱归，道为盗所劫，脩困迫，乃拔佩刀前持盗帅曰："父辱子死，卿不顾死邪？"盗相谓曰："此童子义士也，不宜逼之。"遂辞谢而去。乡党称其名。

> ①毗陵,今常州晋陵县也。吴地记曰:"本名延陵,吴王诸樊封季札。汉
> 改曰毗陵。"

> ②休,假也。

后仕郡为功曹。时西部都尉宰晁行太守事,①以微过收吴县狱吏,将杀之,主簿锺离意争谏甚切,晁怒,使收缚意,欲案之,掾(吏)〔史〕莫敢谏。[14]脩排阁直入,拜于庭,曰:"明府发雷霆于主簿,请闻其过。"晁曰:"受教三日,初不奉行,废命不忠,岂非过邪?"脩因拜曰:"昔任座而折文侯,②朱云攀毁栏槛,③自非贤君,焉得忠臣? 今庆明府为贤君,主簿为忠臣。"晁遂原意罚,贳狱吏罪。

> ①应劭汉官曰:"都尉,秦官也。本名郡尉。掌佐太守典其武职,秩比二
> 千石。孝景时更名都尉。"

> ②解见文苑祢衡传。

> ③前书成帝时,朱云上书,请以尚方斩马剑斩张禹。上欲杀之,云攀折
> 殿槛。西京杂记云:"攀折玉槛。"

后州辟从事。时贼张子林等数百人作乱,郡言州,请脩守吴令。脩与太守俱出讨贼,贼望见车马,竞交射之,飞矢雨集。脩障扞太守,而为流矢所中死,太守得全。贼素闻其恩信,即杀弩中脩者,馀悉降散。言曰:"自为彭君故降,不为太守服也。"

索卢放字君阳,①东郡人也。以尚书教授千馀人。初署郡门下掾。更始时,使者督行郡国,太守有事,当就斩刑。放前言曰:

“今天下所以苦毒王氏，归心皇汉者，实以圣政宽仁故也。而传车所过，未闻恩泽。太守受诛，诚不敢言，但恐天下惶惧，各生疑变。夫使功者不如使过，②愿以身代太守之命。”遂前就斩。使者义而赦之，由是显名。

①索卢，姓也。

②若秦穆赦孟明而用之，霸西戎。

建武六年，征为洛阳令，政有能名。以病乞身，徙谏议大夫，数纳忠言，后以疾去。

建武末，复征不起，光武使人舆之，见于南宫云台，赐穀二千斛，遣归，除子为太子中庶子。卒于家。①

①续汉书曰：“太子中庶子，秩六百石。”

周嘉字惠文，汝南安城人也。高祖父燕，宣帝时为郡决曹掾。太守欲枉杀人，燕谏不听，遂杀囚而黜燕。因家守阙称冤，诏遣覆考，燕见太守曰：“愿谨定文书，皆著燕名，府君但言时病而已。”出谓掾史曰：“诸君被问，悉当以罪推燕。如有一言及于府君，燕手剑相刃。”使〔者〕乃收燕系狱。〔15〕屡被掠楚，辞无屈桡。当下蚕室，乃叹曰：“我平王之后，正公玄孙，①岂可以刀锯之馀下见先君？”遂不食而死。燕有五子，皆至刺史、太守。

①谢承书曰“燕字少卿，其先出自周平王之后。汉兴，绍嗣封为正公，食采于汝坟”也。

嘉仕郡为主簿。王莽末，群贼入汝阳城，嘉从太守何敞讨贼，敞为流矢所中，郡兵奔北，贼围绕数十重，白刃交集，嘉乃拥敞，以身扞之。因呵贼曰："卿曹皆人隶也。为贼既逆,岂有还害其君者邪?嘉请以死赎君命。"因仰天号泣。群贼于是两两相视,曰:"此义士也!"给其车马,遣送之。

后太守寇恂举为孝廉,拜尚书侍郎。光武引见,问以遭难之事。嘉对曰:"太守被伤,命悬寇手,臣实弩怯,不能死难。"帝曰:"此长者也。"诏嘉尚公主,嘉称病笃,不肯当。

稍迁零陵太守,视事七年,卒,零陵颂其遗爱,吏民为立祠焉。

嘉从弟畅,字伯持,性仁慈,为河南尹。永初二年,夏旱,久祷无应,畅因收葬洛城傍客死骸骨凡万馀人,应时澍雨,岁乃丰稔。位至光禄勋。

范式字巨卿,山阳金乡人也,一名汜。[16]少游太学,为诸生,与汝南张劭为友。劭字元伯。二人并告归乡里。式谓元伯曰:"后二年当还,将过拜尊亲,见孺子焉。"①乃共克期日。后期方至,元伯具以白母,请设馔以候之。母曰:"二年之别,千里结言,尔何相信之审邪?"对曰:"巨卿信士,必不乖违。"母曰:"若然,当为尔酝酒。"至其日,巨卿果到,升堂拜饮,[17]尽欢而别。

①见其子也。孺子,稚子也。

式仕为郡功曹。后元伯寝疾笃,同郡郅君章、殷子徵晨夜省视之。元伯临尽,叹曰:"恨不见吾死友!"子徵曰:"吾与君章尽心于子,是非死友,复欲谁求?"元伯曰:"若二子者,吾生友耳。山阳范巨卿,所谓死友也。"寻而卒。式忽梦见元伯玄冕垂缨屐履而呼曰:"巨卿,吾以某日死,当以尔时葬,永归黄泉。子未我忘,岂能相及?"式怳然觉寤,悲叹泣下,具告太守,请往奔丧。太守虽心不信而重违其情,许之。式便服朋友之服,①投其葬日,驰往赴之。式未及到,而丧已发引,既至圹,将窆,②而柩不肯进。其母抚之曰:"元伯,岂有望邪?"遂停柩移时,乃见有素车白马,号哭而来。其母望之曰:"是必范巨卿也。"巨卿既至,叩丧言曰:"行矣元伯!死生路异,永从此辞。"会葬者千人,咸为挥涕。式因执绋而引,柩于是乃前。式遂留止冢次,为脩坟树,然后乃去。

①仪礼丧服记曰:"朋友在他国,袒免,归则巳。"注云:"谓无亲者为之主丧服。"又曰:"朋友麻。"注云:"朋友虽无亲,有同道之恩,相为服缌之经带。"

②窆,下棺也。

后到京师,受业太学。时诸生长沙陈平子亦同在学,与式未相见,而平子被病将亡,谓其妻曰:"吾闻山阳范巨卿,烈士也,可以托死。吾殁后,但以尸埋巨卿户前。"乃裂素为书,以遗巨卿。既终,妻从其言。时式出行适还,省书见瘞,怆然感之,向坟揖哭,以为死友。乃营护平子妻儿,身自送丧于临湘。未至四五里,乃委素书于柩上,哭别而去。其兄弟闻之,寻求不复见。长沙上计掾史到京师,上书表式行状,三府并辟,不应。

举州茂才,四迁荆州刺史。友人南阳孔嵩,家贫亲老,乃变名姓,佣为新野县阿里街卒。①式行部到新野,而县选嵩为导骑迎式。②式见而识之,呼嵩,把臂谓曰:"子非孔仲山邪?"对之叹息,语及平生。曰:"昔与子俱曳长裾,游(集)〔息〕帝学,[18]吾蒙国恩,致位牧伯,而子怀道隐身,处于卒伍,不亦惜乎!"嵩曰:"侯嬴长守于贱业,③晨门肆志于抱关。④子欲居九夷,不患其陋。⑤贫者士之宜,岂为鄙哉!"式救县代嵩,嵩以为先佣未竟,不肯去。

①阿里,里名也。

②导引之骑。

③史记曰,侯嬴年七十,家贫,为大梁夷门卒。魏公子闻之,往请,欲厚遗之,不肯受,曰:"臣脩身洁行数十年,终不以监门困故受公子财。"

④解见张皓传也。

⑤论语曰:"孔子欲居九夷。或曰:'陋,如之何?'子曰:'君子居之,何陋之有。'"

嵩在阿里,正身厉行,街中子弟皆服其训化。遂辟公府。之京师,道宿下亭,盗共窃其马,寻问知其嵩也,乃相责让曰:"孔仲山善士,岂宜侵盗乎!"于是送马谢之。嵩官至南海太守。

式后迁庐江太守,有威名,卒于官。

李善字次孙,南阳淯阳人,本同县李元苍头也。[19]建武中疫疾,元家相继死没,唯孤儿续始生数旬,而赀财千万,诸奴婢私共计议,欲谋杀续,分其财产。善深伤李氏而力不能制,乃潜负续逃去,隐山阳瑕丘界中,亲自哺养,乳为生湩,①推燥居湿,备尝艰勤。续虽在孩抱,奉之不异长君,有事辄长跪请白,然后行之,闾里感其行,皆相率脩义。续年十岁,善与归本县,脩理旧业,告奴婢于长吏,悉收杀之。时钟离意为瑕丘令,上书荐善行状。光武诏拜善及续并为太子舍人。

①湩,乳汁也。音竹用反。

善,显宗时辟公府,以能理剧,再迁日南太守。从京师之官,道经湆阳,过李元冢。未至一里,乃脱朝服,持钼去草。及拜墓,哭泣甚悲,身自炊爨,执鼎俎以脩祭祀。垂泣曰:"君夫人,善在此。"尽哀,数日乃去。到官,以爱惠为政,怀来异俗。迁九江太守,未至,道病卒。

续至河间相。

王忳字少林,[①]广汉新都人也。忳尝诣京师,于空舍中见一书生疾困,愍而视之。书生谓忳曰:"我当到洛阳,而被病,命在须臾,腰下有金十斤,愿以相赠,死后乞藏骸骨。"未及问姓名而绝。忳即鬻金一斤,营其殡葬,馀金悉置棺下,人无知者。后归数年,县署忳大度亭长。初到之日,有马驰入亭中而止。其日,大风飘一绣被,复覃忳前,即言之于县,县以归忳。忳后乘马到雒县,马遂奔走,牵忳入它舍。[20]主人见之喜曰:"今禽盗矣。"问忳所由得马,忳具说其状,并及绣被。主人怅然良久,乃曰:"被随旋风与马俱亡,卿何阴德而致此二物?"忳自念有葬书生事,因说之,并道书生形貌及埋金处。主人大惊号曰:"是我子也。姓金名彦。前往京师,不知所在,何意卿乃葬之。大恩久不报,天以此章卿德耳。"忳悉以被马还之,彦父不取,又厚遗忳,忳辞让而去。时彦父为州从事,因告新都令,假忳休,[21]自与俱迎彦丧,馀金俱存。忳由是显名。

①忳音纯。

仕郡功曹,州治中从事。举茂才,除郿令。到官,至鄋亭。[①]亭长曰:"亭有鬼,数杀过客,不可宿也。"忳曰:"仁胜凶邪,德除不祥,何鬼之避!"即入亭止宿。夜中闻有女子称冤之声。忳呪曰:

"有何枉状,可前求理乎?"女子曰:"无衣,不敢进。"忳便投衣与之。女子乃前诉曰:"妾夫为涪令,之官过宿此亭,亭长无状,贼杀妾家十馀口,[22]埋在楼下,悉取财货。"忳问亭长姓名。女子曰:"即今门下游徼者也。"忳曰:"汝何故数杀过客?"对曰:"妾不得白日自诉,每夜陈冤,客辄眠不见应,不胜感恚,故杀之。"忳曰:"当为汝理此冤,勿复杀良善也。"因解衣于地,忽然不见。明旦召游徼诘问,具服罪,即收系,及同谋十馀人悉伏辜,遣吏送其丧归乡里,于是亭遂清安。

①藜音台。

张武者,吴郡由拳人也。①父业,郡门下掾,送太守妻子还乡里,至河内亭,盗夜劫之,业与贼战死,遂亡〔失〕尸〔骸〕。[23]武时年幼,不及识父。后之太学受业,每节,常持父遗剑,至亡处祭酹,〔泣〕而还。[24]太守第五伦嘉其行,举孝廉。遭母丧过毁,伤父魂灵不返,因哀恸绝命。

①由拳,县,故城在今苏州嘉兴县南。

2154

陆续字智初,会稽吴人也。世为族姓。祖父闳,字子春,建武中为尚书令。美姿貌,喜著越布单衣,光武见而好之,自是常敕会稽郡献越布。

续幼孤,仕郡户曹史。时岁荒民饥,[25]太守尹兴使续于都亭赋民馈粥。续悉简阅其民,讯以名氏。事毕,兴问所食几何?续因口说六百馀人，皆分别姓字[26]，无有差谬。兴异之，刺史行部，见续，辟为别驾从事。以病去，还为郡门下掾。

是时楚王英谋反，阴疏天下善士，及楚事觉，显宗得其录，有尹兴名，乃征兴诣廷尉狱。续与主簿梁宏、功曹史驷勋及掾史五百馀人诣洛阳诏狱就考，诸吏不堪痛楚，死者大半，唯续、宏、勋掠考五毒，肌肉消烂，终无异辞。续母远至京师，觇候消息，狱事特急，[27]无缘与续相闻，母但作馈食，付门卒以进之。续虽见考苦毒，而辞色慷慨，未尝易容，唯对食悲泣，不能自胜。使者怪而问其故。续曰："母来不得相见，故泣耳。"使者大怒，以为门卒通传意气，[28]召将案之。续曰："因食饷羹，识母所自调和，故知来耳，非人告也。"使者问："何以知母所作乎？"续曰："母尝截肉未尝不方，[29]断葱以寸为度，是以知之。"使者问诸谒舍，①续母果来，于是阴嘉之，上书说续行状。帝即赦兴等事，[30]还乡里，禁锢终身。续以老病卒。

①谒舍(所)谓〔所〕停主人之舍也。[31]

长子稠，广陵太守，有理名。中子逢，乐安太守。少子褒，力行好学，不慕荣名，连征不就。褒子康，已见前传。

戴封字平仲，济北刚人也。①年十五，诣太学，师事鄮令东海申君。申君卒，送丧到东海，道当经其家。父母以封当还，豫为娶妻。封暂过拜亲，不宿而去。还京师卒业。时同学石敬平温病卒，封养视殡敛，以所赍粮市小棺，送丧到家。家更敛，见敬平行时书物皆在棺中，乃大异之。封后遇贼，财物悉被略夺，唯馀缣七匹，贼不知处，封乃追以与之，曰："知诸君乏，故送相遗。"贼惊曰："此贤人也。"尽还其器物。

①刚，县，故城在今兖州龚丘县东北。

后举孝廉，光禄主事，遭伯父丧去官。诏书求贤良方正直言之士，有至行能消灾伏异者，公卿郡守各举一人。郡及大司农俱举封。公车征，陛见，对策第一，擢拜议郎。迁西华令。时汝、颍有蝗灾，独不入西华界。时督邮行县，蝗忽大至，督邮其日即去，蝗亦顿除，一境奇之。其年大旱，封祷请无获，乃积薪坐其上以自焚。火起而大雨暴至，于是远近叹服。

迁中山相。时诸县囚四百馀人，辞状已定，当行刑。封哀之，皆遣归家，与克期日，皆无违者。诏书策美焉。

永元十二年，征拜太常，[32] 卒官。

李充字大逊，陈留人也。家贫，兄弟六人同食递衣。[33] 妻窃谓充曰："今贫居如此，难以久安，妾有私财，愿思分异。"充伪酬之曰："如欲别居，当酝酒具会，请呼乡里内外，共议其事。"妇从充置酒宴客。充于坐中前跪白母曰："此妇无状，而教充离间母兄，罪合遣斥。"便呵叱其妇，逐令出门，妇衔涕而去。坐中惊肃，因遂罢散。充后遭母丧，行服墓次，人有盗其墓树者，充手自杀之。服阕，立精舍讲授。

太守鲁平[34] 请署功曹，不就。平怒，乃援充以捐沟中，因谪署县都亭长。不得已，起亲职役。后和帝公车征，不行。延平中，诏公卿、中二千石各举隐士大儒，务取高行，以劝后进，特征充为博士。时鲁平亦为博士，每与集会，常叹服焉。

充迁侍中。大将军邓骘贵戚倾时，无所下借，①以充高节，每卑敬之。尝置酒请充，宾客满堂，酒酣，骘跪曰："幸托椒房，位列上将，幕府初开，欲辟天下奇伟，以匡不逮，惟诸君博求其器。"充乃为陈海内隐居怀道之士，颇有不合。骘欲绝其说，以肉啖之。充抵肉于地，曰："说士犹甘于肉！"遂出，径去。骘甚望之。同坐汝南张孟举[35]往让充曰："一日闻足下与邓将军说士未究，②激刺面折，不由中和，出言之责，非所以光祚子孙者也。"充曰："大丈夫居世，贵行其意，何能远为子孙计哉！"由是见非于贵戚。

①下音假。借音子夜反。

②一日犹昨日也。

迁左中郎将，年八十八，为国三老。[36]安帝常特进见，赐以几杖。卒于家。

缪肜字豫公，汝南召陵人也。少孤，兄弟四人，皆同财业。及各娶妻，诸妇遂求分异，又数有斗争之言。肜深怀愤叹，乃掩户自挝曰："缪肜，汝修身谨行，学圣人之法，将以齐整风俗，奈何不能正其家乎！"弟及诸妇闻之，悉叩头谢罪，遂更为敦睦之行。

仕县为主簿。时县令被章见考，吏皆畏惧自诬，而肜独证据其事，掠考苦毒，至乃体生虫蛆，因复传换五狱，踰涉四年，令卒以自免。

太守陇西梁湛召为决曹史。安帝初，湛病卒官，肜送丧还陇西。始葬，会西羌反叛，湛妻子悉避乱它郡，肜独留不去，为起坟冢，乃潜穿井旁以为窟室，昼则隐窜，夜则负土，及贼平而坟已立。

其妻子意肜已死,还见大惊。关西咸称传之,共给车马衣资,肜不受而归乡里。

辟公府,举尤异,迁中牟令。县近京师,多权豪,肜到,诛诸奸吏及托名贵戚宾客者百有馀人,威名遂行。卒于官。

陈重字景公,豫章宜春人也。①少与同郡雷义为友,俱学鲁诗、颜氏春秋。太守张云举重孝廉,重以让义,前后十馀通记,②云不听。义明年举孝廉,重与俱在郎署。

①宜春,今袁州县。

②记,书也。

有同署郎负息钱数十万,责主日至,诡求无已,①重乃密以钱代还。郎后觉知而厚辞谢之。重曰:"非我之为,将有同姓名者。"终不言惠。又同舍郎有告归宁者,误持邻舍郎绔以去。主疑重所取,重不自申说,而市绔以偿之。后宁丧者归,以绔还主,其事乃显。

①说文曰:"诡,责也。"

重后与义俱拜尚书郎,义代同时人受罪,以此黜退,重见义去,亦以病免。

后举茂才,除细阳令。政有异化,举尤异,当迁为会稽太守,遭姊忧去官。后为司徒所辟,拜侍御史,卒。

雷义字仲公,[37]豫章鄱阳人也。①初为郡功曹,(皆)〔尝〕擢举善人，[38]不伐其功。义尝济人死罪，[39]罪者后以金二斤谢之，义不受，金主伺义不在，默投金于承尘上。后葺理屋宇，乃得之，金主已死，无所复还，义乃以付县曹。

①鄱阳，县，城在今饶州鄱阳县东。

后举孝廉，拜尚书侍郎，有同时郎坐事当居刑作，义默自表取其罪，以此论司寇。同台郎觉之，委位自上，乞赎义罪。顺帝诏皆除刑。

义归，举茂才，让于陈重，刺史不听，义遂阳狂被发走，不应命。乡里为之语曰："胶漆自谓坚，不如雷与陈。"三府同时俱辟二人。义遂为守灌谒者。①使持节督郡国行风俗，太守令长坐者凡七十人。旋拜侍御史，除南顿令，卒官。

①汉官仪曰："谒者三十五人，以郎中秩满岁称给事，未满岁称灌谒者。"胡广云："明章二帝服勤园陵，谒者灌桓，[40]后遂称云。"马融以为"灌者，习所职也"。应奉云："如胡公之言，则吉凶异制。马云'灌，习也'，字又非也。[41]高祖承秦，灌婴服事七年，号大谒者，后人掌之，以姓灌章，岂其然乎？"

子授，官至苍梧太守。

范冉字史云，①陈留外黄人也。少为县小吏，年十八，奉檄迎督邮，冉耻之，乃遁去。到南阳，受业于樊英。又游三辅，就马融通经，历年乃还。

①"冉"或作"丹"。

冉好违时绝俗，为激诡之行。常慕梁伯鸾、闵仲叔之为人。与汉中李固、河内王奂亲善,而鄙贾伟节、郭林宗焉。①奂后为考城令,境接外黄,屡遗书请冉,冉不至。及奂迁汉阳太守,将行,冉乃与弟协步赍麦酒,于道侧设坛以待之。冉见奂车徒骆驿,遂不自闻,惟与弟共辩论于路。奂识其声,即下车与相揖对。奂曰:"行路仓卒,非陈〔契〕阔之所,[42]可共到前亭宿息,以叙分隔。"冉曰:"子前在考城,思欲相从,以贱质自绝豪友耳。今子远适千里,会面无期,故轻行相候,以展诀别。如其相追,将有慕贵之讥矣。"便起告违,拂衣而去。奂瞻望弗及,冉长逝不顾。

① 谢承书曰:"奂字子昌,河内武德人。明五经,负笈追业,常赁灌园,耻交埶利。为考城令,迁汉阳太守,征拜议郎,卒。"

桓帝时,以冉为莱芜长,①遭母忧,不到官。后辟太尉府,以狷急不能从俗,常佩韦于朝。②议者欲以为侍御史,因遁身逃命于梁沛之间,徒行敝服,卖卜于市。

① 莱芜,县,属泰山郡,故城在今淄川县东南。

② 史记曰,西门豹性急,佩韦以自缓。

遭党人禁锢,遂推鹿车,载妻子,捃拾自资,①或寓息客庐,或依宿树荫。如此十馀年,乃结草室而居焉。所止单陋,有时粮粒尽,穷居自若,言貌无改,闾里歌之曰:"甑中生尘范史云,釜中生鱼范莱芜。"

① 袁山松书曰:"冉去官,尝使儿捃麦,得五斛。邻人尹台遗之一斛,嘱儿莫道。冉后知,即令并送六斛,言麦已杂矣,遂誓不敢受。"

及党禁解,为三府所辟,乃应司空命。是时西羌反叛,黄巾作难,制诸府掾属不得妄有去就。①冉首自劾退,诏书特原不理罪。又辟太尉府,以疾不行。

①制,制书也。

中平二年,年七十四,卒于家。临命遗令敕其子曰:"吾生于昏闇之世,值乎淫侈之俗,生不得匡世济时,死何忍自同于世!气绝便敛,敛以时服,衣足蔽形,棺足周身,敛毕便穿,穿毕便埋。其明堂之奠,①干饭寒水,[43]饮食之物,勿有所下。坟封高下,令足自隐。②知我心者李子坚、王子炳也。③今皆不在,制之在尔,勿令乡人宗亲有所加也。"于是三府各遣令史奔吊。大将军何进移书陈留太守,累行论谥,佥曰宜为贞节先生。④会葬者二千馀人,刺史郡守各为立碑表墓焉。

①礼送死者衣曰明衣,器曰明器。郑玄注云:"明者,神明之也。"此言明
堂,亦神明之堂,谓圹中也。

②前书刘向曰:"延陵季子葬子,其高可隐。"音义云:"谓人立可隐肘
也。"隐音於靳反。

③李子坚,李固也。

④谥法"清白守节曰贞,好廉自克曰节"也。

戴就字景成,会稽上虞人也。仕郡仓曹掾,杨州刺史欧阳参奏太守成公浮臧罪,遣部从事薛安案仓库簿领,收就于钱唐县狱。幽囚考掠,五毒参至。就慷慨直辞,色不变容。又烧鈂斧,使就挟于肘腋。①就语狱卒:"可熟烧斧,勿令冷。"每上彭考,②因止饭食不肯下,肉焦毁墯地者,掇而食之。③主者穷竭酷惨,无复馀方,乃卧就覆船下,以马通薰之。④一夜二日,皆谓已死,发船视之,就方张眼大骂曰:"何不益火,而使灭绝!"又复烧地,以大针刺指爪中,使以把土,爪悉墯落。主者以状白安,安呼见就,谓曰:"太守罪釁狼

2161

藉,受命考实,君何故以骨肉拒扞邪?"就据地答言:"太守剖符大臣,当以死报国。卿虽衔命,固宜申断冤毒,奈何诬枉忠良,强相掠理,令臣谤其君,子证其父!薛安庸骏,忸行无义,⑤就考死之日,当白之于天,与群鬼杀汝于亭中。如蒙生全,当手刃相裂!"安深奇其壮节,即解械,更与美谈,表其言辞,解释郡事。征浮还京师,免归乡里。

①鍥从"臾"。毛诗云:"不臾不敖。"何承天纂文曰:"舌,今之鍥也。"张
　揖字诂云:"舌,刃也。"鍥音华。案说文、字林、三苍并无"鍥"字。

②彭即(蓩)〔蒡〕也。〔44〕

③掇,拾也,丁活反。

④本草经曰:"马通,马矢也。"

⑤忸,忕也,犹言惯习。骏音吾楷反。

太守刘宠举就孝廉,光禄主事,病卒。①

①风俗通曰:"光禄奉眅上就为主事。"

赵苞字威豪,甘陵东武城人。①从兄忠,为中常侍,苞深耻其门族有宦官名埶,不与忠交通。

①今贝州武城县。

初仕州郡,举孝廉,再迁广陵令。视事三年,政教清明,郡表其状,迁辽西太守。抗厉威严,名振边俗。以到官明年,遣使迎母及妻子,垂当到郡,道经柳城,①值鲜卑万馀人入塞寇钞,苞母及妻子遂为所劫质,载以击郡。苞率步骑二万,与贼对阵。贼出母以示苞,苞悲号谓母曰:"为子无状,欲以微禄奉养朝夕,不图为母作祸。

昔为母子,今为王臣,义不得顾私恩,毁忠节,唯当万死,无以塞罪。"母遥谓曰:"威豪,人各有命,何得相顾,以亏忠义! 昔王陵母对汉使伏剑,以固其志,尔其勉之。"苞即时进战,贼悉摧破,其母妻皆为所害。苞殡敛母毕,自上归葬。灵帝遣策吊慰,封鄃侯。②

①柳城,县,属辽西郡,故城在今营州南。

②鄃,今贝州县也,音式榆反。

苞葬讫,谓乡人曰:"食禄而避难,非忠也;杀母以全义,非孝也。如是,有何面目立于天下!"遂欧血而死。

向栩字甫兴,[45]河内朝歌人,向长之后也。①少为书生,性卓诡不伦。恒读老子,状如学道。又似狂生,好被发,著绛绡头。②常于灶北坐板床上,如是积久,板乃有膝踝足指之处。不好语言而喜长啸。宾客从就,辄伏而不视。有弟子,名为"颜渊"、"子贡"、"季路"、"冉有"之辈。或骑驴入市,乞匄于人。或悉要诸乞儿俱归止宿,为设酒食。时人莫能测之。郡礼请辟,举孝廉、贤良方正、有道,公府辟,皆不到。又与彭城姜肱、京兆韦著并征,栩不应。

①高士传向长,"向"字作"尚"也。

②说文:"绡,生丝也,从糸肖声。"音消。案:此字当作"幧",音此消反,其字从"巾"。古诗云:"少年见罗敷,脱巾著幧头。"郑玄注仪礼云:"如今著幧头,自项中而前,交额上,却绕髻也。"

后特征,到,拜赵相。及之官,时人谓其必当脱素从俭,①而栩更乘鲜车,御良马,世疑其始伪。及到官,略不视文书,舍中生蒿莱。

①脱易简素。

征拜侍中，每朝廷大事，侃然正色，百官惮之。会张角作乱，栩上便宜，颇讥刺左右，不欲国家兴兵，但遣将于河上北向读孝经，贼自当消灭。中常侍张让谮栩不欲令国家命将出师，疑与角同心，欲为内应。收送黄门北寺狱，杀之。

谅辅字汉儒，广汉新都人也。仕郡为五官掾。①时夏大旱，太守自出祈祷山川，连日而无所降。辅乃自暴庭中，慷慨呪曰："辅为股肱，不能进谏纳忠，荐贤退恶，和调阴阳，承顺天意，至令天地否隔，万物焦枯，百姓喁喁，无所诉告，咎尽在辅。今郡太守改服责己，为民祈福，精诚恳到，未有感彻。辅今敢自祈请，若至〔日〕中不雨，[46]乞以身塞无状。"于是积薪柴聚荄茅以自环，②搆火其傍，将自焚焉。未及日中时，而天云晦合，须臾澍雨，一郡沾润。世以此称其至诚。

①百官志曰："每州皆置诸曹掾史。有功曹史，主选署功劳。有五官掾，署功曹及诸曹事。"

②荄，干草也。

2164

刘翊字子相，颍川颍阴人也。家世丰产，常能周施而不有其惠。曾行于汝南界中，有陈国张季礼远赴师丧，遇寒冰车毁，顿滞道路。翊见而谓曰："君慎终赴义，行宜速达。"即下车与之，不告姓名，自策马而去。季礼意其子相也，后故到颍阴，还所假乘。翊闭门辞行,不与相见。

常守志卧疾,不屈聘命。河南种拂临郡,引为功曹,[47]翊以拂名公之子,①乃为起焉。拂以其择时而仕,甚敬任之。阳翟黄纲恃程夫人权力,求占山泽以自营植。拂召翊问曰:"程氏贵盛,在帝左右,不听则恐见怨,与之则夺民利,为之奈何?"翊曰:"名山大泽不以封,盖为民也。②明府听之,则被佞幸之名矣。若以此获祸,贵子申甫,则自以不孤也。"③拂从翊言,遂不与之。乃举翊为孝廉,不就。

①拂,暠之子也。

②礼记曰:"名山大泽不以封。"

③申甫,拂之子。

后黄巾贼起,郡县饥荒,翊救给乏绝,资其食者数百人。乡族贫者,死亡则为具殡葬,鳏独则助营妻娶。①

①寡妇为鳏,无夫曰独。[48]

献帝迁都西京,翊举上计掾。是时寇贼兴起,道路隔绝,使驿稀有达者。翊夜行昼伏,乃到长安。诏书嘉其忠勤,特拜议郎,迁陈留太守。翊散所握珍玩,唯余车马,自载东归。出关数百里,见士大夫病亡道次,翊以马易棺,脱衣敛之。又逢知故困馁于路,不忍委去,因杀所驾牛,以救其乏。众人止之,翊曰:"视没不救,非志士也。"遂俱饿死。

王烈字彦方,①太原人也。少师事陈寔,以义行称。乡里有盗牛者,主得之,盗请罪曰:"刑戮是甘,乞不使王彦方知也。"烈闻而使人谢之，遗布一端。或问其故，烈曰："盗惧吾闻其过，是有耻恶之心。既怀耻恶，必能改善，故以此激之。"后有老父遗剑于路，行道一人见而守之，至暮，老父还，寻得剑，怪而问其姓名，以事告烈。烈使推求，乃先盗牛者也。诸有争讼曲直，将质之于烈，或至涂而反，或望庐而还。其以德感人若此。

①魏志烈字彦考。

察孝廉，三府并辟，皆不就。遭黄巾、董卓之乱，乃避地辽东，夷人尊奉之。太守公孙度接以昆弟之礼，①访酬政事。欲以为长史，烈乃为商贾自秽，得免。曹操闻烈高名，遣征不至。建安二十四年，终于辽东，年七十八。

①魏志曰："公孙度字(叔)〔升〕济，[49]本辽东襄平人。度父延，避吏居玄菟，任为郡吏。时玄菟太守公孙(城)〔琙〕[50]子豹，年十八，早死，度少时名豹，又与(城)〔琙〕子同年，(城)〔琙〕见亲哀之，遣就师学，为娶妻。后举有道，除尚书郎，辽东太守。"

赞曰：乘方不忒，临义罔惑。①惟此刚絜，果行育德。②
①忒，差也。言独行之人，乘履方正，不差二也。
②易蒙卦象曰"君子以果行育德"也。

【校勘记】

〔１〕庸常也　按："常"原讹"当"，径据汲本、殿本改正。

〔２〕皇(太)子多横夭　集解引何焯说，谓案文当作"皇子"，衍"太"字。今据删。

〔３〕迁中散大夫　按：集解引惠栋说，谓华阳国志作"太中大夫"。

〔４〕持节与太仆(任)〔王〕恽等分行天下　前书平帝纪、恩泽侯表、王莽

传并作"王恽",今据改。按:沈家本谓"王恽"作"任恽",乃传写之讹。

〔5〕(使阳)〔便赐〕以毒药　据汲本、殿本改。

〔6〕时亦有犍为费贻不肯仕述　按:刊误谓案文"亦"字乃合在"不"字上。

〔7〕猜疑寇心　按:集解引沈钦韩说,谓袁纪作"阻疑众心"。

〔8〕犍为任永(君)〔及〕业同郡冯信　殿本"君"作"及",校补谓作"及"非。今按:永字君业,范书名与字常并举,故校补云然。然下云"同郡冯信",信字季诚,何不与"任永君业"同例,作"冯信季诚"?且冯信广汉郪人,与李业同郡,足证"君"当作"及",校补说非也。今据殿本改。

〔9〕(元初)〔延平〕中鲜卑数百徐骑寇渔阳　集解引钱大昭说,谓"元初"应依鲜卑传作"延平"。又引钱大昕说,谓本纪此事亦载于延平元年。今按:下文称"永初二年",永初在延平后,元初前,则二钱之说是,今据改。

〔10〕功曹徐咸遽(起)〔赴〕之　据殿本改。

〔11〕小吏所辅　按:何焯谓"小吏"疑当作"小史"。

〔12〕弓里姓也　按:"里"原讹"理",径据汲本、殿本改正。

〔13〕迁护羌校尉　按:通鉴止作"校尉"。考异谓检西羌传,建武九年方置护羌校尉,牛邯为之,邯卒即省,温序无缘作"护羌",今但云"校尉"。

〔14〕掾(吏)〔史〕莫敢谏　据汲本、殿本改。

〔15〕使〔者〕乃收燕系狱　刊误谓"使"下少一"者"字。今据补。

〔16〕一名氾　按:"氾"原讹"汜",径据殿本、集解本改正。

〔17〕升堂拜饮　按:御览四三〇引作"升堂拜母"。

〔18〕游(集)〔息〕帝学　殿本"集"作"息"。集解引惠栋说,谓礼学记"息焉游焉",当作"息"。今据改。

〔19〕本同县李元苍头也　按：李慈铭谓案日本新出珊玉集引孝子传，
　　“李元”作“李文”。

〔20〕牵恫入它舍　按：集解引惠栋说，谓华阳国志“它舍”作“宅舍”

〔21〕假恫休　按：殿本“休”下有“息”字。

〔22〕贼杀妾家十馀口　汲本无“贼”字，殿本“贼”作“枉”。按：集解引
　　惠栋说，谓华阳国志云“大小二十口”。

〔23〕遂亡〔失〕尸〔骸〕　据汲本、殿本补。

〔24〕至亡处祭酹〔泣〕而还　据殿本补。

〔25〕时岁荒民饥　按：汲本、殿本“饥”下有“困”字。

〔26〕皆分别姓字　按：“姓字”汲本作“姓氏”，殿本作“姓名”。

〔27〕狱事特急　殿本“特”作“持”。按：作“持”义较长。

〔28〕以为门卒通传意气　按：殿本“门卒”作“狱门吏卒”。

〔29〕母尝截肉未尝不方　刊误谓案文上“尝”字当作“常”。今按：上
　　“尝”字当衍。

〔30〕帝即赦兴等事　按：王先谦谓“事”字下疑夺文。

〔31〕谒舍(所)谓〔所〕停主人之舍也　集解王先谦谓“所谓”当作“谓
　　所”。今据改。

〔32〕永元十二年征拜太常　按：集解引惠栋说，谓水经注云“十三年”。

〔33〕兄弟六人同食递衣　按：御览四八四、五一五、五二一引，并作“同
　　衣递食”。

〔34〕太守鲁平　集解引惠栋说，谓平，鲁恭弟，本传作丕。按：沈家本
　　谓下云延平中，特征充为博士，时鲁平亦为博士。据鲁丕传，延平
　　中丕不在朝，安得与李充同为博士，恐此传鲁平别是一人。

〔35〕张孟举　按：集解引惠栋说，谓袁宏纪云“侍中张孟”。

〔36〕年八十八为国三老　按：汲本作“年八十八以为国三老”，殿本作
　　“年八十以为国三老”。校补谓据袁纪载充卒年亦无八十八，则下
　　“八”字或衍。

〔37〕雷义字仲公　按:张煦读史举正谓"仲公"文选广绝交论注引作"仲预"。又按:御览四二〇引作"仲翁"。

〔38〕(皆)〔尝〕擢举善人　据汲本、殿本改。

〔39〕义尝济人死罪　按:校补谓案文"义"当作"又",疑"又"讹"义","乂"复讹"义"。

〔40〕谒者灌桓　按:"桓"汲本作"曰"。校补谓"灌曰""灌桓"皆无义可诠,且应奉谓吉凶异制,疑本作"灌神",墓祭非吉祭,朝夕上食,不灌也。

〔41〕字又非也　按:汲本、殿本"又"作"义"。

〔42〕非陈〔契〕阔之所　据汲本、殿本补。

〔43〕干饭寒水　按:御览五五四引"干"作"盂"。

〔44〕鼓即(旁)〔筹〕也　据汲本改。

〔45〕向栩字甫兴　按:御览六一〇引"甫兴"作"辅兴"。

〔46〕若至〔日〕中不雨　据殿本补。

〔47〕引为功曹　按:集解引惠栋说,谓"功曹"谢承书作"主簿"。

〔48〕无夫曰独　按:集解引周寿昌说,谓"夫"当作"妻"。校补谓"夫"当作"子"。

〔49〕公孙度字(叔)〔升〕济　据集解引惠栋说改,与魏志合。

〔50〕公孙(域)〔域〕　据集解引惠栋说改,与魏志合。

后汉书卷八十二上

方术列传第七十二上

　　仲尼称易有君子之道四焉,曰"卜筮者尚其占"。①占也者,先王所以定祸福,决嫌疑,幽赞于神明,遂知来物者也。②若夫阴阳推步之学,往往见于坟记矣。③然神经怪牒,玉策金绳,关扃于明灵之府,封滕于瑶坛之上者,靡得而窥也。至乃河洛之文,龟龙之图,④箕子之术,⑤师旷之书,⑥纬候之部,⑦钤决之符,⑧皆所以探抽冥赜,参验人区,时有可闻者焉。⑨其流又有风角、遁甲、七政、元气、六日七分、逢占、日者、挺专、须臾、孤虚之术,⑩及望云省气,推处祥妖,时亦有以效于事也。⑪而斯道隐远,玄奥难原,故圣人不语怪神,罕言性命。⑫或开末而抑其端,⑬或曲辞以章其义,⑭所谓"民可使由之,不可使知之"。⑮

　　①易系辞曰:"以言者尚其辞,以动者尚其变,以制器者尚其象,以卜筮者尚其占。"

②易说卦曰："圣人之作易也，幽赞于神明而生蓍。"系辞曰："无有远近幽深，遂知来物。"

③左传曰："履端于始，举正于中，归馀于终。"尚书曰"历象日月星辰"也。

④尚书中候曰："尧沈璧于洛，玄龟负书，背中赤文朱字，[1] 止坛。舜礼坛于河畔，沈璧，礼毕，至于下昃，黄龙负卷舒图，出水坛畔。"

⑤箕子说洪范五行阴阳之术也。

⑥占灾异之书也。今书七志有师旷六篇。

⑦纬，七经纬也。候，尚书中候也。

⑧兵法有玉钤篇及玄女六韬要决，曰："太公对武王曰：'主将有阴符，有大胜得敌之符，符长一尺；有破军禽敌之符，符长九寸；有降城得邑之符，符长八寸；有却敌执远之符，符长七寸；有交兵惊中坚守之符，符长六寸；有请粮食益兵之符，符长五寸；有败军亡将之符，符长四寸；有失亡吏卒之符，符长三寸。诸奉使行符稽留，若符事闻，闻符所告者皆诛。'"

⑨小尔雅曰："赜，深也。区，域也。"

⑩风角、六日七分，解并见郎顗传。遁甲，推六甲之阴而隐遁也，今书七志有遁甲经。七政，日、月、五星之政也。元气者，谓开辟阴阳之书也。河图曰："元气闿阳为天。"前书班固曰："东方朔之逢占、覆射。"音义云："逢人所问而占之也。"日者，卜筮掌日之术也，史记司马季主为日者。挺专，折竹卜也。楚辞曰："索琼茅以筵专。"注云："筵，八段竹也。楚人名结草折竹曰专。"挺音大宁反。须臾，阴阳吉凶之成立法也。今书七志有武王须臾一卷。孤虚者，孤谓六甲之孤辰，若甲子旬中，戌亥无干，是为孤也，对孤为虚。前书艺文志有风后孤虚二十卷。

⑪望云，解见明帝纪。省气者，观城郭人畜气以占之也。

⑫论语曰："子不语怪力乱神。"又曰："子罕言利与命与仁。"

⑬论语曰："孔子有疾，子路请祷。子曰：'丘之祷久矣。'"郑玄注云："明素恭肃于鬼神，且顺子路之言也。"

⑭易曰"探赜索隐，钩深致远，定天下之吉凶，成天下之亹亹者，莫善于蓍龟"也。

⑮论语孔子之言也。郑玄注云："由，从也。言王者设教，务使人从之，若皆知其本末，则愚者或轻而不行。"

汉自武帝颇好方术，天下怀协道艺之士，莫不负策抵掌，顺风而届焉。①后王莽矫用符命，及光武尤信谶言，士之赴趣时宜者，皆骋驰穿凿，争谈之也。故王梁、孙咸名应图箓，越登槐鼎之任，②郑兴、贾逵以附同称显，桓谭、尹敏以乖忤沦败，③自是习为内学，尚奇文，贵异数，不乏于时矣。④是以通儒硕生，忿其奸妄不经，奏议慷慨，以为宜见藏摈。⑤子长亦云："观阴阳之书，使人拘而多忌。"盖为此也。⑥

①前书武帝时(李)少翁、[2]栾大等并以方术见。少翁拜文成将军，栾大拜五利将军，贵震天下，而海上燕、齐之士，莫不搤腕而自言有禁方矣。抵，侧击也。

②光武以赤伏符文拜梁为大司空，又以谶文拜孙咸为大司马，见景丹传。

③各见本传。

④内学谓图谶之书也。其事祕密，故称内。

⑤谓桓谭、贾逵、张衡之流也。各见本传。

⑥司马迁字子长，其父太史公论六家之要曰："观阴阳之术，太详而众忌，使人拘而多畏。"见史记也。

夫物之所偏，未能无蔽，虽云大道，其碎或同。①若乃诗之失愚，书之失诬，然则数术之失，至于诡俗乎？如令温柔敦厚而不愚，

斯深于诗者也;疏通知远而不诬,斯深于书者也;②极数知变而不
诡俗,斯深于数术者也。③故曰:"苟非其人,道不虚行。"④意者多
迷其统,取遣颇偏,甚有虽流宕过诞亦失也。⑤〔3〕

①硋音五爱反。

②礼记曰:"其为人也,温柔敦厚,诗教也;疏通知远,书教也。诗之失
　愚,书之失诬。"郑玄注"诗敦厚,近愚;书知远,近诬"也。

③易曰:"极数知来之谓占。"又曰:"知变化之道者,其知神之所为乎?"

④易系辞之文也。

⑤取遣谓信与不信也。阴阳之术,或信或不信,各有所执,故偏颇也。
　以为甚有者虽流宕失中,过称虚诞者,亦为失也。

中世张衡为阴阳之宗,郎𫖳咎征最密,馀亦班班名家焉。①其
徒亦有雅才伟德,未必体极艺能。今盖纠其推变尤长,可以弘补时
事,因合表之云。②

①谓襄楷、蔡邕、杨厚等也。

②表,显也。

任文公,巴郡阆中人也。①父文孙,〔4〕明晓天官风角祕要。文
公少脩父术,州辟从事。哀帝时,有言越巂太守欲反,刺史大惧,遣
文公等五从事检行郡界,潜伺虚实。共止传舍,时暴风卒至,文公
遽趣白诸从事促去,〔5〕当有逆变来害人者,因起驾速驱。诸从事未
能自发,郡果使兵杀之,文公独得免。

①阆中,今隆州县。

后为治中从事。时天大旱,白刺史曰:"五月一日,当有大水,
其变已至,不可防救,宜令吏人豫为其备。"刺史不听,文公独储大

船,百姓或闻,颇有为防者。到其日旱烈,<u>文公</u>急命促载,使白刺史,刺史笑之。日将中,天北云起,须臾大雨,至晡时,<u>湔水</u>涌起十馀丈,①突坏庐舍,所害数千人。<u>文公</u>遂以占术驰名。辟司空掾。<u>平帝</u>即位,称疾归家。

①<u>郦元水经注</u>云"<u>湔水出绵道玉垒山</u>",[6]在今<u>益州</u>。湔音子延反。

<u>王莽</u>篡后,<u>文公</u>推数,①知当大乱,乃课家人负物百斤,环舍趋走,日数十,[7]时人莫知其故。后兵寇并起,其逃亡者少能自脱,惟<u>文公</u>大小负粮捷步,②悉得完免。遂奔<u>子公山</u>,十馀年不被兵革。

①推历运之数也。

②捷,健也。

<u>公孙述</u>时,<u>蜀</u>武担石折。①<u>文公</u>曰:"噫!<u>西州</u>智士死,我乃当之。"自是常会聚子孙,设酒食。后三月果卒。故<u>益</u>部为之语曰:"<u>任文公</u>,智无双。"

①<u>武担</u>,山,在今<u>益州成都县</u>北百二十步。<u>杨雄蜀王本纪</u>云:"<u>武都</u>丈夫化为女子,颜色美绝,盖山精也。<u>蜀王</u>纳以为妃,无几物故,乃发卒之<u>武都</u>担土,葬于<u>成都</u>郭中,号曰<u>武担</u>。以石作镜一枚表其墓。"<u>华阳国志</u>曰:"<u>王</u>哀念之,遣五丁之<u>武都</u>担土为妃作冢,盖地数亩,高七丈。其石俗今名为石笋。"

<u>郭宪</u>字<u>子横</u>,<u>汝南宋</u>人也。①少师事<u>东海王仲子</u>。时<u>王莽</u>为大司马,召<u>仲子</u>,<u>仲子</u>欲往。<u>宪</u>谏曰:"礼有来学,无有往教之义。②今君贱道畏贵,窃所不取。"<u>仲子</u>曰:"<u>王公</u>至重,不敢违之。"<u>宪</u>曰:"今正临讲业,且当讫事。"<u>仲子</u>从之,日晏乃往。<u>莽</u>问:"君来何迟?"<u>仲子</u>具以<u>宪</u>言对,<u>莽</u>阴奇之。及后篡位,拜<u>宪</u>郎中,赐以衣服。

宪受衣焚之,逃于东海之滨。莽深忿恚,讨逐不知所在。

> ①续汉志汝南郡有宋公国,周名郪丘,汉改为新郪,章帝建初四年,徙宋
> 公于此。
> ②礼记曰:"礼闻来学,不闻往教。"

光武即位,求天下有道之人,乃征宪拜博士。再迁,建武七年,代张堪为光禄勋。从驾南郊。宪在位,忽回向东北,[8] 含酒三㵲。①执法奏为不敬。②诏问其故。宪对曰:"齐国失火,故以此厌之。"后齐果上火灾,与郊同日。

> ①埤苍曰:"㵲,喷也。"音巽。
> ②执法,纠劾之官也。

八年,车驾西征隗嚣,宪谏曰:"天下初定,车驾未可以动。"宪乃当车拔佩刀以断车鞅。①帝不从,遂上陇。其后颖川兵起,乃回驾而还。帝叹曰:"恨不用子横之言。"

> ①鞅在马胸,音胤。

时匈奴数犯塞,帝患之,乃召百僚廷议。宪以为天下疲敝,不宜动众。谏争不合,乃伏地称眩瞀,不复言。①帝令两郎扶下殿,宪亦不拜。帝曰:"常闻'关东觥觥郭子横',竟不虚也。"②宪遂以病辞退,卒于家。

> ①瞀,乱也。
> ②觥觥,刚直之貌,音古横反。

许杨[9]字伟君,汝南平舆人也。少好术数。王莽辅政,召为郎,稍迁酒泉都尉。及莽篡位,杨乃变姓名为巫医,逃匿它界。莽

败,方还乡里。

汝南旧有鸿郤陂,^①成帝时,丞相翟方进奏毁败之。建武中,太守邓晨欲脩复其功,闻杨晓水脉,召与议之。杨曰:"昔成帝用方进之言,^②寻而自梦上天,天帝怒曰:'何故败我濯龙渊?'是后民失其利,多致饥困。时有谣歌曰:'败我陂者翟子威,饴我大豆,亨我芋魁。^③反乎覆,陂当复。'^{〔10〕}昔大禹决江疏河以利天下,明府今兴立废业,富国安民,童谣之言,将有征于此。诚愿以死效力。"晨大悦,因署杨为都水掾,使典其事。杨因高下形埶,起塘四百馀里,数年乃立。^④百姓得其便,累岁大稔。

①陂在今豫州汝阳县东。

②前书翟方进奏坏鸿郤陂。

③方进字子威。芋魁,芋根也。前书"饴"作"饭","亨"作"羹"。

④塘,堤堰水也。

初,豪右大姓因缘陂役,竞欲辜较在所,杨一无听,遂共谮杨受取赇赂。晨遂收杨下狱,而械辄自解。狱吏恐,遽白晨。晨惊曰:"果滥矣。太守闻忠信可以感灵,今其效乎!"即夜出杨,遣归。时天大阴晦,道中若有火光照之,时人异焉。后以病卒。晨于都(官)〔宫〕为杨起庙,^{〔11〕}图画形像,百姓思其功绩,皆祭祀之。

高获字敬公,^{〔12〕}汝南新息人也。为人尼首方面。^①少游学京师,与光武有旧。师事司徒欧阳歙。歙下狱当断,获冠铁冠,带铁锧,诣阙请歙。帝虽不赦,而引见之。谓曰:"敬公,朕欲用子为吏。宜改常性。"获对曰:"臣受性于父母,不可改之于陛下。"出便辞去。

三公争辟不应。后太守鲍昱请获,既至门,令主簿就迎,主簿〔曰〕但使骑吏迎之,[13]获闻之,即去。昱遣追请获,获顾曰:"府君但为主簿所欺,不足与谈。"遂不留。时郡境大旱。获素善天文,晓遁甲,能役使鬼神。昱自往问何以致雨,获曰:"急罢三部督邮,①明府当自北出,到三十里亭,雨可致也。"昱从之,果得大雨。每行县,辄轼其闾。②获遂远遁江南,卒于石城。③石城人思之,共为立祠。

①续汉书曰:"监属县有三部,每部督邮书掾一人。"
②轼,所以礼之。礼记曰"轼视马尾"也。
③石城在今苏州西南。

王乔者,河东人也。显宗世,为叶令。乔有神术,每月朔望,常自县诣台朝。帝怪其来数,而不见车骑,密令太史伺望之。言其临至,辄有双凫从东南飞来。于是候凫至,举罗张之,但得一只舄焉。乃诏尚方诊视,①则四年中所赐尚书官属履也。每当朝时,叶门下鼓不击自鸣,闻于京师。后天下玉棺于堂前,吏人推排,终不摇动。乔曰:"天帝独召我邪?"乃沐浴服饰寝其中,盖便立覆。宿昔葬于城东,土自成坟。其夕,县中牛皆流汗喘乏,而人无知者。百姓乃为立庙,号叶君祠。牧守每班录,皆先谒拜之。②吏人祈祷,无不如应。若有违犯,亦立能为祟。帝乃迎取其鼓,置都亭下,略无复声焉。或云此即古仙人王子乔也。③

①说文曰,诊亦视也。音真客反。

②王乔墓在今叶县东。

③刘向列仙传曰：“王子乔，周灵王太子晋也。好吹笙，作凤鸣。游伊洛间，道士浮丘公接上嵩山。(二)〔三〕十馀年后，[14]来于山上，告桓良曰：‘告我家，七月七日待我缑氏山头。’果乘白鹤驻山巅，望之不得到，举手谢时人而去。”

谢夷吾字尧卿，会稽山阴人也。少为郡吏，学风角占候。太守第五伦擢为督邮。时乌程长有臧衅，伦使收案其罪。夷吾到县，无所验，但望阁伏哭而还。一县惊怪，不知所为。及还，白伦曰：“窃以占候，知长当死。近三十日，远不过六十日，游魂假息，非刑所加，故不收之。”伦听其言，至月馀，果有驿马赍长印绶，上言暴卒。伦以此益礼信之。①

①谢承书曰“伦甚崇其道德，转署主簿，使子从受春秋，夷吾待之如师弟子之礼。时或遨戏，不肯读书，便白伦行罚，遂成其业”也。

举孝廉，为寿张令，①稍迁荆州刺史，②迁钜鹿太守。所在爱育人物，有善绩。及伦作司徒，令班固为文荐夷吾曰：“臣闻尧登稷、契，政隆太平；[15]舜用皋陶，政致雍熙。殷、周虽有高宗、昌、发之君，犹赖傅说、吕望之策，故能克崇其业，允协大中。③窃见钜鹿太守会稽谢夷吾，出自东州，厥土涂泥，而英姿挺特，奇伟秀出。才兼四科，行包九德，④仁足济时，知周万物。加以少膺儒雅，韬含六籍，推考星度，综校图录，探赜圣祕，观变历征，占天知地，与神合契，据其道德，以经王务。昔为陪隶，与臣从事，奋忠毅之操，躬史鱼之节，董臣严纲，勖臣懦弱，⑤得以免戾，实赖厥勋。及其应选作宰，惠敷百里，降福弥异，流化若神，爰牧荆州，威行邦国。奉法作

2179

政,有周、召之风;居俭履约,绍公仪之操。⑥寻功简能,为外台之表;听声察实,为九伯之冠。⑦迁守钜鹿,政合时雍。德量绩谋,有伊、吕、管、晏之任;阐弘道奥,同史苏、京房之伦。⑧虽密勿在公,而身出心隐,不殉名以求誉,不驰骛以要宠,念存逊遁,演志箕山。方之古贤,实有伦序;采之于今,超焉绝俗。诚社稷之元龟,大汉之栋甍。⑨宜当拔擢,使登鼎司,上令三辰顺轨于历象,下使五品咸训于嘉时,⑩必致休征克昌之庆,非徒循法奉职而已。臣以顽驽,器非其畴,⑪尸禄负乘,夕惕若厉。⑫愿乞骸骨,更授夷吾,上以光七曜之明,下以厌率土之望,庶令微臣塞咎免悔。"

①谢承书曰:"县人女子张雨,早丧父母,年五十,不肯嫁,留养孤弟二人,教其问学,各得通经。雨皆为娉娶,皆成善士。夷吾荐于州府,使各选举,表复雨门户。永平十五年,蝗发泰山,流徙郡国,荐食五稷,过寿张界,飞逝不集。"

②谢承书曰:"夷吾雅性明远,能决断罪疑。行部始到南阳县,遇孝章皇帝巡狩,驾幸鲁阳,有诏敕荆州刺史入传录见囚徒,诫长吏'勿废旧仪,朕将览焉'。上临西厢南面,夷吾处东厢,分帷隔中央。夷吾所决正一县三百馀事,事与上合。而朝廷叹息曰:'诸州刺史尽如此者,朕不忧天下。'常以励群臣。"

③尚书洪范曰:"皇建其有极。"孔安国注云:"皇,大;极,中也。"

④四科,见文苑传。尚书咎繇陈九德,曰"宽而栗,愿而恭,乱而敬,柔而立,扰而毅,直而温,简而廉,刚而塞,强而义"也。

⑤董,督也。勖,励也。

⑥史记公仪休相鲁,拔园葵,去织妇,不与人争利。

⑦左传曰:"五侯九伯。"杜预注云:"九州之伯也。"

⑧左传史苏,晋太史,善筮者。京房字君明,善阴阳占候,见前书。

⑨尚书曰:"格人元龟,罔敢知吉。"元,大也。甍亦栋也。

⑩五品，五常之教也，谓父义，母慈，兄友，弟恭，子孝也。训，顺也。

⑪畴，类也。

⑫易曰：“负且乘，致寇至。”又曰：“夕惕若厉。”言君子终日乾乾，至于夕，犹怵惕戒惧，若危厉。

后以行春乘柴车，从两吏，①<u>冀州</u>刺史上其仪序失中，有损国典，左转<u>下邳</u>令。<u>豫</u>克死日，如期果卒。敕其子曰：“<u>汉</u>末当乱，必有发掘露骸之祸。”使悬棺下葬，墓不起坟。②

①柴车，贱车也。

②墓谓茔域。坟谓筑土。

时博士<u>勃海郭凤</u>亦好图谶，善说灾异，吉凶占应。先自知死期，<u>豫</u>令弟子市棺敛具，至其日而终。①

①棺音古乱反。

<u>杨由</u>字<u>哀侯</u>，[16] <u>蜀郡成都</u>人也。少习<u>易</u>，并七政、元气、风云占候。为郡文学掾。时有大雀夜集于库楼上，太守<u>廉范</u>以问<u>由</u>。<u>由</u>对曰：“此占郡内当有小兵，然不为害。”后二十余日，<u>广柔县蛮夷</u>反，杀伤长吏，①郡发库兵击之。又有风吹削哺，②太守以问<u>由</u>。<u>由</u>对曰：“方当有荐木实者，其色黄赤。”顷之，五官掾献橘数包。

①<u>广柔县</u>属<u>蜀郡</u>，故城在今<u>茂州汶川县</u>西。

②“哺”当作“柿”，[17]音孚废反。<u>颜氏家训</u>曰：“削则札也。<u>左传</u>曰‘削而投之’是也。史家假借为‘肝肺’字，今俗或作‘脯’，或作为‘反哺’之‘哺’，学士因云‘是屏障之名’，非也。风角书曰‘庶人之风扬尘转削’，若是屏障，何由可转。”

<u>由</u>尝从人饮，敕御者曰：“酒若三行，便宜严驾。”既而趣去。

后主人舍有斗相杀者，人请问何以知之。由曰："向社中木上有鸠斗，此兵贼之象也。"其言多验。著书十馀篇，名曰其平。终于家。

李南字孝山，丹阳句容人也。①少笃学，明于风角。和帝永元中，太守马棱坐盗贼事被征，当诣廷尉，吏民不宁，南特通谒贺。棱意有恨，谓曰："太守不德，今当即罪，而君反相贺邪？"南曰："且有善风，明日中时应有吉问，故来称庆。"旦日，棱延望景晏，以为无征；至晡，乃有驿使赍诏书原停棱事。南问其迟留之状。使者曰："向度宛陵浦里阫，②马踠足，是以不得速。"③棱乃服焉。后举有道，辟公府，病不行，终于家。

　①句容，今润州县也。近句曲山有所容，因名焉。

　②宛陵，县，属丹阳郡。阫，以舟济水也。

　③踠，屈损也。

南女亦晓家术，为由拳县人妻。晨诣爨室，卒有暴风，妇便上堂从姑求归，辞其二亲。姑不许，乃跪而泣曰："家世传术，疾风卒起，先吹灶突及井，此祸为妇女主爨者，妾将亡之应。"因著其亡日。乃听还家，如期病卒。

2182

李郃字孟节，汉中南郑人也。父颉，以儒学称，官至博士。郃袭父业，游太学，通五经。善河洛风星，外质朴，人莫之识。县召署幕门候吏。

和帝即位，分遣使者，皆微服单行，各至州县，观采风谣。使者二人当到<u>益</u>部,投<u>郃</u>候舍。时夏夕露坐,<u>郃</u>因仰观,问曰:"二君发京师时,宁知朝廷遣二使邪?"二人默然,惊相视曰:"不闻也。"问何以知之。<u>郃</u>指星示云:"有二使星向<u>益州</u>分野,故知之耳。"①

①<u>前书觜觽</u>、<u>参</u>,<u>益州</u>之分野也。

后三年,其使者一人拜<u>汉中</u>太守,<u>郃</u>犹为吏,太守奇其隐德,召署户曹史。时大将军<u>窦宪</u>纳妻,天下郡国皆有礼庆,郡亦遣使。<u>郃</u>进谏曰:"<u>窦</u>将军椒房之亲,不脩礼德,而专权骄恣,危亡之祸可翘足而待,愿明府一心王室,勿与交通。"太守固遣之,<u>郃</u>不能止,请求自行,许之。<u>郃</u>遂所在留遟,以观其变。行至<u>扶风</u>,而<u>宪</u>就国自杀,支党悉伏其诛,凡交通<u>宪</u>者,皆为免官,唯<u>汉中</u>太守不豫焉。

<u>郃</u>岁中举孝廉,五迁尚书令,又拜太常。<u>元初</u>四年,代<u>袁敞</u>为司空,数陈得失,有忠臣节。在位四年,坐请托事免。

<u>安帝</u>崩,<u>北乡侯</u>立,复为司徒。及<u>北乡侯</u>病,<u>郃</u>阴与少府<u>河南陶范</u>、步兵校尉<u>赵直</u>谋立<u>顺帝</u>,会<u>孙程</u>等事先成,故<u>郃</u>功不显。明年,坐吏民疾病,仍有灾异,赐策免。将作大匠<u>翟酺</u>上<u>郃</u>"潜图大计,以安社稷",于是录阴谋之功,封<u>郃涉都侯</u>,辞让不受。年八十馀,卒于家。门人<u>上党冯胄</u>独制服,心丧三年,时人异之。①

①<u>家语</u>曰"<u>仲尼</u>既葬,弟子皆家于墓,行心丧之礼。三年丧毕,或去或留"也。

<u>胄</u>字<u>世威</u>,<u>奉世</u>之后也。①常慕<u>周伯况</u>、<u>闵仲叔</u>之为人,隐处山泽,不应征辟。

①<u>奉</u>代字<u>子明</u>,[18]<u>宣帝</u>时为前将军,见前书也。

<u>郃</u>子<u>固</u>,已见前传。弟子<u>历</u>,字<u>季子</u>。清白有节,博学善交,与<u>郑玄</u>、<u>陈纪</u>等相结。为<u>新城</u>长,政贵无为。亦好方术。时天下旱,

县界特雨。官至奉车都尉。

段翳字元章，广汉新都人也。习易经，明风角。时有就其学者，虽未至，必豫知其姓名。尝告守津吏曰："某日当有诸生二人，荷担问翳舍处者，幸为告之。"后竟如其言。又有一生来学，积年，自谓略究要术，辞归乡里。翳为合膏药，并以简书封于筒中，告生曰："有急发视之。"生到葭萌，与吏争度，津吏树破从者头。生开筒得书，言到葭萌，与吏斗头破者，以此膏裹之。生用其言，创者即愈。生叹服，乃还卒业。翳遂隐居窜迹，终于家。

廖扶字文起，①汝南平舆人也。习韩诗、欧阳尚书，教授常数百人。父为北地太守，永初中，坐羌没郡下狱死。扶感父以法丧身，惮为吏。及服终而叹曰："老子有言：'名与身孰亲？'吾岂为名乎！"遂绝志世外。专精经典，尤明天文、谶纬，风角、推步之术。州郡公府辟召皆不应。就问灾异，亦无所对。

①廖，音力吊反，又音力救反。

扶逆知岁荒，乃聚谷数千斛，悉用给宗族姻亲，又敛葬遭疫死亡不能自收者。常居先人冢侧，未曾入城市。太守谒焕，①先为诸生，从扶学，后临郡，未到，先遣吏脩门人之礼，又欲擢扶子弟，固不肯，当时人因号为北郭先生。年八十，终于家。

①谒姓也。

二子，孟举、伟举，并知名。

折像字伯式,广汉雒人也。其先张江者,封折侯。[19] 曾孙国为郁林太守,徙广汉,因封氏焉。国生像。

国有赀财二亿,家僮八百人。像幼有仁心,不杀昆虫,不折萌牙。能通京氏易,好黄老言。及国卒,感多藏厚亡之义,① 乃散金帛资产,周施亲疏。或谏像曰:"君三男两女,孙息盈前,当增益产业,何为坐自殚竭乎?"像曰:"昔斗子文有言:'我乃逃祸,非避富也。'② 吾门户殖财日久,盈满之咎,道家所忌。③ 今世将衰,子又不才。不仁而富,谓之不幸。④ 墙隙而高,其崩必疾也。"智者闻之咸服焉。

①老子曰"多藏必厚亡"也。

②国语曰:"楚成王每出子文之禄,必逃,王止而后复。人谓子文曰:'人生求富而子逃之,何也?'子文曰:'夫从政者,以庇人也。人多旷者,而我取富,是勤人以自封也,死无日矣。我逃死,不逃富。'"

③老子曰:"持而盈之,不如其已。金玉满堂,莫之能守。"

④左传曰:"善人富谓之赏,[20] 淫人富谓之殃。"

自知亡日,召宾客九族饮食辞诀,忽然而终。时年八十四。家无馀资,诸子衰劣如其言云。

樊英字季齐,[21] 南阳鲁阳人也。少受业三辅,习京氏易,兼明五经。又善风角、星筭、河洛七纬,推步灾异。① 隐于壶山之阳,② 受业者四方而至。州郡前后礼请不应;公卿举贤良方正、有道,皆不行。

① 七纬者，易纬稽览图、乾凿度、坤灵图、通卦验、是类谋、辨终备也；书纬璇机钤、考灵耀、刑德放、帝命验、运期授也；诗纬推度灾、记历枢、含神务也；礼纬含文嘉、稽命征、斗威仪也；乐纬动声仪、稽耀嘉、汁图征也；孝经纬援神契、钩命决也；春秋纬演孔图、元命包、文耀钩、运斗枢、感精符、合诚图、考异邮、保乾图、汉含孽、佑助期、握诚图、潜潭巴、说题辞也。

② 山在今邓州新城县北，即张衡南都赋云"天封大狐"是也。

尝有暴风从西方起，英谓学者曰："成都市火甚盛。"因含水西向潄之，乃令记其日时。客后有从蜀都来，云"是日大火，有黑云卒从东起，须臾大雨，火遂得灭"。于是天下称其术艺。

安帝初，征为博士。至建光元年，复诏公车赐策书，征英及同郡孔乔、①李昺、②北海郎宗、③陈留杨伦、④东平王辅六人，⑤唯郎宗、杨伦到洛阳，英等四人并不至。

① 谢承书曰"乔字子松，宛人也，学古文尚书、春秋左氏传。常幽居脩志，锐意典籍，至乃历年身不出门，乡里莫得瞻见。公车征不行，卒于家"也。

② 谢承书曰"昺字子然，酂人也，笃行好学，不美荣禄。习鲁诗、京氏易。室家相待如宾。州郡前后礼请不应。举茂才，除召陵令，不到官。公车征不行，卒"也。

③ 谢承书曰："宗字仲绥，安丘人也，善京氏易、风角、星算，推步吉凶。常负笈荷担卖卜给食，癖服间行，人莫得知。安帝诏公车征，策文曰：'郎宗、李昺、孔乔等前比征命，未肯降意。恐主者玩弄，礼意不备，使难进易退之人龙潜不屈其身。各致嘉礼，遣诣公车，将以补察国政，辅朕之不逮。'青州被诏书，遣宗诣公车，对策陈灾异，而为诸儒之表。拜议郎，除吴令。到官一月，时卒暴风，宗占以为京师有大火，定火发时，果如宗言。诸公闻之，表上，博士征。宗耻以占事就征，文书未

到,夜悬印绶置厅上遁去,终于家。子颐,自有传。"

④见儒林传。

⑤谢承书曰:'辅字公助,平陆人也。学公羊传、援神契。常隐居野庐,以道自娱。辟公府,举有道,对策拜郎中。陈灾异,甄吉凶有验,拜议郎,以病逊。安帝公车征,不行,卒于家。"

永建二年,顺帝策书备礼,玄纁征之,复固辞疾笃。乃诏切责郡县,驾载上道。英不得已,到京,称病不肯起。乃强舆入殿,犹不以礼屈。帝怒,谓英曰:"朕能生君,能杀君;能贵君,能贱君;能富君,能贫君。君何以慢朕命?"英曰:"臣受命于天。生尽其命,天也;死不得其命,亦天也。陛下焉能生臣,焉能杀臣!臣见暴君如见仇雠,立其朝犹不肯,可得而贵乎?虽在布衣之列,环堵之中,①晏然自得,不易万乘之尊,又可得而贱乎?陛下焉能贵臣,焉能贱臣!臣非礼之禄,虽万锺不受;若申其志,虽箪食不厌也。②陛下焉能富臣,焉能贫臣!"帝不能屈,而敬其名,使出就太医养疾,月致羊酒。

①环堵,面一堵也。庄子曰"原宪居环堵之中"也。

②箪,笥也。论语曰,颜回在陋巷之中,一箪食,一瓢饮。

至四年三月,天子乃为英设坛席,令公车令导,尚书奉引,赐几杖,待以师傅之礼,延问得失。英不敢辞,拜五官中郎将。数月,英称疾笃,诏以为光禄大夫,赐告归。令在所送穀千斛,常以八月致牛一头,酒三斛;如有不幸,祠以中牢。英辞位不受,有诏譬旨勿听。

英初被诏命,金以为必不降志,及后应对,又无奇谟深策,谈者以为失望。①初,河南张楷与英俱征,既而谓英曰:"天下有二道,出与处也。吾前以子之出，能辅是君也，济斯人也。而子始以不訾之身，怒万乘之主；及其享受爵禄，又不闻匡救之术，进退无所据矣。"

①谢承书曰"南郡王逸素与英善，因与其书，多引古譬喻，劝使就聘。英顺逸议，谈者失望"也。

英既善术，朝廷每有灾异，诏辄下问变复之效，所言多验。①

①变灾异复于常也。

初，英著易章句，世名樊氏学，以图纬教授。颍川陈寔少从英学。尝有疾，妻遣婢拜问，英下床答拜。寔怪而问之。英曰："妻，齐也，共奉祭祀，礼无不答。"①其恭谨若是。年七十馀，卒于家。

①礼记曰："凡非吊丧非见国君，无不答拜。"

孙陵，灵帝时以谄事宦人为司徒。[22]

陈郡郃巡学传英业，官至侍中。

论曰：汉世之所谓名士者，其风流可知矣。虽弸张趣舍，时有未纯，于刻情修容，依倚道艺，以就其声价，非所能通物方，弘时务也。①及征樊英、杨厚，朝廷若待神明，至竟无它异。英名最高，毁最甚。李固、朱穆等以为处士纯盗虚名，无益于用，故其所以然也。然而后进希之以成名，世主礼之以得众，原其无用亦所以为用，则其有用或归于无用矣。何以言之？夫焕乎文章，时或乖用；本乎礼乐，适末或疏。②及其陶搢绅，藻心性，使由之而不知者，岂非道邈用表，乖之数迹乎？③而或者忽不践之地，赊无用之功，④至乃诮谦远术，贱斥国华，⑤以为力诈可以救沦敝，文律足以致宁平，智尽于猜察，道足于法令，虽济万世，其将与夷狄同也。⑥孟轲有言曰："以夏变夷，不闻变夷于夏。"况有未济者乎！

①易曰："方以类聚,物以群分。"

②文章虽美,时敝则不用也。礼乐诚贵,代末则废。

③言文章礼乐,其道邈远,出于常用之表,不可以数迹求也。

④庄子曰："惠子谓庄子曰:'子言无用。'庄子曰:'知无用而始可与言用矣。夫地非不广且大也,人之所用容足耳。然则侧足而垫之,致黄泉,人尚有用乎?'惠子曰:'无用。'庄子曰:'然则无用之为用也亦明矣。'"垫犹掘也。

⑤远术谓礼乐,国华谓怀道隐逸之士也。

⑥前书大人赋曰："虽济万代,不足以喜。"

【校勘记】

〔1〕背中赤文朱字　按:集解引惠栋说,谓案中候握河纪作"背甲赤文成字"。

〔2〕(李)少翁　校补谓案前书郊祀志拜文成将军者齐人少翁,史不言何姓,"李"字衍。今据删。按:殿本作"李少君",误。

〔3〕甚有虽流宕过诞亦失　按:刊误谓案此不成文理,注亦不明,盖非范本真。

〔4〕父文孙　集解引惠栋说,谓案华阳国志,文公为文孙弟。今按:父名"文孙",子不当名"文公",必有误。

〔5〕文公遽趣白诸从事促去　按:汲本、殿本"趣"作"起"。

〔6〕湔水出绵道玉垒山　按:王先谦谓"绵道"当作"绵虒道"。

〔7〕日数十　按:刊误谓旧本有一"到"字,不合刊去。

〔8〕忽回向东北　按:殿本"回"作"面"。

〔9〕许杨　按:校补引柳从辰说,谓御览七十二引谢承书及本书,"杨"均作"阳"。

〔10〕反乎覆陂当复　按:殿本考证王会汾谓案前书翟方进传,此下有

"谁云者两黄鹄"六字。

〔11〕晨于都(官)〔宫〕为杨起庙　据汲本、殿本改。

〔12〕高获字敬公　按:集解引汪文台说,谓御览十一引谢承书作
"周获"。

〔13〕主簿(曰)但使骑吏迎之　据刊误删。

〔14〕(二)〔三〕十馀年后　据殿本改。按:御览三九、六六二引,并作"三
十馀年"。

〔15〕政隆太平　按:下云"政致雍熙",刊误谓案文势不当骈用两"政"
字,盖本是"治",避唐讳作"化",后人不知,误改为"政"。

〔16〕杨由字哀侯　按:古人名与字相应,"哀"疑"衷"之讹。

〔17〕哺当作柿　"柿"原作"柿",迳据殿本、集解本改。按:校补谓木枛
之"枛"本从朮,果柿之"柿"本从市,俗作"柿"从弗,今皆讹作
"柿",从市,俗遂皆写作弗,辩之不胜辩矣。

〔18〕奉代字子明　按:汲本、殿本"代"作"世",此避唐讳,未回改也。

〔19〕其先张江者封折侯　按:集解引惠栋说,谓华阳国志云江为武威太
守,封南阳折侯,因氏焉。案南阳有析县,前汉属宏农,郦元音持益
反,颜籀音先历反,字从木,不从手。

〔20〕善人富谓之幸　集解引惠栋说,谓左传"幸"作"赏"。今按:赏与
殃韵,作"幸"非也。

〔21〕樊英字季齐　按:集解引惠栋说,谓"季齐"一作"季高",见抱
朴子。

2190

〔22〕孙陵灵帝时以谄事宦人为司徒　按:集解引钱大昭说,谓案灵帝
纪,陵为太尉,非司徒。

后汉书卷八十二下

方术列传第七十二下

唐檀字子产,豫章南昌人也。少游太学,习京氏易、韩诗、颜氏春秋,尤好灾异星占。后还乡里,教授常百馀人。

元初七年,郡界有芝草生,太守刘祗欲上言之,以问檀。檀对曰:"方今外戚豪盛,阳道微弱,斯岂嘉瑞乎?"祗乃止。永宁元年,南昌有妇人生四子,祗复问檀变异之应。檀以为京师当有兵气,其祸发于萧墙。① 至延光四年,中黄门孙程扬兵殿省,② 诛皇后兄车骑将军阎显等,立济阴王为天子,果如所占。

2191

① 论语孔子曰:"吾恐季孙之忧,不在颛臾而在萧墙之内。"萧,肃也。谓屏墙也。言人臣至屏,无不肃敬。

② 扬,举也。

永建五年,举孝廉,除郎中。是时白虹贯日,檀因上便宜三事,陈其咎征。书奏,弃官去。著书二十八篇,名为唐子。卒于家。

公沙穆字文义，北海胶东人也。家贫贱。自为儿童不好戏弄，长习韩诗、公羊春秋，尤锐思河洛推步之术。居建成山中，依林阻为室，独宿无侣。时暴风震雷，有声于外呼穆者三，穆不与语。有顷，呼者自牖而入，音状甚怪，穆诵经自若，终亦无它妖异，时人奇之。后遂隐居东莱山，学者自远而至。

有富人王仲，致产千金。谓穆曰："方今之世，以货自通，吾奉百万与子为资，何如?"对曰："来意厚矣。夫富贵在天，得之有命，以货求位，吾不忍也。"①

① 谢承书曰"穆尝养猪，猪有病，使人卖之于市。语之(言)〔云〕[1]'如售，当告买者言病，贱取其直;不可言无病，欺人取贵价'也。卖猪者到市即售，亦不言病，其直过价。穆怪之，问其故。费半直追以还买猪人。告语(言)〔云〕'猪实病，欲贱卖，不图卖者人相欺，[2]乃取贵直。'买者言卖买私约，亦复辞钱不取。穆终不受钱而去"也。

后举孝廉，以高第为主事，迁缯相。①时缯侯刘敞，东海恭王之后也，所为多不法，废嫡立庶，傲很放恣。穆到官，谒曰："臣始除之日，京师咸谓臣曰'缯有恶侯'，以吊小相。明侯何因得此丑声之甚也?幸承先人之支体，传茅土之重，不战战兢兢，而违越法度，故朝廷使臣为辅。愿改往脩来，自求多福。"乃上没敞所侵官民田地，废其庶子，还立嫡嗣。其苍头儿客犯法，皆收考之。因苦辞谏敞。敞涕泣为谢，多从其所规。

① 缯，县，属琅邪郡，故城在今沂州承县东北也。

迁弘农令。县界有螟虫食稼，百姓惶惧。穆乃设坛谢曰："百姓有过，罪穆之由，请以身祷。"于是暴雨，既霁而螟虫自销，百姓称曰神明。永寿元年，霖雨大水，三辅以东莫不湮没。穆明晓占候，乃豫告令百姓徙居高地，故弘农人独得免害。

迁辽东属国都尉，善得吏人欢心。年六十六卒官。六子皆知名。①〔3〕

①谢承书曰"穆子孚，字允慈。亦为善士，举孝廉，尚书侍郎，召陵令，上縠太守"也。

许曼者，汝南平舆人也。祖父峻，字季山，善卜占之术，多有显验，时人方之前世京房。自云少尝笃病，三年不愈，乃谒太山请命，①行遇道士张巨君，授以方术。所著易林，至今行于世。

①太山主人生死，故诣请命也。

曼少传峻学。桓帝时，陇西太守冯绲始拜郡，开绶笥，有两赤蛇分南北走。绲令曼筮之。卦成，曼曰："三岁之后，君当为边将，官有东名，当东北行三千里。复五年，更为大将军，南征。"延熹元年，绲出为辽东太守，讨鲜卑，至五年，复拜车骑将军，击武陵蛮贼，皆如占。其馀多此类云。

赵彦者，琅邪人也。少有术学。延熹三年，琅邪贼劳丙与太山贼叔孙无忌杀都尉，攻没琅邪属县，残害吏民。朝廷以南阳宗资为讨寇中郎将，杖钺将兵，督州郡合讨无忌。彦为陈孤虚之法，以贼屯在莒，莒有五阳之地，①宜发五阳郡兵，②从孤击虚以讨之。资具以状上，诏书遣五阳兵到。彦推遁甲，教以时进兵，一战破贼，燔烧屯坞，徐兖二州一时平夷。

①谓城阳、南武阳、开阳、阳都、安阳，并近莒。

②郡名有"阳"，谓山阳、广阳、汉阳、南阳、丹阳郡之类也。

樊志张者，汉中南郑人也。博学多通，隐身不仕。尝游陇西，时破羌将军段颎出征西羌，请见志张。其夕，颎军为羌所围数重，因留军中，三日不得去。夜谓颎曰："东南角无复羌，宜乘虚引出，住百里，还师攻之，可以全胜。"颎从之，果以破贼。于是以状表闻。又说其人既有梓慎、焦、董之识，①宜翼圣朝，咨询奇异。于是有诏特征，会病终。

①焦延寿，董仲舒。

单飏字武宣，山阳湖陆人也。以孤特清苦自立，善明天官、筹术。举孝廉，稍迁太史令，侍中。出为汉中太守，公事免。后拜尚书，卒于官。

初，熹平末，黄龙见谯，光禄大夫桥玄问飏："此何祥也？"飏曰："其国当有王者兴。不及五十年，龙当复见，此其应也。"魏郡人殷登密记之。至建安二十五年春，黄龙复见谯，其冬，魏受禅。

韩说字叔儒，会稽山阴人也。博通五经，尤善图纬之学。举孝廉。与议郎蔡邕友善。数陈灾眚，及奏赋、颂、连珠。稍迁侍中。

光和元年十月,说言于灵帝,云其晦日必食,乞百官严装。帝从之,果如所言。中平二年二月,又上封事,剋期宫中有灾。至日南宫大火。迁说江夏太守,公事免。年七十,卒于家。

董扶字茂安,广汉绵竹人也。少游太学,与乡人任安齐名,俱事同郡杨厚,[4]学图谶。还家讲授,弟子自远而至。前后宰府十辟,公车三征,再举贤良方正、博士、有道,皆称疾不就。

灵帝时,大将军何进荐扶,征拜侍中,甚见器重。扶私谓太常刘焉曰:"京师将乱,益州分野有天子气。"焉信之,遂求出为益州牧,扶亦为蜀郡属国都尉,相与入蜀。去后一岁,帝崩,天下大乱,乃去官还家。年八十二卒。

后刘备称天子于蜀,皆如扶言。蜀丞相诸葛亮问广汉秦宓,[5]董扶及任安所长。宓曰"董扶褒秋毫之善,贬纤介之恶。任安记人之善,忘人之过"云。①

① 蜀志曰:"宓字子敕,广汉绵竹人也。少有才学,州郡辟命,称疾不往。或谓宓曰:'足下欲自比巢、许、四皓,何故扬文藻,见瑰颖乎?'宓答曰:'仆文不能尽言,言不能尽意,何文藻之有扬乎?虎生而文炳,凤生而五色,岂以采自饰画哉,性自然也。'先主既定益州,广汉太守夏纂请宓为师友祭酒,领五官掾,称曰仲父。宓称疾,卧在第舍,寻拜左中郎将,长水校尉。吴使张温大敬服宓之文辩,迁大司农而卒。"

郭玉者,广汉雒人也。[6]初,有老父不知何出,常渔钓于涪水,因号涪翁。乞食人间,见有疾者,时下针石,辄应时而效,乃著针经、诊脉法传于世。①弟子程高寻求积年,翁乃授之。高亦隐迹不仕。玉少师事高,学方诊六微之技,阴阳隐侧之术。和帝时,为太医丞,多有效应。帝奇之,仍试令嬖臣美手腕者与女子杂处帷中,使玉各诊一手,问所疾苦。玉曰:"左阳右阴,[7]脉有男女,状若异人。臣疑其故。"帝叹息称善。

①诊,候也,音直忍反。

玉仁爱不矜,虽贫贱厮养,必尽其心力,而医疗贵人,时或不愈。帝乃令贵人羸服变处,一针即差。召玉诘问其状。对曰:"医之为言意也。腠理至微,①随气用巧,针石之间,毫芒即乖。神存于心手之际,可得解而不可得言也。夫贵者处尊高以临臣,臣怀怖慑以承之。其为疗也,有四难焉:自用意而不任臣,一难也;将身不谨,二难也;骨节不强,不能使药,三难也;好逸恶劳,四难也。针有分寸,时有破漏,②重以恐惧之心,加以裁慎之志,臣意且犹不尽,何有于病哉!此其所为不愈也。"帝善其对。年老卒官。

①腠理,皮肤之间也。韩子曰,扁鹊见晋桓侯,曰"君有病,在腠理"也。
②分寸,浅深之度。破漏,日有冲破者也。

华佗字元化,①沛国谯人也,一名旉。②游学徐土,兼通数经。晓养性之术,年且百岁而犹有壮容,时人以为仙。沛相陈珪举孝廉,太尉黄琬辟,皆不就。

①佗音徒何反。
②音孚。

精于方药,处齐不过数种,①心识分铢,不假称量。针灸不过数处。[8]若疾发结于内,针药所不能及者,乃令先以酒服麻沸散,既醉无所觉，因刳破腹背，抽割积聚。若在肠胃，则断截湔洗，除去疾秽，既而缝合，傅以神膏，四五日创愈，一月之间皆平复。②

①齐音才计反。

②佗别传曰"人有见山阳太守广陵刘景宗，说数见华佗，见其疗病平脉之候，其验若神。琅邪刘勋为河内太守，有女年几二十，左脚膝里上有疮，痒而不痛。创发数十日愈，愈已复发，如此七八年。迎佗使视，佗曰：'易疗之。当得稻糠色犬一头，好马二匹。'以绳系犬颈，使走马牵犬。马极辄易，计马走犬三十馀里，犬不能行，复令步人拖曳，计向五十馀里。乃以药饮女，女即安卧不知人。因取犬断腹近后脚之前，所断之处，向创口令去三二寸，停之须臾，有若蛇者从创中出，便以铁锥横贯蛇头，蛇在皮中摇动良久，须臾不动，牵出，长三尺所，纯是蛇，但有眼处而无童子，又逆鳞耳。以膏散著创中，七日愈。又有人苦头眩，头不得举，目不得视，积年。佗使悉解衣倒悬，令头去地一二寸，濡布拭身体，令周帀，候视诸脉，尽出五色。佗令弟子数人以铍刀决脉五色血尽，视赤血出乃下，以膏摩，被覆，汗出周匝，饮以亭历犬血散，立愈。又有妇人长病经年，世谓寒热注病者也。冬十一月中，佗令坐石槽中，(且)〔旦〕用寒水汲灌，[9]云当满百。始七八灌，战欲死，灌者惧，欲止，佗令满数。至将八十灌，热气乃蒸出，嚣嚣高二三尺。满百灌，佗乃然火温床，厚覆良久，汗洽出著粉，汗燥便愈。又有人病腹中半切痛，十馀日中，须眉堕落。佗曰：'是脾半腐，可刳腹养疗也。'佗便饮药令卧，破腹视，脾半腐坏。刮去恶肉，以膏傅创，饮之药，百日平复"也。

2197

佗尝行道，见有病咽塞者，①因语之曰："向来道隅有卖饼人，萍齑甚酸，②[10]可取三升饮之，病自当去。"即如佗言，立吐一蛇，乃悬于车而候佗。时佗小儿戏于门中，逆见，自相谓曰："客车边有物，必是逢我翁也。"及客进，顾视壁北，悬蛇以十数，乃知其奇。③

①咽，喉也。

②诗义疏曰："蘋，澹水上浮萍(者)。粗大〔者〕谓之蘋，[11]小者为萍。季
　春始生，可糁蒸为茹，又可苦酒淹就酒也。"魏志及本草并作"蒜
　齑"也。

③魏志曰"故甘陵相夫人有身六月，腹痛不安。佗视脉，曰：'胎已死。'
　使人手摸知所在，在左则男，在右则女。云'在左'。于是为汤下之，
　果下男形，即愈。县吏尹代苦四支烦，口中干，不欲闻人声，小便不
　利。佗曰：'试作热食，得汗即愈，不汗后三日死。'即作热食，而不汗
　出。佗曰：'藏气已绝于内，当啼泣而绝。'果如佗言。府吏倪寻、李延
　共止，俱头痛身热，所苦正同。佗曰：'寻当下之，延当发汗。'或难其
　异。佗曰：'寻外实，延内实，故疗之宜殊。'即各与药，明旦并起"
　者也。

　　又有一郡守笃病久，佗以为盛怒则差。乃多受其货而不加功。
无何弃去，又留书骂之。太守果大怒，令人追杀佗，不及，因瞋恚，
吐黑血数升而愈。

　　又有疾者，诣佗求疗，佗曰："君病根深，应当剖破腹。[12]然君
寿亦不过十年，病不能相杀也。"病者不堪其苦，必欲除之，佗遂下
疗，应时愈，十年竟死。

　　广陵太守陈登忽患匈中烦懑，面赤，不食。佗脉之，曰："府君
胃中有虫，欲成内疽，腥物所为也。"即作汤二升，再服，须臾，吐出
三升许虫，头赤而动，半身犹是生鱼脍，所苦便愈。佗曰："此病后
三期当发，遇良医可救。"登至期疾动，时佗不在，遂死。

　　曹操闻而召佗，常在左右。操积苦头风眩，佗针，随手而差。

　　有李将军者，妻病，呼佗视脉。佗曰："伤身而胎不去。"将军
言间实伤身，胎已去矣。佗曰："案脉，胎未去也。"将军以为不然。

妻稍差,百馀日复动,更呼佗。佗曰:"脉理如前,是两胎。先生者去,血多,故后儿不得出也。胎既已死,血脉不复归,必燥著母脊。"乃为下针,并令进汤。妇因欲产而不通。佗曰:"死胎枯燥,埶不自生。"使人探之,果得死胎,人形可识,但其色已黑。佗之绝技,皆此类也。①

① 佗别传曰"有人病脚躄不能行,佗切脉,便使解衣,点背数十处,相去一寸或五寸,从邪不相当,言灸此各七壮,灸创愈即行也。后灸愈,灸处夹脊一寸上下,行端直均调如引绳"也。

为人性恶,难得意,且耻以医见业,又去家思归,乃就操求还取方,因托妻疾,数期不反。操累书呼之,又敕郡县发遣,佗恃能厌事,犹不肯至。操大怒,使人廉之,①知妻诈疾,乃收付狱讯,考验首服。荀彧请曰:"佗方术实工,人命所悬,宜加全宥。"操不从,竟杀之。佗临死,出一卷书与狱吏,曰:"此可以活人。"吏畏法不敢受,佗不强与,〔13〕索火烧之。

① 廉,察也。

初,军吏李成苦欬,昼夜不寐。佗以为肠痈,与散两钱服之,即吐二升脓血,于此渐愈。乃戒之曰:"后十八岁,疾当发动,若不得此药,不可差也。"复分散与之。后五六岁,有里人如成先病,请药甚急,成愍而与之,乃故往谯更从佗求,适值见收,意不忍言。后十八年,成病发,无药而死。

广陵吴普、彭城樊阿皆从佗学。普依准佗疗,〔14〕多所全济。

佗语普曰:"人体欲得劳动,但不当使极耳。动摇则谷气得销,血脉流通,病不得生,譬犹户枢,终不朽也。是以古之仙者为导引之事,熊经鸱顾,①引挽腰体,动诸关节,以求难老。吾有一术,名五禽之戏：一曰虎，二曰鹿，三曰熊，四曰猿，五曰鸟。②亦以除疾，兼利蹄足，以当导引。体有不快，起作一禽之戏，怡而汗出，因以著粉，身体轻便而欲食。"普施行之，年九十馀，耳目聪明，齿牙完坚。

> ①熊经，若熊之攀枝自悬也。鸱顾，身不动而回顾也。庄子曰："吐故纳新，熊经鸟申，此导引之士，养形之人也。"
>
> ②佗别传曰："吴普从佗学，微得其方。魏明帝呼之，使为禽戏，普以年老，手足不能相及，粗以其法语诸医。普今年将九十，耳不聋，目不冥，牙齿完坚，饮食无损。"

阿善针术。凡医咸言背及匈藏之间不可妄针，针之不可过四分，而阿针背入一二寸，巨阙匈藏乃五六寸，而病皆瘳。阿从佗求方可服食益于人者，佗授以漆叶青黏散：①漆叶屑一斗，[15]青黏十四两，以是为率。言久服，去三虫，利五藏，轻体，使人头不白。阿从其言，寿百馀岁。漆叶处所而有。青黏生于圭、沛、彭城及朝歌间。

> ①佗别传曰："青黏者，一名地节，一名黄芝，主理五藏，益精气，本出于迷入山者，见仙人服之，以告佗。佗以为佳，语阿，阿又秘之。近者人见阿之寿，而气力强盛，怪之，遂责所服食，因醉乱，误道之。法一施，人多服者，皆有大验。"本字书无"黏"字，相传音女廉反，然今人无识此者，甚可恨惜。

汉世异术之士甚众，虽云不经，而亦有不可诬，故简其美者列于传末：

泠寿光、唐虞、鲁女生三人者，皆与华佗同时。寿光年可百五六十岁，行容成公御妇人法，①常屈颈鸱息，②须发尽白，而色理如三四十时，死于江陵。唐虞道赤眉、张步家居里落，若与相及，死于乡里不其县。鲁女生数说显宗时事，甚明了，议者疑其时人也。董卓乱后，莫知所在。③

①列仙传曰："容成公者，能善补导之事，取精于玄牝。其要穀神不死，守生养气者也。发白复黑，齿落复生。"御妇人之术，谓握固不泻，还精补脑也。

②鴽音居妖反。毛诗曰："有集唯鴽。"毛苌注曰："鴽，雉也。"山海经曰："女几之山多白鴽。"郭璞曰："似雉长尾，走且鸣也。"

③汉武内传曰"鲁女生，长乐人。初饵胡麻及术，绝穀八十馀年，日少壮，色如桃花，日能行三百里，走及獐鹿。传世见之，云三百馀年。后采药嵩高山，见一女人，曰：'我三天太上侍官也。'以五岳真形〔图〕与之，[16]并告其施行。女生道成，一旦与知友故人别，云入华山。去后五十年，先相识者逢女生华山庙前，乘白鹿，从玉女三十人，并令谢其乡里亲故人"也。

徐登者，闽中人也。①本女子，化为丈夫。善为巫术。又赵炳，[17]字公阿，东阳人，能为越方。②时遭兵乱，疾疫大起，二人遇于乌伤溪水之上，③遂结言约，共以其术疗病。各相谓曰："今既同志，且可各试所能。"登乃禁溪水，水为不流，炳复次禁枯树，树即生荑，④二人相视而笑，共行其道焉。

①闽中地，今泉州也。

②东阳，今婺州也。抱朴子曰："道士赵炳，以气禁人，人不能起。禁虎，虎伏地，低头闭目，便可执缚。以大钉钉柱，入尺许，以气吹之，钉即跃出射去，如弩箭之发。"异苑云："赵侯以盆盛水，吹气作禁，鱼龙立见。"越方，善禁咒也。

③郦元注水经曰："吴宁溪出吴宁县，经乌伤，谓之乌伤溪。"在今婺州义乌县东也。

④易曰："枯杨生荑。"王弼注云："荑者,杨之秀也。"

登年长,炳师事之。贵尚清俭,礼神唯以东流水为酌,削桑皮为脯。但行禁架,所疗皆除。①

①禁架即禁术也。

后登物故,炳东入章安,①百姓未之知也。炳乃故升茅屋,梧鼎而爨,[18]主人见之惊懅,②炳笑不应,既而爨孰,屋无损异。又尝临水求度,船人不和之,③炳乃张盖坐其中,长啸呼风,乱流而济。于是百姓神服,从者如归。章安令恶其惑众,收杀之。人为立祠室于永康,至今蚊蚋不能入也。④

①县名,属会稽郡。本名回浦,光武改为章安。故城在今台州临海县东南。

②梧,支也。懅,忙也。

③和犹许也。俗本作"知"者误也。

④炳故祠在今婺州永康县东,俗呼为赵侯祠,至今蚊蚋不入祠所。江南犹传赵侯禁法以疗疾云。

费长房者,汝南人也。曾为市掾。市中有老翁卖药,悬一壶于肆头,及市罢,辄跳入壶中。市人莫之见,唯长房于楼上观之,异焉,因往再拜奉酒脯。翁知长房之意其神也,谓之曰："子明日可更来。"长房旦日复诣翁,翁乃与俱入壶中。唯见玉堂严丽,旨酒甘肴盈衍其中,共饮毕而出。翁约不听与人言之。后乃就楼上候长房曰："我神仙之人,以过见责,今事毕当去,子宁能相随乎?楼下有少酒,与卿为别。"长房使人取之,不能胜,又令十人扛之,犹不举。①翁闻,笑而下楼,以一指提之而上。视器如一升许,而二人饮之终日不尽。

①说文曰："两人对举为扛。"音江。

长房遂欲求道，而顾家人为忧。①翁乃断一青竹，度与长房身齐，使悬之舍后。家人见之，即长房形也，以为缢死，大小惊号，遂殡葬之。长房立其傍，而莫之见也。于是遂随从入深山，践荆棘于群虎之中。留使独处，长房不恐。又卧于空室，以朽索悬万斤石于心上，众蛇竞来啮索且断，长房亦不移。翁还，抚之曰："子可教也。"复使食粪，粪中有三虫，臭秽特甚，长房意恶之。翁曰："子几得道，恨于此不成，如何！"

①顾，念也。

长房辞归，翁与一竹杖，曰："骑此任所之，则自至矣。既至，可以杖投葛陂中也。"①又为作一符，曰："以此主地上鬼神。"长房乘杖，须臾来归，自谓去家适经旬日，而已十馀年矣。即以杖投陂，顾视则龙也。家人谓其久死，不信之。长房曰："往日所葬，但竹杖耳。"乃发冢剖棺，杖犹存焉。遂能医疗众病，鞭笞百鬼，及驱使社公。或在它坐，独自恚怒，人问其故，曰："吾责鬼魅之犯法者耳。"

①陂在今豫州新蔡县西北。

汝南岁岁常有魅，伪作太守章服，诣府门椎鼓者，郡中患之。时魅适来，而逢长房谒府君，惶惧不得退，便前解衣冠，叩头乞活。长房呵之云："便于中庭正汝故形！"即成老鳖，大如车轮，颈长一丈。长房复令就太守服罪，付其一札，以敕葛陂君。魅叩头流涕，持札植于陂边，以颈绕之而死。

后东海君来见葛陂君，因淫其夫人，于是长房劾系之三年，而东海大旱。长房至海上，见其人请雨，乃谓之曰："东海君有罪，吾前系于<u>葛陂</u>,今方出之使作雨也。"于是雨立注。

<u>长房</u>曾与人共行,见一书生黄巾被裘,无鞍骑马,下而叩头。<u>长房</u>曰:"还它马,赦汝死罪。"人问其故,<u>长房</u>曰:"此狸也,盗社公马耳。"又尝坐客,而使至<u>宛</u>市鲊,^[19]须臾还,乃饭。或一日之间,人见其在千里之外者数处焉。

后失其符,为众鬼所杀。

后汉书卷八十二下

<u>蓟子训</u>者,不知所由来也。建安中,客在<u>济阴宛句</u>。^①有神异之道。尝抱邻家婴儿,故失手堕地而死,其父母惊号怨痛,不可忍闻,而<u>子训</u>唯谢以过误,终无它说,遂埋藏之。后月馀,<u>子训</u>乃抱儿归焉。父母大恐,曰:"死生异路,虽思我儿,乞不用复见也。"儿识父母,轩渠笑悦,欲往就之,母不觉揽取,乃实儿也。虽大喜庆,心犹有疑,乃窃发视死儿,但见衣被,方乃信焉。于是<u>子训</u>流名京师,士大夫皆承风向慕之。

①今<u>曹州县</u>。句音劬。

后乃驾驴车,与诸生俱诣<u>许</u>下。道过<u>荥阳</u>,止主人舍,而所驾之驴忽然卒僵,蛆虫流出,主遽白之。<u>子训</u>曰:"乃尔乎?"方安坐饭,食毕,徐出以杖扣之,驴应声奋起,行步如初,即复进道。其追逐观者常有千数。既到京师,公卿以下候之者,坐上恒数百人,皆为设酒脯,终日不匮。

后因遁去,遂不知所止。初去之日,唯见白云腾起,从旦至暮,如是数十处。时有百岁翁,自说童儿时见<u>子训</u>卖药于<u>会稽</u>市,颜色不异于今。后人复于<u>长安</u>东<u>霸城</u>见之,与一老公共摩挲铜人,^①相谓曰："适见铸此,已近五百岁矣。"②顾视见人而去,犹驾昔所乘驴车也。见者呼之曰:"蓟先生小住。"并行应之,③视若遲徐,而走马不及,于是而绝。

①郦元水经注曰,魏文帝黄初元年,[20]徙长安金狄,重不可致,因留霸城南。

②史记秦始皇二十六年,于咸阳铸金人十二,重各千斤,至此四百二十餘年。

③并犹且也,音蒲朗反。

刘根者,颍川人也。隐居嵩山中。诸好事者自远而至,就根学道,太守史祈以根为妖妄,乃收执诣郡,数之曰:"汝有何术,而诬惑百姓? 若果有神,可显一验事。不尔,立死矣。"根曰:"实无它异,颇能令人见鬼耳。"祈曰:"促召之,使太守目覩,尔乃为明。"根于是左顾而啸,有顷,祈之亡父祖近亲数十人,皆反缚在前,向根叩头曰:"小儿无状,分当万坐。"顾而叱祈曰:"汝为子孙,不能有益先人,而反累辱亡灵! 可叩头为吾陈谢。"祈惊惧悲哀,顿首流血,请自甘罪坐。根嘿而不应,忽然俱去,不知在所。

左慈字元放,庐江人也。少有神道。尝在司空曹操坐,操从容顾众宾曰:"今日高会,珍羞略备,所少吴松江鲈鱼耳。"①放于下坐[21]应曰:"此可得也。"因求铜盘贮水,以竹竿饵钓于盘中,[22]须臾引一鲈鱼出。操大拊掌笑,[23]会者皆惊。操曰:"一鱼不周坐席,可更得乎?"放乃更饵鉤沈之,须臾复引出,皆长三尺餘,[24]生鲜可爱。操使目前鲙之，周浃会者。操又谓曰："既已得鱼，恨无蜀中生姜耳。"放曰："亦可得也。"操恐其近即所取，因曰："吾前遣人到蜀买锦，可过敕使者，增市二端。"语顷，即得姜还，并获操使报命。后操使蜀反，〔25〕验问增锦之状及时日早晚，若符契焉。

①松江在今苏州东南，首受太湖。神仙传云："松江出好鲈鱼，味异它处。"

后操出近郊，士大夫从者百许人，慈乃为赍酒一升，脯一斤，手自斟酌，百官莫不醉饱。操怪之，使寻其故，行视诸垆，悉亡其酒脯矣。①操怀不喜，②因坐上收，欲杀之，慈乃却入壁中，霍然不知所在。或见于市者，又捕之，而市人皆变形与慈同，莫知谁是。后人逢慈于阳城山头，因复逐之，遂入走羊群。〔26〕操知不可得，乃令就羊中告之曰："不复相杀，本试君术耳。"忽有一老羝屈前两膝，人立而言曰："遽如许。"③即竞往赴之，而群羊数百皆变为羝，并屈前膝人立，云"遽如许"，遂莫知所取焉。④

①垆，酒肆也。

②喜音许吏反。

③言何遽如许为事。

④魏文帝典论论邻俭等事曰"颍川邻俭能辟谷，饵伏苓，甘陵甘始名善行气，老有少容，庐江左慈知补导之术，并为军吏。初，俭至之所，伏苓价暴贵数倍。议郎安平李覃学其辟谷，食伏苓，饮寒水，水寒中泄利，殆至殒命。后始来，众人无不鸱视狼顾，呼吸吐纳。军祭酒弘农董芬为之过差，气闭不通，良久乃苏。左慈到，又竞受其补导之术。至寺人严峻往从同受，奄竖真无事于斯术也。人之逐声，乃至于是"也。

计子勋者，不知何郡县人，皆谓数百岁，行来于人间。一旦忽言日中当死，主人与之葛衣，子勋服而正寝，至日中果死。

上成公者，(宓)〔密〕县人也。[27] 其初行久而不还，后归，语其家云："我已得仙。"因辞家而去。家人见其举步稍高，良久乃没云。陈寔、韩韶同见其事。

解奴辜、张貂者，亦不知是何郡国人也。皆能隐沦，出入不由门户。奴辜能变易物形，以诳幻人。

又河南有麴圣卿，善为丹书符劾，厌杀鬼神而使命之。

又有编盲意，亦与鬼物交通。①

① 编，姓也。盲意，名。

初，章帝时有寿光侯者，①[28] 能劾百鬼众魅，令自缚见形。其乡人有妇为魅所病，侯为劾之，得大蛇数丈，死于门外。又有神树，人止者辄死，鸟过者必坠，侯复劾之，树盛夏枯落，见大蛇长七八丈，悬死其间。帝闻而征之。乃试问之："吾殿下夜半后，常有数人绛衣被发，持火相随，岂能劾之乎？"侯曰："此小怪，易销耳。"帝伪使三人为之，侯劾三人，登时仆地无气。帝大惊曰："非魅也，朕相试耳。"解之而苏。

① 寿，姓也。风俗通曰："寿于姚，吴大夫。"

甘始、东郭延年、^①封君达三人者，皆方士也。率能行容成御妇人术，或饮小便，或自倒悬，爱啬精气，不极视大言。甘始、元放、延年皆为操所录，问其术而行之。^②君达号"青牛师"。^③凡此数人，皆百馀岁及二百岁也。

①汉武内传曰："延年字公游。"

②曹植辩道论曰："甘始者，老而有少容，自诸术士咸共归之。然始辞繁寡实，颇切怪言。余尝辟左右独与之言，问其所行。温颜以诱之，美辞以导之。始语余：'吾本师姓韩字雅。'[29]尝与师于南海作金，前后数四，投数万斤金于海。'又言：'诸梁时，西域胡来献香罽腰带割玉刀，时悔不取也。'又言：'车师之西国，儿生劈背出脾，欲其食少而怒行也。'又言：'取鲤鱼五寸一双，令其一著药投沸膏中，有药奋尾鼓鳃，游行沈浮，有若处渊，其一者已孰而可蘋。'余时问言：'宁可试不？'言：'是药去此踰万里，当出塞，始不自行不能得也。'言不尽于此，颇难悉载，故粗举其巨怪者。始若遭秦始皇、汉武帝，则复徐市、栾大之徒也。"

③汉武帝内传曰："封君达，陇西人。初服黄连五十馀年，入鸟举山，服水银百馀年，还乡里，如二十者。常乘青牛，故号'青牛道士'。闻有病死者，识与不识，便以要间竹管中药与服，或下针，应手皆愈。不以姓名语人。闻鲁女生得五岳图，连年请求，女生未见授，[30]并告节度。二百馀岁乃入玄丘山去。"

王真、郝孟节者，皆上党人也。王真年且百岁，视之面有光泽，似未五十者。自云："周流登五岳名山，悉能行胎息胎食之方，嗽舌下泉咽之，不绝房室。"^①孟节能含枣核，不食可至五年十年。又能结气不息,身不动摇,状若死人,可至百日半年。亦有室家。为人质谨不妄言,似士君子。曹操使领诸方士焉。

①汉武内传曰:"王真字叔经,上党人。习闭气而吞之,名曰'胎息';习嗽舌下泉而咽之,名曰'胎食'。真行之,断穀二百馀日,肉色光美,力并数人。"抱朴子曰:"胎息者,能不以鼻口嘘噏,如在胎之中。"嗽音朔。

北海王和平,性好道术,自以当仙。济南孙邕少事之,从至京师。会和平病殁,邕因葬之东陶。有书百馀卷,药数囊,悉以送之。后弟子夏荣言其尸解,邕乃恨不取其宝书仙药焉。①

①尸解者,言将登仙,假托为尸以解化也。

赞曰:幽贶罕征,明数难校。不探精远,曷感灵效?如或迁诳,实乖玄奥。

【校勘记】

〔1〕语之(言)〔云〕 据校补说改。下"告语(言)〔云〕同。

〔2〕不图卖者人相欺 刊误谓案文多一"人"字。今按:上文言"买猪人",则此当云"卖猪人",疑"者"本作"猪",版刻讹脱犭旁耳。

〔3〕六子皆知名 按:集解引沈钦韩说,谓"六"当作"五",群辅录云穆之五子,并有令名,京师号曰"公沙五龙,天下无双"。

〔4〕俱事同郡杨厚 按:"杨"原讹"扬",径改正。

〔5〕诸葛亮问广汉秦宓 按:集解引钱大昕说,谓蜀志"宓"作"宓"。宓字子敕,当取谨宓之宓,世俗借用堂宓字。

〔6〕郭玉者广汉雒人也 按:集解引惠栋说,谓华阳国志云新都人。

〔7〕左阳右阴　按:汲本、殿本作"左阴右阳"。

〔8〕针灸不过数处　按:"灸"原讹"炙",径据集解本改正。

〔9〕(且)〔旦〕用寒水汲灌　刊误谓案文"且"当作"旦"。按:魏志华佗
　　传注引作"平旦用寒水汲灌",刘说是,今据改正。

〔10〕萍齑甚酸　按:"齑"原作"蘁",依注文改。

〔11〕苹澌水上浮萍(者)粗大〔者〕谓之蘋　据汲本改。

〔12〕应当剖破腹　按:汲本"应"作"因"。

〔13〕佗不强与　按:殿本作"佗亦不强",与魏志同。

〔14〕普依准佗疗　按:刊误谓"疗"下当有一"病"字。

〔15〕漆叶屑一斗　按:集解引钱大昕说,谓"斗"当依魏志作"升",汉隶
　　斗字与升字相似,故易混耳。

〔16〕以五岳真形〔图〕与之　据集解引惠栋说补。

〔17〕赵炳　集解引惠栋说,谓搜神记及水经注皆作"赵昞"。按:炳昞
　　同字。

〔18〕梧鼎而爨　按:集解引惠栋说,谓水经注"梧鼎"作"支鼎"。

〔19〕而使至宛市鲊　刊误谓"使"当作"往"。今按:"使"字疑衍。

〔20〕魏文帝黄初元年　按:殿本考证谓三国志注作"明帝景初元年"。
　　集解引惠栋说,谓案搜神记,乃正始中事也。

〔21〕放于下坐　按:刊误谓"放"当作"慈",下同。

〔22〕以竹竿饵钓于盘中　按:刊误谓案文多一"竹"字。

〔23〕操大拊掌笑　按:刊误谓案文当作"拊掌大笑"。

〔24〕皆长三尺馀　按:校补引柳从辰说,谓"三尺"疑"三寸"之误。松
　　江四腮鲈鱼长者不盈五寸,李时珍本草亦云长数寸,安得皆长三尺
　　馀乎?铜盆注水而引出三尺馀大鱼,于说亦窒。

〔25〕后操使蜀反　按:刊误谓案文"使"下少一"自"字。

〔26〕遂以走羊群　按:刊误谓"入走"当作"走入"。

〔27〕(宓)〔密〕县人也　据刊误改。

〔28〕有寿光侯者　按:集解引钱大昕说,谓寿光国名,光武封更始子鲤为寿光侯,又北海王普初封寿光侯是也。此侯失其姓名,故举其爵,下云"侯为劾之","侯复劾之",可证注以寿为姓之误。

〔29〕吾本师姓韩字雅　按:集解引钱大昕说,谓裴松之注魏志引辩道论云"姓韩字世雄"。

〔30〕连年请求女生未见授　刊误谓案文当云"连年请于女生,求见授"。补校谓"女生"二字连下为文,但"未"字讹耳,或即"末"字也。今按:钱熙祚校本汉武内传附录邵载之续谈助钞内传"未"作"后"。

后汉书卷八十三

逸民列传第七十三

易称"遁之时义大矣哉"。又曰:"不事王侯,高尚其事。"是以尧称则天,不屈颍阳之高;①武尽美矣,终全孤竹之絜。②自兹以降,风流弥繁,长往之轨未殊,而感致之数匪一。或隐居以求其志,或回避以全其道,③或静己以镇其躁,④或去危以图其安,⑤或垢俗以动其概,⑥或疵物以激其清。⑦然观其甘心畎亩之中,憔悴江海之上,⑧岂必亲鱼鸟乐林草哉,亦云性分所至而已。⑨〔1〕故蒙耻之宾,屡黜不去其国;⑩蹈海之节,千乘莫移其情。⑪适使矫易去就,则不能相为矣。⑫彼虽硁硁有类沽名者,⑬然而蝉蜕嚣埃之中,自致寰区之外,异夫饰智巧以逐浮利者乎!荀卿有言曰"志意脩则骄富贵,道义重则轻王公"也。⑭

①颍阳谓巢、许也。

②孤竹谓夷、齐也。

③论语孔子曰:"隐居以求其志,行义以达其道。"求志谓长沮、桀溺,全道若薛方诡对王莽也。

④谓逢萌之类也。

⑤四皓之类也。

⑥谓申徒狄、鲍焦之流也。

⑦梁鸿、严光之流。

⑧庄子曰:"舜以天下让北人无择。无择曰:'异哉,后之为人也!居于畎亩之中而游尧之门,不若是而已。'"又曰:"就薮泽,处闲旷,此江海之士,避代之人,闲暇者之所好也。"

⑨分音符问反。

⑩列女传曰:"柳下惠死,其妻诔之曰:'蒙耻救人,德弥大兮。虽遇三黜,终不敝兮。'"

⑪史记曰,鲁连谓新垣衍曰:"秦即为帝,则鲁连蹈东海死耳。"鲁连下聊城,田单爵之,鲁连逃隐于海上也。

⑫人各有所尚,不能改其志。孔子闻长沮、桀溺之言,乃告子路曰:"天下有道,丘不与易也。"

⑬论语曰:"孔子击磬于卫,有荷蒉而过孔氏之门者。曰:'有心哉!击磬乎?'既而曰:'鄙哉!硁硁乎,莫己知也。'"又"子贡曰:'有美玉于斯,韫椟而藏诸?求善价而沽诸?'孔子曰:'沽之哉!沽之哉!我待价者也。'"沽谓衒卖也。

⑭荀卿子之文也。

汉室中微,王莽篡位,士之蕴藉义愤甚矣。是时裂冠毁冕,相携持而去之者,盖不可胜数。①杨雄曰:"鸿飞冥冥,弋者何篡焉。"[2]言其违患之远也。②光武侧席幽人,求之若不及,③旌帛蒲车之所征贲,相望于岩中矣。④若薛方、逢萌聘而不肯至,⑤严光、周党、王霸至而不能屈。群方咸遂,志士怀仁,斯固所谓"举逸民天下归心"者乎!⑥肃宗亦礼郑均而征高凤,以成其节。自后帝德稍衰,邪孽当朝,处子耿介,羞与卿相等列,至乃抗愤而不顾,多失其中行焉。盖录其绝尘不反,⑦〔3〕同夫作者,列之此篇。⑧

①左传曰:"王使詹桓伯辞于晋曰:'伯父若裂冠毁冕,拔本塞原。'"毛诗序曰:"百姓莫不相携持而去之。"

②"篡"字诸本或作"慕",法言作"篡"。宋衷曰:"篡,取也。鸿高飞冥冥薄天,虽有弋人,何施巧而取也。喻贤者隐处,不离暴乱之害也。"然今人谓以计数取物为篡,篡亦取也。

③国语曰:"越王夫人去笄侧席而坐。"韦昭注云:"侧犹特也。礼,忧者侧席而坐。"前书公孙弘赞曰:"上方欲用文武,求之如弗及。"

④毛诗序曰:"干旄,美好善也。"其诗曰:"孑孑干旄,在浚之城。"易贲卦六五曰:"贲于丘园,束帛戋戋。"蒲车,以蒲裹轮,取其安也。前书武帝以蒲车征鲁申公也。

⑤前书薛方字子容。

⑥论语文也。

⑦庄子曰:"颜回问于仲尼曰:'夫子步亦步,夫子趋亦趋,夫子驰亦驰,夫子奔(撤)〔軼〕绝尘,〔4〕则回瞠若乎后矣。'"司马彪注云:"言不可及也。"韩诗外传曰:"山林之士,往而不能反。"

⑧论语曰:"贤者避代,其次避地,其次避色,其次避言。子曰:'作者七人矣。'"

野王二老者,不知何许人也。初,光武贰于更始,会关中扰乱,遣前将军邓禹西征,送之于道。既反,因于野王猎,路见二老者即禽。①光武问曰:"禽何向?"并举手西指,言"此中多虎,臣每即禽,虎亦即臣,大王勿往也"。光武曰:"苟有其备,虎亦何患。"父曰:

"何大王之谬邪！昔汤即桀于鸣条,而大城于亳;②武王亦即纣于牧野,而大城于郏鄏。③彼二王者,其备非不深也。是以即人者,人亦即之,虽有其备,庸可忽乎!"光武悟其旨,顾左右曰:"此隐者也。"将用之,辞而去,莫知所在。

①即,就也。易曰"即鹿无虞"也。

②帝王纪曰:"案孟子,桀卒于鸣条,[5]乃在东夷之地。或言陈留平丘今有鸣条亭也。唯(是)〔孔〕安国注尚书云,[6]鸣条在安邑西。考三说之验,孔为近之。"

③杜预注左传曰:"今河南也。河南县西有郏鄏陌。"

向长字子平,①河内朝歌人也。隐居不仕,性尚中和,好通老、易。贫无资食,好事者更馈焉,受之取足而反其馀。王莽大司空王邑辟之,连年乃至,欲荐之于莽,固辞乃止。潜隐于家。读易至损、益卦,喟然叹曰:"吾已知富不如贫,贵不如贱,但未知死何如生耳。"②建武中,男女娶嫁既毕,敕断家事勿相关,当如我死也。于是遂肆意,与同好北海禽庆③俱游五岳名山,竟不知所终。

①高士传"向"字作"尚"。

②易损卦曰:"二簋可用享。损益盈虚,与时偕行。"益卦曰"损上益下,人说无疆"也。

③前书庆字子夏。

逢萌字子康,[7]北海都昌人也。家贫,给事县为亭长。时尉行过亭,萌候迎拜谒,既而掷盾叹曰:①"大丈夫安能为人役哉!"遂去之长安学,通春秋经。时王莽杀其子宇,②萌谓友人曰:"三纲绝矣!③不去,祸将及人。"〔8〕即解冠挂东都城门,④〔9〕归,将家属浮海,客于辽东。

①亭长主捕盗贼,故执盾也。

②前书莽隔绝平帝外家卫氏,宇恐帝大后见怨,以为莽不可谏而好鬼神,即夜持血洒莽第门。吏发觉之,莽执宇送狱,饮药而死。

③谓君臣、夫妇、父子。

④汉宫殿名:"东都门今名青门也。"前书音义曰:"长安东郭城北头第一门。"

萌素明阴阳,知莽将败,有顷,乃首戴瓦盎,①哭于市曰:"新乎新乎!"②因遂潜藏。

①盎,盆也。

②王莽为新都侯,及篡,号新室,故哭之。

及光武即位,乃之琅邪劳山,①养志脩道,人皆化其德。

①在今莱州即墨县东南,有大劳、小劳山。

北海太守素闻其高,遣吏奉谒致礼,萌不答。太守怀恨而使捕之。吏叩头曰:"子康大贤,天下共闻,所在之处,人敬如父,往必不获,祇自毁辱。"太守怒,收之系狱,更发它吏。行至劳山,人果相率以兵弩捍御,吏被伤流血,奔而还。后诏书征萌,托以老耄,迷路东西,语使者云:"朝廷所以征我者,以其有益于政,尚不知方面所在,安能济时乎?"即便驾归。连征不起,以寿终。

初,萌与同郡徐房、平原李子云、王君公相友善,并晓阴阳,怀德秽行。房与子云养徒各千人,君公遭乱独不去,侩牛自隐。①时人谓之论曰〔10〕:"避世墙东王君公。"②

①侩谓平会两家卖买之价。

②嵇康高士传曰"君公明易,为郎。数言事不用,乃自污与官婢通,免
归。诈狂侩牛,口无二价"也。

周党字伯况,太原广武人也。家产千金。少孤,为宗人所养,
而遇之不以理,及长,又不还其财。党诣乡县讼,主乃归之。既而
散与宗族,悉免遣奴婢,遂至长安游学。

初,乡佐尝众中辱党,党久怀之。①后读春秋,闻复雠之义,②
便辍讲而还,与乡佐相闻,期剋斗日。既交刃,而党为乡佐所伤,困
顿。乡佐服其义,舆归养之,数日方苏,既悟而去。自此敕身脩志,
州里称其高。

①续汉志乡佐主收赋税者。

②春秋经书"纪侯大去其国"。公羊传曰:"大去者何? 灭也。孰灭之?
齐灭之。曷为不言齐灭之? 为襄公讳也。齐襄公九世祖哀公亨于
周,纪侯谮之也,故襄公雠于纪。九世犹可复雠乎? 虽百世可也。"

及王莽窃位,托疾杜门。自后贼暴从横,残灭郡县,唯至广武,
过城不入。

建武中,征为议郎,以病去职,遂将妻子居黾池。复被征,不得
已,乃著短布单衣,穀皮绡头,待见尚书。①[11]及光武引见,党伏而
不谒,自陈愿守所志,帝乃许焉。

①以穀树皮为绡头也。绡头,解见向栩传。党服此〔诣〕尚书,以待
见也。[12]

博士范升奏毁党曰:"臣闻尧不须许由、巢父,而建号天下;周
不待伯夷、叔齐,而王道以成。伏见太原周党、东海王良、山阳王成

等,蒙受厚恩,使者三聘,乃肯就车。及陛见帝廷,<u>党</u>不以礼屈,伏而不谒,偃蹇骄悍,同时俱逝。<u>党</u>等文不能演义,武不能死君,钓采华名,庶几三公之位。臣愿与坐<u>云台</u>之下,考试图国之道。不如臣言,伏虚妄之罪。而敢私窃虚名,夸上求高,皆大不敬。"书奏,天子以示公卿。诏曰:"自古明王圣主必有不宾之士。<u>伯夷</u>、<u>叔齐</u>不食<u>周</u>粟,<u>太原周党</u>不受朕禄,亦各有志焉。其赐帛四十匹。"<u>党</u>遂隐居<u>黾池</u>,著书上下篇而终。邑人贤而祠之。

初,<u>党</u>与同郡<u>谭贤伯升</u>、<u>雁门殷谟君长</u>,俱守节不仕<u>王莽</u>世。<u>建武</u>中,征并不到。

<u>王霸</u>字<u>儒仲</u>,[13]<u>太原广武</u>人也。少有清节。及<u>王莽</u>篡位,弃冠带,绝交宦。<u>建武</u>中,征到尚书,拜称名,不称臣。有司问其故。<u>霸</u>曰:"天子有所不臣,诸侯有所不友。"①司徒<u>侯霸</u>让位于<u>霸</u>。<u>阎阳</u>毁之曰:"太原俗党,<u>儒仲</u>颇有其风。"遂止。②以病归。隐居守志,茅屋蓬户。连征不至,以寿终。

①礼记曰:"儒有上不臣天子,下不事诸侯。"

②<u>皇甫谧高士传</u>曰"故<u>梁</u>令<u>阎阳</u>"也。<u>前书</u>曰:"<u>太原</u>多<u>晋</u>公族子孙,以诈力相倾,矜夸功名,报仇过直。<u>汉</u>兴,号为难化,常择严猛将,或任杀伐为威。父兄被诛,子弟怨愤,至告讦刺史、二千石。"

<u>严光</u>字<u>子陵</u>,一名<u>遵</u>,<u>会稽馀姚</u>人也。少有高名,与<u>光武</u>同游学。及<u>光武</u>即位,乃变名姓,隐身不见。帝思其贤,乃令以物色访之。①后<u>齐国</u>上言:"有一男子,披羊裘钓泽中。"帝疑其<u>光</u>,乃备安

车玄纁,遣使聘之。三反而后至。舍于北军,给床褥,太官朝夕进膳。

①以其形貌求之。

司徒<u>侯霸</u>与<u>光</u>素旧,遣使奉书。①使人因谓<u>光</u>曰:"公闻先生至,区区欲即诣造,迫于典司,是以不获。愿因日暮,自屈语言。"<u>光</u>不答,乃投札与之,口授曰:"<u>君房</u>足下:位至鼎足,甚善。怀仁辅义天下悦,阿谀顺旨要领绝。"<u>霸</u>得书,封奏之。帝笑曰:"狂奴故态也。"车驾即日幸其馆。<u>光</u>卧不起,帝即其卧所,抚<u>光</u>腹曰:"咄咄<u>子陵</u>,不可相助为理邪?"〔14〕<u>光</u>又眠不应,良久,乃张目熟视,曰:"昔<u>唐尧</u>著德,<u>巢父</u>洗耳。士故有志,何至相迫乎!"帝曰:"<u>子陵</u>,我竟不能下汝邪?"于是升舆叹息而去。

①<u>皇甫谧</u>高士传曰:"<u>霸</u>使西曹属<u>侯子道</u>奉书,<u>光</u>不起,于床上箕踞抱膝发书读讫,问<u>子道</u>曰:'<u>君房</u>素痴,今为三公,宁小差否?'<u>子道</u>曰:'位已鼎足,不痴也。'<u>光</u>曰:'遣卿来何言?'<u>子道</u>传<u>霸</u>言。<u>光</u>曰:'卿言不痴,是非痴语也?天子征我三乃来。人主尚不见,当见人臣乎?'<u>子道</u>求报。<u>光</u>曰:'我手不能书。'乃口授之。使者嫌少,可更足。<u>光</u>曰:'买菜乎?求益也?'"

复引<u>光</u>入,论道旧故,相对累日。帝从容问<u>光</u>曰:"朕何如昔时?"对曰:"陛下差增于往。"因共偃卧,<u>光</u>以足加帝腹上。明日,太史奏客星犯御坐甚急。帝笑曰:"朕故人<u>严子陵</u>共卧耳。"

除为谏议大夫,不屈,乃耕于<u>富春山</u>,①后人名其钓处为<u>严陵濑</u>焉。②<u>建武</u>十七年,复特征,不至。年八十,终于家。帝伤惜之,诏下郡县赐钱百万、谷千斛。

①今<u>杭州富阳县</u>也。本<u>汉富春县</u>,避<u>晋简文帝郑太后</u>讳,改曰<u>富阳</u>。

②顾野王舆地志曰"七里濑在东阳江下,与严陵濑相接,有严山。桐庐
　县南有严子陵渔钓处,今山边有石,上平,可坐十人,临水,名为严陵
　钓坛"也。

　　井丹字大春,扶风郿人也。少受业太学,通五经,善谈论,故京
师为之语曰:"五经纷纶井大春。"①性清高,未尝脩刺候人。

　　①纷纶犹浩博也。

　　建武末,沛王辅等五王居北宫,皆好宾客,更遣请丹,不能致。
信阳侯阴就,光烈皇后弟也,以外戚贵盛,乃诡说五王,求钱千万,
约能致丹,而别使人要劫之。丹不得已,既至,就故为设麦饭葱叶
之食,〔15〕丹推去之,曰:"以君侯能供甘旨,故来相过,何其薄乎?"
更置盛馔,乃食。及就起,左右进辇。丹笑曰:"吾闻桀驾人车,岂
此邪?"①坐中皆失色。就不得已而令去辇。自是隐闭不关人事,
以寿终。

　　①帝王纪曰:"桀以人驾车。"

　　梁鸿字伯鸾,〔16〕扶风平陵人也。父让,〔17〕王莽时为城门校
尉,封脩远伯,使奉少昊后,寓于北地而卒。①鸿时尚幼,以遭乱世,
因卷席而葬。

　　①前书莽改允吾为脩远。少昊,金天氏之号,次黄帝者。北地,今宁
　　州也。

　　后受业太学,家贫而尚节介,博览无不通,而不为章句。学毕,
乃牧豕于上林苑中。曾误遗火延及它舍,鸿乃寻访烧者,问所去

失，①悉以豕偿之。其主犹以为少。鸿曰："无它财，愿以身居作。"主人许之。因为执勤，不懈朝夕。邻家耆老见鸿非恒人，乃共责让主人，而称鸿长者。于是始敬异焉，悉还其豕。鸿不受而去，归乡里。

①去，亡也。

埶家慕其高节，多欲女之，①鸿并绝不娶。同县孟氏有女，[18]状肥丑而黑，力举石臼，择对不嫁，至年三十。父母问其故。女曰："欲得贤如梁伯鸾者。"鸿闻而娉之。女求作布衣、麻屦，织作筐缉绩之具。及嫁，始以装饰入门。七日而鸿不答。妻乃跪床下请曰："窃闻夫子高义，简斥数妇，②妾亦偃蹇数夫矣。今而见择，敢不请罪。"鸿曰："吾欲裘褐之人，可与俱隐深山者尔。今乃衣绮缟，傅粉墨，岂鸿所愿哉？"妻曰："以观夫子之志耳。妾自有隐居之服。"乃更为椎髻，著布衣，操作而前。鸿大喜曰："此真梁鸿妻也。能奉我矣！"字之曰德曜，〔名〕孟光。[19]

①以女妻人曰女，音尼虑反。

②斥，远也。

居有顷，妻曰："常闻夫子欲隐居避患，今何为默默？无乃欲低头就之乎？"鸿曰："诺。"乃共入霸陵山中，以耕织为业，咏诗书，弹琴以自娱。仰慕前世高士，而为四皓以来二十四人作颂。

因东出关，过京师，作五噫之歌曰："陟彼北芒兮，噫！顾览帝京兮，噫！宫室崔嵬兮，噫！人之劬劳兮，噫！辽辽未央兮，噫！"肃宗闻而非之，求鸿不得。乃易姓运期，名耀，字侯光，与妻子居齐鲁之间。

有顷，又去适吴。将行，作诗曰："逝旧邦兮远征，将遥集兮东南。心惙怛兮伤悴,志菲菲兮升降。①欲乘策兮纵迈,疾吾俗兮作谀。竞举枉兮措直,咸先佞兮唌唌。②(聊)固靡慭兮独建,冀异州兮尚贤。③聊逍摇兮遨嬉,缵仲尼兮周流。倪云覩兮我悦,遂舍车兮即浮。④过季札兮延陵,求鲁连兮海隅。虽不察兮光貌,幸神灵兮与休。⑤惟季春兮华阜,麦含含兮方秀。[20]哀茂时兮踰迈,愍芳香兮日臭。⑥悼吾心兮不获,长委结兮焉究!⑦口嚣嚣兮余讪,嗟恇恇兮谁留?"⑧

> ①尔雅注:"惙怛,忧也。菲菲,高下不定也。"惙音丁劣反。降音下江反。诗曰:"我心则降。"
>
> ②论语曰:"举直措诸枉则人服,举枉措诸直则人不服。"唌音延,谗言捷急之貌。
>
> ③建,立也。言己无慭于独立,所以适吴者,冀异州之人贵尚贤德。
>
> ④舍其车而就舟船。
>
> ⑤光貌,光仪也。言虽不察见季札及鲁连,然冀幸其神灵与之同美也。
>
> ⑥茂,盛也。臭,败也。
>
> ⑦委结,怀恨也。究,穷也。
>
> ⑧讪,谤也。郑玄注礼记曰:"恇恇,恐也。"

遂至吴,依大家皋伯通,居庑下,①为人赁舂。每归,妻为具食,不敢于鸿前仰视,举案齐眉。伯通察而异之,曰:"彼佣能使其妻敬之如此,非凡人也。"乃方舍之于家。鸿潜闭著书十馀篇。疾且困,告主人曰:"昔延陵季子葬子于嬴博之间,不归乡里,慎勿令我子持丧归去。"及卒,伯通等为求葬地于吴要离冢傍。咸曰:"要离烈士,而伯鸾清高,可令相近。"②葬毕,妻子归扶风。

> ①说文曰:"庑,堂下周屋也。"释名:"大屋曰庑。"
>
> ②要离,刺吴王僚子庆忌者,冢在今苏州吴县西。伯鸾墓在其北。

初,<u>鸿</u>友人<u>京兆</u><u>高恢</u>,少好<u>老子</u>,隐于<u>华阴</u>山中。及<u>鸿</u>东游思<u>恢</u>,作诗曰:"鸟嘤嘤兮友之期,①念<u>高子</u>兮仆怀思,想念<u>恢</u>兮爰集兹。"二人遂不复相见。<u>恢</u>亦高抗,终身不仕。②

①<u>毛诗</u>曰:"伐木丁丁,鸟鸣嘤嘤。出自幽谷,迁于乔木。嘤其鸣矣,求其友声。"

②<u>高士传</u>曰:"<u>恢</u>字<u>伯通</u>。"

<u>高凤</u>字<u>文通</u>,<u>南阳</u><u>叶</u>人也。少为书生,家以农亩为业,而专精诵读,昼夜不息。妻尝之田,曝麦于庭,令<u>凤</u>护鸡。时天暴雨,而<u>凤</u>持竿诵经,不觉潦水流麦。妻还怪问,<u>凤</u>方悟之。其后遂为名儒,乃教授业于<u>西唐山</u>中。①[21]

①山在今<u>唐州</u><u>湖阳县</u>西北。<u>郦元</u>注<u>水经</u>云,即<u>高凤</u>所隐之<u>西唐山</u>也。

邻里有争财者,持兵而斗,<u>凤</u>往解之,不已,乃脱巾叩头,固请曰:"仁义逊让,奈何弃之!"于是争者怀感,投兵谢罪。

<u>凤</u>年老,执志不倦,名声著闻。太守连召请,恐不得免,自言本<u>巫</u>家,不应为吏,又诈与寡嫂讼田,遂不仕。<u>建初</u>中,将作大匠<u>任隗</u>举<u>凤</u>直言,到公车,托病逃归。推其财产,悉与孤兄子。隐身渔钓,终于家。

论曰:先大夫<u>宣侯</u>①尝以讲道馀隙,寓乎逸士之篇。至<u>高文通传</u>,辍而有感,以为隐者也,因著其行事而论之曰:"古者隐逸,其风尚矣。<u>颍阳</u>洗耳,耻闻禅让;②<u>孤竹</u>长饥,羞食<u>周</u>粟。③或高栖以违行,或疾物以矫情,虽轨迹异区,其去就一也。若伊人者,志陵青云之上,身晦泥污之下,心名且犹不显,况怨累之为哉!与夫委体渊

沙,鸣弦揆日者,不其远乎!"④

①沈约宋书曰:"范泰字伯伦。祖汪。父宁,宋高祖受命,拜金紫光禄大夫,加散骑常侍,领国子祭酒,多所陈谏。泰博览篇籍,好为文章,爱奖后生,孜孜无倦。薨谥宣侯。"即晔之父也。

②许由隐于颍阳,闻尧欲禅,乃临颍而洗耳。

③伯夷、叔齐,孤竹君之子,不食周粟。

④委体泉沙谓屈原怀沙砾而自沈也。鸣弦揆日谓嵇康临刑顾日景而弹琴也。论者以事迹相明,故引康为喻。

台佟字孝威,①魏郡邺人也。隐于武安山,②凿穴为居,采药自业。[22]建初中,州辟不就。刺史行部,乃使从事致谒。佟载病往谢。刺史乃执贽见佟曰:③"孝威居身如是,甚苦,如何?"佟曰:"佟幸得保终性命,存神养和。如明使君奉宣诏书,夕惕庶事,反不苦邪?"遂去,隐逸,终不见。

①佟音大冬反。

②武安县之山也。

③嵇康高士传曰:"刺史执枣栗之贽往。"

韩康字伯休,一名恬休,京兆霸陵人。家世著姓。常采药名山,卖于长安市,口不二价,三十馀年。时有女子从康买药,康守价不移。女子怒曰:"公是韩伯休那?①乃不二价乎?"康叹曰:"我本欲避名,今小女子皆知有我,何用药为?"乃遁入霸陵山中。博士公车连征不至。桓帝乃备玄𫄸之礼,以安车聘之。使者奉诏造康,康不得已，乃许诺。辞安车，自乘柴车，冒晨先使者发。至亭，亭长以韩征君当过，方发人修道桥。及见康柴车幅巾，以为田叟也，使夺其牛。康即释驾与之。有顷，使者至，夺牛翁乃征君也。使者欲奏杀亭长。康曰："此自老子与之，亭长何罪！"乃止。康因〔中〕道逃遁，[23]以寿终。

①那，语馀声也，音乃贺反。

矫慎字仲彦，①扶风茂陵人也。少好黄老，隐遁山谷，因穴为室，仰慕松、乔导引之术。与马融、苏章乡里并时，融以才博显名，章以廉直称，然皆推先于慎。

①风俗通曰："晋大夫矫父之后也。"

汝南吴苍甚重之，因遗书以观其志曰："仲彦足下：勤处隐约，虽乘云行泥，栖宿不同，每有西风，何尝不叹！①盖闻黄老之言，乘虚入冥，藏身远遁，亦有理国养人，施于为政。②至如登山绝跡，神不著其证，人不覩其验。吾欲先生从其可者，于意何如？昔伊尹不怀道以待尧舜之君。③方今明明，四海开辟，巢许无为箕山，夷齐悔入首阳。足下审能骑龙弄凤，翔嬉云间者，④亦非狐兔燕雀所敢谋也。"慎不答。年七十馀，竟不肯娶。后忽归家，自言死日，及期果卒。后人有见慎于敦煌者，故前世异之，或云神仙焉。

①汝南在扶风之东。

②老子曰："致虚极，守静笃。"又曰："窈兮冥兮，其中有精。"又曰："理大国若亨小鲜。"又曰"非所以爱人治国"也。

③孟子曰，汤使人以币聘伊尹。伊尹曰："我何以汤之币〔聘〕为哉？"[24]

既而幡然改曰："与我(岂若)处畎亩之中,[25]由是以乐尧舜之道,吾岂若使是君为尧舜之君〔哉〕?[26]岂若使是人为尧舜之人哉?"

④列仙传曰:"萧史,秦缪公时。善吹箫,公女弄玉好之,以妻之,遂教弄玉作凤鸣。居数十年,吹凤皇声,凤来止其屋。为作凤台,夫妇止(在)〔其〕上。[27]一旦皆随凤皇飞去。"又曰"陶安公,六安冶师。数行火,火一旦散上,紫色冲天。须臾赤雀止冶上,曰:'安公,安公,冶与天通。七月七日,迎汝以赤龙。'至时,安公骑之而去"也。

慎同郡马瑶,隐于洴山,以兔罝为事。①所居俗化,百姓美之,号马牧先生焉。

①罝,兔网也。毛诗序曰:"兔罝,后妃之化也。关雎之化行,则莫不好德,贤人众多。"故(慎)〔瑶〕以为事焉。[28]

戴良字叔鸾,汝南慎阳人也。曾祖父遵,字子高,平帝时,为侍御史。王莽篡位,称病归乡里。家富,好给施,尚侠气,食客常三四百人。时人为之语曰:"关东大豪戴子高。"

良少诞节,母憙驴鸣,①良常学之以娱乐焉。及母卒,兄伯鸾居庐啜粥,非礼不行,良独食肉饮酒,哀至乃哭,而二人俱有毁容。或问良曰:"子之居丧,礼乎?"良曰:"然。礼所以制情佚也,情苟不佚,何礼之论!夫食旨不甘,故致毁容之实。若味不存口,食之可也。"论者不能夺之。

①憙音虚记反。

良才既高达,而论议尚奇,多骇流俗。同郡谢季孝问曰:"子自视天下孰可为比?"良曰:"我若仲尼长东鲁,大禹出西羌,①独步天下,谁与为偶!"

①帝王纪曰:"夏禹生于石纽,长于西羌,西夷之人也。"

举孝廉,不就。再辟司空府,弥年不到,州郡迫之,乃遁辞诣府,①悉将妻子,既行在道,因逃入江夏山中。优游不仕,以寿终。

①遁,逊也。

初,良五女并贤,每有求姻,辄便许嫁,疏裳布被,〔29〕竹笥木屐以遣之。五女能遵其训,皆有隐者之风焉。

法真字高卿,①扶风郿人,南郡太守雄之子也。好学而无常家,博通内外图典,为关西大儒。弟子自远方至者,陈留范冉等数百人。

①高一作乔。

性恬静寡欲,不交人间事。太守请见之,真乃幅巾诣谒。太守曰:"昔鲁哀公虽为不肖,而仲尼称臣。太守虚薄,欲以功曹相屈,光赞本朝,何如?"真曰:"以明府见待有礼,故敢自同宾末。若欲吏之,真将在北山之北,南山之南矣。"太守懹然,不敢复言。①

①懹音纪具反。

辟公府,举贤良,皆不就。同郡田弱〔30〕荐真曰:"处士法真,体兼四业,①学穷典奥,幽居恬泊,乐以忘忧,将蹈老氏之高踪,不为玄纁屈也。臣愿圣朝就加衮职,②必能唱清庙之歌,致来仪之凤矣。"③会顺帝西巡,弱又荐之。帝虚心欲致,前后四征。真曰:"吾既不能遁形远世,岂饮洗耳之水哉?"遂深自隐绝,终不降屈。友人郭正称之曰:"法真名可得闻,身难得而见,逃名而名我随,避名而名我追,可谓百世之师者矣!"乃共刊石颂之,号曰玄德先生。年八十九,<u>中平</u>五年,以寿终。

　　①谓诗、书、礼、乐也。

　　②毛诗曰:"衮职有阙。"谓三公也。

　　③诗清庙曰:"於穆清庙,肃雍显相,济济多士,秉文之德。"尚书曰:"箫
　　　韶九成,凤皇来仪。"

　　<u>汉阴老父</u>[31]者,不知何许人也。<u>桓帝</u><u>延熹</u>中,幸<u>竟陵</u>,过<u>云</u>
<u>梦</u>,临<u>沔水</u>,百姓莫不观者,有老父独耕不辍。尚书郎<u>南阳</u><u>张温</u>异
之,使问曰:"人皆来观,老父独不辍,何也?"老父笑而不对。<u>温</u>下
道百步,自与言。老父曰:"我野人耳,不达斯语。请问天下乱而立
天子邪? 理而立天子邪? 立天子以父天下邪? 役天下以奉天子
邪? 昔圣王宰世,茅茨采椽,而万人以宁。①今子之君,劳人自纵,
逸游无忌。吾为子羞之,子何忍欲人观之乎!"[32]<u>温</u>大惭。问其姓
名,不告而去。

　　①韩子曰:"尧舜采椽不刮,茅茨不剪。"

　　<u>陈留老父</u>者,不知何许人也。<u>桓帝</u>世,党锢事起,守外黄令<u>陈</u>
<u>留</u><u>张升</u>去官归乡里,道逢友人,共班草而言。①<u>升</u>曰:"吾闻赵杀鸣
犊,仲尼临河而反;覆巢竭渊,龙凤逝而不至。②今宦竖日乱,陷害
忠良,贤人君子其去朝乎? 夫德之不建,人之无援,③将性命之不
免,奈何?"因相抱而泣。老父趋而过之,植其杖,太息言曰:"吁!
二大夫何泣之悲也?[33]夫龙不隐鳞,凤不藏羽,网罗高县,去将安
所? 虽泣何及乎!"④二人欲与之语,不顾而去,莫知所终。

　　逸民列传第七十三

①班，布也。

②解在独行传。

③左传曰，臧文仲闻六与蓼灭，曰："皋陶廷坚不祀忽诸。德之不建，人之无援，哀哉！"

④毛诗曰："啜其泣矣，何嗟及矣。"言虽泣而无所及也。

庞公者，南郡襄阳人也。居岘山之南，①未尝入城府。夫妻相敬如宾。荆州刺史刘表数延请，不能屈，乃就候之。谓曰："夫保全一身，孰若保全天下乎？"庞公笑曰："鸿鹄巢于高林之上，暮而得所栖；鼋鼍穴于深渊之下，夕而得所宿。夫趣舍行止，亦人之巢穴也。且各得其栖宿而已，天下非所保也。"因释耕于垄上，而妻子耘于前。表指而问曰："先生苦居畎亩而不肯官禄，[34]后世何以遗子孙乎？"②庞公曰："世人皆遗之以危，今独遗之以安，虽所遗不同，未为无所遗也。"表叹息而去。后遂携其妻子登鹿门山，因采药不反。③

①岘山在今襄阳县东。襄阳记曰："诸葛孔明每至德公家，独拜床下，德公初不令止。司马德操尝诣德公，值其渡沔上先人墓，德操径入其堂，呼德公妻子，使速作黍，徐元直向云当来就我与德公谈。其妻子皆罗拜于堂下，奔走共设。须臾德公还，直入相就，不知何者是客也。德操年小德公十岁，兄事之，呼作庞公，故俗人遂谓庞公是德公名，非也。"

②襄阳记曰："德公子字山人，亦有令名，娶诸葛孔明姊，为魏黄门吏部郎。子涣，晋太康中为牂柯太守。"

③襄阳记曰："鹿门山旧名苏岭山，建武中，襄阳侯习郁立神祠于山，刻二石鹿，夹神道口，俗因谓之鹿门庙，遂以庙名山也。"

赞曰:江海冥灭,山林长往。远性风疏,逸情云上。道就虚全,事违尘枉。①

①违,远也。

【校勘记】

〔1〕亦云性分所至而已　按:文选"性分"作"介性"。

〔2〕弋者何篡焉　按:校补谓文选"者"作"人"。案袁本、茶陵本仍作"者",见文选考异。

〔3〕盖录其绝尘不反　按:文选"反"作"及"。

〔4〕夫子奔(辙)〔轶〕绝尘　据汲本改。

〔5〕桀卒于鸣条　按:校补谓"桀"当作"舜"。注引书专辩鸣条地所在,不妨及舜事,此浅人妄改耳。

〔6〕唯(是)〔孔〕安国注尚书云　据汲本、殿本改。

〔7〕逄萌字子康　旧目"逄"作"逢",汲本同。刊误谓案萌北海人,则当是"逄",非"逢"也。今按:逄,薄江切,姓,出北海,见广韵。又按:萌字汲本、殿本皆作"子庆",此作"子康",乃避清河孝王讳改。东观记同。

〔8〕不去祸将及人　按:校补谓上言"不去",则下不合言"及人","人"当作"我",否则衍字。

〔9〕即解冠挂东都城门　按:校补谓言挂冠,则是萌时已拜官矣,传疑有脱误。

〔10〕时人谓之论曰　刊误谓"谓"当作"为","论"当作"语"。王先谦谓为谓古通,不须改,"论"亦不劳改作"语"。今按:御览一八七引作"时人语曰"。

〔11〕乃著短布单衣毂皮绡头待见尚书　按:集解引惠栋说,谓"尚书"二

字衍文，范因旧史失删耳。东观记云"建武中征，党著短布单衣縠皮縿头待见。尚书欲令更服，党曰：'本以是微之，安可复更。'遂以见"也。

〔12〕党服此〔诣〕尚书以待见也　据刊误补。

〔13〕王霸字儒仲　按：校补引柳从辰说，谓今聚珍本东观记及御览五百一引本书"儒"作"孺"。惟唐书宰相世系表仍作"儒"。

〔14〕不可相助为理邪　按：集解引惠栋说，谓御览引作"何不出相助为治邪"。

〔15〕麦饭葱叶之食　按："饭"原讹"饮"，迳据汲本、殿本改正。又按：集解引惠栋说，谓御览引"叶"作"菜"。

〔16〕梁鸿字伯鸾　按：集解引沈钦韩说，谓列女传"伯鸾"作"伯淳"。

〔17〕父让　按：集解引惠栋说，谓王莽传"让"作"护"，赵咨传注亦作"护"，护让字相似，疑传写讹也。

〔18〕同县孟氏有女　按：校补引柳从辰说，谓东观记亦作孟氏女，独袁纪作"赵氏有女"。

〔19〕字之曰德曜〔名〕孟光　惠栋补注引田艺蘅说，谓多一"孟"字。张森楷校勘记谓本传作孟氏女，复名"孟光"，则"孟孟光"矣，非词也，据此可见孟光确姓赵氏。今按：御览五百二及袁纪均无"名"字，不成文理，疑本作"字之曰德曜，名光"，后人习见"孟光"字，妄改"名"字为"孟"字耳。今据汲本、殿本补一"名"字，而录田、张两家说备考。

〔20〕麦含含分方秀　按：东观记作"麦含金分方秀"，类聚卷三引东观记同。

〔21〕乃教授业于西唐山中　按：刊误谓"教授业"不成文理，明衍一"业"字，若存"业"，则可去"教"字。

〔22〕采药自业　汲本、殿本"业"作"给"。按：御览五百一、元龟八百九并作"业"。

〔23〕康因〔中〕道逃遁　御览五百一"因"下有"中"字,惠栋谓当从御览增。今据补。

〔24〕我何以汤之币〔聘〕为哉　据汲本、殿本补。

〔25〕与我(岂若)处畎亩之中　据汲本、殿本删。

〔26〕吾岂若使是君为尧舜之君〔哉〕　据汲本、殿本补。

〔27〕夫妇止(在)〔其〕上　据汲本、殿本改。

〔28〕故(慎)〔瑶〕以为事焉　据殿本、集解本改。

〔29〕疏裳布被　按:何焯校本"疏"改"练"。

〔30〕同郡田弱　汲本、殿本"弱"作"羽",下同。按:集解引惠栋说,谓通鉴作"田弱"。

〔31〕汉阴老父　集解引惠栋说,谓御览作"汉滨"。按:本书旧目亦作"汉滨"。

〔32〕子何忍欲人观之乎　按:御览五百二引作"又何忍与人观之乎"。

〔33〕二大夫何泣之悲也　汲本"大"作"丈"。按:御览五百一引作"丈",元龟八百九卷作"大"。

〔34〕先生苦居畎亩而不肯官禄　按:刊误谓"苦"上当补一"良"字。

后 汉 书 卷 八 十 四

列女传第七十四

诗书之言女德尚矣。①若夫贤妃助国君之政,哲妇隆家人之道,高士弘清淳之风,贞女亮明白之节,则其徽美未殊也,而世典咸漏焉。故自中兴以后,综其成事,述为列女篇。如马、邓、梁后别见前纪,梁嫕、[1]李姬各附家传,②若斯之类,并不兼书。馀但掇次才行尤高秀者,不必专在一操而已。

①诗谓"关雎,后妃之德也"。书称"釐降二女于妫汭,嫔于虞"。尚,远也。

②嫕,梁竦女。李姬,李固女也。

2235

渤海鲍宣妻者,桓氏之女也,字少君。宣尝就少君父学,父奇其清苦,故以女妻之,装送资贿甚盛。宣不悦,谓妻曰:"少君生富骄,习美饰,而吾实贫贱,不敢当礼。"妻曰:"大人以先生脩德守约,故使贱妾侍执巾栉。既奉承君子,唯命是从。"宣笑曰:"能如是,是吾志也。"妻乃悉归侍御服饰,更著短布裳,与宣共挽鹿车归乡里。拜姑礼毕,提瓮出汲。脩行妇道,乡邦称之。

宣,哀帝时官至司隶校尉。子永,中兴初为鲁郡太守。永子昱从容问少君曰:"太夫人宁复识挽鹿车时不?"对曰:"先姑有言:[1]'存不忘亡,安不忘危。'[2]吾焉敢忘乎!"永、昱已见前传。

①尔雅曰:"舅姑在则曰君舅、君姑,没则曰先舅、先姑。"
②易系辞之言也。

太原王霸妻者,不知何氏之女也。霸少立高节,光武时,连征不仕。霸已见逸人传。妻亦美志行。初,霸与同郡令狐子伯为友,后子伯为楚相,而其子为郡功曹。子伯乃令子奉书于霸,车马服从,雍容如也。霸子时方耕于野,闻宾至,投耒而归,[1]见令狐子,沮怍不能仰视。[2]霸目之,有愧容,客去而久卧不起。妻怪问其故,始不肯告,妻请罪,而后言曰:"吾与子伯素不相若,向见其子容服甚光,举措有适,而我儿曹蓬发历齿,未知礼则,[3]见客而有惭色。父子恩深,不觉自失耳。"妻曰:"君少脩清节,不顾荣禄。今子伯之贵孰与君之高? 奈何忘宿志而惭儿女子乎!"霸屈起而笑曰:[4]"有是哉!"遂共终身隐遁。

①郑玄注礼记云:"耒,耜之上曲者也。说文曰:'耒,手耕曲木。'"
②沮,丧也。怍,惭也。
③曹,辈也。
④屈音渠勿反。

广汉姜诗妻者,同郡庞盛之女也。诗事母至孝,妻奉顺尤笃。母好饮江水,水去舍六七里,妻常泝流而汲。后值风,不时得还,母渴,诗责而遣之。妻乃寄止邻舍,昼夜纺绩,市珍羞,使邻母以意自遗其姑。如是者久之,姑怪问邻母,邻母具对。姑感惭呼还,恩养愈谨。其子后因远汲溺死,妻恐姑哀伤,不敢言,而托以行学不在。姑嗜鱼鲙,又不能独食,夫妇常力作供鲙,呼邻母共之。舍侧忽有涌泉,味如江水,每旦辄出双鲤鱼,常以供二母之膳。赤眉散贼经诗里,[2] 弛兵而过,曰:"惊大孝必触鬼神。"时岁荒,贼乃遗诗米肉,受而埋之,比落蒙其安全。①

①比,近也。落,藩也。

永平三年,察孝廉,显宗诏曰:"大孝入朝,凡诸举者一听平之。"由是皆拜郎中。诗寻除江阳令,卒于官。所居治,乡人为立祀。

沛郡周郁妻者,同郡赵孝之女也,字阿。少习仪训,闲于妇道,而郁骄淫轻躁,多行无礼。郁父伟谓阿曰:"新妇贤者女,当以道匡夫。郁之不改,新妇过也。"阿拜而受命,退谓左右曰:"我无樊卫二姬之行,①故君以责我。我言而不用,君必谓我不奉教令,则罪在我矣。若言而见用,是为子违父而从妇,则罪在彼矣。生如此,亦何聊哉!"乃自杀。莫不伤之。

①列女传曰,楚庄王好田猎,樊姬故不食鲜禽以谏王。齐桓公好音乐,卫姬不听五音以谏公。并解具文苑传也。

2237

扶风曹世叔妻者,同郡班彪之女也,名昭,字惠班,一名姬。[3]博学高才。世叔早卒,有节行法度。兄固著汉书,其八表及天文志未及竟而卒,和帝诏昭就东观臧书阁踵而成之。① 帝数召入宫,令皇后诸贵人师事焉,号曰大家。每有贡献异物,辄诏大家作赋颂。及邓太后临朝,与闻政事。以出入之勤,特封子成关内侯,官至齐相。时汉书始出,多未能通者,同郡马融伏于阁下,从昭受读,后又诏融兄续继昭成之。②

①踵,继也。

②融兄名续,见马援传。

永初中,太后兄大将军邓骘以母忧,上书乞身,太后不欲许,以问昭。昭因上疏曰:“伏惟皇太后陛下,躬盛德之美,隆唐虞之政,辟四门而开四聪,采狂夫之瞽言,纳刍荛之谋虑。① 妾昭得以愚朽,身当盛明,敢不披露肝胆,以效万一。妾闻谦让之风,德莫大焉,故典坟述美,神祇降福。② 昔夷齐去国,天下服其廉高;③ 太伯违邠,孔子称为三让。④ 所以光昭令德,扬名于后者也。论语曰:‘能以礼让为国,于从政乎何有。’⑤ 由是言之,推让之诚,其致远矣。今四舅深执忠孝,引身自退,⑥ 而以方垂未静,拒而不许;如后有毫毛加于今日,⑦ 诚恐推让之名不可再得。缘见逮及,故敢昧死竭其愚情。自知言不足采,以示虫蚁之赤心。”太后从而许之。于是骘等各还里第焉。

①前书曰:“狂夫之言,明主择焉。”诗曰:“先人有言,询于刍荛。”

②易曰:“谦尊而光。”又曰:“鬼神害盈而福谦。”左传曰:“谦让者,德之基也。”

③孟子曰:“闻伯夷之风者,贪夫廉,懦夫有立志。”

④周太王有疾,太伯欲让季历,托採药于吴。时已居周,此言邠者,盖本

其始而言之也。

⑤论语孔子之言也。何有言若无有。

⑥四舅谓骘、悝、弘、阊也。

⑦谓有纤微之过,则推让之美失也。

作女诫七篇,有助内训。其辞曰:

　　鄙人愚暗,受性不敏,蒙先君之馀宠,赖母师之典训。①年十有四,执箕帚于曹氏,②于今四十馀载矣。战战兢兢,常惧黜辱,以增父母之羞,以益中外之累。③夙夜劬心,勤不告劳,而今而后,乃知免耳。吾性疏顽,教道无素,④恒恐子毅负辱清朝。⑤圣恩横加,猥赐金紫,⑥实非鄙人庶几所望也。男能自谋矣,吾不复以为忧也。但伤诸女方当适人,而不渐训诲,不闻妇礼,惧失容它门,取耻宗族。吾今疾在沈滞,性命无常,念汝曹如此,每用惆怅。间作女诫七章,愿诸女各写一通,庶有补益,裨助汝身。去矣,其勖勉之!⑦

①母,傅母也。师,女师也。左传曰:"宋伯姬卒,待姆也。"毛诗曰:"言告师氏,言告言归。"

②前书吕公谓高祖曰:"臣有息女,愿为箕帚妾。"言执箕帚主贱役,以事舅姑。

③中,内也。

④素,先也。

⑤三辅决录曰:"齐相子毅,颇随时俗。"注云:"曹成,寿之子也。司徒掾察孝廉,为长垣长。母为太后师,征拜中散大夫。"子毅即成之字也。

⑥汉官仪曰"二千石金印紫绶"也。

⑦去矣犹言从今已往。

　　卑弱第一:古者生女三日,卧之床下,弄之瓦砖,而斋告焉。①卧之床下,明其卑弱,主下人也。弄之瓦砖,明其习劳,主执勤也。斋告先君,明当主继祭祀也。②三者盖女人之常道,礼法之典教矣。谦让恭敬,先人后己,有善莫名,③有恶莫辞,忍辱含垢,常若畏惧,是谓卑弱下人也。晚寝早作,勿惮夙夜,④执务私事,不辞剧易,⑤所作必成,手跡整理,是谓执勤也。正色端操,以事夫主,清静自守,无好戏笑,絜齐酒食,以供祖宗,⑥是谓继祭祀也。三者苟备,而患名称之不闻,黜辱之在身,未之见也。三者苟失之,何名称之可闻,黜辱之可远哉!

①诗小雅曰:“乃生女子,载寝之地,载弄之瓦。”毛苌注云:“瓦,纺砖也。”笺云:“卧之于地,卑之也。纺砖,习其所有事也。”

②毛诗传曰:“采蘋,大夫妻能循法度也。能循法度,则可以承先祖供祭祀矣。”“于以采蘋,南涧之滨。于以采藻,于彼行潦。于以盛之,惟筐及筥。于以湘之,惟锜及釜。于以(大)〔奠〕之,宗室牖(户)〔下〕。〔4〕谁其尸之? 有齐季女。”

③不自名己之善也。

④作,起也。

⑤剧犹难也。

⑥絜,清也,谓食也。左传曰“絜粢丰盛”也。

　　夫妇第二:夫妇之道,参配阴阳,通达神明,信天地之弘义,人伦之大节也。是以礼贵男女之际,诗著关雎之义。①由斯言之,不可不重也。夫不贤,则无以御妇;妇不贤,则无以事夫。夫不御妇,则威仪废缺;妇不事夫,则义理堕阙。②方斯二事,〔5〕其用一也。察今之君子,徒知妻妇之不可不御,威仪之不可不整,故训其男,检以书传,殊不知夫主之不可不事,礼义之不可不存也。但教男而不教女，不亦蔽于彼此之数乎！礼，八岁始教之书，十五而至于学矣。③独不可依此以为则哉！

①礼记曰："昏礼者，将合二姓之好，上以事宗庙，而下以继后世也，故君子重之。"诗关雎，乐得贤女，[6]以配君子也。

②堕音许规反。堕，废也。

③礼记曰："八岁入小学。"

敬慎第三：阴阳殊性，男女异行。阳以刚为德，阴以柔为用，男以强为贵，女以弱为美。故鄙谚有云："生男如狼，犹恐其尪；生女如鼠，犹恐其虎。"然则修身莫若敬，避强莫若顺。故曰敬顺之道，妇人之大礼也。夫敬非它，持久之谓也。夫顺非它，宽裕之谓也。持久者，知止足也。宽裕者，尚恭下也。夫妇之好，终身不离。房室周旋，遂生媟黩。媟黩既生，语言过矣。语言既过，纵恣必作。纵恣既作，则侮夫之心生矣。此由于不知止足者也。夫事有曲直，言有是非。直者不能不争，曲者不能不讼。讼争既施，则有忿怒之事矣。此由于不尚恭下者也。侮夫不节，谴呵从之；忿怒不止，楚挞从之。夫为夫妇者，义以和亲，恩以好合，楚挞既行，何义之存？谴呵既宣，何恩之有？恩义俱废，夫妇离矣。

妇行第四：女有四行，一曰妇德，二曰妇言，三曰妇容，四曰妇功。①夫云妇德，不必才明绝异也；妇言，不必辩口利辞也；妇容，不必颜色美丽也；妇功，不必工巧过人也。清闲贞静，守节整齐，行己有耻，动静有法，是谓妇德。择辞而说，不道恶语，时然后言，不厌于人，是谓妇言。盥浣尘秽，服饰鲜絜，沐浴以时，身不垢辱，是谓妇容。专心纺绩，不好戏笑，絜齐酒食,以奉宾客,是谓妇功。此四者,女人之大德,而不可乏之者也。然为之甚易,唯在存心耳。古人有言:"仁远乎哉?我欲仁,而仁斯至矣。"②此之谓也。

①礼记文也。

②论语孔子之言也。

专心第五:礼,夫有再娶之义,①妇无二适之文,故曰夫者天也。②天固不可逃,夫固不可离也。行违神祇,天则罚之;礼义有愆,夫则薄之。故女宪曰:"得意一人,是谓永毕;失意一人,是谓永讫。"由斯言之,夫不可不求其心。然所求者,亦非谓佞媚苟亲也,固莫若专心正色。礼义居絜,耳无涂听,[7]目无邪视,出无冶容,入无废饰,无聚会群辈,无看视门户,此则谓专心正色矣。若夫动静轻脱,视听陕输,③[8]入则乱发坏形,出则窈窕作态,④说所不当道,观所不当视,此谓不能专心正色矣。

①仪礼曰:"父在为母,何以期?至尊在,不敢伸也。父必三年而后娶,达子志也。"

②仪礼曰:"夫者,妻之天也。妇人不二斩者,犹曰不二天也。"

③陕输,不定貌也。

④窈窕,妖冶之貌也。

曲从第六:夫得意一人,是谓永毕;失意一人,是谓永讫。欲人定志专心之言也。舅姑之心,岂当可失哉?物有以恩自离者,亦有以义自破者也。夫虽云爱,舅姑云非,此所谓以义自破者也。然则舅姑之心奈何?固莫尚于曲从矣。姑云不尔而是,固宜从令;①姑云尔而非,犹宜顺命。勿得违戾是非,争分曲直。此则所谓曲从矣。故**女宪**曰："妇如影响，焉不可赏。"②

①不尔犹不然也。

②影响言顺从也。

　　和叔妹第七：妇人之得意于夫主，由舅姑之爱己也；舅姑之爱己，由叔妹之誉己也。由此言之，我臧否誉毁，一由叔妹，叔妹之心，复不可失也。皆莫知叔妹之不可失，而不能和之以求亲，其蔽也哉！自非圣人，鲜能无过。故**颜子**贵于能改，**仲尼**嘉其不贰，①而况妇人者也！虽以贤女之行，聪哲之性，其能备乎！是故室人和则谤掩，外内离则恶扬。此必然之势也。**易**曰："二人同心，其利断金。同心之言，其臭如兰。"此之谓也。②夫嫂妹者，体敌而尊，恩疏而义亲。若淑媛谦顺之人，③则能依义以笃好，崇恩以结援，使徽美显章，而瑕过隐塞，舅姑矜善，而夫主嘉美，声誉曜于邑邻，休光延于父母。若夫蠢愚之人，于嫂则托名以自高，于妹则因宠以骄盈。骄盈既施，何和之有！恩义既乖，何誉之臻！是以美隐而过宣，姑忿而夫愠，毁訾布于中外，耻辱集于厥身，进增父母之羞，退益君子之累。④斯乃荣辱之本，而显否之基也。可不慎哉！然则求叔妹之心，固莫尚于谦顺矣。谦则德之柄，⑤顺则妇之行。凡斯二者，足以和矣。**诗**云："在彼无恶，在此无射。"其斯之谓也。⑥

2243

①**论语**孔子曰："**颜回**不贰过。"**易**曰"**颜氏**之子，其殆庶几乎！有不善未尝不知，知之未尝复行也。"

②金，物之坚者。若二人同心，则其利可以断之。二人既同心，其芳馨如兰也。古人通谓气为臭也。

③淑，善也。美女曰媛也。

④君子谓夫也。诗曰:"未见君子,忧心忡忡。"

⑤易系辞之文也。

⑥韩诗周颂之言也。射,厌也。射音亦。毛诗"射"作"致"也。

马融善之,令妻女习焉。

昭女妹曹丰生,①亦有才惠,为书以难之,辞有可观。

①昭婿之妹也。

昭年七十馀卒,皇太后素服举哀,使者监护丧事。所著赋、颂、铭、诔、问、注、哀辞、书、论、上疏、遗令,凡十六篇。子妇丁氏为撰集之,又作大家赞焉。

河南乐羊子之妻者,不知何氏之女也。羊子尝行路,得遗金一饼,还以与妻。妻曰:"妾闻志士不饮盗泉之水,①廉者不受嗟来之食,②况拾遗求利,以污其行乎!"羊子大惭,乃捐金于野,而远寻师学。一年来归,妻跪问其故。羊子曰:"久行怀思,无它异也。"妻乃引刀趋机而言曰:"此织生自蚕茧,成于机杼,一(丝)〔丝〕而累,[9]以至于寸,累寸不已,遂成丈匹。今若断斯织也,则捐失成功,稽废时月。夫子积学,当日知其所亡,③以就懿德。若中道而归,何异断斯织乎?"羊子感其言,复还终业,遂七年不反。妻常躬勤养姑,又远馈羊子。

①论语撰考谶曰:"水名盗泉,仲尼不漱。"

②解见文苑传也。

③论语孔子曰:"君子日知其所亡,月无忘其所能。"亡,无也。

尝有它舍鸡谬入园中,姑盗杀而食之,妻对鸡不餐而泣。姑怪问其故。妻曰："自伤居贫，使食有它肉。"姑竟弃之。

后盗欲有犯妻者，乃先劫其姑。妻闻，操刀而出。盗人曰："释汝刀从我者可全，不从我者，则杀汝姑。"妻仰天而叹，举刀刎颈而死。盗亦不杀其姑。太守闻之，即捕杀贼盗，而赐妻缣帛，以礼葬之，号曰"贞义"。

汉中程文矩妻者，[10]同郡李法之姊也，字穆姜。有二男，而前妻四子。文矩为安众令，丧于官。① 四子以母非所生，憎毁日积，而穆姜慈爱温仁，抚字益隆，衣食资供皆兼倍所生。或谓母曰："四子不孝甚矣，何不别居以远之？"对曰："吾方以义相导，使其自迁善也。"及前妻长子兴遇疾困笃，母恻隐自然，亲调药膳，恩情笃密。兴疾久乃瘳，于是呼三弟谓曰："继母慈仁，出自天受。[11]吾兄弟不识恩养，禽兽其心。虽母道益隆，我曹过恶亦已深矣！"遂将三弟诣南郑狱，陈母之德，状己之过，乞就刑辟。县言之于郡，郡守表异其母，蠲除家徭，遣散四子，许以修革，自后训导愈明，并为良士。

① 安众，县，属南阳郡。

穆姜年八十馀卒。临终敕诸子曰："吾弟伯度，智达士也。所论薄葬，其义至矣。又临亡遗令，贤圣法也。①令汝曹遵承，勿与俗同，增吾之累。"诸子奉行焉。

① 前书孝文帝、杨王孙、龚胜临亡，并有遗令。

孝女曹娥者，会稽上虞人也。父盱，能弦歌，为巫祝。汉安二年五月五日，于县江泝涛（迎）婆娑〔迎〕神，[12]溺死，不得尸骸。娥年十四，乃沿江号哭，昼夜不绝声，旬有七日，遂投江而死。①至元嘉元年，县长度尚改葬娥于江南道傍，为立碑焉。②

①娥投衣于水，祝曰："父尸所在衣当沈。"[13]衣随流至一处而沈，娥遂随衣而没。"衣"字或作"瓜"。[14]见项原列女传也。

②会稽典录曰："上虞长度尚弟子邯郸淳，字子礼。时甫弱冠，而有异才。尚先使魏朗作曹娥碑，文成未出，会朗见尚，尚与之饮宴，而子礼方至督酒。尚问朗碑文成未？朗辞不才，因试使子礼为之，操笔而成，无所点定。朗嗟叹不暇，遂毁其草。其后蔡邕又题八字曰：'黄绢幼妇，外孙齑臼。'"

吴许升妻者，吕氏之女也，字荣。升少为博徒，不理操行，荣尝躬勤家业，以奉养其姑。数劝升修学，每有不善，辄流涕进规。荣父积忿疾升，乃呼荣欲改嫁之。荣叹曰："命之所遭，义无离贰！"终不肯归。升感激自厉，乃寻师远学，遂以成名。寻被本州辟命，行至寿春，道为盗所害。刺史尹耀捕盗得之。荣迎丧于路，闻而诣州，请甘心仇人。耀听之。荣乃手断其头，以祭升灵。后郡遭寇贼，贼欲犯之，荣踰垣走，贼拔刀追之。贼曰："从我则生，不从我则死。"荣曰："义不以身受辱寇虏也！"遂杀之。是日疾风暴雨，雷电晦冥，贼惶惧叩头谢罪，乃殡葬之。

汝南袁隗妻者，扶风马融之女也，字伦。隗已见前传。伦少有才辩。融家世丰豪，装遣甚盛。及初成礼，隗问之曰："妇奉箕帚而已，何乃过珍丽乎？"对曰："慈亲垂爱，不敢逆命。君若欲慕鲍宣、梁鸿之高者，妾亦请从少君、孟光之事矣。"隗又曰："弟先兄举，世以为笑。今处姊未适，先行可乎？"对曰："妾姊高行殊邈，未遭良匹，不似鄙薄，苟然而已。"又问曰："南郡君学穷道奥，文为辞宗①，而所在之职，辄以货财为损，何邪？"对曰："孔子大圣，不免武叔之毁；子路至贤，犹有伯寮之愬。②家君获此，固其宜耳。"隗默然不能屈，帐外听者为惭。隗既宠贵当时，伦亦有名于世。年六十馀卒。

①融为南郡太守。

②论语曰，叔孙武叔毁仲尼，子贡曰："无以为也。它人之贤者犹丘陵焉，犹可踰也。仲尼如日月也，无得而踰焉。"公伯寮诉子路于季孙。孔子曰："道之将行也与？命也。道之将废也与？命也。公伯寮其如命何！"

伦妹芝，亦有才义。少丧亲长而追感，乃作申情赋云。

酒泉庞淯母者，赵氏之女也，字娥。父为同县人所杀，而娥兄弟三人，时俱病物故，仇乃喜而自贺，以为莫己报也。娥阴怀感愤，乃潜备刀兵，常帷车以候仇家。十馀年不能得。后遇于都亭，刺杀之。因诣县自首。曰："父仇已报，请就刑戮。"（福）禄〔福〕长尹嘉义之，[15]解印绶欲与俱亡。娥不肯去。曰："怨塞身死，妾之明分；结罪理狱，君之常理。何敢苟生，以枉公法！"后遇赦得免。州郡表其闾。太常张奂嘉叹，以束帛礼之。

沛刘长卿妻者,同郡桓鸾之女也。鸾已见前传。生一男五岁而长卿卒,妻防远嫌疑,不肯归宁。儿年十五,晚又夭殁。妻虑不免,乃豫刑其耳以自誓。宗妇相与愍之,共谓曰:"若家殊无它意;假令有之,犹可因姑姊妹以表其诚,何贵义轻身之甚哉!"对曰:"昔我先君五更,学为儒宗,尊为帝师。五更已来,历代不替,男以忠孝显,女以贞顺称。诗云:'无忝尔祖,聿脩厥德。'是以豫自刑翦,以明我情。"沛相王吉上奏高行,显其门闾,号曰"行义桓嫠",①〔16〕县邑有祀必膰焉。②

①寡妇曰嫠。

②膰,祭馀肉也。尊敬之,故有祭祀必致其馀也。左传曰:"天子有事膰焉。"

安定皇甫规妻者,不知何氏女也。规初丧室家,后更娶之。妻善属文,能草书,时为规答书记,众人怪其工。及规卒时,妻年犹盛,而容色美。后董卓为相国,承其名,娉以轺辎百乘,马二十匹,奴婢钱帛充路。妻乃轻服诣卓门,跪自陈请,〔17〕辞甚酸怆。卓使傅奴侍者悉拔刀围之,而谓曰:"孤之威教,欲令四海风靡,何有不行于一妇人乎!"妻知不免,乃立骂卓曰:"君羌胡之种,毒害天下犹未足邪!妾之先人,清德奕世。皇甫氏文武上才,为汉忠臣。君亲非其趣使走吏乎?敢欲行非礼于尔君夫人邪!"卓乃引车庭中,以其头悬轭,鞭扑交下。①妻谓持杖者曰:"何不重乎?速尽为惠。"遂死车下。后人图画,号曰"礼宗"云。

①周礼考工记曰:"轭长六尺。"郑众曰:"谓辕端压牛领者。"

2248

南阳阴瑜妻者,颍川荀爽之女也,名采,字女荀。聪敏有才艺。年十七,适阴氏。十九产一女,而瑜卒。采时尚丰少,常虑为家所逼,自防御甚固。后同郡郭奕丧妻,爽以采许之,①因诈称病笃,召采。既不得已而归,怀刃自誓。爽令傅婢执夺其刃,扶抱载之,犹忧致愤激,敕卫甚严。女既到郭氏,乃伪为欢悦之色,谓左右曰:"我本立志与阴氏同穴,而不免逼迫,遂至于此,素情不遂,奈何?"乃命使建四灯,盛装饰,请奕入相见,共谈,言辞不辍。(亦)〔奕〕敬惮之,[18]遂不敢逼,至曙而出。采因敕令左右辨浴。[19]既入室而掩户,权令侍人避之,以粉书扉上曰:"尸还阴。""阴"字未及成,惧有来者,遂以衣带自缢。左右翫之不为意,比视,已绝,时人伤焉。

①魏书奕字伯益,(寿)〔嘉〕之子也,[20]为太子文学,早卒。

犍为盛道妻者,同郡赵氏之女也,字媛姜。建安五年,益部乱,道聚众起兵,事败,夫妻执系,当死。媛姜夜中告道曰:"法有常刑,必无生望,君可速潜逃,建立门户,妾自留狱,代君塞咎。"道依违未从。媛姜便解道桎梏,为赍粮货。子翔时年五岁,使道携持而走。媛姜代道持夜,应对不失。度道已远,乃以实告吏,应时见杀。道父子会赦得归。道感其义,终身不娶焉。

孝女叔先雄者,[21]犍为人也。父泥和,[22]永建初为县功曹。县长遣泥和拜檄谒巴郡太守,乘船堕湍水物故,尸丧不归。雄感念怨痛,号泣昼夜,心不图存,常有自沈之计。所生男女二人,并数岁,雄乃各作囊,盛珠环以系儿,数为诀别之辞。家人每防闲之,经

列女传第七十四

2249

百许日后稍懈,雄因乘小船,于父堕处恸哭,遂自投水死。弟贤,其夕梦雄告之:"却后六日,当共父同出。"至期伺之,果与父相持,浮于江上。郡县表言,为雄立碑,图象其形焉。

陈留董祀妻者,同郡蔡邕之女也,名琰,字文姬。①博学有才辩,又妙于音律。②适河东卫仲道。夫亡无子,归宁于家。兴平中,天下丧乱,文姬为胡骑所获,没于南匈奴左贤王,在胡中十二年,生二子。曹操素与邕善,痛其无嗣,乃遣使者以金璧赎之,而重嫁于祀。

①列女后传,琰字昭姬也。〔23〕

②刘昭幼童传曰:"邕夜鼓琴,弦绝。琰曰:'第二弦。'邕曰:'偶得之耳。'故断一弦问之,琰曰:'第四弦。'并不差谬。"

祀为屯田都尉,犯法当死,文姬诣曹操请之。时公卿名士及远方使驿坐者满堂,操谓宾客曰:"蔡伯喈女在外,今为诸君见之。"及文姬进,蓬首徒行,叩头请罪,音辞清辩,旨甚酸哀,众皆为改容。操曰:"诚实相矜,然文状已去,奈何?"文姬曰:"明公厩马万匹,虎士成林,何惜疾足一骑,而不济垂死之命乎!"操感其言,乃追原祀罪。时且寒,赐以头巾履袜。操因问曰:"闻夫人家先多坟籍,犹能忆识之不?"文姬曰:"昔亡父赐书四千许卷,流离涂炭,罔有存者。今所诵忆,裁四百馀篇耳。"操曰:"今当使十吏就夫人写之。"文姬曰:"妾闻男女之别,礼不亲授。①乞给纸笔,真草唯命。"于是缮书送之,文无遗误。

①礼记曰:"男女不亲授。"

后感伤乱离，追怀悲愤，作诗二章。其辞曰：

汉季失权柄，董卓乱天常。志欲图篡杀，先害诸贤良。逼迫迁旧邦，拥主以自强。海内兴义师，欲共讨不祥。卓众来东下，金甲耀日光。平土人脆弱，来兵皆胡羌。猎野围城邑，所向悉破亡。斩截无孑遗，尸骸相掌拒。①马边悬男头，马后载妇女。长驱西入关，迥路险且阻。还顾邈冥冥，肝脾为烂腐。所略有万计，不得令屯聚。或有骨肉俱，欲言不敢语。失意机微间，辄言毙降虏。要当以亭刃，[24]我曹不活汝。岂复惜性命，不堪其詈骂。或便加棰杖，毒痛参并下。旦则号泣行，夜则悲吟坐。欲死不能得，欲生无一可。彼苍者何辜，乃遭此厄祸！边荒与华异，人俗少义理。处所多霜雪，胡风春夏起。翩翩吹我衣，肃肃入我耳。感时念父母，哀叹无穷已。有客从外来，闻之常欢喜。迎问其消息，辄复非乡里。邂逅徼时愿，骨肉来迎己。己得自解免，当复弃儿子。天属缀人心，念别无会期。存亡永乖隔，不忍与之辞。儿前抱我颈，问母欲何之。"人言母当去，岂复有还时。阿母常仁恻，今何更不慈？我尚未成人，奈何不顾思！"见此崩五内，恍惚生狂痴。号泣手抚摩，当发复回疑。兼有同时辈，相送告离别。慕我独得归，哀叫声摧裂。马为立踟蹰，车为不转辙。观者皆歔欷，行路亦呜咽。去去割情恋，遄征日遐迈。悠悠三千里，何时复交会？念我出腹子，匈臆为摧败。既至家人尽，又复无中外。城郭为山林，庭宇生荆艾。白骨不知谁，从横莫覆盖。出门无人声，豺狼号且吠。茕茕对孤景，怛咤糜肝肺。登高远眺望，魂神忽飞逝。奄若寿命尽，旁人相宽大。为复强视息，虽生何聊赖！托命于新人,竭心自勖厉。流离成鄙贱,常恐复捐废。人生几何时,怀忧终年岁!

①掌音直庚反。

其二章曰:

　　嗟薄(祐)〔祜〕兮遭世患,[25]宗族殄兮门户单。身执略兮入西关,历险阻兮之羌蛮。山谷眇兮路曼曼,眷东顾兮但悲叹。冥当寝兮不能安,①饥当食兮不能餐,常流涕兮眦不乾,薄志节兮念死难,虽苟活兮无形颜。惟彼方兮远阳精,②阴气凝兮雪夏零。沙漠壅兮尘冥冥,有草木兮春不荣。人似禽兮食臭腥,言兜离兮状窈停。③岁聿暮兮时迈征,夜悠长兮禁门扃。不能寐兮起屏营,登胡殿兮临广庭。玄云合兮翳月星,北风厉兮肃泠泠。胡笳动兮边马鸣,孤雁归兮声嘤嘤。乐人兴兮弹琴筝,音相和兮悲且清。心吐思兮匈愤盈,欲舒气兮恐彼惊,含哀咽兮涕沾颈。家既迎兮当归宁,临长路兮捐所生。儿呼母兮号失声,我掩耳兮不忍听。追持我兮走茕茕,顿复起兮毁颜形。还顾之兮破人情,心怛绝兮死复生。

①冥音暝。

②北方近阴远阳。

③兜离,匈奴言语之貌。

赞曰:端操有踪,幽闲有容。区明风烈,昭我管彤。①

①妇人之正其节操有踪迹可纪者,及幽都闲婉有礼容者,区别其遗风馀烈,以明女史之所记也。管彤,赤管笔,解见皇后纪。

【校勘记】

〔1〕梁嫕　按："嫕"原作"嬺"，不成字，径据殿本改，与梁竦传合。注同。

〔2〕赤眉散贼经诗里　集解引惠栋说，谓赤眉散贼不当至蜀，当依华阳国志作"东精"。按：华阳国志云公孙述平后，东精为贼，掠害，不敢入诗里。东精，人姓名也。

〔3〕字惠班一名姬　集解引沈钦韩说，谓陆龟蒙小名录班昭字惠姬，文选李善注引范书正作"惠姬"，此误衍"班一名"三字。

〔4〕于以(大)〔奠〕之宗室牖(户)〔下〕　据汲本、殿本改。

〔5〕方斯二事　按：汲本、殿本"事"作"者"。

〔6〕诗关雎乐得贤女　按：殿本"贤"作"淑"。

〔7〕耳无涂听　按：汲本、殿本"涂"作"淫"。

〔8〕视听陕输　汲本、殿本"陕"作"陜"。集解引惠栋说，谓"陜"本作"㛼"，从女陕声。今按：马叙伦读两汉书记谓"陜"字乃陕隘之"陕"，右方"夾"字从两人，不从两入。说文"陕，隘也"。傆者，三辅谓轻财者为傆。然则陕有轻义也。输借为媮，陕输亦轻脱也。

〔9〕一(丝)〔䌈〕而累　据汲本改。集解引沈钦韩说，谓说文"䌈，织绢以丝贯杼也"。类篇"䌈，古还切"。

〔10〕汉中程文矩妻者　按：汲本、殿本"程"作"陈"。原本正文作"程"，目则作"陈"。又按：集解引惠栋说，谓华阳国志云"穆姜，安众令程祇妻"，祇似文矩名，以"程"为"陈"，未详孰是。

〔11〕出自天受　按：汲本"受"作"爱"，殿本作"授"。

〔12〕于县江泝涛(迎)婆娑〔迎〕神　按：殿本考证引困学纪闻谓曹娥碑云"盱能抚节安歌，婆娑乐神，以五月五日迎伍君"，传云"婆娑神"，误也。王先谦谓案文义是"婆娑迎神"，写本误倒。今据改。

〔13〕父尸所在衣当沈　按："父"原讹"人"，径据汲本、殿本改正。

〔14〕衣字或作瓜　按："瓜"原作"爪"，径据汲本、殿本改正。

〔15〕(福)禄〔福〕长尹嘉义之　钱大昕谓"福禄"当作"禄福",详见郡国志。今据改。

〔16〕号曰行义桓釐　汲本、殿本"釐"作"嫠",注同。按:釐嫠古通。

〔17〕跪自陈请　按:汲本、殿本"请"作"情"。

〔18〕(亦)〔奕〕敬惮之　据汲本改。按:殿本讹"弈"。

〔19〕采因敕令左右辨浴　汲本、殿本"辨"作"办"。按:辨办古通。

〔20〕(寿)〔嘉〕之子也　集解本"寿"作"嘉",校补谓各本皆讹,依魏志改。今据改。

〔21〕孝女叔先雄者　按:集解引钱大昕说,谓华阳国志云"符有先络,僰道有张帛",络与帛协韵,则其名当为"络"不为"雄"矣。"雄"当是"雒"之讹,雒与络同音。

〔22〕父泥和　按:集解引惠栋说,谓"泥"一作"沈",一作"江",见益部耆旧传。又华阳国志云先尼和,以先为姓。

〔23〕按:此注原错在传末,各本同。今依校补说移正。

〔24〕要当以亭刃　按:集解引沈钦韩说,谓"亭"盖"事"之误。前书鼂通传"事刃于公之腹"。作亭止解,不可通。

〔25〕嗟薄(祐)〔祜〕兮遭世患　据王先谦说改。按:沈钦韩后汉书疏证谓"祐"当作"祜",冯惟讷诗纪正作"祜"。